Implantación de Sistemas Operativos
Operativos
2.ª Edición

Juan López

Implantación de Sistemas
Operativos
2.ª Edición

Técnico Superior en Administración de Sistemas Informáticos en Red

Implantación de Sistemas Operativos 2.ª Edición

Juan López

ISBN: 978-84-1903-455-7
IBERGARCETA PUBLICACIONES, S.L., Madrid 2024

Edición: 2.ª
Impresión: 1.ª
N.º de páginas: 476
Formato: 20 x 26 cm

Implantación de Sistemas Operativos 2.ª Edición

© Juan López

2.ª edición, 1.ª impresión
OI: 036/2025
ISBN: 978-84-1903-455-7
Deóosito Legal: M-10703-2024
Imagen de cubierta: Javarman©fotolia.com

Impresión: Print House, marca registrada de Coplar S.A.

IMPRESO EN ESPAÑA - PRINTED IN SPAIN

Contenido

CAPÍTULO 1

INSTALACIÓN DE SOFTWARE LIBRE Y PROPIETARIO

Contenidos

1.1. ARQUITECTURA DE UN SISTEMA INFORMÁTICO

Un sistema informático es el conjunto de partes interrelacionadas consistentes en hardware, software y personas. Un sistema informático típico emplea ordenadores que usan dispositivos programables para capturar, almacenar y procesar datos. Un ejemplo de sistema informático simple sería el ordenador personal o PC, junto con la persona que lo maneja y los periféricos que los envuelven.

Se puede definir un sistema informático como la unión de diversos elementos, especialmente el hardware, el software y un soporte humano. El hardware incluye una o varias CPU, memoria, sistemas de almacenamiento externo, etc. El software incluye al sistema operativo y aplicaciones, siendo especialmente importante los sistemas de gestión de bases de datos. Por último, el soporte humano incluye al personal técnico (analistas, programadores, operarios, etc.) que crean y/o mantienen el sistema y a los usuarios que lo utilizan.

Podríamos decir entonces, que un sistema informático está compuesto por los siguientes elementos:

- *Componente físico*: que constituye el hardware del sistema informático y que lo conforman, básicamente, los ordenadores, los periféricos y el sistema de comunicaciones. Los componentes físicos proporcionan la capacidad y la potencia de cálculo del sistema informático.

- *Componente lógico*: que constituye el software del sistema informático y lo conforman, básicamente, tos programas, las estructuras de datos y la documentación asociada. El software se encuentra distribuido en el hardware y lleva a cabo el proceso lógico que requieren los datos.

- *Componente humano*: constituido por todas las personas participantes en todas las fases de la vida de un sistema informático (diseño, desarrollo, implantación, explotación, etc.) Este componente humano es sumamente importante ya que los sistemas informáticos están desarrollados por humanos y para uso de humanos.

La Figura 1-1 muestra la estructura de un sistema informático.

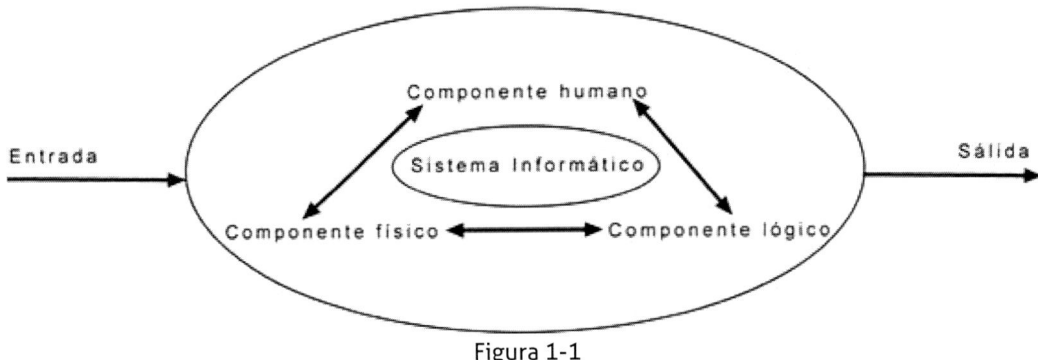

Figura 1-1

1.2. ARQUITECTURA DE UN SISTEMA OPERATIVO

El sistema operativo es una interfaz que oculta las peculiaridades del hardware. Para ello, ofrece una serie de servicios que constituyen una máquina virtual más fácil de usar que el hardware básico. Estos servicios se solicitan mediante llamadas al sistema.

La forma en que se realiza una llamada al sistema consiste en colocar una serie de parámetros en un lugar específico (como los registros del procesador), para después ejecutar una instrucción del lenguaje máquina del procesador denominada *trap* (en castellano, trampa). La ejecución de esta instrucción máquina hace que el hardware guarde el contador de programa y la palabra de estado del procesador (PSW, *Processor Status Word*) en un lugar seguro de la memoria, cargándose un nuevo contador de programa y una nueva PSW. Este nuevo contador de programa contiene una dirección de memoria donde reside una parte (un programa) del sistema operativo, el cual se encarga de llevar a cabo el servicio solicitado. Cuando el sistema operativo finaliza el servicio, coloca un código de estado en un registro para indicar si hubo éxito o fracaso, y ejecuta una instrucción *return from trap*, que provoca que el hardware restituya el contador de programa y la PSW del programa que realizó la llamada al sistema, prosiguiéndose así su ejecución.

Normalmente, los lenguajes de alto nivel tienen una (o varias) rutinas de biblioteca por cada llamada al sistema. Dentro de estos procedimientos se aísla el código (normalmente en ensamblador) correspondiente a la carga de registros con parámetros, a la instrucción *trap*, y a la obtención del código de estado a partir de un registro. La finalidad de estos procedimientos de biblioteca es ocultar los detalles de la llamada al sistema, ofreciendo una interfaz de llamada al procedimiento. Como una llamada al sistema depende del hardware (por ejemplo, del tipo de registros del procesador), la utilización de rutinas de biblioteca hace el código portable.

El número y tipo de llamadas al sistema varía de un sistema operativo a otro. Existen, por lo general, llamadas al sistema para ejecutar ficheros que contienen programas, pedir más memoria dinámica para un programa, realizar labores de entrada salida E/S (como la lectura de un carácter de un terminal), crear un directorio, etc. Ejemplos de rutinas de biblioteca que realizan llamadas al sistema en un entorno del sistema operativo C-UNIX son: *read, write, malloc, exec*, etc.

Cuando un usuario se conecta a un ordenador se inicia un intérprete de órdenes (en entornos UNIX llamados *shells*). El intérprete de órdenes es un programa que muestra un indicador (*prompt*) formado por algunos caracteres, que pueden incluir el directorio de trabajo (un posible indicador en MS DOS es C:\>), que indica al usuario que es posible introducir una orden. El usuario escribirá una orden, por ejemplo C:\> *copy fich fich2* y pulsará la tecla *return*.

En un entorno UNIX, o MS DOS, la primera palabra es el nombre de un fichero que contiene un programa, siendo el resto de la línea una serie de argumentos, separados por espacios, que toma dicho programa. Una excepción a esto son las órdenes internas, que el intérprete implementa como rutinas suyas, y que no tienen, por tanto, un programa asociado guardado en disco. El intérprete de órdenes realiza entonces una o varias llamadas al sistema para ejecutar dicho programa. Cuando el programa finalice (al realizar una llamada al sistema *exit*) el control vuelve al programa que lo lanzó (el intérprete de órdenes), mostrando éste otra vez el indicador y repitiéndose el ciclo.

Así pues, el intérprete de órdenes es un programa que sirve de interfaz entre el sistema operativo y un usuario, utilizándolo este último para ejecutar programas. A diferencia de un programador, un "usuario final" realiza todas las llamadas al sistema indirectamente, a través de las llamadas al sistema de los programas que ejecuta. En muchos sistemas se ha optado por sustituir el intérprete de órdenes por un programa que utiliza ventanas. En estos programas aparecen iconos que el usuario puede seleccionar mediante un ratón. Cuando el usuario selecciona un icono que representa un programa se realizan llamadas al sistema para ejecutar un fichero, asociado al icono, que contiene el programa. Por lo tanto, se sustituye la interfaz del usuario para ejecutar programas, pero la interfaz con el sistema operativo no cambia.

Existen una serie de programas muy importantes (como traductores, editores de texto, ensambladores, enlazadores e intérpretes de órdenes) que ayudan al programador a realizar sus programas, y que vienen en el lote con cualquier sistema operativo.

Estos programas, que forman parte de los programas de sistema o software de sistemas, utilizan llamadas al sistema, pero no son parte del sistema operativo. El sistema operativo es el código que acepta llamadas al sistema y realiza un procesamiento para satisfacer dichas llamadas. El sistema operativo es el programa de sistema más importante.

Hasta ahora, se ha visto el aspecto externo de los sistemas operativos (es decir, la interfaz con el programador y con el usuario). A continuación, se echará un vistazo al interior del sistema operativo examinando algunas de las formas posibles de estructurar el código del sistema. Consideraremos los sistemas monolíticos y el modelo cliente servidor.

1.2.1. Sistemas monolíticos

Este tipo de organización es, con diferencia, la más común. El sistema operativo se escribe como una colección de procedimientos, cada uno de los cuales puede llamar a los demás cada vez que así lo requiera. Cuando se usa esta técnica, cada procedimiento del sistema tiene una interfaz bien definida en términos de parámetros y resultados, y cada uno de ellos es libre de llamar a cualquier otro, si este último proporciona un cálculo útil para el primero.

Para construir el programa objeto real del sistema operativo siguiendo este punto de vista, se compilan de forma individual los procedimientos o los ficheros que contienen los procedimientos, y después se enlazan en un sólo fichero objeto con el enlazador. En términos de ocultación de la información, ésta es prácticamente nula: cada procedimiento es visible a los demás (en contraste con una estructura con módulos o paquetes, en la que la mayoría de la información es local a un módulo y donde sólo los datos señalados de forma expresa pueden ser llamados desde el exterior del módulo).

Los servicios (mediante llamadas al sistema) que proporciona el sistema operativo se solicitan colocando los parámetros en lugares bien definidos, como los registros o la pila, para después ejecutar una instrucción especial de trampa, a veces referida como llamada al núcleo o llamada al supervisor. Esta instrucción cambia la máquina del modo usuario al modo núcleo (también conocido como modo supervisor), y transfiere el control al sistema operativo, lo que se muestra en el evento (1) de la Figura 1-2.

El sistema operativo examina entonces los parámetros de la llamada para determinar cuál de ellas se desea realizar, como se muestra en el evento (2) de la Figura 1-2. A continuación, el sistema operativo analiza una tabla que contiene en la entrada k un apuntador al procedimiento que implementa la k-ésima llamada al sistema.

Esta operación, que se muestra en el evento (3) de la Figura 1-2, identifica el procedimiento de servicio, al cual se llama. Por último, la llamada al sistema termina y el control vuelve al programa del usuario como se muestra en el evento (4) de la Figura 1-2.

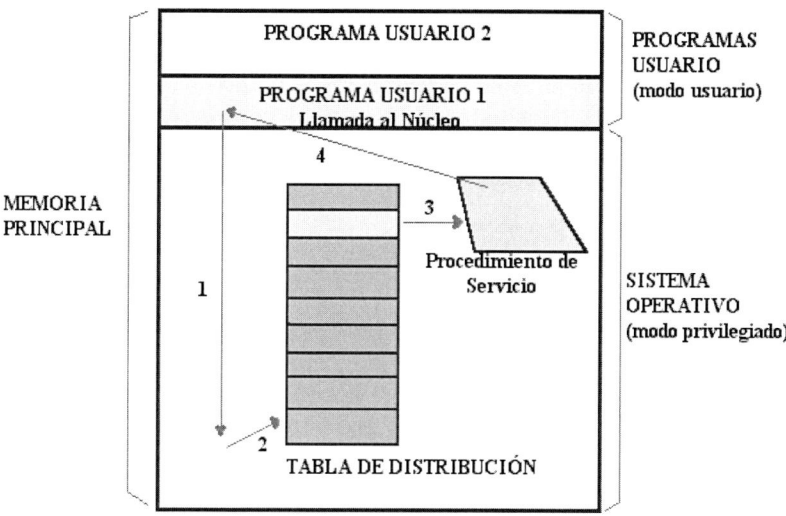

Figura 1-2

Esta organización sugiere una estructura básica del sistema operativo:

- Un programa principal que llama al procedimiento del servicio solicitado.

- Un conjunto de procedimientos de servicio que lleva a cabo las llamadas al sistema.

- Un conjunto de procedimientos de utilidades que ayudan a los procedimientos de servicio.

En este modelo, para cada llamada al sistema existe un procedimiento de servicio que se encarga de ella. Los procedimientos de utilidad hacen cosas necesarias para varios procedimientos de servicio, como, por ejemplo, buscar los datos del programa del usuario. Esta división de los procedimientos en tres capas se muestra en la Figura 1.3.

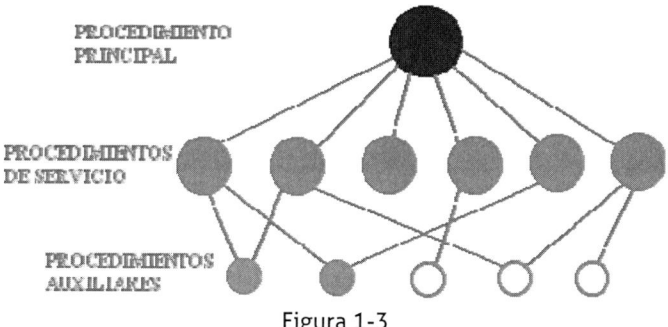

Figura 1-3

1.2.2. Modelo cliente servidor

Una tendencia de los sistemas operativos modernos es la de trasladar el código a capas superiores, y eliminar la mayor parte posible del sistema operativo para mantener un núcleo mínimo. El punto de vista usual es el implantar la mayoría de las funciones del sistema operativo como procesos de usuario. Para solicitar un servicio, como la lectura de un bloque de cierto fichero, un proceso de usuario (denominado en este caso proceso cliente) envía la solicitud a un proceso servidor, que realiza el trabajo y devuelve la respuesta.

En este modelo, que se muestra en la Figura 1-4, lo único que hace el núcleo es controlar la comunicación entre los clientes y los servidores. Al separar el sistema operativo en partes, cada una de ellas controla una faceta del sistema, como el servicio a ficheros, servicio a procesos, servicio a terminales o servicio a la memoria; cada parte es pequeña y controlable. Además, puesto que todos los servidores se ejecutan como procesos en modo usuario, y no en modo núcleo, no tienen acceso directo al hardware. En consecuencia, si hay un error en el servidor de ficheros éste puede fallar, pero esto no afectará en general a toda la máquina.

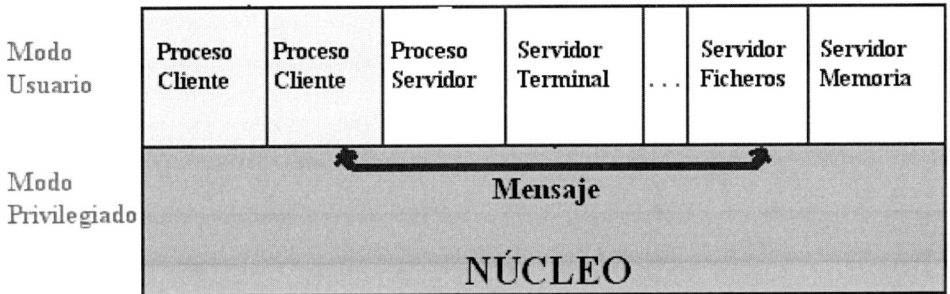

Figura 1-4

Otra de las ventajas del modelo cliente-servidor es su capacidad de adaptación para su uso en sistemas distribuidos (Figura 1-5). Si un cliente se comunica con un servidor mediante mensajes, el cliente no necesita saber si el mensaje se gestiona de forma local, en su máquina, o si se envía por medio de una red a un servidor en una máquina remota. En lo que respecta al cliente, lo mismo ocurre en ambos casos: se envió una solicitud y se recibió una respuesta.

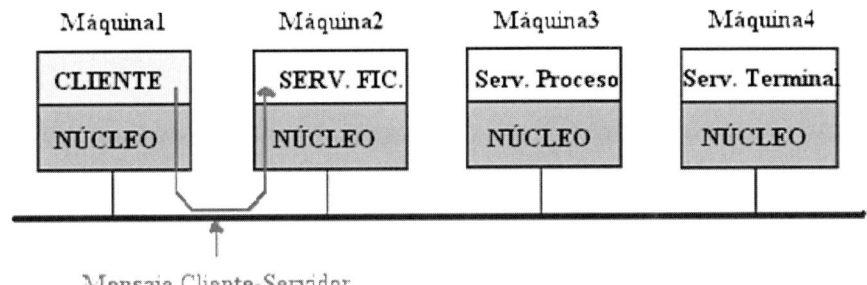

Figura 1-5

La idea anterior de un núcleo que sólo controla el transporte de mensajes de clientes a servidores, y viceversa, no es totalmente real. Algunas funciones del sistema operativo (como la introducción de órdenes en los registros físicos de los controladores de E/S) no sólo son difíciles, sino que son imposibles de realizar a partir de programas de usuario. Existen dos formas de afrontar este problema. Una es hacer que algunos procesos de servidores críticos (por ejemplo, los gestores de los dispositivos de E/S) se ejecuten en realidad en modo núcleo, con acceso total al hardware, pero de forma que se comuniquen con los demás procesos mediante el mecanismo normal de mensajes.

La otra forma es construir una cantidad mínima de mecanismos dentro del núcleo, pero manteniendo las decisiones de política relativos a los usuarios dentro del espacio de los usuarios. Por ejemplo, el núcleo podría reconocer que cierto mensaje enviado a una dirección especial indica que se tome el contenido de ese mensaje y se cargue en los registros del controlador de algún disco, para iniciar la lectura del disco. En este ejemplo, el núcleo ni siquiera inspeccionaría los bytes del mensaje para ver si son válidos o tienen algún sentido; sólo los copiaría ciegamente en los registros del controlador del disco. Es evidente que debe utilizarse cierto esquema para limitar tales mensajes sólo a los procesos autorizados. La separación entre mecanismos y política es un concepto importante, aparece una y otra vez en diversos contextos de los sistemas operativos. La Figura 1-6 muestra el esquema general de un sistema operativo.

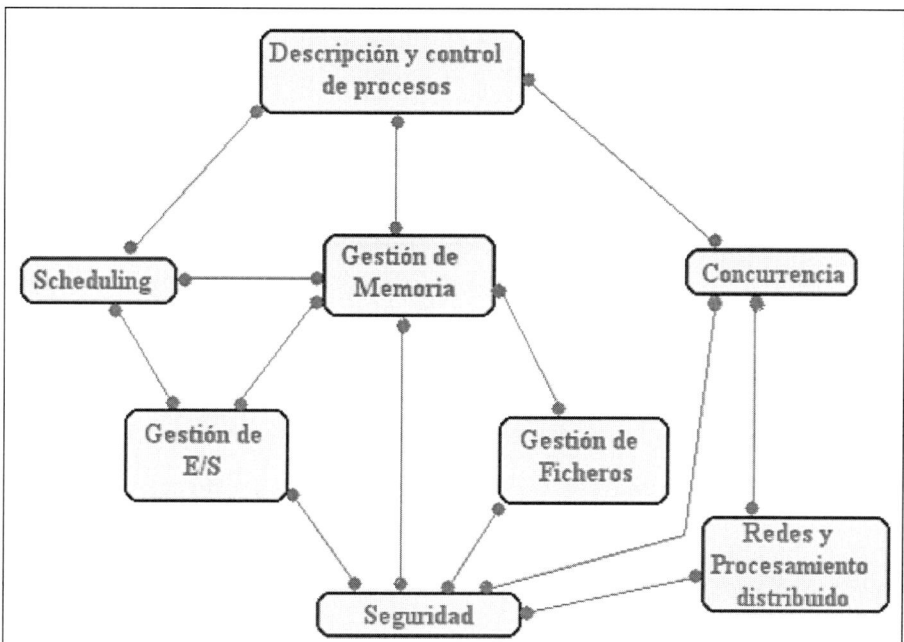

Figura 1-6

1.3. FUNCIONES DE UN SISTEMA OPERATIVO Y TIPOS DE SISTEMAS OPERATIVOS

Para que un ordenador pueda hacer funcionar un programa informático (a veces conocido como aplicación o software), debe contar con la capacidad necesaria para realizar cierta cantidad de operaciones preparatorias que puedan garantizar el intercambio entre el procesador, la memoria y los recursos físicos (periféricos).

El sistema operativo (a veces también citado mediante su forma abreviada OS en inglés) se encarga de crear el vínculo entre los recursos materiales, el usuario y las aplicaciones (procesador de texto, videojuegos, etcétera). Cuando un programa desea acceder a un recurso material, no necesita enviar información específica a los dispositivos periféricos; simplemente envía la información al sistema operativo, el cual la transmite a los periféricos correspondientes a través de su *driver* o controlador (Figura 1-7). Si no existe ningún *driver*, cada programa debe reconocer y tener presente la comunicación con cada tipo de periférico.

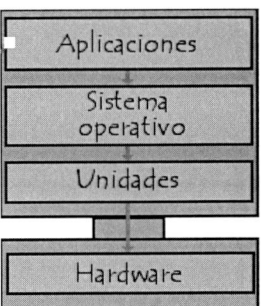

Figura 1-7

De esta forma, el sistema operativo permite la "disociación" de programas y hardware, principalmente para simplificar la gestión de recursos y proporcionar una interfaz de usuario (MMI por sus siglas en inglés) sencilla con el fin de reducir la complejidad del equipo.

Podríamos enumerar las funciones de un sistema operativo de la siguiente forma:

- *Administración del procesador y gestión de procesos*: el sistema operativo administra la distribución del procesador entre los distintos programas por medio de un *algoritmo de programación*. El tipo de programador depende completamente del sistema operativo, según el objetivo deseado.

- *Gestión de la memoria de acceso aleatorio*: el sistema operativo se encarga de gestionar el espacio de memoria asignado para cada aplicación y para cada usuario, si resulta pertinente. Cuando la memoria física es insuficiente, el sistema operativo puede crear una zona de memoria en el disco duro, denominada "*memoria virtual*". La memoria virtual permite ejecutar aplicaciones que requieren una memoria superior a la memoria RAM disponible en el sistema. Sin embargo, esta memoria es mucho más lenta.

- *Gestión de entradas/salidas y periféricos*: el sistema operativo permite unificar y controlar el acceso de los programas a los recursos materiales a través de los drivers (también conocidos como administradores periféricos o de entrada/salida).

- *Gestión de ejecución de aplicaciones*: el sistema operativo se encarga de que las aplicaciones se ejecuten sin problemas asignándoles los recursos que éstas necesitan para funcionar. Esto significa que si una aplicación no responde correctamente puede "sucumbir".

- *Administración de autorizaciones*: el sistema operativo se encarga de la seguridad en relación con la ejecución de programas garantizando que los recursos sean utilizados sólo por programas y usuarios que posean las autorizaciones correspondientes.

- *Gestión de archivos*: el sistema operativo gestiona la lectura y escritura en el sistema de archivos, y las autorizaciones de acceso a archivos de aplicaciones y usuarios.

- *Gestión de la información*: el sistema operativo proporciona cierta cantidad de indicadores que pueden utilizarse para diagnosticar el funcionamiento correcto del equipo.

En cuanto a los tipos de sistemas operativos, pueden clasificarse atendiendo a su estructura (monolíticos, cliente-servidor y jerárquicos en partes y niveles), al manejo de recursos (centralizados y distribuidos), a la administración de tareas (monotarea y multitarea) y a la administración de usuarios (monousuario y multiusuario). La Figura 1-8 muestra las funciones y la clasificación de los sistemas operativos en sus diversos tipos.

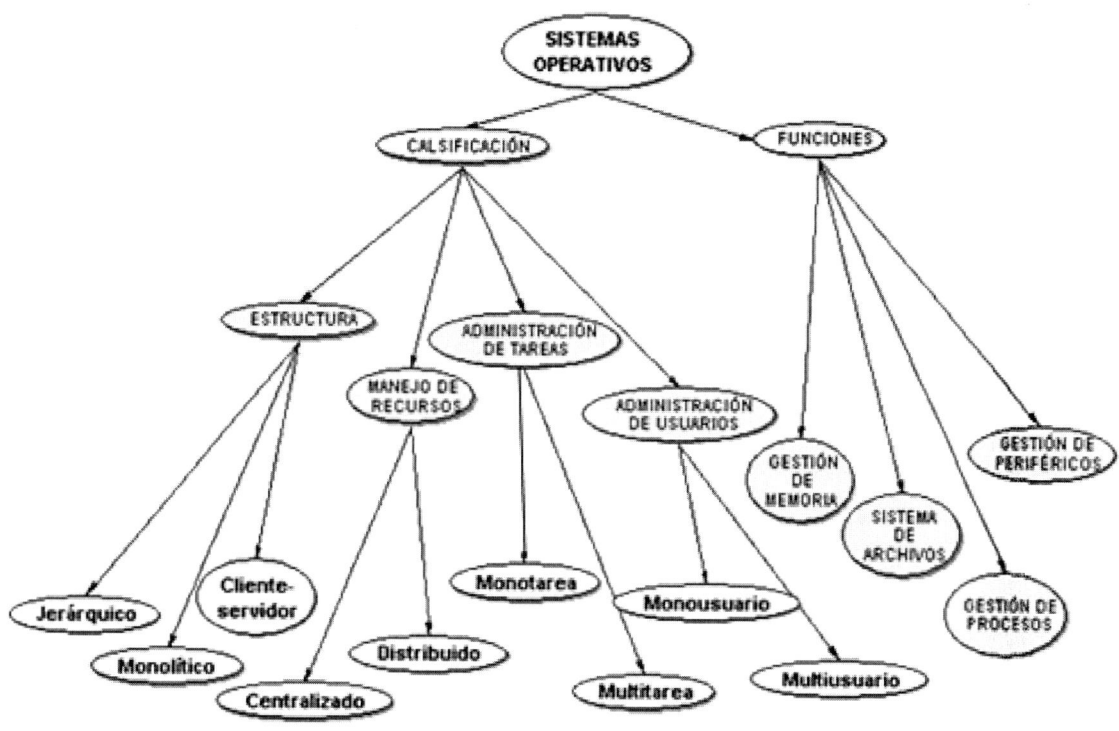

Figura 1-8

También podrían clasificarse los tipos de sistemas operativos de acuerdo a los servicios (Figura 1-9).

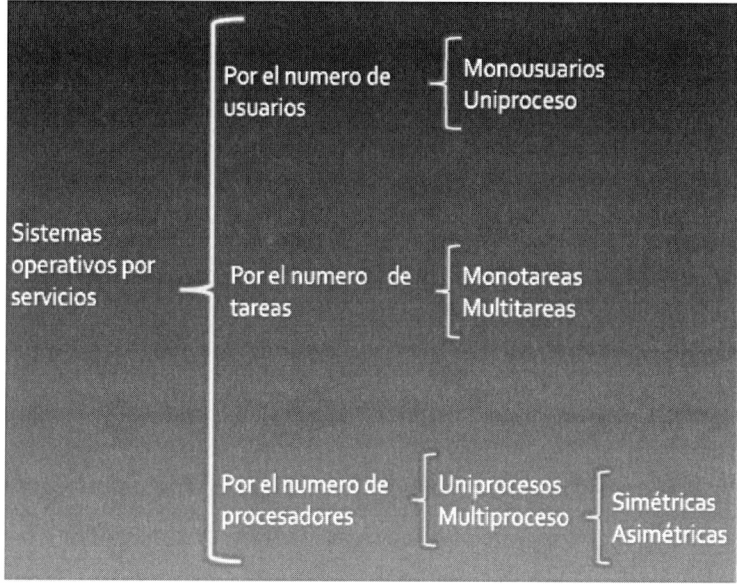

Figura 1-9

1.4. LICENCIAS Y TIPOS DE LICENCIAS

Existen diferentes tipos de licencia de software a los que podemos tener acceso que presentan diferencias importantes entre sí. Una clasificación de los tipos de licencias de software podría ser la siguiente:

OEM: se trata de un tipo de licencia que supedita su venta a que esta debe ser como parte de un equipo nuevo, estando prohibido venderlos si no es bajo esta condición. Aunque afecta más que nada a sistemas operativos, también puede afectar a otro tipo de software. Aunque el software comprado bajo este tipo de licencia implica la propiedad del mismo por parte del que la compra, los fabricantes pueden poner ciertas limitaciones a su uso, como el número máximo de veces que se puede reinstalar. Se trata de software plenamente operativo y exactamente igual a las versiones Retail del mismo, aunque en el caso de que se ofrezca algún extra en la versión Retail en concepto de Bonus pack los fabricantes no están obligados a ofrecerlo también en las versiones OEM. Los programas adquiridos bajo este tipo de licencia NO se pueden vender ni ceder a terceros, salvo en las mismas condiciones en las que se compraron (es decir, como parte de un equipo).

Retail: en este caso el programa es de la entera propiedad del usuario, pudiendo este cederlo libremente a terceros o venderlo.

Licencias por volumen: es un tipo de licencia de software destinado a grandes usuarios (empresas), normalmente bajo unas condiciones similares a las de las licencias OEM, aunque sin estar supeditadas a equipos nuevos. Básicamente se trata de estipular un determinado número de equipos que pueden utilizar el mismo código de licencia, quedando el fabricante de dicho software autorizado para hacer las comprobaciones que considere oportunas para ver que las licencias que se están utilizando son las adquiridas. Normalmente estas licencias se venden en paquetes de x número de licencias, por ejemplo, en paquetes de 25 licencias como mínimo. Este tipo de licencia NO se puede ceder a terceros ni total ni parcialmente.

Software libre: Las licencias de Software libre se basan en la distribución del código fuente junto con el programa, así como en cuatro premisas:

1ª. La libertad de usar el programa, con cualquier propósito.

2ª. La libertad de estudiar el funcionamiento del programa y adaptarlo a las necesidades.

3ª. La libertad de distribuir copias, con lo que puede ayudar a otros.

4ª. La libertad de mejorar el programa y hacer públicas las mejoras, de modo que toda la comunidad se beneficie.

Hay que dejar bien claro que el que un determinado programa se trate de Software libre no implica en ningún momento que este sea o deba ser gratuito (freeware). Es perfectamente compatible el que se trate de un software libre y a su vez sea un programa comercial, en el que se pida un pago por licencia.

En cuanto a la 3ª premisa (libertad de distribuir copias, con lo que puede ayudar a otros), está siempre supeditada a los acuerdos de licencia de dicho programa (aunque se trate de programas en régimen de *freeware*).

El software libre está sujeto a su vez a una serie de licencias, cada una de ellas con sus respectivas normativas:

- *Licencias GPL:* En las licencias GPL (*Licencia Pública General GNU*, también conocidas como simplemente GNU) el autor conserva los derechos de autor (copyright), y permite la redistribución y modificación, pero controlando que todas las versiones modificadas del software permanecen bajo los términos más restrictivos de la propia licencia GNU GPL. Esto hace que un programa creado con partes no licenciadas GPL y partes GPL tiene que dar como resultado un programa bajo las normas de licencia GPL.

- *Licencias BSD:* El autor mantiene la protección de copyright únicamente para la renuncia de garantía y para solicitar la atribución de la autoría en trabajos derivados, pero permite la libre redistribución y modificación, incluso si dichos trabajos tienen propietario. Este tipo de licencia es compatible con la licencia **GNU GPL**.También permite redistribuir software creado bajo este tipo de licencia como software no libre.

- *Licencias MPL y derivadas:* Este tipo de licencias de Software libre son muy parecidas a las BSD, pero son menos permisivas, aunque sin llegar a los extremos de las licencias GNU GPL, en las que como hemos visto, si utilizas código GPL el desarrollo final tiene que estar licenciado GPL.

- *Copyleft:* El termino Copyleft se puede interpretar como *Copia permitida*, en contraposición a Copyrigth, o *Copia reservada (derechos de autor)*.

En el tema que nos ocupa, se refiere a la autorización por parte del propietario de la licencia para su copia, modificación y posterior distribución, contrariamente a lo que ocurre con el software licenciado bajo los términos de los derechos de autor. Ahora bien, hay que aclarar que el propietario de la licencia bajo términos de Copyleft puede desarrollar una versión de dicho software bajo licencia sujeta a Copyrigth y vender o ceder este software bajo cualquiera de estas licencias, pero sin afectar a las licencias Copyleft ya otorgadas. El propietario de estas licencias puede retirar la autorización de uso de una licencia Copyleft si lo cree oportuno, pero en ese caso está obligado a indemnizar a los poseedores de las licencias en uso de este tipo.

- *Freeware:* Se trata de un tipo de licencia en el que se autoriza el uso del software de forma libre y gratuita, aunque esta sesión pueda ser bajo determinadas condiciones, como por ejemplo que el software incluya algún tipo de publicidad o limitación referente al tipo de usuario al que va destinada. Un ejemplo de esto sería que se autoriza su uso a particulares, pero no a empresas o a organismos oficiales. Este tipo de licencia suele incluir una cláusula en la que se especifica la prohibición de la venta de dicho software por parte de terceros. El software distribuido bajo este tipo de licencia puede ser software libre, pero no tiene por qué serlo.

- *Shareware:* Es un tipo de distribución en el que se autoriza el uso de un programa para que el usuario lo evalúe y posteriormente lo compre. El software con licencia Shareware tiene unas limitaciones que pueden ser de varios tipos. O bien, una limitación en el tiempo de utilización o bien, una limitación en el funcionamiento de sus funciones y opciones, pero suele tratarse de software operativo. Los programas que exigen registrarse para poder utilizarse plenamente se consideran Shareware, aunque esta licencia no implique un pago en metálico.

- *Demo:* Más que de un tipo de licencia, en este caso se trata de la sesión de un programa para su evaluación, pero con unas fuertes limitaciones en su desempeño. Un claro ejemplo de esto es un programa que nos permite ver qué se puede hacer con el, pero que no permite llevar estas acciones a su término o bien juegos que no permiten guardar las partidas o bien programas de gestión que no permiten guardar los datos al cerrarse.

- *Postcardware:* Es un tipo de licencia muy similar al freeware, sólo que suele pedirse el envío de una postal como confirmación de su utilización, aunque la utilización del programa no suele estar supeditada al envío de esta.

- *Donationware:* Al igual que las licencias Postcardware, la licencia Donationware se puede considerar como una variante de la licencia freeware. En este tipo de licencia se le pide al usuario el envío de un donativo para sufragar el desarrollo del programa, si bien no se supedita ni el uso de este ni sus opciones al envío de dicho donativo.

- *Abandonware:* Se trata de software, normalmente con bastante antigüedad, sobre el que sus creadores han liberado el copyright o los derechos de autor. El software afectado por este tipo de licencia suele estar descatalogado y no disponible en tiendas ni otros canales de distribución y venta. Este tipo de licencia se aplica sobre todo a juegos, y si bien tuvo bastante éxito a finales de los 90 y principios de 2000, cada vez tiene menos incidencia. Hay que dejar bien claro que para que un programa o juego se considere Abandonware es imprescindible que el propietario de los derechos haya cedido estos para la distribución gratuita de los mismos y que el mero hecho de que ya no se fabrique o que carezca de soporte técnico o no se distribuya no implica que se pueda considerar como Abandonware. Existen webs especializadas en este tipo de software, que hay que aclarar que NO se trata de software pirata, ya que cuentan con la autorización de los propietarios de dichas licencias para distribuir estos programas.

Hemos visto los diversos tipos de licencia de software que podemos encontrar. A este respecto hay que matizar un punto muy importante. Cuando adquirimos un programa, sea bajo el tipo de licencia que sea, lo que adquirimos es *una licencia de uso*, nunca el programa en sí, estando en todo momento sujetos a las normas y límites que dicha licencia indique. Como norma general se otorga una licencia por punto de uso, salvo que la licencia indique específicamente lo contrario, no pudiendo ser instalado en más puntos que los que la licencia indique. Esto quiere decir que si compramos un programa este solo lo podemos instalar en un ordenador y no en todos los que tengamos, aunque todos sean nuestros.

1.5. GESTORES DE ARRANQUE

Un gestor de arranque es un programa sencillo que tiene como finalidad cargar el sistema operativo preparando todo lo que necesita el sistema operativo para funcionar. Evidentemente no tiene la totalidad de las funcionalidades de un sistema operativo, pero es esencial para que este se cargue de una forma compacta y ordenada. El gestor de arranque suele estar formado por varios programas pequeños que se suman los unos a los otros, hasta que el último de ellos carga el sistema operativo. Habitualmente, el proceso de arranque comienza cuando la unidad central de proceso ejecuta los programas contenidos en una memoria de sólo lectura en una dirección predefinida y se configura la unidad central para ejecutar este programa, sin ayuda externa, al encender el ordenador.

El proceso de arranque se considera completo cuando el ordenador está preparado para contestar a los requerimientos del exterior. El típico ordenador moderno arranca en apenas un minuto, mientras que los grandes servidores pueden necesitar varios minutos para arrancar y comenzar todos los servicios con la finalidad de asegurar una alta disponibilidad y ofrecer los servicios con anticipación.

Los gestores de arranque adquieren mayor importancia cuando existen varios sistemas operativos instalados en el mismo ordenador. Con estos gestores se consigue una optimización de los correspondientes arranques, ya que solo cargan los archivos y órdenes necesarias en cada momento, permitiendo la gestión óptima de recursos en la máquina. También adquieren importancia los gestores de arranque cuando se trabaja en red, ya que se encargan del correcto funcionamiento del sistema en un entorno distribuido.

Existe variedad de gestores de arranque entre los que se encuentran LILO (Linux Loader), GNU GRUB, Trivial File Transfer Protocol (gestor de arranque en red), HPI boot, GAG (gestor de arranque gráfico), PloP Boot Manager, Boot Magic, Boot Start, BootIt Next Generation, etc. A continuación, se muestran las características más importantes de algunos de estos gestores de arranque.

1.5.1. Gestor de arranque GRUB

GRUB (*GRand Unifier Bootloader*) es un gestor de arranque que se carga cuando se inicia la computadora. Permite mantener diferentes sistemas operativos y diferentes versiones de ellos en el mismo disco duro. Por ejemplo, podemos tener Windows y GNU/Linux en la misma computadora. Al iniciar la computadora, GRUB se cargará antes que cualquiera de éstos permitiéndonos elegir cuál iniciar.

El gestor de arranque GRUB viene preinstalado en la mayoría de las distribuciones de GNU/Linux modernas, entre ellas Debian, Ubuntu y sus derivadas. Anteriormente, el gestor de arranque más usado era LILO. El sistema operativo Solaris también ha usado GRUB como gestor de arranque en sistemas x86.

1.5.2. Gestor de arranque LILO

LILO instala un gestor de arranque típico de los sistemas operativos Unix/Linux, aunque permite la convivencia de estos sistemas con sistemas operativos Windows. LILO toma su configuración por omisión del fichero */etc/lilo.conf*, aunque con las opciones de la línea de órdenes se pueden especificar ficheros alternativos.

Cuando el sistema arranca, el cargador de arranque espera 4 segundos a que el usuario apriete la tecla *May* (*Ctrl, Alt* o *AltGr*). Si el usuario no pulsa alguna de estas teclas, se cargará la primera imagen del núcleo. Si el usuario presiona alguna de estas teclas, el cargador de arranque pregunta con qué imagen arrancar. En caso de no recordar las posibles opciones, pulsando [TAB] (o [?] en teclados norteamericanos, lilo presentará un menú de opciones.

El usuario puede ahora seleccionar el núcleo con el que quiere arrancar el sistema. Esto resulta útil en diversas circunstancias; si necesitamos diferentes configuraciones, si vamos a probar un nuevo núcleo recién compilado, o si queremos arrancar el sistema con nuevo sistema de ficheros raíz (en caso de que uno haya hecho alguna estupidez con el sistema de ficheros raíz usual), o arrancar un sistema operativo distinto. El fichero *lilo.conf* puede tener hasta 16 imágenes.

Según muestra el ejemplo anterior, un fichero de configuración comienza con varias opciones globales (las primeras 6 líneas del ejemplo) que afectan a todas las configuraciones particulares, seguido de descripciones de las opciones usadas para las distintas imágenes. Algunas opciones globales pueden también incluirse en la descripción de alguna imagen concreta. En este caso, las opciones especificadas en las descripciones de las imágenes tienen preferencia sobre las opciones globales; es decir, podemos establecer unas características globales y definir un comportamiento particular para una imagen concreta.

1.5.3. Gestor de arranque múltiple BootIt Next Generation

BootIt Next Generation es un gestor de arranque múltiple típico de los sistemas operativos Windows que permite decidir el sistema operativo que se cargará al encender el ordenador. Por otro lado, también sirve para realizar particiones de disco e imágenes del contenido de éstos.

El número de particiones primarias que es posible crear con *BootIt Next Generation* asciende a 200 y el de discos duros que se pueden arrancar desde cualquier partición o volumen asciende a ocho. También puede arrancar dos o más sistemas operativos que estén alojados en la misma partición.

BootIt Next Generation tiene soporte para discos duros de grandes dimensiones, de hasta 2 TeraBytes de capacidad. Las particiones pueden oscilar entre uno y dos TB. Los sistemas de ficheros soportados son FAT, FAT32, NTFS, EXT2, EXT3 y ReiserFS. El arranque se realiza desde un disquete o un disco compacto, ya sea un CD o DVD.

Por último, desde la propia aplicación es posible crear, formatear, redimensionar y eliminar particiones.

Sus características más importantes son las siguientes:

- Es compatible con todas las versiones de Windows.
- Admite las imágenes o particiones IEEE 1394/USB de alta velocidad.
- Admite las unidades de disco duro de gran capacidad (2 TB).
- Cambia el tamaño de las particiones FAT/FAT32.
- Crea y borra las particiones y volúmenes.
- Recupera particiones o volúmenes.
- Crea imágenes (también directamente desde CD).
- Copia y mueve las particiones.
- Gestiona el arranque de múltiples sistemas operativos desde una sola partición.
- Crea particiones primarias de 200.
- Protege el seudónimo y la contraseña del usuario.
- Actualizaciones gratuitas.

1.5.4. Gestor de arranque gráfico GAG

GAG es un programa gestor de arranque que se carga en el momento de arrancar el ordenador y que permite elegir qué sistema operativo, de entre los que haya instalados en el disco duro, se quiere cargar.

Sus características más importantes son las siguientes:

- Permite arrancar hasta 9 sistemas operativos diferentes.

- Puede arrancar sistemas operativos instalados tanto en particiones primarias como extendidas, en cualquiera de los discos duros instalados en el ordenador.

- Puede ser instalado desde casi cualquier sistema operativo.

- No necesita una partición propia, sino que se instala en la primera pista del disco duro, la cual se encuentra, por diseño, reservada para este tipo de funciones. También puede ser instalado en disquete, sin tocar para nada el disco duro.

- Incluye un temporizador que permite arrancar un sistema operativo por defecto.

- La configuración del programa puede ser protegida con clave.

- Todo el programa funciona en modo gráfico (necesita una VGA o superior para funcionar), e incluye multitud de iconos para cada tipo de sistema operativo disponible en PC.

- Oculta particiones primarias de modo que se pueden tener varios sistemas DOS y/o Windows en un mismo disco duro.

- Permite poner claves independientes a cada sistema operativo, para restringir el acceso a cada uno.

- Fácil de traducir a cualquier lengua.

- Puede intercambiar discos duros, permitiendo arrancar desde el segundo disco duro sistemas operativos como MS-DOS.

- Incluye el sistema SafeBoot, que permite seguir arrancando el disco duro incluso en caso de que GAG sea sobrescrito por accidente.

- Soporta varios tipos de teclados internacionales (QWERTY, AZERTY, QWERTZ y DVORAK).

- Soporta discos duros de hasta 4 terabytes (4096 gigabytes).

- Totalmente gratuito (se distribuye bajo licencia GPL con fuentes incluidas).

1.5.5. Gestor de arranque BootMagic

BootMagic es una potente herramienta de gestión de discos que permite ejecutar varios sistemas operativos Windows en un único PC. Cada vez que se inicia o reinicia el PC, BootMagic muestra una lista de sistemas operativos con los que se puede arrancar el equipo. El programa de configuración permite seleccionar rápidamente los sistemas operativos que deben aparecer en el menú de BootMagic y definir diversas opciones de arranque, como el sistema operativo predeterminado y una demora de inicio.

Se puede cambiar de sistema operativo con facilidad y utilizar aquel que se adapte mejor a las necesidades de cada momento. Incluso se tiene la posibilidad de poner a prueba un sistema operativo nuevo sin riesgo de dañar el equipo, con la tranquilidad de que su sistema operativo antiguo permanece intacto y listo para que usted pueda regresar cuando lo necesite.

1.6. CONSIDERACIONES PREVIAS A LA INSTALACIÓN DE SISTEMAS OPERATIVOS LIBRES Y PROPIETARIOS

Antes de proceder a la instalación de un sistema operativo deben tenerse en cuenta los requisitos hardware mínimos exigidos por el sistema. Generalmente, todos los sistemas operativos, en todas sus versiones, ofrecen información acerca de las características hardware mínimas que debe cumplir el equipo en el que se va a instalar. Estas características mínimas suelen hacer referencia a los elementos:

- Tipo y velocidad del procesador.

- Capacidad de la memoria RAM.

- Capacidad del disco duro. Número y tipo de particiones.

- Características de la tarjeta de video.

- Dispositivos necesarios (lector de DVD, tarjeta de red, etc.).

Además de saber si el equipo cumple con los requisitos de hardware exigidos para el funcionamiento del sistema operativo, hay que conocer determinadas características del equipo entre las que destacan las siguientes:

- Los discos, particiones, tipos y sistemas operativos instalados previamente.

- Las particiones que conlleva la instalación del nuevo S.O.

- El diseño final de particiones, con capacidades y tipos, que se pretende conseguir.

Adicionalmente es importante tener información sobre las licencias. Es necesario conocer el tipo de licencia requerido para poder utilizar el sistema operativo conforme a la legislación vigente.

1.7. INSTALACIÓN DE SISTEMAS OPERATIVOS. REQUISITOS, VERSIONES Y LICENCIAS

Habitualmente, las fases para instalar un sistema operativo son las siguientes:

- Preparar el equipo para arrancar desde CD/DVD.

- Preparar el disco duro.

- Ejecutar el programa de instalación.

- Proporcionar el nombre y contraseña del usuario que será administrador del sistema. Seleccionar los componentes software opcionales que queremos instalar.

- Ajustar los parámetros de la red.

- Instalar el gestor de arranque.

- Realizar las actualizaciones de seguridad.

- Instalar los plugins del navegador.

- Instalar los Drivers necesarios para los dispositivos no reconocidos en la instalación.

1.7.1. Preparar el equipo para arrancar desde CD/DVD

Los equipos modernos suelen estar ya preparados para ello. No obstante, si al introducir el CD de instalación, no se ejecutase el programa de instalación, habrá que modificar la configuración de la BIOS, para escoger el CD/DVD como primer dispositivo para el arranque.

Esta operación depende del modelo de placa base/madre del equipo, por lo que de ser posible consultaremos la documentación del fabricante. Normalmente, para acceder a la modificación de la configuración de BIOS, hay que pulsar la tecla "Suprimir", "F2" en los primeros segundos del POST (comprobación del sistema en el encendido). Luego, en la configuración avanzada, debemos cambiar el parámetro BOOT para que el primer dispositivo sea el CD. Esta operación difiere mucho entre distintos ordenadores.

Manipular otros parámetros de la BIOS puede dejar al ordenador inservible. Solicite ayuda a algún experto si no sabe qué hacer. Seleccione la opción de salir sin salvar los cambios (EXIT Without update).

Finalmente, hay que seleccionar la opción salvar cambios y salir (normalmente pulsando F10).

1.7.2. Preparación del disco duro

Esta fase consiste en crear las particiones del tipo necesario para que nuestro S.O. pueda instalarse. En Windows los tipos de particiones que se emplean son FAT32 (Windows 95/98) y NTFS (Windows NT/2000 y XP). En Linux/UNIX, se aceptan muchos más tipos de particiones, siendo el sistema de ficheros más popular el EXT3.

Si queremos instalar un sistema operativo en un disco donde ya haya otro sistema operativo instalado, es muy importante hacer copia de seguridad de los datos importantes antes de proseguir la instalación, ya que existe un alto riesgo de perderlos todos por un error durante el proceso. Una vez hecho esto, tendremos dos opciones:

- Sustituir el sistema operativo anterior

- Instalarlo permitiendo su coexistencia y selección durante el periodo de arranque del ordenador.

Si elegimos la primera opción, suele ser buena idea borrar en el proceso de instalación las particiones antiguas y después crear las nuevas, realizando una comprobación completa de su estado para conocer si hay errores o defectos en el disco.

En el caso de querer hacer una instalación dual, habrá que conseguir espacio suficiente para instalar el nuevo sistema operativo, normalmente restándoselo a las particiones existentes anteriormente para el primer sistema. Esta delicada tarea, suele hacerse con herramientas software especiales, como "Partition Magic" o la libre y gratuita bajo Linux QTParted. En ambos casos, es muy recomendable realizar una sola modificación cada vez y llevarla a efecto, en lugar de programar varias encadenadas.

Los programas instaladores de Linux suelen incorporar herramientas que permiten dicha modificación. No ocurre así en los de Windows, que solo permiten borrar antiguas y crear nuevas. Suele ser muy interesante por motivos de seguridad, crear particiones independientes para guardar los datos de los usuarios (por ejemplo, una unidad D: en Windows, o directorio /home en Linux).

1.7.3. Ejecutar el programa de instalación

Para ello, normalmente bastará con introducir el CD de instalación y volver a encender el equipo con el dentro. Debemos estar atentos a los primeros instantes para leer un posible mensaje de proceder a la instalación y aceptarlo. En caso contrario, bastará con esperar sin hacer nada.

1.7.4. Proporcionar el nombre y contraseña del administrador del sistema

Todo sistema multiusuario que se precie debe tener un responsable de su funcionamiento, mantenimiento y de otorgar permisos de uso del equipo y/o sus recursos a terceros. Es durante la fase de instalación durante la que se especifica la contraseña pare el mismo.

En los sistemas UNIX, el nombre del administrador es siempre "root". En sistemas como Windows, UBUNTU o GuadaLinex, esta labor la lleva el primer usuario creado, hasta que se especifique lo contrario.

1.7.5. Seleccionar los componentes software opcionales que queremos instalar

Muchas distribuciones de S.O. pueden contener software adicional (en ocasiones varios CD o DVDs) que puede ser instalado durante la instalación de este. Es habitual que se nos pregunte por qué selección de programas recomendada o personalizada queremos instalar. Una vez hecho esto, comienza la copia de todos los ficheros necesarios desde los soportes de instalación al disco duro del equipo.

1.7.6. Ajustar los parámetros de la red

Si nuestro equipo va a ser utilizado en una red local o en Internet, habremos de configurar adecuadamente el dispositivo de comunicaciones (normalmente la tarjeta de red). Para ello, necesitaremos obtener la información pertinente del administrador de la red o del proveedor de servicios de Internet que tengamos contratado en su caso.

Lo más común, (y por tanto la instalación por defecto) es que los equipos se configuren de modo que automáticamente consigan el ajuste necesario de la red desde otro equipo que los coordina a todos, mediante un protocolo denominado DHCP (Dinamyc Host Control Protocol). Si es así, no necesitamos hacer nada más.

En caso contrario, deberemos obtener y anotar la información correspondiente para la tarjeta de red formada por parámetros que son combinaciones de 4 números del 0 al 255 separados por puntos. Los más habituales son los siguientes:

- *Dirección IP*: el número que distingue nuestro ordenador en la red para comunicar.

- *Máscara de subred*: un número que ayuda a distinguir si las direcciones que buscamos son de nuestra red local o externos. Normalmente es 255.255.255.0.

- *Puerta de enlace predeterminada*: la dirección I.P. del equipo (por ejemplo, Router) que nos da acceso a otras redes, como por ejemplo Internet.

- *Dirección de un servidor de D.N.S.:* La dirección del equipo que puede informarnos de la dirección IP de otro que solo conocemos por su nombre de dominio. Hacen el trabajo de las "páginas blancas" de Internet. Pueden obtenerse I.P.'s de DNS desde *http://www.bandaancha.st/toolsdns.php*.

1.7.7. Instalar el gestor de arranque

Al instalar el sistema operativo, es necesario incluir en el sector de arranque del Disco Duro (llamado MBR o Master Boot Record), un pequeño programa que nos permite encontrar en qué parte del disco se encuentran los distintos sistemas operativos, y seleccionar uno para comenzar a trabajar cuando encendemos el equipo.

En las instalaciones de Linux, el programa en cuestión suele ser el LILO (Linux Loader) o GRUB (GRand Unified Bootloader).

En Windows, tras su instalación, se destruye el cargador de arranque que estuviese antes, y solo quedará la posibilidad de acceder a dicho sistema operativo. Es por ello muy conveniente que de tener instalado Linux en nuestro ordenador además de Windows, dispongamos de un disquete de arranque que también tenga el GRUB o LiLo en él para poder arreglar el destrozo que provocará la reinstalación de Windows cuando probablemente ocurra.

Si tras instalar Linux, no podemos arrancar el Windows anteriormente instalado (caso poco probable), podremos reponer el de Windows con un disco de arranque de Windows introduciendo por teclado la orden: fdisk /mbr.

Asegúrese de tener antes un disquete o CD de arranque con LiLo o GRUB configurado antes de usar fdisk, o no podrá volver a arrancar Linux después.

1.7.8. Realizar las actualizaciones de seguridad

Probablemente, desde que se publicó la versión de nuestro S.O. hasta el momento de la instalación, se han publicado correcciones del mismo que pueden aplicarse mediante un proceso de actualización a través de Internet, o de discos de "Service Pack" que las contienen cuando ya son muy numerosas.

De no llevarlas a cabo, es muy probable que en poco tiempo tengamos problemas causados por virus, intrusos a través de la red o fallos del propio S.O. desconocidos en el momento de su publicación.

1.7.9. Reiniciar el sistema

Es la fase final de la instalación, y nos mostrará que el sistema está convenientemente instalado. Antes de hacerlo, debemos asegurarnos de que hemos retirado el CD/DVD de instalación, o volveremos otra vez a iniciar el proceso. Si es así, apagamos el equipo y sacamos inmediatamente el CD/DVD en los primeros instantes del arranque.

1.7.10. Instalar los plugins del navegador

Los "plugins" son pequeños programas que añaden otras nuevas funcionalidades, como permitir a nuestro navegador visualizar contenidos y páginas web que no son documentos puros HTML. Los más usados hoy y considerados imprescindibles son:

- JAVA (*http://java.sun.com*) para ejecutar programas interactivos, juegos, chats, etc.

- *Flash Player/Shokwave* (*http://www.adobe.com*) para visualizar contenidos multimedia interactivos desarrollados con programas de dicho fabricante.

- *Adobe Reader* (*http://www.adobe.com*) para visualizar documentos en formato *.pdf* que cada vez están más extendidos.

Normalmente, en Windows, al visitar una página que los emplee, les dirigirá de forma automática a la página donde descargar el plugin para que lo instale.

En Linux, la instalación debe realizarla en administrador, preferentemente mediante el correspondiente paquete de su distribución.

1.7.11. Instalar los Drivers necesarios para los dispositivos no reconocidos en la instalación

Es habitual que, si se instala el sistema operativo, no nos funcione aún o al menos correctamente la impresora, el escáner, la "tarjeta de sonido" la tarjeta gráfica, la tarjeta sintonizadora de TV, etc.

Para que puedan hacerlo, es necesario instalar en nuestro S.O. los DRIVERS de los mencionados dispositivos correspondientes a la versión de nuestro sistema operativo y a ser posible actualizados.

Un "Driver" es un pequeño programa que se encarga de hacer comunicar y funcionar un dispositivo hardware en el S.O. En muchos casos, el propio S.O. los instala, pero debido a la gran variedad de tipos de dispositivos y de fabricantes existentes en la actualidad, es imposible incluirlos todos. Para conseguir los drivers, recurrimos al disco de instalación del dispositivo o a la página WEB del fabricante del mismo (por ej.: HP, EPSON, Nvidia, ATI, CREATIVE, etc.), seleccionando los de nuestro S.O. y versión del mismo. En ocasiones suele ser necesario reiniciar el ordenador (casi siempre en Windows).

1.8. INSTALACIÓN DE WINDOWS SERVER

1.8.1. Requisitos del sistema

Windows server exige unos requisitos mínimos para su instalación cuyo incumplimiento determina la imposibilidad del trabajo con este sistema operativo. Estos requisitos varían según la configuración del sistema y las aplicaciones y características que instale. En los párrafos siguientes se especifican requisitos relativos al procesador, a la memoria RAM y al espacio en disco.

En cuanto al procesador, su rendimiento depende no sólo de la frecuencia de su reloj, sino también del número de núcleos de procesador y del tamaño de caché del procesador. En cuanto a la frecuencia se necesita un mínimo de 1 GHz (para procesadores x86) o 1,4 GHz (para procesadores x64), pero se recomiendan 2 GHz o más rápido. Es necesario un procesador Intel Itanium 2 para Windows server para sistemas basados en Itanium.

En cuanto a la memoria RAM, se necesita un mínimo de 512 MB, pero se recomiendan 2 GB o más. En los sistemas de 32 bits se direcciona un máximo de 4 GB (para Windows server Standard) o 64 GB (para Windows server Enterprise o Windows server Datacenter). En los sistemas de 64 bits se direcciona un máximo de 32 GB (para Windows server Standard) o 2 TB (para Windows server Enterprise, Windows server Datacenter o Windows server para sistemas basados en Itanium).

En cuanto a los requisitos de espacio en disco se necesita un mínimo de 10 GB, siendo recomendables 40 GB o más. En el caso de los sistemas operativos basados en Itanium y x64, los requisitos necesarios diferirán de estos requisitos aproximados. Es posible que se necesite espacio en disco adicional si instala el sistema en una red. Los equipos con más de 16 GB de RAM necesitarán más espacio en disco para los archivos de paginación, hibernación y volcado.

Adicionalmente, se necesita una unidad de DVD-ROM, pantalla Super VGA (800 x 600) o de mayor resolución y teclado y ratón de Microsoft (u otro dispositivo señalador compatible).

Para versiones basadas en x64 de Windows server (a excepción de Windows server para sistemas basados en Itanium), asegúrese de haber actualizado y firmado digitalmente los controladores modo kernel. Si instala un dispositivo Plug and Play, es posible que reciba una advertencia si el controlador no está firmado digitalmente. Si instala una aplicación que contiene un controlador que no está firmado digitalmente, no recibirá ningún error durante la instalación.

En ambos casos, Windows server no cargará el controlador sin firmar. Si no está seguro de si el controlador está firmado digitalmente, o si no puede arrancar el equipo tras la instalación, use el siguiente procedimiento para deshabilitar el requisito de firma de controladores. Este procedimiento permite al equipo iniciarse, y el controlador no firmado se cargará correctamente.

Para deshabilitar el requisito de firma para el proceso de arranque actual, se tendrá en cuenta lo siguiente:

- Reinicie el equipo y, durante el inicio, presione F8.
- Seleccione Opciones de arranque avanzadas.
- Seleccione Deshabilitar el uso obligatorio de controladores firmados.
- Arranque Windows y desinstale el controlador sin firmar.

1.8.2. Versiones de Windows server

Windows server se presenta en cinco ediciones cuyas características generales se especifican a continuación:

- *Windows server Standard.* Sustituto de Windows Server 2003 y enfocado a proporcionar servicios y recursos a otros sistemas en la red. Incorpora capacidades de virtualización y web mejoradas, y está diseñado para aumentar la fiabilidad y flexibilidad de las infraestructuras del servidor. Sus potentes herramientas le ofrecen un mayor control sobre los servidores y le permiten optimizar las tareas de configuración y administración. Además, sus características avanzadas de seguridad contribuyen a una mejor protección de los datos y la red. Permite multiproceso simétrico de dos y cuatro vías y hasta 4 GB de memoria RAM en sistemas de 32 bits o 32 GB en sistemas de 64 bits.

- *Windows server Enterprise.* Windows server Enterprise es una plataforma de nivel corporativo para aplicaciones críticas. La disponibilidad del sistema se ve aumentada mediante funcionalidades como el clúster y la adición de procesadores en caliente. También se mejora la seguridad, gracias a sus funcionalidades de gestión de identidades consolidadas. Además, incluye consolidación de aplicaciones utilizando derechos de licencia para virtualización. Windows server Enterprise es la base para una infraestructura escalable y dinámica. Permite acceso no uniforme a la memoria y hasta 32 GB de memoria RAM en sistemas de 32 bits o 2 TB en sistemas de 64 bits. Admite hasta 8 CPU.

- *Windows server Datacenter.* Se trata del servidor Windows más robusto. Windows server Datacenter es una plataforma de nivel corporativo para aplicaciones críticas y virtualización a gran escala sobre servidores de todo tipo.

   La disponibilidad del sistema se ve incrementada gracias a las posibilidades de configuración en clúster y particionamiento dinámico del hardware. Incorpora consolidación de aplicaciones facilitada por derechos de licencia de virtualización ilimitados. Escala desde 2 a 64 procesadores. Es la plataforma ideal para infraestructuras de virtualización y alto nivel de escalabilidad en entornos de grandes organizaciones. Permite hasta 32 GB de memoria RAM en sistemas de 32 bits o 2 TB en sistemas de 64 bits.

- *Windows Web Server.* Edición de Windows server para la web con funcionalidad basada en las tecnologías de última generación. Se integra con los entornos IIS 7.0, ASP.NET y Microsoft .NET Framework, todos ellos rediseñados en profundidad, por lo que Windows Web Server permite publicar y difundir páginas, sitios, aplicaciones y servicios web en un tiempo mínimo. Windows Web Server no puede funcionar como controlador de dominio, pero puede formar parte de un controlador de dominio. Permite hasta 2 GB de memoria RAM y 2 CPU.

- *Windows server para Sistemas basados en Itanium.* Los sistemas operativos Windows ya nos son compatibles por defecto con los procesadores Itanium de 64 bits (IA-64). Microsoft ha desarrollado una edición en exclusiva para los equipos basados en estos procesadores capaz de proporcionar funciones específicas para ellos. Windows server para sistemas basados en Intel Itanium es una edición optimizada para entornos a gran escala de bases de datos, aplicaciones de línea o de otro tipo, donde se requiere una alta disponibilidad y la capacidad de escalar hasta a 64 procesadores para responder a necesidades críticas.

- Para aquellos clientes que no necesitan virtualización, también están disponibles las ediciones Standard, Enterprise y Datacenter de Windows server sin la tecnología Hyper-V.

Las diferentes ediciones del servidor incluyen las mismas características y herramientas de administración básicas. Por lo tanto, el contenido de este libro será adecuado independientemente de cuál sea la edición de Windows server utilizada.

1.8.3. Licencias de Windows server

Microsoft ha introducido nuevas opciones de licencias con el lanzamiento de Windows server para cubrir las necesidades de los clientes y para complementar las capacidades técnicas de los productos del servidor Microsoft. Éste es uno de los muchos esfuerzos que se realizan para hacer que la suscripción a licencias sea un proceso más consistente, predecible y flexible para nuestros clientes. Las licencias de Windows server se mantienen generalmente invariables con respecto a Windows Server 2003 R2, aunque existen los cambios siguientes:

- *Licencias en entornos virtuales.* Microsoft quiere seguir promoviendo el uso de las tecnologías de virtualización de servidor. Las organizaciones que aplican soluciones de virtualización en sus entornos informáticos pueden aumentar su eficiencia operativa mediante la consolidación de servidores, realojamiento de aplicaciones, soluciones de recuperación ante desastres más eficaces, y un mejor entorno de desarrollo y test de software.

- *Ampliación de los derechos de uso para Windows server Standard como soporte de escenarios de virtualización.* A fin de ampliar las posibilidades de virtualización, Microsoft extiende los derechos de uso para Windows server Standard. Con Windows server Standard, usted puede ahora activar una instancia de software de servidor en el entorno físico del sistema operativo y una instancia del software de servidor en un entorno de sistema operativo virtual.

- *Nuevo Windows server para sistemas basados en el procesador Itanium.* Windows server ofrece un producto independiente para clientes con la plataforma basada en el procesador Intel Itanium. Windows server para sistemas Itanium está diseñado para ser la plataforma alternativa de referencia a los servidores UNIX basados en RISC. Su objetivo es el de mejorar la carga de trabajo de la base de datos y de las aplicaciones a medida y de línea de negocio. Esta concentración en la carga de trabajo es coherente con el uso habitual de los equipos actuales con Windows Server sobre plataforma Itanium. Este producto mantiene el mismo modelo de licencia que Windows server Ed. Datacenter: licencia por procesador más CALs (Licencia de Acceso de Cliente). Las tarifas son también las mismas que para Datacenter de Windows server.

- *Windows Web Server.* Está específicamente diseñado para ser utilizado exclusivamente como servidor web. Los contratos de licencias para Windows Web Server especifican que el software de servidor sólo se utiliza para servicios completos de web con acceso desde internet para páginas web, sitios web, aplicaciones web y servidores de correo electrónico POP3. Además, la licencia de Windows Web Server permite la ejecución de cualquier software de base de datos en el servidor sin limitación en el número de usuarios.

- *Licencia de acceso de cliente y conectores externos para ediciones de Windows server.* Con el lanzamiento de Windows server, se exige la actualización de las CALs y los Conectores Externos para Windows Server, Windows Server Terminal Services y Windows Server Rights Management Services, para tener acceso a las ediciones Windows server. Se han creado nuevas CALs específicas de Windows server. En otras palabras, las CALs y los Conectores Externos (EC) de Windows Server no son válidos para el acceso al software del servidor de Windows server.

1.8.4. Preparación previa a la instalación

Antes de instalar Windows server es necesario realizar la preparación mediante los siguientes pasos:

- *Compruebe la compatibilidad de aplicaciones.* Para ello, puede usar el kit de herramientas de compatibilidad de aplicaciones de Microsoft. Aunque se usa principalmente para proporcionar información de compatibilidad acerca de aplicaciones de red, también sirve para la preparación para Windows server.

- *Desconecte los dispositivos SAI (UPS).* Si tiene conectado un sistema de alimentación ininterrumpida (SAI o UPS) al equipo de destino, desconecte el cable serie antes de ejecutar el programa de instalación. El programa de instalación intenta detectar automáticamente los dispositivos conectados a los puertos serie y los equipos SAI (UPS) pueden causar problemas en el proceso de detección.

- *Realice una copia de seguridad de los servidores.* Las copias de seguridad deben incluir todos los datos y toda la información de configuración que necesita el equipo para funcionar. Es importante que realice una copia de seguridad de la información de configuración de los servidores, sobre todo de aquellos que proporcionan la infraestructura de red, como los servidores DHCP (Protocolo de configuración dinámica de host). Cuando realice las copias de seguridad, no olvide incluir las particiones de arranque y del sistema, así como los datos del estado del sistema. Otra forma de realizar copias de seguridad de la información de configuración es crear un conjunto de copia de seguridad para la recuperación automática del sistema.

- *Deshabilite el software antivirus.* El software de protección contra virus puede interferir en la instalación. Por ejemplo, puede ralentizar en gran medida la instalación al examinar cada uno de los archivos que se copia localmente en el equipo.

- *Ejecute la herramienta de diagnóstico de memoria de Windows.* Debe ejecutar esta herramienta para probar la memoria de acceso aleatorio (RAM) del equipo.

- *Proporcione controladores de dispositivos de almacenamiento.* Si el fabricante proporciona un archivo de controlador independiente, guárdelo en un disquete, CD, DVD o unidad flash USB (bus serie universal) en el directorio raíz del medio o en una de las siguientes carpetas: amd64 para equipos basados en x64, i386 para equipos de 32 bits o ia64 para equipos basados en Itanium. Para proporcionar el controlador durante la instalación, en la página de selección de disco, haga clic en Cargar controlador (o presione F6). Puede buscar el controlador o dejar que el programa de instalación lo busque en el medio.

- *Tenga en cuenta que el Firewall de Windows está activado de manera predeterminada.* Las aplicaciones de servidor que deben recibir conexiones de entrada no solicitadas generarán errores hasta que cree reglas de entrada del firewall para permitirlas. Consulte al fabricante de la aplicación qué puertos y protocolos son necesarios para que la aplicación funcione correctamente.

- *Prepare su entorno de Active Directory con actualizaciones de Windows server.* Antes de poder agregar un controlador de dominio que ejecute Windows server a un entorno de Active Directory que ejecute Windows o Windows Server, debe actualizar el entorno. Para ello, es necesario actualizar el entorno de Active Directory. Si va a llevar a cabo una instalación desatendida, realice este paso antes de instalar el sistema operativo. De otro modo, deberá hacer esto después de ejecutar el programa de instalación y antes de instalar Servicios de directorio de Active Directory. Para desarrollar la actualización del entorno de Active Directory, se tendrá en cuenta lo siguiente:

Para preparar un dominio, inicie sesión en el maestro de infraestructura como miembro del grupo Admins. del dominio, copie el contenido de la carpeta \sources\adprep del DVD de instalación en el propietario de la función de maestro de infraestructura, abra una ventana del símbolo del sistema, desplácese a la carpeta Adprep y ejecute adprep /domainprep /gpprep. Deje que la operación finalice y que los cambios se repliquen. Después de seguir estos pasos, puede agregar controladores de dominio que ejecuten Windows server a los dominios preparados. Aparte de realizar otras tareas, el comando adprep extiende el esquema, actualiza los descriptores de seguridad predeterminados de objetos seleccionados y agrega nuevos objetos de directorio tal como requieren determinadas aplicaciones.

Para preparar un bosque, inicie sesión en el maestro de esquema como miembro del grupo Administradores de empresas, Administradores de esquema o Admins. del dominio y copie el contenido de la carpeta \sources\adprep del DVD de instalación de Windows server en el propietario de la función de maestro de esquema. A continuación, abra una ventana del símbolo del sistema, desplácese a la carpeta Adprep y ejecute adprep /forestprep. Si va a instalar un controlador de dominio de sólo lectura (RODC), ejecute adprep /rodcprep. Deje que la operación finalice y que los cambios se repliquen antes de empezar con el siguiente procedimiento.

1.8.5. Instalación y actualizaciones de Windows server

Para flexibilizar la instalación de servidores es posible utilizar dos métodos de instalación:

1. *Windows server (Instalación completa)*. Esta opción realiza la instalación completa de Windows server. También incluye toda la interfaz de usuario y admite todas las funciones de servidor. El servidor puede configurarse utilizando cualquier combinación de funciones, servicios y características y dispone de una interfaz gráfica de usuario completa para administrar el servidor. Se trata del tipo de instalación más dinámica y está especialmente recomendada en los casos en que la función del servidor cambia con el tiempo.

2. *Windows server (Instalación Server Core)*. Esta opción realiza una instalación de servidor mínima de Windows server, que puede usarse para ejecutar funciones de servidor concretas. Se configura el servidor con tan sólo un conjunto limitado de funciones (AD DS, servidor DNS, servidor DCHP, *servicios* de archivo y de impresión) y con una interfaz de administración reducida (pantalla de inicio de sesión de Windows para iniciar y cerrar sesiones, bloc de notas para editar archivos, regedit para administrar el registro, administrador de tareas para gestionar y ejecutar tareas y el símbolo del sistema para introducir órdenes). Este tipo de instalación es recomendable cuando se quiere utilizar el servidor solamente para un conjunto limitado de funciones en particular. La carga del servidor se reduce al no instalarse funciones ni servicios adicionales fuera de uso que consuman recursos innecesarios. Además, aumenta la seguridad al reducirse la superficie de ataque. El servidor se configura y administra de forma local desde el símbolo del sistema.

Figura 1-10

La elección del tipo de instalación se hace durante el proceso de instalación y ya no es posible volver atrás una vez tomada la decisión. El proceso de instalación comienza automáticamente al introducir el DVD del sistema en la unidad de DVD de la máquina. Se obtiene la pantalla de la Figura 1-10.

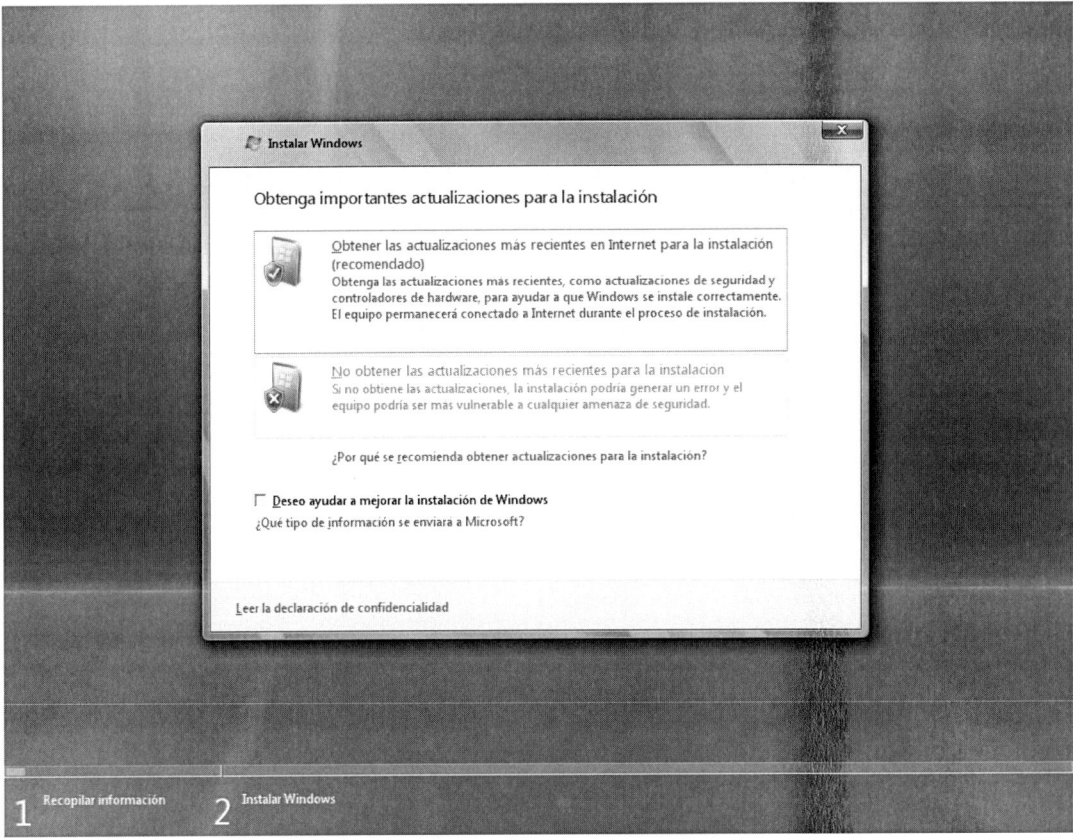

Figura 1-11

Al hacer clic en *Instalar ahora* se obtiene la pantalla de la Figura 1-11 que permite obtener las actualizaciones más recientes en internet para la instalación. Las últimas actualizaciones le ayudarán a garantizar una instalación correcta y pueden ayudarle a proteger su equipo frente a amenazas de seguridad. Las actualizaciones incluyen:

- *Actualizaciones de instalación*: actualizaciones importantes de los archivos de instalación que ayudan a garantizar una instalación correcta.

- *Actualizaciones de controladores*: controladores actualizados o controladores de hardware adicional que ayudan a garantizar que Windows funcionará con el hardware de su equipo.

- *Actualizaciones de Windows*: las últimas actualizaciones importantes de la versión de Windows que va a instalar.

- *Actualizaciones de la herramienta de eliminación de software malintencionado de Microsoft Windows*: actualizaciones de la última versión de esta herramienta, que pueden ayudarle a eliminar software malintencionado, como virus y gusanos, en caso de que se detecten en su equipo.

Si en la Figura 1-11 se hace clic en *Deseo ayudar a mejorar la instalación de Windows*, se participa en el programa para la mejora de la experiencia del usuario de Windows. En este caso, Microsoft recopilará información acerca de su configuración de hardware, el tipo de instalación elegida y errores específicos que se produzcan durante la instalación. Microsoft recopilará esta información independientemente de que la instalación finalice correctamente o no. Estos datos se usarán para identificar tendencias y patrones de uso, como ayuda para determinar las actualizaciones que son necesarias y para identificar posibles mejoras.

La instalación de Windows también proporciona un servicio de informes de errores que supervisa el equipo para detectar problemas que puedan impedir que la instalación se complete correctamente. Si se produce un error, este servicio enviará automáticamente un informe a Microsoft. Los datos de los informes de errores se usan para buscar y solucionar problemas del software que se utiliza. No se usan con fines comerciales. Para solucionar problemas del software, Microsoft recopila información acerca de lo que estaba haciendo dicho software cuando se produjo el problema y datos de la configuración del equipo. Microsoft no recopila datos personales, como nombre, dirección, ni otros datos de contacto.

Cuando se envía un informe de errores, se protege mediante cifrado; por ejemplo, con el protocolo Capa de sockets seguros (SSL). Cuando Microsoft recibe un informe de errores, utiliza diversas tecnologías y procedimientos de seguridad para proteger la información de acceso, uso o divulgación no autorizados. Por ejemplo, almacena los informes de errores que se envían en servidores de acceso restringido. Se concede acceso a los empleados, contratistas y proveedores de Microsoft que necesiten usar los datos de los informes de errores. Si se envía esta información a Microsoft, es más fácil mejorar la calidad, la confiabilidad y el rendimiento de la instalación de Windows.

Una vez elegidas las opciones adecuadas en la Figura 1-11, pulse *Intro* para obtener la pantalla de la Figura 1-12 que informa de la búsqueda de las actualizaciones para la instalación.

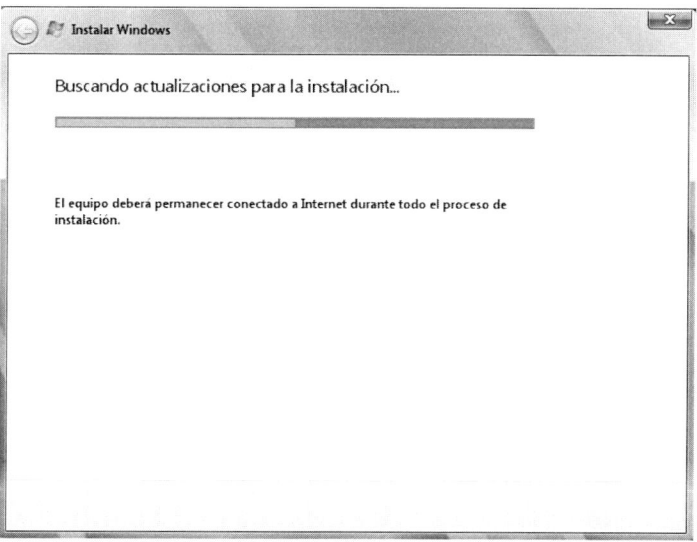

Figura 1-12

Una vez instaladas las actualizaciones, se obtiene la pantalla de la Figura 1-13 en la que hay que escribir la clave del producto para realizar la activación. La activación permite comprobar que la copia de Windows es auténtica y no ha sido usada en más equipos que los permitidos por los términos de licencia del software de Microsoft. De esta manera, la activación permite evitar la falsificación de software. Con una copia activada de Windows es posible usar todas las características de Windows. Microsoft no usa la información recopilada durante la activación para ponerse en contacto con los clientes. Después de instalar Windows se dispone de 30 días para activarlo en línea o por teléfono. Si una vez transcurrido este período de 30 días no se completa la activación, Windows dejará de funcionar.

Si esto sucede, no será necesario crear archivos nuevos ni guardar cambios en los existentes. Se recupera el uso total del equipo cuando se active la copia de Windows. Si se elige activar Windows en línea automáticamente, la activación automática empezará a intentar activar la copia de Windows tres días después de haber iniciado sesión por primera vez.

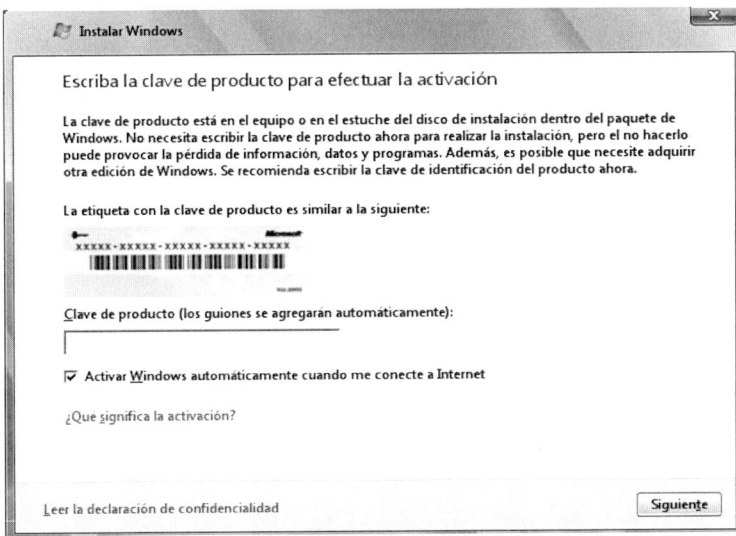

Figura 1-13

Después de introducir la clave del producto en la Figura 1-13, se pulsa *Siguiente* para obtener la pantalla de la Figura 1-14 en la que elegiremos entre instalación completa e instalación Server Core. Elegimos *instalación completa* y al pulsar *Siguiente* será necesario aceptar los términos de licencia de Microsoft (Figura 1-15).

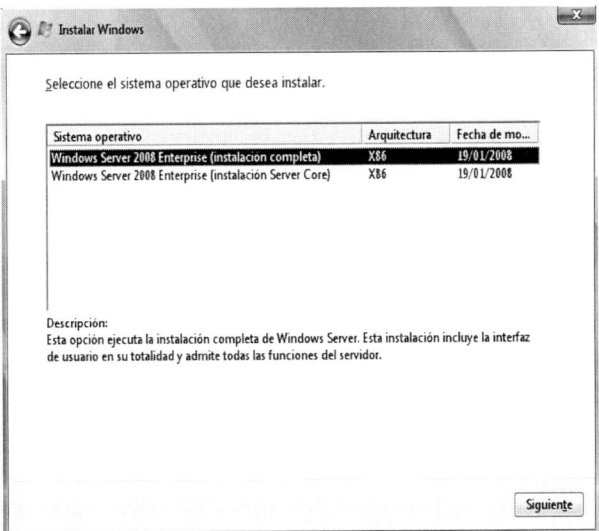

Figura 1-14

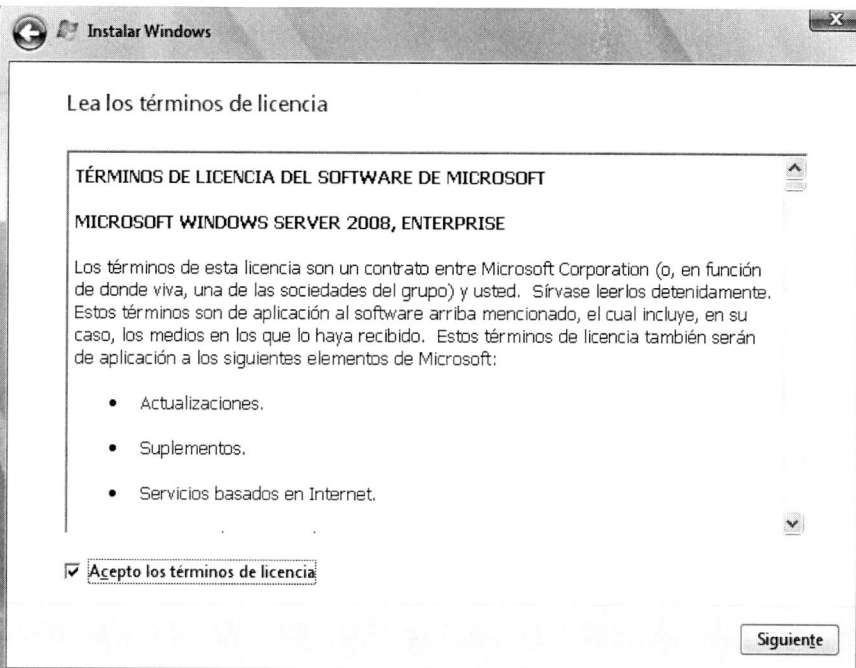

Figura 1-15

Al pulsar *Siguiente* en la Figura 1-15, se obtiene la pantalla de la Figura 1-16 en la que hay que elegir entre realizar una actualización de un sistema operativo previo manteniendo los archivos, la configuración y los programas actuales o realizar una instalación personalizada avanzada que instala una copia limpia de Windows sin conservar archivos, configuraciones ni programas del sistema operativo anterior.

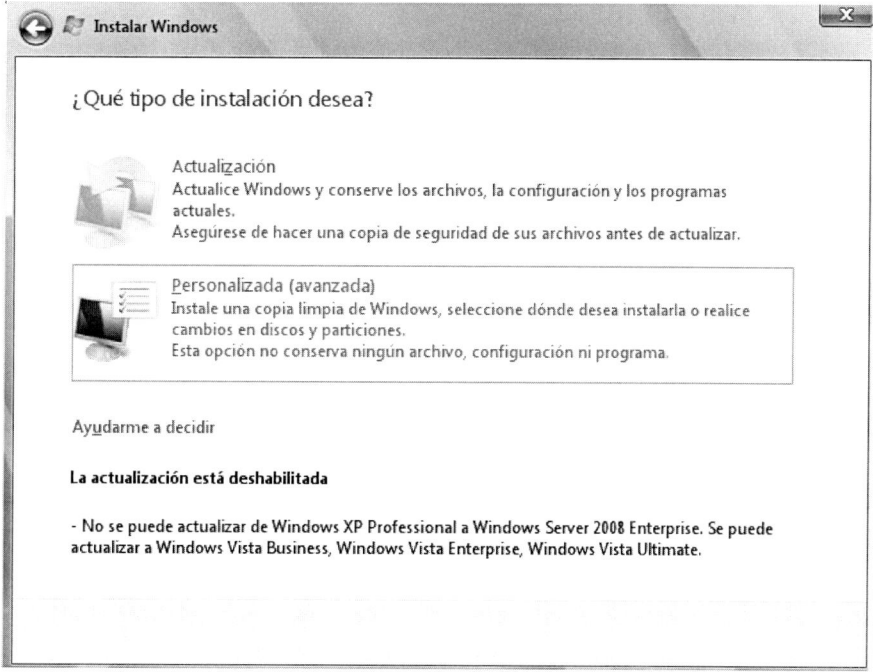

Figura 1-16

1.8.6. Instalación limpia

Si en la Figura 1-16 elegimos la opción *Personalizada (avanzada)*, se realiza una instalación limpia de Windows server en una unidad o partición específica, que eliminará la información contenida actualmente en la unidad o partición que elija. Este tipo de instalación es óptima si se desea formatear, ampliar, crear o eliminar particiones o si el equipo no tiene sistema operativo. También es adecuado este tipo de instalación si se desea configurar un sistema de arranque múltiple en el equipo, o bien, si se desea eliminar los archivos y la configuración actuales y empezar desde el principio. Para realizar cualquier tipo de instalación, es necesario iniciar sesión con privilegios de administración.

Si el equipo dispone de un único disco duro con una sola partición (en la que está instalado el sistema operativo antiguo, los datos, los programas, etc.), se seleccionará toda la partición por defecto como partición principal (Figura 1-17) y se pulsa *Siguiente* para instalar el nuevo sistema operativo en ella.

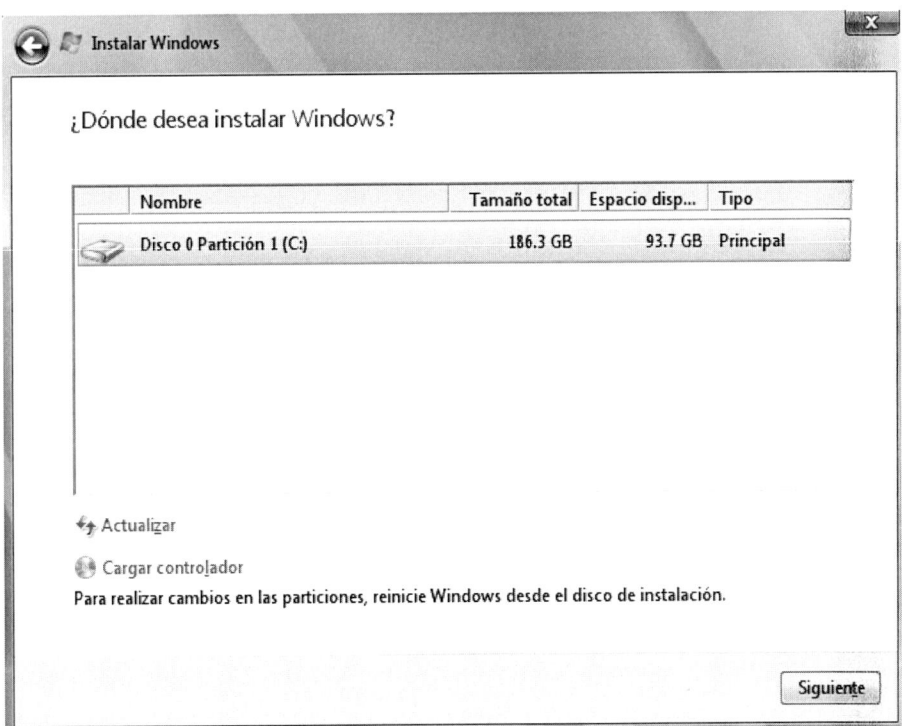

Figura 1-17

Si el equipo dispone de varios discos duros, sólo de uno con varias particiones o de un disco sin asignar, será necesario seleccionar en qué partición se instala el sistema operativo o bien crear una nueva y formatearla. También se puede extender o eliminar una partición ya existente. En estos casos aparecen las opciones *Actualizar, Eliminar, Dar formato, Nuevo, Cargar controlador* y *Extender particiones del disco durante la instalación* (Figura 1-18).

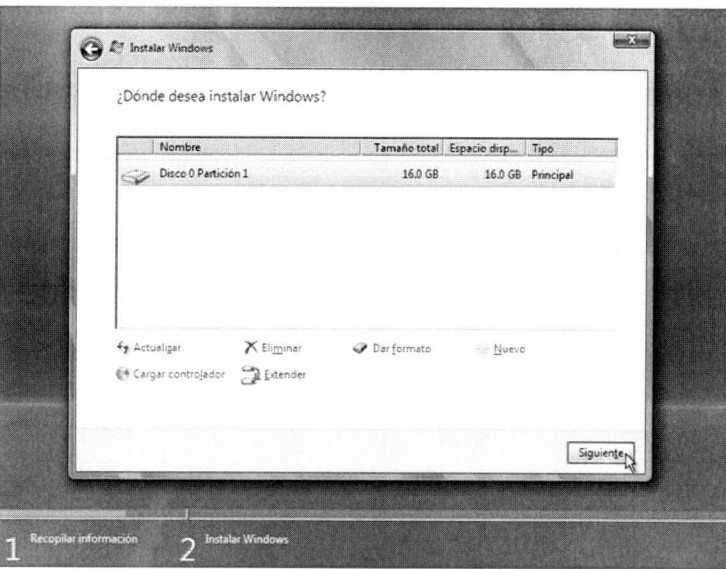

Figura 1-18

Si el disco no está listo (disco virgen, etc.), será necesario crear una o más particiones en él con un tamaño dado para prepararlo (Figura 1-19). No se pueden utilizar particiones FAT ni FAT32, lo que indica que hay que dar formato NFS a las particiones que se creen.

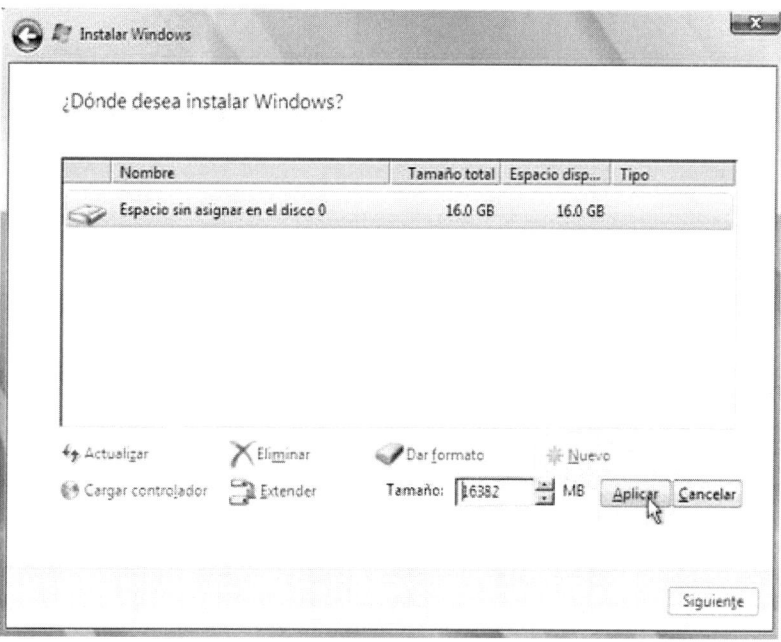

Figura 1-19

Si la partición contiene una copia previamente instalada de Windows, el programa de instalación informará de que los archivos y carpetas de la instalación anterior se moverán a la carpeta *Windows.old* cuyos datos podrán ser consultados, pero que ya no se podrá volver a usar la versión anterior de Windows (Figura 1-20). Al pulsar Aceptar, comienza el proceso de instalación mediante las fases que se indican en la Figura 1-21. El programa de instalación copia una imagen del disco de Windows server en la ubicación seleccionada, extrae su contenido, instala las características que dependen de la configuración y el hardware que se haya detectado en el equipo y después de varios reinicios configura el equipo (Figura 1-22) y completa la instalación del sistema operativo (Figura 1-23).

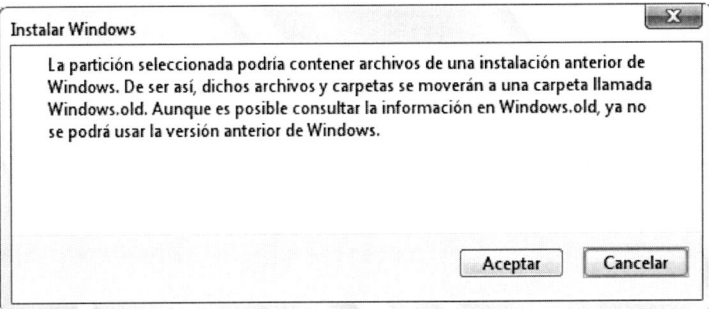

Figura 1-20

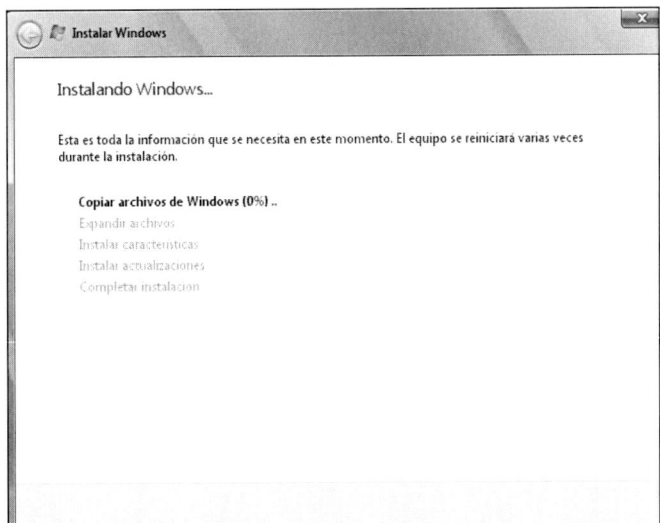

Figura 1-21

Figura 1-22

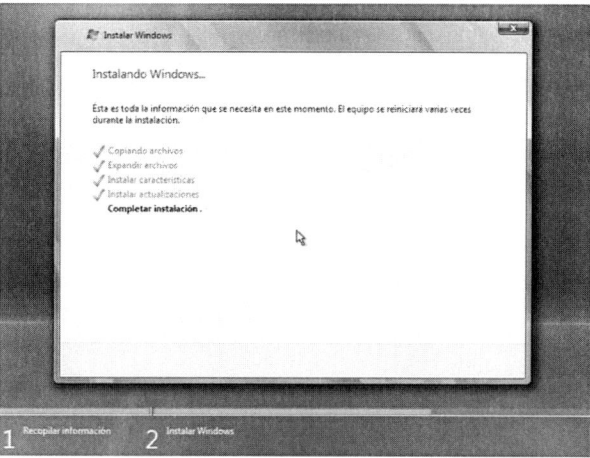

Figura 1-23

Finalizada la instalación, es necesario asignar un nombre de usuario y una contraseña de administrador antes de iniciar la sesión por primera vez (Figuras 1-24 a 1-26).

Figura 1-24

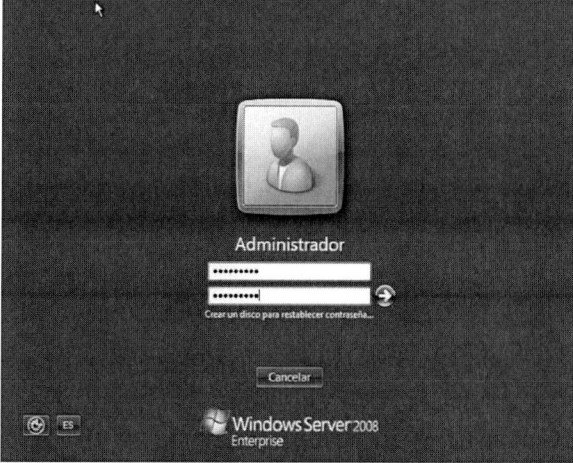

Figura 1-25

Figura 1-26

Una vez cambiada adecuadamente la contraseña, se inicia el proceso de preparación del escritorio (Figura 1-27) finalmente, aparece el escritorio de Windows server (Figura 1-28).

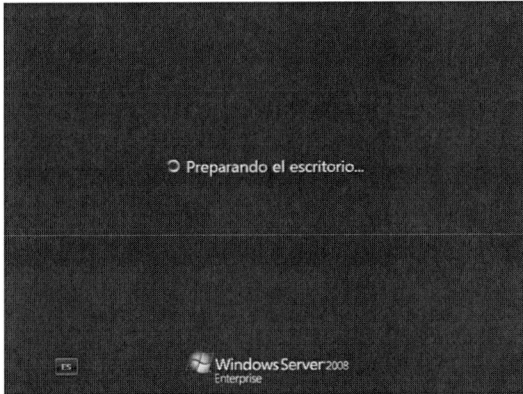

Figura 1-27

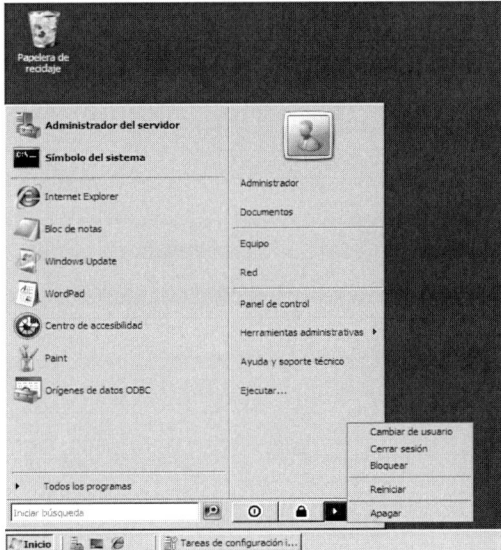

Figura 1-28

1.9. ACTUALIZACIÓN DE SISTEMAS OPERATIVOS Y APLICACIONES

Cuando se instala un sistema operativo hay que tener presente la posibilidad de actualizar la versión ya existente o instalarlo completamente nuevo. La mayoría de los programas instaladores de sistemas operativos ofrecen las dos opciones cuando la actualización es posible. No todas las versiones son siempre actualizables. E incluso, la posibilidad de actualización puede depender de la licencia que se adquiera. Asimismo, la instalación de una nueva versión de sistema operativo conlleva también la actualización de las aplicaciones más típicas asociadas con el sistema.

1.9.1. Actualización y migración de aplicaciones en Windows server. Actualizaciones automáticas

Si en la Figura 1-7 elegimos la opción *Actualización*, se realizará una instalación limpia y, a continuación, se desarrolla la migración de la configuración de usuarios, documentos y aplicaciones de la versión anterior de Windows. El programa de instalación trasladará las carpetas y los archivos de la versión anterior de Windows a la carpeta *Windows.old*, pero la versión anterior de Windows dejará de funcionar. Hay que tener presente que no se puede actualizar a Windows server Enterprise desde Windows XP Profesional.

Windows server presenta la consola *Tareas de configuración inicial* (Figura 1-29) al concluir la instalación del sistema operativo. En el cuadro de diálogo *Habilitar comentarios y actualizaciones automáticas de Windows* (Figura 1-30) que se obtiene al hacer clic en *Habilitar comentarios y actualizaciones automáticas* en la Figura 1-29, podemos utilizar la opción por defecto *Habilitar comentarios y actualizaciones automáticas de Windows (recomendado)*, que registra el equipo en los tres programas siguientes utilizando la configuración predeterminada en cada uno de ellos:

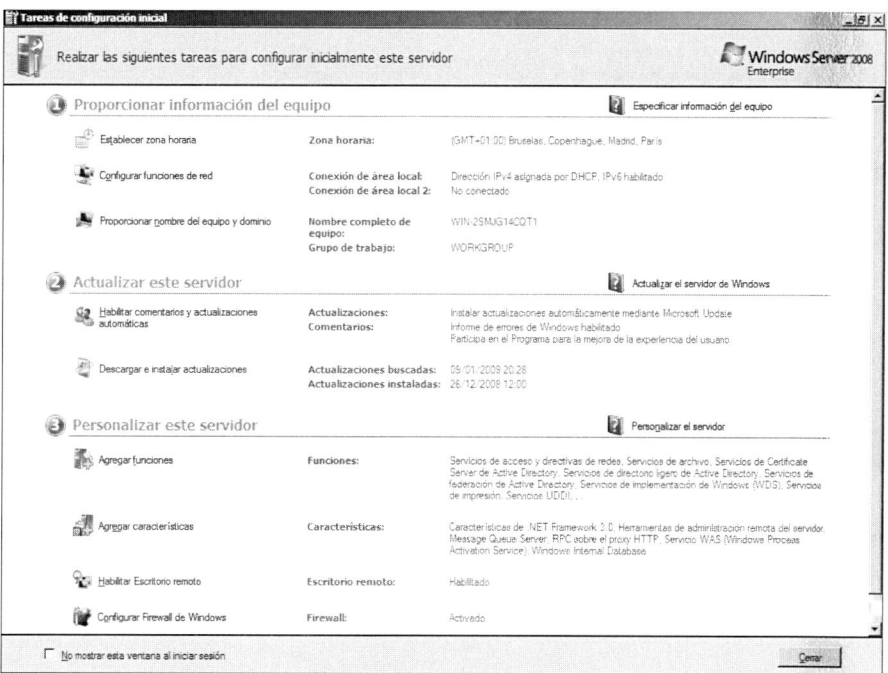

Figura 1-29

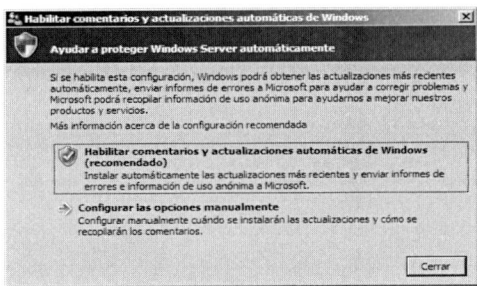

Figura 1-30

- *Actualizaciones automáticas de Windows*. Busca en el sitio web de Microsoft Update las actualizaciones disponibles para el sistema operativo del equipo y, según sus preferencias, puede instalar las actualizaciones automáticamente o esperar a instalarlas cuando conceda su autorización. La configuración recomendada es *Instalar actualizaciones automáticamente*.

- *Informes de errores de Windows*. Permite que Windows envíe a Microsoft descripciones de los problemas que se producen en el servidor y buscar los pasos que puede seguir para solucionarlos. Informe de errores de Windows está habilitado de forma predeterminada, con el valor *Sí, enviar automáticamente informes de resumen. Notificarme si hay posibles soluciones al problema*.

- *Programa para la mejora de la experiencia del usuario*. Microsoft Corporation recopila información estadística sobre la configuración del sistema, el rendimiento de algunos componentes de Windows y determinados tipos de eventos. Windows carga periódicamente un pequeño archivo en Microsoft que contiene un resumen de la información recopilada. La configuración recomendada y predeterminada del programa para la mejora de la experiencia del usuario es Sí, deseo participar en el CEIP de Windows Server.

   Para configurar a medida las actualizaciones automáticas de Windows desde la ventana *Tareas de configuración inicial*, se tendrá en cuenta lo siguiente:

- En el cuadro de diálogo *Habilitar comentarios y actualizaciones automáticas de Windows* (Figura 1-30), haga clic en *Configurar manualmente*. Se obtiene la Figura 1-31.

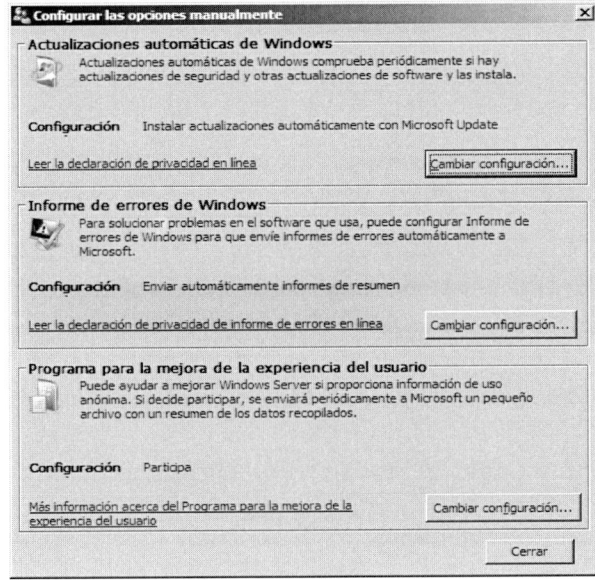

Figura 1-31

- En el área de *Actualizaciones automáticas de Windows* de la Figura 1-31, haga clic en *Cambiar la configuración*. Se obtiene la pantalla *Cambiar la configuración* (Figura 1-32).

- De forma predeterminada, *Instalar actualizaciones automáticamente* está seleccionado en el cuadro de diálogo *Cambiar la configuración*. Seleccione una de las siguientes configuraciones restantes para cambiar la configuración predeterminada:

  — *Descargar actualizaciones, pero permitirme elegir si deseo instalarlas.* Actualizaciones automáticas de Windows descarga las actualizaciones automáticamente, pero le permite revisar las actualizaciones descargadas y decidir instalar sólo las que le interesan.

  — *Buscar actualizaciones, pero permitirme elegir si deseo descargarlas e instalarlas.* Actualizaciones automáticas de Windows comprueba si existen actualizaciones y le informa de que existen actualizaciones mediante un icono de alerta en el escritorio, pero sólo descarga e instala las actualizaciones que elija.

  — *No buscar actualizaciones (no recomendado).* Actualizaciones automáticas de Windows no busca ni instala actualizaciones si no hace clic en *Descargar e instalar actualizaciones* en la ventana *Tareas de configuración inicial* o abre *Actualizaciones automáticas de Windows* en el Panel de control y establece manualmente que *Actualizaciones automáticas de Windows* instale las actualizaciones.

- En el área *Actualizaciones recomendadas*, si desea que *Actualizaciones automáticas de Windows* identifique las actualizaciones recomendadas o más críticas, seleccione *Incluir las actualizaciones recomendadas* cada vez que se descarguen o instalen actualizaciones, o cada vez que reciba una notificación sobre ellas.

- Haga clic en *Aceptar* para guardar los cambios y cerrar el cuadro de diálogo *Cambiar la configuración*.

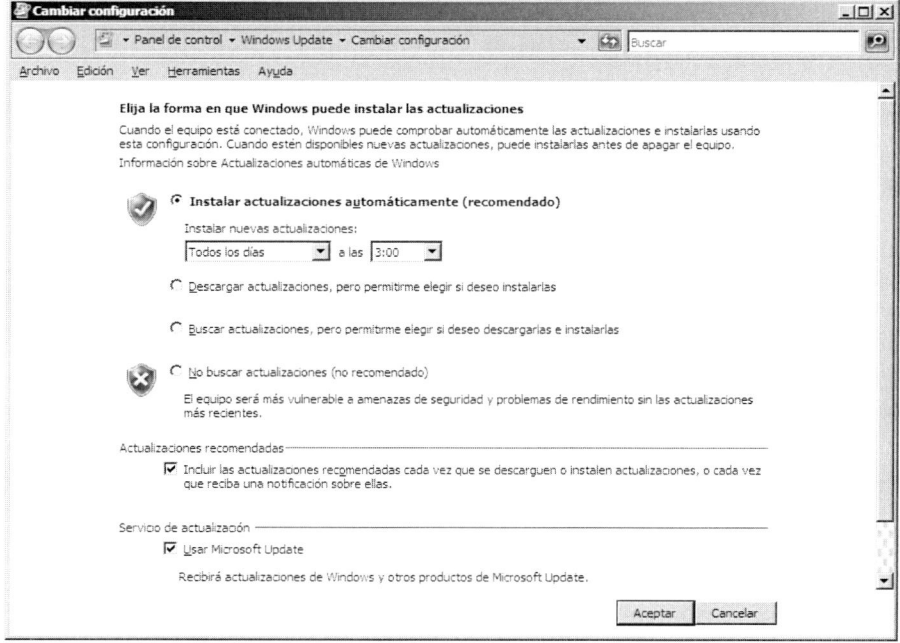

Figura 1-32

Actualizaciones automáticas de Windows proporciona actualizaciones de alta prioridad, entre las que se incluyen actualizaciones de seguridad y otras actualizaciones críticas que pueden ayudarle a proteger el equipo. Es conveniente visitar el sitio web de Microsoft Update de forma periódica para obtener actualizaciones opcionales, como actualizaciones de software y hardware recomendadas, que pueden mejorar el rendimiento del equipo.

Mediante la opción *Informe de errores de Windows* de la pantalla *Configurar las opciones manualmente* (Figura 1-31), Windows puede enviar a Microsoft descripciones de problemas que se produzcan en el servidor y buscar los procedimientos necesarios para solucionarlos. *Informe de errores de Windows* se encuentra habilitado de forma predeterminada. Si decide enviar automáticamente información genérica acerca de un problema, Microsoft le devolverá la solución más reciente que exista o usará esta información para empezar a trabajar en una solución.

Las dos siguientes opciones del cuadro de diálogo *Configuración de Informe de errores de Windows* (Figura 1-33) que se obtiene al hacer clic en *Cambiar configuración* en la opción *Informe de errores de Windows* en la Figura 1-31, deshabilitan Informe de errores de Windows:

- *No deseo participar; no volver a preguntar*. Esta opción deshabilita Informe de errores de Windows e impide que le pregunte si desea enviar a Microsoft información acerca de los errores de aplicación.

- *Preguntarme si deseo enviar informes cada vez que se produzca un error*. Esta opción deshabilita *Informe de errores de Windows*, pero le preguntará si desea enviar información a Microsoft acerca de los errores de aplicación cada vez que se produzcan.

Las dos siguientes opciones del cuadro de diálogo *Configuración de Informe de errores de Windows* (Figura 1-33) habilitan *Informe de errores de Windows*. Cada una de ellas ofrece un nivel de detalle diferente con respecto a la información que se envía a Microsoft cuando se producen errores.

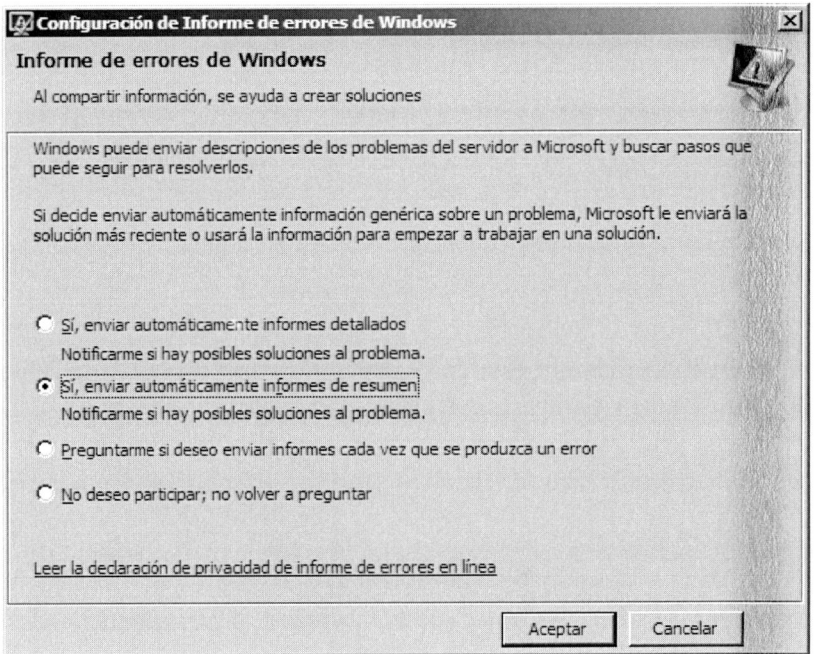

Figura 1-33

- *Sí, enviar automáticamente informes detallados*. Notificarme si hay posibles soluciones al problema. Si se selecciona esta opción, cuando se produzca un error de aplicación, se enviarán automáticamente informes detallados a Microsoft. En los informes pueden incluirse partes de los documentos con los que estaba trabajando en el momento en que se produjo el error del programa o los datos que proporcionó en formularios o sitios web. También puede enviarse a Microsoft el contenido de archivos de registro y partes del registro.

- *Sí, enviar automáticamente informes de resumen*. Notificarme si hay posibles soluciones al problema. Si se selecciona esta opción, cuando se produzca un error de aplicación, sólo se enviarán a Microsoft datos de carácter no personal. Pueden enviarse a Microsoft datos acerca de la configuración del equipo, el programa con el que estaba trabajando y las operaciones que desencadenaron el error.

La opción *Cambiar configuración* de *Programa para la mejora de la experiencia del usuario* en la Figura 1-31 nos lleva a la Figura 1-34, cuya opción *Sí, deseo participar en el CEIEP de Windows Server* permite habilitar el *Programa para la mejora de la experiencia del usuario*. Si da su consentimiento, Microsoft Corporation recopila información estadística acerca de la configuración de su sistema, el rendimiento de algunos componentes de Windows y determinados tipos de eventos. Windows envía periódicamente a Microsoft un pequeño archivo con un resumen de la información recopilada. Este archivo se transmite a través de internet. Los datos que se envían no incluyen información que permita identificar al usuario o a su compañía. No tendrá que completar encuestas, y todo el proceso se realizará automáticamente y sin interrupciones. No debería experimentar ninguna pérdida de rendimiento. Si su equipo no está conectado a internet, los datos se descartan. Microsoft no comparte esta información con otras compañías, sino que la acumula para uso propio con el objeto de mejorar el software de los clientes. De esta forma se ayuda a Microsoft a mejorar la calidad, confiabilidad y rendimiento de sus sistemas operativos. La opción *No, no deseo participar*, deshabilita la participación del usuario en el Programa para la mejora de la experiencia del usuario (CEIP).

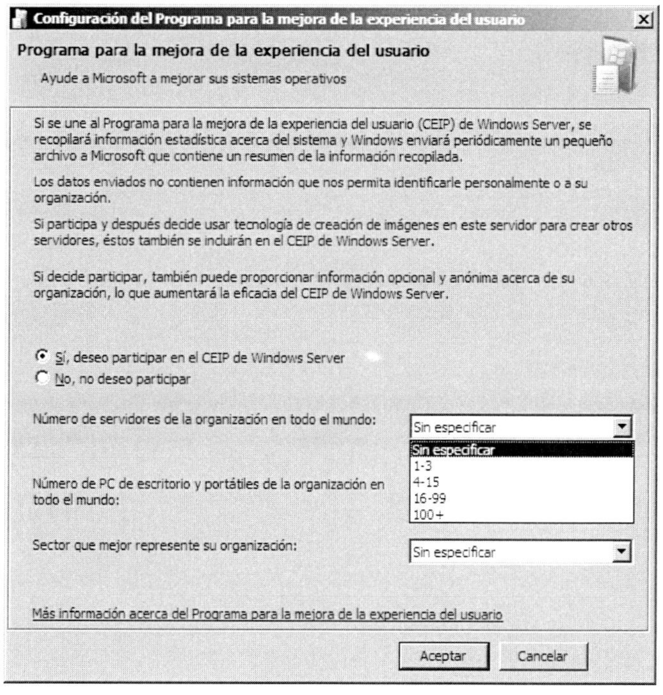

Figura 1-34

Si se decide participar en el CEIP, se podrá agregar un perfil que proporcione a Microsoft más información acerca del tipo de empresa en la que se está implementando el servidor. Para ello, se usan los menús desplegables de la parte inferior de la Figura 1-34 en los que se seleccionan los valores que mejor representen a la empresa cliente relativos a:

- *Número de servidores de la organización en todo el mundo.* Seleccione el intervalo numérico que más se aproxime al número de servidores de la organización.

- *Número de PC de escritorio y portátiles de la organización en todo el mundo.* Seleccione el intervalo numérico que más se acerque al número total de equipos de escritorio y portátiles de la organización.

- *Sector que mejor represente su organización.* Si ninguna de las opciones representa correctamente el sector de su organización, seleccione *Otros servicios*.

1.9.2. Descargar e instalar actualizaciones

El sitio web de Microsoft Update ejecuta una herramienta automatizada que identifica el software que se instaló como parte del sistema operativo Windows server para el que hay disponible una versión más reciente.

Cuando hay actualizaciones disponibles, el sitio le indica que elija las actualizaciones que desea instalar. Para descargar e instalar las actualizaciones, se tendrá en cuenta lo siguiente:

- En la ventana *Tareas de configuración inicial*, haga clic en *Descargar e instalar actualizaciones* (Figura 1-29).

- En el cuadro de diálogo *Actualizaciones automáticas de Windows* (Figura 1-35), haga clic en *Buscar actualizaciones*.

- Se produce la conexión con la herramienta basada en web de *Actualizaciones automáticas de Windows* y se comprueba si están instaladas las versiones actuales de los componentes del sistema operativo Windows.

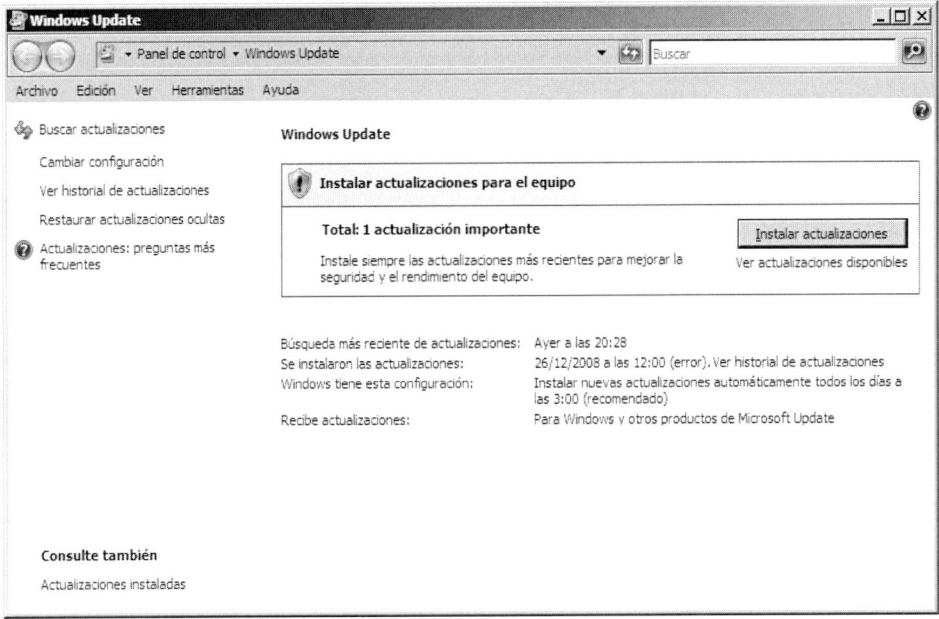

Figura 1-35

Para poder descargar las actualizaciones o configurar las actualizaciones automáticas de Windows, el equipo deberá tener disponible una conexión a internet.

1.10. INSTALACIÓN/DESINSTALACIÓN DE APLICACIONES

Cuando se instala un sistema operativo hay que tener presente la posibilidad de instalar aplicaciones adicionales asociadas con el sistema y que enriquecen su funcionamiento. La disponibilidad de estas aplicaciones opcionales depende de la versión y tipo de licencia del sistema. Será necesario buscar un equilibrio entre la cantidad de memoria que utilizarán estas aplicaciones adicionales, su utilidad real y el rendimiento óptimo del sistema.

En el caso de Windows server, la instalación básica puede enriquecerse con aplicaciones adicionales denominadas funciones y características.

1.10.1. Agregar funciones al servidor en Windows server

En Windows server, puede agregar funciones al servidor con el *Asistente para agregar funciones*.

El *Asistente para agregar funciones* simplifica el proceso de instalación de funciones en el servidor y le permite instalar varias funciones a la vez. Ya no es necesario que abra *Agregar* o quitar componentes de Windows varias veces para instalar todas las funciones, servicios de función y características que desea en su servidor. Con una sola sesión del *Asistente para agregar funciones* puede completar la configuración del servidor.

El *Asistente para agregar funciones* verifica que todos los componentes de software necesarios para una función se instalen con cualquier función que seleccione en el asistente. Si es necesario, el asistente le indicará que apruebe la instalación de otras funciones, servicios de función o componentes de software que son necesarios para las funciones seleccionadas.

La mayoría de las funciones y los servicios de función que están disponibles para la instalación requieren tomar decisiones durante el proceso de instalación con las que se determina el funcionamiento de la función en su empresa. Por ejemplo, *Servicios de federación de Active Directory (ADFS)* requiere la instalación de un certificado.

Se puede iniciar el *Asistente para agregar funciones* desde la ventana *Tareas de configuración inicial* haciendo clic en *Agregar funciones* en la Figura 1-29. Se obtiene la Figura 1-36 que describe básicamente la función del asistente. Al pulsar en *Siguiente*, se obtiene la Figura 1-37 en la que elegimos las funciones del servidor a agregar (como ejemplo, agregamos la función *Windows Server Update Services*). Se pulsa *Siguiente* y aparece una descripción de la función (Figura 1-38).

Al pulsar *Siguiente*, se pide una confirmación de la instalación de la función elegida (Figura 1-39). Al hacer clic en *Instalar*, comienza el proceso de instalación de la función (Figura 1-40). Puede ocurrir que la función necesite un asistente específico para ser instalada como en el caso que nos ocupa (figuras 1-41 a 1-50).

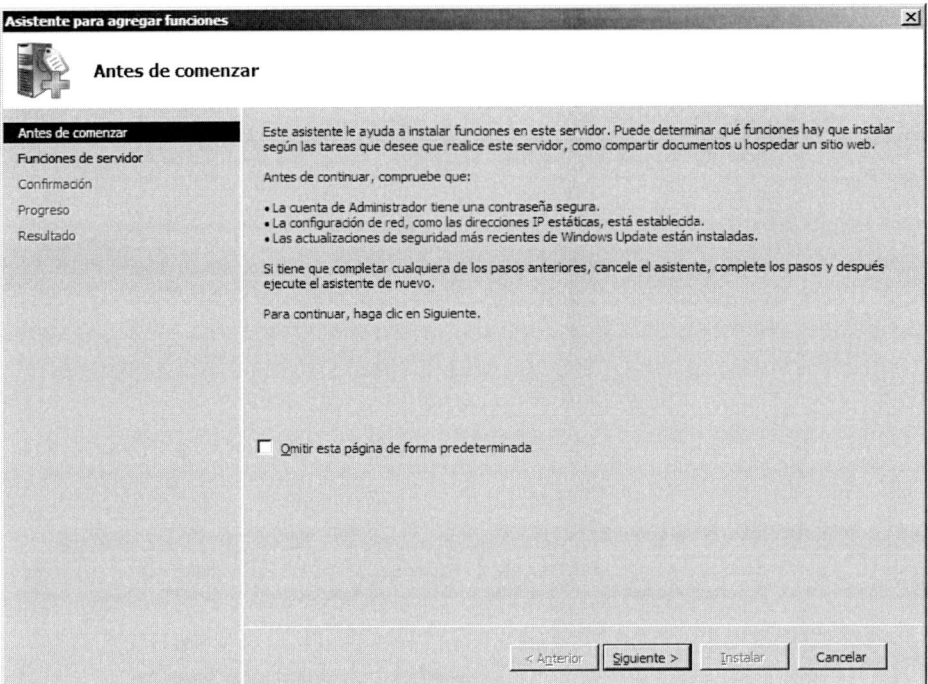

Figura 1-36

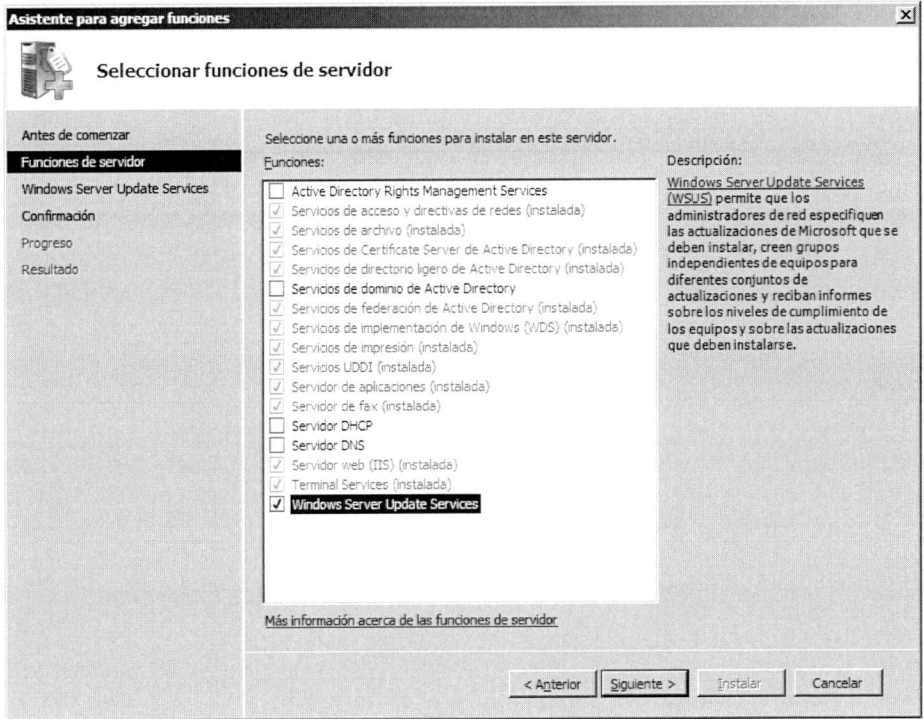

Figura 1-37

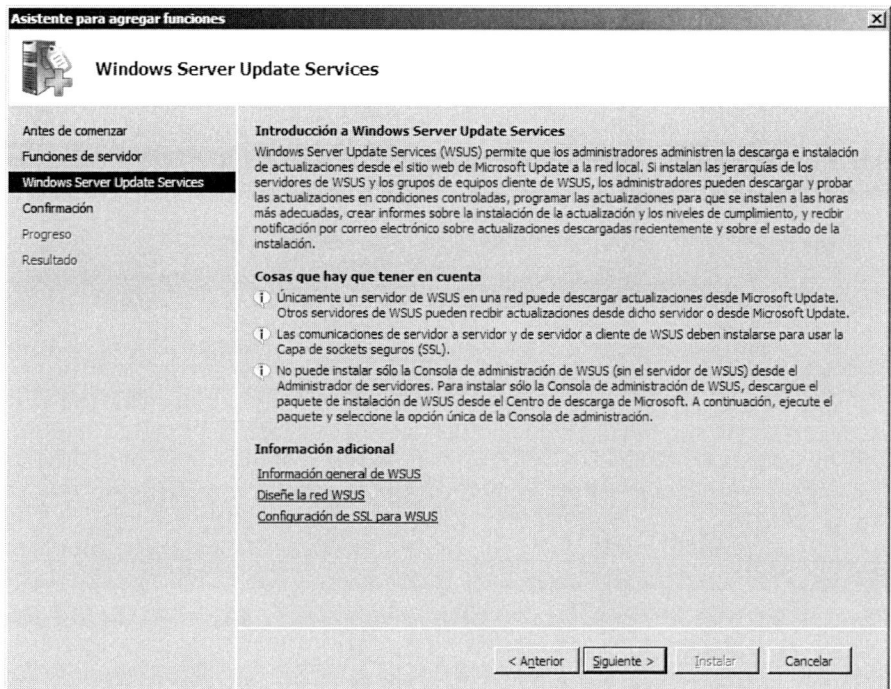

Figura 1-38

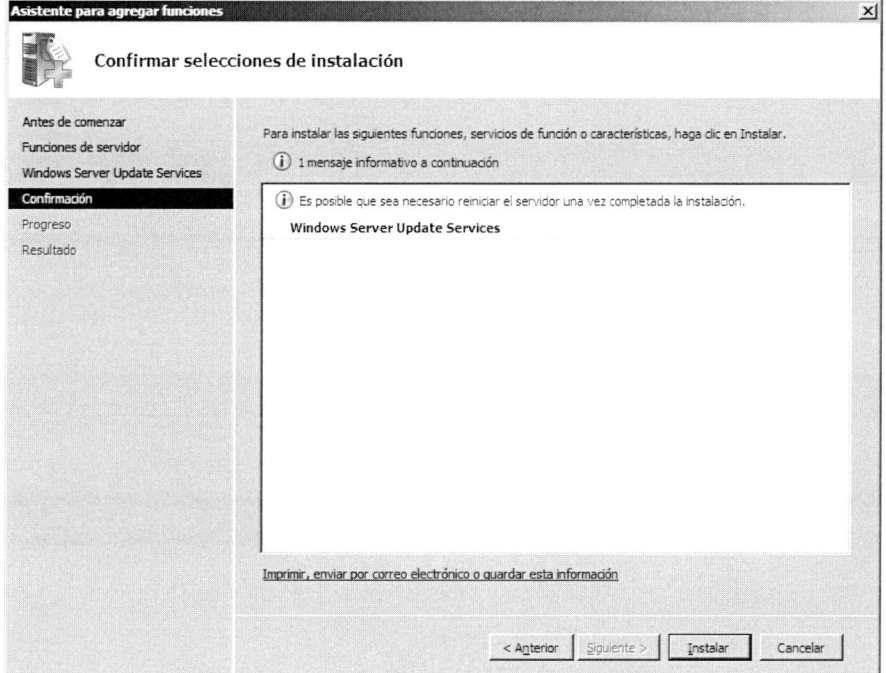

Figura 1-39

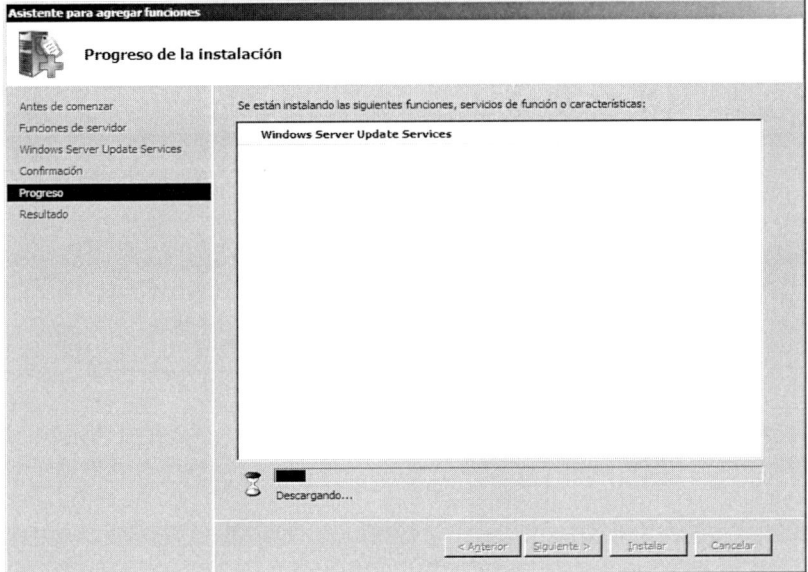

Figura 1-40

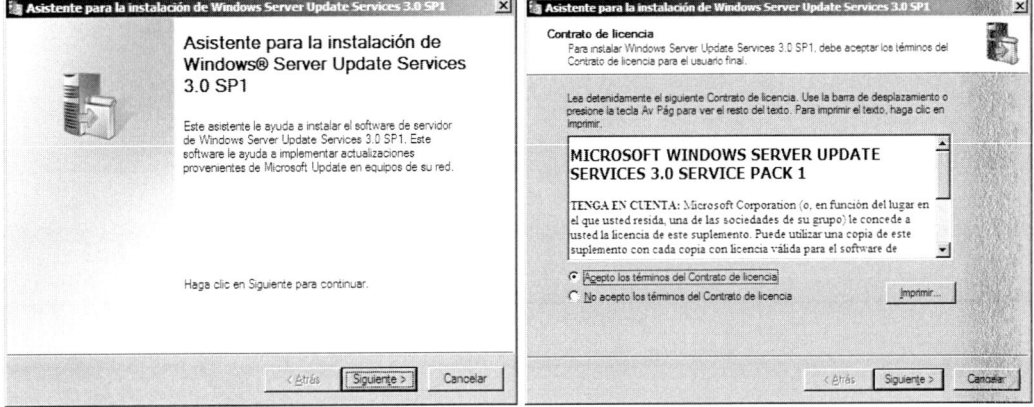

Figura 1-41

Figura 1-42

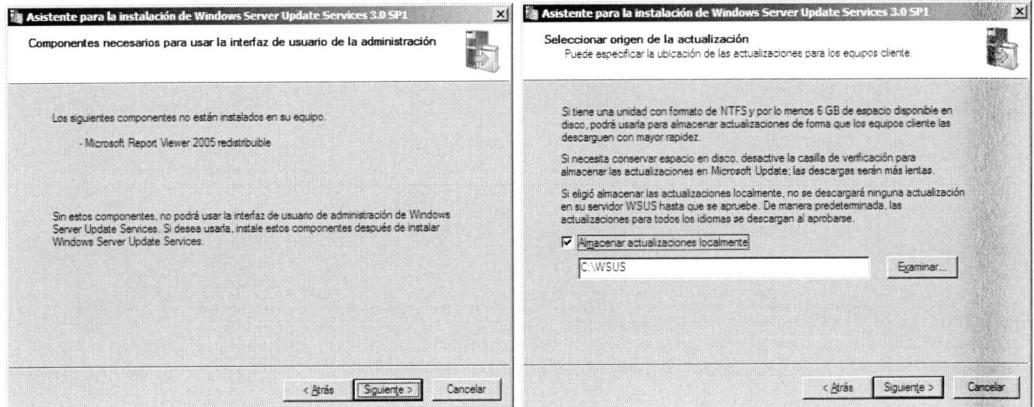

Figura 1-43

Figura 1-44

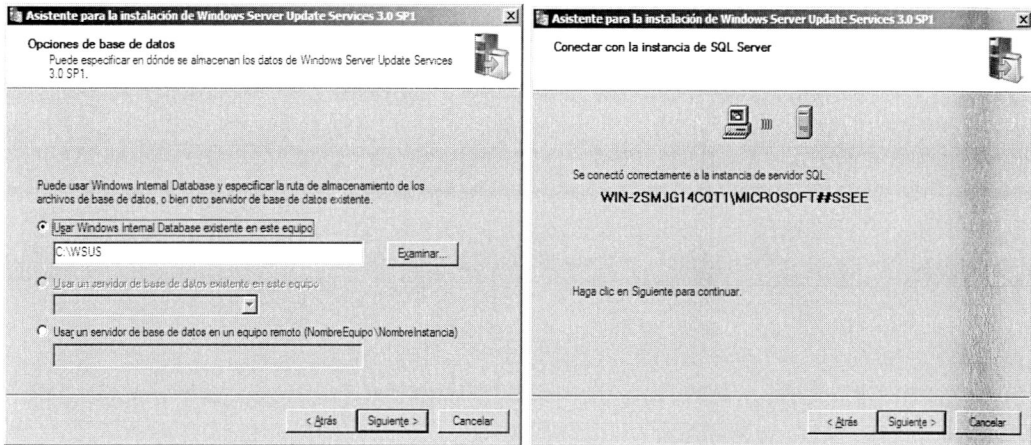

Figura 1-45   Figura 1-46

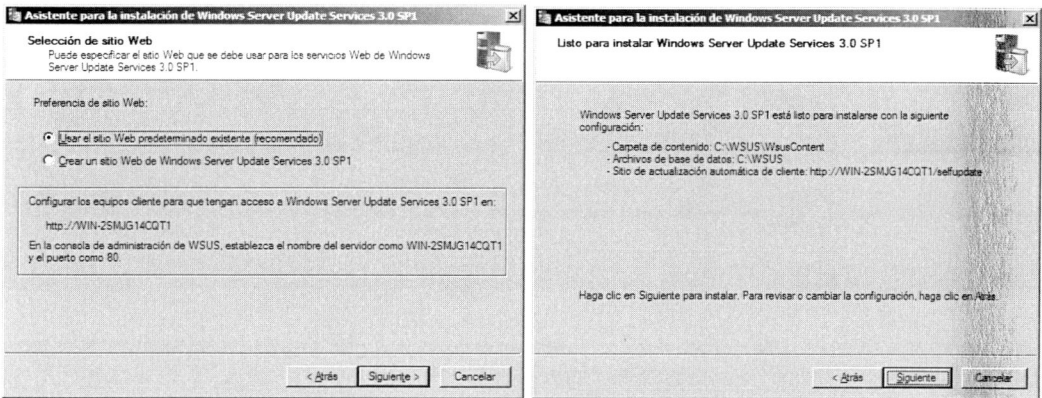

Figura 1-47   Figura 1-48

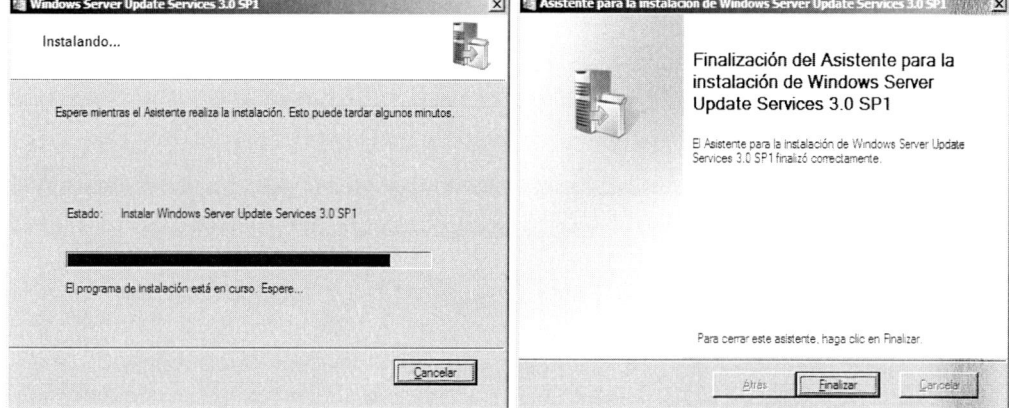

Figura 1-49   Figura 1-50

1.10.2. Agregar características al servidor en Windows server

En Windows server, puede agregar características al servidor con el *Asistente para agregar características*.

Se puede iniciar el *Asistente para agregar características* desde la ventana *Tareas de configuración* inicial haciendo clic en *Agregar características* en la Figura 1-29. Se obtiene la Figura 1-51 que presenta la relación de características a instalar. Al pulsar en *Siguiente*, se obtiene la Figura 1-52 que confirma la relación de características elegidas para instalar. Al hacer clic en *Instalar* comienza el proceso de instalación de las características seleccionadas (Figura 1-53).

Después de finalizar el proceso de instalación de las características aparece la pantalla de la Figura 1-54 indicando que la instalación ha sido correcta o en su defecto que todavía se necesitan determinadas acciones para llevar a cabo la instalación completa.

En nuestro caso es necesario reiniciar el equipo para que finalice el proceso de instalación de características. Reiniciado el equipo, finaliza el proceso de instalación de características y se obtiene la pantalla de la Figura 1-55 con el resultado final.

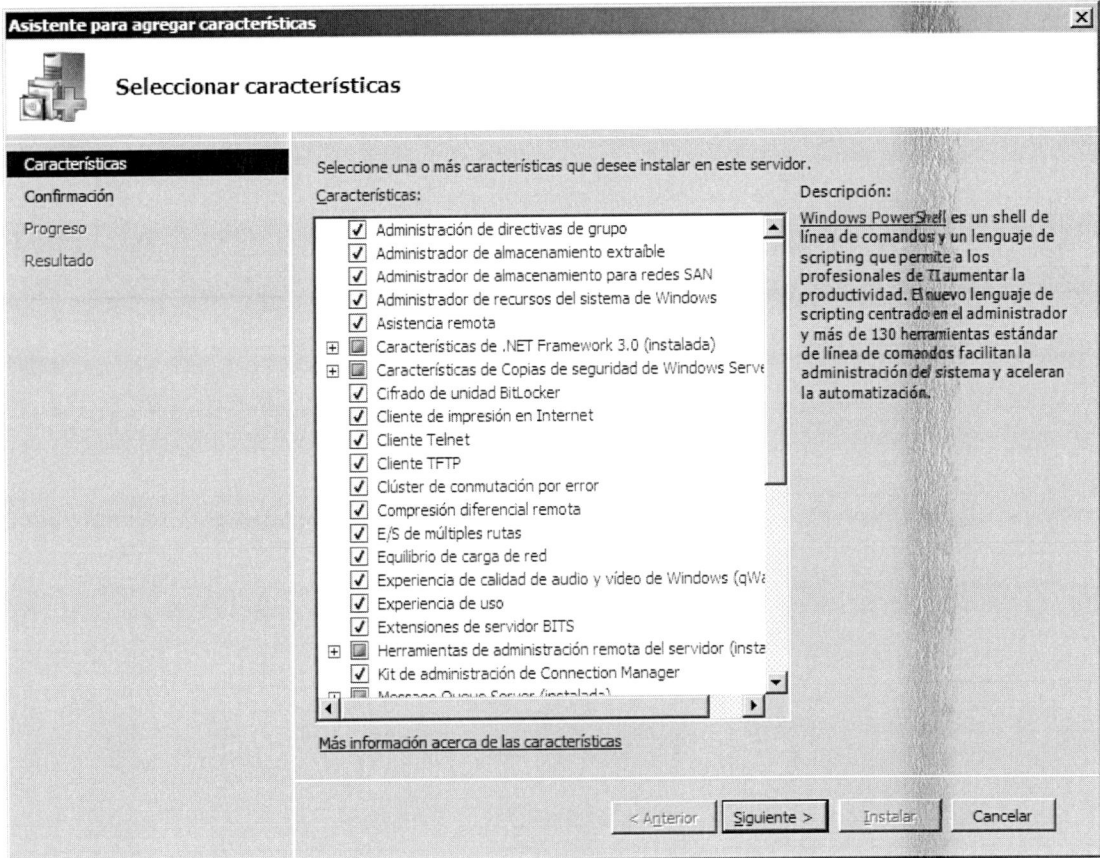

Figura 1-51

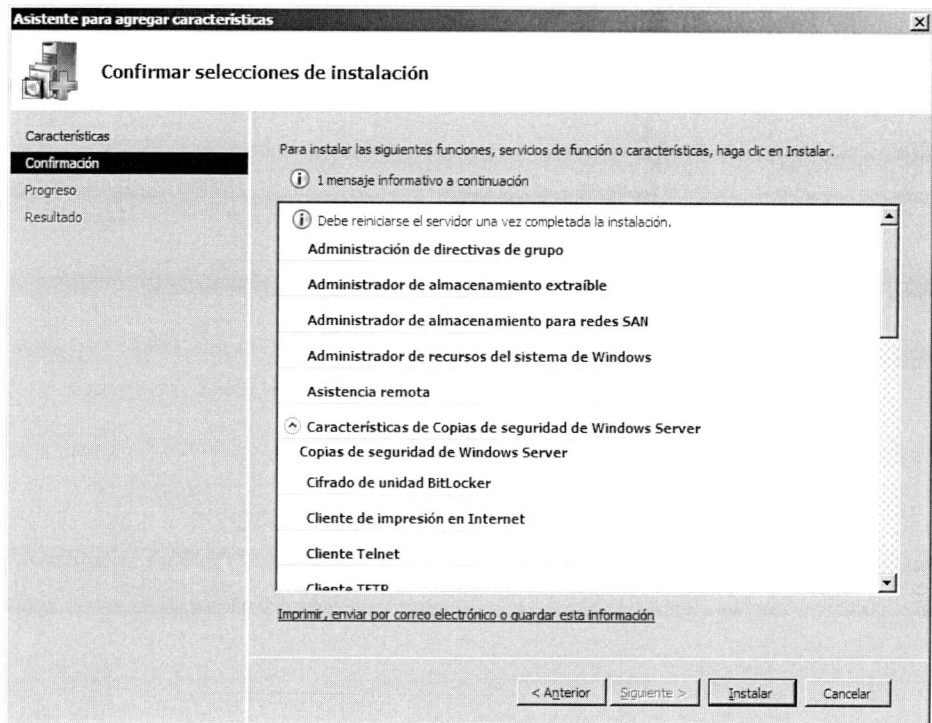

Figura 1-52

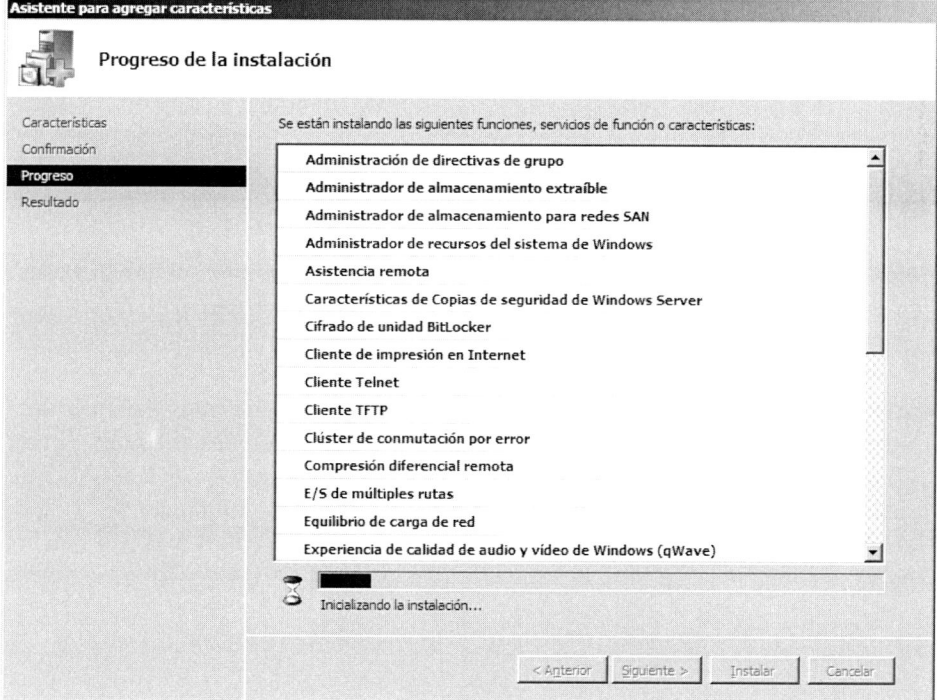

Figura 1-53

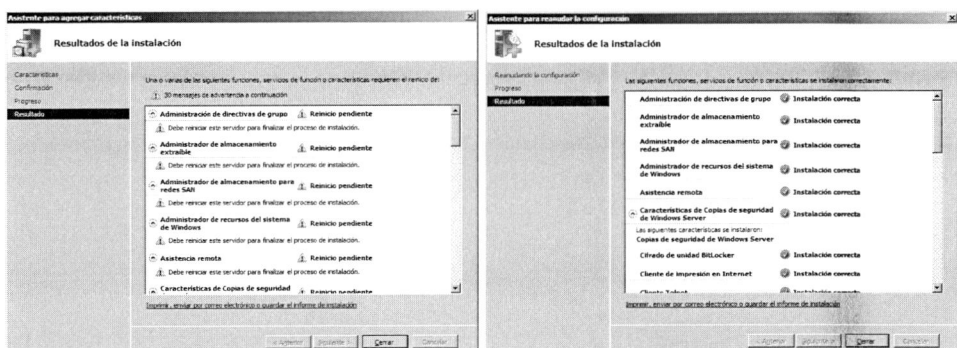

Figura 1-54   Figura 1-55

1.11. FICHEROS DE INICIO DE SISTEMAS OPERATIVOS

Al iniciar el ordenador, una vez que concluyen los diversos chequeos del programa *Setup*, la máquina busca el sistema operativo para mantenerse en funcionamiento por sus propios medios y presentar al usuario la interfaz de comunicación para que ejecute sus programas y realice su trabajo.

Para que el sistema operativo pueda ser leído y cargado en memoria, debe permanecer instalado en una porción especial del disco de arranque, denominada "sector de arranque" (*boot sector*). En el sector de arranque se instalan precisamente los ficheros de inicio que representan el mínimo indispensable del sistema operativo para que este entre en funcionamiento.

Los errores de arranque del sistema operativo suelen producirse precisamente por problemas de corrupción de los ficheros de inicio, ya sea por la presencia de virus (que están precisamente preparados para atacar estos ficheros de inicio), ya sea por el borrado accidental de estos ficheros o por fallos físicos o lógicos del propio disco duro que contiene los ficheros de inicio.

En el viejo sistema operativo MS-DOS los ficheros de inicio incluían los archivos MSDOS.SYS, IO.SYS y COMMAND.COM, además de un par de archivos auxiliares llamados CONFIG.SYS y AUTOEXECT.BAT.

En Windows, el archivo *boot.ini* contiene las secuencias más importantes de inicio del sistema. El programa de inicialización o sistema operativo generalmente es grabado en el disco rígido y no en memoria ROM, lo cual permite modificarlos o cambiarlos con facilidad, sin necesidad de tener que cambiar microchips. Después del test sobre todos los componentes del hardware de la máquina, el programa de inicialización busca localizar específicamente en el disco los archivos que componen la inicialización del sistema para realizar el arranque.

El proceso de arranque en Linux es el proceso de inicialización del Sistema Operativo-Linux. Es en muchos aspectos similar a los procesos de arranque de BSD y otros sistemas Unix, de los cuales deriva. En Linux, el flujo de control durante el arranque es desde el BIOS , al gestor de arranque y al núcleo (kernel). El núcleo inicia el planificador (para permitir la multitarea) y ejecuta el primer espacio de usuario (es decir, fuera del espacio del núcleo) y el programa de inicialización (que establece el entorno de usuario y permite la interacción del usuario y el inicio de sesión), momento en el que el núcleo se inactiva hasta que sea llamado externamente.

La etapa del cargador de arranque no es totalmente necesaria. Determinadas BIOS pueden cargar y pasar el control a Linux sin hacer uso del cargador. Cada proceso de arranque será diferente dependiendo de la arquitectura del procesador y el BIOS. El proceso de arranque es el siguiente:

1. La BIOS realiza las tareas de inicio específicas de la plataforma de hardware.

2. Una vez que el hardware es reconocido y se inicia correctamente, la BIOS carga y ejecuta el código de la partición de arranque del dispositivo de arranque designado, que contiene la fase 1 de un gestor de arranque Linux. La fase 1 carga la fase 2 (la mayor parte del código del gestor de arranque). Algunos cargadores pueden utilizar una fase intermedia (conocida como la fase 1.5) para lograr esto, ya que los modernos discos de gran tamaño no pueden ser totalmente leídos sin código adicional.

3. El gestor de arranque a menudo presenta al usuario un menú de opciones posibles de arranque. A continuación, carga el sistema operativo, que descomprime en la memoria, y establece las funciones del sistema como del hardware esencial y la paginación de memoria, antes de llamar a la función *start_kernel*().

4. La función *start_kernel*() a continuación realiza la mayor parte de la configuración del sistema (interrupciones, el resto de la gestión de memoria, la inicialización del dispositivo, controladores, etc), antes de continuar por separado el proceso inactivo y planificador, y el proceso de *Init* (que se ejecuta en el espacio de usuario).

5. El planificador toma control efectivo de la gestión del sistema, y el núcleo queda dormido (inactivo).

6. El proceso *Init* ejecuta secuencias de comandos (*Scripts*) necesarios para configurar todos los servicios y estructuras que no sean del sistema operativo, a fin de permitir que el entorno de usuario sea creado y pueda presentarse al usuario con una pantalla de inicio de sesión. En el apagado, *Init* es llamado a cerrar todas las funcionalidades del espacio de usuario de una manera controlada, de nuevo a través de secuencias de comandos, tras lo cual el *Init* termina y el núcleo ejecuta el apagado.

1.12. REGISTRO DEL SISTEMA

El registro del sistema suele ser una base de datos que almacena la información necesaria para configurar el sistema para uno o varios usuarios, aplicaciones y dispositivos de hardware. El registro contiene información que el sistema operativo utiliza como referencia continuamente, por ejemplo, los perfiles de los usuarios, las aplicaciones instaladas en el equipo y los tipos de documentos que cada aplicación puede crear, las configuraciones de las hojas de propiedades para carpetas y los iconos de aplicaciones, los elementos de hardware que hay en el sistema y los puertos que se están utilizando.

El Registro reemplaza la mayoría de los archivos *.ini* basados en texto que se utilizaban en los archivos de configuración de versiones antiguas de los sistemas operativos.

Una sección del Registro es un grupo de claves, subclaves y valores del Registro que cuentan con un conjunto de archivos auxiliares que contienen copias de seguridad de sus datos.

1.12.1. Registro de eventos en Windows server

El servicio *Registro de eventos* controla el registro de sucesos en Windows server. Una vez iniciado este servicio, es posible realizar el seguimiento de las acciones de los usuarios y de la utilización de recursos a través de los registros de sucesos. El *visor de eventos* es un complemento de Microsoft Management Console (MMC) que permite examinar y administrar registros de eventos y al que se accede expandiendo *Diagnóstico* en el árbol de la consola del Administrador del servidor (Figura 1-56). Es una herramienta indispensable para supervisar el mantenimiento de los sistemas y solucionar los problemas que surjan. El visor de eventos permite realizar las siguientes tareas:

- Ver eventos desde varios registros de eventos.
- Guardar filtros de eventos útiles como vistas personalizadas que se pueden volver a usar.
- Programar una tarea para que se ejecute como respuesta a un evento.
- Crear y administrar suscripciones a eventos.

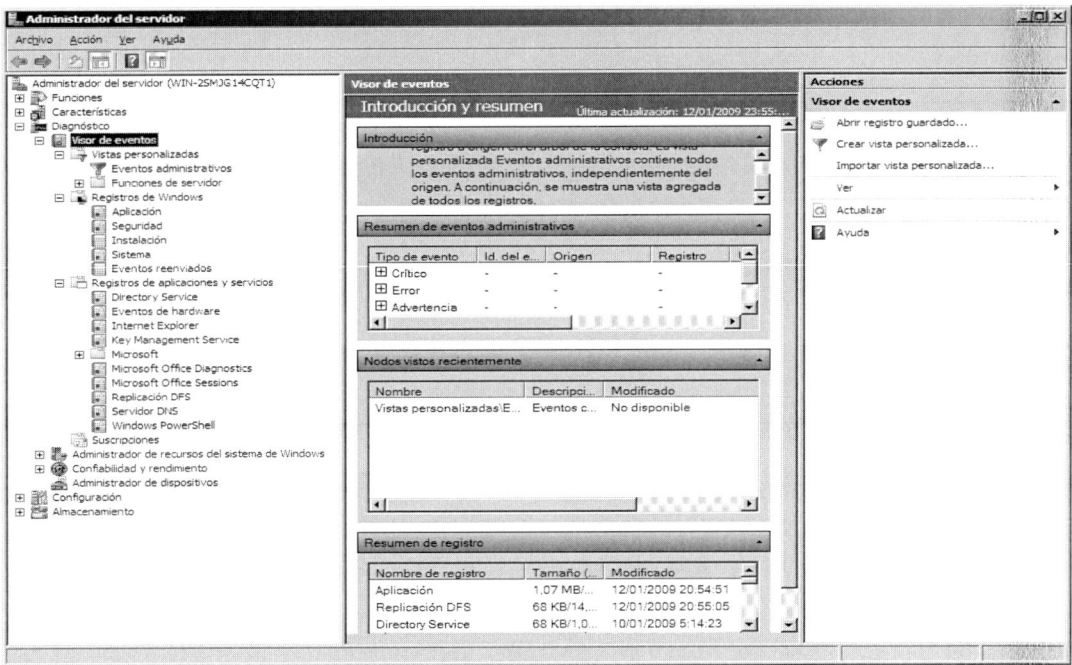

Figura 1-56

Cuando usa el visor de eventos para solucionar un problema, debe buscar eventos relacionados con el problema, independientemente del registro de eventos en el que aparezcan. El visor de eventos permite filtrar eventos específicos en varios registros. Esto facilita que se puedan mostrar todos los eventos que puedan estar relacionados con un problema que está investigando. Para especificar un filtro que abarque varios registros, debe crear una vista personalizada.

Cuando trabaja con registros de eventos, el primer reto consiste en restringir el conjunto de eventos sólo a aquellos que le interesan. En algunas ocasiones, esto resulta sencillo. En otras, esta operación supone un gran esfuerzo que se pierde si no hay forma de guardar la vista de los registros que tanto le costó crear. El visor de eventos es compatible con la idea de vistas personalizadas. Cuando encuentre la forma de restringir los resultados sólo a los eventos que desea analizar, puede guardar ese trabajo como una vista con nombre que estará disponible para su uso posterior. Incluso puede exportar la vista y usarla en otros equipos o compartirla con otras personas.

El visor de eventos permite automatizar respuestas a eventos de forma sencilla. El visor de eventos está integrado con el Programador de tareas, lo que permite hacer clic con el botón secundario del ratón en la mayoría de los eventos, para iniciar la programación de una tarea para que se ejecute cuando ese evento se registre en el futuro.

Puede recopilar eventos de equipos remotos y almacenarlos de forma local si especifica suscripciones a eventos.

1.12.2. Categorías de registros de eventos: registros de Windows y registros de aplicaciones y servicios

Windows server incluye dos categorías de registros de eventos: *Registros de Windows* y *Registros de aplicaciones y servicios* (véase el árbol de la consola del administrador del servidor en la Figura 1-56. Puede usar el Visor de eventos o la herramienta de línea de comandos *wevtutil* para administrar registros de eventos. Cuando use *wevtutil* para administrar registros de eventos, los mensajes que reciba de esta herramienta pueden referirse a los registros de eventos como canales. En la mayoría de los casos, los registros de eventos y los canales son equivalentes.

Registros de Windows: la categoría Registros de Windows incluye los registros que estaban disponibles en versiones anteriores de Windows: los registros del sistema, seguridad y aplicación. También incluye dos nuevos registros: el registro de instalación y el registro de eventos reenviados. Los registros de Windows se diseñaron para almacenar eventos de aplicaciones heredadas y eventos que se aplican a todo el sistema. A continuación, se especifican los componentes de la categoría Registros de Windows.

- *Registro de la aplicación*: el registro de aplicación contiene los eventos registrados por aplicaciones o programas. Por ejemplo, un programa de base de datos podría registrar un error de archivo en el registro de la aplicación. Los programadores deciden qué eventos se deben registrar.

- *Registro de seguridad:* el registro de seguridad guarda eventos como intentos de inicio de sesión válidos y no válidos, además de eventos relacionados con el uso de recursos, como la creación, apertura o eliminación de archivos u otros objetos. Los administradores pueden especificar los eventos que se incluirán en el registro de seguridad. Por ejemplo, si habilitó la auditoría de inicio de sesión, se incluirán en el registro de seguridad los intentos de inicio de sesión en el sistema.

- *Registro de instalación:* el registro de instalación incluye los eventos relacionados con la instalación de la aplicación.

- *Registro del sistema:* el registro del sistema contiene eventos registrados por componentes del sistema Windows. Por ejemplo, el error al cargar un controlador u otro componente del sistema durante el inicio queda registrado en el registro del sistema. Los tipos de eventos registrados por los componentes del sistema están predeterminados por Windows.

- *Registro de eventos reenviados:* el registro de eventos reenviados se usa para almacenar eventos recopilados de equipos remotos. Para recopilar eventos de equipos remotos, debe crear una suscripción de evento. Para obtener información acerca de las suscripciones, consulte *Suscripciones a eventos.*

- *Registros de aplicaciones y servicios*: es una nueva categoría de los registros de eventos. Estos registros almacenan eventos de una única aplicación o componente en lugar de eventos que pueden tener un impacto en todo el sistema.

Esta categoría de registros incluye cuatro subtipos: registros de administración, operativos, analíticos y de depuración. Los eventos de los registros de administración son de particular interés para los profesionales de TI que usan el visor de eventos para solucionar problemas. Los eventos de los registros de administración deben proporcionar una orientación sobre cómo responder. Los eventos del registro operativo también resultan útiles para los profesionales de TI, pero suelen ser más difíciles de interpretar.

Los registros de administración y depuración no son tan fáciles de usar. Los registros analíticos almacenan eventos que realizan el seguimiento de un problema y, a menudo, hay un gran volumen de eventos registrados. Los programadores usan los registros de depuración cuando depuran aplicaciones. Los registros analíticos y de depuración están ocultos y deshabilitados de manera predeterminada.

A continuación, se especifican los subtipos de la categoría *Registro de aplicaciones y servicios.*

Administrativo: estos eventos están destinados principalmente a los usuarios finales, los administradores y el personal de soporte. Los eventos que se encuentran en los canales de administración indican un problema y una solución bien definida que un administrador puede usar para tomar una decisión. Un ejemplo de evento de administración es un evento que se produce cuando ocurre un error en una aplicación al conectarse a una impresora. Estos eventos están bien documentados o tienen un mensaje asociado a ellos que proporciona información al lector sobre lo que se debe hacer para solucionar el problema.

Operativo: los eventos operativos se usan para analizar y diagnosticar un problema o condición. Se pueden usar para activar herramientas o tareas basadas en el problema o condición. Un ejemplo de evento operativo es un evento que se produce cuando se agrega o se quita una impresora del sistema.

Analítico: los eventos analíticos se publican en grandes volúmenes. Describen el funcionamiento de programas e indican problemas que el usuario no puede controlar.

Depurar: los programadores usan los eventos de depuración para solucionar problemas con los programas.

La infraestructura del registro de eventos se ha reformado completamente en Windows server. La información de cada evento se adapta a un esquema XML y se puede obtener acceso al XML que representa a un evento dado. También se pueden construir consultas basadas en XML en los registros de eventos. No es necesario tener conocimientos de XML para aprovechar las nuevas características disponibles. El visor de eventos ofrece acceso a la funcionalidad en un formato gráfico fácil de usar.

1.12.3. Administrar registros de eventos

Puede usar el visor de eventos para administrar diversos aspectos de los registros de eventos. Para ello, desplácese para seleccionar el registro de eventos que desea administrar, haga clic en él con el botón secundario del ratón, seleccione *Propiedades* (Figura 1-57) para obtener acceso al cuadro de diálogo de propiedades (Figura 1-58) y, a continuación, actualice los valores adecuados. Puede realizar las siguientes tareas de administración de registros con el visor de eventos:

Borrar un registro de eventos: seleccione *Vaciar registro* en la Figura 1-57 y haga clic en *Guardar y borrar* para guardar una copia del registro antes de vaciarlo o pulse en *Borrar* para borrar el registro sin dejar copia alguna.

Establecer el tamaño máximo del registro: especifique dicho tamaño en el campo *Tamaño máximo del registro (KB)* en la pantalla de propiedades del registro (Figura 1-58).

Establecer directiva de retención de registro: en la sección *Habilitar registro* de la ficha *General* en la pantalla de propiedades del registro (Figura 1-58), seleccione la opción que se corresponda con la directiva de retención que desea establecer y haga clic en *Aceptar*.

Habilitar registros analíticos y de depuración: seleccione *Habilitar registro* en la ficha *General* en la pantalla de propiedades del registro (Figura 1-58).

Archivar un registro de eventos: elija *Guardar evento como* en el menú emergente de la Figura 1-57. Elija un nombre y un tipo para el archivo y haga clic en *Guardar*.

Abrir un registro de eventos guardado: elija *Abrir registro guardado* en el menú emergente de la Figura 1-58. Elija el archivo y haga clic en *abrir*.

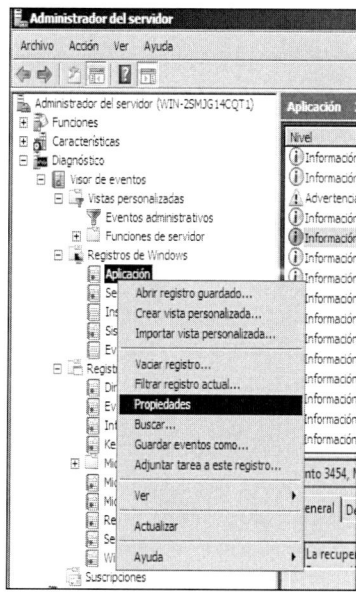

Figura 1-57

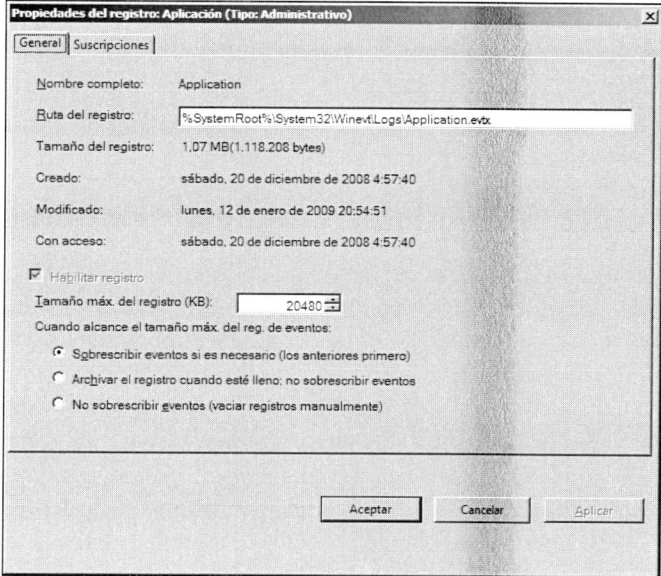

Figura 1-58

1.13. ACTUALIZACIÓN Y MANTENIMIENTO DE CONTROLADORES DE DISPOSITIVOS

Los sistemas operativos y en especial los sistemas Windows, utilizan Administrador de dispositivos para instalar y actualizar los controladores de los dispositivos de hardware, cambiar la configuración de hardware de estos dispositivos y solucionar problemas. Un controlador de dispositivo es software que permite a Windows comunicarse con un dispositivo de hardware determinado. Para que Windows pueda usar cualquier hardware nuevo, se debe instalar un controlador de dispositivo.

El Administrador de dispositivos proporciona una vista gráfica del hardware que está instalado en el equipo. Todos los dispositivos se comunican con Windows mediante un software denominado controlador de dispositivo. Puede usar el Administrador de dispositivos para instalar y actualizar los controladores para los dispositivos de hardware, modificar la configuración de hardware de estos dispositivos y solucionar problemas, determinar si el hardware del equipo funciona correctamente, identificar los controladores de dispositivo cargados para cada dispositivo y obtener información acerca de cada controlador de dispositivo, cambiar la configuración avanzada y las propiedades de los dispositivos, instalar controladores de dispositivo actualizados, habilitar, deshabilitar y desinstalar dispositivos, revertir a la versión anterior de un controlador, ver los dispositivos según el tipo, la conexión al equipo o los recursos que usan y mostrar u ocultar dispositivos ocultos cuya visualización no es importante pero que pueden ser necesarios para la solución avanzada de problemas.

El Administrador de dispositivos se suele usar para comprobar el estado del hardware y actualizar los controladores de dispositivos del equipo. Los usuarios avanzados con conocimientos del hardware del equipo también pueden usar las características de diagnóstico del Administrador de dispositivos para resolver conflictos entre dispositivos y cambiar la configuración de recursos. Normalmente, no será necesario usar el Administrador de dispositivos para cambiar la configuración de recursos, ya que el sistema asigna automáticamente los recursos durante la instalación del hardware. Puede usar el Administrador de dispositivos para administrar los dispositivos sólo en un equipo local. En un equipo remoto, el Administrador de dispositivos únicamente funciona en modo de sólo lectura, permitiendo ver la configuración de hardware del equipo, pero no cambiarla. El Administrador de dispositivos puede iniciarse de varias formas como veremos en los párrafos siguientes.

1.13.1. El Administrador de dispositivos de Windows server

Para abrir el Administrador de dispositivos mediante la interfaz de Windows server, haga clic en *Inicio* y, después, en *Panel de control → Hardware y sonido → Administrador de dispositivos* (Figura 1-59). Si inició sesión con la cuenta integrada Administrador, se abrirá el Administrador de dispositivos (Figura 1-60).

Si inició sesión como un usuario miembro del grupo Administradores, aparecerá el cuadro de diálogo *Control de cuenta de usuario* y deberá hacer clic en *Continuar* para abrir el Administrador de dispositivos. Si inició sesión como un usuario estándar, aparecerá un mensaje indicando que no puede realizar ningún cambio en los dispositivos. Haga clic en *Aceptar* para abrir el Administrador de dispositivos en modo de sólo lectura.

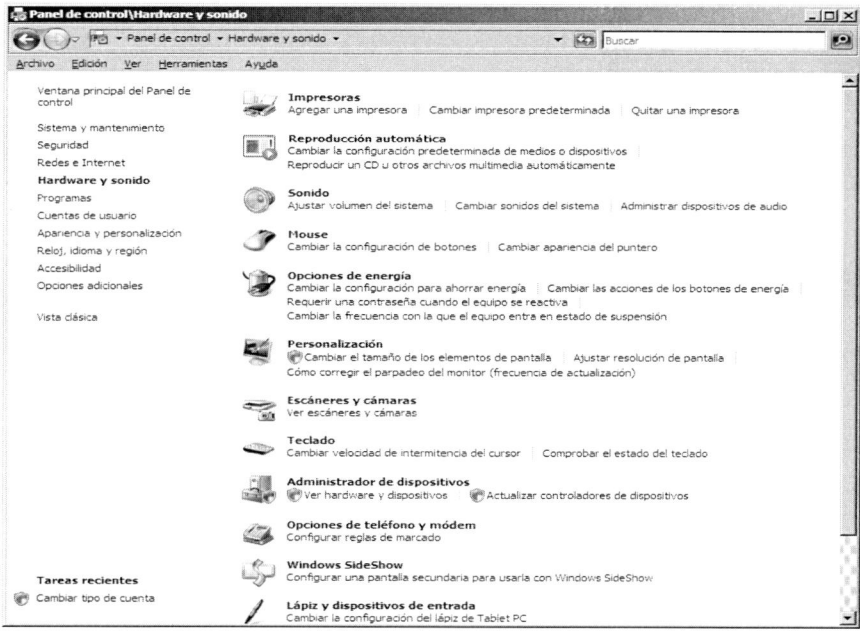

Figura 1-59

Figura 1-60

Para *abrir el Administrador de dispositivos mediante Administración de equipos* se sigue la ruta *Inicio → Herramientas administrativas → Administración de equipos → Administración de dispositivos* (figuras 1-61). Se abre Administración de equipos, que incluye el Administrador de dispositivos como uno de sus componentes (Figura 1-62).

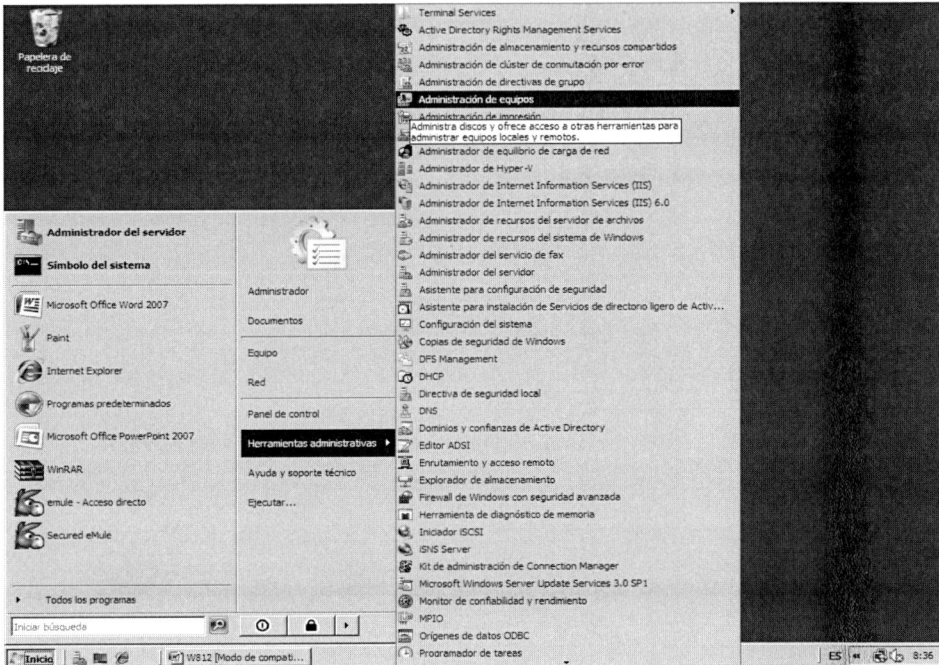

Figura 1-61

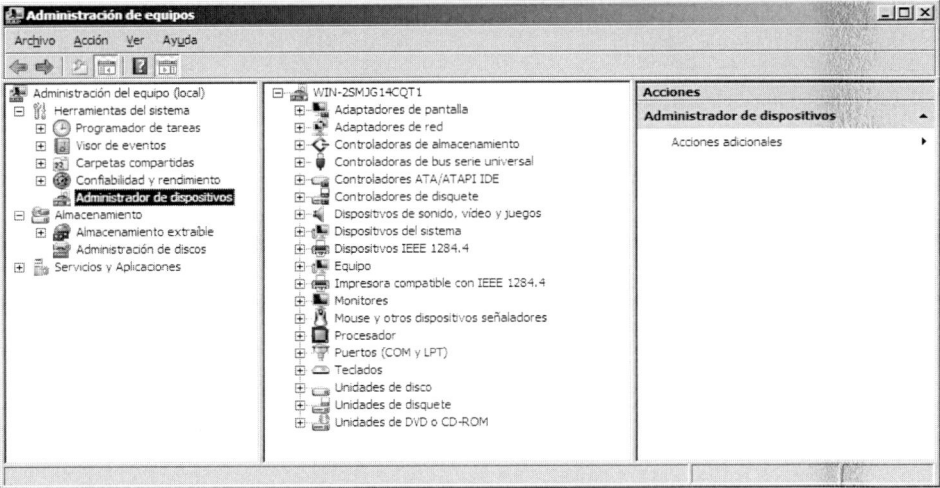

Figura 1-62

1.13.2. Actualización y mantenimiento de controladores en Windows server

Para *ver información acerca de un controlador de dispositivo*, abra el Administrador de dispositivos, busque y haga clic con el botón secundario del ratón en el dispositivo que desee y, a continuación, haga clic en *Propiedades* (Figura 1-63). En la ficha *Controlador* se muestra la información acerca del controlador instalado actualmente (Figura 1-64). Si se hace clic en el botón *Detalles*, la página *Detalles del archivo de controlador* aparecerá con una lista de los archivos individuales que forman el controlador (Figura 1-65).

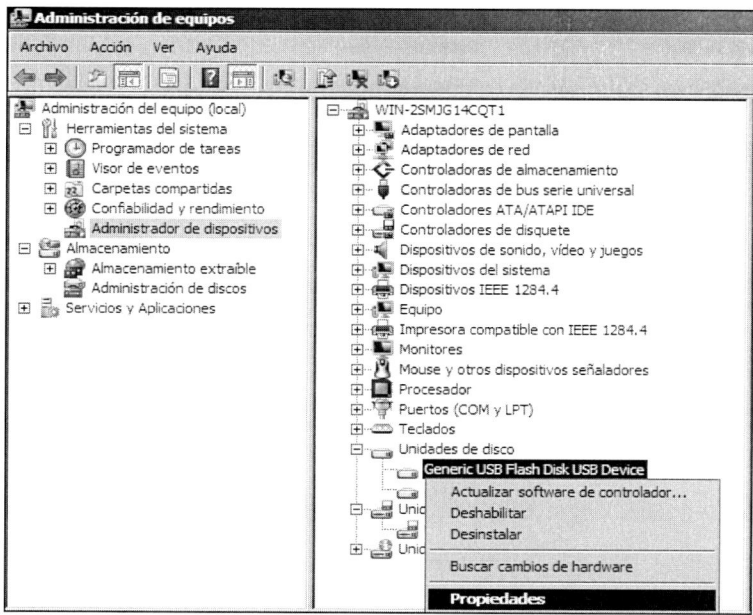

Figura 1-63

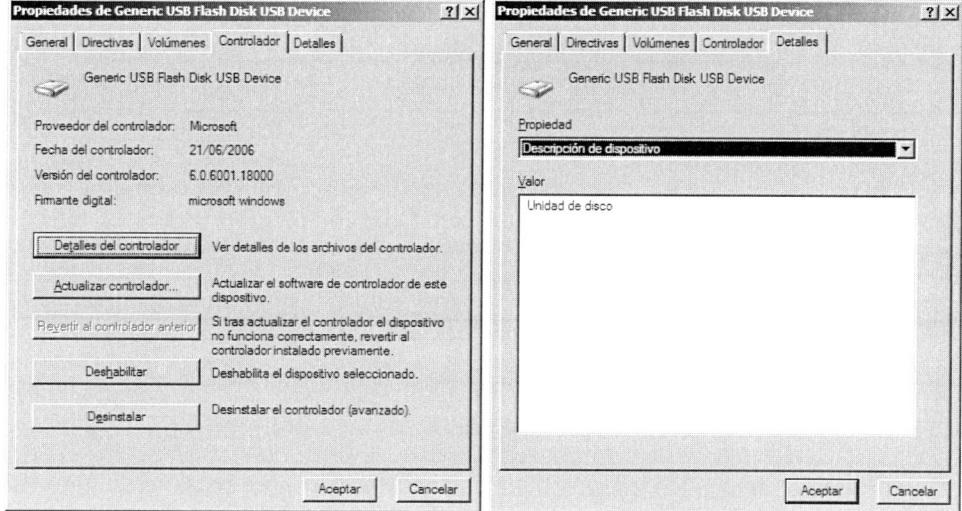

Figura 1-64   Figura 1 -65

Para *actualizar o cambiar el controlador que se usa para un dispositivo*, abra el Administrador de dispositivos, haga doble clic en el tipo de dispositivo que desea actualizar o cambiar, pulse con el botón secundario del ratón en el dispositivo que desee y, a continuación, haga clic en *Actualizar controlador* (Figura 1-64). Siga las instrucciones del asistente *Actualizar software de controlador*.

Para *revertir a una versión anterior de un controlador*, abra el Administrador de dispositivos, haga clic con el botón secundario del ratón en el dispositivo cuyo controlador desea revertir a una versión anterior y, a continuación, en *Propiedades*. Haga clic en la ficha *Controladores* y, a continuación, pulse en *Revertir al controlador anterior* (Figura 1-64). En el cuadro de diálogo *Revertir paquete de controladores*, haga clic en *Sí*.

Para *habilitar o deshabilitar un dispositivo Plug and Play* abra el Administrador de dispositivos, haga clic con el botón secundario del ratón en el dispositivo que desee y, a continuación, en *Habilitar* o *Deshabilitar* (Figura 1-64). *Habilitar* sólo se mostrará si el dispositivo está deshabilitado. También puede habilitar o deshabilitar un dispositivo en la página *Propiedades del dispositivo*. Para ello, en la parte inferior de la ficha *General*, si la opción *Cambiar la configuración* está presente, haga clic en ella. A continuación, en la ficha *Controlador*, pulse en *Habilitar* o *Deshabilitar* (Figura 1-64). Si se pide que reinicie el equipo, el dispositivo no estará habilitado hasta que lo haga. Cuando se deshabilita un dispositivo, el dispositivo físico permanece conectado al equipo, pero el controlador del dispositivo se deshabilita. Los controladores vuelven a estar disponibles cuando se habilita el dispositivo.

Puede resultar útil deshabilitar dispositivos si desea tener más de una configuración de hardware para el equipo o si tiene un equipo portátil que usa en una estación de acoplamiento. Si se pide que reinicie el equipo, el dispositivo no estará deshabilitado y seguirá funcionando hasta que lo haga. Una vez deshabilitado un dispositivo y reiniciado el equipo (si es necesario), los recursos asignados al dispositivo se liberan y se pueden asignar a otro dispositivo. Algunos dispositivos no se pueden deshabilitar, como los dispositivos de unidades de disco y procesadores.

Para *iniciar o detener un controlador de dispositivo para un dispositivo no Plug and Play*, abra el Administrador de dispositivos, haga clic en el menú *Ver* y, a continuación, en *Mostrar dispositivos ocultos*. En la lista de dispositivos, haga doble clic en *Controladores que no son Plug and Play*, haga clic con el botón secundario del ratón en el dispositivo deseado y, luego, en *Propiedades*. En la ficha *Controlador*, haga clic en *Iniciar* o *Detener* y, a continuación, en *Aceptar*. Si el botón *Iniciar* de la ficha *Controlador* no está disponible, el controlador ya está cargado.

ACTIVIDADES PROPUESTAS

Actividad 1. Enumera los requisitos de hardware y ediciones del sistema en Windows 11.

Actividad 2. Enumera las novedades más importantes de Windows 11 respecto a Windows 10.

Actividad 3. Enumera los requisitos de hardware y software para Windows 11

Actividad 4. Construye una tabla comparativa que resalte las diferencias más importantes entre Windows 10 y Windows 11.

Actividad 5. Especifica el proceso de instalación de Windows 11 para el caso de una instalación limpia.

Actividad 6. Especifica el proceso de instalación de Windows 11 para el caso de una actualización.

Actividad 7. Especifica el proceso de instalación de Windows 10 para el caso de una instalación limpia.

Actividad 8. Especifica el proceso de instalación de Windows 10 para el caso de una actualización.

Actividad 9. Especifica los procesos de reinstalación y activación de Windows 11.

Actividad 10. Especifica los procesos de reinstalación y activación de Windows 10.

Actividad 11. Enumera las aplicaciones más importantes que se instalan con Windows 10 y Windows 11.

CAPÍTULO 2

ADMINISTRACIÓN DE SOFTWARE DE BASE

Contenidos

2.1. ADMINISTRACIÓN DE USUARIOS Y GRUPOS LOCALES

Usuarios y grupos locales es una característica de los sistemas operativos que se utiliza para crear y administrar los usuarios y grupos que están almacenados de forma local en un equipo.

2.1.1. Cuentas de usuario y grupo en Windows server

Windows server dispone de dos tipos de cuentas de usuario, las *cuentas de usuario de dominio* y las *cuentas de usuario local*.

Las cuentas de usuario definidas en Active Directory se denominan cuentas de usuario de dominio y pueden acceder a recursos del dominio utilizando inicio de sesión único. Se crean mediante *Usuarios y equipos de Active Directory*.

Las cuentas de usuario local están definidas en un equipo local y sólo tiene acceso a ellas el equipo local, siendo necesaria la autenticación antes de acceder a los recursos de red. Se crean mediante *Usuarios y grupos locales* como veremos a continuación.

Además de cuentas de usuario, Windows server ofrece cuentas de grupo, que se utilizan para conceder permisos a usuarios de características similares y simplificar la administración de las cuentas. Existen tres tipos de grupos: los grupos locales, los grupos de seguridad y los grupos de distribución.

Los *grupos locales* son los que están definidos en el equipo local y se utilizan sólo en el equipo local. Se crean con *Usuarios y equipos locales* como veremos posteriormente.

Los *grupos de seguridad* tienen descriptores de seguridad asociados y se definen en dominios utilizando *Usuarios y equipos de Active Directory*. Los *grupos de distribución* se utilizan como listas de distribución de correo electrónico y se definen en los dominios utilizando *Usuarios y equipos de Active Directory*.

Los *grupos locales de dominio* se utilizan principalmente para la asignación de permisos de acceso a recursos dentro de un único dominio. Pueden incluir miembros de cualquier dominio del bosque y de dominios con los cuales haya relación de confianza, aunque pertenezcan a otros bosques. Por regla general, los grupos locales y universal son miembros de grupos locales de dominio.

Los *grupos locales integrados* tienen un ámbito especial de grupo con permiso de ámbito local de dominio y no pueden crearse ni eliminarse, aunque sí modificarse.

Los *grupos globales* se utilizan para definir conjuntos de usuarios o equipos en el mismo dominio y que comparten una función o trabajo similar. Los miembros de los grupos globales sólo pueden ser cuentas y grupos del dominio en el que estén definidos.

Los *grupos universales* se utilizan principalmente para definir conjuntos de usuarios o equipos que deberían tener permisos aplicables a todo un dominio o bosque. Son miembros de estos grupos las cuentas, grupos globales y otros grupos universales de cualquier dominio dentro del árbol o bosque de dominios.

En cuanto a cuándo utilizar grupos de dominio locales, globales o universales, los grupos locales de dominio son los que menos posibilidades ofrecen y deben utilizarse para administrar el acceso a los recursos como impresoras o carpetas compartidas. Los grupos globales se utilizan para administrar cuentas de usuario y de equipo de un dominio en concreto. De esta forma, para conceder permiso de acceso a un recurso sólo tendrá que hacer miembro del grupo local de dominio al grupo con ámbito global. Los grupos universales son los que más posibilidades ofrecen y se utilizan para consolidar grupos que se extienden en varios dominios. Esto suele conseguirse añadiendo grupos globales como miembros. Así, cuando cambie la pertenencia de los grupos globales, los cambios no se replicarán a todos los catálogos globales, ya que la pertenencia del grupo universal no habrá cambiado.

2.1.2. Crear y administrar usuarios locales en Windows server

Usuarios y grupos locales se encuentra en Administración de equipos a cuya consola se accede mediante *Inicio → Herramientas administrativas → Administración de equipos (*Figura 2- 1).

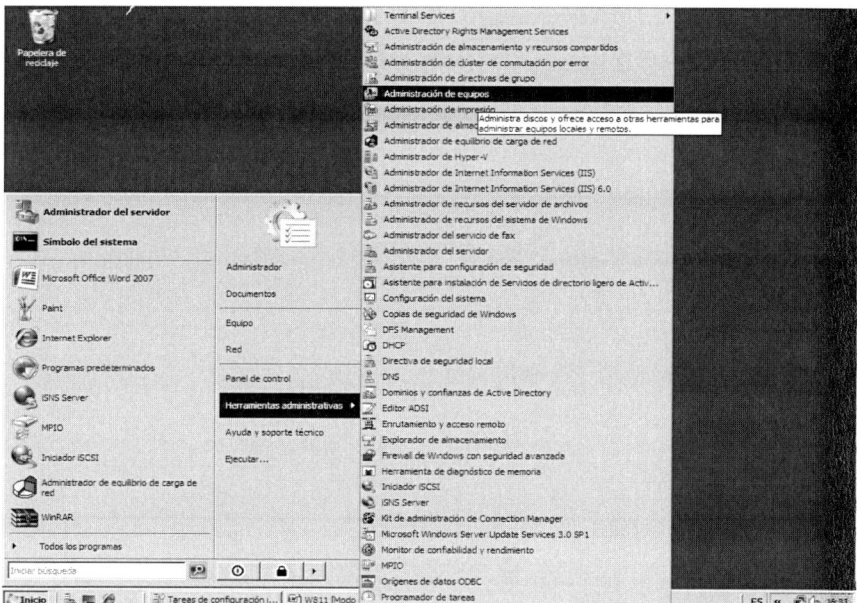

Figura 2-1

En la consola de Administración de equipos (Figura 2-2), *Usuarios y grupos locales* se encuentra situado bajo *Herramientas del sistema.* Se trata de un conjunto de herramientas administrativas que se puede usar para administrar un solo equipo local o remoto. Puede usar *Usuarios y grupos locales* para proteger y administrar las cuentas de usuario y los grupos almacenados de forma local en el equipo. Puede asignar permisos y derechos a una cuenta de usuario o de grupo local en un equipo determinado (sólo para ese equipo).

Usuarios y grupos locales permiten limitar la capacidad de los usuarios y los grupos para llevar a cabo determinadas acciones, mediante la asignación de derechos y permisos. Un derecho autoriza a un usuario a realizar ciertas acciones en un equipo, como hacer copias de seguridad de archivos y carpetas, o apagar el equipo. Un permiso es una regla asociada con un objeto (normalmente un archivo, una carpeta o una impresora) que regula los usuarios que pueden tener acceso al objeto y de qué manera.

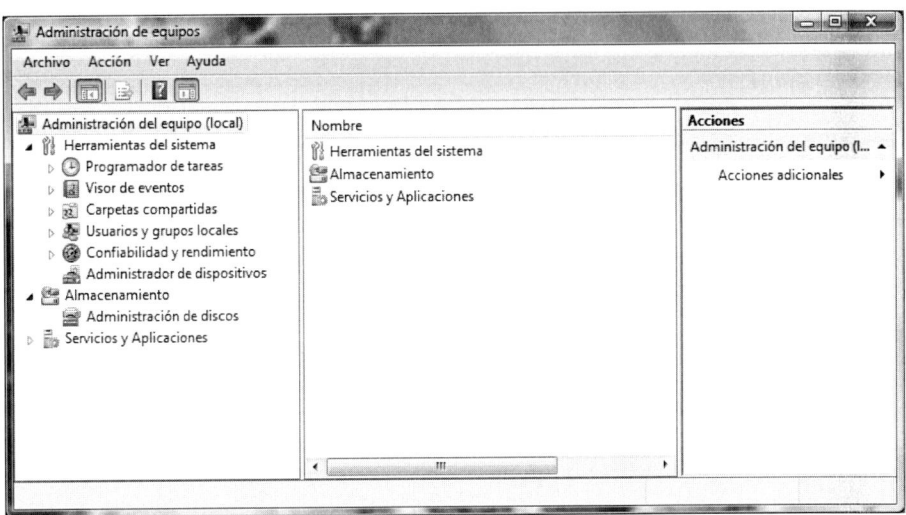

Figura 2-2

Para *crear una cuenta de usuario local*, abra Administración de equipos y en el árbol de la consola, haga clic en *Usuarios* (ruta *Administración de equipos\Herramientas del sistema\Usuarios y grupos locales\Usuarios*). En el menú *Acción* o en el menú emergente obtenido haciendo clic con el botón derecho del ratón en *Usuarios*, haga clic en *Usuario nuevo* (Figura 2-3) y escriba la información correspondiente en el cuadro de diálogo (Figura 2-4). Active o desactive las siguientes casillas según sus necesidades:

- El usuario debe cambiar la contraseña en el siguiente inicio de sesión.
- El usuario no puede cambiar la contraseña.
- La contraseña nunca expira.
- Cuenta deshabilitada.

Haga clic en *Crear* y, a continuación, en *Cerrar*. Para completar este procedimiento, debe proporcionar las credenciales de la cuenta de administrador en el equipo local (si se le solicita), o debe ser miembro del grupo Administradores en dicho equipo. Un nombre de usuario no puede coincidir con otro nombre de usuario o de grupo del equipo que se está administrando. El nombre de usuario puede contener hasta 20 caracteres, en mayúsculas o minúsculas, excepto los siguientes:

$$" / \setminus [\,] : ; | = , + * ? < > @.$$

Un nombre de usuario no puede contener exclusivamente puntos (.) o espacios en blanco.

En *Contraseña* y *Confirmar contraseña*, puede escribir una contraseña que contenga hasta 127 caracteres. Sin embargo, si la red está formada únicamente por equipos que utilizan Windows 95 o Windows 98, considere la posibilidad de usar contraseñas que no tengan más de 14 caracteres.

Si la contraseña tiene más de 14 caracteres, tal vez no pueda iniciar una sesión en la red desde equipos con Windows 95 o Windows 98. El uso de contraseñas seguras y de directivas de contraseña adecuadas puede facilitar la protección del equipo en caso de ataque.

Para *restablecer la contraseña para una cuenta de usuario local*, abra Administración de equipos y en el árbol de la consola, haga clic en *Usuarios* (ruta *Administración de equipos\Herramientas del* *sistema\Usuarios y grupos locales\Usuarios*). Haga clic con el botón secundario en la cuenta de usuario cuya contraseña desea restablecer y, después, en *Establecer contraseña* (Figura 2-5). Lea el mensaje de advertencia y haga clic en *Continuar* si desea seguir adelante. Escriba una nueva contraseña en *Nueva contraseña* y en *Confirmar contraseña* y, a continuación, haga clic en *Aceptar*.

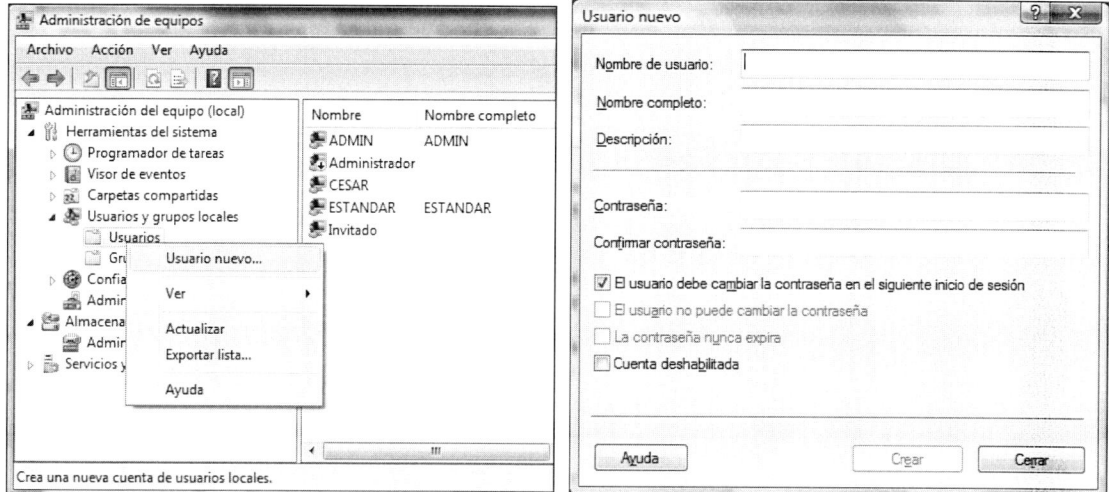

Figura 2-3   Figura 2-4

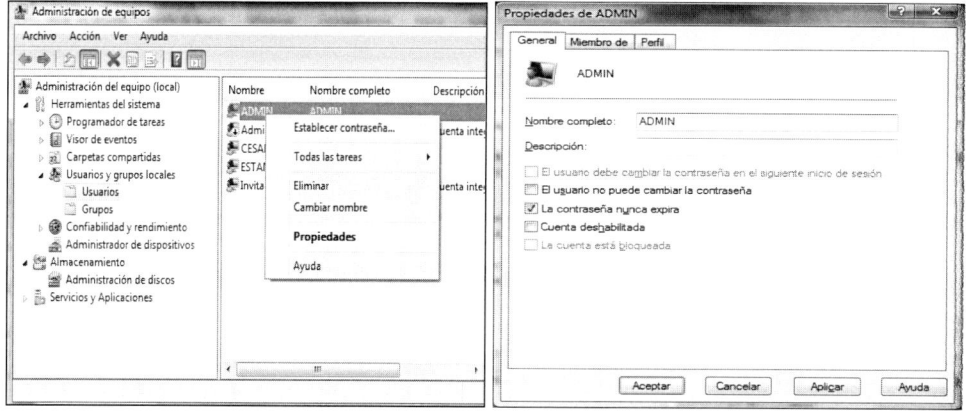

Figura 2-5   Figura 2-6

El restablecimiento de una contraseña de cuenta local para un usuario puede ocasionar una pérdida de datos si dicho usuario tiene datos cifrados o contraseñas de internet alternativas.

Para *deshabilitar o habilitar una cuenta de usuario local*, abra Administración de equipos y en el árbol de la consola, haga clic en *Usuarios* (ruta *Administración de equipos\Herramientas del sistema\Usuarios y grupos locales\Usuarios*). Pulse con el botón secundario en la cuenta de usuario que desee cambiar y, a continuación, haga clic en *Propiedades* en el menú emergente de la Figura 2-5. En la Figura 2-6 realice una de las acciones siguientes:

- Para deshabilitar la cuenta de usuario seleccionada, active la casilla *Cuenta deshabilitada*.

- Para habilitar la cuenta de usuario seleccionada, desactive la casilla *Cuenta deshabilitada*.

Para completar este procedimiento, debe proporcionar las credenciales de la cuenta de administrador en el equipo local (si se le solicita), o debe ser miembro del grupo Administradores en dicho equipo. Cuando se deshabilita una cuenta de usuario, el usuario deja de estar autorizado para iniciar sesión. La cuenta aparece en el panel de detalles con una X sobre el icono. Antes de habilitar una cuenta deshabilitada, asegúrese de que no se bloqueó por motivos de seguridad. Cuando se habilita una cuenta de usuario, el usuario está autorizado a iniciar la sesión con la cuenta de la forma habitual.

Para *eliminar una cuenta de usuario local*, abra Administración de equipos y en el árbol de la consola, haga clic en *Usuarios* (ruta *Administración de equipos\Herramientas del sistema\Usuarios y grupos locales\Usuarios*). Pulse con el botón secundario en la cuenta de usuario que desea eliminar y, luego, haga clic en *Eliminar* (Figura 2-5).

Para completar este procedimiento, debe proporcionar las credenciales de la cuenta de administrador en el equipo local (si se le solicita), o debe ser miembro del grupo Administradores en dicho equipo. Si necesita eliminar una cuenta de usuario, se recomienda deshabilitarla antes de hacerlo. Cuando esté seguro de que al deshabilitar la cuenta no se causa ningún problema, puede eliminarla de forma segura.

No se puede recuperar una cuenta de usuario eliminada y no es posible eliminar las cuentas Administrador e Invitado.

Para *cambiar el nombre de una cuenta de usuario local*, abra Administración de equipos y en el árbol de la consola, haga clic en *Usuarios* (ruta *Administración de equipos\Herramientas del sistema\Usuarios y grupos locales\Usuarios*). Pulse con el botón secundario en la cuenta de usuario cuyo nombre desee cambiar y, luego, haga clic en *Cambiar nombre* (Figura 2-5). Escriba el nombre de usuario nuevo y presione ENTRAR.

Para completar este procedimiento, debe proporcionar las credenciales de la cuenta de administrador en el equipo local (si se le solicita), o debe ser miembro del grupo Administradores en dicho equipo. Dado que una cuenta de usuario cuyo nombre se ha cambiado conserva el identificador de seguridad (SID), conserva también las demás propiedades, como la descripción, la contraseña, la pertenencia a grupos, el perfil de usuario, la información de cuenta y todos los permisos y derechos de usuario asignados. Un nombre de usuario no puede coincidir con otro nombre de usuario o de grupo del equipo que se está administrando. Un nombre de usuario puede contener hasta 20 caracteres, en mayúsculas o minúsculas, excepto los siguientes:

$$" / \setminus [\ ] : ; | = , + * ? < > @$$

Un nombre de usuario no puede contener exclusivamente puntos (.) o espacios en blanco.

Para *asignar un script de inicio de sesión a una cuenta de usuario local* abra Administración de equipos y en el árbol de la consola, haga clic en *Usuarios* (ruta *Administración de equipos\Herramientas del sistema\Usuarios y grupos locales\ Usuarios*). Pulse con el botón secundario en la cuenta de usuario que desee y, a continuación, haga clic en *Propiedades*. En la ficha *Perfil*, en *Script de inicio de sesión*, escriba el nombre de archivo y la ruta de acceso relativa del script (Figura 2-7).

Los scripts de inicio de sesión pueden contener comandos malintencionados. Se recomienda estar familiarizado con el contenido del script de inicio de sesión antes de asignarlo a un usuario. Los scripts de inicio de sesión que se almacenan en un equipo local se aplican únicamente a los usuarios que inician sesión en dicho equipo.

Los scripts de inicio de sesión locales deben almacenarse en una carpeta compartida llamada *Netlogon*, o bien en subcarpetas de ésta. Si la carpeta no se creó de forma predeterminada, deberá crearla. Para especificar un script de inicio de sesión almacenado en una subcarpeta de la carpeta *Netlogon*, incluya delante del nombre de archivo la ruta de acceso relativa de la carpeta. Por ejemplo, para asignar a un usuario local el script de inicio de sesión *Startup.bat* almacenado en *\\nombreDeEquipo\ Netlogon\nombreDeCarpeta*, en *Script de inicio de sesión*, escriba *nombreDeCarpeta\ Startup.bat*.

Para *asignar una carpeta particular a una cuenta de usuario local*, abra Administración de equipos y en el árbol de la consola, pulse en *Usuarios* (ruta *Administración de equipos\Herramientas del sistema\Usuarios y grupos locales\ Usuarios*). Haga clic con el botón secundario en la cuenta de usuario a la que desea asignar una carpeta particular y, a continuación, en *Propiedades*. En la ficha *Perfil* (Figura 2-7), realice una de las acciones siguientes:

- Para especificar una carpeta particular local, haga clic en *Ruta de acceso local* y, a continuación, escriba la ruta de acceso (por ejemplo, *c:\usuarios\pilar*).

- Para especificar una carpeta particular en un recurso compartido, haga clic en *Conectar*, pulse en la letra de unidad correspondiente y, a continuación, escriba la ruta de acceso de red (por ejemplo, *\\empresa1\usuarios\francisco*).

La carpeta *Documentos* ofrece una alternativa cómoda a las carpetas particulares, pero no las reemplaza. Cada usuario tiene una carpeta Documentos en el volumen de arranque. Si no se asigna una carpeta particular, el sistema asigna una carpeta particular local predeterminada para cada cuenta de usuario (en el directorio raíz en el que se instalaron los archivos del sistema operativo). Para especificar una ruta de acceso de red para la carpeta particular, deberá crear primero el recurso compartido y establecer permisos que concedan acceso al usuario.

Figura 2-7

2.1.3. Crear y administrar grupos locales en Windows server

Para *crear un grupo local* mediante la interfaz de Windows, abra Administración de equipos y en el árbol de la consola, haga clic en *Grupos* (ruta Administración de equipos\Herramientas del sistema\Usuarios y grupos locales\Grupos) y en el menú *Acción* haga clic en *Grupo nuevo* o también pulse con el botón derecho del ratón en *Grupos* y en el menú emergente seleccione *Grupo nuevo* (Figura 2-8). En la Figura 2-9, en *Nombre de grupo*, escriba un nombre para el nuevo grupo. En *Descripción*, escriba la descripción del nuevo grupo. Para agregar uno o varios miembros al grupo nuevo, pulse en *Agregar*.

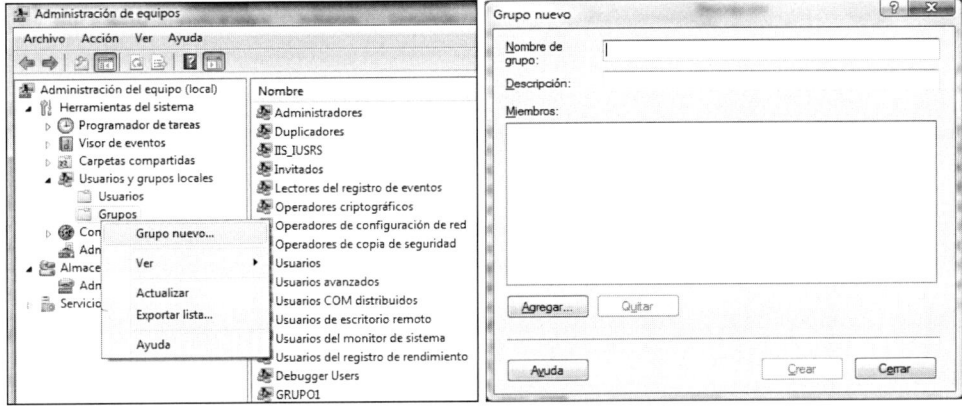

Figura 2-8   Figura 2-9

En el cuadro de diálogo *Seleccionar usuarios, equipos o grupos* (Figura 2-10), realice las acciones siguientes:

- Para *agregar al grupo una cuenta de usuario o de grupo*, escriba su nombre en *Escriba los nombres de objeto que desea seleccionar* y, después, haga clic en *Aceptar*.

- Para *agregar una cuenta de equipo a este grupo*, haga clic en *Tipos de objetos*, active la casilla *Equipos* y, a continuación, en *Aceptar*. En *Escriba los nombres de objeto que desea seleccionar*, escriba el nombre de la cuenta de equipo que desee agregar y, después, haga clic en *Aceptar*.

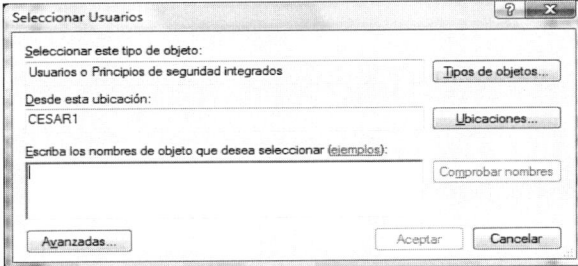

Figura 2-10

En el cuadro de diálogo *Grupo nuevo*, haga clic en *Crear* y, a continuación, en *Cerrar*.

Para completar este procedimiento, debe proporcionar las credenciales de la cuenta de administrador en el equipo local (si se le solicita), o debe ser miembro del grupo Administradores en dicho equipo.

Un nombre de grupo local no puede coincidir con ningún otro nombre de grupo o de usuario del equipo local que se está administrando. El nombre de grupo local puede contener hasta 256 caracteres, en mayúsculas o minúsculas, excepto los siguientes:

" / \ [ ] : ; | = , + * ? < > @

Un nombre de grupo no puede contener exclusivamente puntos (.) o espacios en blanco.

Para *agregar un miembro a un grupo local* con la interfaz de Windows, abra Administración de equipos y en el árbol de la consola, haga clic en *Grupos* (ruta *Administración de equipos\Herramientas del sistema\Usuarios y grupos locales\Grupos*).

Pulse con el botón secundario en el grupo al que desee agregar un miembro, haga clic en *Agregar al grupo* en la Figura 2-11 y, a continuación, en *Agregar*. En el cuadro de diálogo *Seleccionar usuarios, equipos o grupos*, realice las acciones siguientes:

- Para *agregar al grupo una cuenta de usuario o de grupo*, escriba su nombre en *Escriba los nombres de objeto* que desea seleccionar y, después, haga clic en *Aceptar*.

- Para *agregar una cuenta de equipo a este grupo*, haga clic en *Tipos de objetos*, active la casilla *Equipos* y, a continuación, en *Aceptar*. En *Escriba los nombres de objeto que desea seleccionar*, escriba el nombre de la cuenta de equipo que desee agregar al grupo y, luego, haga clic en *Aceptar*.

Para completar este procedimiento, debe proporcionar las credenciales de la cuenta de administrador en el equipo local (si se le solicita), o debe ser miembro del grupo Administradores en dicho equipo.

Para *quitar un miembro de un grupo local*, seleccione la cuenta de usuario, cuenta de equipo o cuenta de grupo en *Miembros* y, a continuación, haga clic en *Quitar*.

Los derechos y permisos asignados a un grupo se asignan a todos sus miembros. Reduzca al mínimo necesario el número de usuarios del grupo Administradores, ya que en un equipo local los miembros de dicho grupo tienen permisos de control total. Si el equipo se ha unido a un dominio, también podrá agregar a un grupo local las cuentas de usuario, de equipo y de grupo de ese dominio y de los dominios de confianza.

Para *identificar miembros de un grupo local* con la interfaz de Windows, abra Administración de equipos y en el árbol de la consola, haga clic en *Grupos*. Haga clic con el botón secundario en el grupo cuyos miembros desee identificar y, a continuación, en *Propiedades*. Se obtiene la Figura 2-12 con los miembros del grupo.

Para *eliminar un grupo local* mediante la interfaz de Windows, abra Administración de equipos y en el árbol de la consola, haga clic en *Grupos*. Pulse con el botón secundario en el grupo que desea eliminar y, a continuación, en *Eliminar*. Para completar este procedimiento, debe proporcionar las credenciales de la cuenta de administrador en el equipo local (si se le solicita), o debe ser miembro del grupo Administradores en dicho equipo.

Los siguientes grupos predeterminados no se pueden eliminar: Administradores, Operadores de copia de seguridad, Operadores criptográficos, Usuarios de COM distribuido, Invitados, IIS_IUSRS, Operadores de configuración de red, Usuarios del registro de rendimiento, Usuarios del monitor de sistema, Usuarios avanzados, Usuarios de escritorio remoto, Replicador y Usuarios. Los grupos eliminados no se pueden recuperar. La eliminación de un grupo local sólo quita el grupo. No elimina las cuentas de usuario, las cuentas de equipo o las cuentas de grupo que eran miembros de dicho grupo.

Si elimina un grupo y crea otro con el mismo nombre, debe establecer nuevos permisos para el nuevo grupo. El nuevo grupo no heredará los permisos que se asignaron al anterior.

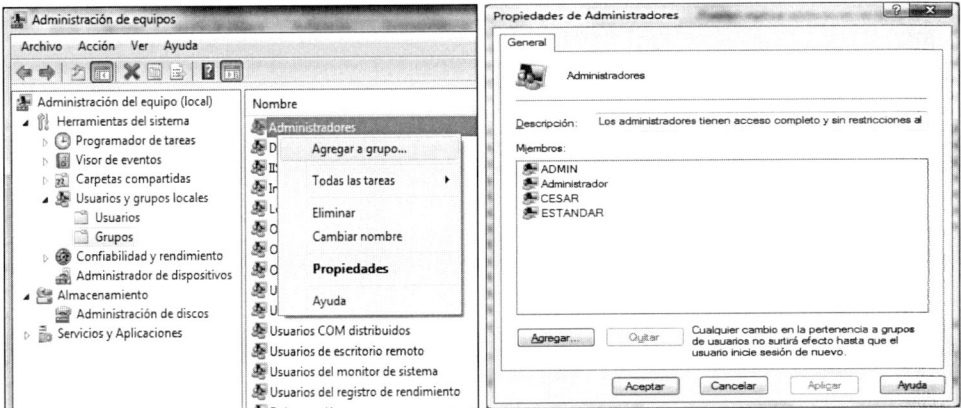

Figura 2-11   Figura 2-12

2.2. USUARIOS Y GRUPOS PREDETERMINADOS

Los grupos predeterminados son grupos de seguridad que se crean automáticamente al crear un dominio. Estos grupos predefinidos permiten controlar el acceso a los recursos compartidos y delegar funciones administrativas específicas en todo el dominio. A muchos grupos predeterminados se les asigna automáticamente un conjunto de derechos de usuario que autoriza a los miembros del grupo a realizar acciones específicas en un dominio, como iniciar una sesión en un sistema local o efectuar copias de seguridad de archivos y carpetas. Por ejemplo, un miembro del grupo *Operadores de copia de seguridad* tiene derecho a realizar operaciones de copia de seguridad en todos los controladores del dominio.

Cuando se agrega un usuario a un grupo, el primero recibe todos los derechos de usuario y permisos asignados a ese grupo en todos los recursos compartidos. Como práctica de seguridad recomendada, se aconseja que los miembros de grupos predeterminados con múltiples accesos administrativos utilicen la ejecución con prerrogativas de administrador cuando realicen tareas administrativas.

Es posible reducir el tiempo que se emplea administrando las cuentas de usuario creando grupos de cuentas de usuario similares y asignando propiedades compartidas, como configuraciones de software o políticas de TI, al grupo. Las propiedades que ha asignado a un grupo se asignan a todas las cuentas de usuario del grupo. También es posible asignar las propiedades a cuentas de usuario y cuentas de administrador en el nivel individual, en el nivel de grupo o en el nivel de dominio. Las propiedades del nivel individual anulan las propiedades del nivel de grupo. Las propiedades del nivel de grupo anulan las propiedades del nivel de dominio.

Después de agregar una cuenta de usuario o administrador a un grupo, es posible anular las propiedades que se han configurado para la cuenta en el nivel de grupo o de dominio cambiando las propiedades en el nivel de la cuenta de usuario. Si se elimina una cuenta de usuario o administrador de un grupo, el nombre de la cuenta permanece en la lista global de usuarios, pero no aparece en la lista de grupos.

Es posible crear tanto grupos específicos de usuarios como asignar funciones a dichos grupos o utilizar los grupos de usuarios predeterminados que contienen funciones preexistentes.

2.2.1. Usuarios predeterminados en Windows server

Al instalar Windows server también se instalan *usuarios y grupos predeterminados*. Existen tres tipos de cuentas predeterminadas (integradas, predefinidas e implícitas) que están diseñadas para proporcionar los componentes básicos necesarios para construir la red.

Las *cuentas de usuario integradas* son cuentas de usuario y grupo instaladas con el sistema operativo, las aplicaciones y los servicios. Todos los sistemas Windows server disponen de las cuentas *Localsystem* (para la ejecución de procesos y la gestión de tareas del sistema), *Localservice* (cuenta con privilegios limitados que sólo permite acceder al sistema local y que permite configurar aquellas aplicaciones o servicios cuyos procesos no necesiten acceder a otros servidores) y *NetworkService* (pseudocuenta para la ejecución de servicios que necesitan privilegios adicionales y derechos de inicio de sesión en un sistema local y en la red).

Las *cuentas de usuario predefinidas* son cuentas de usuario y grupo instaladas en el sistema operativo. Entre las cuentas de usuario predefinidas que se instalan junto con Windows server tenemos la *cuenta Administrador* (proporciona acceso completo a archivos, directorios, servicios y otros recursos y no se puede eliminar ni deshabilitar) y la *cuenta Invitado* (tiene privilegios limitados).

También se instalan en todos los sistemas Windows server *grupos integrados y predefinidos* que se utilizan para proporcionar privilegios y permisos de grupo a los usuarios haciendo que formen parte de ellos.

En la carpeta *Usuarios*, que se encuentra en el complemento *Usuarios y grupos locales de MMC (Microsoft Management Console),* se muestran las cuentas de usuario predeterminadas y las creadas por los usuarios (Figura 2-13). Estas cuentas de usuario predeterminadas se crean automáticamente al instalar el sistema operativo.

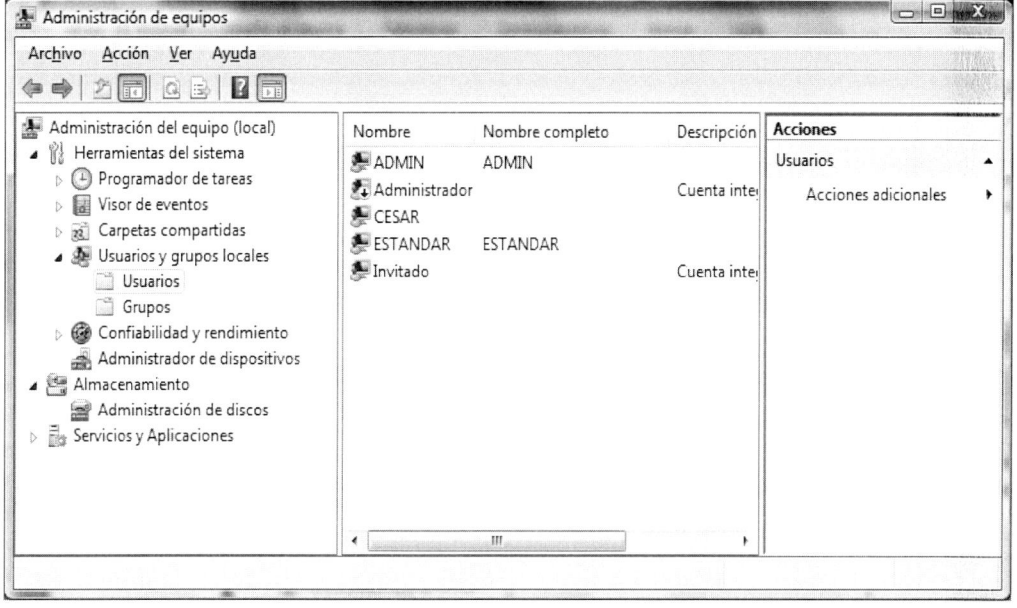

Figura 2-13

La tabla siguiente describe cada cuenta de usuario predeterminada que aparece en Usuarios y grupos locales.

Cuenta de usuario predeterminada	Descripción
Cuenta Administrador	La cuenta Administrador está deshabilitada de forma predeterminada, pero puede habilitarla. Cuando está habilitada, la cuenta Administrador tiene control total del equipo y puede asignar derechos de usuario y permisos de control de acceso a los usuarios según sea necesario. Sólo debe utilizar esta cuenta para las tareas que requieran credenciales administrativas. Se recomienda configurarla de modo que use una contraseña segura. La cuenta Administrador es miembro del grupo Administradores en el equipo. La cuenta Administrador nunca se puede eliminar ni quitar del grupo Administradores, pero es posible cambiarle el nombre o deshabilitarla. Como es sabido que la cuenta Administrador existe en muchas versiones de Windows, si le cambia el nombre o la deshabilita dificultará el acceso a ella a usuarios malintencionados. Aunque la cuenta Administrador esté deshabilitada, siempre puede usarse para obtener acceso a un equipo con el modo seguro.
Cuenta Invitado	La cuenta Invitado sólo la utilizan los usuarios que no poseen una cuenta real en el equipo. Un usuario cuya cuenta se haya deshabilitado (pero no eliminado) también puede utilizar la cuenta Invitado. La cuenta Invitado no requiere ninguna contraseña y está deshabilitada de forma predeterminada, pero puede habilitarla. Puede asignar derechos y permisos para la cuenta Invitado de la misma forma que para cualquier cuenta de usuario. De manera predeterminada, la cuenta Invitado es miembro del grupo predeterminado Invitados, lo que permite al usuario iniciar sesión en un equipo. Un miembro del grupo Administradores debe conceder derechos adicionales, así como cualquier permiso necesario, al grupo Invitados. La cuenta Invitado está deshabilitada de forma predeterminada y se recomienda que permanezca así.

2.2.2. Grupos predeterminados en Windows server

En la carpeta *Grupos*, que se encuentra en el complemento *Usuarios y grupos locales de MMC (Microsoft Management Console)*, se muestran los grupos locales predeterminados y los creados por los usuarios (Figura 2-14).

Los grupos locales predeterminados se crean automáticamente al instalar el sistema operativo. La pertenencia a un grupo local supone para el usuario tener los permisos y la capacidad de realizar diversas tareas en el equipo local. Puede agregar cuentas de usuario locales, cuentas de usuario de dominio, cuentas de equipo y cuentas de grupo a los grupos locales.

La tabla siguiente ofrece descripciones de los grupos predeterminados que se encuentran en la carpeta Grupos. Dicha tabla también muestra los derechos de usuario predeterminados para cada grupo. Estos derechos de usuario se asignan en la directiva de seguridad local.

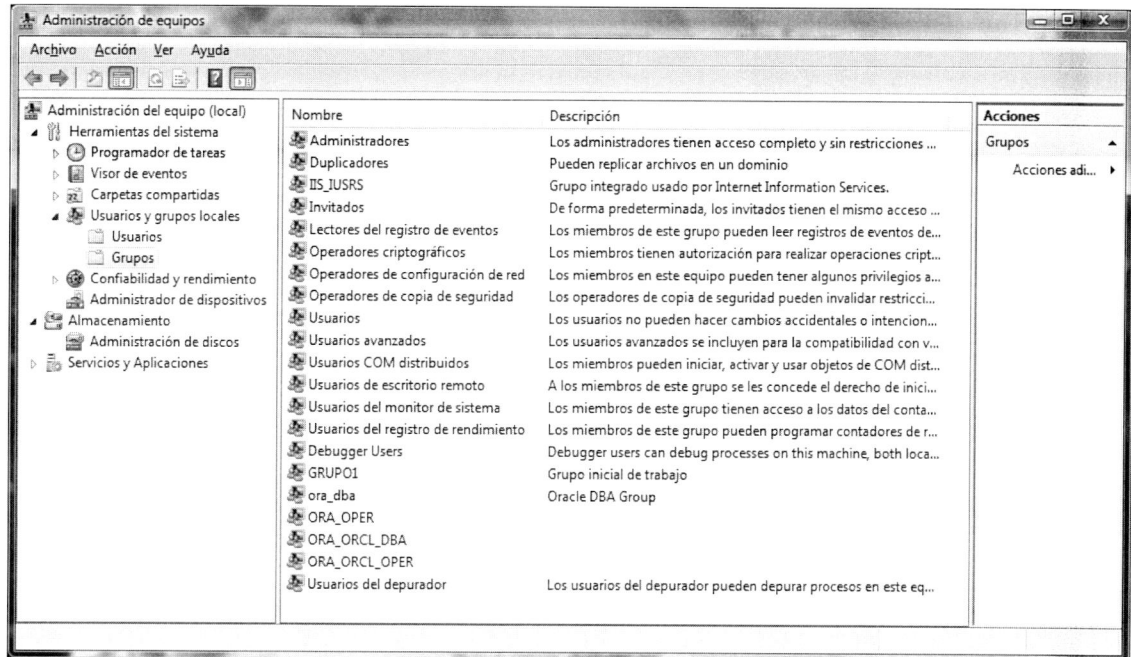

Figura 2-14

Grupo	Descripción	Derechos de usuario predeterminados
Administradores	Los miembros de este grupo tienen control total del equipo y pueden asignar derechos de usuario y permisos de control de acceso a los usuarios según sea necesario. La cuenta Administrador es un miembro predeterminado de este grupo. Cuando un equipo se une a un dominio, el grupo Admins. de dominio se agrega automáticamente a este grupo. Puesto que este grupo tiene control total del equipo, tenga precaución al agregarle usuarios.	Tener acceso a este equipo desde la red. Ajustar las cuotas de la memoria para un proceso. Permitir el inicio de sesión local. Permitir inicio de sesión Terminal Services. Hacer copias de seguridad de archivos y directorios. Omitir comprobación de recorrido. Cambiar la hora del sistema. Cambiar la zona horaria. Crear un archivo de paginación. Crear objetos globales. Crear vínculos simbólicos. Depurar programas. Forzar cierre desde un sistema remoto. Suplantar a un cliente tras la autenticación. Aumentar prioridad de programación. Cargar y descargar controladores de dispositivo. Iniciar sesión como proceso por lotes.

Grupo	Descripción	Derechos de usuario predeterminados
		Administrar registro de seguridad y auditoría. Modificar valores de entorno firmware. Realizar tareas de mantenimiento del volumen. Analizar un solo proceso. Analizar el rendimiento del sistema. Quitar equipo de la estación de acoplamiento. Restaurar archivos y directorios. Apagar el sistema. Tomar posesión de archivos y otros objetos.
Operadores de copia de seguridad	Los miembros de este grupo pueden hacer copias de seguridad y restaurar archivos de un equipo, independientemente de los permisos que protejan dichos archivos. Es así porque el derecho a realizar una copia de seguridad tiene preferencia sobre todos los permisos de archivo. Los miembros de este grupo no pueden cambiar la configuración de seguridad.	Tener acceso a este equipo desde la red. Permitir el inicio de sesión local. Hacer copias de seguridad de archivos y directorios. Omitir comprobación de recorrido. Iniciar sesión como proceso por lotes. Restaurar archivos y directorios. Apagar el sistema.
Operadores criptográficos	Los miembros de este grupo están autorizados a realizar operaciones criptográficas.	No hay derechos de usuario predeterminados.
Usuarios de COM distribuido	Los miembros de este grupo pueden iniciar, activar y usar objetos DCOM en un equipo.	No hay derechos de usuario predeterminados.
IIS_IUSRS	Es un grupo integrado que usa Internet Information Services (IIS).	No hay derechos de usuario predeterminados.
Invitados	Los miembros de este grupo disponen de un perfil temporal que se crea al iniciar la sesión y que se elimina cuando el miembro la cierra. La cuenta Invitado (que está deshabilitada de forma predeterminada) también es miembro del grupo de forma predeterminada.	No hay derechos de usuario predeterminados.
Operadores de configuración de red	Los miembros de este grupo pueden modificar la configuración TCP/IP, y renovar y liberar las direcciones TCP/IP. Este grupo no tiene ningún miembro predeterminado.	No hay derechos de usuario predeterminados.
Usuarios del registro de rendimiento	Los miembros de este grupo pueden administrar los contadores de rendimiento, los registros y las alertas de un equipo, tanto de forma local como desde clientes remotos, sin ser miembros del grupo Administradores.	No hay derechos de usuario predeterminados.

Grupo	Descripción	Derechos de usuario predeterminados
Usuarios del monitor de sistema	Los miembros de este grupo pueden supervisar los contadores de rendimiento de un equipo, tanto de forma local como desde clientes remotos, sin ser miembros de los grupos Administradores o Usuarios del registro de rendimiento.	No hay derechos de usuario predeterminados.
Usuarios de escritorio remoto	Los miembros de este grupo pueden iniciar una sesión en el equipo de forma remota.	Permitir inicio de sesión a través de Terminal Services
Replicador	Este grupo admite funciones de réplica. El único miembro del grupo Replicador debe ser una cuenta de usuario de dominio que se use para iniciar sesión en los servicios de Replicador de un controlador de dominio. No agregue a este grupo cuentas de usuario de usuarios reales.	No hay derechos de usuario predeterminados.
Ofrecer aplicaciones auxiliares de asistencia remota	Los miembros de este grupo pueden ofrecer Asistencia remota a los usuarios de este equipo.	No hay derechos de usuario predeterminados.
Usuarios	Los miembros del grupo Usuarios pueden realizar las tareas más habituales, como ejecutar aplicaciones, usar impresoras locales y de red, y bloquear el equipo. Los miembros de este grupo no pueden compartir directorios ni crear impresoras locales. Los grupos Usuarios de dominio, Usuarios autenticados e Interactivo son miembros de este grupo de forma predeterminada. Por tanto, todas las cuentas de usuario que se crean en el dominio son miembros de este grupo.	Tener acceso a este equipo desde la red. Permitir el inicio de sesión local. Omitir comprobación de recorrido. Cambiar la zona horaria. Aumentar el espacio de trabajo de un proceso. Quitar equipo de la estación de acoplamiento. Apagar el sistema.
Usuarios avanzados	De forma predeterminada, los miembros de este grupo no tienen más derechos o permisos de usuario que una cuenta de usuario estándar. El grupo Usuarios avanzados de versiones anteriores de Windows se diseñó para otorgar derechos y permisos de administrador específicos para realizar tareas del sistema habituales. En esta versión de Windows, las cuentas de usuario estándar tienen, de forma inherente, la capacidad de realizar las tareas de configuración más habituales, como el cambio de las zonas horarias. En el caso de las aplicaciones heredadas que requieren los mismos derechos y permisos del grupo Usuarios avanzados que se encontraban en versiones anteriores de Windows, los administradores pueden aplicar una plantilla de seguridad que los otorgue.	No hay derechos de usuario predeterminados.

2.3. SEGURIDAD DE CUENTAS DE USUARIO Y CONTRASEÑAS. PERFILES LOCALES DE USUARIO

La identidad y el control de acceso son características y tecnologías que proporcionan un modo centralizado de administrar credenciales y tecnologías para permitir que sólo los usuarios legítimos tengan acceso a los dispositivos, las aplicaciones y los datos.

El establecimiento de un usuario válido para la información o recursos en un entorno requiere que dicho usuario pueda proporcionar dos tipos de información en la red: una identificación y una prueba de identidad.

El control de acceso es el proceso por el cual se autoriza a usuarios, grupos y equipos obtener acceso a los objetos de la red mediante permisos, derechos de usuario y auditoría de objetos.

2.3.1. Control de acceso en Windows server

El sistema operativo Windows ayuda a proteger archivos, aplicaciones y otros recursos de un uso no autorizado mediante un proceso que compara las cuentas de usuario y la pertenencia a grupos con los derechos, privilegios y permisos asociados con esas cuentas y pertenencias a grupos. En los párrafos siguientes se muestra cómo asignar o establecer privilegios y permisos. Además, se describen estos privilegios y permisos, por qué son necesarios y cómo pueden ayudar a administrar recursos compartidos de forma eficaz.

Para que un sujeto pueda tener acceso a un objeto, debe identificarse en el subsistema de seguridad del sistema operativo. Esta identidad está incluida en un token de acceso que se vuelve a crear cada vez que un sujeto inicia una sesión. Antes de permitir que el sujeto tenga acceso a un objeto, el sistema operativo determina si el token de acceso del sujeto está autorizado para tener acceso al objeto y completar la tarea deseada. Para ello, compara la información del token de acceso con las entradas de control de acceso (ACE) del objeto.

Las ACE pueden permitir o denegar distintos comportamientos según el tipo de objeto. Por ejemplo, las opciones de un archivo pueden ser Leer, Escribir y Ejecutar. En una impresora, las ACE disponibles pueden ser Imprimir, Administrar impresoras y Administrar documentos.

Las ACE individuales de un objeto se combinan en una lista de control de acceso (ACL). El subsistema de seguridad comprueba si la ACL del objeto incluye ACE relacionadas con el usuario y los grupos a los que éste pertenece.

Además, revisa cada ACE hasta que encuentra una que permite o deniega el acceso al usuario o uno de sus grupos, o bien hasta que no queda ninguna ACE por comprobar. Si llega al final de la ACL y no ha encontrado ninguna ACE en la que se permita o se deniegue explícitamente el acceso deseado, el subsistema de seguridad deniega el acceso al objeto.

Los *permisos* definen el tipo de acceso concedido al usuario o grupo para un objeto o una propiedad de objeto. Por ejemplo, al grupo *Finanzas* se le pueden conceder los permisos de lectura y escritura para el archivo denominado *Payroll.dat*.

La interfaz de usuario de control de acceso permite establecer permisos NTFS para objetos como archivos, objetos de Active Directory, objetos del Registro u objetos de sistema como procesos. Los permisos se pueden conceder a cualquier usuario, grupo o equipo. Es recomendable asignar permisos a grupos, ya que esto mejora el rendimiento del sistema cuando se comprueba el acceso a un objeto. Puede conceder permisos para cualquier objeto a:

- Grupos, usuarios y otros objetos con identificadores de seguridad del dominio.

- Grupos y usuarios del dominio y de cualquier dominio de confianza.

- Grupos y usuarios locales del equipo en que reside el objeto.

Los permisos adjuntos a un objeto dependerán del tipo de objeto. Por ejemplo, los permisos que se pueden adjuntar a un archivo son diferentes de los que se pueden adjuntar a una clave del Registro. Sin embargo, algunos permisos son comunes a la mayoría de los tipos de objeto. Los permisos comunes son:

- Leer

- Modificar

- Cambiar propietario

- Eliminar

Cuando se establecen permisos, se especifica el nivel de acceso de los grupos y usuarios. Por ejemplo, puede permitir a un usuario leer el contenido de un archivo, dejar a otro usuario realizar cambios en el archivo y evitar a los demás usuarios el acceso al archivo. Puede establecer permisos similares en impresoras para que determinados usuarios puedan configurarlas y otros usuarios sólo puedan imprimir.

Cuando se necesita cambiar los permisos de un archivo, es posible ejecutar el Explorador de Windows, hacer clic con el botón secundario en el nombre del archivo y, a continuación, hacer clic en *Propiedades*. En la ficha *Seguridad*, puede cambiar los permisos del archivo (Figura 2-15).

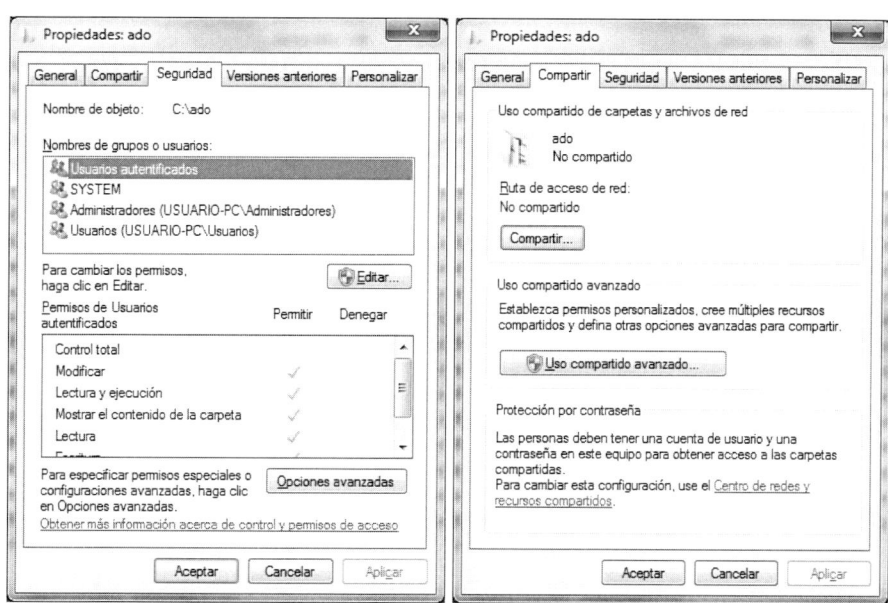

Figura 2-15   Figura 2-16

Otro tipo de permisos, denominados permisos de recurso compartido se establecen en la ficha *Compartir* (Figura 2-16) de la página *Propiedades* de una carpeta o mediante el *Asistente para crear una carpeta compartida*.

Cuando se crea un objeto, se le asigna un propietario. De forma predeterminada, el propietario es el creador del objeto. Sean cuales sean los permisos que se definan en un objeto, el propietario del objeto siempre puede cambiarlos. La *herencia* permite a los administradores asignar y administrar permisos fácilmente. Esta característica hace que los objetos de un contenedor hereden automáticamente todos los permisos heredables de ese contenedor. Por ejemplo, cuando se crean archivos en una carpeta, heredarán los permisos de la carpeta. Sólo se heredarán los permisos marcados para ello.

Los derechos de usuario conceden determinados privilegios y derechos de inicio de sesión a los usuarios y grupos del entorno de computación. Los administradores pueden asignar derechos específicos a las cuentas de grupo o a cuentas de usuario individuales. Estos derechos autorizan a los usuarios a realizar acciones específicas, como iniciar una sesión en un sistema de forma interactiva o realizar copias de seguridad de archivos y directorios.

Los derechos de usuario se diferencian de los permisos en que se aplican a las cuentas de usuario, mientras que los permisos se asignan a los objetos. Aunque se pueden aplicar a cuentas de usuario individuales, se administran mejor en una cuenta de grupo. La interfaz de usuario de control de acceso no permite conceder derechos de usuario; sin embargo, la asignación de derechos de usuario se puede administrar mediante el complemento Directiva de seguridad local que se encuentra en *Directivas locales\Asignación de derechos de usuario*.

Los derechos de administrador permiten auditar el acceso correcto o incorrecto de los usuarios a los objetos. Puede seleccionar el acceso al objeto que va a auditar con la interfaz de usuario de control de acceso, pero primero debe habilitar la directiva de auditoría seleccionando *Auditar el acceso a objetos* en *Directiva local\Directiva de auditoría\Directivas locales* del complemento Directiva de seguridad local.

2.3.2. Control de cuentas de usuario en Windows server

Control de cuentas de usuario (UAC) es un nuevo componente de seguridad de los sistemas operativos Microsoft Windows y Windows server. UAC permite que los usuarios realicen tareas habituales como no administradores (lo que se denomina "usuarios estándar" en esta versión de Microsoft Windows) y como administradores, sin necesidad de cambiar de usuario, cerrar la sesión o usar el comando *Ejecutar como administrador*. Una cuenta de usuario estándar es similar a una cuenta de usuario de Microsoft Windows. Las cuentas de usuarios que son miembros del grupo de administradores local ejecutan la mayoría de aplicaciones como un usuario estándar. Puesto que separa las funciones de usuario de las de administrador y posibilita al mismo tiempo la productividad, UAC supone una mejora importante para esta versión de Windows.

Cuando un administrador inicia una sesión en un equipo con Microsoft Windows o Windows server, se asignan dos tokens de acceso independientes al usuario. Windows usa tokens de acceso, que contienen la pertenencia a grupos de un usuario, datos de autorización y datos de control de acceso, para controlar las tareas y los recursos a los que puede tener acceso el usuario. En versiones anteriores de Windows, una cuenta de administrador recibía un token de acceso que incluía datos para conceder acceso al usuario a todos los recursos de Windows. Este modelo de control de acceso no incluía comprobaciones a prueba de errores para asegurarse de que el usuario realmente deseaba realizar una tarea que requería su token de acceso administrativo. En consecuencia, se podía instalar automáticamente software malintencionado en un equipo sin notificar al usuario. Este proceso se conoce normalmente como instalación "silenciosa". Puesto que el usuario era administrador, el software malintencionado podía usar los datos de control de acceso del administrador para infectar archivos principales del sistema operativo. En algunos casos, resultaba casi imposible quitar el software malintencionado y éste podía ocasionar todavía más daños.

La diferencia principal entre un usuario estándar y un administrador en esta versión de Windows radica en el control que ejercen sobre el equipo. Los administradores pueden cambiar el estado del sistema, desactivar el firewall y la directiva, instalar un servicio o un controlador que afecte a todos los usuarios del equipo, etc. Asimismo, pueden instalar software para todo un equipo. Los usuarios estándar no pueden cambiar el estado del sistema de este modo.

Para ejecutar una aplicación como administrador en la interfaz de Windows, haga clic con el botón secundario en el archivo ejecutable de la aplicación y en el menú contextual, pulse en *Ejecutar como administrador*.

Ya hemos visto que el control de cuentas de usuario debe estar activado para ayudar a proteger el equipo de cambios no autorizados.

Para activar o desactivar el control de cuentas de usuario UAC, se elige *Inicio → Panel de control → Cuentas de usuario* (Figura 2-17). A continuación, se pulsa en *Cuentas de usuario* en la Figura 2-18 para obtener la pantalla *Cuentas de usuario* de la Figura 2-19.

La opción *Activar o desactivar el control de cuentas de usuario* de la Figura 2-19 nos lleva a la Figura 2-20 en la que señalaremos la opción *Usar el control de cuentas de usuario (UAC) para ayudar a proteger el equipo* para activar el control de cuentas de usuario. Si no se señala esta opción, el control de cuentas de usuario estará desactivado y el equipo será más vulnerable a amenazas.

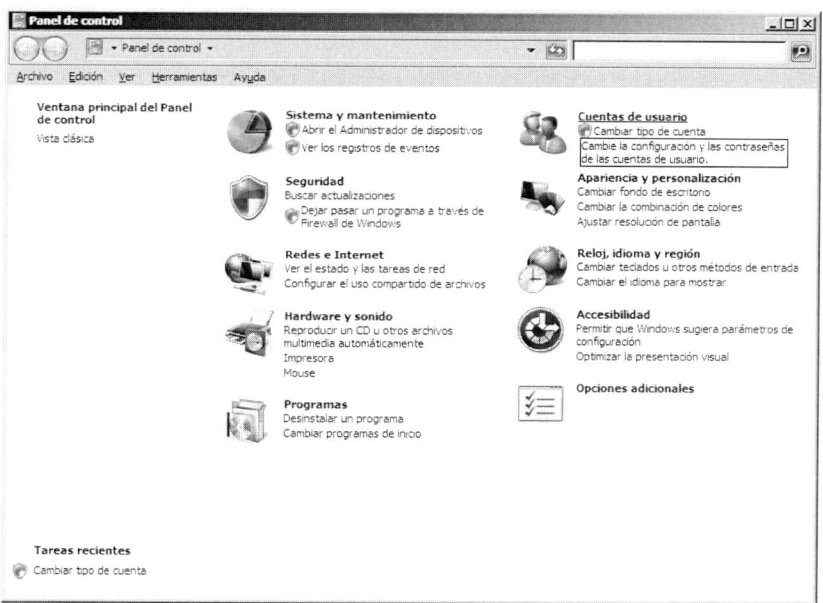

Figura 2-17

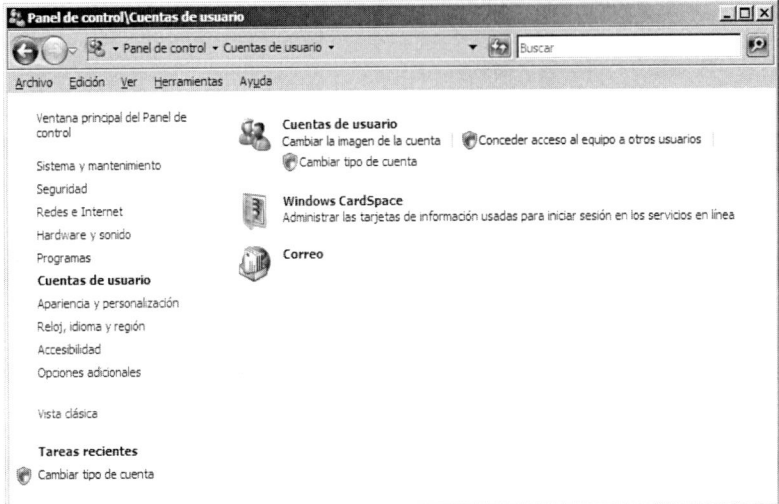

Figura 2-18

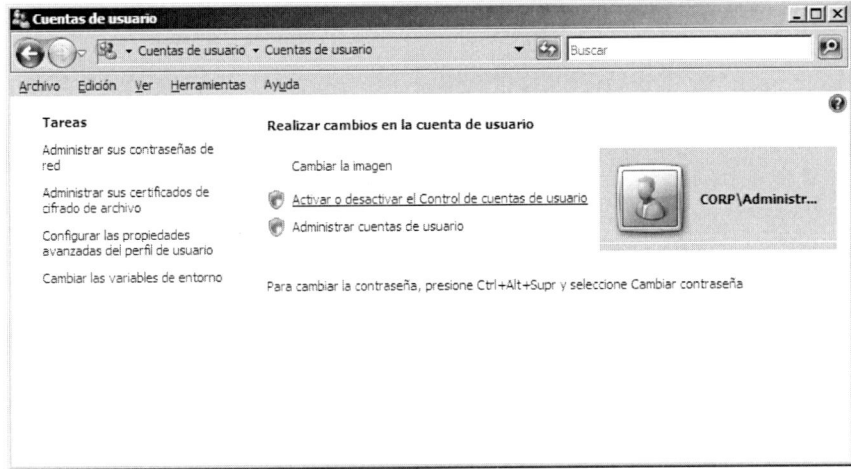

Figura 2-19

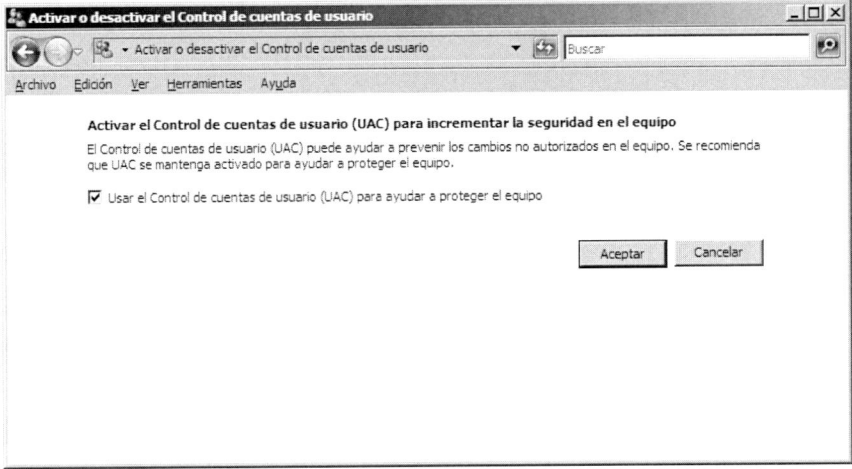

Figura 2-20

2.3.3. Administrar cuentas de usuario, contraseñas de red, certificados de cifrado de archivo, variables de entorno y perfiles de usuario

La opción *Administrar cuentas de usuario* de la pantalla *Cuentas de usuario* de la Figura 2-19 nos lleva a la pantalla de la Figura 2-21, que permite llevar a cabo tareas de administración de cuentas de usuario. La solapa *Usuarios* de la Figura 2-21 permite *Agregar* nuevas cuentas de usuario o *Quitar* las cuentas de usuario seleccionadas en la lista *Usuarios de este equipo*. El botón *Propiedades* permite ver las propiedades de la cuenta seleccionada (Figura 2-22).

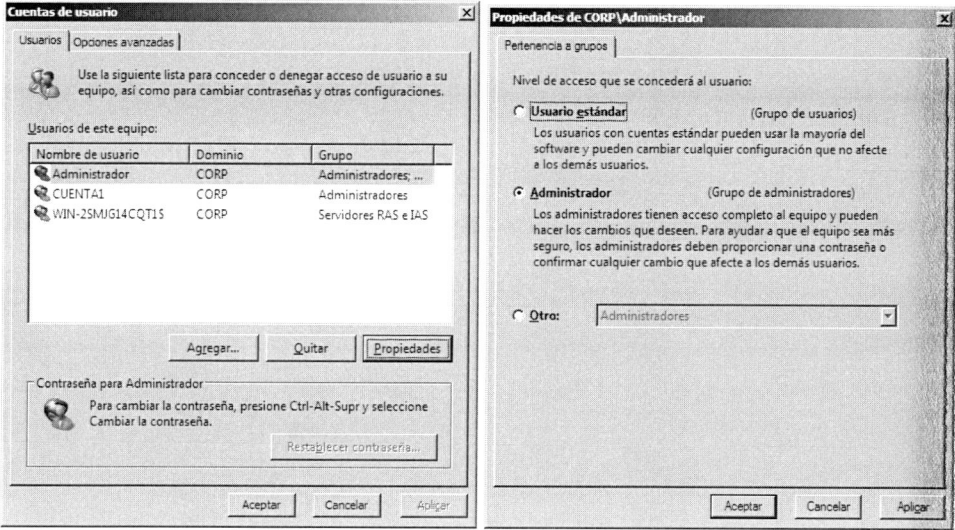

Figura 2-21   Figura 2-22

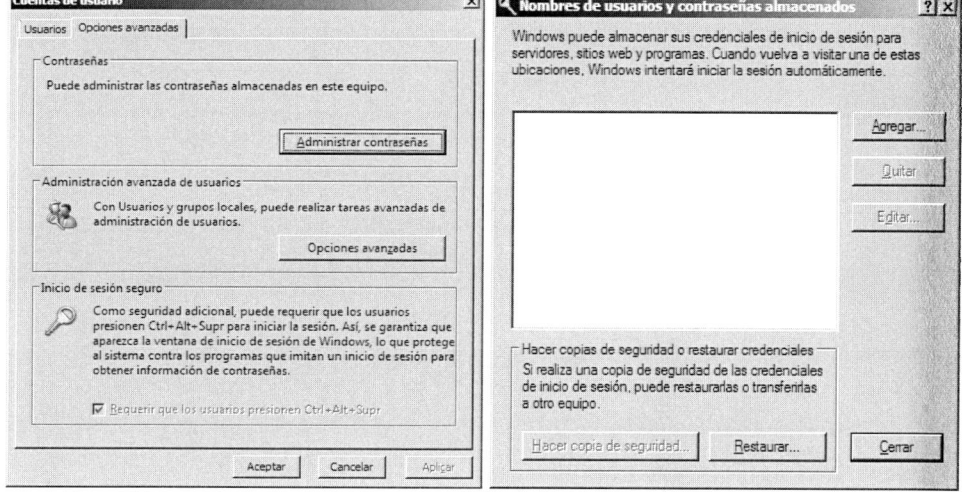

Figura 2-23   Figura 2-24

La solapa *Opciones avanzadas* de la Figura 2-21 nos lleva a la pantalla 2-23 cuyo botón *Administrar contraseñas* permite *Agregar, Quitar* o *Editar* contraseñas, así como *Hacer copias de seguridad* o *Restaurar credenciales de inicio de sesión* para restaurarlas o transferirlas a otro equipo (Figura 2-24).

La opción *Administrar sus contraseñas de red* de la Figura 2-19 permite *Agregar, Quitar* o *Editar* contraseñas de red, así como *Hacer copias de seguridad* o *Restaurar credenciales de inicio de sesión* para restaurarlas o transferirlas a otro equipo.

La opción *Administrar sus certificados de cifrado de archivo* de la Figura 2-19 da acceso al asistente de la Figura 2-25 cuyas pantallas sucesivas permiten seleccionar o crear un certificado o una clave de archivo, realizar una copia de seguridad del certificado y la clave para evitar perder el acceso a los archivos cifrados, configurar el sistema de cifrado de archivos para que use una tarjeta inteligente y actualizar archivos cifrados anteriormente para que usen una clave y un certificado diferentes.

La opción *Cambiar las variables de entorno* de la Figura 2-19 da acceso a la pantalla variables de usuario de la Figura 2-26 cuyos botones permiten *Editar* y *Eliminar* variables de usuario para administrador ya existentes o añadir *Nuevas*. De igual forma se pueden *Editar* y *Eliminar* variables del sistema ya existentes o añadir *Nuevas*.

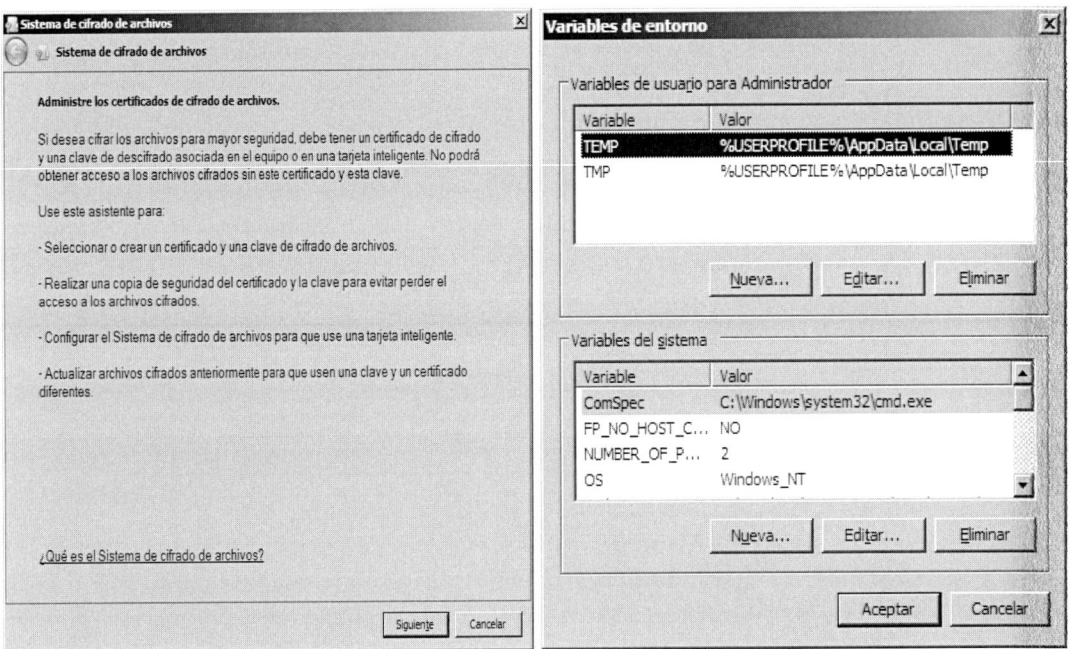

Figura 2-25   Figura 2-26

La opción *Configurar las propiedades avanzadas del perfil de usuario* de la Figura 2-19 permite Cambiar *el tipo, Eliminar y Copiar* perfiles de usuario (Figura 2-27). Los perfiles de usuario contienen la configuración de escritorio y otro tipo de información relacionada con la cuenta de usuario. Se puede crear un perfil diferente en cada equipo que se use o bien seleccionar un perfil móvil para usarlo en cualquier equipo a través del botón *Cambiar tipo* de la Figura 2-27 que nos lleva a las opciones de la Figura 2-28.

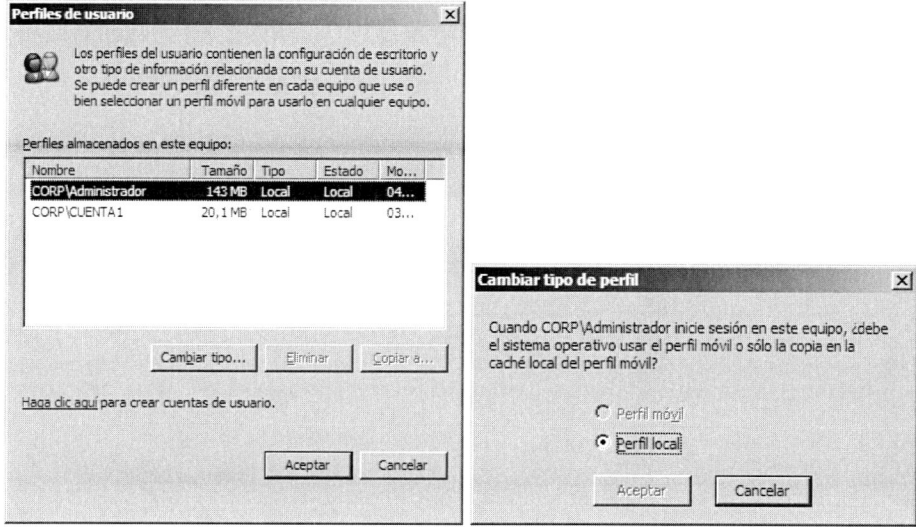

Figura 2-27   Figura 2-28

Al implementar los servidores del Protocolo de configuración dinámica de host (DHCP) en la red, puede proporcionar automáticamente equipos cliente y otros dispositivos basados en TCP/IP con direcciones IP válidas. Además, puede proporcionar los parámetros de configuración adicionales necesarios para estos clientes y dispositivos, llamados opciones de DHCP, los cuales les permiten conectarse a otros recursos de red como los servidores DNS, los servidores WINS y los enrutadores.

2.4. CONFIGURACIÓN DEL PROTOCOLO TCP/IP EN UN CLIENTE DE RED

TCP/IP es un conjunto de protocolos estándar diseñado para permitir las comunicaciones en redes en las empresa e internet. Existen dos versiones de TCP/IP típicamente admitidas por los sistemas operativos de servidor: TCP/IP con protocolo de internet versión 4 (IPv4) y TCP/IP con protocolo de internet versión 6 (IPv6).

IPv4 es un conjunto de protocolos y estándares cuyo uso está muy difundido actualmente tanto en internet como en redes privadas. IPv4 tiene un espacio de direcciones relativamente pequeño que se está agotando rápidamente a medida que el uso de internet aumenta. La necesidad de más direcciones IP y compatibilidad para tecnologías de red más nuevas son los factores que motivan la adopción de IPv6 que es un conjunto de protocolos y estándares que admite un espacio de direcciones mucho mayor que IPv4. IPv6 tiene direcciones IP de origen y destino de 128 bits (16 bytes). En contraste, IPv4 tiene direcciones IP de origen y destino de 32 bits (4 bytes). IPv6 ofrece muchas otras mejoras de seguridad y eficacia.

En los sistemas operativos de servidor, las *tecnologías de enrutamiento* administran el flujo de datos entre segmentos de la red, también denominados subredes. Estas tecnologías de enrutamiento incluyen enrutamiento de unidifusión y de multidifusión. El *enrutamiento de unidifusión* es el reenvío del tráfico destinado a una única ubicación de una red desde un host de origen hasta un host de destino mediante enrutadores. En la actualidad, la mayor parte del tráfico de red mundial se realiza a través de redes de protocolo de internet versión 4 (IPv4). Además, la mayor parte del tráfico iniciado por los usuarios a través de redes IPv4 es tráfico de unidifusión. El enrutamiento IP de unidifusión se produce en todas las redes IP conectadas mediante enrutadores.

Por otro lado, la *multidifusión* es el envío de tráfico de red a un grupo de extremos. Sólo los miembros del grupo de extremos que escuchen el tráfico de multidifusión (el grupo de multidifusión) procesan dicho tráfico. Todos los demás nodos omiten el tráfico de multidifusión. El concepto de la pertenencia a grupos es fundamental en la multidifusión IP. Los datagramas de multidifusión IP se envían a un grupo, y sólo los miembros del grupo los reciben. Un grupo se identifica mediante una sola dirección de multidifusión IP, que es una dirección IP en el intervalo de clase D, de 224.0.0.0 a 239.255.255.255. Estas direcciones de clase D se denominan direcciones de grupo. Un host de origen envía datagramas de multidifusión a una dirección de grupo. Los hosts de destino comunican a un enrutador local que necesitan unirse al grupo.

El *acceso remoto* es otra de las potencialidades de los sistemas operativos de servidor. El acceso remoto contiene información acerca de la compatibilidad del sistema con soluciones de acceso remoto, incluidos *Red privada virtual (VPN), Acceso telefónico remoto, Telnet* y *VPN*.

Las *redes privadas virtuales (VPN)* son conexiones punto a punto a través de una red privada o pública, como internet. Los clientes VPN usan protocolos especiales basados en TCP/IP, denominados protocolos de túnel, para realizar llamadas virtuales a un puerto virtual en un servidor VPN. En una implementación VPN típica, un cliente inicia una conexión punto a punto virtual con un servidor de acceso remoto a través de internet. El servidor de acceso remoto responde a la llamada, autentica al usuario que realiza la llamada y transfiere datos entre el cliente VPN y la red privada de la organización. Para emular un vínculo punto a punto, los datos se encapsulan, o se incluyen en un contenedor, con un encabezado. El encabezado proporciona la información de enrutamiento que permite a los datos recorrer la red compartida o pública hasta alcanzar su extremo. Para emular un vínculo privado, los datos enviados se cifran por motivos de confidencialidad. Los paquetes interceptados en la red compartida o pública no se pueden descifrar sin las claves de cifrado. El vínculo en el que los datos privados están encapsulados y cifrados se denomina conexión VPN.

El *Acceso telefónico remoto* permite a los clientes de acceso remoto conectarse a una red. Los clientes de acceso remoto usan la infraestructura de telecomunicaciones disponible para crear un circuito físico o virtual temporal a un puerto en un servidor de acceso remoto conectado a una red. Una vez establecida la conexión entre el cliente de acceso remoto y el servidor de acceso remoto, el servidor de acceso remoto reenvía paquetes entre el cliente de acceso remoto y la red.

Telnet es un protocolo que permite las conexiones remotas desde un cliente de acceso remoto a un host. Se puede usar un símbolo del sistema local en un cliente de acceso remoto para ejecutar programas de la línea de comandos, comandos del shell y scripts en una sesión de la consola de comandos remota.

2.4.1. Instalación de redes TCP/IP en Windows server

Para posibilitar que un equipo pueda acceder a la red, debe *instalar las componentes de red TCP/IP y un adaptador de red*. Windows server utiliza TCP/IP como protocolo determinado para redes de área local extensa WAN. Habitualmente la red se instala a la vez que Windows server, pero también es posible *instalar TCP/IP después de haber instalado el sistema operativo*. Para ello, haga clic en *Inicio → Red* (Figura 2-29). Se obtiene la pantalla del *explorador de red* (Figura 2-30) en la que puede ser necesario activar la detección de redes y recursos compartidos si no ha sido hecho previamente.

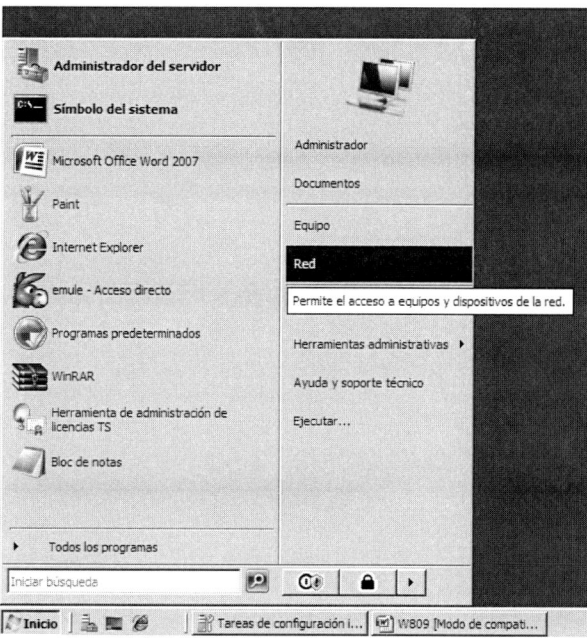

Figura 2-29

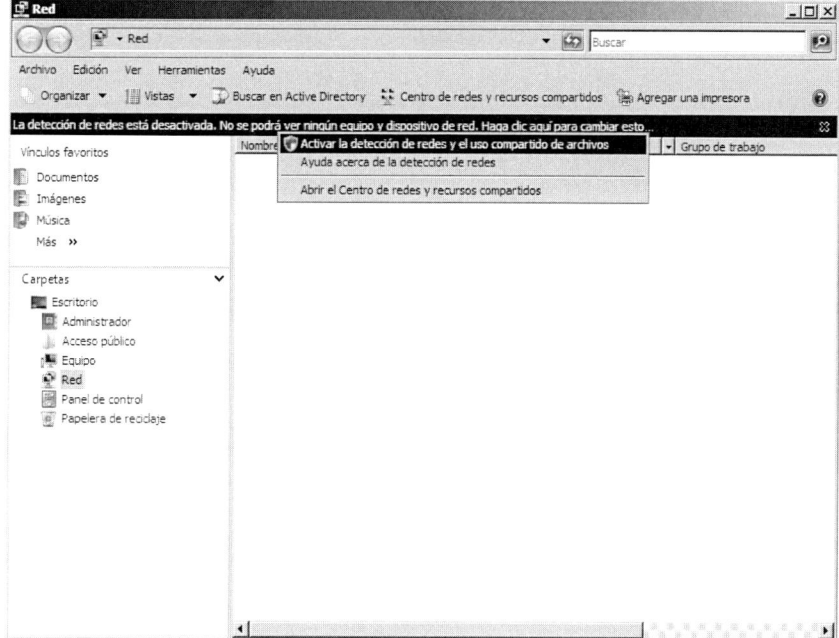

Figura 2-30

En el explorador de red se observan los equipos y grupos de trabajo a que pertenecen (Figura 2-31). A continuación, hacemos clic en *Centro de redes y recursos compartidos* en la parte superior del explorador de red. Se obtiene la pantalla *Centro de redes y recursos compartidos* (Figura 2-32) en la que se elige la opción *Administrar conexiones de red*. Se obtiene la pantalla *Conexiones de red* (Figura 2-33) que presenta las conexiones existentes. Se hace clic con el botón derecho del ratón en la conexión con la que se quiere trabajar y en el menú emergente resultante se elige la opción *Propiedades* (Figura 2-33). Aparecerá el cuadro de diálogo *Propiedades de conexión de área local* de la Figura 2-34.

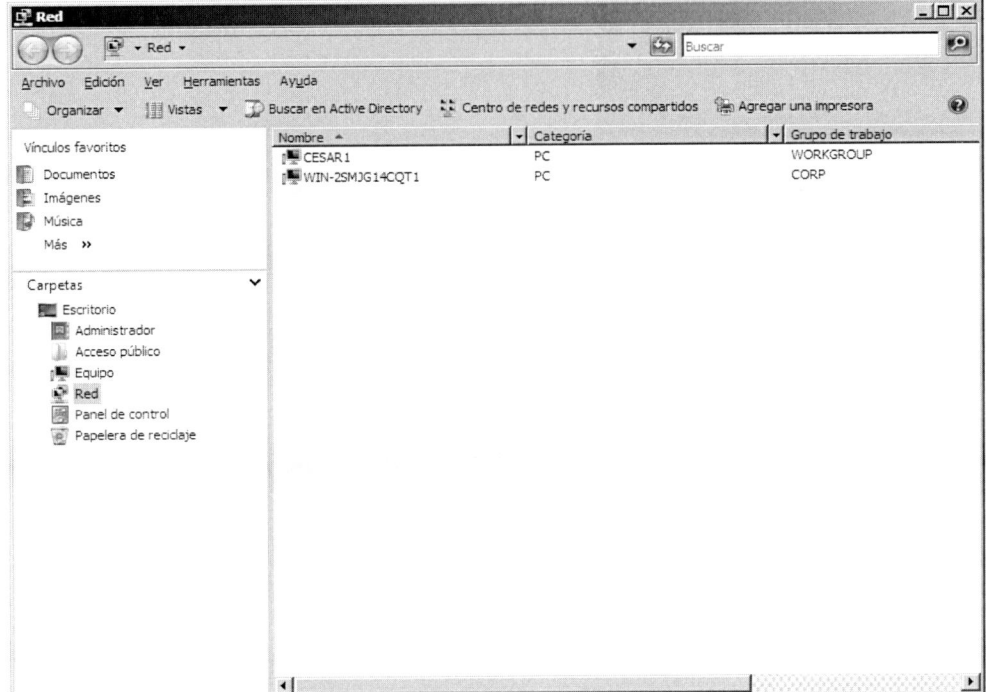

Figura 2-31

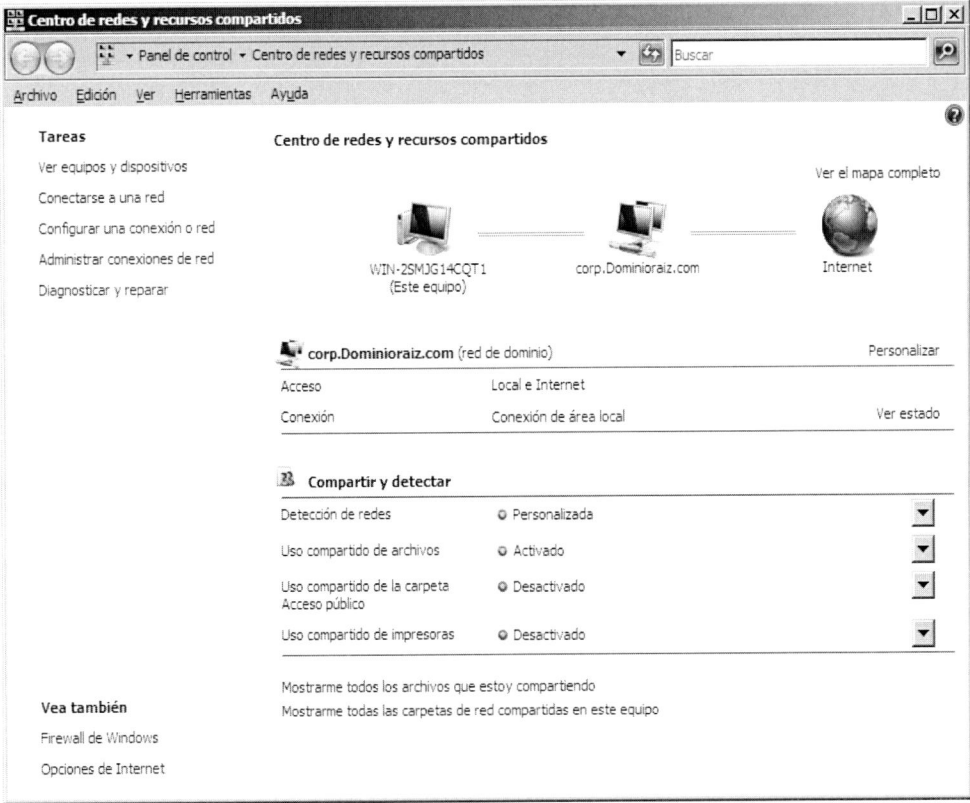

Figura 2-32

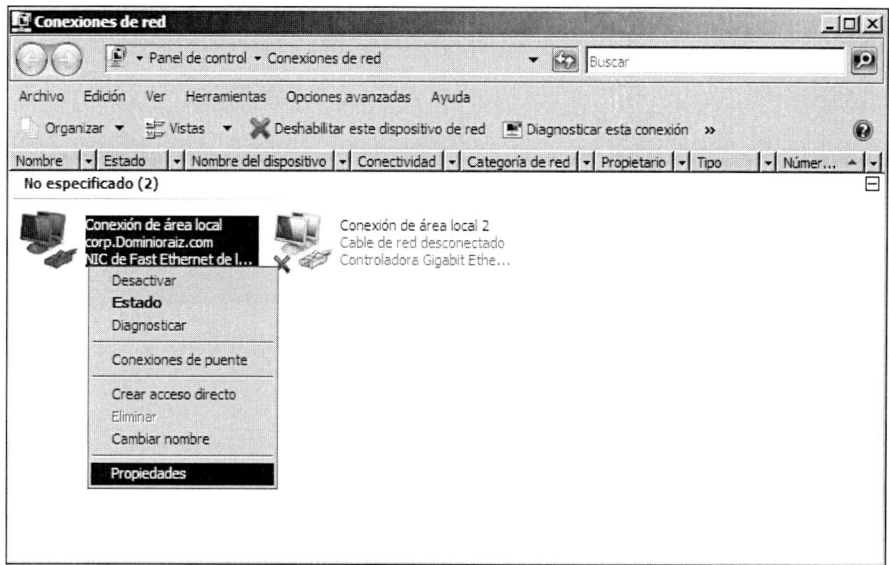

Figura 2-33

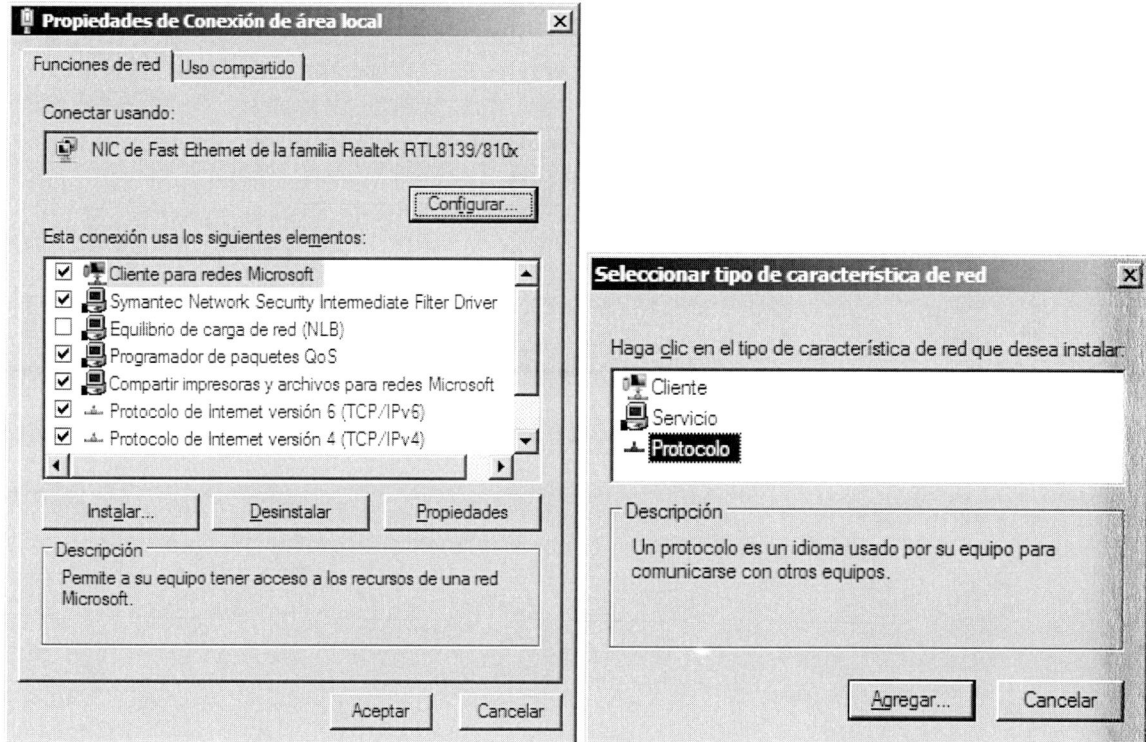

Figura 2-34   Figura 2-35

En la Figura 2-34 tienen que estar instalados *Protocolo de internet versión 6 (TCP/IPv6)* o *Protocolo de internet versión 4 (TCP/IPv4)* o ambos. Si no están en la lista, será necesario instalarlos mediante *Instalar → Protocolo → Agregar* (Figura 2-35) seleccionándolos del cuadro de diálogo *Seleccionar el protocolo de red* y haciendo clic en *Aceptar*. De igual forma se instalan características de *Cliente* y *Servicio* (Figura 2-35).

2.4.2. Configuración de redes TCP/IP en Windows server

Cuando un equipo dispone de una interfaz de red y está conectada, las conexiones de área local se crean automáticamente. Cuando el equipo tiene varios adaptadores de red conectados dispondrá de una conexión de área local para cada uno de ellos. Para poder comunicarse a través de TCP/IP, los equipos necesitan direcciones IP que deben configurarse. La configuración puede ser manual (direcciones IP estáticas), dinámica (direcciones IP dinámicas) o alternativa. En el caso de la configuración manual, las direcciones IP estáticas permanecen siempre fijas a menos que se cambien explícitamente. En el caso de la configuración dinámica, los servidores DHCP asignan direcciones IP dinámicas a los equipos cuando éstos se ponen en marcha, direcciones que pueden cambiar con el paso del tiempo.

En el caso de la configuración alternativa (sólo IPv4), si un equipo está configurado para usar DHCPv4 pero no hay ningún servidor DHCP disponible, Windows server le asigna una dirección privada alternativa automáticamente. También se puede especificar una dirección IPv4 alternativa configurada por el usuario (útil para los usuarios de equipos portátiles).

2.4.3. Configuración de direcciones IP estáticas

Para configurar una dirección IP estática, haga clic en *Inicio → Red* (Figura 2-29). Se obtiene la pantalla del *explorador de red* (Figura 2-30) en la que puede ser necesario activar la detección de redes y recursos compartidos si no ha sido hecho previamente. En el explorador de red se observan los equipos y grupos de trabajo a que pertenecen (Figura 2-31). A continuación, hacemos clic en *Centro de redes y recursos compartidos* en la parte superior del explorador de red. Se obtiene la pantalla Centro de redes y recursos compartidos (Figura 2-32) en la que se elige la opción *Administrar conexiones de red*. Se obtiene la pantalla *Conexiones de red* (Figura 2-33) que presenta las conexiones existentes. Se hace clic con el botón derecho del ratón en la conexión con la que se quiere trabajar y en el menú emergente resultante se elige la opción *Propiedades* (Figura 2-33). Aparecerá el cuadro de diálogo *Propiedades de conexión de área local* de la Figura 2-34. Haga doble clic sobre *Protocolo de internet versión 6 (TCP/IPv6)* o *Protocolo de internet versión 4 (TCP/IPv4)* según corresponda dependiendo del tipo de dirección IP que esté configurando.

Si se trata de una dirección IPv6, seleccione en la Figura 2-36 la opción *Utilizar la siguiente dirección IPv6* e introduzca dicha dirección en el cuadro de texto *Dirección IPv6*, dirección que no debe estar siendo utilizada en ningún otro lugar de la red. Pulse la tecla TAB y utilice el campo *Longitud del prefijo de subred* para garantizar que el equipo se comunica correctamente a través de la red. Windows server insertará un valor predeterminado en este cuadro de texto, que debería bastar si la red no utiliza subredes de longitud variable. En caso contrario se modifica el valor hasta ajustarlo a las necesidades de la red.

Si se trata de una dirección IPv4, seleccione en la Figura 2-37 la opción *Utilizar la siguiente dirección IP* e introduzca dicha dirección en el cuadro de texto *Dirección IP*, dirección que no debe estar siendo utilizada en ningún otro lugar de la red. Pulse la tecla TAB y utilice el campo *Máscara de subred* para garantizar que el equipo se comunica correctamente a través de la red. Windows server insertará un valor predeterminado en este cuadro de texto, que debería bastar si la red no utiliza subredes de longitud variable. En caso contrario se modifica el valor hasta ajustarlo a las necesidades de la red.

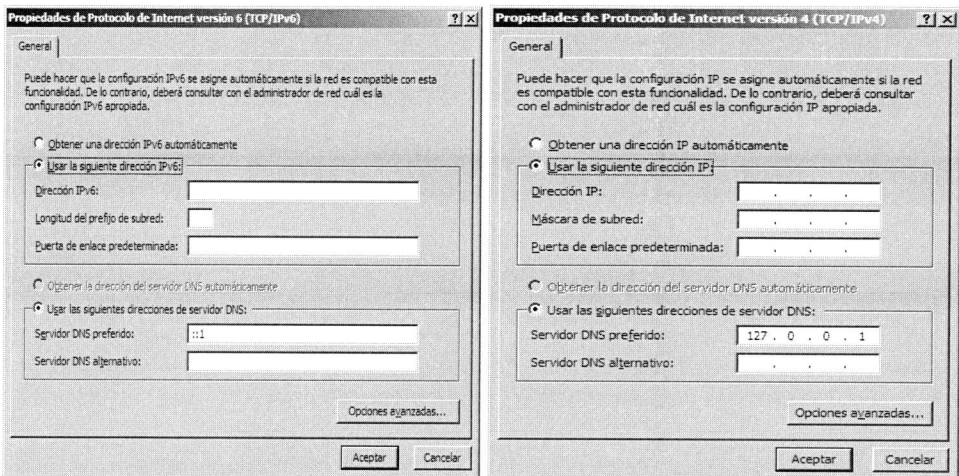

Figura 2-36   Figura 2-37

Si el equipo necesita acceder a otras redes TCP/IP, a internet o a otras subredes indique la puerta de enlace predeterminada introduciendo la dirección IP del enrutador predeterminado de la red en el cuadro *Puerta de enlace predeterminada*. El apartado DNS se utiliza para la resolución de nombres de dominios. Se introducirán las direcciones de los servidores preferido y alternativo en los campos correspondientes. Se hace clic en *Aceptar* y, a continuación, en *Cerrar*. Se repite el proceso para todos los adaptadores de red que se tengan que configurar.

2.4.4. Configuración de direcciones IP dinámicas y alternativas

Al seleccionar *Obtener una dirección IPv6 automáticamente* en la Figura 2-36, se habilita la *configuración automática de IPv6*. Una conexión de red se asigna automáticamente una dirección local de vínculo y su puerta de enlace predeterminada puede asignar más direcciones a la propia conexión. La puerta de enlace predeterminada puede especificar que la conexión de red debe utilizar DHCPv6 para obtener más direcciones IPv6, pero no se requiere de forma predeterminada.

Cuando se selecciona *Usar la siguiente dirección IPv6*, la configuración automática de IPv6 sigue estando habilitada, pero se asignan direcciones IPv6 estáticas además de las direcciones IPv6 configuradas automáticamente.

Para *configurar IPv4 para direccionamiento dinámico* (predeterminado) haga clic en *Obtener una dirección IP automáticamente* en la Figura 2-37 y, a continuación, en *Aceptar*. Este procedimiento sólo es necesario si previamente se ha utilizado una configuración de IPv4 estática. De forma predeterminada, los equipos con sistemas operativos Windows intentan obtener la configuración de IPv4 de un servidor DHCP de la red.

Si utiliza direccionamiento dinámico IPv4 con equipos de sobremesa, deberá configurar una dirección alternativa automática haciendo clic en la ficha *Configuración alternativa* de Figura 2-38 resultante al hacer clic en *Obtener una dirección IP automáticamente* en la Figura 2-37 y, a continuación, seleccionando la opción *Dirección IP privada automática* (Figura 2-39). Finalmente se hace clic en *Aceptar* y *Cerrar*. Si utiliza direccionamiento dinámico IPv4 con equipos móviles, será conveniente configurar una dirección alternativa manual haciendo clic en la ficha *Configuración alternativa*, seleccionando la opción *Configurada por el usuario* e introduciendo la dirección IP a utilizar en el campo *Dirección IP*. Esta dirección IP debe ser privada y no deberá estar en uso donde se aplique la configuración. Cuando se utiliza direccionamiento dinámico IPv4 es necesario introducir la máscara de subred, la puerta de enlace predeterminada, los servicios DNS y la configuración de WINS para completar la configuración de dirección alternativa. Finalmente se hace clic en *Aceptar* y en *Cerrar*.

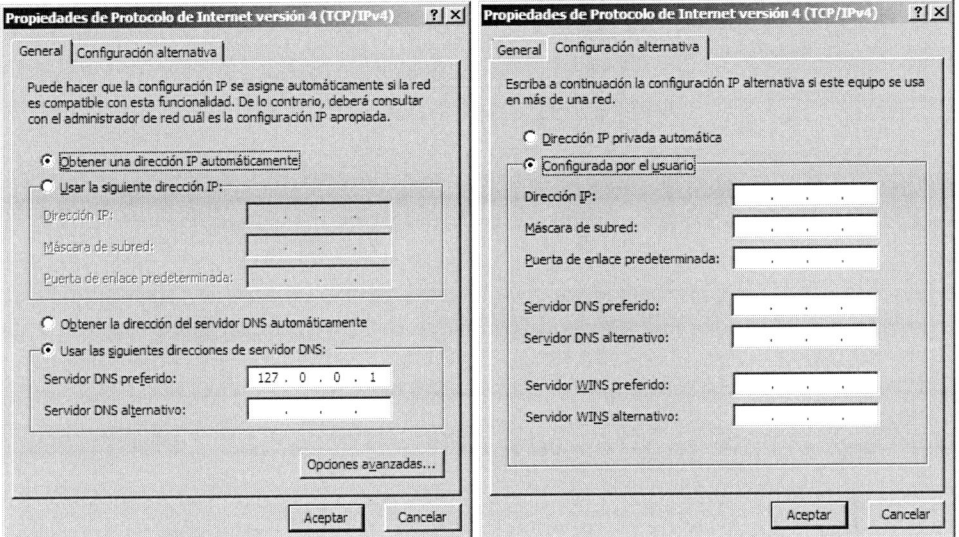

Figura 2-38   Figura 2-39

2.4.5. Configuración de varias puertas de enlace

Los equipos Windows server se pueden configurar para que utilicen varias puertas de enlace disponiendo así de tolerancia a fallos cuando un enrutador deja de funcionar. Las puertas de enlace pueden configurarse a través de las opciones del servidor DCHP en caso de que éste se utilice. Pero se pueden configurar las puertas de enlace para asignar direcciones IP estáticas mediante *Inicio → Red → Centro de redes y recursos compartidos → Administrar conexiones de red*. A continuación, se hace clic con el botón derecho del ratón sobre la conexión con la que se quiere trabajar y se selecciona *Propiedades* (Figura 2-33).

Ahora se hace clic sobre *Protocolo de internet versión 6 (TCP/IPv6)* o *Protocolo de internet versión 4 (TCP/IPv4)* según corresponda dependiendo del tipo de dirección IP que esté configurando. Si se hace clic en *Opciones avanzadas* en cualquiera de ellas, se obtendrán las Figuras 2-40 y 2-41, respectivamente. El apartado *Puertas de enlace predeterminadas* muestra las puertas de enlace configuradas manualmente si es que existen y pueden introducirse las puertas de enlace adicionales que se crea necesario. Para ello, se hace clic en *Agregar* y se introduce la dirección de la pasarela en el campo *Puerta de enlace*. Windows server asigna por defecto automáticamente una métrica a la puerta de enlace, pero es posible asignar ese valor manualmente eliminando la marca de la casilla de verificación *Métrica automática* y proporcionando el valor deseado a medida. De esta forma, pueden añadirse sucesivas puertas de enlace. Finalizado el proceso se hace clic en *Aceptar* y en *Cerrar*.

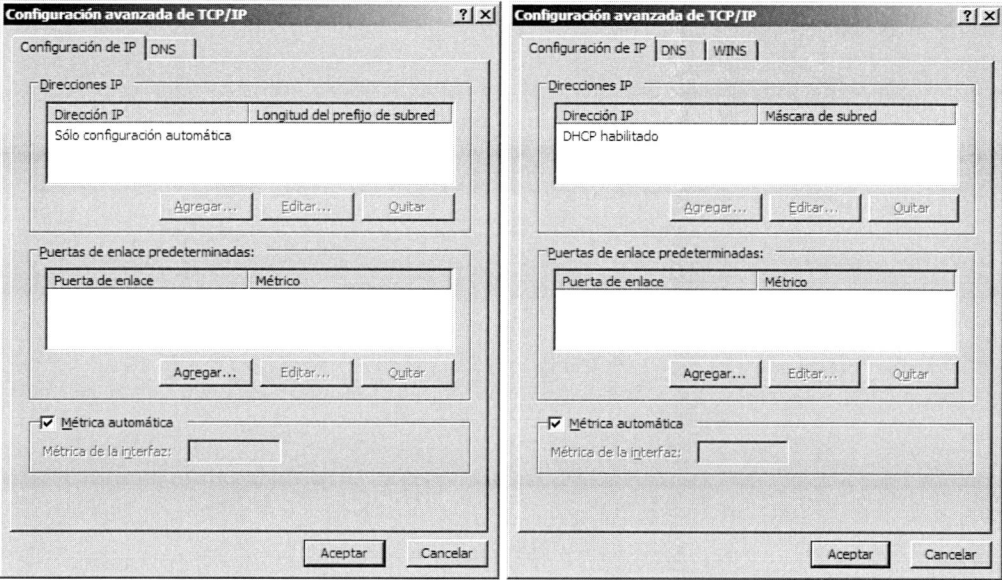

Figura 2-40   Figura 2-41

2.4.6. Configurar TCP/IP en un servidor VPN

Después de configurar el servidor como un servidor de acceso remoto, configure los parámetros de TCP/IP para la interfaz de internet o la interfaz de red perimetral y para la interfaz de intranet. Debido a problemas de enrutamiento relacionados con la configuración automática de TCP/IP, se recomienda que no configure un servidor VPN como cliente DHCP. En su lugar, configure manualmente TCP/IP en las interfaces de intranet de un servidor VPN.

Configure manualmente la interfaz de internet o la interfaz de red perimetral del servidor VPN con una puerta de enlace predeterminada. Configure los parámetros de TCP/IP con una dirección IP pública, una máscara de subred y una puerta de enlace predeterminada de un firewall (si el servidor VPN está conectado a una red perimetral) o un enrutador ISP (si el servidor VPN está conectado directamente a internet).

Para *configurar TCP/IP para la interfaz de internet o la interfaz de la red perimetral* en el *Panel de control*, haga doble clic en *Conexiones de red* y, a continuación, haga doble clic en el adaptador de red correspondiente a la interfaz de internet o la interfaz de red perimetral. En el cuadro de diálogo del adaptador de red (por ejemplo, *Estado de conexión de red de área local*), haga clic en *Propiedades*. Seleccione *Protocolo de internet (TCP/IP)* y, a continuación, en *Propiedades*. En la ficha *General*, configure la dirección IP, la máscara de subred y la puerta de enlace predeterminada. La dirección IP debe ser una dirección IP pública asignada por un proveedor de servicios Internet (ISP). También existe la posibilidad de configurar el servidor VPN con una dirección IP privada, pero asignándola a una dirección IP estática publicada mediante la cual se da a conocer en internet. Cuando se envían paquetes a y desde el servidor VPN, un dispositivo de traducción de direcciones de red (NAT) situado entre internet y el servidor VPN traduce la dirección IP publicada en la dirección IP privada. Cuando configure una conexión VPN, asigne a sus servidores VPN nombres que puedan resolverse en direcciones IP por medio de DNS. A continuación, haga clic en *Avanzada* para mostrar el cuadro de diálogo *Configuración avanzada de TCP/IP*.

Para evitar que el servidor VPN registre dinámicamente la dirección IP pública de su interfaz de internet con un servidor DNS de intranet, en la ficha *DNS*, desactive la casilla *Registrar en DNS las direcciones de esta conexión*. Esta casilla está desactivada de forma predeterminada. Para evitar que el servidor VPN registre dinámicamente la dirección IP pública de su interfaz de internet con un servidor WINS de intranet, en la ficha *WINS*, active la casilla *Deshabilitar NetBios a través de TCP/IP*. Esta casilla está activada de forma predeterminada.

2.5. CONFIGURACIÓN DE LA RESOLUCIÓN DE NOMBRES

Cuando configure TCP/IP para la interfaz de intranet del servidor VPN, no configure la puerta de enlace predeterminada en la conexión de intranet. De este modo, se evitan conflictos de la ruta predeterminada con la ruta predeterminada que señala a internet. Para *configurar TCP/IP para la interfaz de intranet,* en el *Panel de control*, haga doble clic en *Conexiones de red* y, a continuación, haga doble clic en el adaptador de red correspondiente a la interfaz de intranet. En el cuadro de diálogo del adaptador de red (por ejemplo, *Estado de conexión de red de área local 2*), pulse en *Propiedades*. Seleccione *Protocolo de Internet (TCP/IP)* y, a continuación, en *Propiedades*. En la ficha *General*, configure la dirección IP, la máscara de subred y la dirección del servidor DNS. Haga clic en *Avanzada* para mostrar el cuadro de diálogo *Configuración avanzada de TCP/IP*. En la ficha *WINS*, configure las direcciones IP de los servidores WINS.

Si usa el *Sistema de nombres de dominio* (DNS) para resolver los nombres de host de la intranet o el *Servicio de nombres Internet de Windows* (WINS) para resolver los nombres NetBIOS de la intranet, configure manualmente el servidor de red privada virtual (VPN) con las direcciones IP de los servidores DNS y WINS apropiados.

Durante el proceso de configuración de la conexión PPP (protocolo punto a punto), los clientes VPN reciben las direcciones IP de los servidores DNS y WINS. De manera predeterminada, los clientes VPN heredan las direcciones IP de los servidores DNS y WINS que están configuradas en el servidor VPN. Sin embargo, los clientes VPN que están capacitados para enviar mensajes DHCPINFORM (equipos con Windows server, Microsoft Windows) obtienen sus direcciones IP de servidor DNS y WINS del servidor DHCP.

2.6. FICHEROS DE CONFIGURACIÓN DE RED

En sistemas operativos abiertos tales como Linux Debian podemos configurar la red editando los ficheros de configuración siguientes:

- */etc/network/interfaces*
- */etc/hostname*
- */etc/hosts*
- */etc/resolv.conf*

Fichero /etc/network/interfaces

Este fichero nos permite definir las interfaces de red existentes en nuestro sistema:

auto lo
iface lo inet loopback
auto eth0
iface eth0 inet static
address 172.16.43.70
netmask 255.255.0.0
gateway 172.16.255.201

Para IP dinámica tenemos:

auto lo
iface lo inet loopback
auto eth0
iface eth0 inet dhcp

Fichero /etc/hostname

En este fichero, especificaremos el nombre de la máquina.

mihost.midominio.ex

Fichero /etc/hosts

En el fichero */etc/hosts* especificaremos la ip junto con el nombre de cada máquina a la que queramos acceder por nombre. Veamos un ejemplo de fichero */etc/hosts*:

/etc/hosts:
127.0.0.1 localhost mimaquina
172.19.143.25 servidor
172.19.131.10 ldap

Muy útil cuando no tenemos un servidor de DNS en la red.

Fichero /etc/resolv.conf

En el fichero /etc/resolv.conf especificamos cuáles son los servidores de dominio que usaremos para resolver nombres.

/etc/resolv.conf:
search midominio.ex
nameserver 172.19.255.101
nameserver 172.19.255.102

2.7. OPTIMIZACIÓN DE SISTEMAS PARA ORDENADORES PORTÁTILES. ARCHIVOS DE RED SIN CONEXIÓN

Con la administración de almacenamiento y recursos compartidos, es posible configurar si los archivos y programas de una carpeta o volumen compartido estarán disponibles sin conexión y, en caso afirmativo, la forma en que lo harán. En sistemas operativos Windows, los usuarios pueden usar la característica *Archivos sin conexión* en sus equipos cliente para trabajar con recursos compartidos almacenados en un servidor, incluso cuando no están conectados a la red. Esta característica facilita el trabajo con ordenadores portátiles en circunstancias especiales, como desplazamientos, formación, etc. Para hacer que los recursos de red compartidos estén disponibles sin conexión, la característica *Archivos sin conexión* almacenará una versión de dichos recursos compartidos en una parte reservada del disco en el equipo del usuario (una caché local).

2.7.1. Administración de almacenamiento y recursos compartidos en Windows server

Administración de almacenamiento y recursos compartidos permite administrar de forma centralizada dos recursos de servidor importantes como son carpetas y volúmenes compartidos en la red y volúmenes de discos y subsistemas de almacenamiento. Puede compartir el contenido de carpetas y volúmenes del servidor a través de la red con el *Asistente para aprovisionar carpetas compartidas*, que está disponible en *Administración de almacenamiento y recursos compartidos*. Este asistente le guiará a lo largo de los pasos necesarios para compartir una carpeta o volumen, y asignar a dicha carpeta o volumen todas las propiedades aplicables.

El asistente le permite especificar la carpeta o volumen que desea compartir o crear una nueva carpeta para compartirla, especificar el protocolo de uso compartido de red usado para obtener acceso al recurso compartido, modificar los permisos NTFS locales de la carpeta o del volumen que va a compartirse, especificar los permisos de acceso compartido y límites de usuarios más acceso sin conexión a los archivos del recurso compartido y publicar el recurso compartido en un espacio de nombres DFS (sistema de archivos distribuido).

Además, si se han instalado los *Servicios para Network File System* (NFS), especifique permisos de acceso basados en NFS para el recurso compartido.

Asimismo, si tiene instalado en el servidor el Administrador de recursos del servidor de archivos, aplique cuotas de almacenamiento al nuevo recurso compartido y cree filtros de archivos para limitar el tipo de archivos que pueden almacenarse en el mismo.

Con Administración de almacenamiento y recursos compartidos, también es posible supervisar y modificar aspectos importantes de los recursos compartidos nuevos y existentes. Es posible dejar de compartir una carpeta o un volumen, cambiar los permisos NTFS locales de una carpeta o volumen, cambiar los permisos de acceso compartido y la *disponibilidad sin conexión para facilitar el trabajo con ordenadores portátiles,* así como otras propiedades de un recurso compartido, consultar qué usuarios están obteniendo acceso en estos momentos a una carpeta o a un archivo y desconectar a un usuario si es preciso. Además, si se han instalado los *Servicios para Network File System* (NFS), modifique los permisos de acceso basados en NFS para un recurso compartido.

Con Administración de almacenamiento y recursos compartidos, puede aprovisionar almacenamiento en los discos que están disponibles en el servidor, o en subsistemas de almacenamiento compatibles con el *Servicio de disco virtual* (VDS). El *Asistente para aprovisionar almacenamiento* le guiará a lo largo del proceso de creación de un volumen en un disco existente o en un subsistema de almacenamiento asociado al servidor.

Si el volumen va a crearse en un subsistema de almacenamiento, el asistente también le guiará a lo largo del proceso de creación de un número de unidad lógica (LUN) donde hospedar ese volumen. También tiene la opción de crear solamente el LUN y usar Administración de discos para crear el volumen posteriormente.

Administración de almacenamiento y recursos compartidos también le ayuda a supervisar y administrar los volúmenes creados, así como cualquier otro volumen disponible en el servidor. Con Administración de almacenamiento y recursos compartidos, puede extender el tamaño de un volumen, formatear un volumen, eliminar un volumen, cambiar las propiedades del volumen, como la compresión, seguridad, disponibilidad sin conexión e indización y obtener acceso a las herramientas del disco para realizar comprobaciones de errores, desfragmentaciones y copias de seguridad.

Para *abrir Administración de almacenamiento y recursos compartidos*, haga clic en *Inicio*, seleccione *Herramientas administrativas* y, a continuación, pulse en *Administración de almacenamiento y recursos compartidos* (Figura 2-42). Se obtiene el Administrador de almacenamiento y recursos compartidos de la Figura 2-43 que presenta las fichas *Recursos compartidos* y *Volúmenes* que permitirán la administración de ambos elementos.

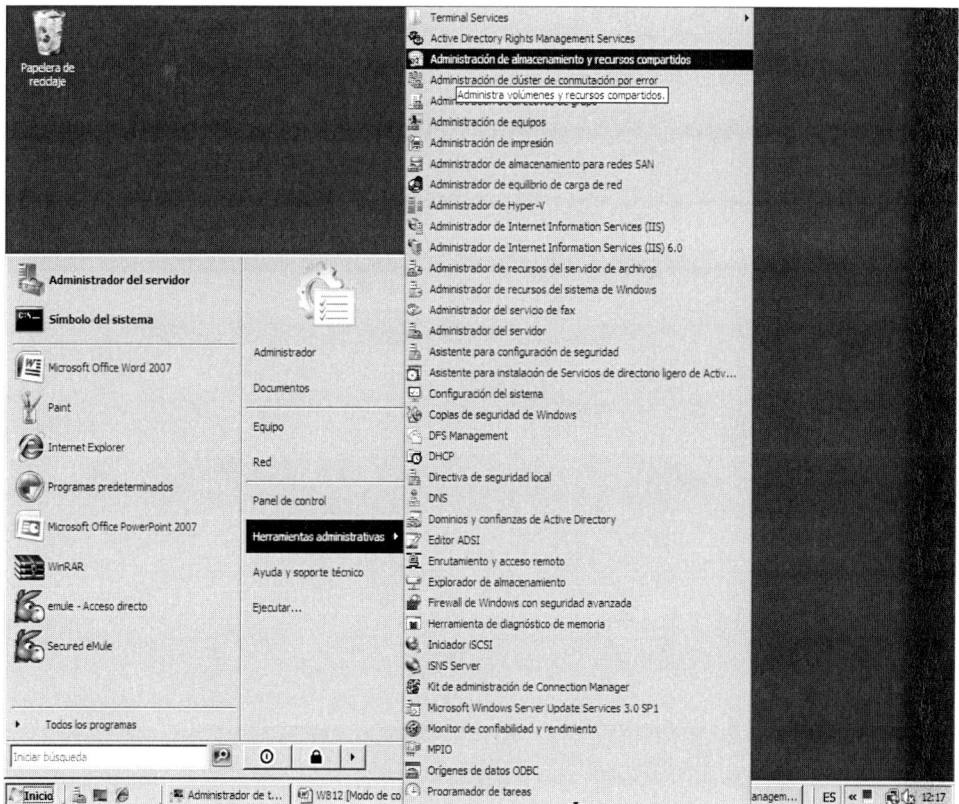

Figura 2-42

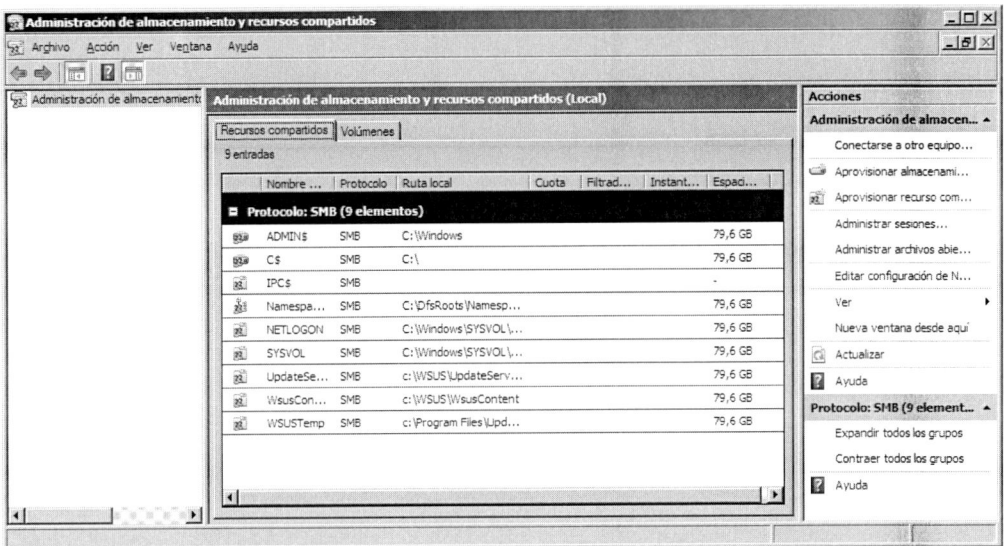

Figura 2-43

2.7.2. Administración de almacenamiento y recursos compartidos y establecimiento de las opciones de configuración sin conexión

Puede usar *Administración de almacenamiento y recursos compartidos* para administrar todas las carpetas y volúmenes compartidos disponibles en el servidor. La ficha *Recursos compartidos* (Figura 2-44) ofrece una lista de todos los recursos compartidos que pueden administrarse.

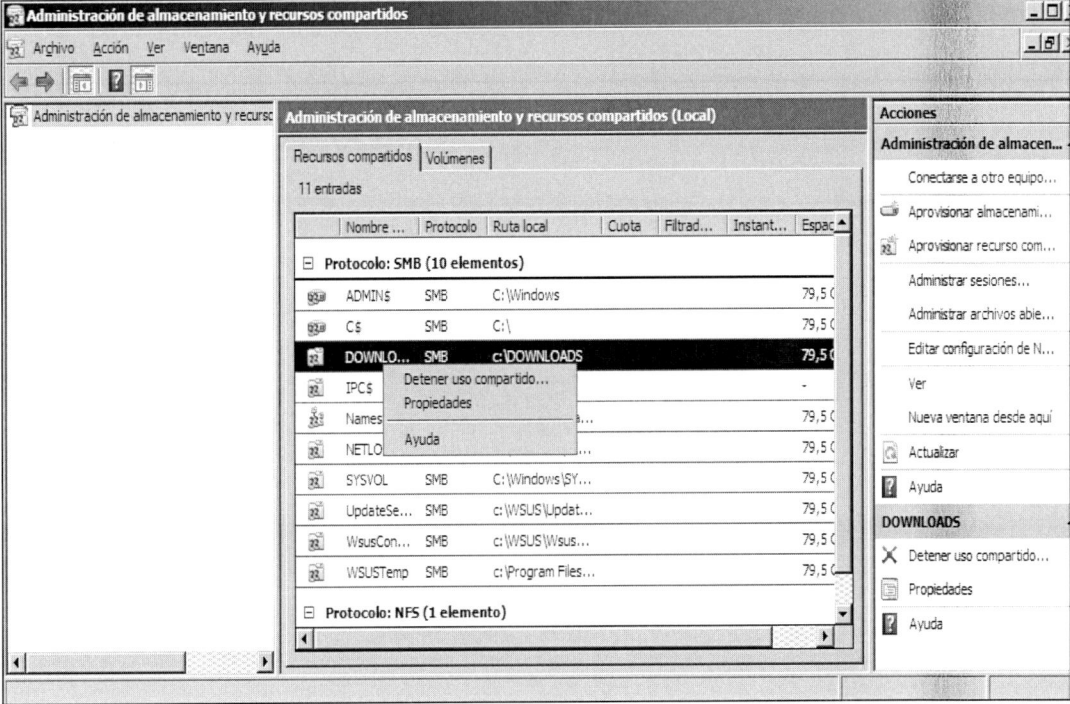

Figura 2-44

Para *ver o modificar las propiedades de una carpeta o volumen compartido*, en la ficha *Recursos compartidos*, haga clic con el botón derecho del ratón en la carpeta o volumen compartido de SMB (bloques de mensaje del servidor) o NFS (Network File System) cuyas propiedades desee ver o modificar (Figura 2-44) y elija *Propiedades* (o alternativamente seleccione la carpeta o volumen y en el panel *Acciones*, haga clic en *Propiedades*). En las fichas *Uso compartido* (Figura 2-45) y *Permisos* (Figura 2-46) modifique la configuración de uso compartido y permisos según corresponda y, a continuación, en *Aceptar*. También puede ver qué usuarios están obteniendo acceso en estos momentos a una carpeta o archivo del servidor y desconectar a un usuario si es preciso.

Para *dejar de compartir una carpeta o un volumen*, haga clic en *Detener uso compartido* en el menú emergente de la Figura 2-45.

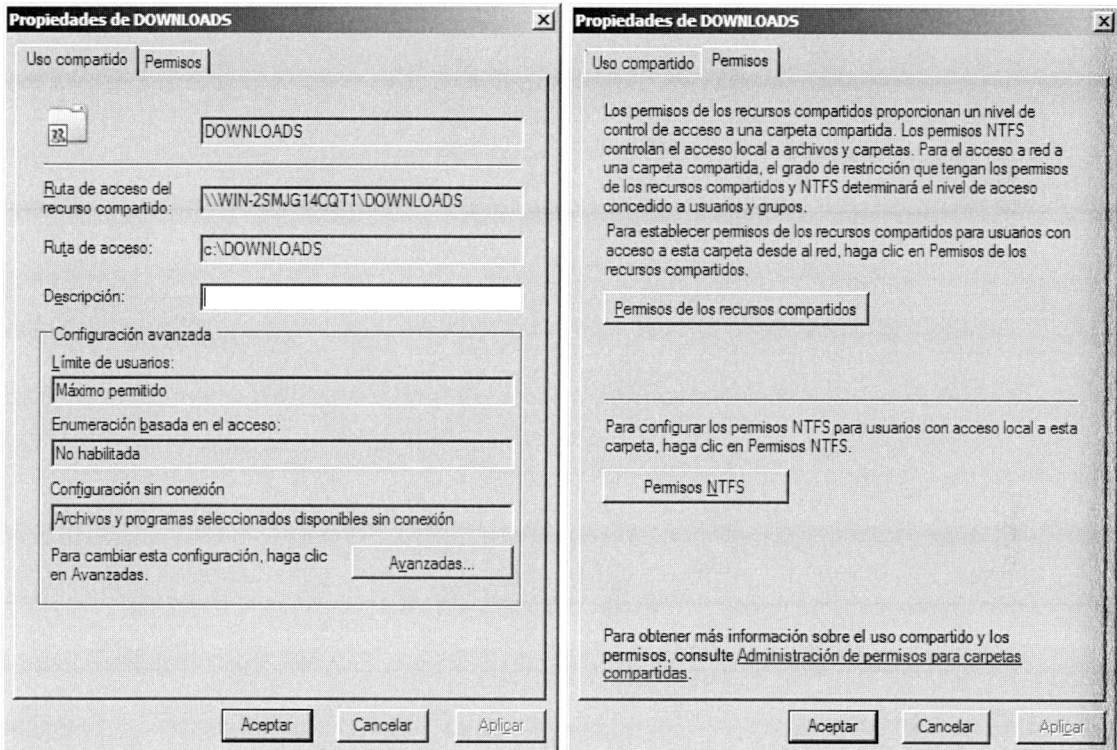

Figura 2-45   Figura 2-46

Para *establecer las opciones de configuración sin conexión para un recurso compartido,* en la ficha *Recursos compartidos*, en *Protocolo: SMB*, haga clic con el botón secundario en la carpeta compartida para la que desee establecer las opciones de configuración sin conexión (Figura 2-44) y, luego, haga clic en *Propiedades*. En la ficha *Uso compartido* (Figura 2-45), haga clic en *Avanzadas*. En la ficha Almacenamiento en caché (Figura 2-47), establezca las opciones de configuración sin conexión que desee y, a continuación, pulse en Aceptar.

Con Administración de almacenamiento y recursos compartidos, puede configurar si los archivos y programas de una carpeta o volumen compartido estarán disponibles sin conexión y, en caso afirmativo, la forma en lo harán. Los usuarios pueden usar la característica *Archivos sin conexión* en sus equipos cliente para trabajar con recursos compartidos almacenados en un servidor, incluso cuando no están conectados a la red. Para hacer que los recursos de red compartidos estén disponibles sin conexión, la característica *Archivos sin conexión* almacenará una versión de dichos recursos compartidos en una parte reservada del disco en el equipo del usuario (una caché local).

En la Figura 2-47 puede elegir una de las siguientes opciones de disponibilidad sin conexión para cada recurso compartido:

- *Sólo los archivos y programas especificados por los usuarios están disponibles sin conexión.* Se trata de la opción predeterminada al configurar un recurso compartido. Con esta opción, no hay archivos ni programas disponibles sin conexión de forma predeterminada, y los usuarios controlan los archivos y programas a los que desean obtener acceso cuando no están conectados a la red.

- *Todos los archivos y programas que los usuarios abren desde el recurso compartido están automáticamente disponibles sin conexión.* Siempre que un usuario obtenga acceso a la carpeta o volumen compartido y abra un archivo o programa de dicha carpeta o volumen, ese archivo o programa pasará a estar disponible sin conexión para dicho usuario de forma automática. Los archivos y programas que no se hayan abierto no estarán disponibles sin conexión. Si activa la casilla *Optimizado para un rendimiento óptimo*, los archivos ejecutables (EXE, DLL) que un equipo cliente ejecute desde el recurso compartido se almacenarán automáticamente en la memoria caché de dicho equipo cliente. La próxima vez que el equipo cliente necesite ejecutar esos mismos archivos ejecutables, obtendrá acceso a su memoria caché local en lugar de obtener acceso al recurso compartido del servidor. Esta opción resulta especialmente útil para los servidores de archivos donde se hospedan aplicaciones, ya que reduce el tráfico de red y mejora la escalabilidad del servidor. La característica *Archivos sin conexión* debe habilitarse en el equipo cliente para que los archivos y programas se almacenen en la memoria caché de forma automática. La opción *Optimizado para un rendimiento óptimo* no tiene ningún efecto sobre los equipos cliente de Windows.

- *Ningún archivo o programa del recurso compartido está disponible sin conexión.* Esta opción bloquea la característica *Archivos sin conexión* en los equipos cliente para que no realice copias de los archivos y programas en el recurso compartido.

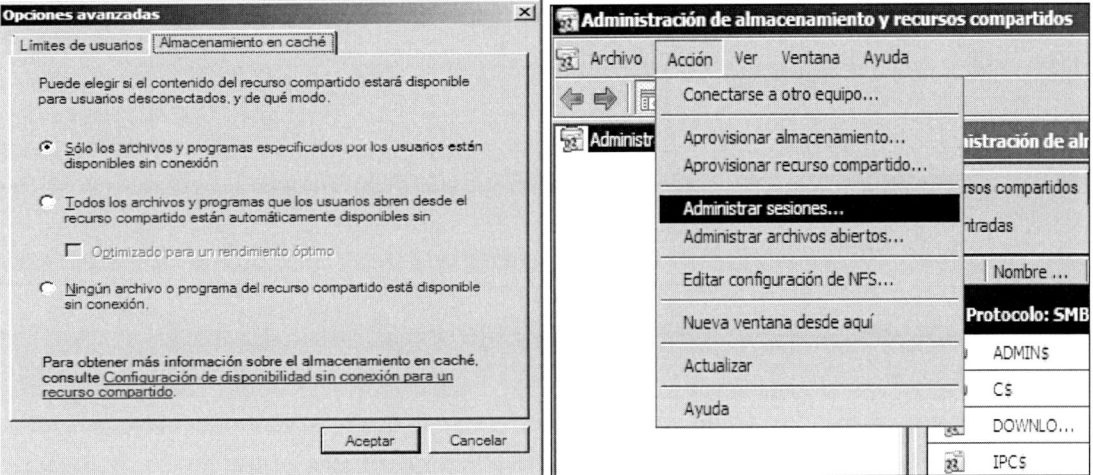

Figura 2-47   Figura 2-48

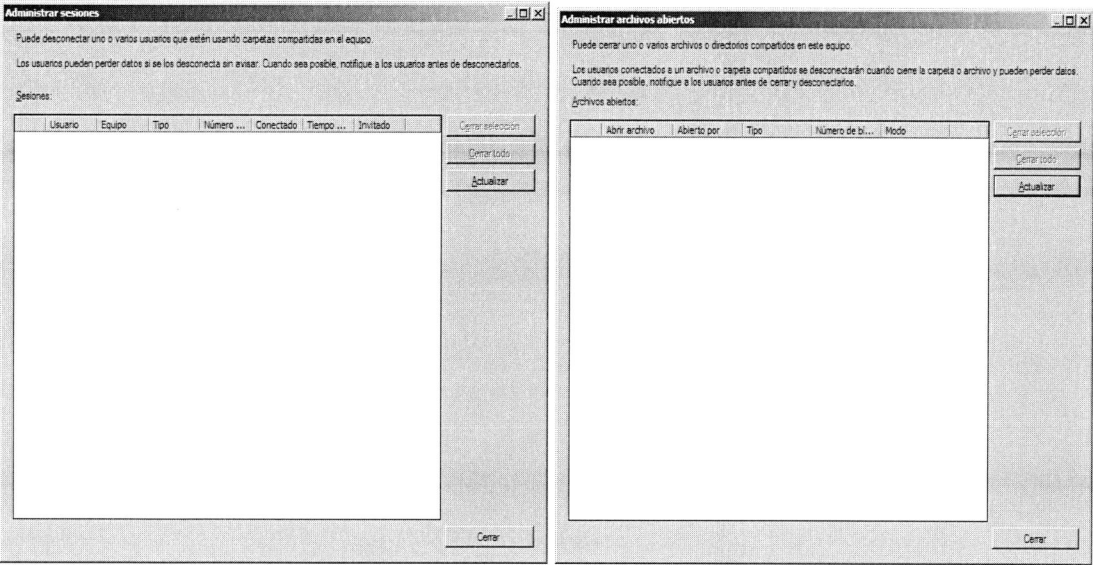

Figura 2-49   Figura 2-50

Para ver y cerrar sesiones abiertas, en el panel *Acciones*, haga clic en Administrar sesiones (Figura 2-48). Para cerrar una sesión específica, selecciónela y haga clic en *Cerrar selección* (Figura 2-49). O bien, para cerrar todas las sesiones, pulse en *Cerrar todo*.

Para ver y cerrar archivos abiertos, en el panel *Acciones*, haga clic en *Administrar archivos abiertos* (Figura 2-48). Para cerrar un archivo específico, selecciónelo y haga clic en *Cerrar selección* (Figura 2-50). O bien, para cerrar todos los archivos, pulse en *Cerrar todo*.

ACTIVIDADES PROPUESTAS

Actividad 1. Especifica las tareas de administración de usuarios y grupos locales en Windows 11.

Actividad 2. Especifica las tareas de administración de usuarios y grupos locales en Windows 10.

Actividad 3. Especifica los usuarios y grupos determinados en

Actividad 4. Especifica las tareas de seguridad tras el inicio que se comprueban en Windows 11 y en Windows 10.

Actividad 5. Describe el proceso de creación y administración de cuentas de usuario en Windows 11 y Windows 10.

Actividad 6. Describe el control de cuentas de usuario y el control parental en Windows 11 y Windows 10.

Actividad 7. Especifica el trabajo con perfiles de usuario en Windows 11 y Windows 10.

Actividad 8. Especifica el proceso de configuración del protocolo TCP/IP en Windows 11 y Windows 10.

Actividad 9. Describe los centros de sincronización, accesibilidad y movilidad en Windows 10.

Actividad 10. Describe las tareas de suspender, hibernar, bloquear y reiniciar sesión Windows 11 y Windows 10.

Actividad 11. Especifica el proceso de configuración de redes en Windows 11

Actividad 12. Especifica el proceso de configuración de redes en Windows 10.

CAPÍTULO 3

ADMINISTRACIÓN Y ASEGURAMIENTO DE LA INFORMACIÓN

Contenidos

3.1. SISTEMAS DE ARCHIVOS

El sistema de archivos es la forma en la que el sistema operativo organiza los ficheros en el disco duro dándoles un sentido y una estructura. Sin el sistema de archivos no podríamos comunicarnos con el disco duro de la manera a la que estamos acostumbrados, accediendo a ficheros en vez de a trozos de datos sueltos, que es lo que el disco duro almacena en realidad. Existen diferentes tipos de sistemas de archivos que se tratan en los párrafos siguientes.

3.1.1. Sistema de archivos FAT

Para que el sistema operativo pueda acceder a cada uno de los ficheros más rápidamente, todos los discos contienen una lista de los archivos almacenados en él llamada directorio. En esta lista se incluye una sublista con información relativa a todos los paquetes de datos del disco duro que unidos forman un fichero. Estos paquetes de datos se llaman clusters, y la sublista, es la llamada FAT (*File Allocation Table* o *Tabla de asignación de ficheros*) que da nombre al sistema de ficheros.

El directorio contiene la información relativa al nombre del fichero, el tamaño, la fecha de creación y, lo más importante, el primer cluster del disco donde hay datos del fichero, para a partir de ahí, acudir a la FAT, que le dice cuál es el cluster que sigue al ya leído y así sucesivamente, hasta encontrar todos los clusters ocupados por el archivo, todos los que lo forman y recuperarlo por completo. El final de fichero viene indicado por un carácter especial que universalmente se representa por EOF (*End of file*).

La FAT y el directorio en sí ocupan espacio físico en el disco duro, pero siempre se localizan "al principio" del disco, en el primer sector de la pista más externa, antes que cualquier fichero que almacene el usuario.

La diferencia entre FAT16 y FAT32 viene por el tamaño de esta lista. Con 32 bits puede enlazar más clusters que con 16, y así se permiten tamaños de disco mayores. Una FAT de 16 bits permite 2^{16} = 64 Kilobytes de combinaciones posibles, o sea, posibles referencias a clusters. Si cada cluster tenía un tamaño de 4 kilobytes, esto nos da 64 kilobytes $\times$ 4 kilobytes = 256 Megas de tamaño máximo. Una FAT de 32 bits permite, haciendo los mismos cálculos de antes, soportar discos duros de hasta 2 Terabytes, 2048 Gigas.

FAT es con mucha diferencia el sistema de archivos más sencillo compatible con Windows. El sistema de archivos FAT se caracteriza por la tabla de asignación de archivos (FAT), que en realidad es una tabla en la que reside la parte "superior" del volumen. Para proteger el volumen, se conservan dos copias de la FAT por si una de ellas resulta dañada. Además, las tablas de FAT y el directorio raíz deben almacenarse en una ubicación fija para que se puedan encontrar correctamente los archivos de inicio del sistema.

La actualización de la tabla FAT es muy importante y consume mucho tiempo. Si no se actualiza la tabla FAT periódicamente, pueden producirse pérdidas de datos. Consume mucho tiempo porque las cabezas lectoras de disco deben cambiar de posición y ponerse a cero en la pista lógica de la unidad cada vez que se actualiza la tabla FAT.

No hay ninguna organización en cuanto a la estructura de directorios de FAT y se asigna a los archivos la primera ubicación libre de la unidad. Además, FAT sólo es compatible con los atributos de archivo de sólo lectura, oculto, sistema y modificado.

El sistema de archivos FAT es adecuado para las unidades y/o particiones de menos de 200 MB aproximadamente, ya que FAT se inicia con muy poca sobrecarga.

Cuando se utilicen unidades o particiones de más de 200 MB no debe utilizarse el sistema de archivos FAT. Esto se debe a que a medida que aumente el tamaño del volumen, el rendimiento con FAT disminuirá rápidamente. No es posible establecer permisos en archivos que estén en particiones FAT.

Las particiones FAT tienen un tamaño limitado a un máximo de 4 Gigabytes (GB) bajo Windows y 2 GB en MS-DOS.

3.1.2. Sistema de archivos NTFS

El sistema de archivos NTFS aporta sustanciosas mejoras de seguridad con respecto al sistema FAT. Por ejemplo, NTFS implementa un sistema real de permisos, cosa que con FAT era imposible.

El control de la información se guarda en un conjunto de ficheros especiales que se crean a la vez que la partición NTFS y se llaman ficheros de metadatos. El fichero de metadatos MTF (*Master File Table*) almacena toda la información sobre cada fichero y directorio en una partición NTFS. Básicamente es una base de datos que contiene los atributos de cada archivo. Se podría considerar como el homólogo de la FAT pero mucho más completo. Lo que más llama la atención cuando se crea una partición o volumen formateado con NTFS es que el sistema reserva algo más del 12% de espacio disponible bajo la carpeta *System Volume Information* a la que no se puede tener acceso (y que se encuentra con los atributos de oculto y sistema).

Con NTFS el tamaño máximo de una partición puede llegar en teoría hasta 18 Terabyte, o lo que es lo mismo, 18000 Gigabytes.

NTFS es un sistema de archivos recuperable porque hace un seguimiento de las transacciones con el sistema de archivos. En NTFS se mantiene un registro de transacciones con estos componentes de forma que CHKDSK sólo tenga que deshacer las transacciones hasta el último punto de confirmación para recuperar la coherencia dentro del sistema de archivos.

La posibilidad de recuperación diseñada en NTFS es tal que un usuario nunca debe tener que ejecutar ningún tipo de utilidad de reparación de disco en una partición NTFS.

En FAT, si se produce un error en un sector que es la ubicación de uno de los objetos especiales del sistema de archivos, se producirá un error de un único sector. NTFS evita esto de dos maneras: en primer lugar, no utilizando objetos especiales en el disco, y efectuando el seguimiento y protegiendo todos los objetos del disco. En segundo lugar, bajo NTFS se mantienen varias copias (el número depende del tamaño del volumen) de la Tabla maestra de archivos.

NTFS es más adecuado para volúmenes de 400 MB o más. Esto se debe a que el rendimiento no se degrada bajo NTFS, como ocurre bajo FAT, con tamaños de volumen mayores. No obstante, no se recomienda utilizar NTFS en un volumen de menos de unos 400 MB, debido a la sobrecarga de espacio que implica NTFS. Esta sobrecarga de espacio se refiere a los archivos de sistema de NTFS que normalmente utilizan por lo menos 4 MB de espacio de unidad en una partición de 100 MB.

3.1.3. Sistema de archivos Ext2

El sistema de ficheros en sistemas Unix o Linux es completamente distinto y en cierta medida, más "delicado". También se divide en clusters múltiplos de 512 bytes. El *boot record* o bloque de arranque es también el bloque 0 de la pista 0 de la superficie 0 de un disco. El superbloque se encuentra físicamente a continuación del bloque de arranque y contiene la información crítica sobre el sistema de ficheros. Luego viene la característica diferenciadora, los *i-nodos*.

Los *i-nodos* contienen la descripción de los bloques de disco que forman los ficheros y otro tipo de información, como el propietario del fichero, permisos de acceso, etc. Están numerados y cada uno de ellos ocupa 64 bytes. Cada nodo contiene información sobre un único fichero, y un fichero se identifica independientemente de su nombre, por el número de su nodo. Un fichero en Linux puede tener varios nombres y aparecer en distintos directorios, pero si apunta al mismo nodo, son físicamente, el mismo fichero.

El sistema de ficheros en Linux y Unix es mucho más delicado que el NTFS, y reiniciar un ordenador sin cerrar el sistema operativo adecuadamente puede hacer que peligre la integridad de todo el sistema.

3.1.4. Sistema de archivos Ext3

El sistema de archivos *Ext3* ya es un sistema transaccional, asegurándonos la consistencia de los datos grabados en el disco. *Ext3* es compatible con *Ext2*. En realidad, se trata de *Ext2* con un fichero adicional de registro. *Ext3* es una capa adicional sobre *Ext2* que mantiene un fichero de registro (por defecto en el directorio */jfs*).

Las *particiones Ext3* no tienen una estructura de ficheros diferentes a los de *Ext2*, por lo que no sólo se puede pasar de *Ext2* a *Ext3*, sino que lo opuesto también funciona.

Como podemos ver cada uno de los sistemas de fichero presenta una estructura particular en lo que respecta a su funcionamiento. Debido a esto normalmente el acceso a los mismos está restringido al sistema operativo que los utiliza.

Al intentar trabajar con ficheros simultáneamente desde Windows y Linux, el mayor problema que nos encontramos en la práctica es el acceso desde Windows a los sistemas de archivos de Linux. También es dificultoso el acceso a NTFS desde Linux.

3.2. GESTIÓN DEL SISTEMA DE ARCHIVOS

El sistema operativo da una visión uniforme para todos los sistemas de almacenamiento, definiendo una unidad lógica de almacenamiento denominada archivo. Es función del sistema operativo el encargarse de asignar el contenido del archivo a espacios en el dispositivo físico. Se considera como archivo a un conjunto de información relacionada definida por su creador, en general es una serie de bits, bytes o registros cuyo significado está definido por su autor y los usuarios.

Los archivos son nombrados y referenciados por su nombre. La forma de nombrar a los archivos cambia de un sistema operativo a otro. Además del nombre, los archivos tienen otras propiedades como su tipo, la fecha y hora de su creación, el nombre o identificador del creador, su longitud, etc. A estas propiedades se les suelen denominar atributos y varían de un sistema a otro.

El sistema operativo puede tener conocimiento de los distintos tipos de archivos según las distintas estructuras lógicas que los formen, y así dar un mejor servicio. Este conocimiento por parte del sistema operativo de los distintos tipos de archivos origina algunas desventajas como un mayor tamaño del sistema operativo y que sólo se pueden considerar tipos de archivos definidos por el sistema.

En el caso del sistema operativo Unix tenemos que sólo interpreta como tipos especiales de archivos los *Directorios* (archivos del sistema para mantener la estructura del sistema) y los *Archivos especiales* (para modelar periféricos).

La estructura tanto lógica como física de los archivos ha ido evolucionando. Unix y Dos ven los archivos como bytes cuyo significado lo dan los programas de los usuarios. Otra estructura (antigua) es considerar los archivos como secuencias de registros lógicos. También es una estructura (de uso restringido) la arborescente. También debemos tener presente que el acceso a los elementos de un archivo puede ser secuencial (antiguo) o aleatorio (más actual).

3.2.1. Operaciones con archivos y directorios mediante comandos

La gestión del sistema de archivos puede realizarse mediante comandos entre los que destacan los siguientes:

- *create* (nombre_archivo, atributos). Se utiliza para crear archivos

- *open* (nombre_archivo, modo_acceso). Se utiliza para abrir archivos

- *seek* (nombre_archivo, posicion_logica). Se utiliza para buscar en archivos

- *read* (nombre_archivo, numero_bytes, buffer_entrada). Se utiliza para leer en archivos

- *write* (nombre_archivo, numero_bytes, buffer_salida). Se utiliza para escribir en archivos

- *close* (nombre_archivo). Se utiliza para cerrar archivos

- *delete* (nombre_archivo). Se utiliza para borrar archivos

- *rename* (nombre_archivo_antiguo, nombre_archivo_nuevo). Se utiliza para renombarr archivos

- *attrib* (nombre_archivo, atributos). Se utiliza para establecer y cambiar propiedades de archivos

- *copyfile* (nombre_archivo_fuente, nombre_archivo_destino). Se utiliza para copiar archivos

Los directorios son tablas simbólicas de archivos. Una entrada típica de directorio puede contener la siguiente información:

- Nombre, tipo y número de versión del archivo

- Puntero de acceso al archivo y dirección de comienzo en el disco

- Lista de atributos: tamaño, estructura, dueño, modos de protección, etc.

En muchos sistemas, la tabla del directorio está dividida en dos. En una se mantienen los nombres de los archivos con un número de identificación que da acceso a la otra tabla, que es la que tiene el puntero de acceso al archivo y la lista de atributos.

Los archivos de usuario y sistema disponibles están catalogados en directorios de archivos, que pueden ser directorio de nivel único (contiene todos los archivos del sistema) o un árbol de directorios (*jerárquico*) en el que los usuarios pueden agrupar los archivos relacionados en subdirectorios. Las entradas al directorio correspondiente tienen un atributo más, que indica si esa entrada corresponde a un archivo o a un subdirectorio.

Por cada directorio existen dos entradas especiales:

- "." es una entrada al propio directorio (un puntero a si mismo)

- ".." es una entrada al directorio padre

Se consideran los directorios como archivos ubicados en disco. Los directorios son archivos que tienen una lista de todos los archivos. Para localizar el directorio raíz al arrancar el sistema se le debe colocar en una dirección conocida por el volumen desde el que se arranca el sistema.

La gestión del sistema de directorios puede realizarse mediante comandos entre los que destacan los siguientes:

- *makedir*. Para crear directorios

- *removedir*. Para borrar directorios

- *opendir*. Para abrir directorios

- *closedir*. Para cerrar directorios

- *readdir*. Para leer directorios

- *renamedir*. Para cambiar de nombre a los directorios

- *link*. Para enlazar directorios

- *unlink*. Para desenlazar directorios

3.2.2. Gestión de sistemas de archivos mediante entornos gráficos

Utilizaremos como caso práctico la gestión de archivos en Windows.

Los archivos de Windows son elementos que contienen información de un determinado tipo (texto, hojas de cálculo, música, etc.) El sistema operativo suele identificar cada tipo de archivo mediante un icono específico. Habitualmente, los archivos se almacenan en carpetas que, además de archivos, pueden contener a otras carpetas como elementos (subcarpetas). En la Figura 3-1 se observan los elementos integrantes de una carpeta.

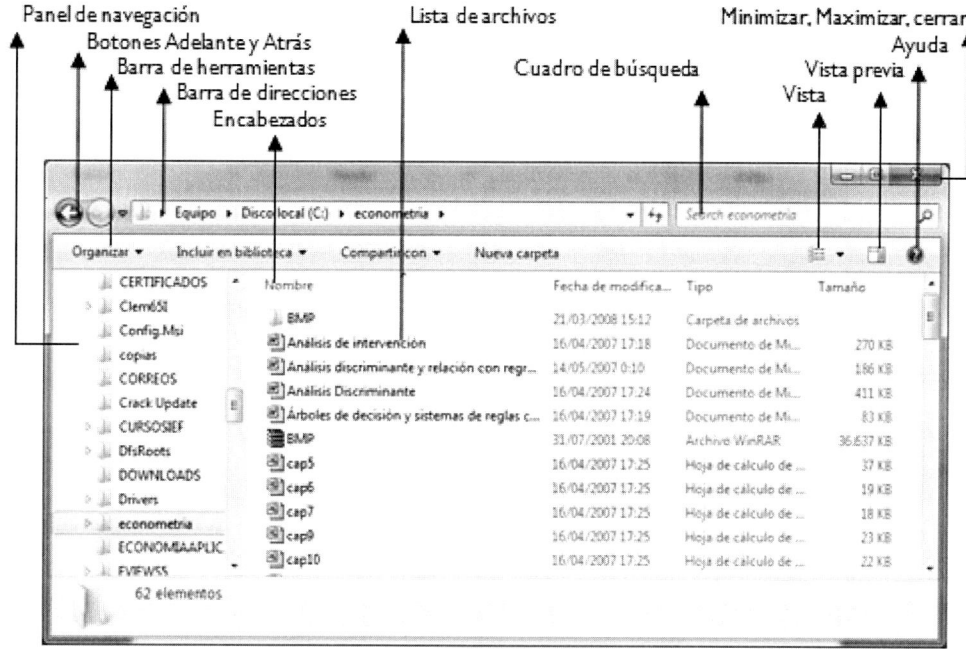

Figura 3-1

La descripción de los elementos de la Figura 3-1 es la siguiente:

Panel de navegación: se utiliza para cambiar la vista a otras carpetas.

Botones Adelante y Atrás: se utilizan para desplazarse a otras carpetas que ya haya abierto sin cerrar la ventana actual. Estos botones funcionan en combinación con la barra de direcciones; por ejemplo, después de utilizar la barra de direcciones para cambiar de carpeta, puede usar el botón *Atrás* para volver a la carpeta original.

Barra de herramientas: se utiliza para realizar tareas habituales, como cambiar la apariencia de los archivos y las carpetas, copiar archivos en un CD o iniciar una presentación de fotografías digitales. Los botones de la barra de herramientas cambian para mostrar sólo los comandos que son útiles. Por ejemplo, si se selecciona una carpeta, la barra de herramientas presentará los botones de la Figura 3-2. Si se selecciona un archivo de texto, la barra de herramientas presentará como novedad el botón *Imprimir* (Figura 3-3). Si se selecciona un archivo de imagen, la barra de herramientas mostrará botones que se indican en la Figura 3-4. Si se selecciona un archivo de música o de vídeo, la barra de herramientas presentará los botones de la Figura 3-5. Si se presiona la tecla ALT, se activará la barra de herramientas clásica de versiones anteriores de Windows con sus opciones *Archivo, Edición, Ver, Herramientas* y *Ayuda* (Figura 3-6). Esta barra de herramientas no es dinámica y no cambia de elementos al seleccionar archivos o carpetas.

Barra de direcciones: se utiliza para desplazarse a una carpeta diferente sin cerrar la ventana de la carpeta actual.

Lista de archivos: muestra el contenido de la carpeta actual. Si escribió en el cuadro de búsqueda para buscar un archivo, sólo aparecerán los archivos que coincidan con la búsqueda.

Cuadro de búsqueda: se utiliza para realizar búsquedas en la carpeta actual. Escriba una palabra o frase en el cuadro de búsqueda para buscar un archivo o una subcarpeta almacenados en la carpeta actual. La búsqueda comienza tan pronto como comienza a escribir, por lo que, por ejemplo, cuando escriba B, todos los archivos que comiencen por la letra B aparecerán en la lista de archivos de la carpeta.

Encabezados de columna: se utilizan para cambiar el modo en que se organizan los archivos de la lista de archivos. Puede ordenar, agrupar o apilar los archivos de la vista actual. Como encabezados de columna suelen aparecer el nombre, fecha de modificación, tipo y tamaño de los ficheros.

Botón vista previa: se utiliza para ver el contenido de muchos tipos de archivos. Por ejemplo, si selecciona un mensaje de correo electrónico, un archivo de texto o una imagen, podrá ver su contenido sin abrirlos en un programa. El panel de vista previa no se muestra de manera predeterminada en la mayoría de las carpetas. Para verlo, haga clic en el botón *Organizar* de la barra de herramientas, haga clic en *Diseño* y, a continuación, en *Panel de vista previa*.

Botón Vistas: permite seleccionar el tamaño y la forma de los iconos que acompañan a los archivos y a las subcarpetas. Al hacer clic en la flecha situada junto al botón *Vistas*, la ventana de la carpeta cambiará el modo en que muestra los iconos de los archivos y las carpetas, alternando entre iconos muy grandes, grandes, medianos, pequeños, una vista de iconos más pequeños denominada *Mosaicos* y una vista denominada *Detalles* que muestra varias columnas de información sobre el archivo. También es posible arrastrar el control deslizante situado a la izquierda del menú *Vistas* hacia arriba o hacia abajo para ajustar el tamaño de los iconos de archivos y carpetas.

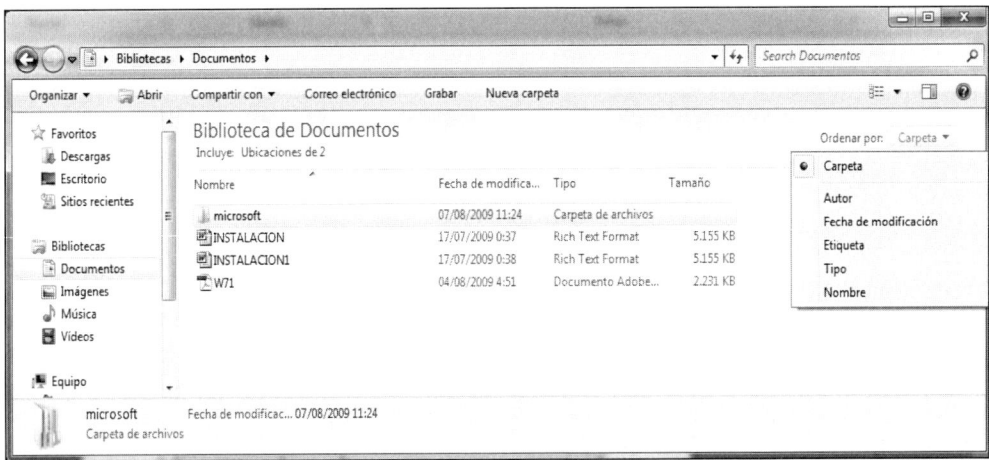

Figura 3-2

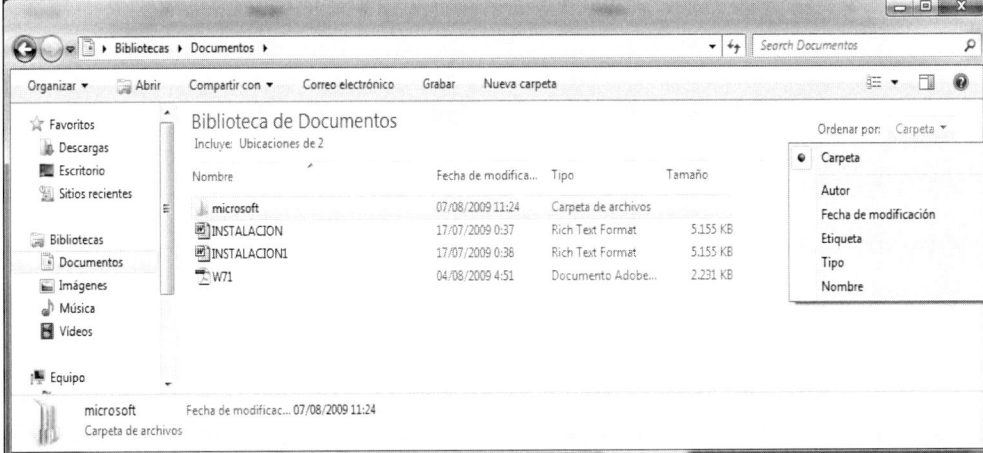

Figura 3-3

Figura 3-4

Figura 3-5

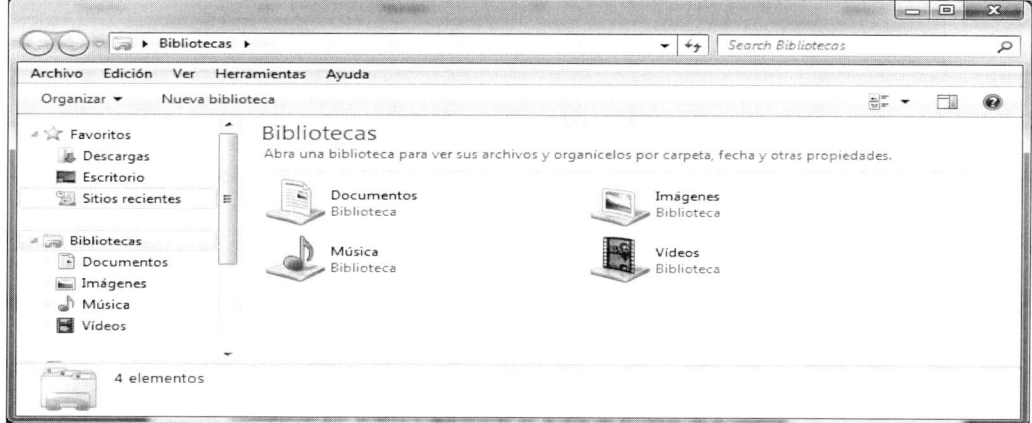

Figura 3-6

En las pantallas anteriores en las que se seleccionan archivos, observamos un *panel de detalles* en la parte inferior. Este panel de detalles muestra las propiedades más habituales asociadas al archivo seleccionado. Las propiedades del archivo son información sobre el mismo, por ejemplo, el autor, la fecha en que se modificó por última vez y cualquier etiqueta descriptiva que pueda haber agregado al archivo.

El botón *Organizar* de la barra de herramientas (Figura 3-7) permite cortar, copiar y pegar carpetas y archivos previamente seleccionados, deshacer y rehacer las acciones, seleccionar todo el contenido de la carpeta actual, diseñar la estructura de las carpetas, situar las opciones de búsqueda, eliminar o cambiar de nombre y ver las propiedades de los archivos o carpetas previamente seleccionados.

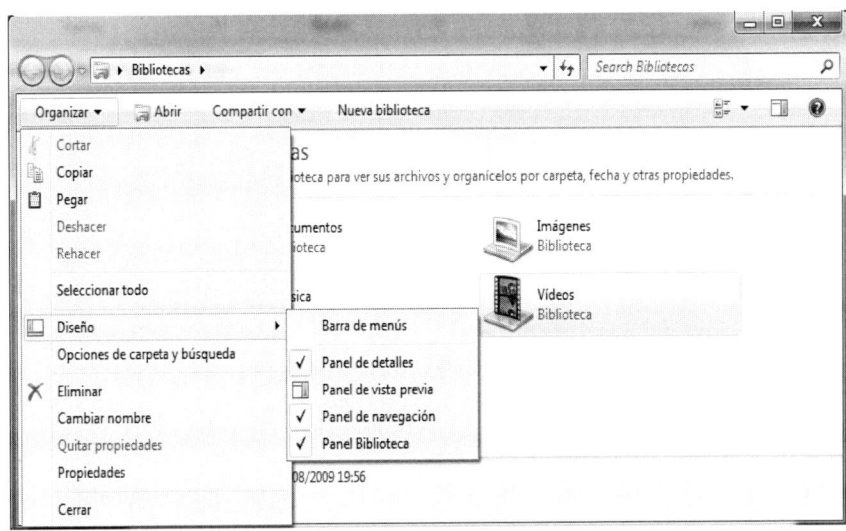

Figura 3-7

El botón *Correo electrónico* de la barra de herramientas permite enviar los archivos seleccionados como datos adjuntos por correo electrónico. El botón *Compartir con* permite compartir los archivos y carpetas seleccionados con otros usuarios en la red.

Si estando situados sobre un archivo o carpeta, hacemos clic con el botón secundario del ratón sobre él, se obtendrá el menú emergente de la Figura 3-8, cuyas opciones son parecidas a las del menú *Organizar*.

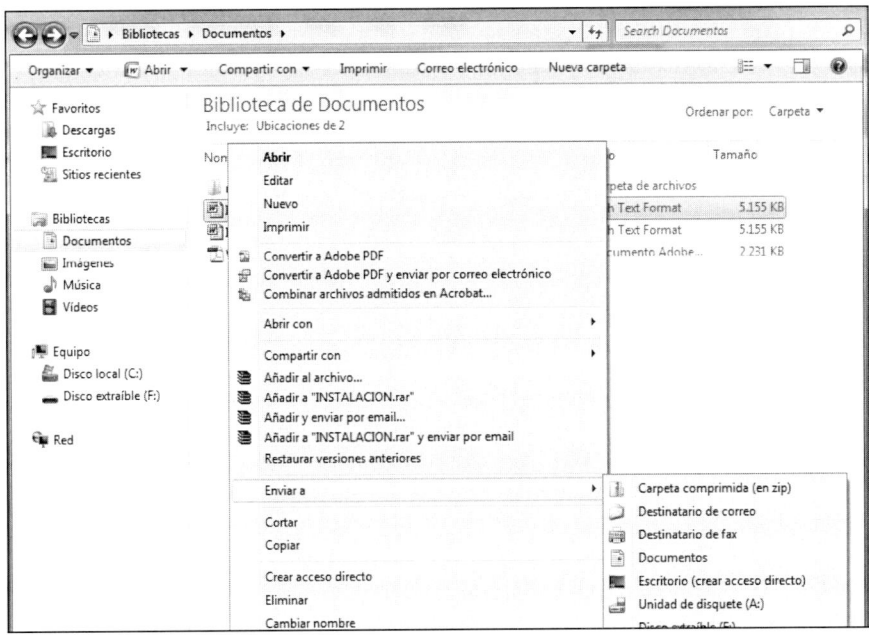

Figura 3-8

Es especialmente importante la opción *Enviar a* que permite enviar el archivo o carpeta seleccionada a distintas unidades de disco, correo electrónico o fax. Por otra parte, la opción *Carpeta comprimida en zip* permite comprimir el archivo o carpeta en formato zip (las opciones para comprimir dependerán del software de compresión instalado en el equipo). También es posible crear un acceso directo en el escritorio para el archivo o carpeta con la opción *Escritorio (crear acceso directo)*. Las opciones *Cortar* y *Copiar* realizan las funciones habituales en Windows, las opciones *Abrir, Editar, Imprimir* y *Cambiar nombre* realizan las funciones que su nombre indican aplicadas al archivo o carpeta seleccionados. La opción *Nuevo* permite crear un nuevo archivo o carpeta.

Figura 3-9

3.2.3. Extensiones de archivos y archivos ocultos

Windows oculta las extensiones de nombre de archivo de forma predeterminada para facilitar la lectura de los nombres. No obstante, es posible hacer las extensiones de los archivos visibles. Para ello, se hace clic en *Inicio → Panel de control → Apariencia y personalización* (Figura 3-9). A continuación, se pulsa en *Opciones de carpeta* en la Figura 3-10 para obtener la Figura 3-11.

Figura 3-10

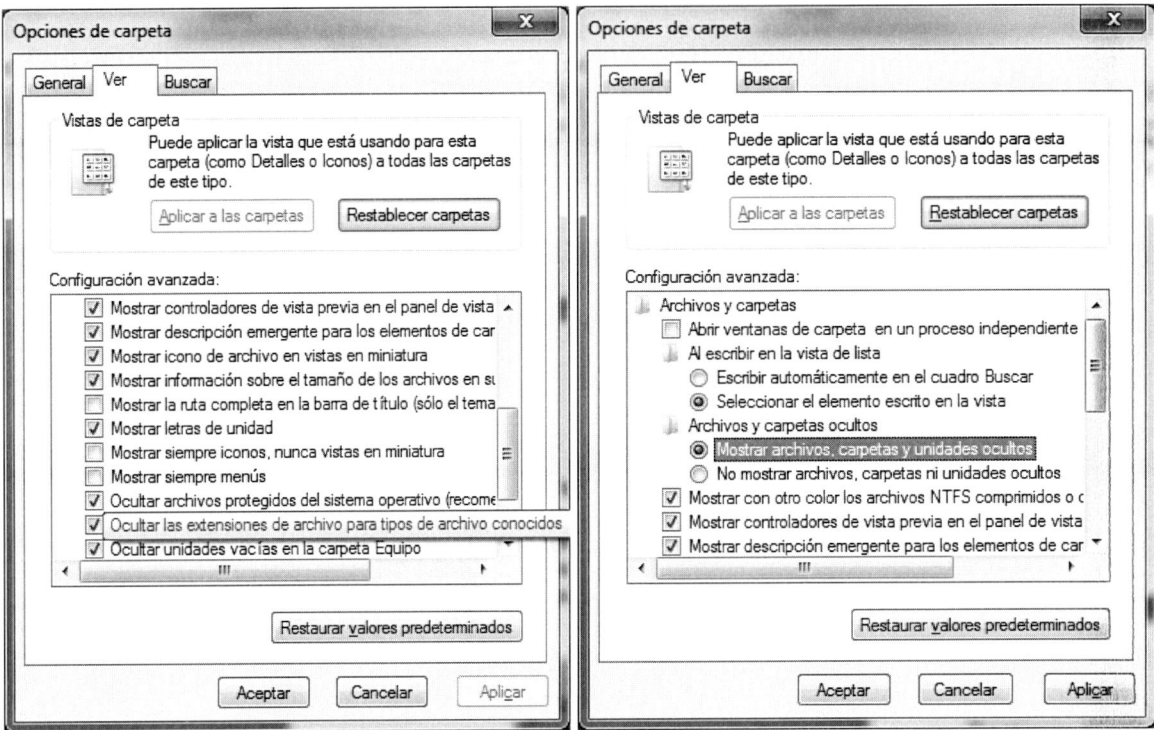

Figura 3-11   Figura 3-12

Haga clic en la ficha *Ver* y, a continuación, en *Configuración avanzada*, active la casilla *Ocultar las extensiones de archivo para tipos de archivo conocidos* para ocultar las extensiones de archivo (Figura 3-11). Si desea que se muestren las extensiones, desactive la casilla.

Para mostrar los carpetas, unidades y archivos ocultos, active la casilla *Mostrar todos los archivos, carpetas y unidades ocultos* (Figura 3-12) y haga clic en *Aceptar*. Si se quiere volver a no mostrar los archivos y carpetas ocultos, active la casilla *No mostrar archivos, carpetas y unidades ocultos* en la Figura 3-12.

3.2.4. Comprimir y descomprimir archivos

Con la finalidad de ahorrar espacio de almacenamiento, Windows permite el trabajo con archivos y carpetas comprimidos. Para *comprimir un archivo, varios archivos o una carpeta*, selecciónelos, haga clic en él con el botón derecho del ratón sobre la selección, elija *Enviar a* en el menú emergente resultante (Figura 3-13) y haga clic en *Carpeta comprimida (en zip)*. De esta forma se crea una nueva carpeta comprimida (puede que sea necesario situarla en el escritorio). Para cambiar el nombre, haga clic con el botón secundario en la carpeta, haga clic en *Cambiar nombre* y, a continuación, escriba el nuevo nombre.

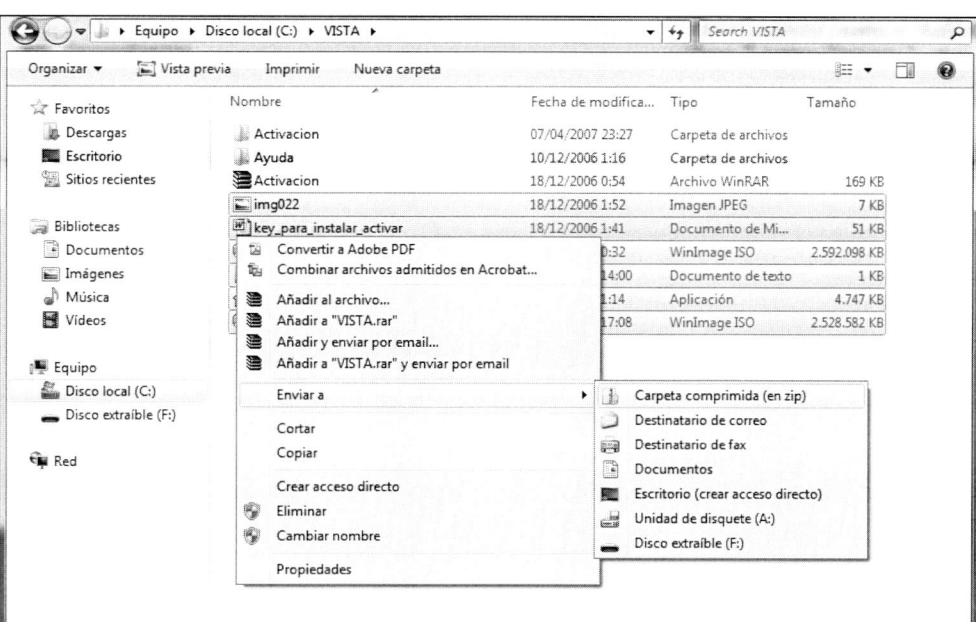

Figura 3-13

Para extraer archivos o carpetas de una carpeta comprimida, haga clic con el botón secundario en la carpeta, pulse en Extraer ficheros en el menú emergente resultante (Figura 3-14). Se obtiene la Figura 3-15 cuya ficha *General* permite elegir la carpeta de destino de los ficheros extraídos, así como las opciones de extracción.

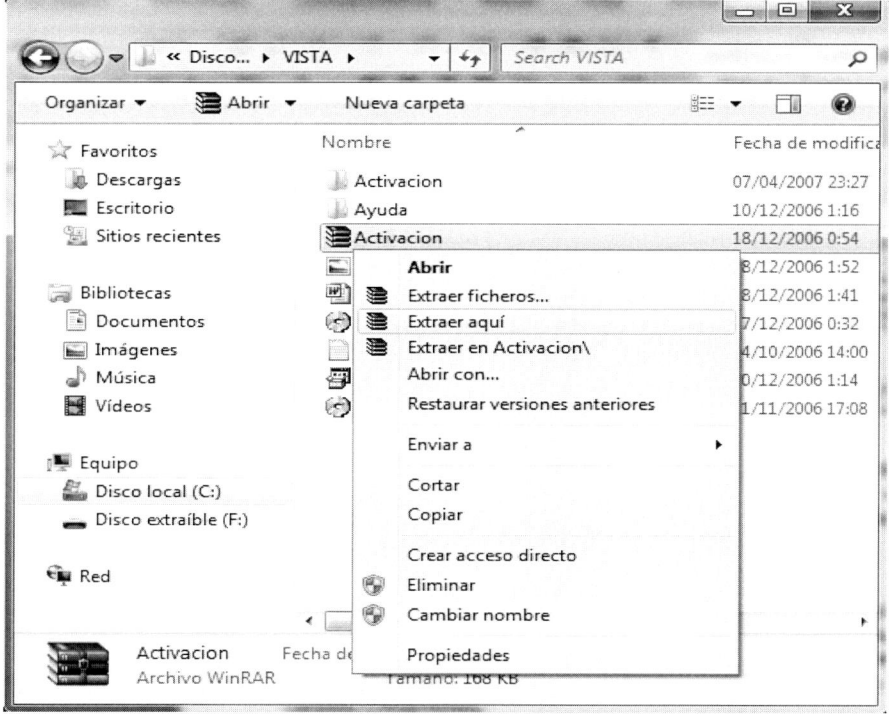

Figura 3-14

Se podrá utilizar el *Modo actualizar* o el *Modo sobrescribir* reemplazando o no ficheros existentes en la carpeta con el mismo nombre de los que se extraen.

La ficha Avanzado de la Figura 3-15 muestra la Figura 3-16 con opciones de fecha y hora, ruta y otros atributos de la nueva carpeta que contendrá los archivos extraídos.

Si se quieren extraer los archivos a la carpeta actual, se hace clic en *Extraer aquí*.

Si se quieren extraer los archivos a una carpeta con el mismo nombre que la comprimida, se hace clic en *Extraer en nombre_carpeta_comprimida*.

Figura 3-15

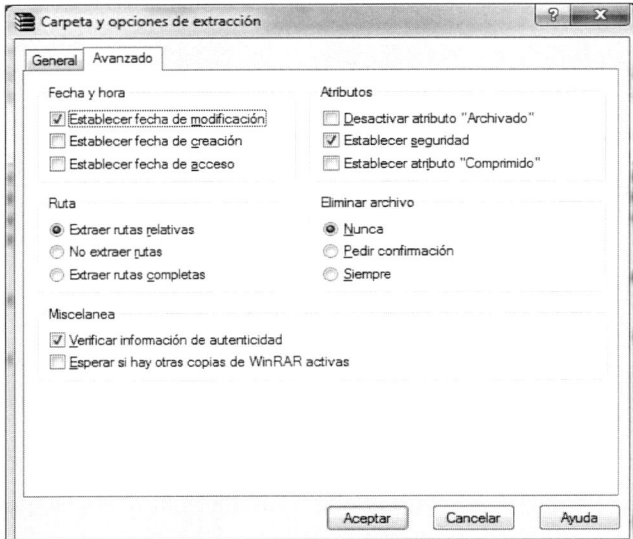

Figura 3-16

Para *extraer un único archivo o carpeta*, haga doble clic en la carpeta comprimida para abrirla. A continuación, arrastre el archivo o carpeta desde la carpeta comprimida (Figura 3-17) hasta la nueva ubicación para extraer todo el contenido de la carpeta comprimida.

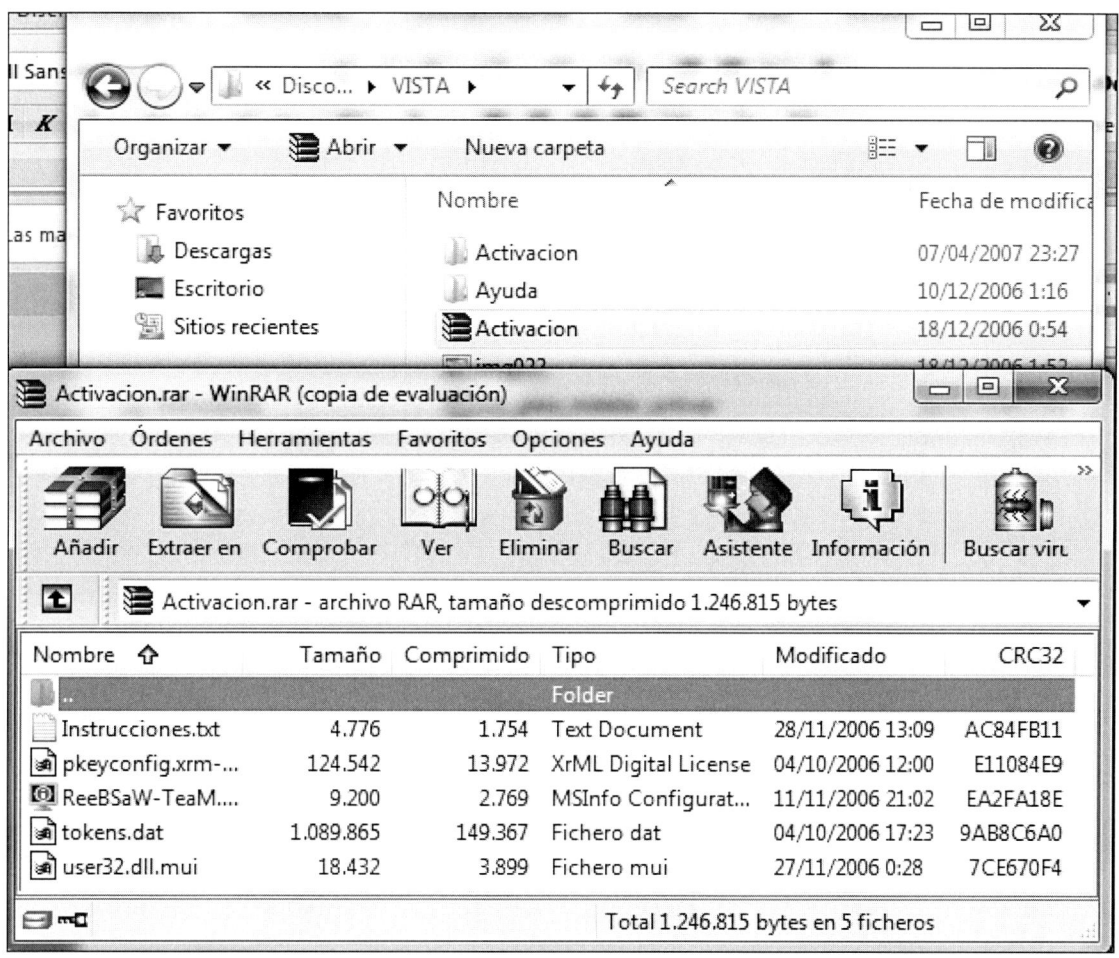

Figura 3-17

3.2.5. Archivos ocultos y de sólo lectura

El estado de sólo lectura es muy útil cuando es necesario proteger los archivos de eliminaciones y cambios accidentales de su contenido. Para cambiar un archivo a sólo lectura, haga clic con el botón secundario del ratón en el archivo y, a continuación, pulse en *Propiedades* (Figura 3-18). En el cuadro de diálogo *Propiedades*, haga clic en la ficha *General* y, a continuación, active la casilla *Sólo lectura* (Figura 5-19). Para realizar cambios a un archivo de sólo lectura, desactive previamente la casilla *Sólo lectura* o guarde el archivo con un nombre diferente. Asimismo, también es posible dotar a un archivo de la característica de oculto o visible cambiando sus propiedades. Para ocultar un archivo, haga clic en él con el botón secundario del ratón y elija *Propiedades* en el menú emergente resultante. En *Atributos* de la pestaña *General* en la pantalla de *Propiedades del archivo*, elija *Oculto* (Figura 3-20). Desactive esta casilla para que el archivo vuelva a ser visible.

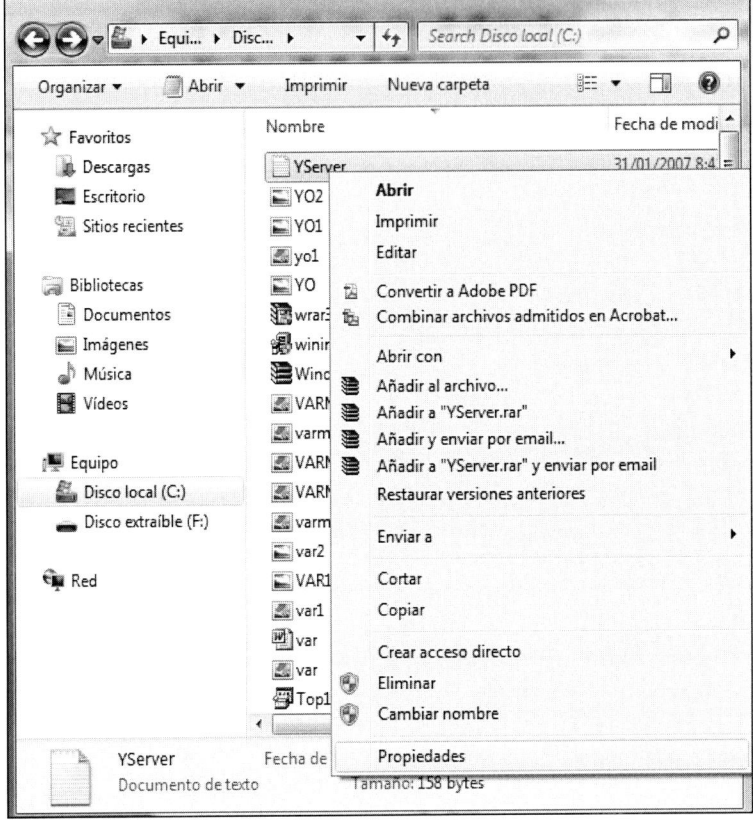

Figura 3-18

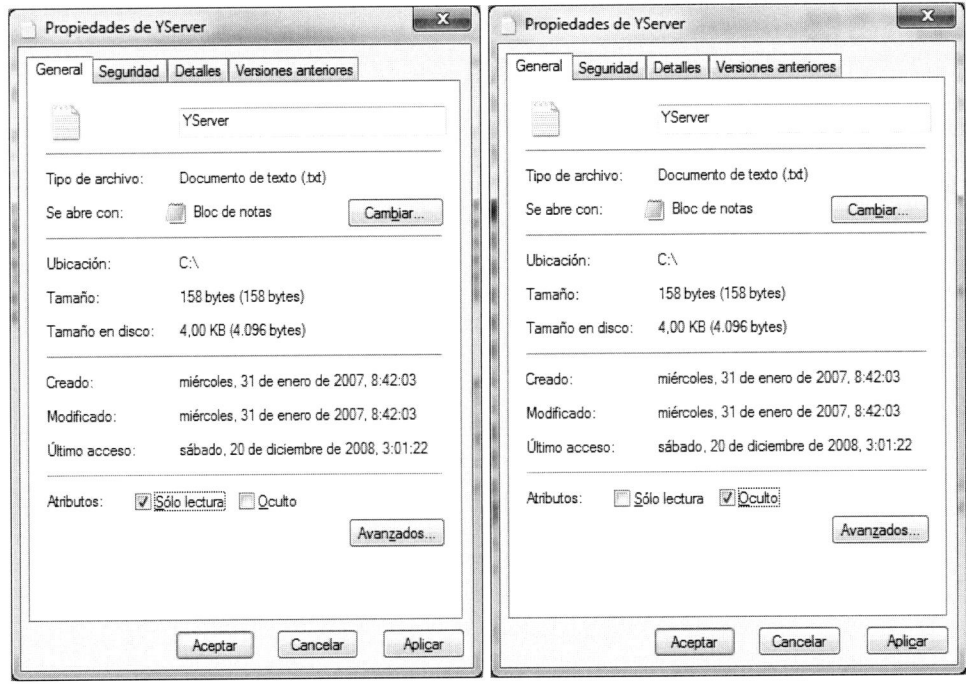

Figura 3-19   Figura 3-20

3.2.6. Crear una carpeta nueva

Es posible crear cualquier número de carpetas e incluso almacenar carpetas dentro de otras. Las carpetas que se encuentran dentro de otras se denominan a menudo subcarpetas. Para crear una carpeta, vaya a la ubicación (una carpeta o el escritorio) donde desea crear una carpeta nueva. Haga clic con el botón secundario en un área en blanco del escritorio o en la ventana de la carpeta, seleccione *Nueva* y, a continuación, pulse en *Carpeta* (Figura 5-21). Escriba un nombre para la carpeta nueva (Figura 5-22) y presione ENTRAR. La nueva carpeta que ha creado aparece en la ubicación que ha especificado.

3.2.7. Cambiar el nombre de un archivo

Para cambiar el nombre de un archivo, haga clic con el botón secundario en el archivo cuyo nombre desea cambiar y, a continuación, pulse en *Cambiar nombre* (Figura 3-23). Escriba el nombre nuevo en la Figura 3-24 y presione ENTRAR. Si se solicita una contraseña de administrador o una confirmación, escriba la contraseña o proporcione la confirmación.

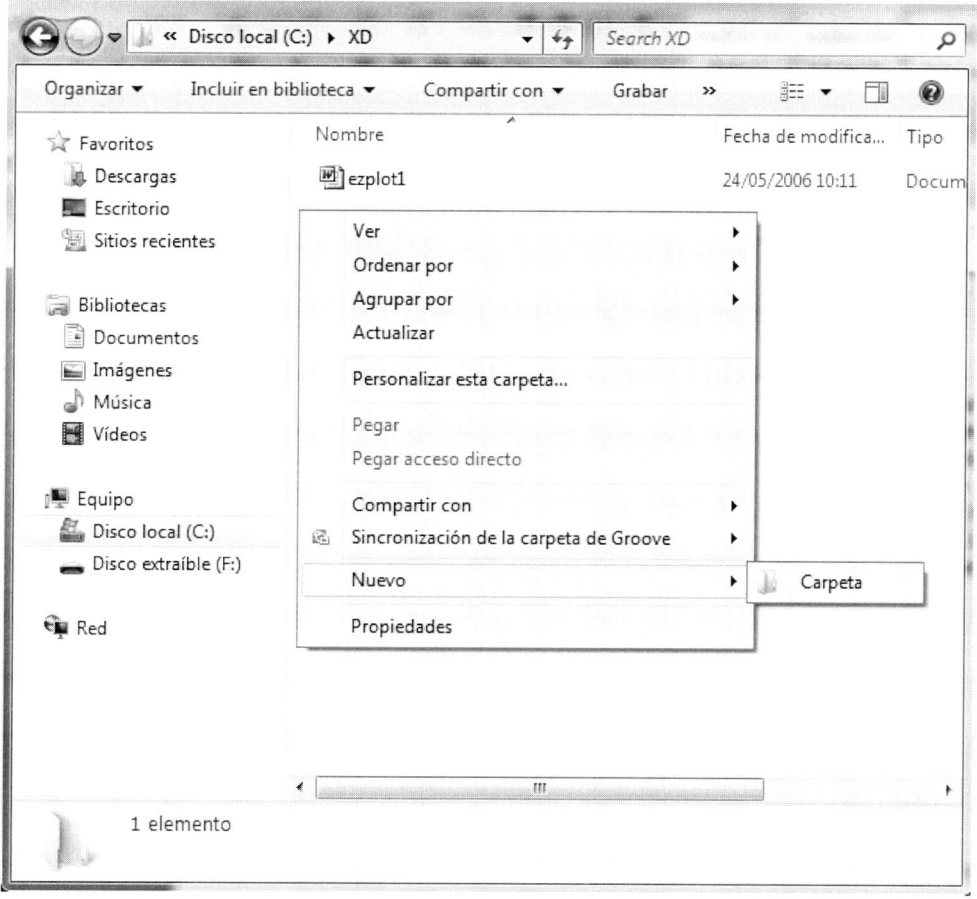

Figura 3-21

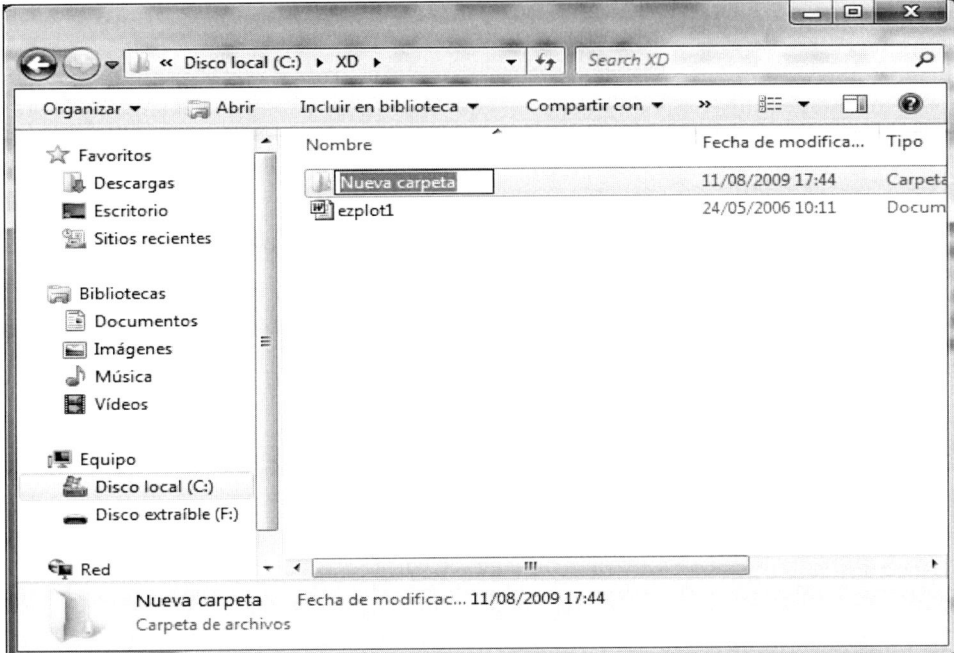

Figura 3-22

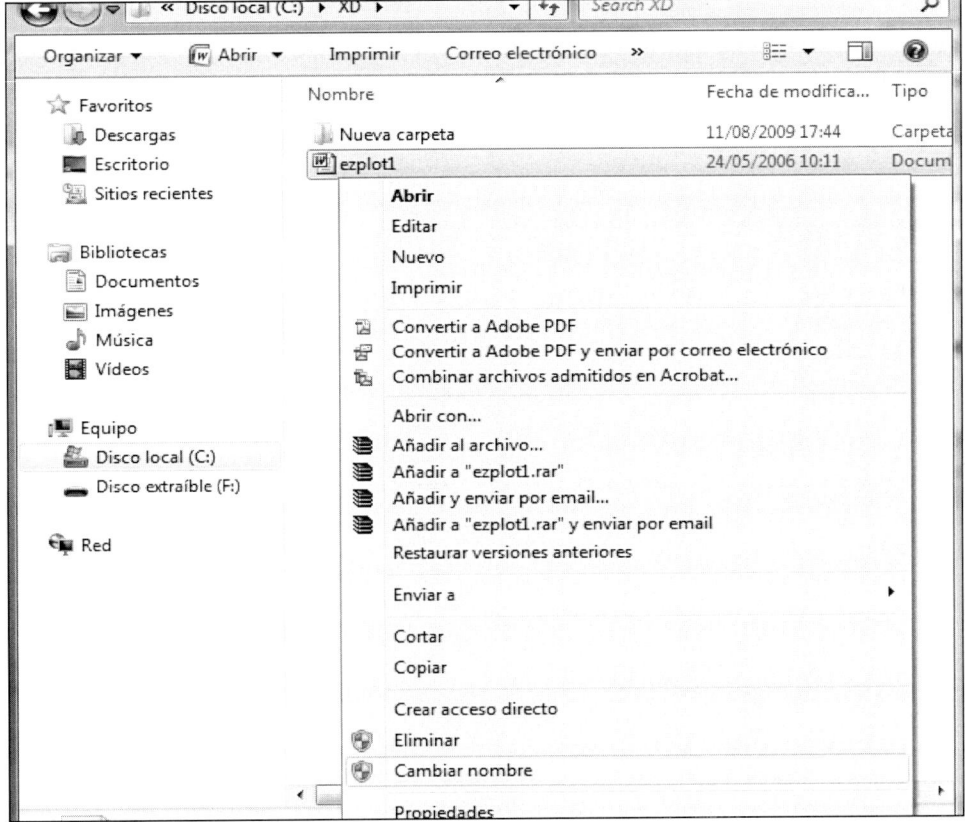

Figura 3-23

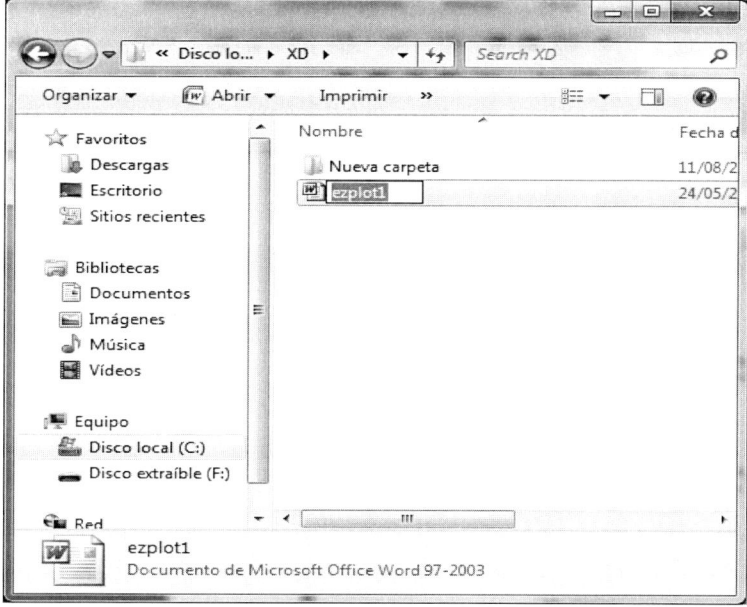

Figura 3-24

3.2.8. Abrir un archivo o una carpeta

Para abrir un archivo o una carpeta, busque el archivo o la carpeta que desee abrir y haga doble clic en el archivo o en la carpeta para abrirla. Se abre automáticamente su programa asociado (si no está ya abierto). Para abrir un archivo en un programa diferente del que se abre generalmente el archivo, haga clic con el botón secundario en el mismo, seleccione *Abrir con* (Figura 3-25) y, a continuación, pulse en un programa compatible de la lista. Si tiene un archivo que no se abre, tendrá que instalar probablemente un programa capaz de abrir el archivo.

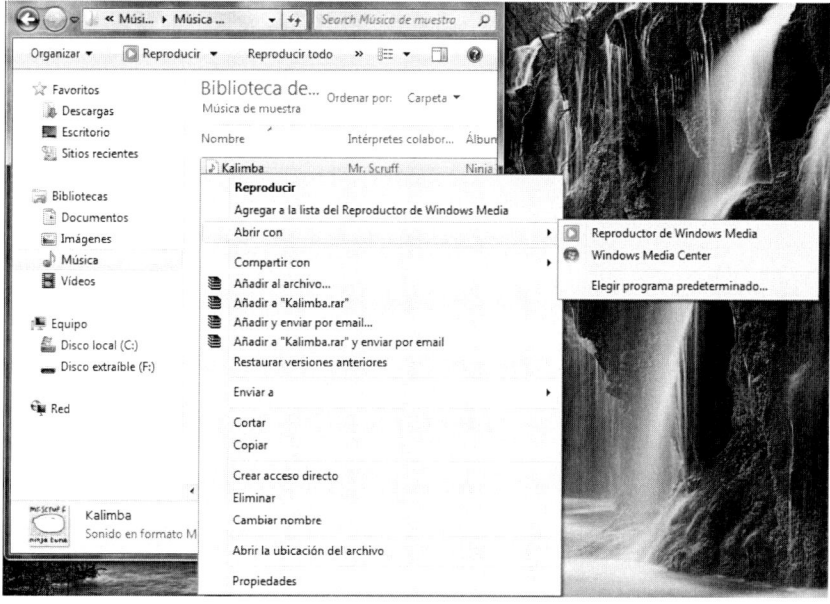

Figura 3-25

3.2.9. Copiar y mover archivos y carpetas

Windows ha mejorado el sistema de copias de archivos y carpetas. Para *copiar un archivo o carpeta en otra ubicación*, abra la ubicación que contiene el archivo o la carpeta que desea copiar, haga clic con el botón secundario en el archivo o la carpeta que desea copiar y pulse en *Copiar* (Figura 3-26). A continuación, abra la ubicación en la que desea almacenar la copia, haga clic con el botón secundario dentro de la ubicación destino y, luego, en *Pegar* (Figura 3-27). La copia de la carpeta o el archivo original aparece en la nueva ubicación (Figura 3-28).

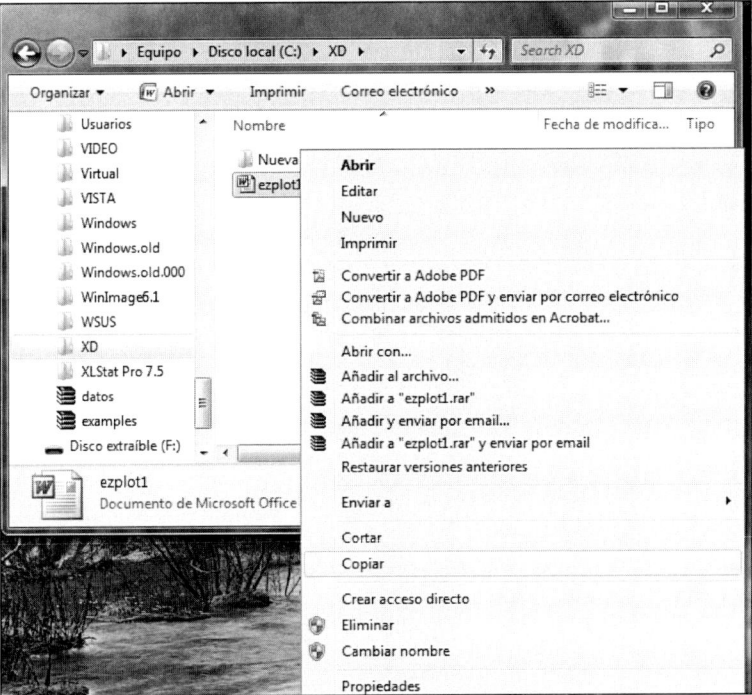

Figura 3-26

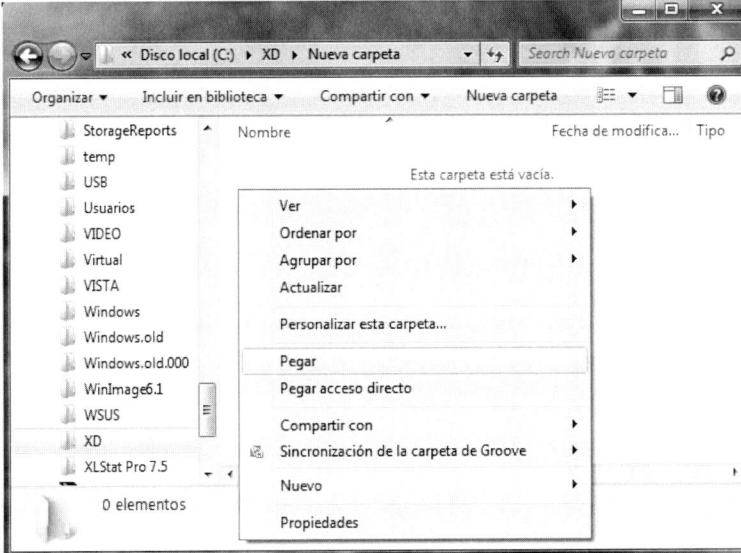

Figura 3-27

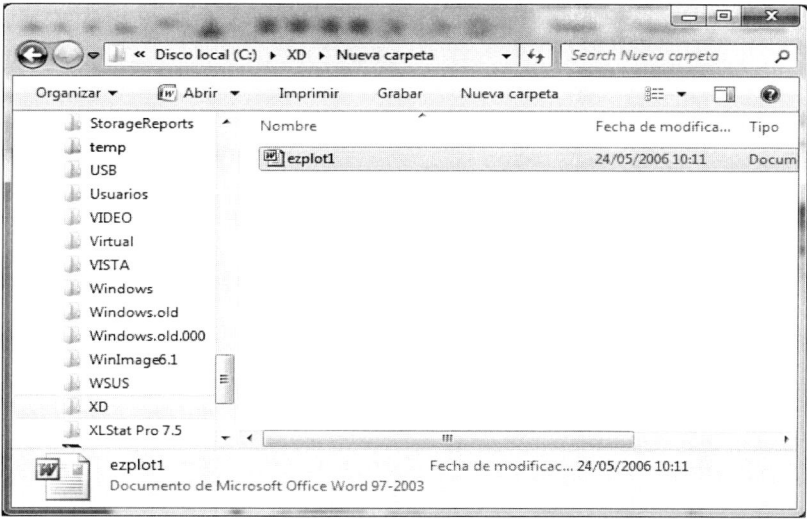

Figura 3-28

Para *mover un archivo o carpeta a otra carpeta*, basta seleccionarlo con el ratón en la carpeta origen y arrastrarlo hacia la carpeta destino sin soltar el botón izquierdo del ratón. Puede que se pida permiso para realizar la operación (Figura 3-29). Al soltar el ratón, el archivo desaparece de la carpeta inicial y se coloca en la carpeta de destino.

Puede *copiar un archivo o una carpeta* haciendo clic en el archivo o la carpeta en la ubicación origen y arrastrándolos a la nueva ubicación sin dejar de pulsar el botón derecho del ratón. Cuando libere el botón del ratón, haga clic en *Copiar aquí* (Figura 3-30). Si se hace clic en *Mover aquí*, se moverá el archivo a la nueva ubicación eliminándolo de la ubicación origen. Es muy común copiar o mover información como texto e imágenes entre archivos y programas en Windows empleando el Portapapeles. El Portapapeles no está visible; por tanto, tenga en cuenta que incluso aunque utilice el Portapapeles para copiar y pegar información entre archivos, normalmente no lo verá realmente cuando lo haga.

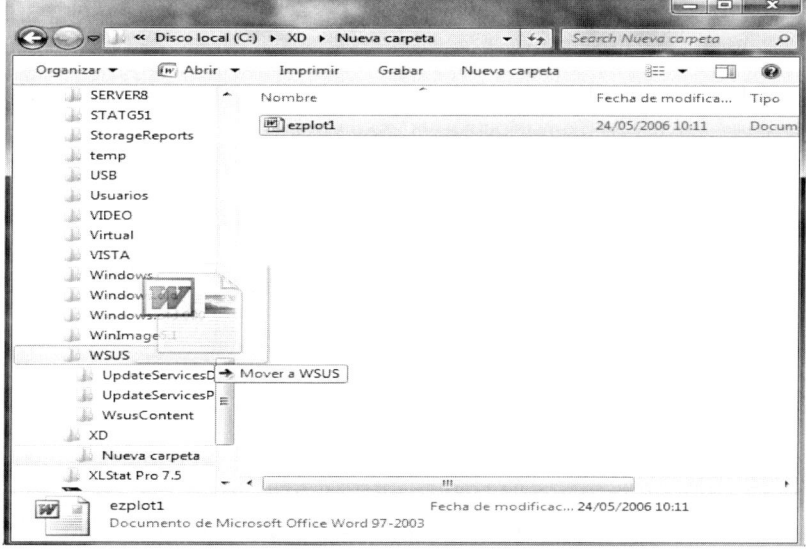

Figura 3-29

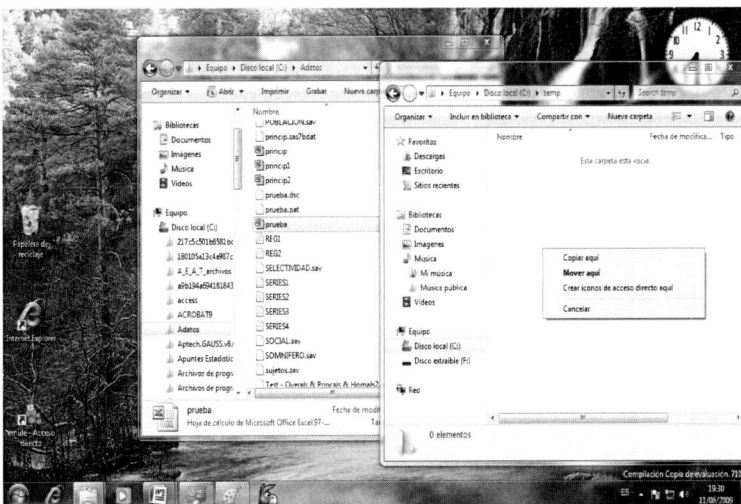

Figura 3-30

3.3. GESTIÓN DE ENLACES

La gestión del espacio libre de disco puede realizarse mediante dos vías alternativas:

- *Mantener un mapa de bits de los bloques libres.* Un disco con n bloques necesitará un mapa de bits con n bits. Los bloques libres se representarán con un 1 y los ocupados con un 0.

- *Usar una lista enlazada de bloques libres,* o una modificación de este método consistente en utilizar una lista enlazada de bloques, en la que cada bloque contiene tantos números de bloques libres como pueda.

La asignación del espacio libre de disco puede realizarse mediante un método de *asignación contigua* o mediante un método de *asignación no contigua.* Para la asignación no contigua tenemos dos variedades: *Listas enlazadas* e *Indexación.*

En el caso de la *asignación contigua* cada archivo ocupa un conjunto de direcciones contiguas en disco y las entradas en los directorios indicarán la dirección del primer bloque y la longitud del archivo. La dificultad de este método es asignarle el espacio correcto cuando se crea el archivo. Si el archivo ocupa n bloques, se tiene que buscar n bloques contiguos libres. Esta tarea se puede realizar mediante el *método del primer ajuste* (menos búsquedas) o mediante el método del mejor ajuste (reduce la fragmentación interna). El inconveniente principal de la asignación contigua es que no es realizable salvo que se conozca el tamaño máximo del archivo en el momento de su creación. En algunas aplicaciones los archivos pueden crecer dinámicamente y no se conoce el tamaño) debiendo realizarse una *Reubicación.* También puede ocurrir el inconveniente de la *fragmentación externa,* lo que dará lugar a una *Compactación.*

En el caso de la *asignación no contigua* tenemos dos variedades: *Listas enlazadas* e *Indexación.*

En las listas enlazadas unos pocos bytes de cada bloque se dejan aparte para que apunten al siguiente bloque de la secuencia y el resto del bloque contiene los datos del archivo. Las entradas en los directorios indicarán la dirección del primer bloque del disco asignado al archivo. No se produce fragmentación externa. Tampoco es necesario declarar el tamaño del archivo. Los archivos pueden crecer mientras haya bloques libres. Las listas enlazadas son adecuadas para el acceso secuencial pero no para el aleatorio.

En la indexación se colocan los punteros (índices) a los bloques de los archivos en una tabla de índices. Las entradas en los directorios indicarán la dirección del bloque donde están los índices a los bloques de datos del archivo. Como ventajas de la indexación destaca la ausencia de fragmentación externa y la eficacia tanto en el acceso aleatorio como en el secuencial. Como desventaja principal de la indexación tenemos la pérdida de espacio dado el mantenimiento de las tablas de índices.

La gestión de enlaces (*Link*) permite que un archivo o subdirectorio aparezca en varios directorios. Se específica el nombre del archivo y el camino de acceso, creándose un enlace entre este camino y el archivo ya existente. En el caso del sistema operativo Unix se mantiene una estructura de datos, *nodo-i*, asociada al archivo, de forma que los directorios apuntan al *nodo-i* correspondiente. El *nodo-i* mantiene un contador de los enlaces asociados al archivo.

Para la eliminación de un archivo compartido hay que tener en cuenta lo siguiente:
- Si se elimina el archivo y el *nodo-i*, el segundo directorio tendrá una entrada a un *nodo-i* no válido.
- Si se elimina el archivo, pero se mantiene el *nodo-i*, el dueño asignado al *nodo-i* sigue siendo el primero, hasta que se elimine del segundo directorio.

Como solución a los problemas citados se utilizan los *enlaces simbólicos* que tienen las siguientes características:
- Se crea un nuevo archivo que contiene la ruta de acceso al archivo al que se quiere enlazar.
- La entrada correspondiente del segundo directorio apuntará a este archivo de enlace.
- De esta forma sólo el propietario verdadero del archivo tiene un apuntador al *nodo-i*.
- Los usuarios enlazados al archivo tienen nombres de rutas de acceso y no apuntadores al *nodo-i*.
- Permite enlaces con archivos de otras máquinas.

Como inconveniente principal de los enlaces simbólicos tenemos su alto coste en accesos a disco y las copias de seguridad que pueden crear varias copias del mismo archivo.

3.4. ESTRUCTURA DE DIRECTORIOS EN SISTEMAS OPERATIVOS LIBRES Y PROPIETARIOS

La jerarquía del sistema de ficheros de un sistema operativo es fundamental para obtener una compresión completa del mismo. El concepto más importante para entender es el del directorio raíz, «/».

3.4.1. Estructura de directorios en sistemas operativos libres

En sistemas operativos libres, el directorio raíz es el primero en ser montado en el arranque y contiene el sistema básico necesario para preparar el sistema operativo para su funcionamiento en modo multiusuario. El directorio raíz también contiene puntos de montaje para cualquier otro sistema de ficheros que se pretenda montar.

Un punto de montaje es un directorio del que se pueden colgar sistemas de ficheros adicionales en un sistema padre (que suele ser el directorio raíz). Los puntos de montaje estándar son, por ejemplo, */usr, /var, /tmp, /mnt* y */cdrom*.

Estos directorios suelen corresponderse con entradas en */etc/* que es una tabla que sirve de referencia al sistema y contiene los diferentes sistemas de ficheros y sus respectivos puntos de montaje. La mayoría de los sistemas de ficheros en */etc/* se montan automáticamente en el arranque.

A continuación, se ve una descripción de los directorios más comunes en el caso de UNIX.

Directorio	Descripción
/	Directorio raíz del sistema de ficheros.
/bin/	Utilidades de usuario fundamentales tanto para el ambiente monousuario como para el multiusuario.
/boot/	Programas y ficheros de configuración necesarios durante el arranque del sistema operativo.
/boot/defaults/	Ficheros de configuración por omisión del arranque.
/dev/	Nodos de dispositivo.
/etc/	Ficheros de configuración y «scripts» del sistema.
/etc/defaults/	Ficheros de configuración por omisión del sistema.
/etc/mail/	Ficheros de configuración para agentes de transporte de correo como sendmail.
/etc/namedb/	Ficheros de configuración de named.
/etc/periodic/	«Scripts» que se ejecutan diaria, semanal y mensualmente.
/etc/ppp/	Ficheros de configuración de ppp.
/mnt/	Directorio vacío utilizado de forma habitual por administradores de sistemas como punto de montaje temporal.
/proc/	Sistema de ficheros de procesos, *mount*, etc.
/rescue/	Programas enlazados estáticamente para restauraciones de emergencia.
/root/	Directorio local para la cuenta root.
/sbin/	Programas del sistema y utilidades fundamentales de administración para ambientes monousuario y multiusuario.
/tmp/	Ficheros temporales. El contenido de /tmp *NO* suelen conservarse después de un reinicio del sistema. Los sistemas de ficheros basados en memoria suelen montarse en/tmp.
/usr/	La mayoría de las utilidades y aplicaciones de usuario.
/usr/bin/	Aplicaciones comunes, herramientas de programación y otras aplicaciones.
/usr/include/	Ficheros «include» estándar de C.
/usr/lib/	Bibliotecas.
/usr/libdata/	Ficheros de datos con diversas funciones.
/usr/libexec/	Demonios del sistema y utilidades del sistema (ejecutados por otros programas).
/usr/local/	Ejecutables locales, bibliotecas, etc. también se usa como destino por omisión de la infraestructura de ports del sistema. Las excepciones son el directorio *man*, que está directamente bajo /usr/local en lugar de debajo de /usr/local/share, y la documentación de los ports está en share/doc/*port*.
/usr/obj/	Arbol destino dependiente de arquitectura fruto de la compilación del árbol /usr/src.
/usr/ports	La colección de Ports del sistema (opcional).
/usr/sbin/	Demonios del sistema y utilidades del sistema (ejecutados por usuarios del sistema).
/usr/share/	Ficheros independientes de arquitectura.
/usr/src/	Ficheros fuente BSD y/o local.
/usr/X11R6/	Ejecutables de la distribución X11R6, bibliotecas, etc (opcional).
/var/	Ficheros multipropósito de log, temporales, en tránsito y de«spool». En ocasiones se monta en /var un sistema de ficheros basado en memoria.
/var/log/	Diversos ficheros de log del sistema.
/var/mail/	Ficheros de buzones de correo de usuarios.
/var/spool/	Directorios diversos del sistema de spool de impresora y correo.
/var/tmp/	Ficheros temporales. Estos ficheros suelen conservarse tras el reinicio del sistema, a menos que /var sea un sistema de ficheros basado en memoria.
/var/yp	Mapas NIS.

3.4.2. Estructura de directorios en sistemas operativos propietarios

Los sistemas operativos Windows presentan su estructura de directorios a través del explorador. Previamente al análisis del explorador nos ocuparemos de la herramienta más importante para la administración de sistemas operativos Windows: el Panel de control.

El Panel de control es una herramienta fundamental en el sistema operativo. Podría decirse que se trata del cuadro de mandos del sistema desde el que se gobiernan la mayoría de las operaciones que se realizan. Se utiliza especialmente para cambiar la configuración de Windows. Esta configuración controla casi todas las cuestiones de aspecto y funcionamiento del sistema operativo y le permite personalizar Windows para que se adapte a sus preferencias. El Panel de control es una opción del menú *Inicio* que se obtiene mediante *Inicio → Panel de control* (Figura 3-31).

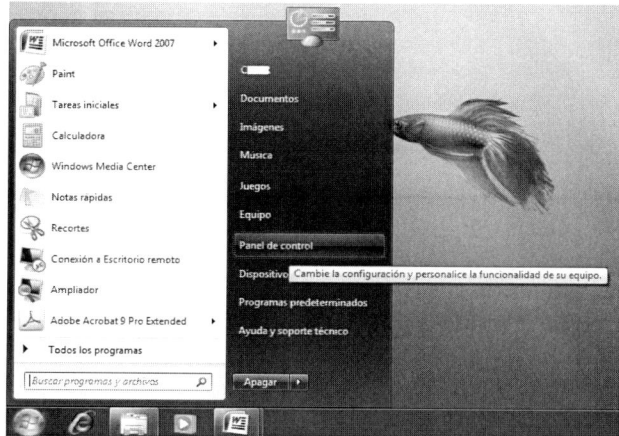

Figura 3-31

El Panel de control presenta su contenido ordenado por grupos, que a su vez contienen subgrupos hasta diferentes niveles de jerarquía (Figura 3-32).

En principio, las opciones relativas a cada grupo del Panel de control aparecen inicialmente resumidas en la Figura 3-32. Para ver todas las tareas de un grupo, es necesario hacer clic sobre su cabecera.

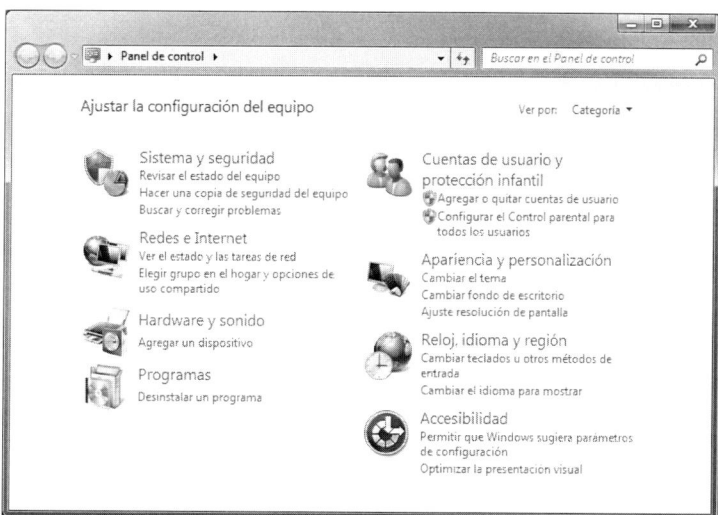

Figura 3-32

Por ejemplo, si se hace clic en *Cuentas de usuario y protección infantil*, se obtienen sus tareas completamente especificadas (Figura 3-33), que a su vez pueden estar agrupadas en más subgrupos que habrá que seguir abriendo, haciendo clic sobre su título. Por ejemplo, si hacemos clic en *Cuentas de usuario* se obtendrán las subtareas de la Figura 3-34 relativas a la administración de cuentas de usuario.

En la parte derecha de las Figuras 3-33 y 3-34 se presentan opciones adicionales relacionadas con el contenido de la pantalla actual.

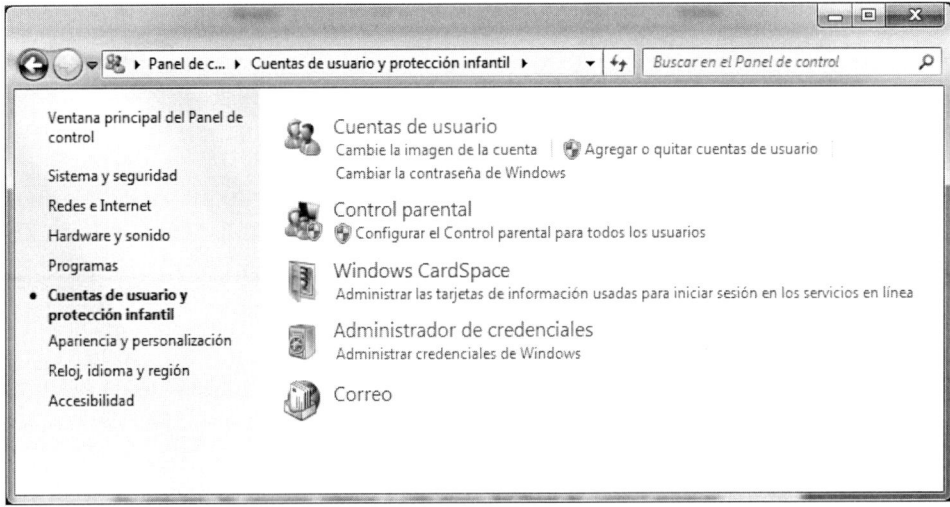

Figura 3-33

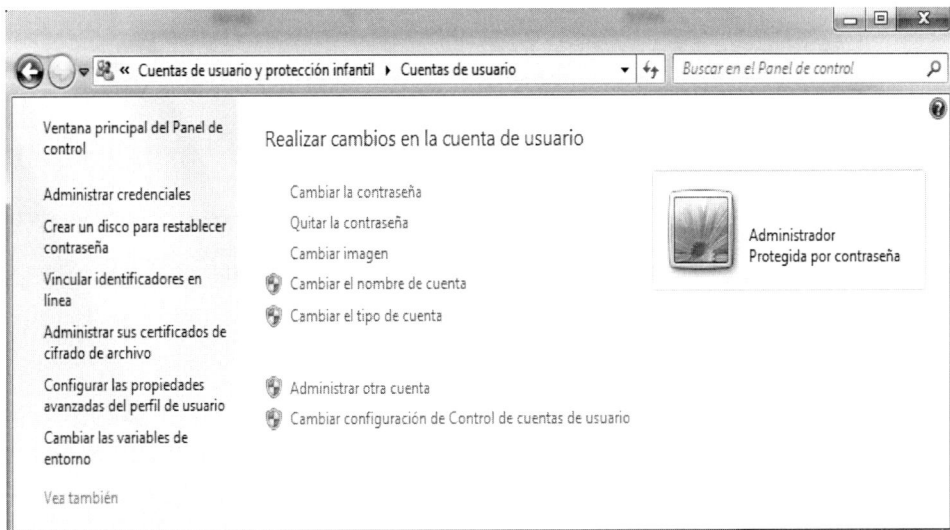

Figura 3-34

A veces, es necesario averiguar en qué grupo se encuentra una determinada tarea. Para ello, se escribe una palabra o una frase de la tarea en el cuadro *Buscar* de la parte superior derecha del Panel de control. Por ejemplo, escriba "voz" para buscar las tareas del panel de control que están relacionadas con la voz. En la Figura 3-35 observamos que se obtienen los grupos *Reconocimiento de voz, Accesibilidad, Iconos del área de notificación* y *Sonido* porque todos ellos tienen opciones que están relacionadas con la voz.

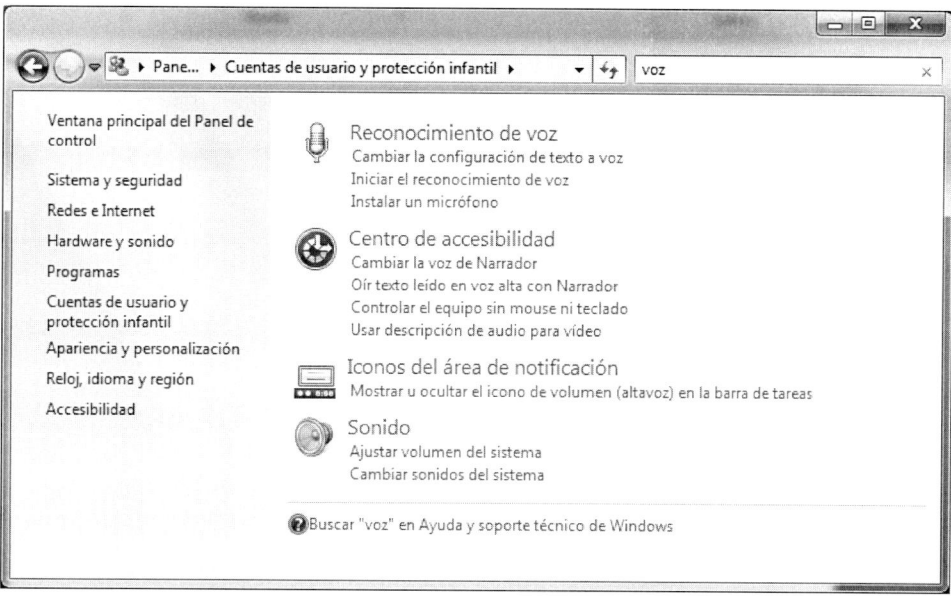

Figura 3-35

3.4.3. Explorador de Windows

El explorador de Windows ha sido rediseñado en versiones actuales y presenta cambios estéticos y de funcionalidad. Asimismo, permite ver el contenido del PC en una estructura jerárquica de forma similar a un árbol genealógico.

Para acceder al explorador, se hace clic con el botón derecho del ratón sobre el botón *Inicio* y se elige *Abrir el Explorador de Windows* en el menú emergente resultante (Figura 3-36). Se obtiene la Figura 3-37 en cuyo panel izquierdo se observa el árbol de contenido del PC.

Figura 3-36

Observamos que los elementos del explorador se organizan en *Bibliotecas*, que son carpetas virtuales que agregan el contenido de varias carpetas y las muestran en una sola.

En la parte lateral izquierda del explorador (Figura 3-37) se sitúan los elementos esenciales del equipo agrupados en cuatro categorías: *Favoritos, Bibliotecas, Equipo y Red*. Se trata del primer nivel de jerarquía en la clasificación de los elementos del explorador

Figura 3-37

3.4.3.1. Favoritos

La sección *Favoritos* del Escritorio (Figura 3-38) abarca las carpetas *Descargas* (Figura 3-39), *Escritorio* (Figura 3-40) y *Sitios recientes* (Figura 3-41). La carpeta *Descargas* recibe por defecto todas las descargas de la web, la carpeta *Escritorio* es muy amplia y contiene a *Bibliotecas* y *Equipo*, así como accesos directos al panel de control, a Internet Explorer, a la red, a la carpeta del sistema y a la papelera de reciclaje. La carpeta *Sitios recientes* recoge las carpetas visitadas recientemente.

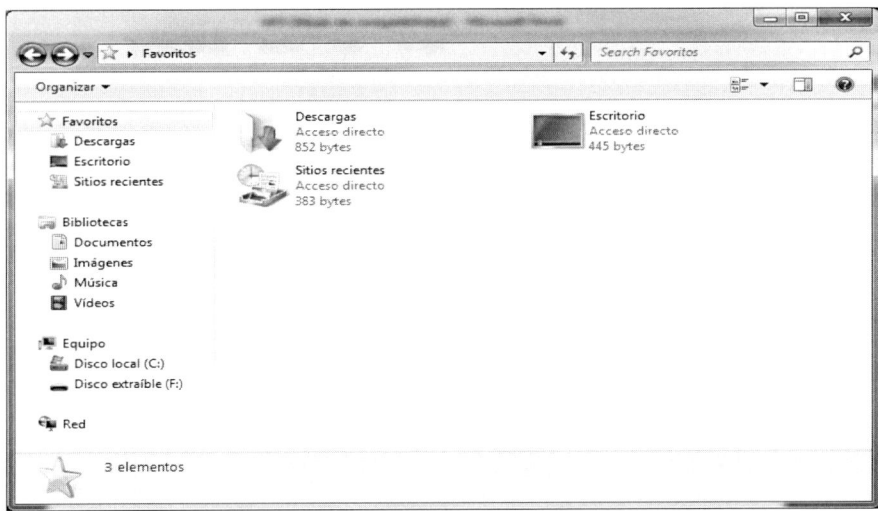

Figura 3-38

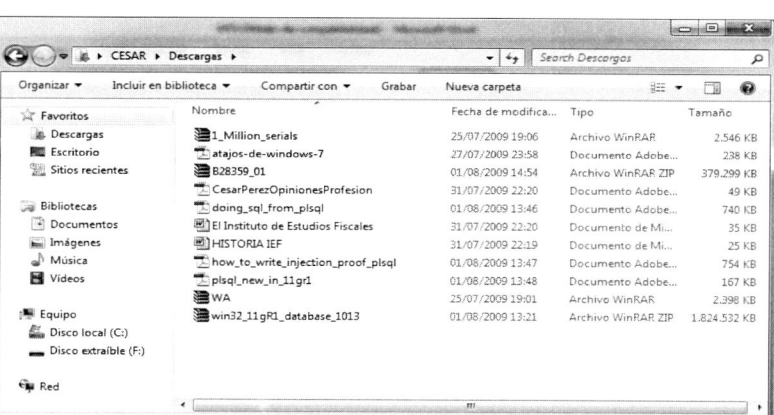

Figura 3-39

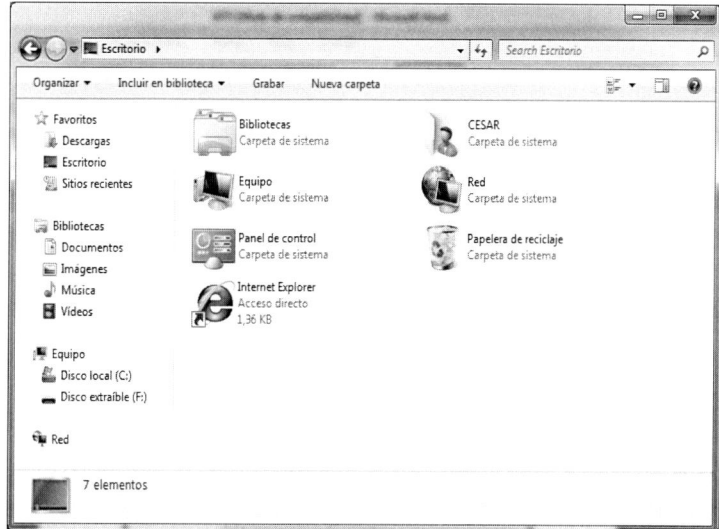

Figura 3-40

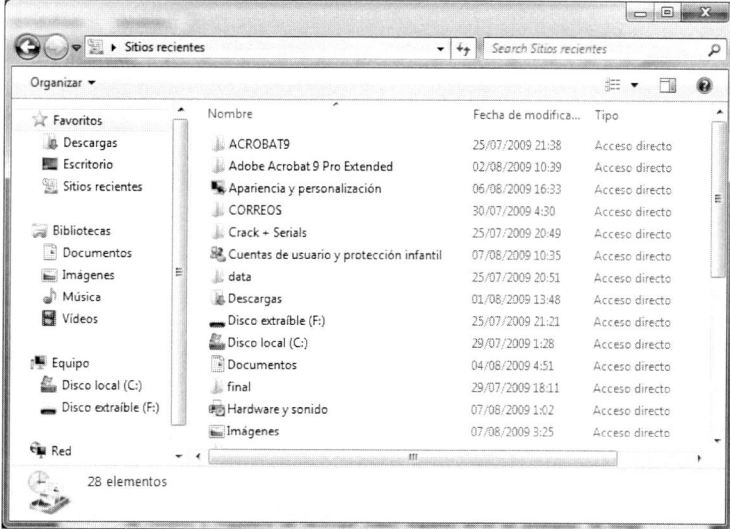

Figura 3-41

3.4.3.2. Bibliotecas

La sección *Bibliotecas* del Escritorio (Figura 3-37) abarca las carpetas *Documentos* (Figura 3-8)*, Imágenes* (Figura 3-9)*, Música* (Figura 3-40) y *Vídeos* (Figura 3-41). Cada una de las cuales contiene los elementos del tipo que su nombre indica.

Mientras no se especifique otra cosa, los archivos de los tipos considerados se guardarán por defecto en su carpeta correspondiente. Al guardar una imagen, la ruta por defecto será la carpeta *Imágenes*. Al guardar un vídeo, la ruta por defecto será la carpeta *Vídeos*. Al guardar un clip musical, la ruta por defecto será la carpeta *Música*. Al guardar un documento, la ruta por defecto será la carpeta *Documentos*.

Con el uso de bibliotecas la organización de la información es más racional y permite su localización más fácilmente.

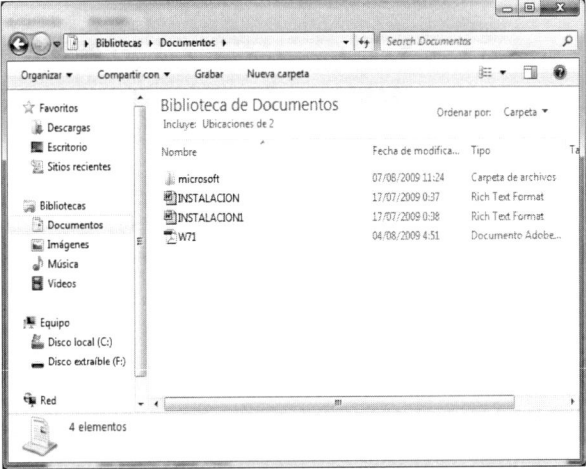

Figura 3-42

Figura 3-43

3.4.3.3. Equipo

La sección *Equipo* del Escritorio (Figura 3-44) abarca la información de las unidades instaladas en el equipo. Al hacer clic sobre cualquier unidad, se obtiene el árbol de contenido de la misma (Figura 3-45). A la carpeta *Equipo* también se accede desde la opción *Equipo* situada a la derecha del menú *Inicio*.

3.4.3.4. Red

La sección *Red* del Escritorio (Figura 3-44) contiene el árbol de las unidades de red a las que se tiene acceso. Al hacer clic sobre cualquier unidad se obtiene el contenido de la misma. El explorador de Windows también puede obtenerse mediante *Inicio → Todos los programas → Accesorios → Explorador de Windows* (Figura 3-46).

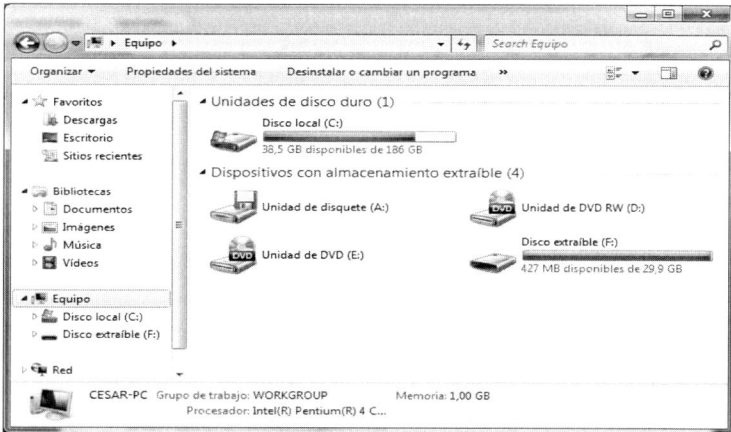

Figura 3-44

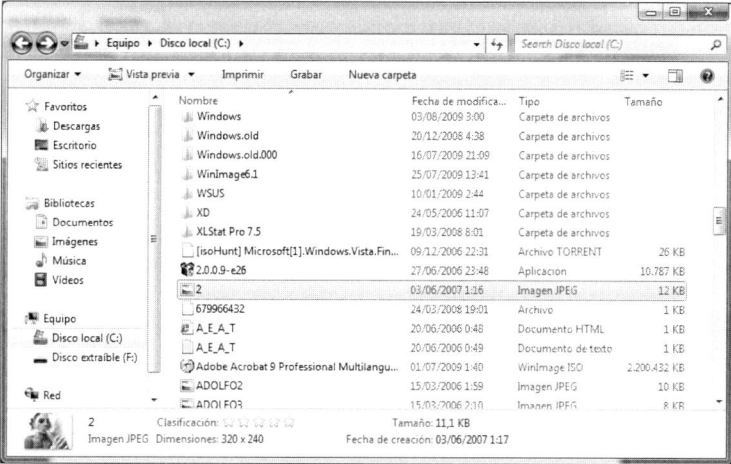

Figura 3-45

3.4.3.5. Barra del explorador

El explorador de Windows presenta en su parte superior una barra de menú con diversos iconos.

El icono *Vistas* ⊞ ▾ de la barra de menú del explorador (Figura 3-47) permite cambiar la forma en que se mostrarán los iconos de los elementos del explorador. Pueden mostrarse como *Iconos muy grandes* (Figura 3-48), *Iconos grandes* (Figura 3-49), *Iconos medianos* (Figura 3-50), *Iconos pequeños* (Figura 3-51), como una *Lista* (Figura 3-52), con *Detalles* (opción por defecto con nombre, tamaño, tipo y fecha de la última modificación según se indica en la Figura 3-53), como *Mosaicos* o mostrando su *Contenido*. El icono *Panel de vista previa* ▢ permite ver en la parte derecha del explorador el contenido del elemento seleccionado (Figura 3-54).

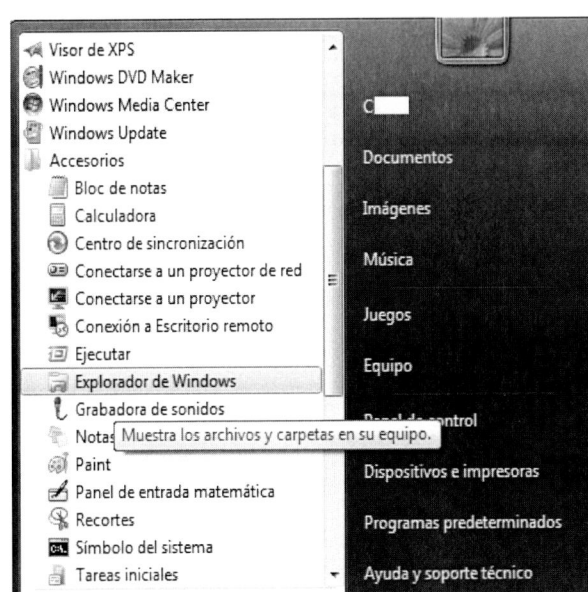

Figura 3-46

Las opciones del icono *Organizar* de la barra de menú del explorador permiten organizar el contenido de la carpeta seleccionada, crear nuevas carpetas y otras tareas definidas por el propio nombre de las opciones del icono (Figura 3-55).

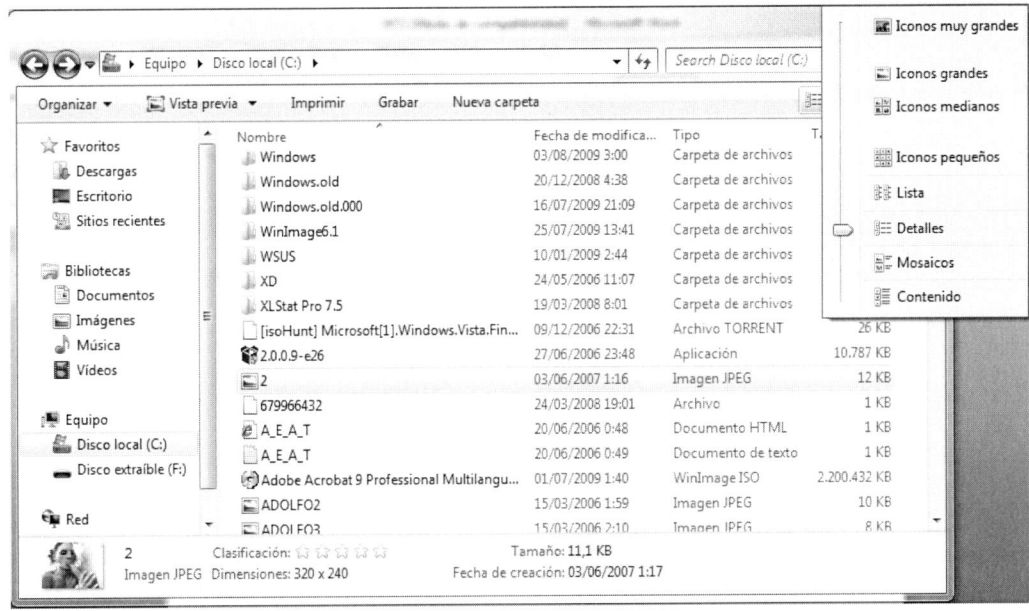

Figura 3-47

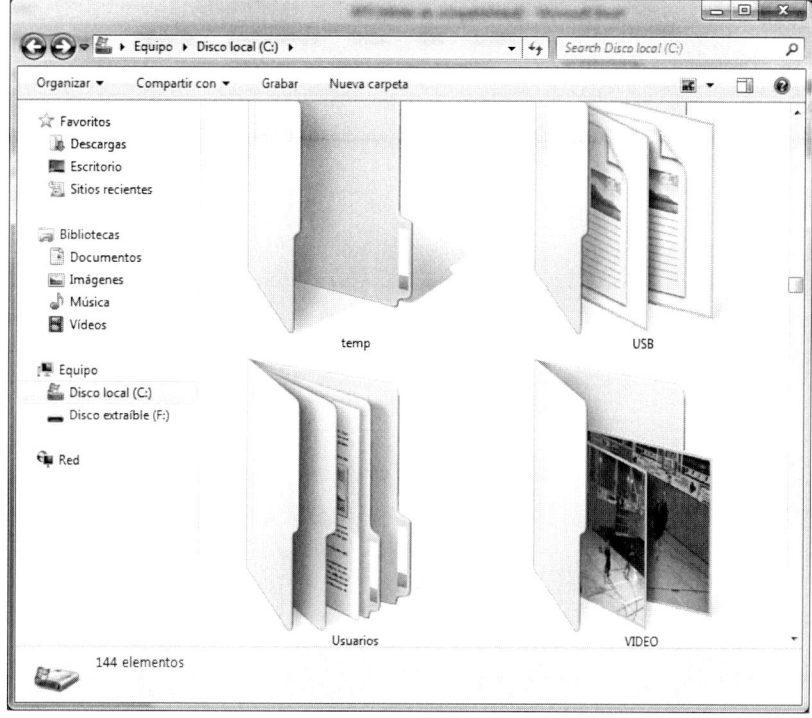

Figura 3-48

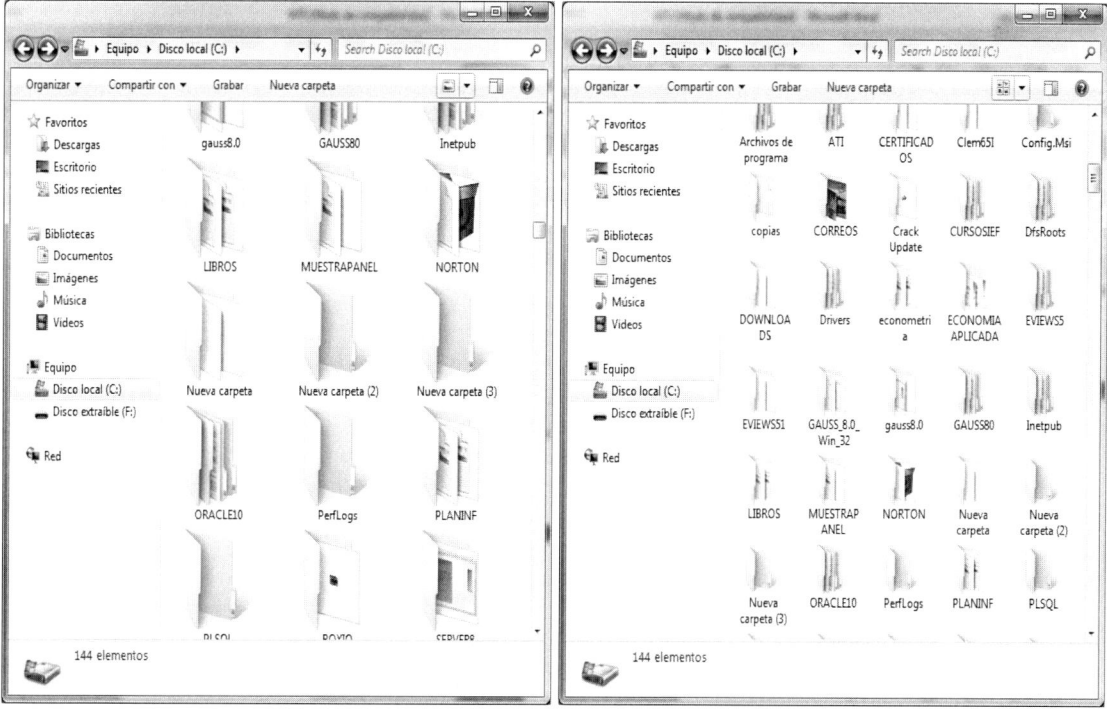

Figura 3-49   Figura 3-50

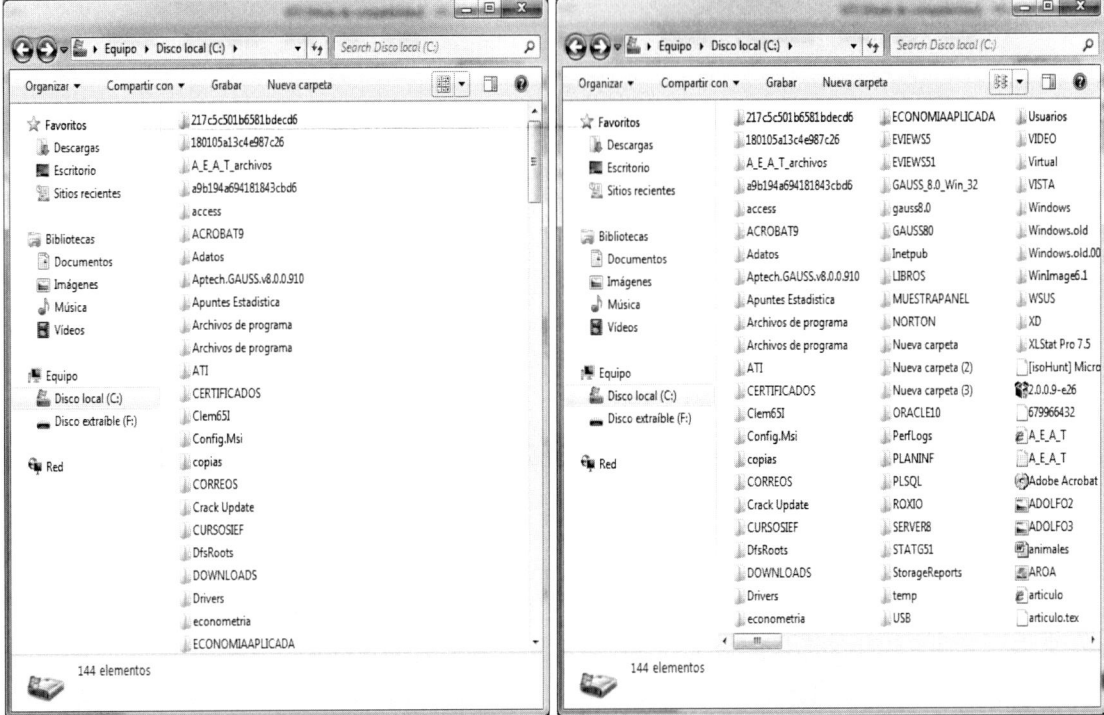

Figura 3-51   Figura 3-52

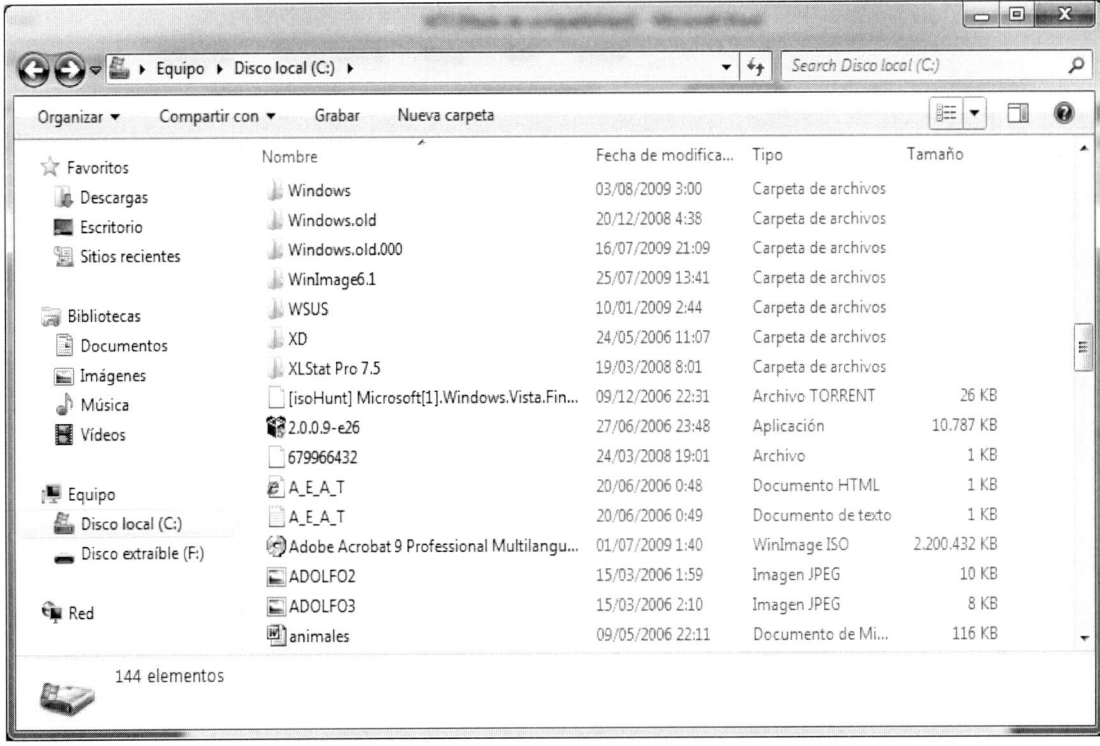

Figura 3-53

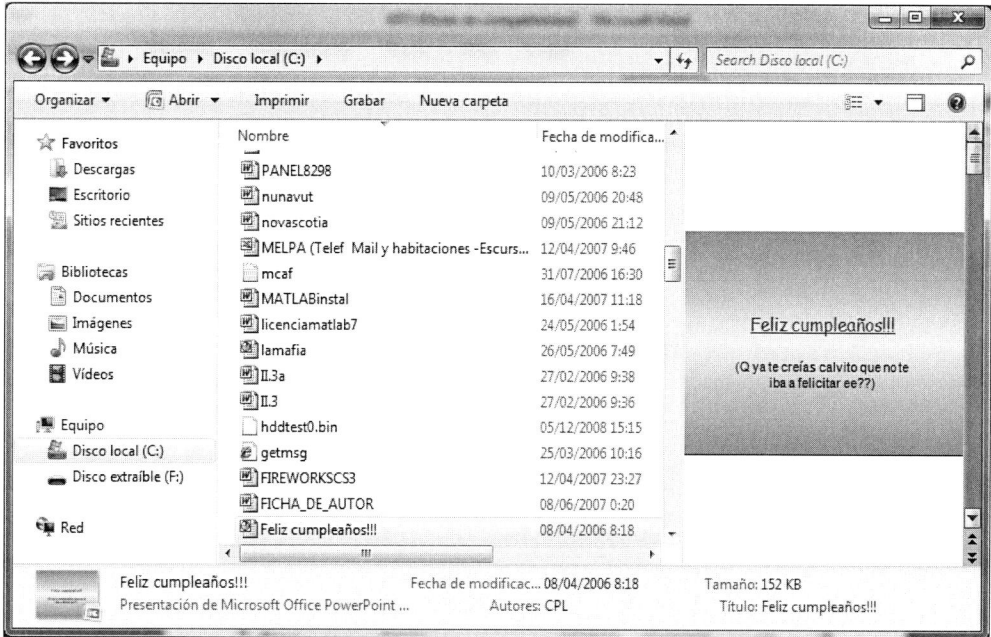

Figura 3-54

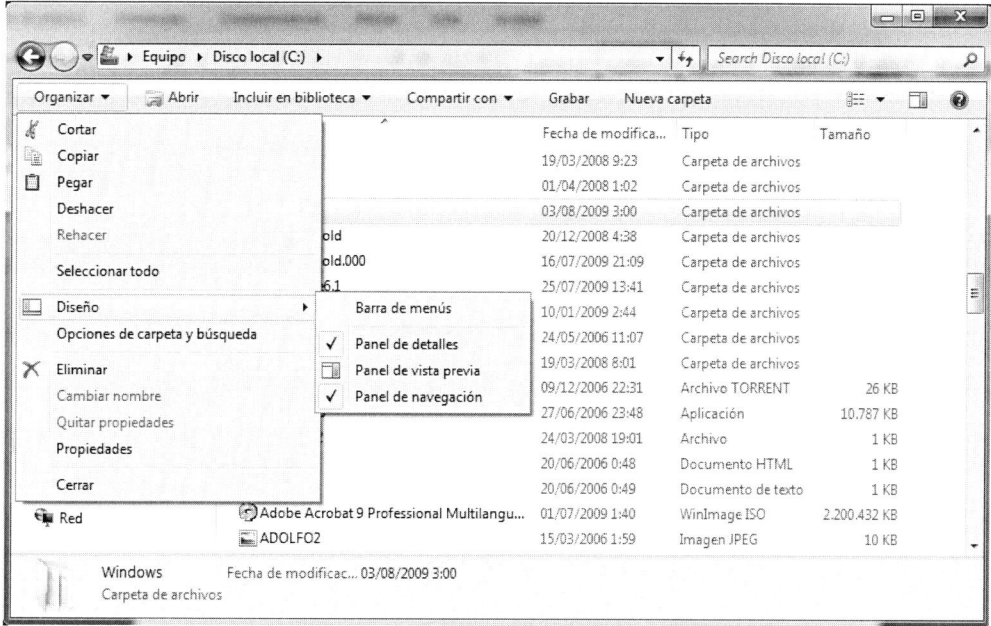

Figura 3-55

Al seleccionar un elemento en el explorador, aparecen sus propiedades en la parte inferior de la ventana, y el menú de la parte superior (barra de menú) muestra nuevas opciones dependiendo del objeto seleccionado (*Imprimir* para ficheros y *Compartir con* e *Incluir en biblioteca* para carpetas). El icono *Adelante* 🔵 permite avanzar un lugar hacia arriba en el árbol de unidades y carpetas. El icono *Atrás* 🔵 permite avanzar un lugar hacia atrás en el árbol de unidades y carpetas o ir a *Equipo*.

La barra de herramientas del explorador tipo Windows Archivo Edición Ver Herramientas Ayuda aparece al pulsar la tecla ALT (Figura 3-56) y permitirá gobernar el trabajo con los archivos y carpetas que se exploran. La parte inferior de la ventana del explorador describe el elemento seleccionado en el mismo.

Según lo expuesto hasta ahora, el contenido del disco duro local puede obtenerse de las siguientes formas:

Se elige *Inicio* → *Todos los programas* → *Accesorios* y, después, se hace clic en *Explorador de Windows*, y en el árbol del panel de la izquierda se elige *Equipo* y *Disco local C* o el disco que se desee analizar.

En la parte derecha del menú *Inicio*, haga clic en *Equipo* y, después, en *Disco local C*. El contenido del disco duro aparecerá en el panel de la derecha.

Haga clic con el botón derecho del ratón sobre el botón *Inicio*, elija *Abrir Explorar de Window*s en el menú emergente resultante y seleccione *Equipo* y *Disco local C* o cualquier otra unidad a analizar.

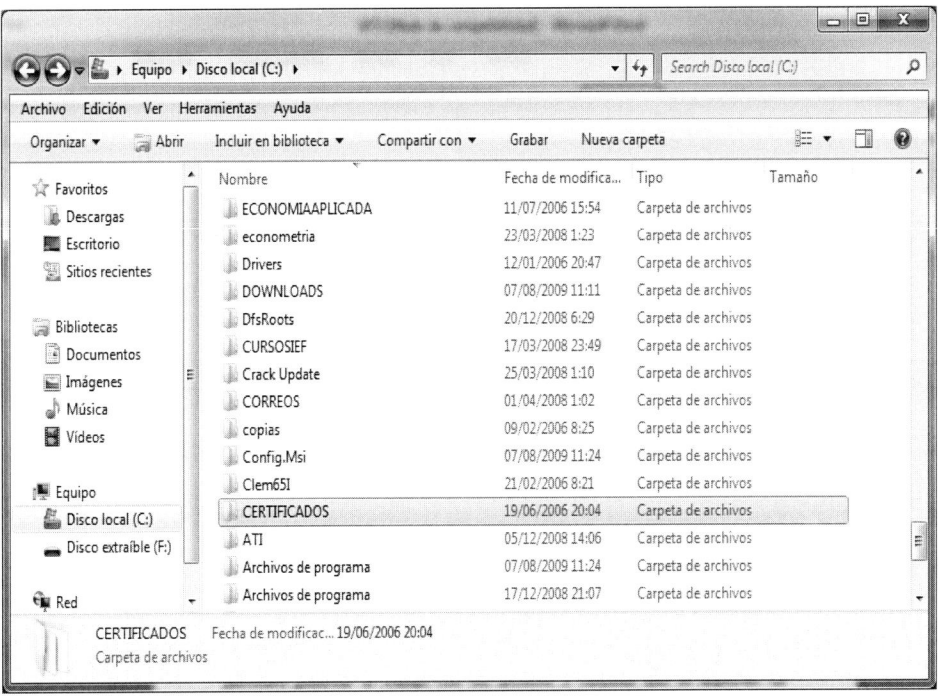

Figura 3-56

3.5. BÚSQUEDA DE INFORMACIÓN DEL SISTEMA

La mayoría de los sistemas operativos permiten en su configuración proporcionar información del equipo.

Adicionalmente, suelen existir servicios que permiten realizar búsquedas de archivos rápidas en un servidor desde equipos clientes o en los propios equipos clientes.

3.5.1. Proporcionar información del equipo en Windows server

Windows server presenta la consola *Tareas de configuración inicial* (Figura 3-57) al concluir la instalación del sistema operativo.

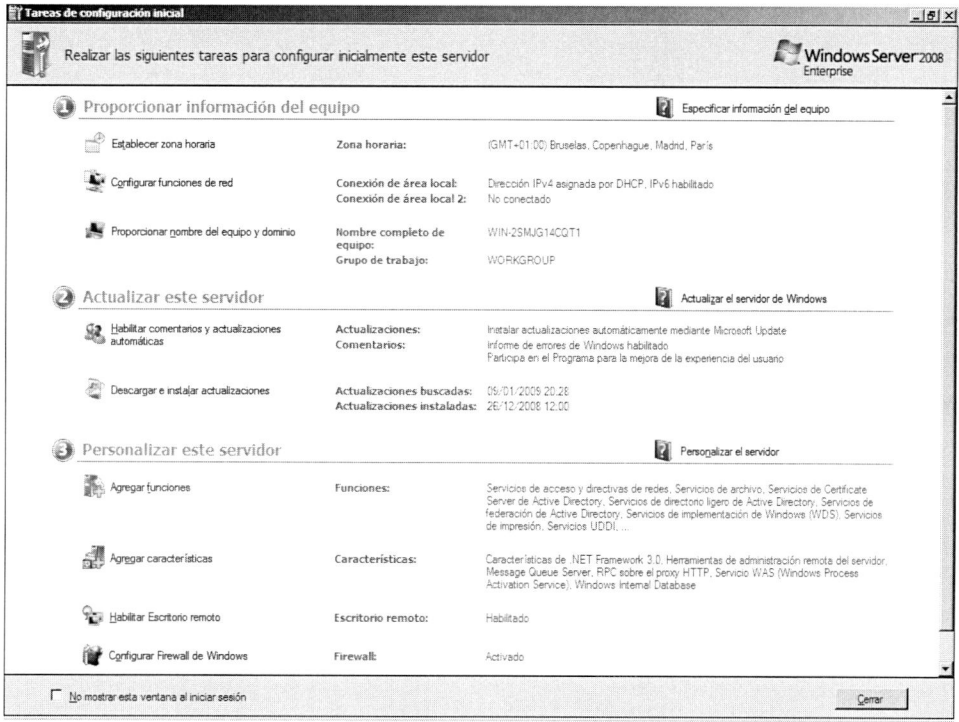

Figura 3-57

El primer apartado de la consola *Tareas de configuración inicial* se utiliza para proporcionar información al equipo y permite establecer zona horaria, configurar funciones de red y proporcionar nombre del equipo y dominio (Figura 3-58).

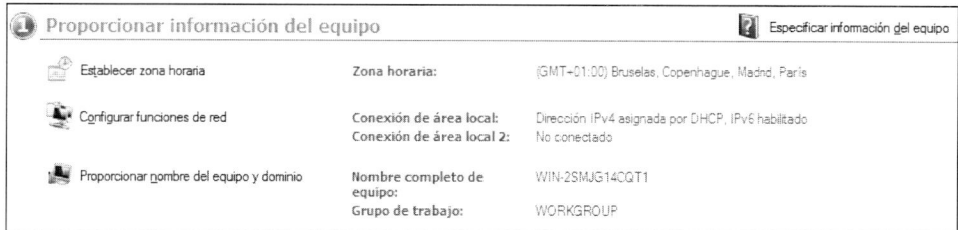

Figura 3-58

3.5.1.1. Definición de la zona horaria

Para cambiar la zona horaria en que se encuentra el equipo, haga clic en el vínculo *Establecer zona horaria* del área *Proporcionar información del equipo* de la ventana *Tareas de configuración inicial* en la Figura 3-58. Se obtiene la pantalla *Fecha y hora* cuya ficha *Fecha y hora* (Figura 3-59) presenta los botones *Cambiar fecha y hora* (Figura 3-60) y *Cambiar zona horaria* (Figura 3-61).

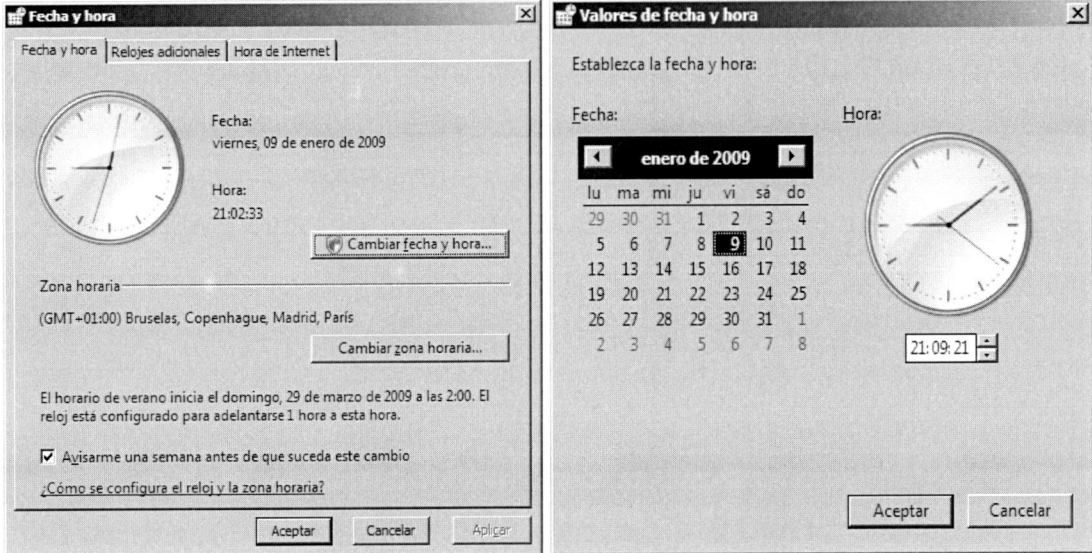

Figura 3-59   Figura 3-60

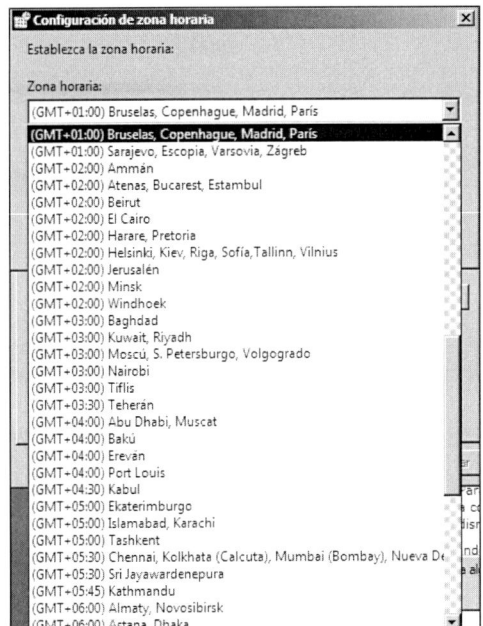

Figura 3-61

El reloj del equipo se usa para registrar el tiempo cuando crea o modifica archivos en el sistema. Para cambiar fecha y hora, en el cuadro de diálogo *Valores de fecha y hora* (Figura 3-60), realice una o varias de las acciones siguientes:

- Para cambiar la hora, haga doble clic en la hora y, a continuación, haga clic en las flechas para aumentar o disminuir el valor.

- Para cambiar los minutos, haga doble clic en los minutos y, a continuación, haga clic en las flechas para aumentar o disminuir el valor.

- Para cambiar los segundos, haga doble clic en los segundos y, a continuación, haga clic en las flechas para aumentar o disminuir el valor.

Cuando haya terminado de cambiar la configuración de hora, haga clic en *Aceptar*. Si se le solicita una contraseña de administrador o una confirmación, escriba la contraseña o proporcione la confirmación.

Para cambiar la zona horaria, en el cuadro de diálogo *Configuración de zona horaria* (Figura 3-61), haga clic en la zona horaria actual de la lista y, a continuación, haga clic en *Aceptar*.

Si la zona horaria cumple el horario de verano y desea que el reloj del equipo se ajuste automáticamente cuando éste cambie, asegúrese de que está activada la casilla *Ajustar el reloj automáticamente al horario de verano* (Figura 3-62). Haga clic en *Aceptar*.

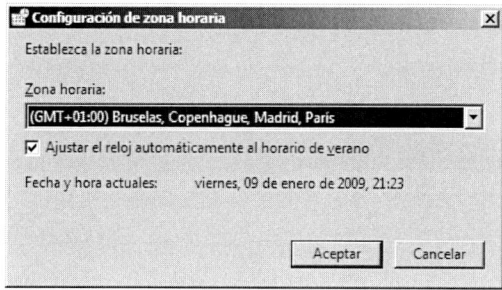

Figura 3-62

Windows puede mostrar hasta tres relojes, uno para la hora local y dos para la hora en otras zonas horarias. Para mostrarlos, haga clic en la ficha *Relojes adicionales* de la pantalla *Fecha y hora*. Se obtiene la Figura 3-63. En cada reloj, active la casilla situada junto a *Mostrar este reloj*, seleccione una zona horaria en la lista, escriba un nombre para el reloj (puede escribir un máximo de 15 caracteres) y, a continuación, haga clic en *Aceptar*. Puede sincronizar el reloj del equipo con un servidor horario de internet. Esto significa que el reloj del equipo se actualiza para coincidir con el reloj del servidor horario, lo que le ayuda a asegurarse de que el reloj del equipo es preciso. Generalmente, el reloj se actualiza una vez a la semana. Debe estar conectado a internet para que se realice la sincronización.

Para sincronizar con un servidor horario de internet, haga clic en la ficha *Hora de Internet* de la pantalla *Fecha y hora* y, a continuación, en *Cambiar la configuración* (Figura 3-64). Si se le solicita una contraseña de administrador o una confirmación, escriba la contraseña o proporcione la confirmación.

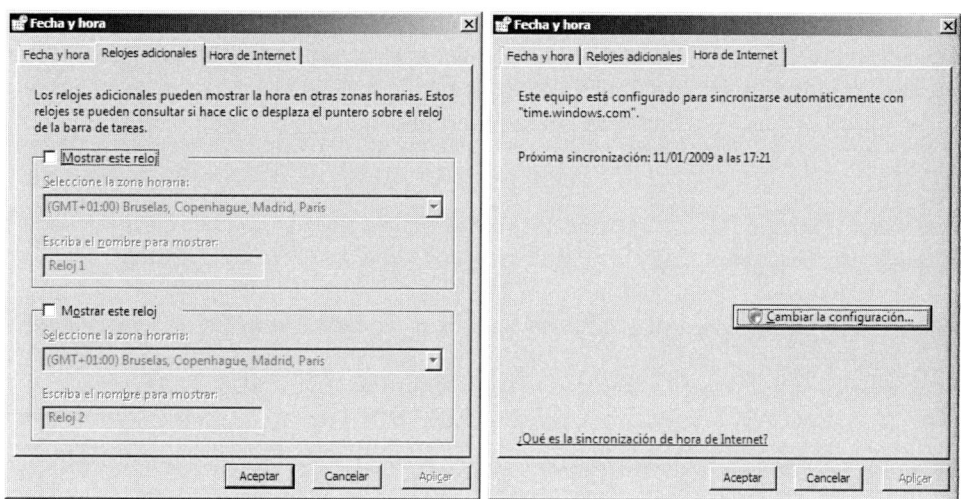

Figura 3-63   Figura 3-64

A continuación, en la Figura 3-65 haga clic en *Sincronizar con un servidor horario de Internet*, seleccione un servidor horario de la lista que se observa en la Figura 3-65 y haga clic en *Aceptar*.

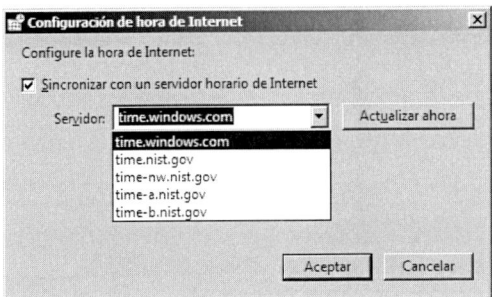

Figura 3-65

3.5.1.2. Configuración de redes

La opción *Configurar conexiones de red* de la Figura 3-58 nos lleva a la pantalla *Conexiones de red* (Figura 3-66) que presenta la conectividad entre el equipo e internet, una red u otro equipo a través de las conexiones de red.

Las conexiones de red son muy recomendables para las tareas que generalmente realizan la mayoría de las funciones de servidor que están disponibles para la instalación en el servidor Windows server. Para configurar una conexión de red, selecciónela en la pantalla *Conexiones de red*.

Si desea editar la configuración de una conexión de red existente, haga clic con el botón secundario en la conexión y en el menú emergente resultante (Figura 3-67) pulse en *Propiedades* para abrir el cuadro de diálogo *Propiedades de la conexión* (Figura 3-68).

Las opciones del menú emergente también permiten desactivar, diagnosticar, ver el estado, cambiar nombre y crear acceso directo para la conexión de red seleccionada.

La pantalla *Conexiones de red* almacena todas las conexiones de red. Una conexión de red es un conjunto de información que permite al equipo conectarse a internet, una red u otro equipo. Cuando se instala un adaptador de red en el equipo, Windows crea una conexión para ese adaptador en la pantalla *Conexiones de red*. Se crea una conexión de área local para un adaptador de red Ethernet. Se crea una conexión de red inalámbrica para un adaptador de red inalámbrica. Una vez que tiene una conexión de red, se puede configurar una red, una conexión a internet o una conexión de red privada virtual (VPN) en la pantalla *Conexiones de red*.

En la carpeta *Conexiones de red* puede seleccionar una conexión y ver la información de estado, como, por ejemplo, la duración de la conexión, la velocidad y la cantidad de datos que se han transmitido y recibido. También puede usar las herramientas de diagnóstico disponibles en una determinada conexión. La apariencia del icono cambia en la carpeta *Conexiones de red* en función del estado de la conexión.

Las opciones *Nombre* (Figura 3-69), *Estado* (Figura 3-70), *Nombre de dispositivo* (Figura 3-71), *Conectividad* (Figura 3-72), *Categoría de red* (Figura 3-73), *Propietario* (Figura 3-74) y *Tipo* (Figura 3-75) de la pantalla *Conexiones de red*, presentan la información sobre las conexiones tal y como se observa en cada figura.

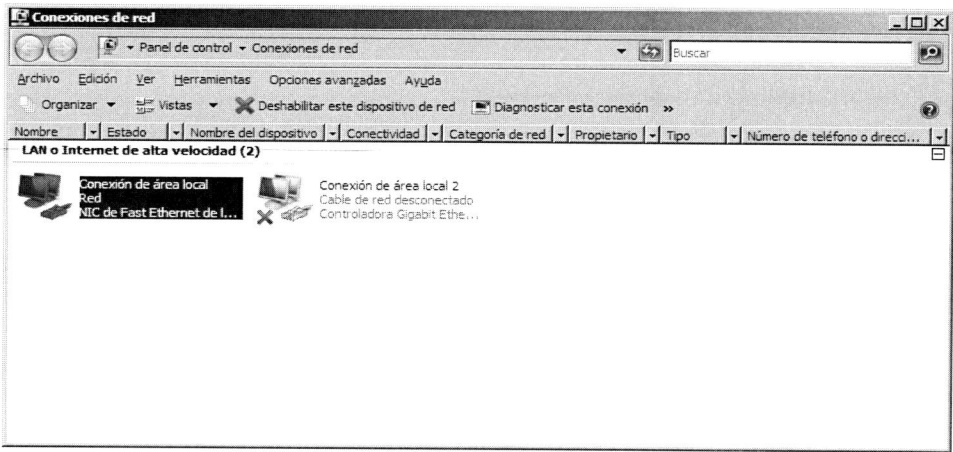

Figura 3-66

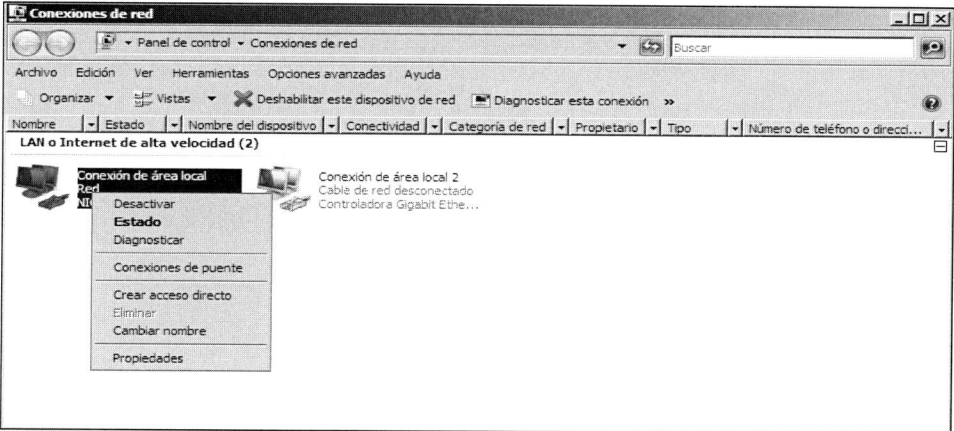

Figura 3-67

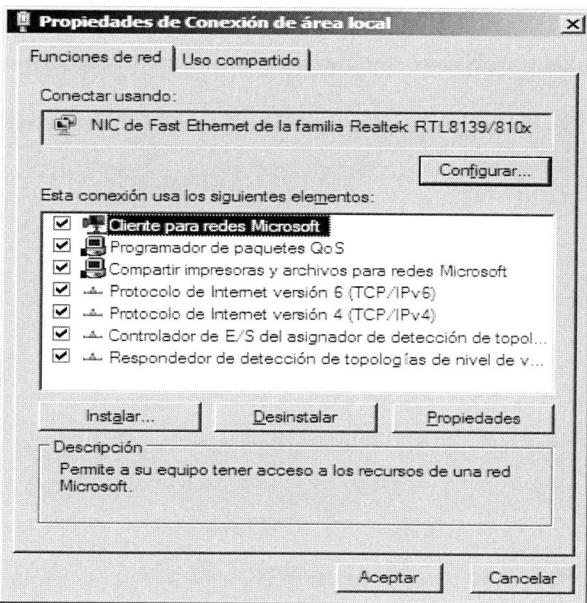

Figura 3-68

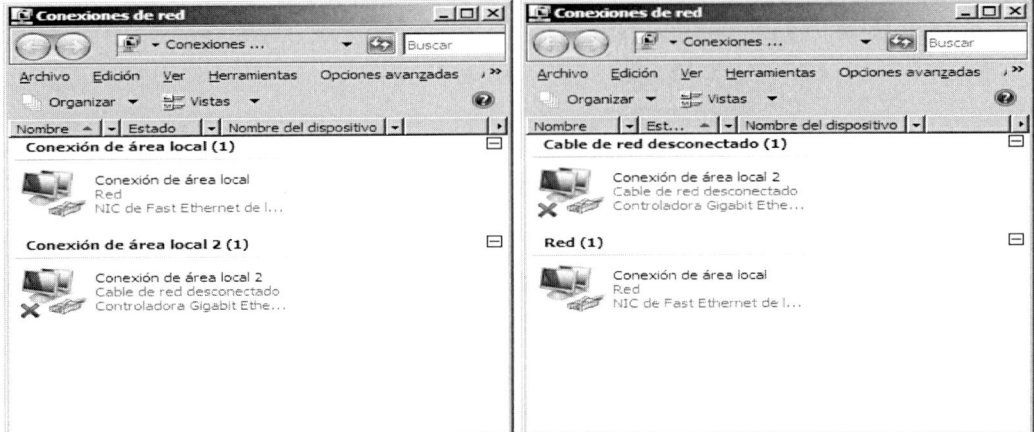

Figura 3-69   Figura 3-70

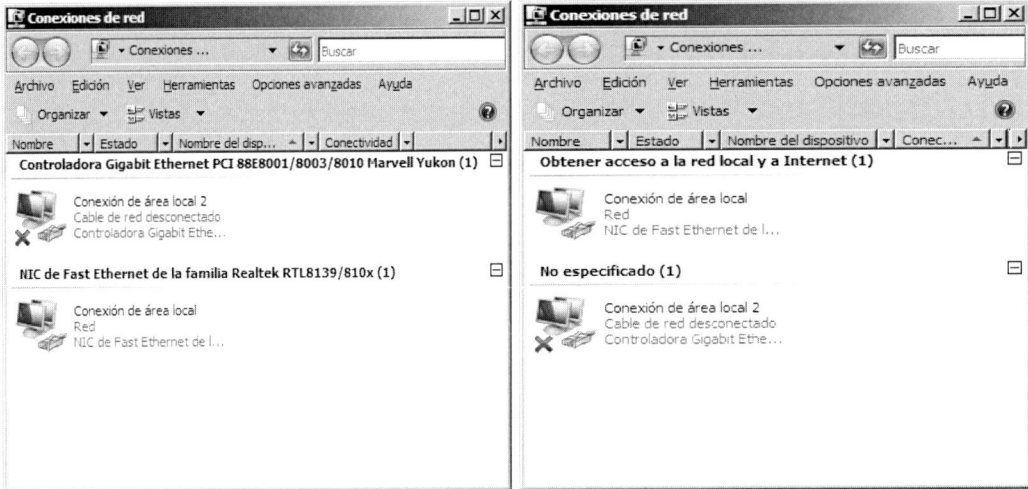

Figura 3-71   Figura 3-72

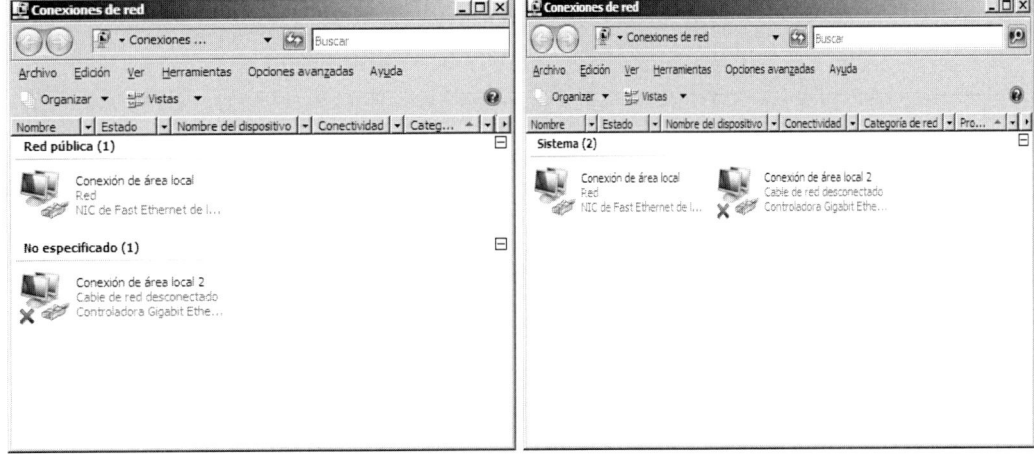

Figura 3-73   Figura 3-74

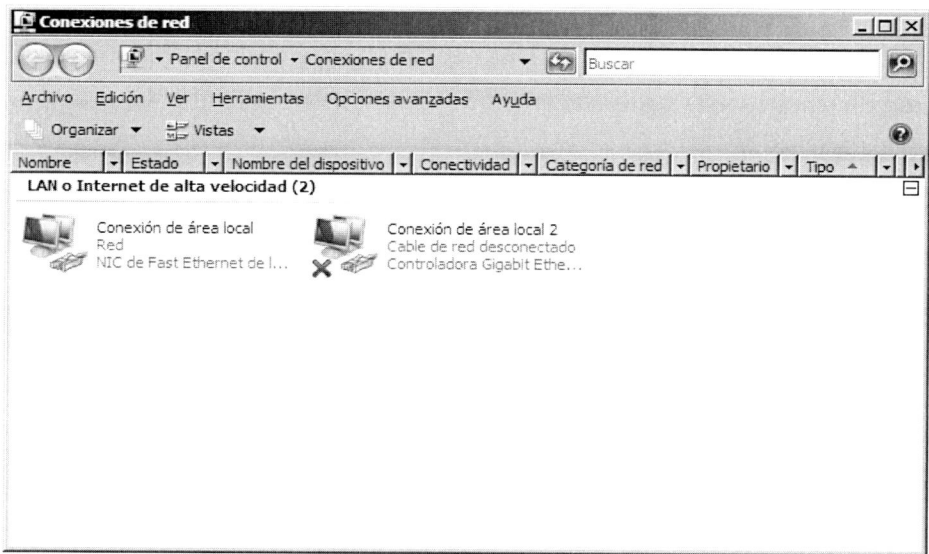

Figura 3-75

3.5.1.3. Especificación de un nombre de equipo y un dominio

Si es la primera vez que instala Windows server en el equipo, el proceso de instalación asignará al equipo un número generado aleatoriamente como nombre del equipo. Si está reinstalando o actualizando a una versión más reciente de Windows server, el programa de instalación conservará el nombre de equipo existente. Es posible que le resulte más fácil obtener acceso al servidor remotamente y reconocerlo en informes y registros si le asigna un nombre descriptivo que se ajuste al esquema de asignación de nombres de los equipos de su organización.

Además, puede especificar un nombre de equipo durante la instalación si usa un archivo de instalación desatendida para instalar Windows server.

Tenga en cuenta lo siguiente al asignar un nombre de equipo:

- La longitud que se recomienda para la mayoría de los idiomas es de 15 caracteres o menos. En los idiomas que requieren más espacio de almacenamiento por cada carácter, como el chino, japonés y coreano, la longitud que se recomienda es de 7 caracteres o menos.

- Se recomienda usar únicamente caracteres estándar de internet para el nombre del equipo. Los caracteres estándar son los números del 0 al 9, las letras mayúsculas y minúsculas de la A a la Z, y el guión (-). Los nombres de equipo no pueden estar compuestos únicamente por números.

- Si usa DNS en la red, puede usar una variedad de caracteres más amplia, incluidos los caracteres Unicode y otros caracteres no estándar, por ejemplo, "Y" comercial (&). El uso de caracteres que no son estándar puede afectar al funcionamiento en la red del software que no sea de Microsoft.

- La longitud máxima permitida para un nombre de equipo es de 63 bytes. Si el nombre tiene más de 15 bytes de longitud (15 caracteres en la mayoría de los idiomas, 7 caracteres en algunos), los equipos con Windows NT y versiones anteriores reconocerán el equipo por los primeros 15 bytes del nombre solamente. Además, hay pasos de configuración adicionales si la longitud de un nombre supera los 15 bytes.

- Si un equipo forma parte de un dominio, debe elegir un nombre que sea diferente de todos los demás nombres de equipos del dominio. Para evitar conflictos de nombres, el equipo debe ser único en el dominio, grupo de trabajo o red. Si el equipo forma parte de un dominio y contiene más de un sistema operativo, debe usar un nombre de equipo exclusivo para cada sistema operativo que esté instalado. Este requisito sólo se aplica a un equipo que contenga varias instalaciones del mismo sistema operativo.

Los dominios y el sistema de directorios de Active Directory del que forman parte, ofrecen muchas opciones para facilitar a los usuarios el acceso a los recursos, al mismo tiempo que mantienen un control y seguridad adecuados. En un dominio es más sencillo efectuar el seguimiento de las contraseñas y los permisos, ya que un dominio es una base de datos sencilla y centralizada de cuentas de usuario, permisos y otros detalles de la red. La información de esta base de datos se replica automáticamente entre los controladores de dominio.

Para asignar un nombre al equipo y unirlo a un dominio, haga clic en *Proporcionar nombre del equipo y dominio* en la ventana *Tareas de configuración inicial* y utilice la ficha *Nombre de equipo* (Figura 3-76). La ficha *Hardware* (Figura 3-77) da acceso al *Administrador de dispositivos* que relaciona y permite configurar todos los dispositivos del equipo (Figura 3-78) y a la *Configuración de controladores de Windows Update* con las opciones de la Figura 3-79. La ficha *Opciones avanzadas* (Figura 3-80) permite configurar rendimiento según las opciones de la Figura 3-81, perfiles de usuario según las opciones de la Figura 3-82 e inicio y recuperación según las opciones de la Figura 3-83. La ficha *Acceso remoto* (Figura 3-84) gobierna el acceso remoto a este equipo.

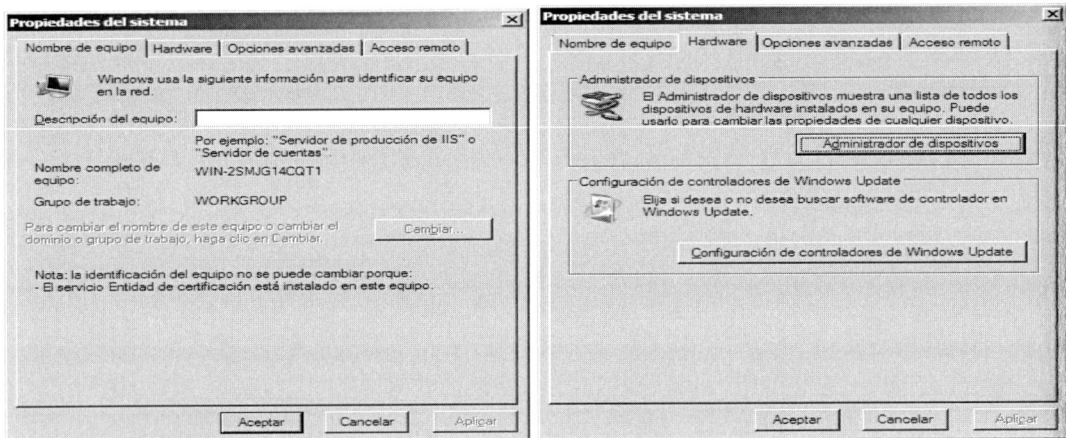

Figura 3-76   Figura 3-77

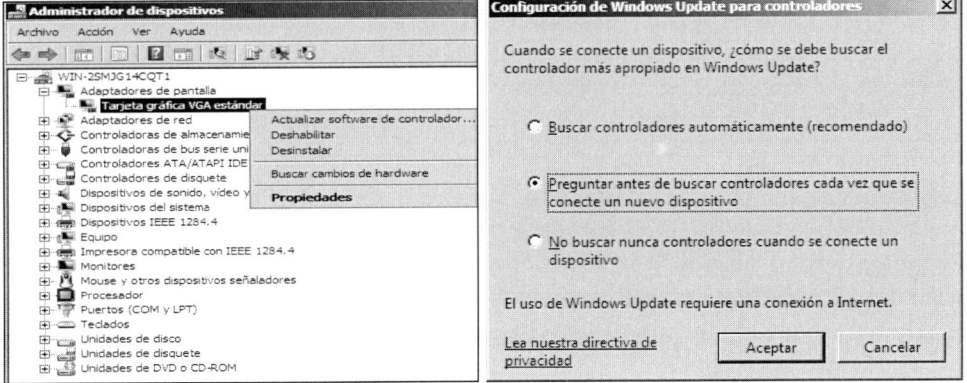

Figura 3-78   Figura 3-79

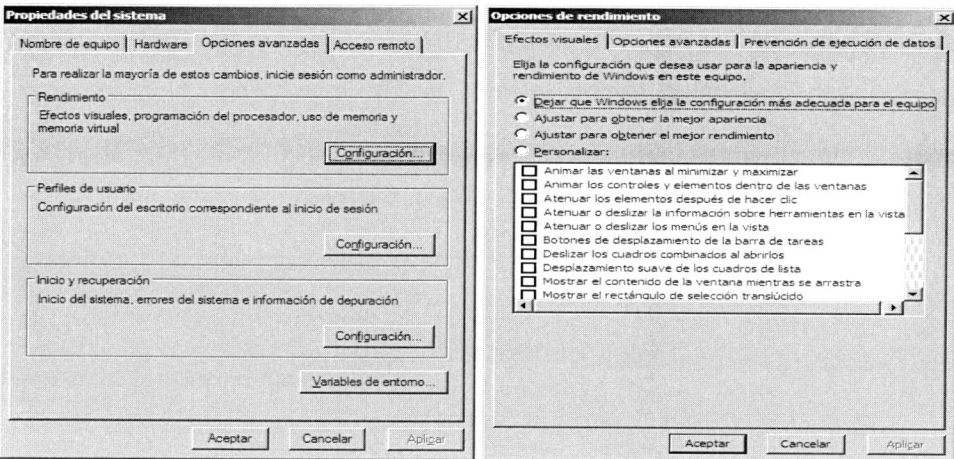

Figura 3-80 Figura 3-81

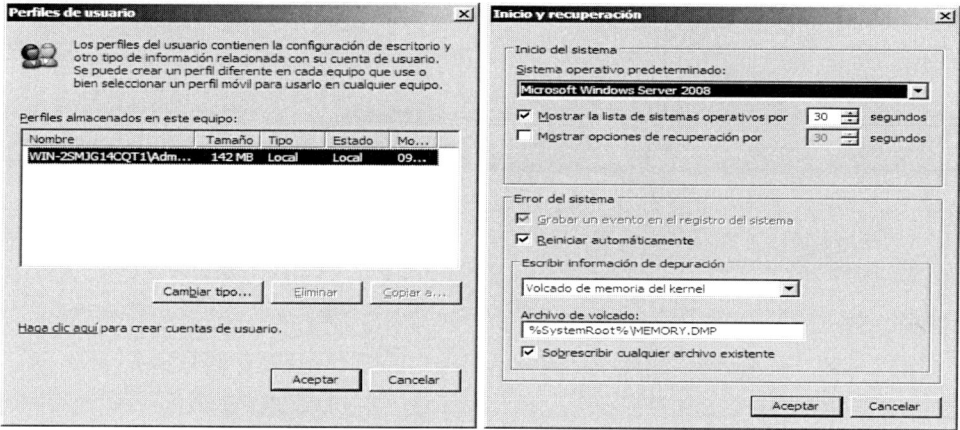

Figura 3-82 Figura 3-83

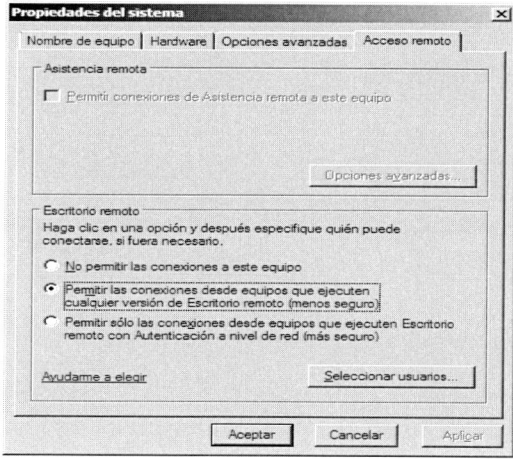

Figura 3-84

3.5.2. Servicios de búsqueda de archivos en Windows server

Cuando muchos usuarios necesiten tener acceso a un archivo importante, éste se situará en el servidor de archivos para que los usuarios accedan a él de forma remota, en lugar de tener que situarlo en distintos equipos. Por lo tanto, un servidor de archivos proporciona una ubicación central en la red, en la que pueden almacenarse archivos y compartirlos con usuarios a través de la red. Si los usuarios de la red van a necesitar tener acceso a los mismos archivos y aplicaciones, o bien si la administración de archivos y copias de seguridad centralizada es importante para la organización, conviene configurar el equipo como un servidor de archivos agregando la función *Servicios de archivo* mediante *Inicio → Administrador del servidor → Agregar funciones* (Figura 3-85) y siguiendo los pasos del *Asistente para agregar funciones* que ya conocemos.

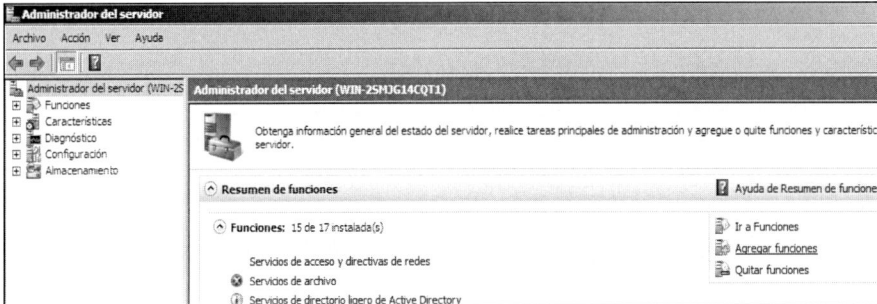

Figura 3-85

La función *Servicios de archivo* incluye los siguientes servicios de función (Figura 3-86):

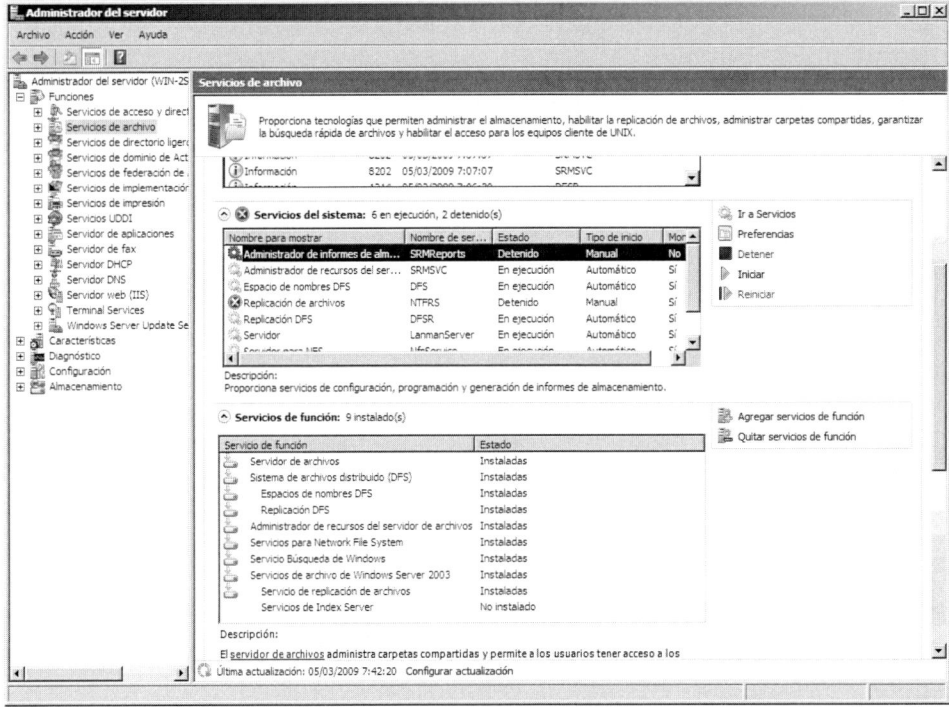

Figura 3-86

- Administración de almacenamiento y recursos compartidos.

- Sistema de archivos distribuido (DFS).

- Administrador de recursos del servidor de archivos (FSRM).

- Servicios para Network File System (NFS).

- Servicio Búsqueda de Windows.

- Servicios de archivo de Windows Server.

3.5.2.1. Administración de almacenamiento y recursos compartidos

La consola Administración de almacenamiento y recursos compartidos (Figura 3-88) a la que se accede mediante *Inicio → Herramientas administrativas → Administración de almacenamiento y recursos compartidos* (Figura 3-87) proporciona una administración integrada y simplificada de las carpetas compartidas y los recursos de almacenamiento. Puede usar Administración de almacenamiento y recursos compartidos para compartir el contenido de carpetas y administrar el uso de carpetas compartidas. También puede usar Administración de almacenamiento y recursos compartidos para crear y configurar números de unidad lógica (LUN) para asignar espacio en los subsistemas de almacenamiento de su red de área de almacenamiento (SAN).

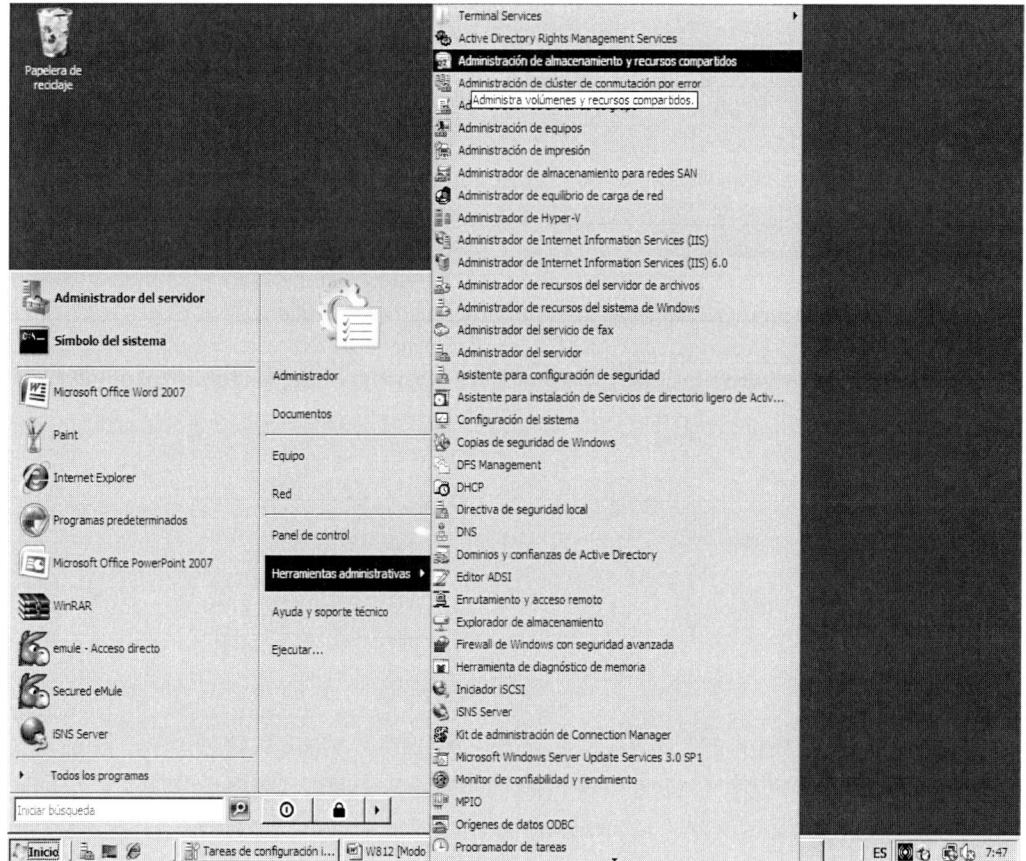

Figura 3-87

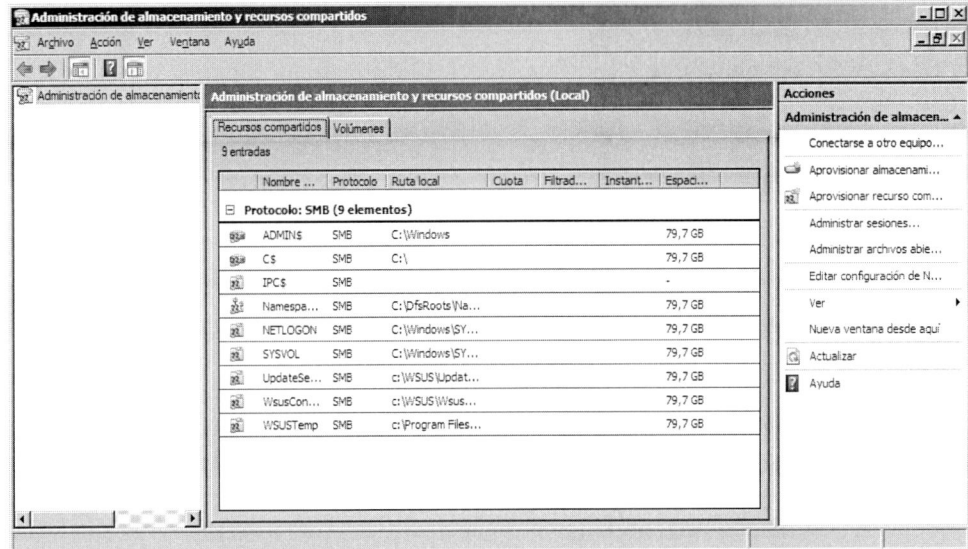

Figura 3-88

3.5.2.2. Sistema de archivos distribuido (DFS)

El Sistema de archivos distribuido está formado por dos tecnologías que pueden usarse juntas o de forma independiente para proporcionar servicios de replicación y uso compartido de archivos flexibles y con tolerancia a errores en una red basada en Windows.

3.5.2.3. Espacios de nombres DFS

Los espacios de nombres DFS permiten agrupar carpetas compartidas situadas en distintos servidores en uno o más espacios de nombres estructurados lógicamente. Los usuarios ven cada espacio de nombres como una sola carpeta compartida con una serie de subcarpetas. Sin embargo, la estructura subyacente del espacio de nombres puede estar formada por numerosas carpetas compartidas ubicadas en distintos servidores y en múltiples sitios. Puesto que la estructura subyacente de carpetas compartidas está oculta para los usuarios, una sola carpeta en un espacio de nombres DFS puede corresponder a varias carpetas compartidas en varios servidores. Esta estructura proporciona tolerancia a errores y la posibilidad de conectar automáticamente usuarios a carpetas compartidas locales, cuando están disponibles, en lugar de enrutarlas a través de conexiones de red de área extensa (WAN).

3.5.2.4. Replicación DFS

La replicación DFS es un motor de replicación con varios maestros que permite sincronizar carpetas en varios servidores a través de conexiones de red de área local o extensa (WAN). Usa el protocolo Compresión diferencial remota (RDC) para actualizar sólo las partes de los archivos que han cambiado desde la última replicación. Se puede usar la replicación DFS junto con los espacios de nombres DFS o sola.

3.5.2.5. Administrador de recursos del servidor de archivos (FSRM)

El Administrador de recursos del servidor de archivos incluye varias herramientas que permiten a los administradores entender, controlar y administrar la cantidad y el tipo de datos almacenados en los servidores. Los administradores pueden usarlo para asignar cuotas a carpetas y volúmenes, realizar un filtrado activo de los archivos y generar informes de almacenamiento exhaustivos.

Para obtener más información, consulte la Ayuda del Administrador de recursos del servidor de archivos. Se puede ver el contenido de la Ayuda local si se escribe el siguiente comando en un símbolo del sistema: hh fsrm.chm.

3.5.2.6. Servicios para Network File System (NFS)

Servicios para Network File System (NFS) proporciona una solución para compartir archivos para aquellas empresas que usen un entorno mixto de Windows y UNIX. Con Servicios para NFS, se pueden transferir archivos entre equipos en los que se ejecutan los sistemas operativos Windows server y UNIX mediante el protocolo NFS.

3.5.2.7. Servicio Búsqueda de Windows

El Servicio Búsqueda de Windows permite realizar búsquedas de archivos rápidas en un servidor desde equipos cliente compatibles con Búsqueda de Windows.

No se pueden instalar el servicio Búsqueda de Windows y los Servicios de Index Server en el mismo equipo.

3.5.2.8. Servicios de archivo de Windows Server

La función Servicios de archivo en Windows server incluye los siguientes servicios de función compatibles con Windows Server.

3.5.2.9. Servicio de replicación de archivos (FRS)

El Servicio de replicación de archivos (FRS) permite sincronizar carpetas con servidores de archivos que usan FRS en lugar del servicio Replicación DFS, más reciente. Para habilitar un servidor para que sincronice carpetas con servidores que usan FRS (con las implementaciones del Sistema de archivos distribuido de Windows Server), instale el servicio de replicación de archivos. Para habilitar la tecnología de replicación más reciente y eficaz, instale la Replicación DFS.

3.5.2.10. Servicios de Index Server

Servicios de Index Server cataloga el contenido y las propiedades de los archivos en equipos remotos y locales. También permite localizar rápidamente archivos mediante un lenguaje de consulta flexible.

No se pueden instalar los Servicios de Index Server y el Servicio Búsqueda de Windows en el mismo equipo.

3.6. IDENTIFICACIÓN DEL SOFTWARE INSTALADO

Los sistemas operativos Windows permiten identificar rápidamente el software instalado. En el caso de Windows server, al arrancar el sistema se obtiene la pantalla Inicio de la Figura 3-89. Si hacemos clic en *Inicio → Todos los programas*, se obtiene una relación de todos los programas instalados. Otra vía para identificar el software instalado es utilizar *Inicio → Panel de control→ Programas*. Si queremos identificar los propios programas de administración de Windows instalados utilizamos la ruta *Inicio → Herramientas administrativas* (Figura 3-90).

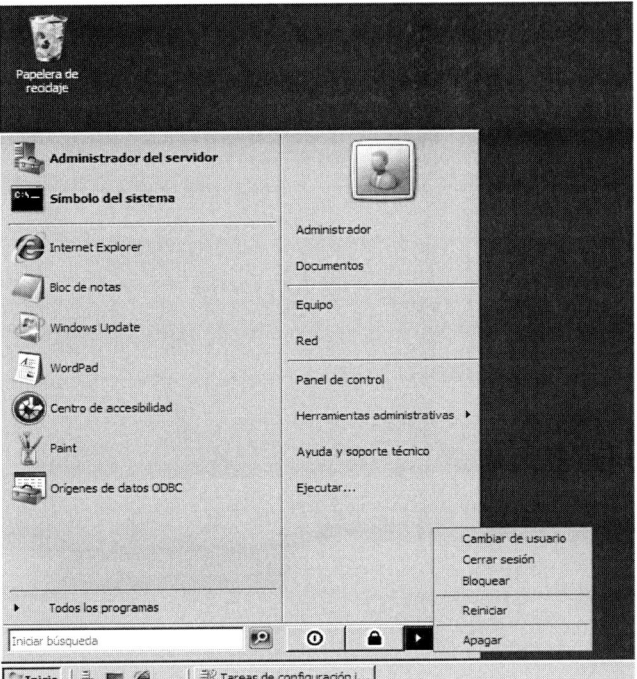

Figura 3-89

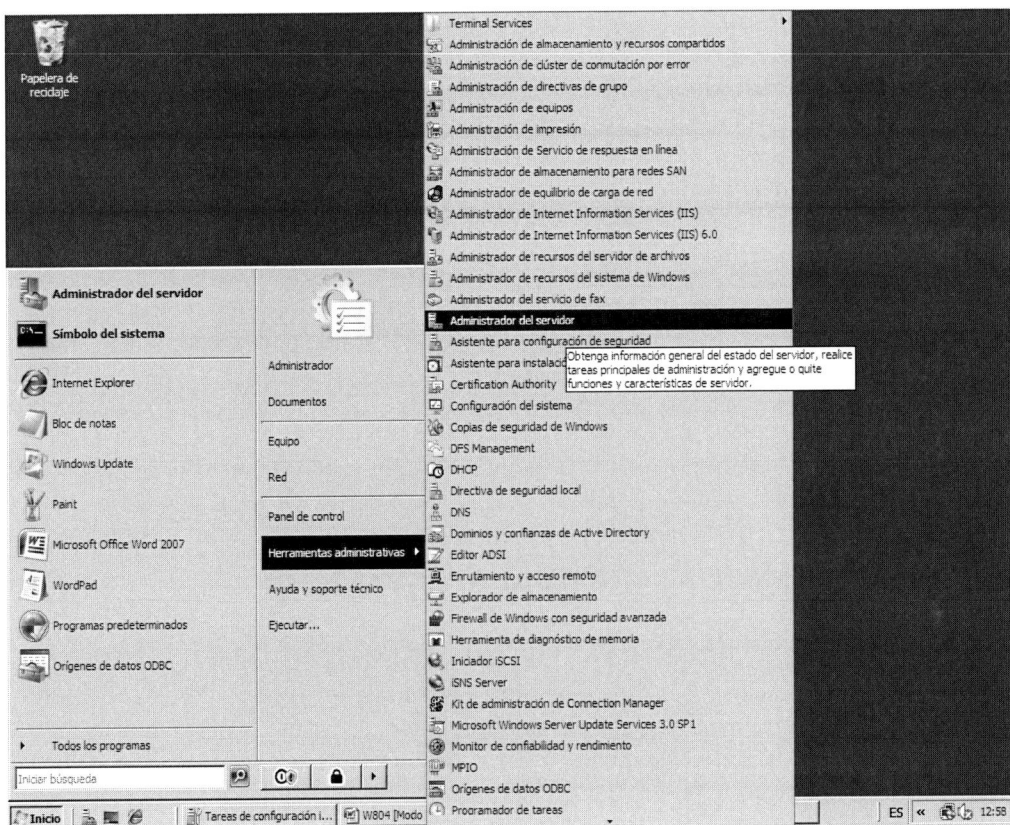

Figura 3-90

3.7. GESTIÓN DE INFORMACIÓN DEL SISTEMA. RENDIMIENTO. ESTADÍSTICAS

En sistemas operativos Windows la ventana *Información del sistema* proporciona detalles y estadísticas acerca de la configuración del hardware del equipo, los componentes del equipo y el software, incluidos los controladores.

Para abrir Información del sistema, haga clic en el botón *Inicio → Todos los programas → Accesorios → Herramientas del sistema → Información del sistema*. En la pantalla *Información del sistema*, se presentan las categorías en el panel izquierdo de información detallada sobre cada categoría en el panel derecho (Figura 3-91).

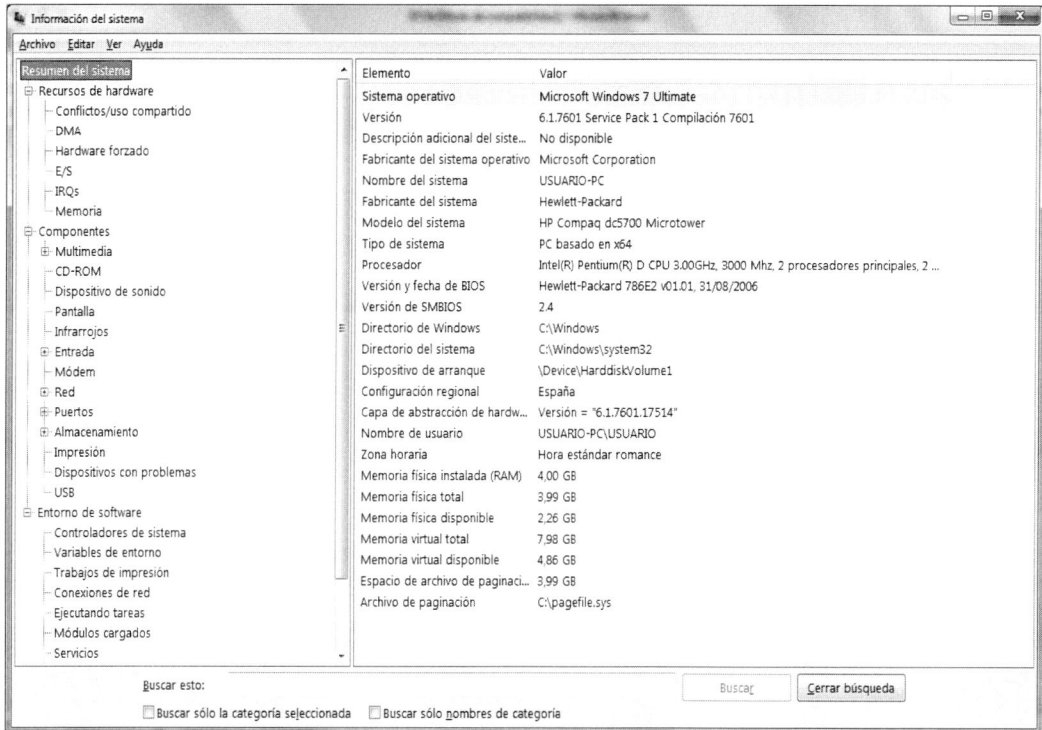

Figura 3-91

Las categorías del panel izquierdo de la Figura 3-81son:

- *Resumen del sistema*. Muestra información general acerca del equipo y el sistema operativo, como el nombre del equipo y el fabricante, el tipo de sistema básico de entrada y salida (BIOS) que usa el equipo y la cantidad de memoria instalada.

- *Recursos de hardware*. Muestra detalles avanzados acerca del hardware del equipo, para profesionales informáticos.

- *Componentes*. Muestra información acerca de las unidades de disco, los dispositivos de sonido, los módems y otros componentes instalados en el equipo.

- *Entorno de software*. Muestra información acerca de los controladores, las conexiones de red y otros detalles relativos a programas.

Para localizar un detalle específico en *Información del sistema*, escriba la información que busca en el cuadro *Buscar*, en la parte inferior de la ventana. Por ejemplo, para averiguar cuál es la dirección del protocolo de Internet (IP) del equipo, escriba *dirección IP* en el cuadro *Buscar* y haga clic en *Buscar*.

3.7.1. Configurar el rendimiento en Windows server

En Windows server, mediante *Inicio → Herramientas administrativas* (Figura 3-90), se accede a la consola de Administrador de servidores (Figura 3-92) que presenta mucha información y funcionalidad en un espacio muy reducido. La ventana principal de la consola contiene cuatro secciones contraíbles: *Resumen de servidores, Resumen de funciones, Resumen de características* y *Recursos y soporte técnico*.

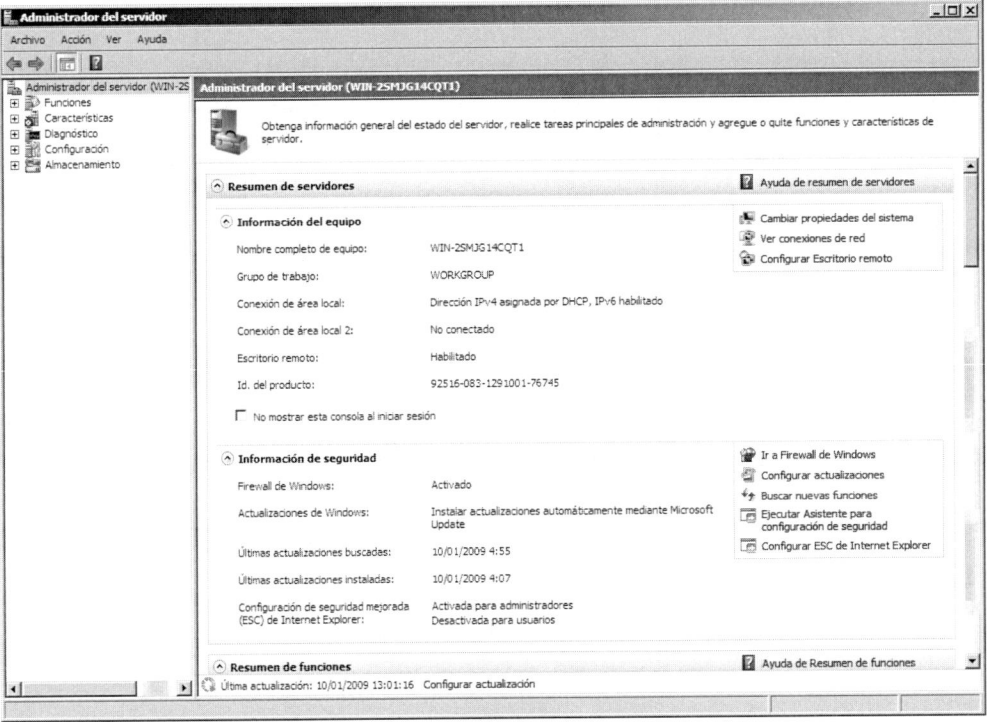

Figura 3-92

La sección *Resumen de servidores* incluye dos subsecciones: *Información del equipo* e *Información de seguridad*. La primera (Figura 3-83) muestra el nombre del equipo, el dominio, el nombre de la cuenta del administrador local, las conexiones de red y el identificador del producto del sistema operativo. También puede usar comandos aquí para editar esta información (*Cambiar propiedades del sistema, Ver conexiones de red* y *Configurar escritorio remoto*). La segunda (Figura 3-94) muestra si se han habilitado las opciones de actualizaciones automáticas de Windows y el Firewall de Windows y si la Configuración de seguridad mejorada (ESC) de Internet Explorer está activada (para administradores o para otros usuarios). De forma similar, hay comandos disponibles para editar estos parámetros y ver todas las opciones avanzadas (*Ir a Firewall de Windows, Configurar actualizaciones, Buscar nuevas funciones, Ejecutar Asistente para configuración de seguridad* y *Configurar ESC de Internet Explorer*).

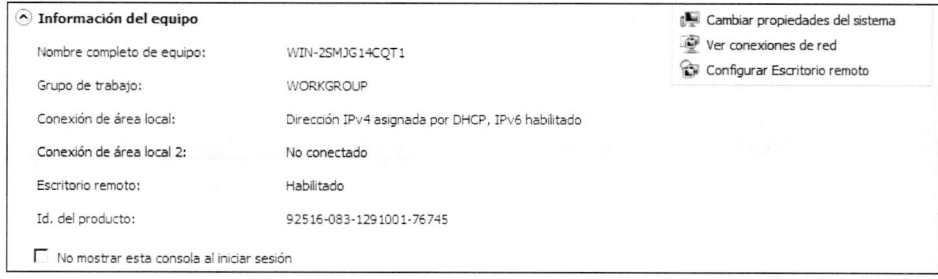

Figura 3-93

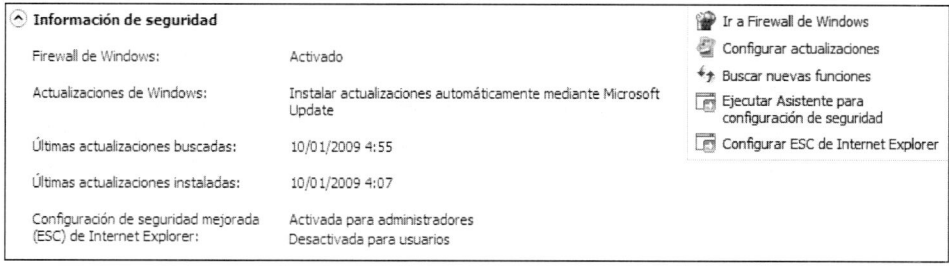

Figura 3-94

Los comandos *Cambiar propiedades del sistema* (Figura 3-95)*, Configurar escritorio remoto* (Figura 3-96) y *Ver conexiones de red* de la sección *Información del equipo* de la Figura 3-83, ya fueron explicados en este capítulo anteriormente en la sección *Búsqueda de información del sistema.*

La ficha *Opciones avanzadas* de la pantalla Propiedades del sistema (Figura 3-97) permite controlar muchas características clave del sistema operativo incluyendo el rendimiento de las aplicaciones, la utilización de la memoria virtual, los perfiles de usuario, las variables de entorno y las opciones de inicio y recuperación.

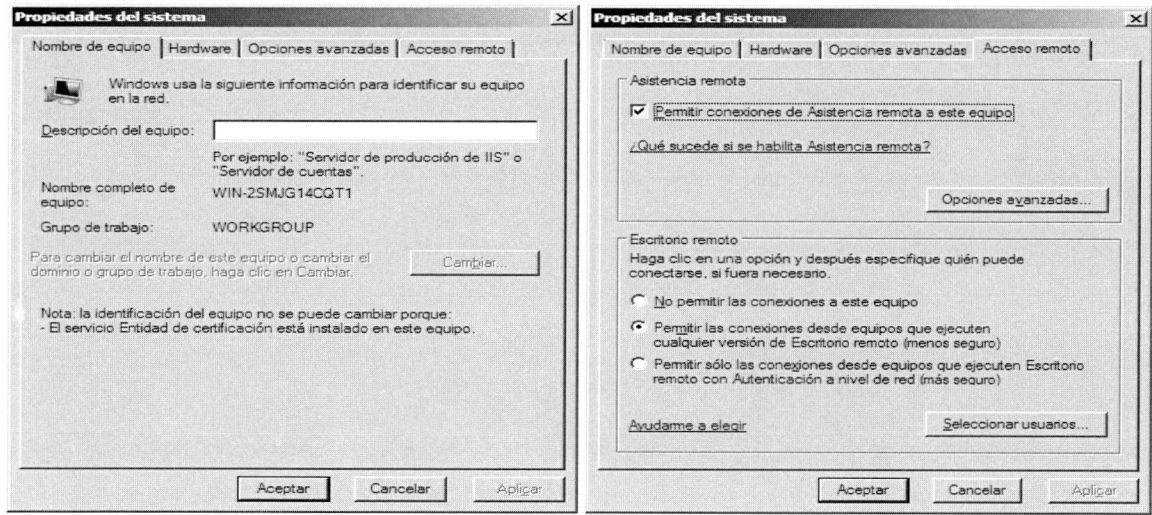

Figura 3-95   Figura 3-96

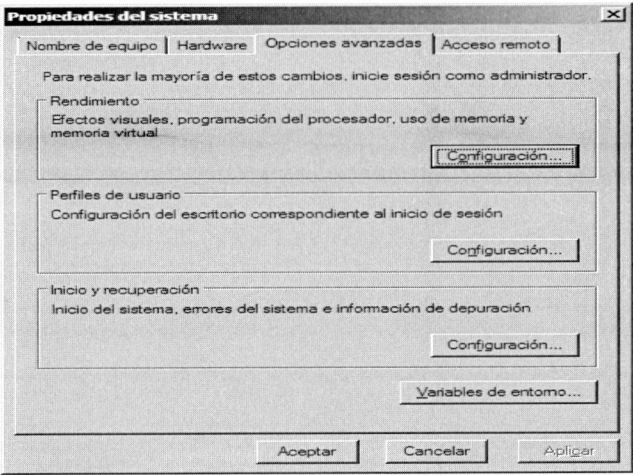

Figura 3-97

Para *configurar el rendimiento de Windows*, haga clic en *Configuración* dentro de *Rendimiento* en la Figura 3-97. Se obtiene la pantalla *Opciones de rendimiento* cuya ficha *Efectos visuales* (Figura 3-88) permite dejar que Windows elija la configuración de efectos visuales más adecuada para el equipo, ajustar para obtener la mejor apariencia, ajustar para obtener el mejor rendimiento o personalizar los efectos visuales.

Para *configurar el rendimiento de aplicaciones*, haga clic en la ficha *Opciones avanzadas* en la pantalla *Opciones de rendimiento* (Figura 3-99) y en el panel *Programación del procesador* elija *Programas* si quiere que la aplicación activa disfrute del mejor tiempo de respuesta y de la mayor parte de los recursos.

Elija *Servicios en segundo plano* si desea que los servicios en segundo plano tengan mejor tiempo de respuesta que la aplicación activa (opción habitual en los servidores) permite dejar que Windows elija la configuración de efectos visuales más adecuada para el equipo, ajustar para obtener la mejor apariencia, ajustar para obtener el mejor rendimiento o personalizar los efectos visuales.

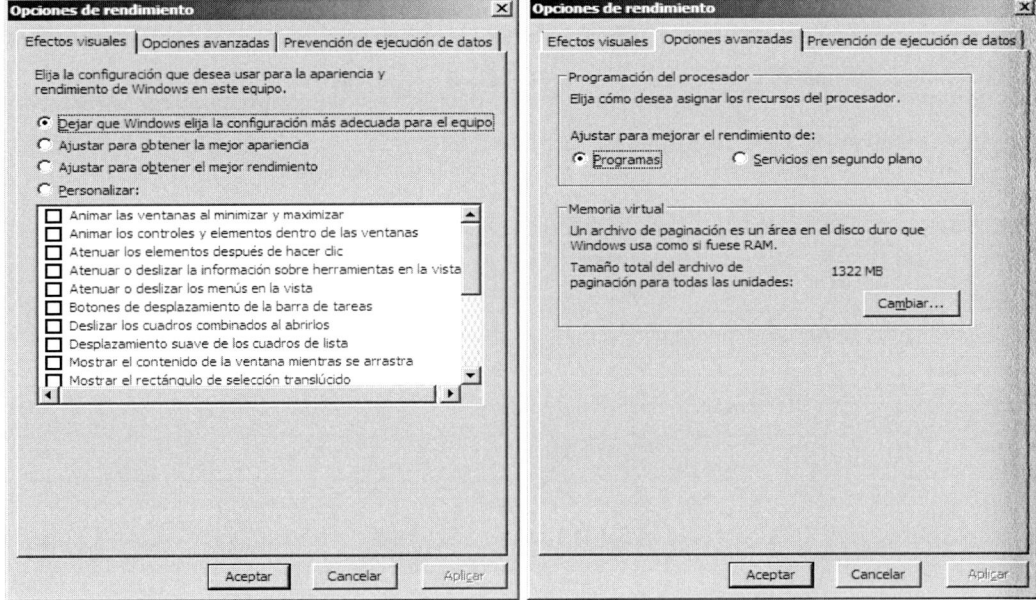

Figura 3-98   Figura 3-99

3.8. MONTAJE Y DESMONTAJE DE DISPOSITIVOS EN SISTEMAS OPERATIVOS. AUTOMATIZACIÓN

En sistemas Windows, el Administrador de dispositivos se utiliza para instalar y actualizar los controladores de los dispositivos de hardware, cambiar la configuración de hardware de estos dispositivos y solucionar problemas. Un controlador de dispositivo es un software que permite a Windows comunicarse con un dispositivo de hardware determinado. Para que Windows pueda usar cualquier hardware nuevo, se debe instalar un controlador de dispositivo.

El Administrador de dispositivos proporciona una vista gráfica del hardware que está instalado en el equipo. Todos los dispositivos se comunican con Windows mediante un software denominado controlador de dispositivo. Puede usar el Administrador de dispositivos para instalar y actualizar los controladores para los dispositivos de hardware, modificar la configuración de hardware de estos dispositivos y solucionar problemas, determinar si el hardware del equipo funciona correctamente, identificar los controladores de dispositivo cargados para cada dispositivo y obtener información acerca de cada controlador de dispositivo, cambiar la configuración avanzada y las propiedades de los dispositivos, instalar controladores de dispositivo actualizados, habilitar, deshabilitar y desinstalar dispositivos, revertir a la versión anterior de un controlador, ver los dispositivos según el tipo, la conexión al equipo o los recursos que usan y mostrar u ocultar dispositivos ocultos cuya visualización no es importante pero que pueden ser necesarios para la solución avanzada de problemas.

El Administrador de dispositivos se suele usar para comprobar el estado del hardware y actualizar los controladores de dispositivos del equipo. Los usuarios avanzados con conocimientos del hardware del equipo también pueden usar las características de diagnóstico del Administrador de dispositivos para resolver conflictos entre dispositivos y cambiar la configuración de recursos. Normalmente, no será necesario usar el Administrador de dispositivos para cambiar la configuración de recursos, ya que el sistema asigna automáticamente los recursos durante la instalación del hardware.

Puede usar el Administrador de dispositivos para administrar los dispositivos sólo en un equipo local. En un equipo remoto, el Administrador de dispositivos únicamente funciona en modo de sólo lectura, permitiendo ver la configuración de hardware del equipo, pero no cambiarla. El Administrador de dispositivos puede iniciarse de varias formas como veremos en los párrafos siguientes.

3.8.1. Administrador de dispositivos en Windows server

Para *abrir el Administrador de dispositivos mediante la interfaz de Windows*, haga clic en *Inicio* y, después, en *Panel de control → Hardware y sonido → Administrador de dispositivos* (Figura 3-100). Si inició sesión con la cuenta integrada Administrador, se abrirá el Administrador de dispositivos (Figura 3-101).

Si inició sesión como un usuario miembro del grupo Administradores, aparecerá el cuadro de diálogo *Control de cuenta de usuario* y deberá hacer clic en *Continuar* para abrir el Administrador de dispositivos. Si inició sesión como un usuario estándar, aparecerá un mensaje indicando que no puede realizar ningún cambio en los dispositivos. Haga clic en *Aceptar* para abrir el Administrador de dispositivos en modo de sólo lectura.

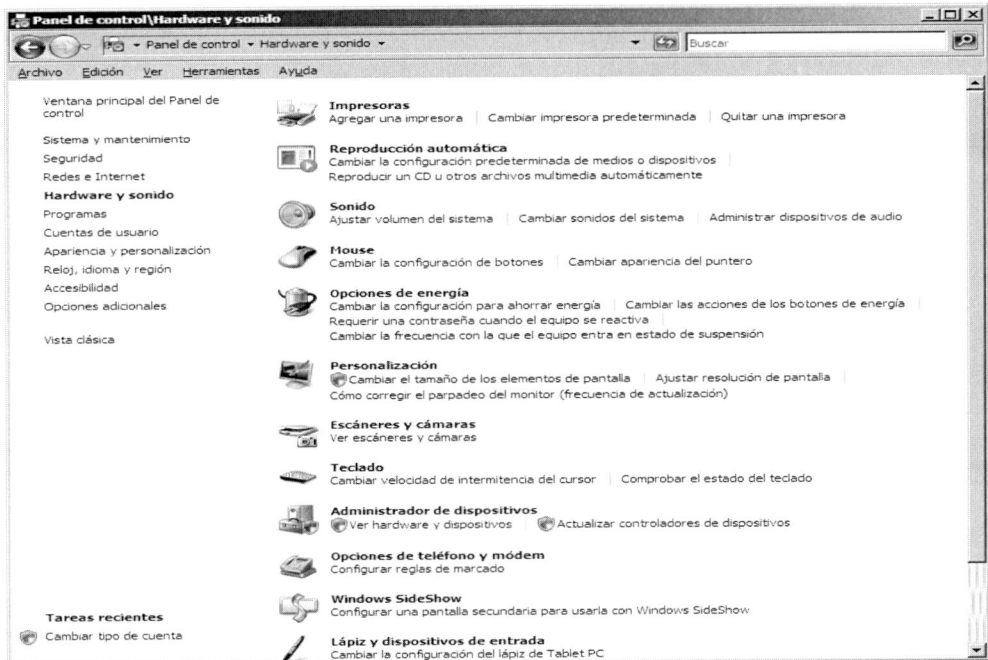

Figura 3-100

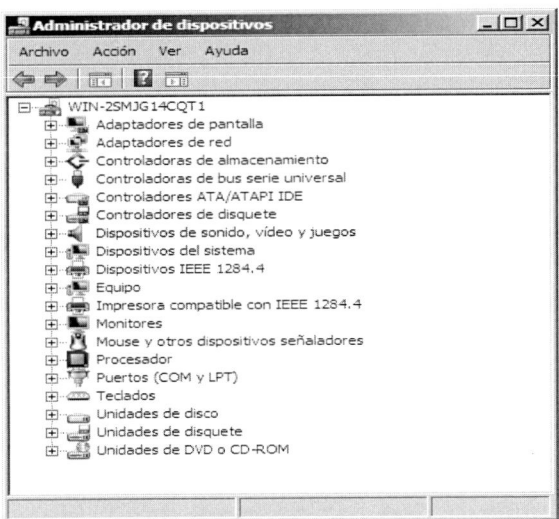

Figura 3-101

Para *abrir el Administrador de dispositivos mediante la línea de comandos*, en el símbolo del sistema, en el cuadro *Iniciar búsqueda* o en el cuadro *Ejecutar* escriba el siguiente comando: *mmc devmgmt.msc*. Si inició sesión como la cuenta integrada Administrador, el Administrador de dispositivos se abrirá. Si inició sesión como un usuario miembro del grupo Administradores, aparecerá el cuadro de diálogo *Control de cuenta de usuario* y deberá hacer clic en *Continuar* para abrir el Administrador de dispositivos. Si inició sesión como un usuario estándar, aparecerá un mensaje indicando que no puede realizar ningún cambio en los dispositivos. Haga clic en *Aceptar* para abrir el Administrador de dispositivos en modo de sólo lectura.

Para *abrir el Administrador de dispositivos mediante Administración de equipos* se sigue la ruta *Inicio → Herramientas administrativas → Administración de equipos → Administración de dispositivos* (Figuras 3-102). Se abre Administración de equipos, que incluye el Administrador de dispositivos como uno de sus componentes (Figura 3-103).

Para abrir el Administrador de dispositivos en un equipo remoto, abra Administración de equipos y en el menú *Acción*, haga clic en *Conectarse a otro equipo*. En el cuadro de diálogo *Seleccionar equipo*, realice una de las siguientes acciones:

- En el cuadro de texto *Otro equipo*, escriba el nombre del equipo al que desea obtener acceso y, a continuación, haga clic en *Aceptar*.

- Haga clic en *Examinar* y, luego, haga clic en *Opciones avanzadas* para buscar el equipo deseado. Haga clic en *Aceptar* cuando haya seleccionado el equipo correcto.

Si la conexión es correcta, el nombre del equipo aparecerá entre paréntesis junto a la etiqueta Administración de equipos en la parte superior izquierda.

El acceso al Administrador de dispositivos en un equipo remoto de esta forma es de "sólo lectura" y no podrá realizar ningún cambio en los dispositivos ni en su configuración.

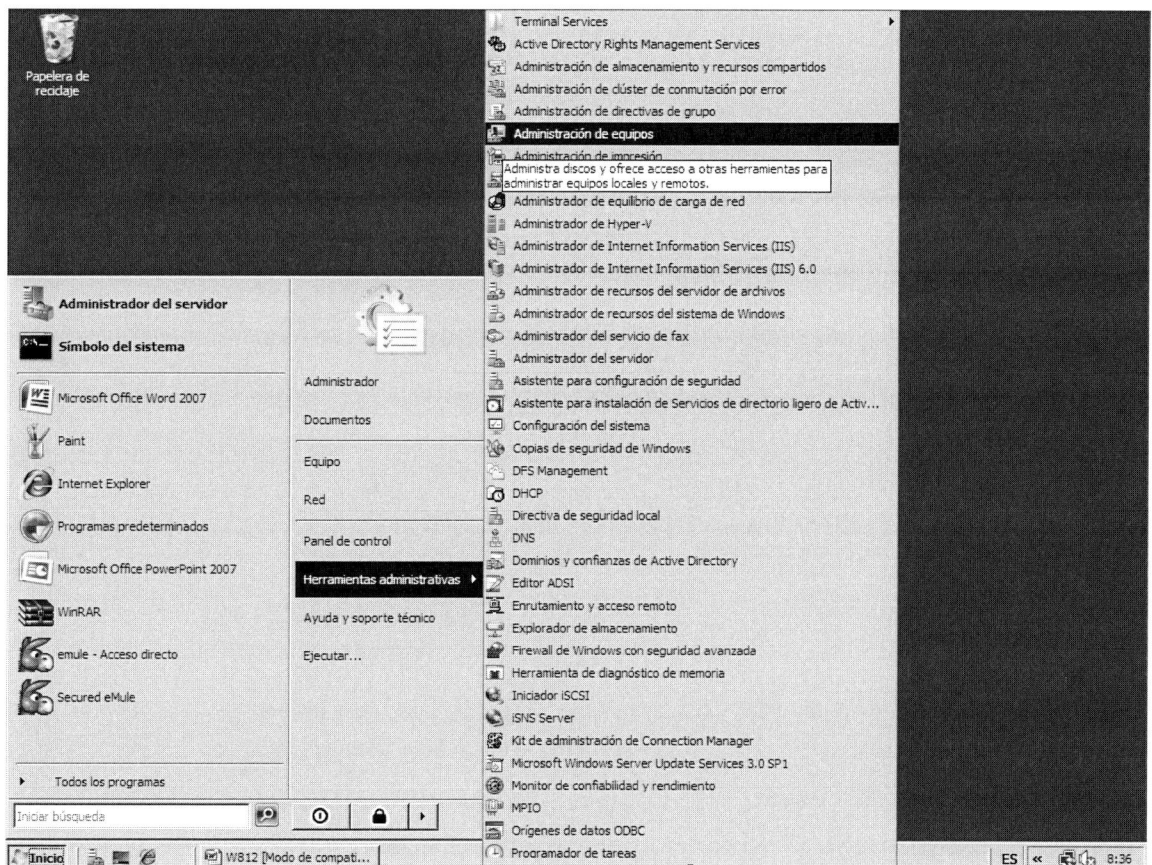

Figura 3-102

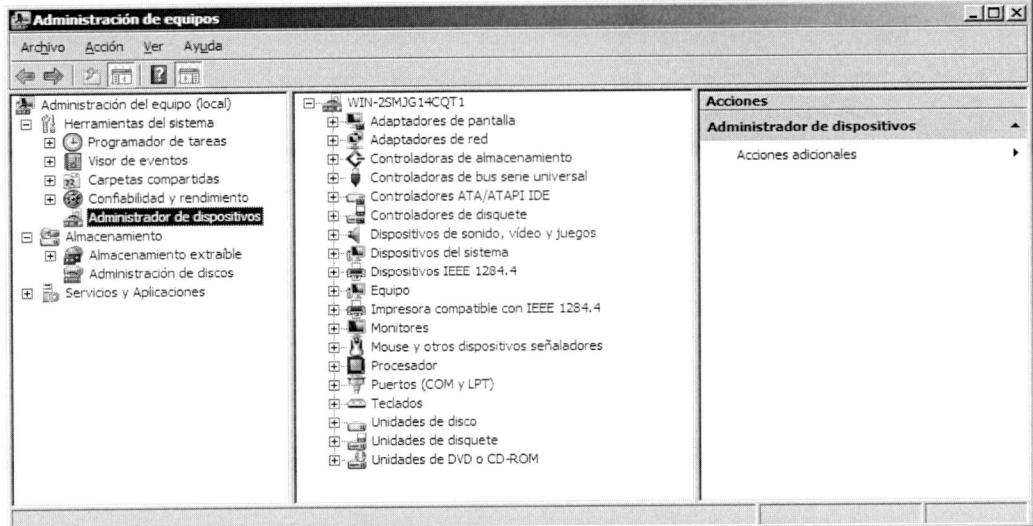

Figura 3-103

3.8.2. Instalación de dispositivos y sus controladores

El hardware Plug and Play, combinado con un sistema operativo compatible con Plug and Play como Microsoft Windows server, permiten que el usuario conecte el hardware y Windows busque un paquete de controladores de dispositivo adecuados y se produzca la *configuración del hardware automáticamente* para que funcione sin interferir con el resto de los dispositivos.

Para *instalar un dispositivo Plug and Play* conecte el nuevo dispositivo al equipo y en el cuadro de diálogo *Nuevo hardware encontrado*, elija una de las opciones siguientes:

- *Buscar e instalar el software de controlador*. Al seleccionar esta opción se inicia el proceso de instalación.

- *Preguntarme más tarde*. El dispositivo no se instala y no se realiza ningún cambio de configuración en el equipo. Si el dispositivo sigue conectado la próxima vez que inicia sesión en el equipo, este cuadro de diálogo aparecerá de nuevo.

- *No volver a mostrarme este mensaje de nuevo para este dispositivo*. La selección de esta opción configura el servicio Plug and Play para no instalar el controlador para este dispositivo y no hacer que el dispositivo funcione. Para completar la instalación del controlador de dispositivo, debe desconectar el dispositivo y volver a conectarlo.

Si el usuario selecciona *Buscar e instalar el software de controlador*, la finalización correcta de la instalación dependerá de si el dispositivo es compatible con un paquete de controladores incluido con Windows (los usuarios estándar pueden instalar los paquetes de controladores que incluye Windows) o de si el administrador del equipo ha almacenado provisionalmente el paquete de controladores en el almacén de controladores o de si el usuario tiene un medio con el paquete de controladores proporcionado por el fabricante. De forma predeterminada, el mínimo requerido para instalar un nuevo dispositivo cuyo controlador no está en el almacén de controladores es la pertenencia al grupo Administradores o un equivalente. Si el paquete de controladores no está en el almacén de controladores, los usuarios estándar sólo podrán instalar el dispositivo si se cumplen las siguientes condiciones:

- El paquete de controladores está firmado con un certificado digital válido.

- La clase de instalación de dispositivos para el dispositivo está almacenada en la directiva de equipo para permitir que los usuarios estándar instalen controladores para estas clases de dispositivos.

Para *instalar un dispositivo no Plug and Play*, abra el Administrador de dispositivos, haga clic con el botón secundario del ratón en el nodo superior del panel de detalles, pulse en *Agregar hardware heredado* y en *el Asistente para agregar hardware*, presione en *Siguiente*. A continuación, siga las instrucciones de la pantalla.

Para *habilitar o deshabilitar un dispositivo Plug and Play* abra el Administrador de dispositivos, haga clic con el botón secundario del ratón en el dispositivo que desee y, a continuación, en *Habilitar* o *Deshabilitar* (Figura 3-104). *Habilitar* sólo se mostrará si el dispositivo está deshabilitado. También puede habilitar o deshabilitar un dispositivo en la página *Propiedades del dispositivo*. Para ello, en la parte inferior de la ficha *General*, si la opción *Cambiar la configuración* está presente, haga clic en ella. A continuación, en la ficha *Controlador*, pulse en *Habilitar* o *Deshabilitar* (Figura 3-105). Si se pide que reinicie el equipo, el dispositivo no estará habilitado hasta que lo haga. Cuando se deshabilita un dispositivo, el dispositivo físico permanece conectado al equipo, pero el controlador del dispositivo se deshabilita. Los controladores vuelven a estar disponibles cuando se habilita el dispositivo. Puede resultar útil deshabilitar dispositivos si desea tener más de una configuración de hardware para el equipo o si tiene un equipo portátil que usa en una estación de acoplamiento. Si se pide que reinicie el equipo, el dispositivo no estará deshabilitado y seguirá funcionando hasta que lo haga. Una vez deshabilitado un dispositivo y reiniciado el equipo (si es necesario), los recursos asignados al dispositivo se liberan y se pueden asignar a otro dispositivo. Algunos dispositivos no se pueden deshabilitar, como los dispositivos de unidades de disco y procesadores.

Para *actualizar o cambiar el controlador que se usa para un dispositivo*, abra el Administrador de dispositivos, haga doble clic en el tipo de dispositivo que desea actualizar o cambiar, pulse con el botón secundario del ratón en el dispositivo que desee y, a continuación, haga clic en *Actualizar controlador* (Figura 3-105). Siga las instrucciones del asistente *Actualizar software de controlador*.

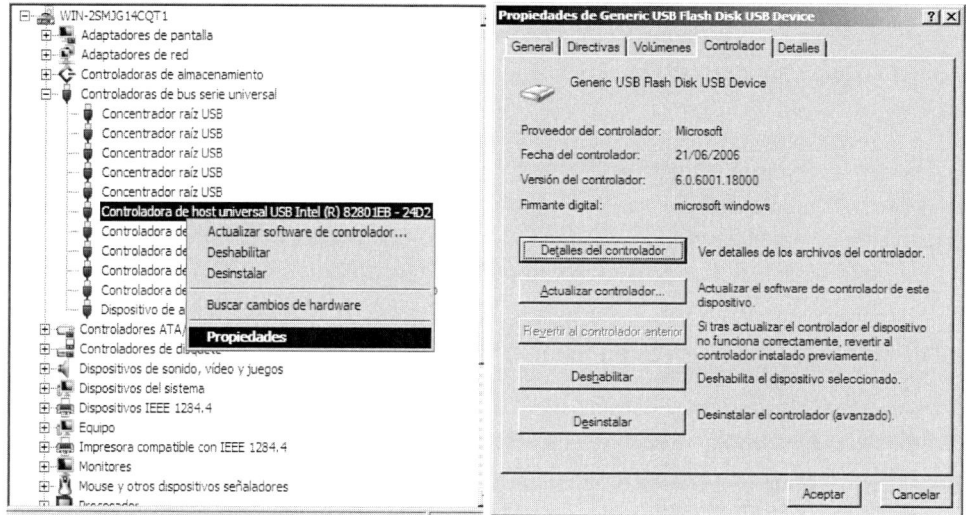

Figura 3-104   Figura 3-105

Para *revertir a una versión anterior de un controlador*, abra el Administrador de dispositivos, haga clic con el botón secundario del ratón en el dispositivo cuyo controlador desea revertir a una versión anterior y, a continuación, en *Propiedades*. Haga clic en la ficha *Controladores* y, a continuación, pulse en *Revertir al controlador anterior* (Figura 3-105). En el cuadro de diálogo *Revertir paquete de controladores*, haga clic en *Sí*.

Para *iniciar o detener un controlador de dispositivo para un dispositivo no Plug and Play*, abra el Administrador de dispositivos, haga clic en el menú *Ver* y, a continuación, en *Mostrar dispositivos ocultos*. En la lista de dispositivos, haga doble clic en *Controladores que no son Plug and Play*, haga clic con el botón secundario del ratón en el dispositivo deseado y, luego, en *Propiedades*. En la ficha *Controlador*, haga clic en *Iniciar* o *Detener* y, a continuación, en *Aceptar*. Si el botón *Iniciar* de la ficha *Controlador* no está disponible, el controlador ya está cargado.

3.8.3. Desinstalación y reinstalación de dispositivos

Normalmente, no es necesario desinstalar un dispositivo Plug and Play. Basta con desconectar o desenchufar el dispositivo para que Windows no cargue ni use el controlador. Algunos dispositivos pueden requerir que desconecte primero el equipo. Para garantizar que esta acción se realiza correctamente, consulte el manual de instrucciones del fabricante.

La desinstalación de un dispositivo Plug and Play suele implicar dos pasos: Usar el Administrador de dispositivos para desinstalar el dispositivo y Quitar el dispositivo del equipo. Use el Administrador de dispositivos para desinstalar un dispositivo no Plug and Play. Una vez desinstalado un dispositivo, debe retirarlo o desconectarlo físicamente del equipo. Por ejemplo, si el dispositivo está conectado a un puerto de la parte exterior del equipo, apague el equipo, desconecte el dispositivo del puerto y, por último, desconecte el cable de alimentación del dispositivo.

En lugar de desinstalar un dispositivo que puede volver a conectar, como un módem, puede deshabilitar un dispositivo Plug and Play. Cuando se deshabilita un dispositivo, éste permanece conectado físicamente al equipo, pero Windows actualiza el Registro del sistema para que sus controladores de dispositivo no se carguen cuando se inicie el equipo. Los controladores vuelven a estar disponibles cuando se habilita el dispositivo. La deshabilitación de dispositivos resulta útil si desea tener más de una configuración de hardware para el equipo o si tiene un equipo portátil que usa en una estación de acoplamiento.

Para *desinstalar un dispositivo*, abra el Administrador de dispositivos, haga doble clic en el tipo de dispositivo que desea desinstalar, pulse con el botón secundario del ratón en el dispositivo específico que desee y, por último, haga clic en *Desinstalar* (Figura 3-94). También puede hacer doble clic en el dispositivo y, a continuación, en la ficha *Controlador*, hacer clic en *Desinstalar* (Figura 3-95). En la página *Confirmar la eliminación del dispositivo*, seleccione *Eliminar el software de controlador para este dispositivo* si también desea quitar el paquete de controladores de dispositivo del almacén de controladores. La opción *Eliminar el software de controlador para este dispositivo* quita el paquete del almacén de controladores. No quite el controlador que esté instalado actualmente para otros dispositivos operativos que usan el mismo controlador. Si quita el controlador del almacén y el dispositivo se vuelve a conectar al equipo, Windows deberá buscar una copia del paquete de controladores en las ubicaciones de búsqueda estándar o incluso solicitar medios al usuario. Esta opción equivale a ejecutar el comando *pnputil -d -f <package.inf>*. Haga clic en *Aceptar* para completar el proceso de desinstalación. Cuando se complete el proceso de desinstalación, desconecte el dispositivo del equipo. Si se pide que reinicie el equipo, el proceso no se habrá completado y es posible que el dispositivo continúe funcionando hasta que el equipo se reinicie.

Para *reinstalar un dispositivo Plug and Play*, abra el Administrador de dispositivos y siga las instrucciones del procedimiento anterior para desinstalar el dispositivo. Reinstale un dispositivo sólo si no funciona correctamente o ha dejado de funcionar. Antes de reinstalar un dispositivo, intente reiniciar el equipo y, a continuación, compruebe si el dispositivo funciona correctamente. Si no lo hace, reinstale el dispositivo.

Para *reinstalar un dispositivo no Plug and Play*, abra el Administrador de dispositivos y siga las instrucciones del primer procedimiento para desinstalar el dispositivo. Haga clic con el botón secundario del ratón en el nodo superior del panel de detalles y pulse en *Agregar hardware heredado*. En el *Asistente para agregar hardware*, haga clic en *Siguiente* y, a continuación, siga las instrucciones de la pantalla.

De forma predeterminada, el mínimo requerido para modificar controladores de dispositivo es la pertenencia al grupo Administradores o un equivalente. Un usuario estándar sólo puede modificar un controlador si la clase de instalación de dispositivos del controlador está en la directiva de equipo para permitir que los usuarios estándar instalen controladores para estas clases de dispositivos.

Para *expulsar o desconectar un dispositivo*, en el área de notificación de la barra de tareas, haga clic en el icono *Extracción segura*. La aplicación de extracción segura muestra un menú emergente con una lista de dispositivos Plug and Play que admiten la extracción segura y que están conectados actualmente al sistema. Si no ve el dispositivo que desea en el menú, el dispositivo no será compatible con la extracción segura y no podrá desconectar ni expulsar el dispositivo con *Extracción segura*.

En la lista de dispositivos, seleccione el dispositivo que desea desconectar o expulsar. Aparecerá una notificación indicando que es seguro desconectar o expulsar el dispositivo.

En los dispositivos de almacenamiento extraíbles que se pueden quitar de forma segura mientras el equipo está encendido, el equipo deshabilita la caché de escritura de forma predeterminada. De esta forma, los dispositivos pueden extraerse sin riesgo de perder datos. Como precaución, si desconecta o expulsa un dispositivo que admite la extracción segura sin usar primero la aplicación de extracción segura para avisar al sistema, puede provocar que se pierdan datos o que el sistema se vuelva inestable. Por ejemplo, si se desconecta un dispositivo durante una transferencia de datos, es probable que se pierdan datos. Sin embargo, si se usa la extracción segura, se avisará al sistema antes de desconectar o expulsar un dispositivo, lo que evita la posible pérdida de datos.

Para *desacoplar un equipo portátil*, haga clic en *Inicio* y en el menú *Inicio*, a la derecha de los botones *Apagar* y *Bloquear*, haga clic en el botón de flecha para que aparezca el menú *Opciones de cierre*. Si Windows reconoce el equipo como un equipo portátil que admite el desacoplamiento, la opción *Desacoplar* aparecerá en este menú. Si el equipo no se reconoce como un equipo que admita el desacoplamiento, la opción *Desacoplar* no aparecerá. Haga clic en *Desacoplar*.

Una vez se reciba la notificación de que es seguro, desacople el equipo portátil. Si cuenta con una estación de desacoplamiento con motor, el equipo portátil se desacoplará automáticamente.

La opción *Desacoplar* aparecerá en el menú *Opciones de cierre* sólo si el equipo está habilitado con Interfaz avanzada de configuración y energía (ACPI) y se reconoce como un equipo portátil en una estación de acoplamiento. Si la opción *Desacoplar* no aparece en el menú *Opciones de cierre*, el equipo no estará habilitado con ACPI o no es compatible con el desacoplamiento. Algunos equipos cuentan con un botón de expulsión en la estación de acoplamiento. Si se presiona el botón de expulsión en lugar de seguir este procedimiento, el equipo portátil también se desacoplará. Para obtener más información, consulte la documentación que acompaña a la estación de acoplamiento.

Para *conseguir un rendimiento óptimo del equipo portátil*, cambie la combinación de energía en el *Panel de control*. Esta opción está disponible en la categoría *PC móvil* como *Administrar energía de la batería* o como *Opciones de energía* en *Vista clásica*. Si quita un equipo portátil sin usar la opción *Desacoplar*, se podrá producir inestabilidad del sistema, pérdida de datos o incluso daños al hardware. Para evitar la pérdida de datos o los daños, use la opción *Desacoplar* para desacoplar el equipo o apague el sistema y desacople el equipo portátil mientras el sistema está apagado. Al desacoplar un equipo portátil mientras está en modo de suspensión o hibernación, se pueden perder datos o provocar inestabilidad en el sistema.

ACTIVIDADES PROPUESTAS

Actividad 1. Describe el Escritorio de Windows 10 y sus componentes.

Actividad 2. Describe el Escritorio de Windows 11 y sus componentes.

Actividad 3. Especifica la gestión de archivos y carpetas en Windows 11 y Windows 10.

Actividad 4. Especifica la gestión de archivos y carpetas compartidos en Windows 11 y Windows 10 y el uso compartido archivos e impresoras.

Actividad 5. Especifica la gestión de permisos de archivos y carpetas en Windows 11 y Windows 10.

Actividad 6. Especifica la estructura de directorios en Windows 10 y Windows 11.

Actividad 7. Especifica las tareas de gestión del software en Windows 10 y Windows 11.

Actividad 8. Especifica los procesos de búsqueda de información en Windows 11 y en Windows 10.

Actividad 9. Describe el Administrador de tareas de Windows 11 y Windows 10. Administración de aplicaciones, procesos, servicios, rendimiento y sesiones de usuarios remotos.

Actividad 10. Describe la herramienta de Rendimiento como Herramienta del Sistema en Windows 11 y Windows 10.

Actividad 11. Describe la herramienta de Información del Sistema y estadísticas como Herramienta del Sistema en Windows 11 y Windows 10.

Actividad 12. Describe el Administrador de Dispositivos en Windows 11 y Windows 10.

CAPÍTULO 4

ADMINISTRACIÓN DE DISCOS Y COPIAS DE SEGURIDAD. RECUPERACIÓN

Contenidos

4.1. HERRAMIENTAS DE ADMINISTRACIÓN DE DISCOS

En los sistemas operativos Windows *Administración de discos* es una utilidad del sistema para administrar los discos duros y los volúmenes o las particiones que contienen. También permite inicializar discos, crear y formatear volúmenes con los sistemas de archivos FAT, FAT32 o NTFS. Asimismo, permite realizar la mayoría de las tareas relacionadas con los discos sin necesidad de reiniciar el sistema o interrumpir las operaciones de los usuarios. La mayor parte de cambios en la configuración tienen efecto inmediatamente.

4.1.1. Administración de discos en Windows server

En Windows server se accede a Administración de discos mediante:

Inicio → Herramientas administrativas → Administración del servidor → Almacenamiento → Administración de discos (Figura 4-1). También se accede mediante *Inicio → Herramientas administrativas → Administración de equipos → Administración de discos.*

4.1.2. Agregar un nuevo disco

Para *agregar un disco nuevo* es necesario pertenecer al grupo Administradores o al grupo Operadores de copia de seguridad. Cuando se agrega un disco nuevo debe inicializarse antes de crear volúmenes o particiones.

Al agregar el disco, aparece un asistente que proporciona una lista de los discos nuevos detectados por el sistema operativo.

Cuando el asistente finaliza, el sistema operativo inicializa los discos mediante una firma y la asignación de particiones MBR (registro maestro de arranque) o GPT (tabla de particiones GUID). Si se cancela el asistente antes de que se escriba la firma del disco, el estado del disco seguirá siendo *No inicializado*. Un GUID es un indicador único global y las particiones GPT no pueden utilizarse con versiones anteriores del sistema operativo Windows Server. Las particiones GPT se recomiendan para discos mayores de 2 TB y de cualquier tamaño en procesadores Itanium. Los discos GPT soportan volúmenes de hasta 18 exabytes y hasta 128 particiones.

Las particiones MBR contienen una tabla de partición en la que se describe dónde se encuentran las particiones del disco. El primer sector del disco (oculto y sin particionar) contiene el registro de arranque maestro y un archivo binario conocido como código de arranque maestro que se utiliza para arrancar el sistema. Con las particiones MBR los discos soportan volúmenes de hasta 4 TB y usan particiones primarias y extendidas (hasta 4 particiones primarias o 3 primarias y una extendida).

Las particiones primarias son secciones del disco a las que se puede acceder directamente para almacenar archivos y están a disposición de los usuarios al crear un sistema de archivos en ellas. Sin embargo, no es posible acceder directamente a una partición extendida, pero sí es posible configurar una partición extendida con una o varias unidades lógicas para almacenar archivos.

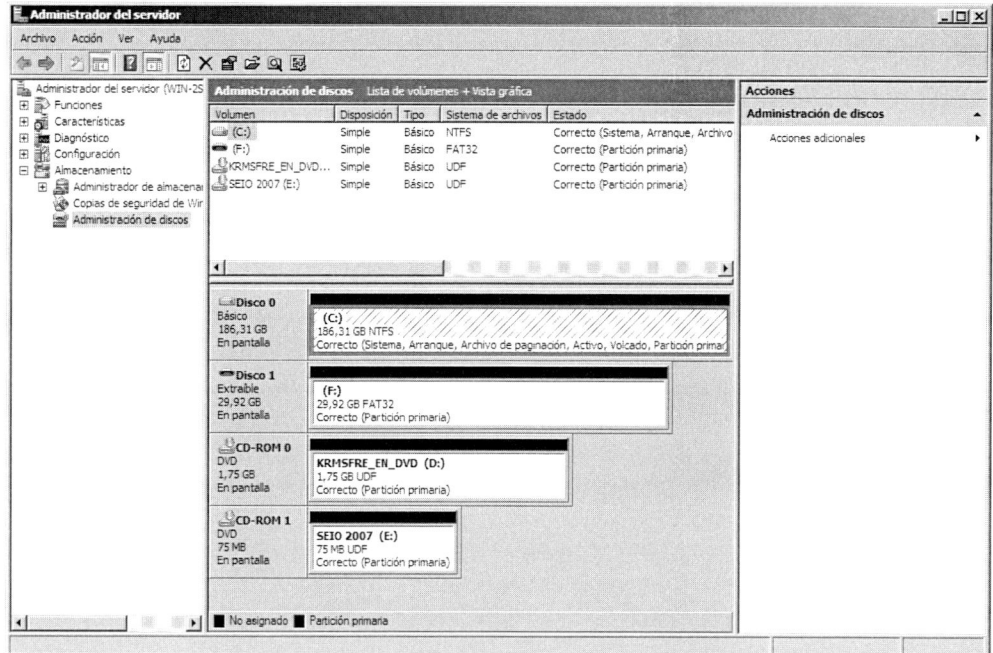

Figura 4-1

Se puede utilizar almacenamiento básico o almacenamiento dinámico. Se utiliza el almacenamiento básico (usa volúmenes básicos) cuando se desea crear particiones lógicas en el disco o cuando se desea utilizar el disco con otros sistemas operativos. El almacenamiento dinámico utiliza volúmenes dinámicos que no pueden usarse con computadoras que funcionan con MS-DOS, Windows 95, Windows 98, Windows Millennium, Windows NT 4.0 o Windows XP Home. Hay varios tipos de volúmenes dinámicos entre los que se encuentran los discos RAID-5 (matriz redundante de discos independientes) que optimizan el trabajo.

4.1.3. Inicializar discos

Para *inicializar nuevos discos*, en Administración de discos, haga clic con el botón secundario en el disco que desea inicializar y, a continuación, haga clic en *Inicializar disco*. En el cuadro de diálogo *Inicializar disco*, seleccione los discos que desea inicializar. Puede seleccionar el estilo de partición de registro de arranque maestro (MBR) o de tabla de particiones GUID (GPT). El disco se inicializa como disco básico y los discos nuevos aparecen como *Sin inicializar*. Para poder usar un disco, primero debe inicializarlo. Si inicia Administración de discos después de agregar un disco, aparecerá el *Asistente para inicializar y convertir discos* para que pueda inicializarlo.

4.2. RELACIÓN DE PARTICIONES Y VOLÚMENES SIMPLES. FORMATEAR

Un volumen simple es un volumen dinámico formado por espacio de un solo disco dinámico. Un volumen simple puede abarcar una sola región de un disco o varias regiones del mismo disco vinculadas entre sí. Sólo se pueden crear volúmenes simples en discos dinámicos. Los volúmenes simples no son tolerantes a fallos. Como mínimo, el usuario debe pertenecer a los grupos Operador de copia de seguridad o Administrador para poder crear particiones y volúmenes simples.

Para *crear un volumen simple mediante la interfaz de Windows*, en Administración de discos, haga clic con el botón secundario en el espacio sin asignar de un disco dinámico en el que desea crear el volumen simple y, a continuación, en *Nuevo volumen simple*. En el *Asistente para nuevo volumen*, haga clic en *Siguiente*, pulse en *Simple* y, a continuación, siga las instrucciones de la pantalla.

La pantalla *Especificar el tamaño del volumen* muestra el tamaño máximo y mínimo del volumen en MB y permite seleccionar un tamaño entre dichos márgenes a introducir en el campo *Tamaño del volumen simple en MB*. A continuación, se hace clic en *Siguiente*.

La pantalla *Asignar letra de unidad o ruta de acceso* permite *Asignar la letra de unidad siguiente* que por defecto será la primera letra de unidad disponible excluyendo las letras reservadas y las ya utilizadas en discos locales y unidades de red. La opción *Mostrar en la siguiente carpeta NTFS vacía* permite montar la partición en una carpeta NTFS vacía cuya ruta se especificará o se buscará con el botón *Examinar*. La opción *No asignar una letra o ruta de acceso a la unidad* permite crear la partición sin asignarle una letra o una ruta a la unidad, tarea que podrá llevarse a cabo posteriormente si es necesario. A continuación, se hace clic en *Siguiente*.

La pantalla *Formatear la partición* permite decidir si se formatea la partición y cómo hacerlo. En caso de decidir dar formato a la partición se hace clic en *Formatear este volumen con la configuración siguiente* cuyas opciones son:

- *Sistema de archivos*. Selecciona como tipo de formato FAT, FAT32 o NTFS. Suele utilizarse NTFS por defecto y cualquiera de los otros dos es posteriormente transformable a NTFS con una utilidad de conversión.
- *Tamaño de la unidad de asignación*. Sitúa el tamaño de la unidad de asignación del sistema de archivos. Si se van a utilizar archivos pequeños interesa utilizar un tamaño de unidad de asignación menor (512 o 1024 bytes).
- *Etiqueta de volumen*. Sitúa una etiqueta de texto para la partición que será el nombre del volumen de la partición.
- *Dar formato rápido*. Se realizará el formateo sin buscar errores de la partición, lo cual no es muy aconsejable, aunque los discos sean grandes y tarden mucho en formatearse.
- *Habilitar compresión de archivos y carpetas*. Activa la compresión automática de archivos y directorios del disco, que sólo está disponible automáticamente para NTFS.

A continuación, se hace clic en *Siguiente*, se confirma la selección y se hace clic en *Finalizar*.

Al dar formato a una partición se elimina cualquier dato existente y se crea un sistema de archivos en la partición, tratándose por tanto de un formateo a alto nivel y no de un formateo a bajo nivel que simplemente prepara un disco para su uso. Se puede formatear una partición en cualquier momento haciendo clic con el botón derecho del ratón sobre ella y seleccionando la opción *Formatear*. Se abrirá el cuadro de diálogo *Formatear* cuyos campos permiten seleccionar la etiqueta de volumen, el sistema de archivos, el tamaño de la unidad de asignación, dar formato rápido y habilitar compresión de archivos y carpetas. Al hacer clic en *Aceptar* se formatea la partición.

Para crear un volumen simple mediante una línea de comandos, abra el símbolo del sistema y escriba *diskpart*. En el símbolo de DISKPART, escriba *list disk*. Anote el número del disco en el que desea crear un volumen simple. A continuación, en el símbolo de DISKPART, escriba *create volume simple [size=<size>] [disk= <disknumber>]*. Por último, en el símbolo de DISKPART, escriba *assign letter= <driveletter>*. La tabla siguiente resume las opciones de DISKPART.

Valor	Descripción
list disk	Muestra una lista de discos e información acerca de ellos, como el tamaño, la cantidad de espacio libre disponible, si se trata de un disco básico o dinámico y si el disco usa el estilo de partición de registro de arranque maestro (MBR) o de tabla de particiones GUID (GPT). El disco marcado con un asterisco (*) tiene el enfoque.
create volume simple	Crea un volumen simple. Después de crear el volumen, éste recibe el enfoque automáticamente.
size=tamaño	Tamaño del volumen en megabytes (MB). Si no se indica ningún tamaño, el nuevo volumen ocupará el espacio libre restante del disco.
disk=númeroDeDisco	Disco dinámico en el que se creará el volumen. Si no se indica ningún disco, se usará el actual.
assign letter=letraDeUnidad	Asigna una letra de unidad, letraDeUnidad, al volumen con el enfoque. Si no se especifica una letra de unidad o un punto de montaje, se asigna la siguiente letra de unidad disponible. Si la letra de unidad o el punto de montaje ya están en uso, se genera un error.

4.3. EXTENSIÓN DE UN VOLUMEN. VOLÚMENES DISTRIBUIDOS. DESFRAGMENTACIÓN

4.3.1. Administrar volúmenes básicos. Extensión y reducción

Un disco básico es un disco físico que contiene particiones primarias, particiones extendidas o unidades lógicas. Las particiones y las unidades lógicas de los discos básicos se conocen como volúmenes básicos. Sólo puede crear volúmenes básicos en discos básicos. Para agregar más espacio a las particiones primarias y unidades lógicas existentes, puede ampliarlas con espacio adyacente, contiguo y no asignado del mismo disco. Para extender un volumen básico, debe darle formato con el sistema de archivos NTFS. Puede extender una unidad lógica con espacio libre contiguo de la partición extendida a la que pertenece. Si extiende una unidad lógica más allá del espacio libre disponible en la partición extendida, ésta crecerá para contener la unidad lógica, siempre que a continuación exista espacio contiguo no asignado.

Para *extender un volumen básico mediante la interfaz de Windows*, en el Administrador de discos, haga clic con el botón secundario en el volumen básico que desea extender y haga clic en *Extender volumen* (Figura 4-2). Siga las instrucciones que aparecen en pantalla.

Para *extender un volumen básico mediante una línea de comandos*, abra un símbolo del sistema y escriba *diskpart*. En el símbolo de DISKPART, escriba *list volume*. Anote el volumen básico que desea extender. A continuación, en el símbolo de DISKPART, escriba *select volume <volumenumber>*. Este comando selecciona el volumen básico *númeroDeVolumen* que desea extender en el espacio vacío contiguo del mismo disco. Por último, en el símbolo de DISKPART, escriba *extend [size=<size>]*. Este comando extiende el volumen seleccionado en el número de megabytes (MB) especificados en tamaño. Los pasos se resumen en la tabla siguiente:

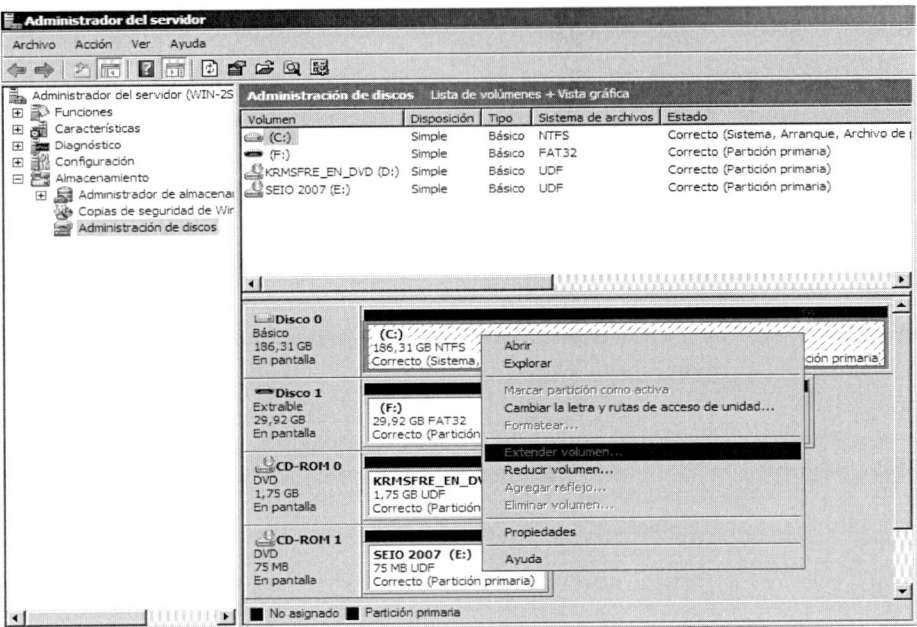

Figura 4-2

Valor	Descripción
list volume	Muestra una lista de los volúmenes básicos y dinámicos de todos los discos.
select volume	Selecciona el volumen especificado, donde *númeroDeVolumen* es el número del volumen, y le transfiere el enfoque. Si no se especifica ningún volumen, el comando **select** muestra el volumen actual que tiene el enfoque. Puede especificar el volumen por su número, letra de unidad o ruta de acceso del punto de montaje. En un disco básico, al seleccionar un volumen también recibe el enfoque la partición correspondiente.
extend	Extiende el volumen que tiene el enfoque al espacio contiguo sin asignar. En volúmenes básicos, el espacio sin asignar debe estar en el mismo disco que la partición con el enfoque y debe seguir a la misma (tener un desplazamiento en sectores superior a dicha partición). Un volumen dinámico simple o distribuido puede extenderse hacia cualquier espacio vacío de cualquier disco dinámico. Mediante este comando, se puede extender un volumen existente en un espacio recién creado.

Si se formateó la partición anteriormente con el sistema de archivos NTFS, el sistema de archivos se extiende automáticamente para ocupar la partición de mayor tamaño. No se pierden datos. Si se formateó la partición anteriormente con un sistema de archivos distinto de NTFS, el comando no funcionará y no hará cambios en la partición.

No se pueden extender las particiones de sistema o de arranque actuales. |
| size= *tamaño* | Espacio en megabytes (MB) que se agregará a la partición actual. Si no se especifica un tamaño, el disco se extiende para ocupar todo el espacio contiguo siguiente sin asignar. |

Para extender un volumen básico, no debe estar procesado (no debe tener formato de sistema de archivos) o debe tener el formato del sistema de archivos NTFS. Si el disco no contiene particiones de arranque o de sistema, podrá extender el volumen en otros discos que no sean de arranque ni de sistema, pero el disco se convertirá en un disco dinámico (si se puede actualizar).

También es posible disminuir el espacio usado por las particiones primarias y unidades lógicas reduciéndolas en espacios adyacentes y contiguos del mismo disco. Por ejemplo, si necesita una partición más pero no dispone de discos adicionales, puede reducir la partición existente de la parte final del volumen para crear un nuevo espacio sin asignar que puede usarse para una nueva partición.

Al reducir una partición, todos los archivos se reubican automáticamente en el disco para generar un nuevo espacio sin asignar. Para reducir la partición, no es necesario volver a formatear el disco. Si se trata de una partición no procesada (es decir, sin sistema de archivos) que contiene datos (por ejemplo, un archivo de base de datos), la reducción de la partición podrá destruir los datos. Como mínimo, el usuario debe pertenecer a los grupos Operador de copia de seguridad o Administrador para poder realizar estas acciones.

Para *reducir un volumen básico mediante la interfaz de Windows*, en el Administrador de discos, haga clic con el botón secundario en el volumen básico que desea reducir y pulse en *Reducir volumen* (Figura 4-2). Siga las instrucciones que aparecen en pantalla. Sólo se pueden reducir los volúmenes básicos que no tienen sistema de archivos o que usan el sistema de archivos NTFS.

Al reducir una partición, los archivos que no se pueden mover (como el archivo de paginación o el área de almacenamiento de instantáneas) no se vuelven a reubicar automáticamente y no es posible reducir el espacio asignado a partir del punto donde residen estos archivos inamovibles. Si debe reducir la partición aún más, mueva el archivo de paginación a otro disco, elimine las instantáneas almacenadas, reduzca el volumen y, a continuación, vuelva a mover el archivo de paginación al disco. Si el número de clústeres defectuosos detectado por la reasignación dinámica de clústeres defectuosos es demasiado grande, la partición no se podrá reducir.

En este caso, considere la posibilidad de mover los datos y reemplazar el disco. No use una copia de nivel de bloque para transferir los datos. Si la usa, también se copiaría la tabla de sectores defectuosos y el nuevo disco trataría los mismos sectores como defectuosos, aunque fueran normales. Se pueden reducir las particiones primarias y unidades lógicas de las particiones sin procesar (que carecen de sistema de archivos) o de las particiones que usan el sistema de archivos NTFS.

Para *reducir un volumen básico mediante una línea de comandos*, abra un símbolo del sistema y escriba *diskpart*. En el símbolo de DISKPART, escriba *list volume*. Anote el número del volumen simple que desea reducir. A continuación, en el símbolo de DISKPART, escriba *select volume <volumenumber>*. Seleccione el volumen simple *númeroDeVolumen* que desea reducir. Por último, en el símbolo de DISKPART, escriba *shrink [desired=<desiredsize>] [minimum=<minimumsize>]*. Se reduce el volumen seleccionado al *tamañoDeseado* en megabytes (MB) si es posible, o al *tamañoMínimo* si *tamañoDeseado* es demasiado grande. La tabla siguiente resume los pasos.

Valor	Descripción
list volume	Muestra una lista de los volúmenes básicos y dinámicos de todos los discos.
select volume	Selecciona el volumen especificado, donde *númeroDeVolumen* es el número del volumen, y le transfiere el enfoque. Si no se especifica ningún volumen, el comando **select** muestra el volumen actual que tiene el enfoque. Puede especificar el volumen por su número, letra de unidad o ruta de acceso del punto de montaje. En un disco básico, al seleccionar un volumen también recibe el enfoque la partición correspondiente.
shrink	Reduce el volumen con el enfoque para crear espacio sin asignar.
	No se pierden datos. Si la partición contiene archivos que no se pueden mover (por ejemplo, un archivo de paginación o el área de almacenamiento de instantáneas), el volumen se reducirá hasta el punto donde residen dichos archivos inamovibles.
desired= *tamañoDeseado*	Espacio, en megabytes (MB), que se va a recuperar en la partición actual.
minimum= *tamañoMínimo*	Espacio mínimo, en megabytes (MB), que se va a recuperar de la partición actual. Si no especifica el tamaño mínimo ni el deseado, el comando intentará obtener la máxima cantidad de espacio posible.

También se puede usar Administración de discos para asignar una ruta de carpeta de punto de montaje (en lugar de una letra de unidad) a la unidad. Las rutas de carpeta de punto de montaje sólo están disponibles en carpetas vacías en volúmenes NTFS básicos o dinámicos.

Para *asignar una ruta de carpeta de punto de montaje a una unidad mediante la interfaz de Windows*, en el Administrador de discos, haga clic con el botón secundario en el volumen o la partición donde desee asignar la ruta de carpeta de punto de montaje y, a continuación, haga clic en *Cambiar la letra y rutas de acceso de unidad* (Figura 4-2). Para asignar una ruta de carpeta de punto de montaje, pulse en *Agregar*, haga clic en *Montar en la siguiente carpeta NTFS vacía*, escriba la ruta de acceso a una carpeta vacía en un volumen NTFS o pulse en *Examinar para buscarla*. Para quitar la ruta de carpeta de punto de montaje, haga clic en ella y, a continuación, en *Quitar*.

Si administra un equipo local o un equipo remoto, podrá examinar las carpetas NTFS en ese equipo.

Cuando asigne una ruta de carpeta de punto de montaje a una unidad, use el *Visor de eventos* para consultar en el registro del sistema si hay errores del Servicio de clúster o advertencias que indiquen errores de punto de montaje. Estos errores aparecen como ClusSvc en la columna Origen, mientras que Recurso de disco físico aparecerá en la columna Categoría.

Para asignar una ruta de carpeta de punto de montaje a una unidad mediante una línea de comandos, abra un símbolo del sistema y escriba *diskpart*. En el símbolo de DISKPART, escriba *list volume*. Anote el número del volumen cuya ruta desea asignar a otra ubicación. A continuación, en el símbolo de DISKPART, escriba *select volume <volumenumber>*. Seleccione el volumen simple *númeroDeVolumen* al que desea asignar la ruta. Por último, en el símbolo de DISKPART, escriba *assign [mount=<path>]*. Los pasos se resumen en la tabla siguiente.

Valor	Descripción
list volume	Muestra una lista de los volúmenes básicos y dinámicos de todos los discos.
select volume	Selecciona el volumen especificado, donde *númeroDeVolumen* es el número del volumen, y le transfiere el enfoque. Si no se especifica ningún volumen, el comando **select** muestra el volumen actual que tiene el enfoque. Puede especificar el volumen por número, letra de unidad o ruta de carpeta de punto de montaje. En un disco básico, al seleccionar un volumen también recibe el enfoque la partición correspondiente.
assign	Asigna una letra de unidad o una ruta de carpeta de punto de montaje al volumen que tiene el enfoque. Si no se especifica una letra de unidad o una ruta de carpeta de punto de montaje, se asigna la siguiente letra de unidad disponible. Si la letra de unidad o la ruta de carpeta de punto de montaje ya se están usando, se genera un error. El comando **assign** permite cambiar la letra de unidad asociada a una unidad extraíble. No se pueden asignar letras de unidad a los volúmenes de sistema, volúmenes de arranque o volúmenes que contengan el archivo de paginación. Además, no se puede asignar una letra de unidad a una partición de fabricante de equipo original (OEM), partición de sistema EFI, ni a ninguna partición GPT que no sea una partición de datos básica.
mount= *path*	Especifica una carpeta NTFS vacía existente en la que residirá la unidad montada.

4.3.2. Administrar volúmenes dinámicos. Extensión y reducción

Un volumen distribuido es un volumen dinámico que consta de espacio en disco en más de un disco físico. Si un volumen simple no es un volumen del sistema ni un volumen de arranque, dicho volumen podrá extenderse en varios discos. Si lo extiende en varios discos, se convierte en un volumen distribuido. Un volumen sólo se puede extender si no contiene un sistema de archivos o si tiene el formato del sistema de archivos NTFS. No es posible extender volúmenes formateados mediante FAT ni mediante FAT32.

Para *extender un volumen simple o distribuido mediante la interfaz de Windows,* en Administración de discos, haga clic con el botón secundario en el volumen simple o distribuido que desea extender y pulse en *Extender volumen*. Siga las instrucciones que aparecen en pantalla.

Para *extender un volumen simple o distribuido mediante una línea de comandos,* abra un símbolo del sistema y escriba *diskpart*. En el símbolo de DISKPART, escriba *list volume*. Anote el número del volumen simple que desea extender en otro disco. A continuación, en el símbolo de DISKPART, escriba *select volume <volumenumber>*. Este comando selecciona el volumen simple *númeroDeVolumen* que desea extender en otro disco. Luego, en el símbolo de DISKPART, escriba *list disk*. Anote el número del disco en el que desea extender el volumen simple. Por último, en el símbolo de DISKPART, escriba *extend [size=<size>] [disk=<disknumber>]*. Este comando extiende el volumen seleccionado en el disco *númeroDeDisco* y asigna a la extensión los megabytes (MB) especificados en *size=tamaño*. La tabla siguiente resume los pasos.

Valor	Descripción
list volume	Muestra una lista de los volúmenes básicos y dinámicos de todos los discos.
select volume	Selecciona el volumen especificado, donde *númeroDeVolumen* es el número del volumen, y le transfiere el enfoque. Si no se especifica ningún volumen, el comando **select** muestra el volumen actual que tiene el enfoque. Puede especificar el volumen por su número, letra de unidad o ruta de acceso del punto de montaje. En un disco básico, al seleccionar un volumen también recibe el enfoque la partición correspondiente.
list disk	Muestra una lista de discos e información acerca de ellos, como el tamaño, la cantidad de espacio libre disponible, si se trata de un disco básico o dinámico y si el disco usa el estilo de partición de registro de arranque maestro (MBR) o de tabla de particiones GUID (GPT).
extend	Extiende el volumen que tiene el enfoque al espacio contiguo sin asignar. En volúmenes básicos, el espacio sin asignar debe estar en el mismo disco que la partición con el enfoque y debe seguir a la misma (tener un desplazamiento en sectores superior a dicha partición). Un volumen dinámico simple o distribuido puede extenderse hacia cualquier espacio vacío de cualquier disco dinámico. Mediante este comando, se puede extender un volumen existente en un espacio recién creado. Si se formateó la partición anteriormente con el sistema de archivos NTFS, el sistema de archivos se extiende automáticamente para ocupar la partición de mayor tamaño. No se pierden datos. Si se formateó la partición anteriormente con un sistema de archivos distinto de NTFS, el comando no funcionará y no hará cambios en la partición. No se pueden extender las particiones de sistema o de arranque actuales.
disk= *númeroDeDisco*	Disco dinámico en el que se extenderá el volumen. En el disco se asigna un espacio equivalente a **size=***tamaño*. Si no se especifica ningún disco, el volumen se extiende en el disco actual.
size= *tamaño*	Espacio en megabytes (MB) que se agregará a la partición actual. Si no se especifica un tamaño, el disco se extiende para ocupar todo el espacio contiguo siguiente sin asignar.

También es posible disminuir el espacio usado por los volúmenes simples o distribuidos reduciéndolos en el espacio libre contiguo situado al final del volumen. Por ejemplo, si necesita una partición más pero no dispone de discos adicionales, puede reducir la partición existente de la parte final del volumen para crear un nuevo espacio sin asignar que puede usarse para una nueva partición.

Al reducir una partición, todos los archivos se reubican automáticamente en el disco para generar un nuevo espacio sin asignar. Para reducir la partición, no es necesario volver a formatear el disco.

Para *reducir un volumen simple o distribuido mediante la interfaz de Windows*, en Administración de discos, haga clic con el botón secundario en el volumen simple o distribuido que desea reducir y seleccione *Reducir volumen*. Siga las instrucciones que aparecen en pantalla. Al reducir una partición, los archivos que no se pueden mover (como el archivo de paginación o el área de almacenamiento de instantáneas) no se vuelven a reubicar automáticamente y no es posible reducir el espacio asignado a partir del punto donde residen estos archivos inamovibles.

Si debe reducir la partición aún más, mueva el archivo de paginación a otro disco, elimine las instantáneas almacenadas, reduzca el volumen y, a continuación, vuelva a mover el archivo de paginación al disco. Si el número de clústeres defectuosos detectado por la reasignación dinámica de clústeres defectuosos es demasiado grande, la partición no se podrá reducir. En este caso, considere la posibilidad de mover los datos y reemplazar el disco. No use una copia de nivel de bloque para transferir los datos. Si la usa, también se copiaría la tabla de sectores defectuosos y el nuevo disco trataría los mismos sectores como defectuosos, aunque fueran normales. Se pueden reducir los discos dinámicos simples y distribuidos, pero los demás tipos de discos no.

Para *reducir un volumen simple o distribuido mediante una línea de comandos*, abra un símbolo del sistema y escriba *diskpart*. En el símbolo de DISKPART, escriba *list volume*. Anote el número del volumen simple que desea reducir. A continuación, en el símbolo de DISKPART, escriba *select volume <volumenumber>*.

Seleccione el volumen simple *númeroDeVolumen* que desea reducir. Por último, en el símbolo de DISKPART, escriba *shrink [desired=<desiredsize>] [minimum=<minimumsize>]*. Se reduce el volumen seleccionado al *tamañoDeseado* en megabytes (MB) si es posible, o al *tamañoMínimo* si *tamañoDeseado* es demasiado grande. La tabla siguiente resume los pasos.

Valor	Descripción
list volume	Muestra una lista de los volúmenes básicos y dinámicos de todos los discos.
select volume	Selecciona el volumen especificado, donde *númeroDeVolumen* es el número del volumen, y le transfiere el enfoque. Si no se especifica ningún volumen, el comando **select** muestra el volumen actual que tiene el enfoque. Puede especificar el volumen por su número, letra de unidad o ruta de acceso del punto de montaje. En un disco básico, al seleccionar un volumen también recibe el enfoque la partición correspondiente.
shrink	Reduce el volumen con el enfoque para crear espacio sin asignar. No se pierden datos. Si la partición contiene archivos que no se pueden mover (por ejemplo, un archivo de paginación o el área de almacenamiento de instantáneas), el volumen se reducirá hasta el punto donde residen dichos archivos inamovibles.
desired= *tamañoDeseado*	Espacio, en megabytes (MB), que se va a recuperar en la partición actual.
minimum= *tamañoMínimo*	Espacio mínimo, en megabytes (MB), que se va a recuperar de la partición actual. Si no especifica el tamaño mínimo ni el deseado, el comando intentará obtener la máxima cantidad de espacio posible.

4.3.3. Creación de volúmenes distribuidos

Un volumen distribuido es un volumen dinámico que consta de espacio en disco en más de un disco físico. Si un volumen simple no es un volumen de sistema o de arranque, puede extenderlo en varios discos para crear un volumen distribuido o puede crear un volumen distribuido en el espacio sin asignar de un disco dinámico.

Para crear un volumen distribuido, se necesitan como mínimo dos discos dinámicos, aparte del disco de inicio. Puede extender un volumen distribuido hasta un máximo de 32 discos dinámicos. Los volúmenes distribuidos no son tolerantes a fallos.

Para *crear un volumen distribuido mediante la interfaz de Windows*, en Administración de discos, haga clic con el botón secundario en el espacio sin asignar de uno de los discos dinámicos donde desea crear el volumen distribuido. Haga clic en *Nuevo volumen distribuido* y siga las instrucciones que aparecen en pantalla.

Para *crear un volumen distribuido mediante una línea de comandos*, abra un símbolo del sistema y escriba *diskpart*. En el símbolo de DISKPART escriba *list disk*. Anote el número del disco en el que desea crear un volumen simple. En el símbolo de DISKPART escriba *create volume simple [size=<size>] [disk=<disknumber>]*. En el símbolo de DISKPART escriba *list volume*. Anote el número del volumen simple que desea extender en otro disco.

En el símbolo de DISKPART, escriba *select volume <volumenumber>*. Seleccione el volumen simple *númeroDeVolumen* que desea extender en otro disco. A continuación, en el símbolo de DISKPART escriba *list disk*. Anote el número del disco en el que desea extender el volumen simple. Luego, en el símbolo de DISKPART, escriba *extend [size=<size>] [disk=<disknumber>]*. Este comando extiende el volumen seleccionado en el disco *númeroDeDisco* y asigna a la extensión los megabytes (MB) especificados en *size=tamaño*. La tabla siguiente resume las opciones de DISKPART.

Valor	Descripción
list disk	Muestra una lista de discos e información acerca de ellos, como el tamaño, la cantidad de espacio libre disponible, si se trata de un disco básico o dinámico y si el disco usa el estilo de partición de registro de arranque maestro (MBR) o de tabla de particiones GUID (GPT). El disco marcado con un asterisco (*) tiene el enfoque.
create volume simple	Crea un volumen simple. Después de crear el volumen, éste recibe el enfoque automáticamente.
size=tamaño	Tamaño del volumen en megabytes (MB). Si no se indica ningún tamaño, el nuevo volumen ocupará el espacio libre restante del disco.
disk= númeroDeDisco	Disco dinámico en el que se creará el volumen. Si no se indica ningún disco, se usará el actual.
list volume	Muestra una lista de los volúmenes básicos y dinámicos de todos los discos.
select volume	Selecciona el volumen especificado, donde númeroDeVolumen es el número del volumen, y le transfiere el enfoque. Si no se especifica ningún volumen, el comando select mostrará el volumen actual que tiene el enfoque. Puede especificar el volumen por su número, letra de unidad o ruta de acceso del punto de montaje. En un disco básico, al seleccionar un volumen también recibe el enfoque la partición correspondiente.
extend	Extiende el volumen que tiene el enfoque al espacio contiguo sin asignar. En volúmenes básicos, el espacio sin asignar debe estar en el mismo disco que la partición con el enfoque y debe seguir a la misma (tener un desplazamiento en sectores superior a dicha partición). Un volumen dinámico simple o distribuido puede extenderse hacia cualquier espacio vacío de cualquier disco dinámico. Mediante este comando, se puede extender un volumen existente en un espacio recién creado. Si se formateó la partición anteriormente con el sistema de archivos NTFS, el sistema de archivos se extenderá automáticamente para ocupar la partición de mayor tamaño. No se pierden datos. Si se formateó la partición anteriormente con un sistema de archivos distinto de NTFS, el comando no funcionará y no hará cambios en la partición. No se pueden extender las particiones de sistema o de arranque actuales.
disk=númeroDeDisco	Disco dinámico en el que se extenderá el volumen. En el disco se asigna un espacio equivalente a size=tamaño. Si no se especifica ningún disco, el volumen se extiende en el disco actual.
size=tamaño	Espacio en megabytes (MB) que se agregará a la partición actual. Si no se especifica un tamaño, el disco se extenderá para ocupar todo el espacio contiguo siguiente sin asignar.

4.3.4. Creación de volúmenes seccionados

Un volumen seccionado es un volumen dinámico en el que los datos se almacenan en secciones repartidas en dos o más discos físicos. Los datos de un volumen seccionado se asignan de forma alternativa y equitativa (en bandas) en los discos. Estos volúmenes ofrecen el mejor rendimiento de todos los disponibles en Windows, pero no son tolerantes a fallos. Si se produce un error en un disco de un volumen seccionado, se perderán los datos de todo el volumen.

Sólo puede crear volúmenes seccionados en discos dinámicos. Los volúmenes seccionados no se pueden extender. Un disco seccionado se puede crear en un máximo de 32 discos dinámicos.

Para *crear un volumen seccionado mediante la interfaz de Windows*, en Administración de discos, haga clic con el botón secundario en el espacio sin asignar de uno de los discos dinámicos donde desea crear el volumen seccionado y, a continuación, haga clic en *Nuevo volumen seccionado* y siga las instrucciones que aparecen en pantalla.

Para *crear un volumen seccionado mediante una línea de comandos*, abra un símbolo del sistema y escriba *diskpart*. En el símbolo de DISKPART escriba *list disk*. Anote el número del disco en el que desea crear un volumen seccionado. A continuación, en el símbolo de DISKPART, escriba *create volume stripe [size=<size>] [disk=<disknumber> [, [<seconddisknumber>,...]]]*. La tabla siguiente resume las opciones de DISKPART.

Valor	Descripción
list disk	Muestra una lista de discos e información acerca de ellos, como el tamaño, la cantidad de espacio libre disponible, si se trata de un disco básico o dinámico y si el disco usa el estilo de partición de registro de arranque maestro (MBR) o de tabla de particiones GUID (GPT).
create volume stripe	Crea un volumen seccionado en los discos especificados. Después de crear el volumen, éste recibe el enfoque automáticamente.
size=tamaño	Cantidad de espacio en disco, en megabytes (MB), que ocupará el volumen en cada disco. Si no se indica ningún tamaño, el nuevo volumen ocupará el espacio libre restante del disco más pequeño y una cantidad de espacio equivalente en cada uno de los demás discos.
disk=númeroDeDisco	Discos dinámicos en los que se creará el volumen. En cada disco se asigna un espacio equivalente a size=tamaño.

4.3.5. Desfragmentador de disco

La fragmentación hace que el disco duro realice trabajo adicional que puede ralentizar el equipo. Los dispositivos de almacenamiento extraíbles como las unidades flash USB también se pueden fragmentar. El *Desfragmentador de disco* vuelve a organizar los datos fragmentados de manera que los discos y las unidades puedan funcionar de manera más eficaz. El *Desfragmentador de disco* se ejecuta según una programación, pero también puede analizar y desfragmentar los discos y las unidades manualmente. Para ello, siga estos pasos:

1. Abra el *Desfragmentador de disco* mediante *Inicio → Todos los programas → Accesorios → Herramientas del sistema → Desfragmentador de disco*.

2. Seleccione el disco que desee desfragmentar en la Figura 4-3.

3. Para determinar si es o no necesario desfragmentar el disco, haga clic en *Analizar disco*. Después de que Windows haya terminado de analizar el disco, puede comprobar el porcentaje de fragmentación del disco en la columna *Última ejecución*. Si el porcentaje es alto, debería desfragmentar el disco haciendo clic en *Desfragmentar disco*.

4. El botón *Configurar la programación* nos permite programar la ejecución automática del desfragmentador de disco según los parámetros que se observan en la Figura 4-4.

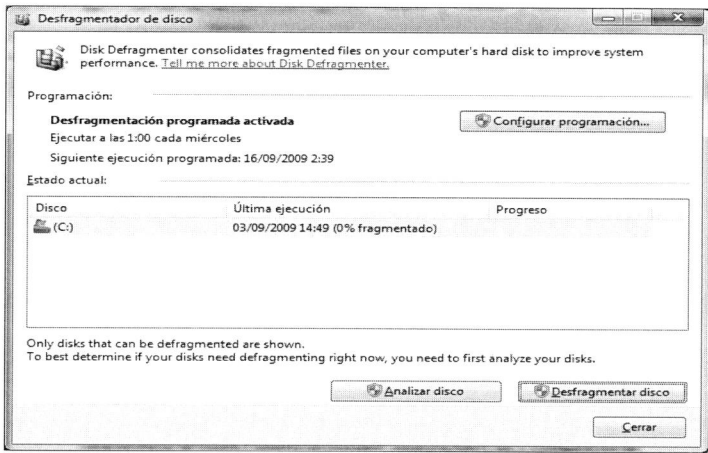

Figura 4-3

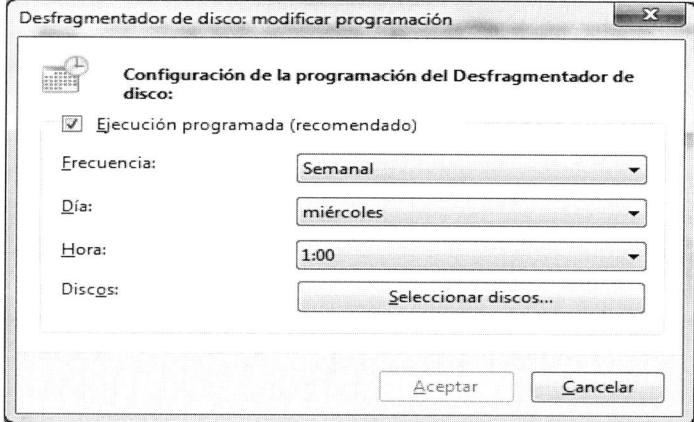

Figura 4-4

El *Desfragmentador de disco* puede tardar desde varios minutos a unas horas en terminar, según el tamaño y el grado de fragmentación del disco duro. Durante el proceso de desfragmentación, todavía puede utilizar el equipo.

4.4. TOLERANCIA A FALLOS. TECNOLOGÍA RAID

Es habitual la necesidad de proporcionar un nivel de protección más elevado para que los datos más importantes estén a salvo de posibles fallos de disco, es decir, que el disco sea tolerante a fallos. Para ello suele utilizarse la tecnología RAID, que permite añadir tolerancia a fallos en sistemas de discos. RAID aumenta la integridad y disponibilidad de la información gracias a la creación de copias redundantes de datos.

Existen diferentes implementaciones de la tecnología RAID que se caracterizan en función del nivel que ofrecen. Actualmente están definidos los niveles del 0 al 5. Cada nivel RAID ofrece diferentes ventajas. Windows server soporta los niveles 0, 1 y 5. RAID 0 suele utilizarse para mejorar el rendimiento de las unidades y RAID 1 y 5 para proporcionar tolerancia a fallos.

Los niveles RAID más utilizados en Windows server son el 1 (discos reflejados) y el 5 (discos seccionados con paridad). La utilización de discos reflejados es la manera más barata de aumentar la protección de datos con redundancia. En este caso, se utilizan dos volúmenes de tamaño idéntico en dos unidades independientes para crear un conjunto de datos redundantes. Si una de las unidades falla, los datos se podrán recuperar de la otra. La técnica de discos seccionados con paridad requiere más discos, pero ofrece tolerancia a fallos con menos sobrecarga que la técnica de discos reflejados. Si alguna de las unidades falla, se puede recuperar la información combinando bloques de datos de los discos restantes con un registro de paridad. La paridad es un método de detección de errores que usa una operación o exclusiva para crear un valor de comprobación para cada bloque de datos escrito en el disco. Este valor se utiliza para recuperar los datos en caso de fallo.

4.4.1. Implementación de RAID 0 en Windows server

El nivel 0 de RAID es el correspondiente a los discos seccionados. Con esta técnica, dos o más volúmenes, cada uno de ellos en una unidad independiente, se configuran como conjunto seccionado. Los datos que se escriben en el conjunto seccionado se descomponen en bloques llamados secciones. Estas secciones se escriben secuencialmente en todas las unidades del conjunto. La principal ventaja es la velocidad.

Para *crear un volumen seccionado mediante la interfaz de Windows*, en Administración de discos, haga clic con el botón secundario en el espacio sin asignar de uno de los discos dinámicos, donde desea crear el volumen seccionado y, a continuación, haga clic en *Nuevo volumen seccionado* (Figura 4-5) y siga las instrucciones que aparecen en pantalla.

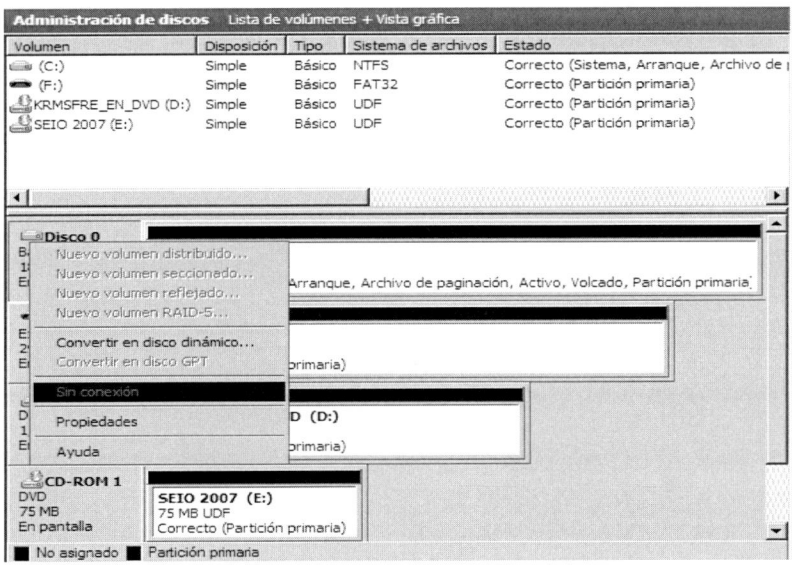

Figura 4-5

4.4.2. Implementación de RAID 1 en Windows server

RAID 1 es la técnica de discos espejo. Esta técnica utiliza volúmenes de un tamaño idéntico en dos unidades separadas y con conjuntos de datos redundantes. Las unidades guardan información idéntica de manera que, si uno de los discos falla, los datos podrán recuperarse del otro. La mayor desventaja de esta técnica es que reduce a la mitad la cantidad de espacio efectivo disponible. Los mismo que en el caso de los discos seccionados, es ventajoso crear los espejos en discos con controladoras independientes (duplicación de discos).

Para *crear un volumen reflejado (disco espejo) mediante la interfaz de Windows*, en Administración de discos, haga clic con el botón secundario en el espacio sin asignar de uno de los discos dinámicos donde desea crear el volumen seccionado y, a continuación, haga clic en *Nuevo volumen reflejado* (Figura 4-5) y siga las instrucciones que aparecen en pantalla.

4.4.3. Implementación de RAID 5 en Windows server

RAID 5 corresponde a los discos seccionados con paridad. Esta técnica requiere un mínimo de tres discos duros para ofrecer tolerancia a fallos. El administrador de discos dará a sus volúmenes tamaño idéntico. RAID 5 es una mejora de RAID 1 incorporando tolerancia a fallos de modo que un fallo en una unidad no incapacitará al conjunto por completo.

Para *crear un volumen RAID 5 (disco seccionado con paridad) mediante la interfaz de Windows*, en Administración de discos, haga clic con el botón secundario en el espacio sin asignar de uno de los discos dinámicos donde desea crear el volumen seccionado y, a continuación, haga clic en *Nuevo volumen RAID-5* (Figura 4-5) y siga las instrucciones que aparecen en pantalla.

4.5. COPIAS DE SEGURIDAD. TIPOS

Las copias de seguridad constituyen un apartado esencial en la administración de la seguridad de la información.

En función de la cantidad de archivos que se salvaguardan a la hora de realizar la copia de seguridad, podemos distinguir tres tipos de copia:

- Copia de seguridad total o íntegra.
- Copia de seguridad incremental.
- Copia de seguridad diferencial.

Copia normal o copia total: Una copia de seguridad normal es una copia de seguridad total de todos los archivos y directorios seleccionados.

Copia incremental: En un proceso de copia de seguridad incremental, se hace una copia de seguridad sólo de los archivos que han cambiado desde la última copia de seguridad realizada. Ejemplo, si hacemos copia de seguridad total el día 1 de cada mes y copia de seguridad incremental el resto de los días, cada copia incremental solo guardará los archivos que se hayan modificado ese día. Si tenemos que realizar la restauración de archivos ante un desastre, debemos disponer de la copia total y de todas las copias incrementales que hayamos realizado desde la copia total. Las copias incrementales guardan solo los archivos modificados desde la última copia incremental (Figura 4-6).

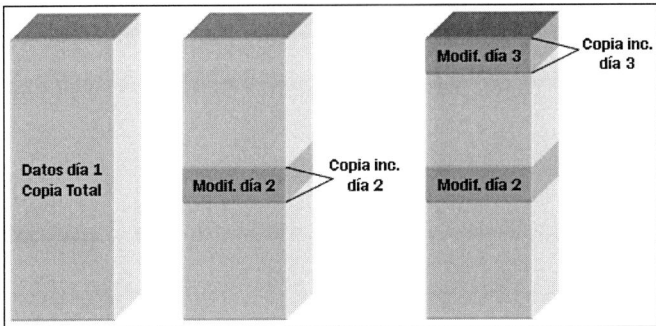

Figura 4-6

Copia diferencial: Una copia de seguridad diferencial es una copia de todos los archivos que han cambiado desde la última copia de seguridad total que hayamos hecho. Ejemplo, si hacemos copia de seguridad total el día 1 de cada mes y copia de seguridad diferencial el resto de los días, cada copia diferencial guardará los archivos que se hayan modificado desde el día 1. La ventaja es que se requiere menos espacio que la copia total y que en el proceso de restauración únicamente necesitaremos la última copia total y la última copia diferencial. Una copia diferencial anula a la copia diferencial anterior. Por el contrario, se consume más tiempo en realizar la copia y también más espacio que en el caso de copia incremental. Las copias diferenciales guardan sólo los archivos modificados desde la última copia total (Figura 4-7).

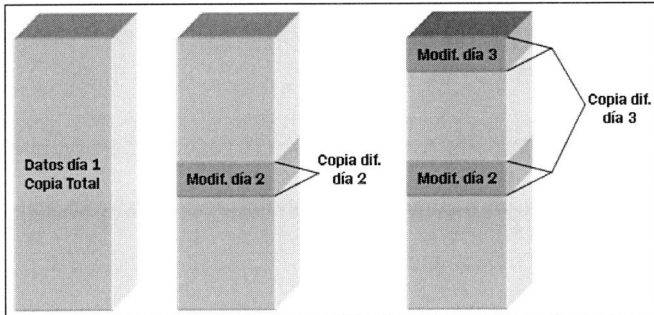

Figura 4-7

En cuanto a recomendaciones prácticas sobre el tipo de copia a efectuar tendremos en cuanta lo que se especifica en los párrafos que siguen.

Si el volumen de datos de nuestra copia de seguridad no es muy elevado (menos de 4 GB), lo más práctico es realizar *siempre copias totales* ya que en caso de desastre, tan solo debemos recuperar la última copia.

Si el volumen de datos de nuestra copia de seguridad es muy elevado (mayor de 50 GB) pero el volumen de datos que se modifican no es elevado (sobre 4 GB), lo más práctico es realizar una primera copia total y posteriormente realizar *siempre copias diferenciales*. Así, en caso de desastre, tan solo debemos recuperar la copia total y la última diferencial. Periódicamente debemos realizar una copia total y así empezar de nuevo.

Si el volumen de datos de nuestra copia de seguridad es muy elevado (mayor de 50 GB) y el volumen de datos que se modifican también lo es, las copias diferenciales ocuparán mucho espacio, por lo tanto, en este caso lo más práctico será realizar una primera copia total y posteriormente realizar *siempre copias incrementales* ya que son las que menos espacio ocupan. El problema es que en caso de desastre, debemos recuperar la última copia total y todas las incrementales realizadas desde que se hizo la última copia total. En estos casos, conviene hacer copias totales más a menudo para no tener que mantener un número muy elevado de copias incrementales.

En grandes compañías donde la realización de copias de seguridad está perfectamente planificada, se suelen utilizar sistemas mixtos. Por ejemplo, en un caso típico se realizarían las siguientes tareas:

- Todos los días 1 de cada mes, a las 23:00 horas: copia de seguridad total

- Todos los viernes a las 23:00 horas: copia de seguridad diferencial desde la copia de día 1

- Todos los días (excepto los viernes y el día 1) a las 23:00 horas: copia de seguridad incremental desde la copia del día anterior.

Con esta planificación nos aseguramos disponer de copia de seguridad diaria. En caso de desastre, deberíamos recuperar la copia total, la última diferencial y todas las incrementales desde la última diferencial.

En una política de este tipo se pueden utilizar por ejemplo 5 juegos diferentes de cintas de forma que se almacenen las copias de seguridad diarias de los últimos 3 meses. Luego se van reutilizando, pero no más de 20 veces, ya que las cintas se deterioran y la fiabilidad disminuye.

En las copias de seguridad normales sólo se necesita la copia más reciente del archivo o la cinta que contiene la copia de seguridad para restaurar todos los archivos. Las copias de seguridad normales se suelen realizar al crear por primera vez un conjunto de copia de seguridad.

La combinación de copias de seguridad normales e incrementales utiliza el mínimo espacio de almacenamiento posible y es el método de copia de seguridad más rápido. Sin embargo, la recuperación de archivos puede ser difícil y laboriosa ya que el conjunto de copia de seguridad puede estar repartido entre varios discos o cintas.

Si realiza una copia de seguridad de sus datos empleando una combinación de copias de seguridad normales y diferenciales, consumirá más tiempo especialmente, si los datos sufren cambios frecuentes, aunque será más fácil restaurar los datos ya que el conjunto de copia de seguridad sólo estará repartido en unos pocos discos o cintas.

4.5.1. Copias de seguridad en Windows server

Copias de seguridad de Windows Server permite realizar copias de seguridad y recuperar el sistema operativo, algunas aplicaciones, archivos y carpetas almacenados en el servidor de forma segura. Esta característica introduce una nueva tecnología de copias de seguridad y recuperación y reemplaza a la anterior característica de copia de seguridad disponible en versiones anteriores de Windows.

Se accede a copias de seguridad de Windows Server mediante *Inicio → Herramientas administrativas → Copias de seguridad de Windows* (Figura 4-8).

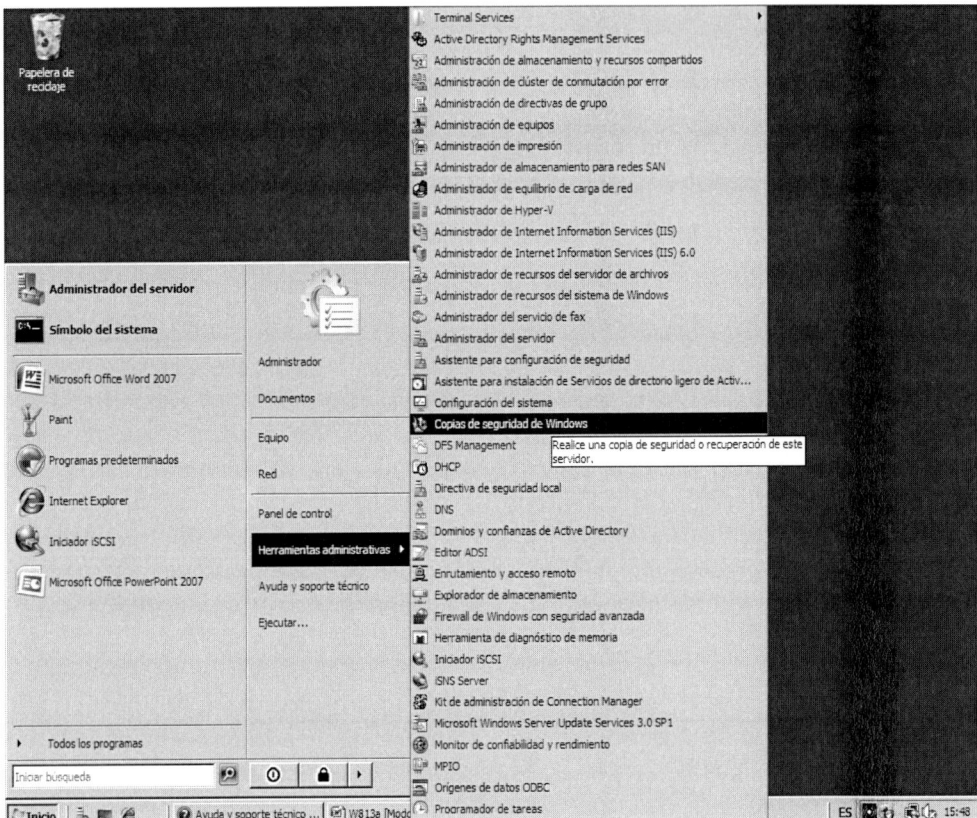

Figura 4-8

Windows server proporciona un conjunto de asistentes y otras herramientas para realizar tareas básicas de copia de seguridad y recuperación en el servidor donde está instalada. Esta característica se ha rediseñado respecto de versiones anteriores y presenta nueva tecnología. Se ha retirado la característica de copia de seguridad anterior (*Ntbackup.exe*) disponible con versiones anteriores de Windows. La característica *Copias de seguridad* de Windows Server consta de un complemento Microsoft Management Console (MMC) y de herramientas de la línea de comandos que proporcionan una solución completa para las necesidades diarias de copia de seguridad y recuperación.

Puede usar cuatro asistentes que le guiarán durante la ejecución de copias de seguridad y recuperaciones. Puede usar Copias de seguridad de Windows Server para hacer una copia de seguridad de un servidor completo (todos los volúmenes), de volúmenes seleccionados o del estado del sistema.

Puede recuperar volúmenes, carpetas, archivos, determinadas aplicaciones y el estado del sistema.

Además, en caso de desastres como errores del disco duro, puede realizar una recuperación del sistema, que restaurará el sistema completo en el nuevo disco duro mediante una copia de seguridad de todo el servidor y el Entorno de recuperación de Windows. Puede usar Copias de seguridad de Windows Server para crear y administrar copias de seguridad del equipo local o de un equipo remoto. También puede programar copias de seguridad para que se ejecuten de forma automática. Copias de seguridad de Windows Server está diseñado para que lo pueda utilizar cualquier usuario que necesite una solución básica de copia de seguridad, desde propietarios de pequeñas empresas hasta profesionales de TI en grandes empresas. Sin embargo, su diseño lo hace especialmente adecuado para pequeñas organizaciones o individuos que no son profesionales de TI. Para usar Copias de seguridad de Windows Server, debe ser miembro de los grupos Operadores de copia de seguridad o Administradores.

En Windows server, el firewall está habilitado de manera predeterminada. Si administra las copias de seguridad de otro equipo con el complemento Copias de seguridad de Windows Server, se podrá ver afectada la conectividad al equipo remoto; esto se puede solucionar mediante cambios en las reglas de firewall. Esto no le afectará si trabaja en el equipo local.

Si es usuario actual de la característica de copia de seguridad anterior (*Ntbackup.exe*) que se distribuía en versiones anteriores de Windows y piensa cambiar a la nueva característica Copias de seguridad de Windows Server, puede verse afectado por los problemas y cambios siguientes:

- La configuración para crear copias de seguridad no se actualizará cuando realice la actualización a Windows server. Deberá volver a configurar las opciones.

- Se necesita un disco dedicado para ejecutar copias de seguridad programadas.

- Sólo se podrá efectuar la copia de seguridad de volúmenes con formato NTFS en un disco conectado localmente.

- Ya no se puede realizar una copia de seguridad en cinta. Sin embargo, Windows server todavía ofrece compatibilidad con controladores de almacenamiento en cinta. Copias de seguridad de Windows Server es compatible con la copia de seguridad en discos externos e internos, DVDs y carpetas compartidas.

- No se pueden recuperar copias de seguridad creadas con Ntbackup.exe mediante Copias de seguridad de Windows Server. Sin embargo, existe una versión de Ntbackup.exe disponible como descarga para usuarios de Windows server que desean recuperar datos de copias de seguridad creadas con Ntbackup.exe. La versión de descarga de *Ntbackup.exe* sólo permite recuperar copias de seguridad de versiones anteriores de Windows y no se puede usar para crear nuevas copias de seguridad en Windows server.

4.5.2. Instalar copias de seguridad en Windows server

Para tener acceso a las herramientas de copia de seguridad y recuperación de Windows server, debe instalar los elementos *Copias de seguridad de Windows Server, Herramientas de línea de comandos* y *Disco de recuperación de Windows*, disponibles en el *Asistente para agregar características* del Administrador del servidor. Se instalan las siguientes herramientas: Complemento Microsoft Management Console (MMC), Copias de seguridad de Windows Server y Herramienta de línea de comandos *Wbadmin Cmdlets* (comandos de Windows PowerShell) de Copias de seguridad de Windows Server

4.6. PLANES DE COPIAS DE SEGURIDAD. PROGRAMACIÓN DE COPIAS DE SEGURIDAD

Los planes de copias de seguridad permiten programar copias de seguridad que se ejecuten a medida según las necesidades de la organización y de la información.

En un equipo que ejecuta Windows server, se puede usar el Asistente para programar copia de seguridad para programar copias de seguridad que se ejecuten automáticamente una vez o más cada día. Sólo se puede guardar las copias de seguridad programadas en uno o varios discos conectados (internos o externos) y todos los discos que use para la copia de seguridad deberán estar disponibles y en línea para configurar la programación y completar el asistente. Sin embargo, cuando más adelante se comience a ejecutar las copias de seguridad, si se usan varios discos, se recomienda que sólo se conecte uno. De esta forma, las copias de seguridad se realizarán en el mismo disco. Posteriormente, cuando se desee llevar este conjunto de copias de seguridad fuera de las instalaciones, se conecta otro disco de la serie. También se pueden crear copias de seguridad programadas y usar el comando *Wbadmin enable backup* para configurarlas.

Antes de comenzar la programación de copias de seguridad, se revisan los conceptos y los requisitos y, a continuación, se planifica lo siguiente:

- Cuántas veces al día y a qué horas se desea ejecutar las copias de seguridad.
- Si se usará un único disco o varios discos para almacenar las copias de seguridad.
- Para qué volúmenes se desea crear copias de seguridad y si se necesitará usar las copias de seguridad para la recuperación del sistema.

4.6.1. Asistente para programar copias de seguridad en Windows server. Copias del sistema

Para crear una programación de copia de seguridad mediante la interfaz de usuario de Copias de seguridad de Windows haga clic en *Inicio, Herramientas administrativas* y, a continuación, en *Copias de seguridad de Windows* (Figura 4-8). En el panel *Acciones* de la página predeterminada del complemento, en *Copias de seguridad de Windows*, haga clic en *Hacer copia de seguridad de programación* (Figura 4-9). Se abre el *Asistente para programar copia de seguridad*. En la página *Introducción* (Figura 4-10), haga clic en *Siguiente*.

En la página *Seleccionar tipo de copia de seguridad* (Figura 4-11), haga clic en *Servidor completo* para hacer una copia de seguridad de todos los volúmenes del servidor (ésta es la opción recomendada) o haga clic en *Personalizada* para hacer una copia de seguridad de determinados volúmenes y, a continuación, haga clic en *Siguiente*.

En la página *Seleccionar elementos de copia de seguridad*, active las casillas de los volúmenes para los que desea crear una copia de seguridad y desactive las casillas de los volúmenes que desea excluir (Figura 4-12). Los volúmenes que contienen componentes del sistema operativo se incluyen de forma predeterminada en la copia de seguridad y no se pueden excluir.

En la página *Especificar hora de la copia de seguridad* (Figura 4-13), haga clic en *Una vez al día* e introduzca la hora para iniciar la ejecución de la copia de seguridad diaria o haga clic en *Más de una vez al día*. Para seleccionar una hora de inicio, en *Hora disponible*, haga clic en la hora a la que desea comenzar la copia de seguridad y haga clic en *Agregar para desplazar la hora a Hora programada*. Repita este paso para cada hora de inicio que desee agregar.

En la página *Seleccionar disco de destino*, active la casilla correspondiente al disco conectado con este fin y haga clic en *Siguiente*. De forma predeterminada, en la lista se muestran los discos probables. Estos discos son discos externos que se pueden usar para trasladar copias de seguridad fuera de la instalación y protegerse ante desastres. Si el disco que desea usar no aparece en la lista, haga clic en *Mostrar todos los discos disponibles*. A continuación, active la casilla situada al lado del disco que desea usar para almacenar las copias de seguridad. Un mensaje indica que el disco seleccionado se formateará y que se eliminarán los datos existentes. Haga clic en *Sí*. No haga clic en *Sí* si el disco contiene datos que puede necesitar. Para usar un disco diferente, haga clic en *No* y seleccione otro disco en *Discos disponibles*. Este disco ya no estará visible en el Explorador de Windows, para impedir que los datos se almacenen de forma accidental en la unidad y posteriormente se sobrescriban, y para impedir la pérdida accidental de las copias de seguridad.

En la página *Etiquetar disco de destino* se muestra el disco seleccionado. Al disco se le asigna una etiqueta que incluye el nombre de equipo, la fecha actual, la hora actual y un nombre de disco. Haga clic en *Siguiente*. Se recomienda registrar y, a continuación, adjuntar físicamente la información de etiqueta al disco externo. Si necesita recuperar datos de la copia de seguridad almacenada en el disco, necesitará esta información para identificar el disco.

En la página *Confirmación*, revise los detalles y, a continuación, haga clic en *Finalizar*. El asistente formatea el disco; esta operación puede tardar varios minutos, según su tamaño. En la página *Resumen*, haga clic en *Cerrar*.

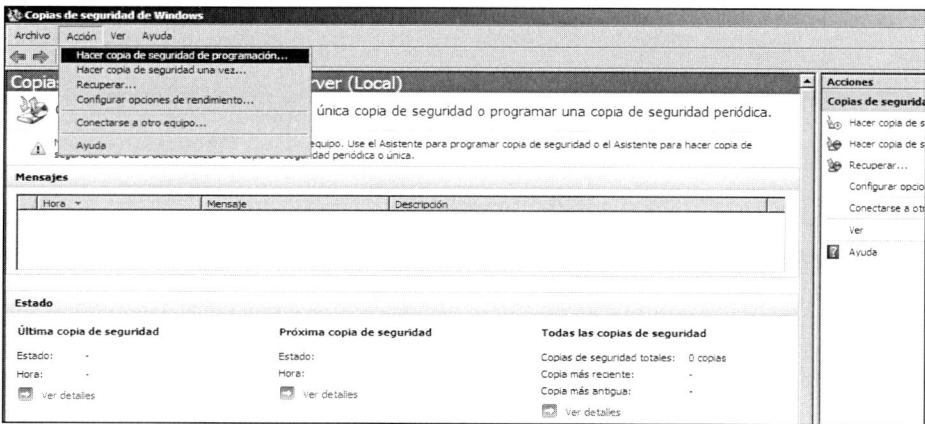

Figura 4-9

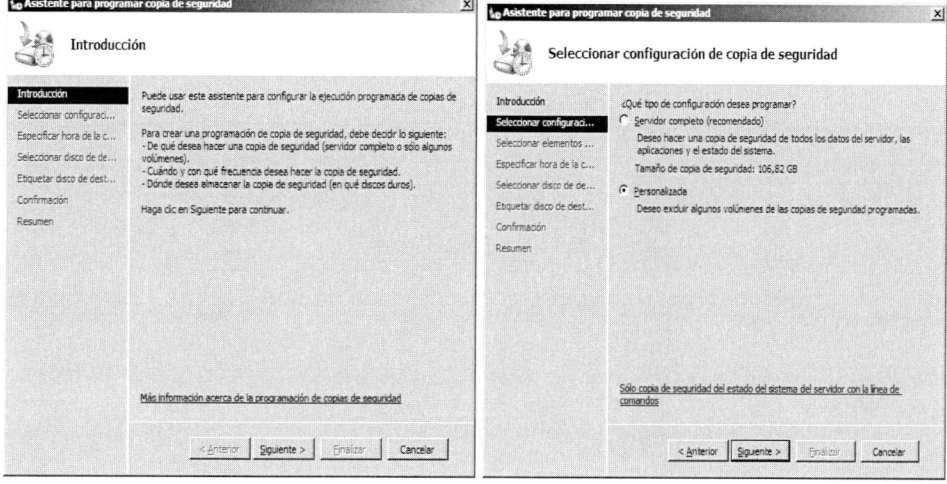

Figura 4-10   Figura 4-11

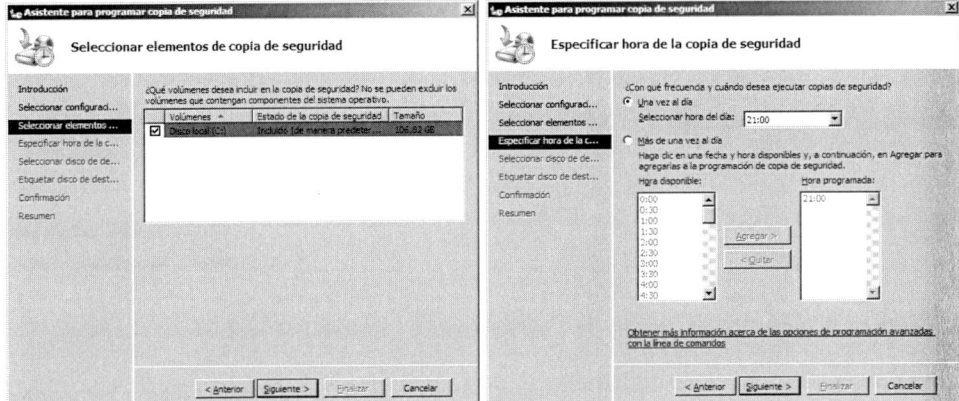

Figura 4-12   Figura 4-13

4.6.2. Modificación de una programación de copia y detención de una copia programada en Windows server

Para *actualizar una programación de copia de seguridad* mediante la interfaz de usuario de Copias de seguridad de Windows Server haga clic en *Inicio, Herramientas administrativas* y, a continuación, en *Copias de seguridad de Windows Server*. En el panel *Acciones* de la página predeterminada del complemento, en *Copias de seguridad de Windows Server*, haga clic en *Hacer copia de seguridad de programación*. Se abre el *Asistente para programar copia de seguridad*. En la página *Configuración de copia de seguridad programada*, haga clic en *Modificar copia de seguridad* y, a continuación, en *Siguiente*. En la página *Seleccionar tipo de copia de seguridad*, haga clic en *Servidor completo* para hacer una copia de seguridad de todos los volúmenes del servidor (ésta es la opción recomendada) o haga clic en *Personalizada* para hacer una copia de seguridad de determinados volúmenes y, a continuación, haga clic en *Siguiente*. En la página *Seleccionar elementos de copia de seguridad*, active las casillas de los volúmenes para los que desea crear una copia de seguridad y desactive las casillas de los volúmenes que desea excluir de la copia de seguridad programada. Los volúmenes que contienen componentes del sistema operativo se incluyen de forma predeterminada en la copia de seguridad y no se pueden excluir. En la página *Especificar hora de la copia de seguridad*, haga clic en *Una vez al día* e introduzca una nueva hora para iniciar la ejecución de la copia de seguridad diaria o haga clic en *Más de una vez al día*.

A continuación, para seleccionar una hora de inicio, en *Hora disponible*, haga clic en la hora a la que desea comenzar la copia de seguridad y haga clic en *Agregar* para desplazar la hora a *Hora programada*. En *Hora programada*, haga clic en *Quitar* para eliminar una hora. Repita esta secuencia para cada hora de inicio que desee agregar o quitar de la programación. En la página *Agregar o quitar discos de copia de seguridad*, haga clic en *No hacer nada*, en *Agregar más discos de destino* o en *Quitar discos actuales*. Si elige agregar más discos para almacenar copias de seguridad, en la página *Seleccionar disco de destino*, active la casilla correspondiente al disco conectado con este fin y haga clic en *Siguiente*.

De forma predeterminada, en la lista se muestran los discos probables. Estos discos son discos externos que se pueden usar para trasladar copias de seguridad fuera de la instalación y protegerse ante desastres. Si el disco que desea usar no aparece en la lista, haga clic en *Mostrar todos los discos disponibles*. A continuación, active la casilla situada al lado de cada disco que desea usar para almacenar las copias de seguridad automáticas. Un mensaje indica que el disco seleccionado se formateará y que se eliminarán los datos existentes. Haga clic en *Sí*. No haga clic en *Sí* si el disco contiene datos que puede necesitar. Para usar un disco diferente, haga clic en *No* y seleccione otro disco en *Discos disponibles*.

En la página *Etiquetar disco de destino* se muestra cada uno de los discos seleccionados. A cada disco se le asigna una etiqueta que incluye el nombre de usuario, la fecha actual, la hora actual y un nombre de disco. Haga clic en *Siguiente*. Se recomienda que registre y, a continuación, adjunte físicamente la información de etiqueta a cada disco externo. Si necesita recuperar datos de la copia de seguridad almacenada en el disco, necesitará esta información para identificar el disco. Si elige eliminar discos, en la página *Quitar discos actuales*, active la casilla situada junto a cada disco que desea quitar de los discos usados para almacenar copias de seguridad. En la página *Confirmación*, revise los detalles y, a continuación, haga clic en *Finalizar*. El asistente modifica la programación y formatea los discos agregados. En la página *Resumen*, haga clic en *Cerrar*.

Para *detener la ejecución de copias de seguridad programadas* mediante la interfaz de usuario de Copias de seguridad de Windows Server, haga clic en *Inicio, Herramientas administrativas* y, a continuación, en *Copias de seguridad de Windows Server*. En el panel *Acciones* de la página predeterminada del complemento, en *Copias de seguridad de Windows Server*, haga clic en *Hacer copia de seguridad de programación*. Se abre el Asistente para programar copia de seguridad. En la página *Configuración de copia de seguridad programada*, haga clic en *Detener copia de seguridad* para detener la ejecución de copias de seguridad programada y liberar el disco o los discos donde se almacenan las copias de seguridad; y, a continuación, haga clic en *Siguiente*. En la página *Confirmación*, revise los detalles y, a continuación, haga clic en *Finalizar*. Verá un mensaje que le solicita que confirme el cambio. Haga clic en *Sí*. En la página *Resumen*, haga clic en *Cerrar*.

4.7 RECUPERACIÓN DE COPIAS DE SEGURIDAD

Ante fallos del sistema u otras causas o imprevistos, puede ser necesario recuperar la información que ha sido almacenada previamente en copias de seguridad.

4.7.1. Recuperación de copias de seguridad en Windows server

Para *recuperar archivos y carpetas*, en el menú *Inicio*, haga clic en *Herramientas administrativas* y, a continuación, en *Copias de seguridad de Windows Server*. En el panel *Acciones* de la página predeterminada del complemento, en *Copias de seguridad de Windows Server*, haga clic en *Recuperar* (Figura 4-14). Con esta operación se abre el *Asistente para recuperación*. En la página *Introducción* (Figura 4-15), especifique si recuperará archivos a partir de copias de seguridad ejecutadas en este equipo o en otro equipo; a continuación, haga clic en *Siguiente*.

Si recupera archivos y carpetas de copias de seguridad almacenadas en otro equipo, en la página *Especificar tipo de ubicación* (Figura 4-16), especifique si la copia de seguridad desde la que desea realizar la restauración se encuentra en una unidad local o en una carpeta compartida remota. Si recupera desde una unidad local, en la página *Seleccionar la ubicación de copia de seguridad*, seleccione la ubicación de la copia de seguridad en la lista desplegable. Si recupera desde una carpeta compartida remota, en la página *Especificar carpeta remota*, escriba la ruta a la carpeta que contiene la copia de seguridad.

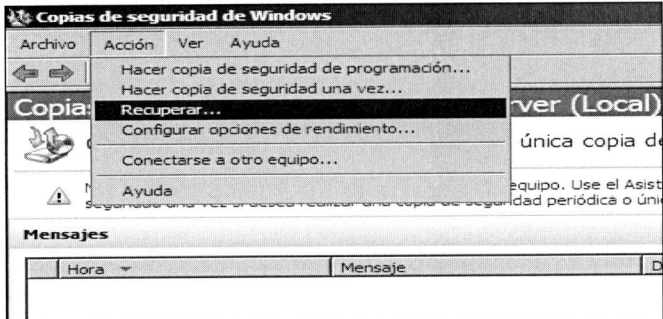

Figura 4-14

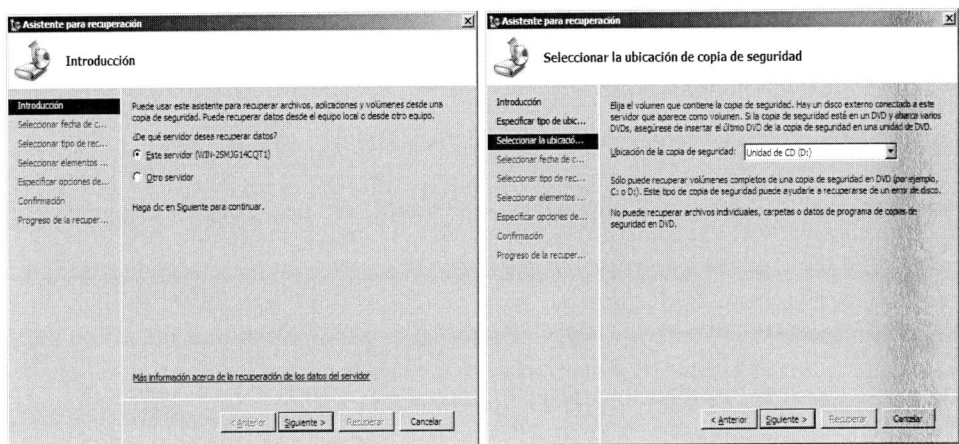

Figura 4-15   Figura 4-16

Por lo tanto, en la carpeta, la copia de seguridad debe estar almacenada en \\<*carpetaCompartidaRemota*>*WindowsImageBackup*\<*nombreDeEquipo*><*suCopiaDeSeguridad*> .Si recupera desde este equipo, en la página *Seleccionar la ubicación de copia de seguridad*, seleccione la ubicación de la copia de seguridad en la lista desplegable y haga clic en *Siguiente*. En la página *Seleccionar fecha de copia de seguridad*, seleccione la fecha en el calendario y la hora en la lista desplegable de la copia de seguridad desde la que desea realizar la restauración.

Si realiza la recuperación desde este equipo y la copia de seguridad que selecciona está almacenada en un DVD o en una unidad de medio extraíble, se solicitará la inserción del medio. A continuación, haga clic en *Siguiente*. En la página *Seleccionar tipo de recuperación*, haga clic en *Archivos y carpetas* y, a continuación, en *Siguiente*. En la página *Seleccionar elementos para recuperar*, en *Elementos disponibles*, expanda la lista hasta que esté visible la carpeta que desea.

Haga clic en una carpeta para mostrar su contenido en el panel adyacente, haga clic en cada elemento que desea restaurar y haga clic en *Siguiente*. Las teclas MAYÚS y CTRL permiten seleccionar un grupo o un conjunto específico de elementos. En la página *Especificar opciones de recuperación*, en *Destino de la recuperación*, haga clic en *Ubicación original* o pulse en *Otra ubicación*. A continuación, escriba la ruta a la ubicación o haga clic en *Examinar* para seleccionarla. En *Cuando Copia de seguridad encuentre archivos y carpetas existentes*, haga clic en *Crear copias para tener ambas versiones del archivo o la carpeta*, *Sobrescribir los archivos existentes con los recuperados* o *No recuperar esos archivos y carpetas*.

En la página *Confirmación*, revise los detalles y haga clic en *Recuperar* para restaurar los elementos especificados. En la página *Progreso de la recuperación*, puede ver el estado de la operación de recuperación, y si se completa o no correctamente.

Para *recuperar volúmenes, incluido el del sistema*, en la página *Seleccionar tipo de recuperación*, haga clic en *Volúmenes* y, a continuación, en *Siguiente*. En la página *Seleccionar volúmenes*, en la columna *Volumen de origen*, active las casillas asociadas con los volúmenes que desea recuperar. A continuación, en la lista desplegable asociada de la columna *Volumen de destino*, seleccione la ubicación en la que desea recuperar el volumen. Haga clic en *Siguiente*.

Recibirá un mensaje donde se indica que los datos del volumen de destino se perderán al realizar la recuperación. Asegúrese de que el volumen de destino está vacío y de que no contiene información que pueda necesitar más adelante. En la página *Confirmación*, revise los detalles y haga clic en *Recuperar* para restaurar los volúmenes especificados. En la página *Progreso de la recuperación*, puede ver el estado de la operación de recuperación y si se completa o no correctamente.

Para *recuperar aplicaciones y datos*, en la página *Seleccionar tipo de recuperación*, haga clic en *Aplicaciones* y, a continuación, en *Siguiente*. En la página *Seleccionar aplicación*, en Aplicaciones, haga clic en la aplicación que desea recuperar. Si la copia de seguridad que usa es la más reciente y la aplicación que recupera es compatible con una "puesta al día" de la base de datos de la aplicación, verá una casilla *No realizar una recuperación de puesta al día de las bases de datos de la aplicación*. Active esta casilla si desea impedir que Copias de seguridad de Windows Server realice una puesta al día de la base de datos de la aplicación incluida actualmente en el servidor. Haga clic en *Siguiente*. En la página *Especificar opciones de recuperación*, en *Destino de la recuperación*, haga clic en *Recuperar en la ubicación original* o haga clic en *Recuperar en otra ubicación*. A continuación, escriba la ruta a la ubicación o haga clic en *Examinar* para seleccionarla. Puede copiar una aplicación a una ubicación diferente, pero no puede recuperar una aplicación en una ubicación o en un equipo diferentes con otro nombre. En la página *Confirmación*, revise los detalles y haga clic en *Recuperar para restaurar los elementos indicados*. En la página *Progreso de la recuperación*, puede ver el estado de la operación de recuperación y si se completa o no correctamente.

Para *recuperar un catálogo de copia de seguridad* haga clic en *Inicio, Herramientas administrativas* y, a continuación, en *Copias de seguridad de Windows Server*. En el panel *Acciones* de la página predeterminada del complemento, en *Copias de seguridad de Windows Server*, haga clic en *Recuperar catálogo*. Con esta operación se abre el *Asistente para recuperación de catálogos*. En la página *Especificar tipo de almacenamiento*, si no dispone de una copia de seguridad que pueda usar para recuperar el catálogo y sólo desea eliminarlo, haga clic en *No tengo ninguna copia de seguridad que pueda usar*, haga clic en *Siguiente* y, a continuación, *Finalizar*. Si dispone de una copia de seguridad que puede usar, especifique si la copia de seguridad se encuentra en una unidad local o en una carpeta compartida remota y haga clic en *Siguiente*. Si la copia de seguridad se encuentra en una unidad local (incluidas unidades de DVD), en la página *Seleccionar la ubicación de copia de seguridad*, en la lista desplegable, seleccione la unidad que contiene la copia de seguridad que desea usar.

Si usa DVDs, asegúrese de que en la unidad se encuentra el último DVD de la serie. Haga clic en *Siguiente*. Si la copia de seguridad se encuentra en una carpeta compartida remota, en la página *Especificar carpeta remota*, escriba la ruta a la carpeta que contiene la copia de seguridad que desea usar y haga clic en *Siguiente*.

Recibirá un mensaje donde se indica que no podrá tener acceso a las copias de seguridad realizadas después de la copia de seguridad que usa para la recuperación. Haga clic en *Sí*. En la página *Confirmación*, revise los detalles y haga clic en *Finalizar* para recuperar el catálogo. En la página *Resumen*, haga clic en *Cerrar*. Después de finalizar la recuperación del catálogo o de eliminarlo, debe cerrar y volver a abrir *Copias de seguridad de Windows Server* para actualizar la vista.

4.8. COPIAS DE SEGURIDAD DEL SISTEMA. PUNTOS Y DISCOS DE RECUPERACIÓN. IMÁGENES DE SERVIDORES

En los sistemas operativos de servidor es habitual que los volúmenes que contienen aplicaciones o componentes del sistema operativo se incluyen de forma predeterminada en la copia de seguridad para habilitar la recuperación del sistema operativo y las opciones de recuperación del estado del sistema a partir de un punto denominado punto de recuperación. La recuperación posterior de estos volúmenes o discos de recuperación permitirá recuperar el sistema. También es posible realizar copias de servidores completos, obteniendo así imágenes de recuperación global.

4.8.1. Copias de seguridad manuales con Windows server. Imágenes de servidores completos

En un equipo donde se ejecuta Windows server, puede usar el *Asistente para hacer copia de seguridad una vez* de Copias de seguridad de Windows para crear copias de seguridad únicas del equipo. También puede crear copias de seguridad únicas mediante los comandos *Wbadmin start backup* o *Wbadmin start systemstatebackup*.

Si desea complementar las copias de seguridad periódicas, podrá usar el Asistente para hacer copia de seguridad una vez para:

- Hacer copias de seguridad de volúmenes que no están incluidos en las copias de seguridad periódicas.

- Hacer copias de seguridad de volúmenes que contienen elementos importantes antes de realizar cambios como la instalación de actualizaciones o de nuevas características.

- Crear una copia de seguridad de elementos programados periódicamente en una ubicación diferente a la ubicación donde se almacenan las copias de seguridad programadas.

Para *crear una copia de seguridad manual en un disco local, DVD o medio extraíble*, haga clic en *Inicio, Herramientas administrativas* y, a continuación, en *Copias de seguridad de Windows Server*. En el panel *Acciones* de la página predeterminada del complemento, en *Copias de seguridad de Windows Server*, haga clic en *Hacer copia de seguridad una vez* (Figura 4-17). Se abre el *Asistente para hacer copia de seguridad una vez*.

En la página *Opciones de copia de seguridad* (Figura 4-18), pulse en las mismas opciones que se usan en el *Asistente para programar copia de seguridad* para las copias de seguridad programadas o haga clic en *Opciones diferentes*.

En la página *Seleccionar tipo de copia de seguridad* (Figura 4-19), haga clic en *Servidor completo* para hacer una copia de seguridad de todos los volúmenes del servidor o haga clic en *Personalizada* para hacer una copia de seguridad de determinados volúmenes y, a continuación, haga clic en *Siguiente*. Después, en la página *Seleccionar elementos de copia de seguridad* (Figura 4-20), active las casillas correspondientes a los volúmenes para los que desea realizar una copia de seguridad. Los volúmenes que contienen aplicaciones o componentes del sistema operativo se incluyen de forma predeterminada en la copia de seguridad para habilitar la recuperación del sistema operativo y las opciones de recuperación del estado del sistema. Si está seguro de que no desea estas opciones de recuperación, podrá desactivar la casilla *Habilitar la recuperación del sistema* para excluirlas.

En la página *Especificar tipo de destino* (Figura 4-21), haga clic en *Unidades locales* y, a continuación, en *Siguiente*. En la página *Seleccionar destino de la copia de seguridad* (Figura 4-22), seleccione en la lista desplegable el destino que desea usar para almacenar la copia de seguridad. Si elige un disco duro, confirme que existe suficiente espacio libre en el disco. Si elige una unidad de DVD u otro medio óptico, indique si desea verificar el contenido tras su grabación.

En la página *Especificar tipo de copia de seguridad de VSS* (Figura 4-23), indique si desea crear una copia de seguridad de VSS (Servicio de instantáneas de volumen) completa o una copia. Si está seguro de que no usa otro producto para hacer copias de seguridad, debe hacer clic en *Copia de seguridad completa de VSS*. En caso contrario, debe hacer clic en *Copia de seguridad de copia*. Haga clic en *Siguiente*.

Si elige *Copia de seguridad completa de VSS*, los archivos de registro de la aplicación se podrán sobrescribir o truncar. En la página *Confirmación* (Figura 4-24), revise los detalles y, a continuación, pulse en *Copia de seguridad*. El asistente prepara el conjunto de copia de seguridad, formatea los medios ópticos o extraíbles (si es lo que usa) y, a continuación, crea la copia de seguridad.

En la página *Progreso de la copia de seguridad*, puede ver el estado de la copia de seguridad. Si hace una copia de seguridad en un DVD, cuando se inicie la copia de seguridad recibirá un mensaje para insertar el primer DVD en la unidad y, si la copia de seguridad es demasiado grande para un único DVD, se le pedirán los DVDs subsiguientes a medida que continúe la copia de seguridad. Durante este proceso, debe escribir físicamente la información junto a *Etiqueta del disco* en el mensaje del DVD que inserta. Necesitará esta información más adelante para realizar una recuperación.

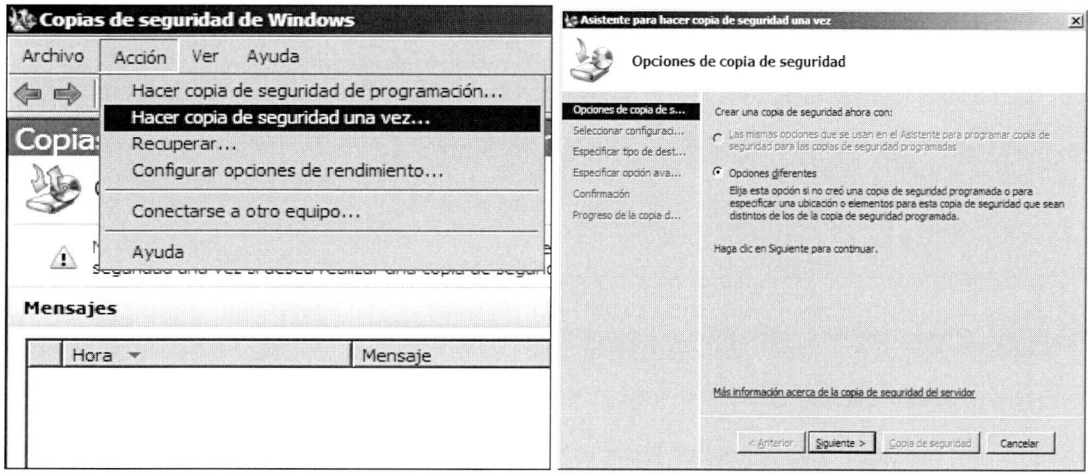

Figura 4-17   Figura 4-18

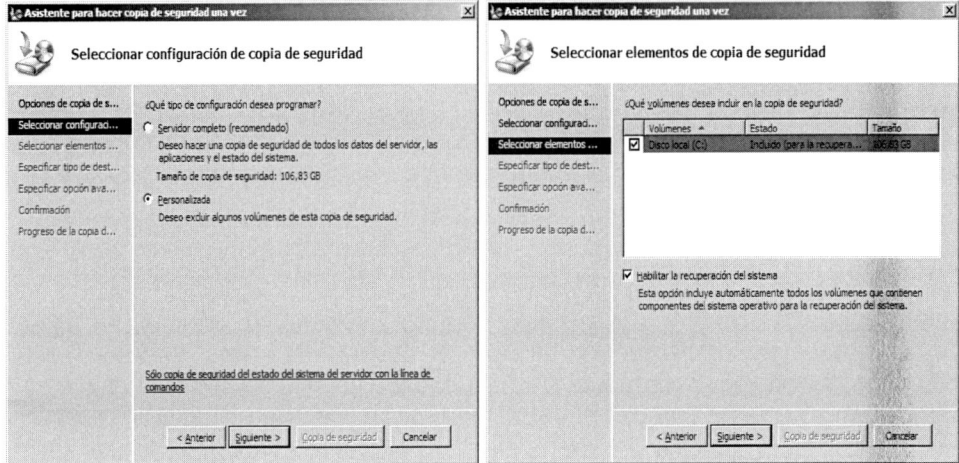

Figura 4-19   Figura 4-20

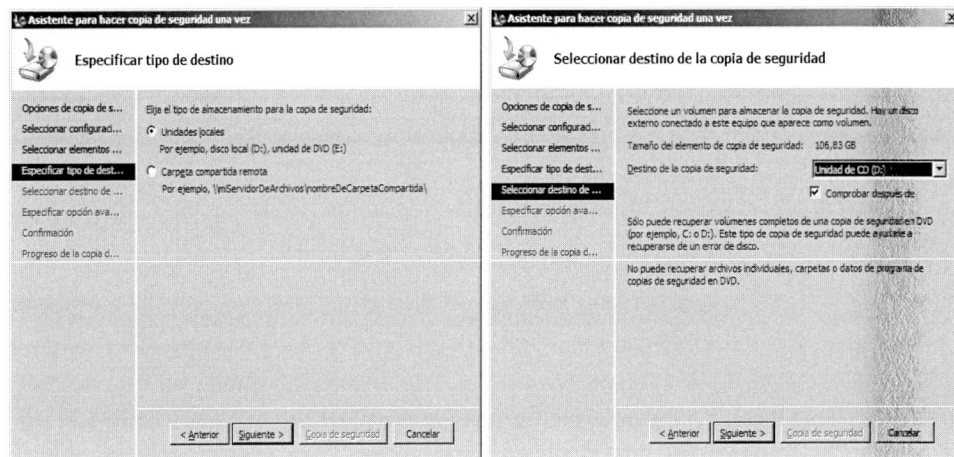

Figura 4-21   Figura 4-22

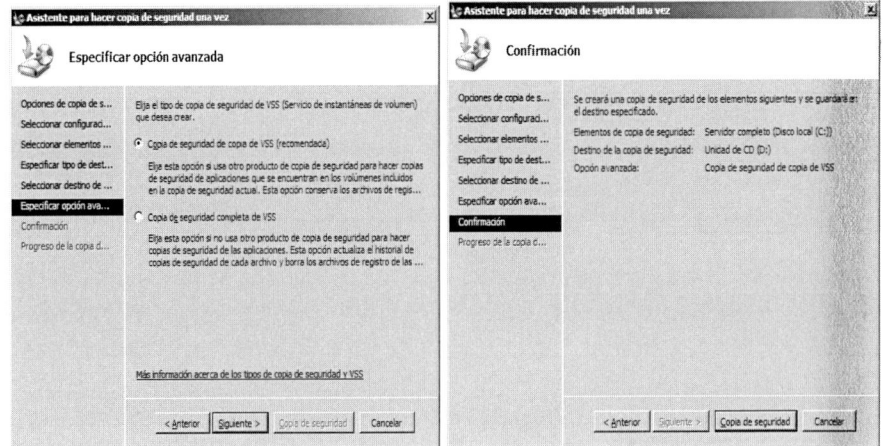

Figura 4-23   Figura 4-24

4.8.2. Discos de recuperación fuera de las instalaciones con Windows server

En Windows server es posible configurar la copia de seguridad de forma que se guarde en varios discos intercambiables en ubicaciones de almacenamiento fuera de las instalaciones.

Para ello, en la página *Seleccionar disco de destino* del *Asistente para programar copia de seguridad* seleccione los discos que desea usar para almacenar las copias de seguridad y haga clic en *Siguiente*. Si los discos que desea usar no aparecen en la lista de la página *Seleccionar disco de destino*, haga clic en *Mostrar todos los discos disponibles*. A continuación, active la casilla situada al lado de cada disco que desee usar. Un mensaje le indica que puede elegir cualquiera de los discos seleccionados para almacenar la primera copia de seguridad. Haga clic en *Aceptar*. Un mensaje indica que los discos seleccionados se formatearán y que se eliminarán los datos existentes. Haga clic en *Sí*. No haga clic en *Sí* si el disco contiene datos que puede necesitar. Para usar un disco diferente, haga clic en *No* y seleccione otro disco en *Discos disponibles*.

En la página *Etiquetar disco de destino* se muestra cada uno de los discos seleccionados. A cada disco se le asigna una etiqueta que incluye el nombre de equipo, la fecha actual, la hora actual y un nombre de disco. Haga clic en *Siguiente*. Se recomienda que registre y, a continuación, adjunte físicamente la información de etiqueta a cada disco externo. Si necesita recuperar datos de la copia de seguridad almacenada en el disco, necesitará esta información para identificar el disco. En la página *Confirmación*, revise los detalles y, a continuación, haga clic en *Finalizar*. El asistente formatea el disco; esta operación puede tardar varios minutos, según su tamaño.

En la página *Resumen*, haga clic en *Cerrar*. Después de programar la copia de seguridad y crear una copia de seguridad, ejecute una recuperación de prueba. Para ello, puede esperar a que se ejecute la primera copia de seguridad programada o bien, puede crear una copia de seguridad única de forma inmediata mediante el Asistente para hacer copia de seguridad una vez o el comando *Wbadmin start backup*, con la misma configuración usada para las copias de seguridad programadas.

4.9 CUOTAS DE DISCO: NIVELES DE CUOTA Y NIVELES DE ADVERTENCIA

Las cuotas constituyen una prestación del sistema operativo que permite limitar la cantidad de espacio en disco y/o el número de archivos de que un usuario puede disponer en un determinado sistema de archivos. Habitualmente, se utiliza en sistemas multiusuario en los que resulta deseable limitar la cantidad de recursos de que puede disponer cada usuario o grupo de usuarios. De este modo, se impide que un usuario agote todo el espacio disponible en un disco.

Una vez configurado el sistema para habilitar las cuotas, se suele comprobar que realmente han sido habilitadas mediante comandos (en UNIX # `quota -v`). Debería aparecer una línea describiendo la utilización de los discos y los límites actuales de cuotas para cada sistema de archivos en el que estén activadas las cuotas. A partir de este momento, ya se está listo para comenzar a asignar límites de cuota con comandos (en UNIX con `edquota`).

Hay varias opciones acerca de cómo aplicar límites a la cantidad de espacio en disco de que un usuario o grupo puede disponer y la cantidad de archivos que pueden crear. Es posible limitar la cantidad de disco utilizada en función del espacio físico usado (cuotas de bloque), en función de los archivos (cuotas de inode) o en función de una combinación de ambos. Cada uno de estos límites se divide en dos categorías: límites flexibles y rígidos.

Los límites rígidos no pueden ser sobrepasados. Cuando un usuario alcanza su límite rígido, ya no puede disponer de más espacio en el sistema de archivos en cuestión. Por ejemplo, si el usuario tiene un límite rígido de 500 bloques en un determinado sistema de archivos y ya está utilizando 490 bloques, el usuario sólo puede asignar 10 bloques adicionales. Cualquier intento de asignar 11 bloques fracasará.

Por otra parte, los límites flexibles pueden ser sobrepasados por un periodo de tiempo limitado. Este periodo de tiempo se conoce como el periodo de gracia, que dura una semana por defecto. Si un usuario permanece por encima de su límite flexible más allá del periodo de gracia, el límite flexible se convertirá en un límite rígido y no se permitirá realizar nuevas asignaciones. Cuando el usuario se vuelva a situar por debajo del límite flexible, el periodo de gracia se reiniciará.

Las cuotas de disco se suelen implementar en un esquema por usuario o por grupo. Es decir, un administrador del sistema define una cuota de uso para un determinado usuario o grupo.

De este modo, un administrador puede impedir que un usuario supere cierta cantidad de recursos de un sistema de archivos, o crear un sistema de acceso por niveles, mediante el cual los usuarios pueden tener diferentes niveles de restricción. Esto se utiliza, por ejemplo, empresas de alojamiento web para proporcionar diferentes niveles de servicio basado en las necesidades y los medios de los clientes individuales.

En la mayoría de los casos, las cuotas también son específicas de los sistemas de archivos individuales. Si un administrador quiere limitar el uso de un determinado usuario en todos los sistemas de archivos, una cuota independiente tendría que ser especificada en cada uno.

Algunos sistemas previenen las operaciones de escritura en disco que daría lugar a violaciones de la cuota dura, mientras que otros prefieren esperar hasta que la cuota ha sido violada antes de denegar las solicitudes de escritura. El usuario suele ser notificado a través de los mensajes de error en la escritura de errores de operación generados por las aplicaciones que han cometido la violación.

Las cuotas de disco son compatibles con los sistemas operativos más modernos, incluidos los sistemas de tipo UNIX, Linux, Solaris, Microsoft Windows (a partir de Windows 2000), Novell NetWare, OpenVMS, y otros. El método de administración de cuotas de disco varía entre cada uno de estos sistemas operativos. Sistemas tipo Unix, por lo general proporciona un comando de cuotas para la administración y vigilancia; aunque también suelen utilizarse interfaces gráficas. Unix y sistemas operativos basados en él cuentan con frecuencia con un espacio temporal donde los usuarios pueden violar sus cuotas durante un breve periodo de tiempo. Windows 2000 y versiones posteriores utilizan la pestaña "Cuota" del cuadro de diálogo de propiedades del disco. Otros sistemas ofrecen sus propios servicios de gestión de cuotas.

Para habilitar cuotas de disco en los sistemas operativos Windows, se tendrá en cuenta lo siguiente:

1. Abra Mi PC o Equipo y haga clic con el botón secundario del ratón en el volumen para el que desee habilitar cuotas de disco y, a continuación, haga clic en *Propiedades*.

2. En el cuadro de diálogo *Propiedades*, haga clic en la ficha *Cuota* (Figura 4-25). Haga clic en el botón *Mostrar configuración de cuota*.

3. En la ficha *Cuota* (Figura 4-26), active la casilla de verificación *Habilitar la administración de cuota* y seleccione una o varias de las opciones de la Figura 4-26. Después, haga clic en *Aceptar*.

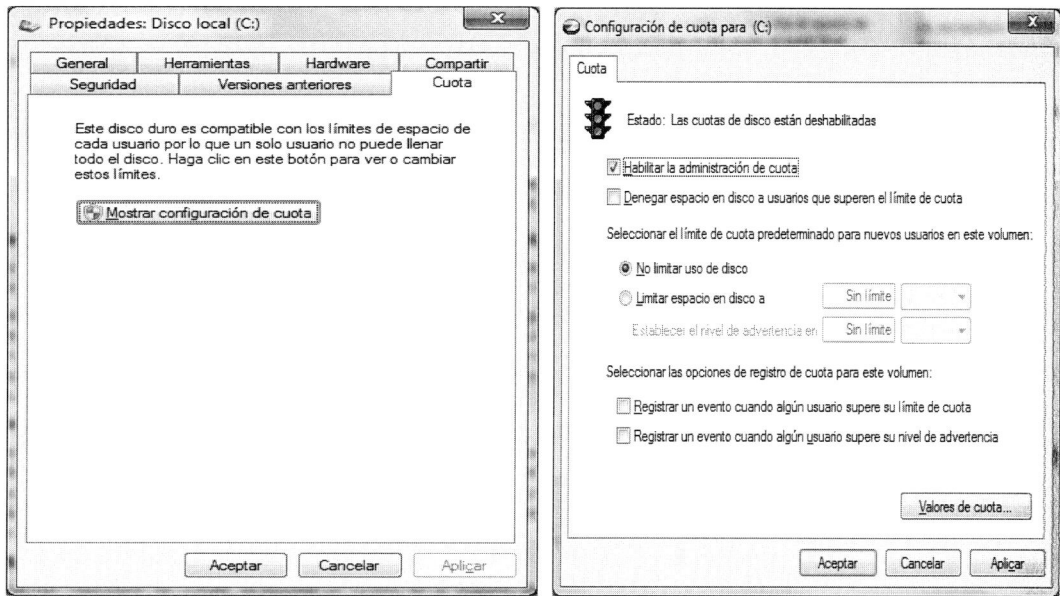

Figura 4-25   Figura 4-26

Las opciones de la Figura 4-26 son las siguientes:

Denegar espacio de disco a los usuarios que sobrepasen su límite de cuota: Los usuarios que sobrepasen el límite de sus cuotas recibirán un mensaje de error, indicando que no hay espacio suficiente en el disco de Windows y no podrán escribir más datos en el volumen si no eliminan o mueven antes uno o varios archivos. Cada programa trata este error de un modo específico. Para el programa, será como si el volumen estuviera lleno. Si desactiva esta casilla de verificación, los usuarios pueden sobrepasar el límite de cuota. Puede ser útil habilitar cuotas y no limitar el uso del espacio de disco cuando no se desea denegar a los usuarios el acceso a un volumen, pero sí realizar un seguimiento del uso del espacio de disco por parte de cada usuario. También puede especificar si debe registrarse o no un suceso cuando los usuarios superen su nivel de advertencia de cuota o su límite de cuota.

Limitar espacio de disco a: Escriba la cantidad de espacio de disco que pueden utilizar a los nuevos usuarios del volumen y la cantidad de espacio de disco que debe utilizarse para que se escriba un suceso en el registro del sistema. Los administradores pueden ver estos sucesos en el Visor de sucesos. Es posible utilizar valores decimales (por ejemplo, 20.5). Por lo que se refiere a los niveles de espacio de disco y advertencia, seleccione las unidades apropiadas en la lista desplegable (por ejemplo, KB, MB, GB). Para obtener más información acerca del Visor de sucesos, consulte los Temas relacionados.

Registrar suceso cuando un usuario exceda su límite de cuota. Si se han habilitado las cuotas, se escribe un suceso en el registro de sistema del equipo local cada vez que un usuario sobrepasa su límite de cuota. Los administradores pueden ver estos sucesos en el Visor de sucesos si aplican el filtro de sucesos de disco. De forma predeterminada, los sucesos de cuota se escriben cada hora en el registro del sistema del equipo local. Si desea cambiar el intervalo de escritura de los sucesos de cuota en el registro del sistema del equipo local, utilice el comando *fsutil behavior.*

Registrar suceso cuando un usuario exceda su nivel de advertencia. Si se han habilitado las cuotas, se escribe un suceso en el registro de sistema del equipo local cada vez que un usuario sobrepasa su nivel de advertencia. Los administradores pueden ver estos sucesos en el Visor de sucesos si aplican el filtro de sucesos de disco. De forma predeterminada, los sucesos de cuota se escriben cada hora en el registro del sistema del equipo local. Si desea cambiar el intervalo de escritura de los sucesos de cuota en el registro del sistema del equipo local, utilice el comando *fsutil behavior.*

ACTIVIDADES PROPUESTAS

Actividad 1. Describe el proceso de administración de discos, particiones y volúmenes en Windows 11.

Actividad 2. Describe el proceso de administración de discos, particiones y volúmenes en Windows 10.

Actividad 3. Describe el proceso de extensión y reducción de volúmenes en Windows 11.

Actividad 4. Describe el proceso de extensión y reducción de volúmenes en Windows 10.

Actividad 5. Especifica el funcionamiento del Desfragmentador de discos en Windows 11 y Windows 10.

Actividad 6. Especifica el funcionamiento del Liberador de espacio en disco en Windows 11 y Windows 10.

Actividad 7. Describe los procesos de mover discos a otro equipo, reactivar discos y convertir tipos de discos en Windows 11 y Windows 10.

Actividad 8. Describe el proceso de realización de copias de seguridad y restauración a medida y de todo el sistema en Windows 11 y Windows 10.

Actividad 9. Especifica el proceso de configuración y programación de copias de seguridad automáticas en Windows 11 y Windows 10.

Actividad 10. Especifica el funcionamiento del Programador de tareas en Windows 11 y Windows 10.

Actividad 11. Especifica el proceso de creación de un disco de recuperación y arranque del sistema en Windows 11 y Windows 10.

Actividad 12. Especifica el proceso de restauración del sistema en Windows 11 y Windows 10. Puntos de restauración.

CAPÍTULO 5

ADMINISTRACIÓN DE DOMINIOS

Contenidos

5.1. ESTRUCTURA CLIENTE SERVIDOR

Una tendencia de los sistemas operativos modernos es la de trasladar el código a capas superiores y eliminar la mayor parte posible del sistema operativo para mantener un núcleo mínimo. El punto de vista usual es el implantar la mayoría de las funciones del sistema operativo como procesos de usuario. Para solicitar un servicio, como la lectura de un bloque de cierto fichero, un proceso de usuario (denominado en este caso proceso cliente) envía la solicitud a un proceso servidor, que realiza el trabajo y devuelve la respuesta. Tenemos así el modelo cliente servidor de la Figura 5-1.

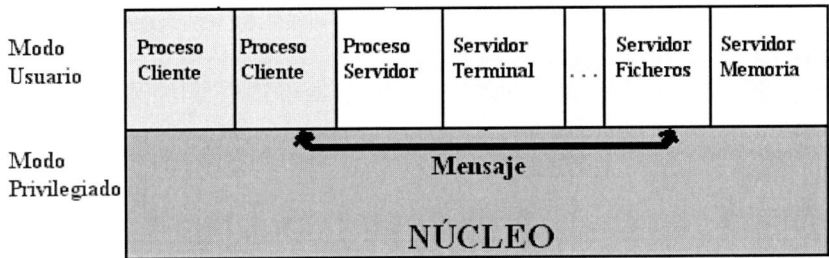

Figura 5-1

En este modelo, lo único que hace el núcleo es controlar la comunicación entre los clientes y los servidores. Al separar el sistema operativo en partes, cada una de ellas controla una faceta del sistema, como el servicio a ficheros, servicio a procesos, servicio a terminales o servicio a la memoria. Cada parte es pequeña y controlable. Además, puesto que todos los servidores se ejecutan como procesos en modo usuario y no en modo núcleo, no tienen acceso directo al hardware. En consecuencia, si hay un error en el servidor de ficheros éste puede fallar, pero esto no afectará en general a toda la máquina.

Otra de las ventajas del modelo cliente-servidor es su capacidad de adaptación para su uso en sistemas distribuidos (Figura 5-2). Si un cliente se comunica con un servidor mediante mensajes, el cliente no necesita saber si el mensaje se gestiona de forma local, en su máquina o si se envía por medio de una red a un servidor en una máquina remota. En lo que respecta al cliente, lo mismo ocurre en ambos casos: se envió una solicitud y se recibió una respuesta.

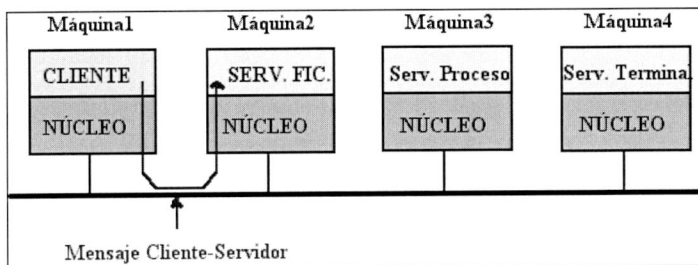

Figura 5-2

La idea anterior de un núcleo que sólo controla el transporte de mensajes de clientes a servidores, y viceversa, no es totalmente real. Algunas funciones del sistema operativo (como la introducción de órdenes en los registros físicos de los controladores de E/S) son difíciles, si no imposible de realizar, a partir de programas de usuario. Existen dos formas de afrontar este problema. Una es hacer que algunos procesos de servidores críticos (por ejemplo, los gestores de los dispositivos de E/S) se ejecuten en realidad en modo núcleo, con acceso total al hardware, pero de forma que se comuniquen con los demás procesos mediante el mecanismo normal de mensajes.

La otra forma es construir una cantidad mínima de mecanismos dentro del núcleo, pero manteniendo las decisiones de política relativos a los usuarios dentro del espacio de los usuarios. Por ejemplo, el núcleo podría reconocer que cierto mensaje enviado a una dirección especial indica que se tome el contenido de ese mensaje y se cargue en los registros del controlador de algún disco, para iniciar la lectura del disco. En este ejemplo, el núcleo ni siquiera inspeccionaría los bytes del mensaje para ver si son válidos o tienen algún sentido; sólo los copiaría ciegamente en los registros del controlador del disco.

Es evidente que debe utilizarse cierto esquema para limitar tales mensajes sólo a los procesos autorizados. La separación entre mecanismos y política es un concepto importante, aparece una y otra vez en diversos contextos de los sistemas operativos.

5.2. PROTOCOLO LDAP

LDAP (*Lightweight Directory Access Protocol* o Protocolo compacto de acceso a directorios) es un protocolo estándar que permite administrar directorios, esto es, acceder a bases de información de usuarios de una red mediante protocolos TCP/IP. LDAP es un protocolo de aplicación que permite el acceso a un servicio de directorio (dominio).

Las bases de información, donde se almacenan y gestionan las entradas del directorio, generalmente están relacionadas con los usuarios, pero, algunas veces, se utilizan con otros propósitos, como el de administrar el hardware de una compañía.

El objetivo del protocolo LDAP, desarrollado en 1993 en la Universidad de Michigan, fue reemplazar al protocolo DAP (utilizado para acceder a los servicios de directorio X.500 por OSI) integrándolo a TCP/IP. Desde 1995, DAP se convirtió en LDAP independiente, con lo cual se dejó de utilizar sólo para acceder a los directorios tipo X500. LDAP es una versión más simple del protocolo DAP y de ahí deriva su nombre *Protocolo compacto de acceso a directorios*.

El árbol de directorios de LDAP permite gestionar el rendimiento de la instalación al permitir distribuir el directorio entre varios servidores. También permite asignar servidores a zonas geográficas concretas y administrar cada servidor separadamente por un equipo diferente.

Entre los servicios que proporciona un servidor LDAP podemos distinguir los servicios de información (estructura y tipos de datos que tiene el directorio), los servicios de asignación de nombres (para referenciar de forma única las entradas y los datos en el árbol de directorios), los servicios funcionales (operaciones para acceder al árbol de directorio: autenticación, solicitudes y actualizaciones) y los servicios de seguridad (mecanismos de autenticación para garantizar al cliente cómo probar su identidad y mecanismos de autorización para controlar el acceso al servidor). Estas categorías de servicios suelen ir asociadas a modelos de información, asignación, funcional y de seguridad respectivamente.

El protocolo LDAP define el método para acceder a datos en el servidor a nivel cliente, pero no la manera en la que se almacena la información. LDAP le brinda al usuario métodos que le permiten: conectarse, desconectarse, buscar información, comparar información, insertar entradas, cambiar entradas y eliminar entradas. Asimismo, el protocolo LDAP ofrece mecanismos de cifrado (SSL, etc.) y autenticación para permitir el acceso seguro a la información.

LDAP presenta la información bajo la forma de una estructura jerárquica de árbol denominada DIT (*Árbol de información de directorio*), en la cual la información, denominada entradas (o incluso DSE, *Directory Service Entry*), es representada por bifurcaciones (Figura 5-3). Una bifurcación ubicada en la raíz de una bifurcación se denomina entrada raíz. Cada entrada en el directorio LDAP corresponde a un objeto abstracto o real (por ejemplo, una persona, un objeto material, parámetros, etc.)

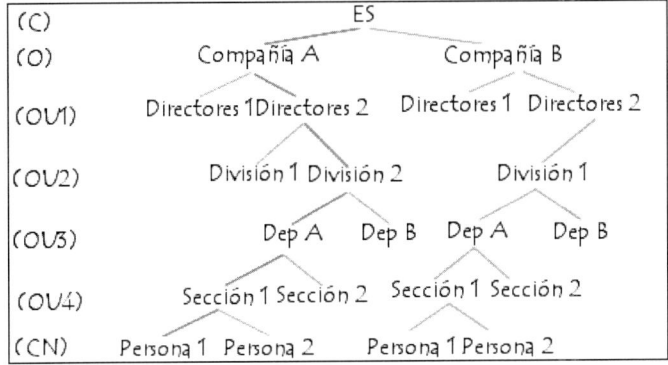

Figura 5-3

Cada entrada está conformada por un conjunto de pares clave/valor denominados *atributos*.

LDAP brinda un conjunto de funciones (procedimientos) para llevar a cabo solicitudes en los datos para buscar, cambiar y eliminar entradas en los directorios. A continuación, encontrará una lista de las principales operaciones que puede realizar LDPA:

Funcionamiento	Descripción
Abandon (Abandonar)	Cancela la operación previa enviada al servidor
Add (Agregar)	Agrega una entrada en el directorio
Bind (Enlazar)	Inicia una nueva sesión en el servidor LDAP
Compare (Comparar)	Compara las entradas en un directorio según los criterios
Delete (Eliminar)	Elimina una entrada de un directorio
Extended (Extendido)	Realiza operaciones extendidas
Rename (Cambiar nombre)	Cambia el nombre de una entrada
Search (Buscar)	Busca entradas en un directorio
Unbind (Desenlazar)	Finaliza una sesión en el servidor LDAP

LDAP brinda un formato de intercambio de datos (LDIF, Formato de intercambio de datos de LDAP) que permite importar y exportar datos desde un directorio mediante un archivo de texto simple. La mayoría de los servidores LDAP admiten este formato, lo que permite una gran interoperabilidad entre ellos.

5.3 DOMINIOS

Los dominios ofrecen muchas opciones para facilitar a los usuarios el acceso a los recursos, al mismo tiempo que mantienen un control y seguridad adecuados. En un dominio es más sencillo efectuar el seguimiento de las contraseñas y los permisos, ya que un dominio es una base de datos sencilla y centralizada de cuentas de usuario, permisos y otros detalles de la red. La información de esta base de datos se replica automáticamente entre los controladores de dominio.

5.3.1. Especificación de un nombre de equipo y un dominio en Windows server

Si es la primera vez que instala Windows server en el equipo, el proceso de instalación asignará al equipo un número generado aleatoriamente como nombre del equipo. Si está reinstalando o actualizando a una versión más reciente de Windows server, el programa de instalación conservará el nombre de equipo existente. Es posible que le resulte más fácil obtener acceso al servidor remotamente, y reconocerlo en informes y registros si le asigna un nombre descriptivo que se ajuste al esquema de asignación de nombres de los equipos de su organización.

Además, puede especificar un nombre de equipo durante la instalación si usa un archivo de instalación desatendida para instalar Windows server. Tenga en cuenta lo siguiente al asignar un nombre de equipo:

- La longitud que se recomienda para la mayoría de los idiomas es de 15 caracteres o menos. En los idiomas que requieren más espacio de almacenamiento por cada carácter, como el chino, japonés y coreano, la longitud que se recomienda es de 7 caracteres o menos.

- Se recomienda usar únicamente caracteres estándar de internet para el nombre del equipo. Los caracteres estándar son los números del 0 al 9, las letras mayúsculas y minúsculas de la A a la Z, y el guión (-). Los nombres de equipo no pueden estar compuestos únicamente por números.

- Si usa DNS en la red, puede usar una variedad de caracteres más amplia, incluidos los caracteres Unicode y otros caracteres no estándar, por ejemplo, "Y" comercial (&). El uso de caracteres que no son estándar puede afectar al funcionamiento en la red del software que no sea de Microsoft.

- La longitud máxima permitida para un nombre de equipo es de 63 bytes. Si el nombre tiene más de 15 bytes de longitud (15 caracteres en la mayoría de los idiomas, 7 caracteres en algunos), los equipos con Windows NT 4.0 y versiones anteriores reconocerán el equipo por los primeros 15 bytes del nombre solamente. Además, hay pasos de configuración adicionales si la longitud de un nombre supera los 15 bytes.

Si un equipo forma parte de un dominio, debe elegir un nombre que sea diferente de todos los demás nombres de equipos del dominio. Para evitar conflictos de nombres, el equipo debe ser único en el dominio, grupo de trabajo o red. Si el equipo forma parte de un dominio y contiene más de un sistema operativo, debe usar un nombre de equipo exclusivo para cada sistema operativo que esté instalado. Este requisito sólo se aplica a un equipo que contenga varias instalaciones del mismo sistema operativo.

Para asignar un nombre al equipo y unirlo a un dominio, haga clic en *Proporcionar nombre del equipo y dominio* en la ventana *Tareas de configuración inicial* y utilice la ficha *Nombre de equipo* (Figura 5-4). La ficha *Hardware* (Figura 5-5) da acceso al *Administrador de dispositivos* que relaciona y permite configurar todos los dispositivos del equipo (Figura 5-6) y a la *Configuración de controladores de Windows Update* con las opciones de la Figura 5-7. La ficha *Opciones avanzadas* (Figura 5-8) permite configurar rendimiento según las opciones de la Figura 5-9, perfiles de usuario según las opciones de la Figura 5-10 e inicio y recuperación según las opciones de la Figura 5-11. La ficha *Acceso remoto* (Figura 5-12) gobierna el acceso remoto a este equipo.

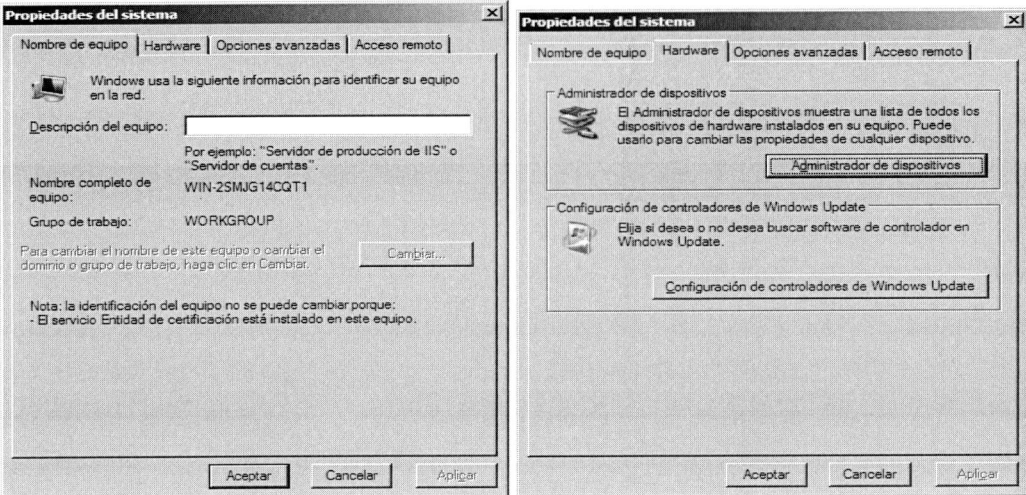

Figura 5-4   Figura 5-5

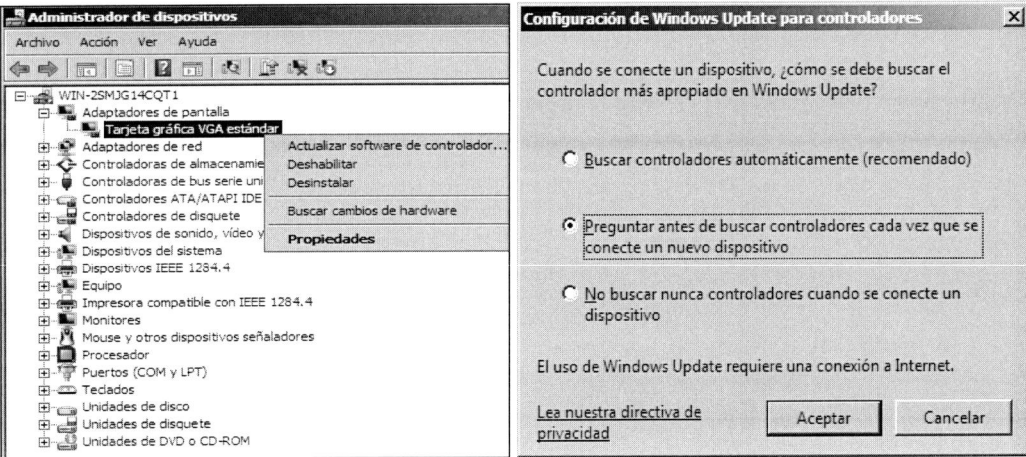

Figura 5-6   Figura 5-7

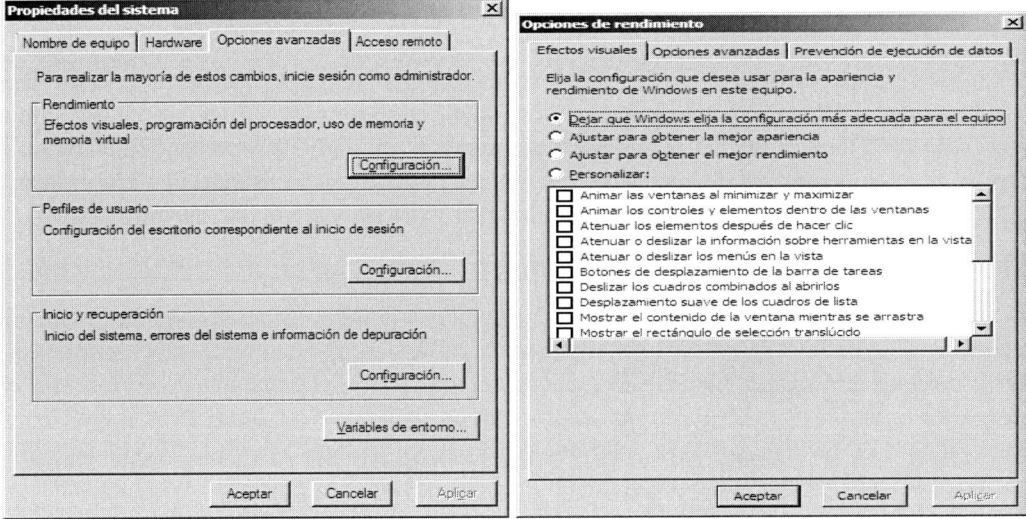

Figura 5-8   Figura 5-9

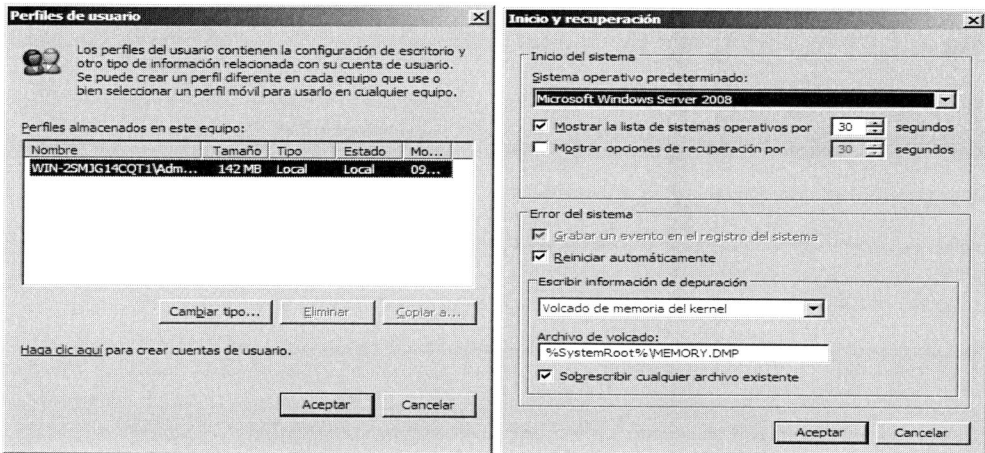

Figura 5-10   Figura 5-11

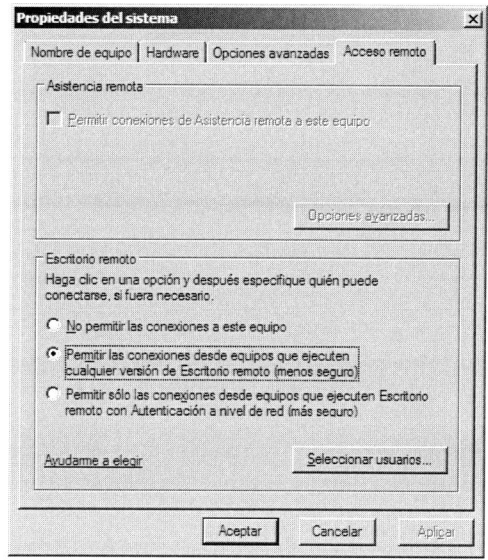

Figura 5-12

5.3.2. Servicios de dominio en Windows server. Directorio Activo

A medida que el número de usuarios y equipos en una red crece, los servicios de Directorio Activo o dominio son fundamentales. Cuando un usuario se conecta a la red, debe seleccionar el dominio al que quiere entrar e introducir sus datos de usuario. Al ser autenticado en un dominio, el usuario tiene disponibles todos los recursos dados de alta en dicho dominio, sin tener que autenticarse en cada uno de los servidores que formen parte de dicho dominio. La gestión de un dominio se realiza de forma centralizada, ya que toda la información se encuentra en una base de datos almacenada en el *controlador de dominio*.

Los servicios de Dominio o Directorio Activo son la base para la infraestructura de una red. Permiten almacenar información acerca de usuarios, equipos y otros dispositivos y servicios de la red de la empresa de forma centralizada. También permiten autenticar usuarios y equipos, permitir o denegar el acceso de un usuario o equipo a un recurso de red y facilitar a los usuarios la búsqueda de impresoras, recursos compartidos y otros usuarios.

El Directorio Activo dispone de una base de datos que guarda toda la información de los objetos del dominio como usuarios, equipos, grupos, etc. El controlador de dominio es un servidor que mantiene la base de datos de usuarios del dominio. A través de las herramientas de administración se pueden administrar los usuarios, grupos, equipos, permisos y demás componentes del dominio.

Un dominio puede dividirse en subdominios que funcionarán como dominios en su campo de administración. Asimismo, los dominios pueden agruparse en estructuras superiores que les contienen denominadas bosques. Un *bosque* es una colección de uno o más dominios. Al primer dominio del bosque se le llama *dominio raíz*.

Si usa la función del servidor de los Servicios de dominio de Directorio Activo *(Active Directory* o AD DS) en el sistema operativo Windows server, podrá crear una infraestructura escalable, segura y administrable para la administración de usuarios y recursos, y puede ofrecer compatibilidad con aplicaciones con directorio habilitado como, por ejemplo, Microsoft Exchange Server.

AD DS proporciona una base de datos distribuida que almacena y administra información acerca de los recursos de red y datos específicos de las aplicaciones con directorio habilitado. Los administradores pueden usar AD DS para organizar los elementos de una red (por ejemplo, los usuarios, los equipos y otros dispositivos) en una estructura de contención jerárquica. Ésta incluye el bosque de Active Directory, los dominios del bosque y las unidades organizativas de cada dominio. El servidor que ejecuta AD DS se llama *controlador de dominio*.

La organización de los elementos de la red en una estructura de contención jerárquica ofrece las siguientes ventajas:

- El bosque actúa como un límite de seguridad para la organización y define el ámbito de autoridad de los administradores. De forma predeterminada, el bosque contiene un solo dominio llamado dominio raíz del bosque.

- Se pueden crear dominios adicionales en el bosque para facilitar la partición de los datos de AD DS, lo que permite a las organizaciones replicar datos sólo si es necesario. Esto permite que AD DS se ajuste de forma global en una red con un ancho de banda limitado.

- Además, un dominio de Active Directory es compatible con otras funciones clave relacionadas con la administración, incluidas la identidad de usuario, la autenticación y las relaciones de confianza en la red.

- Las unidades organizativas simplifican la delegación de autoridad para facilitar la administración de un gran número de objetos. Mediante la delegación, los propietarios pueden transferir una autoridad total o limitada sobre los objetos a otros usuarios o grupos. La delegación es importante porque ayuda a distribuir la administración de un gran número de objetos para una serie de usuarios en quienes se confía para realizar tareas de administración.

La seguridad se integra con AD DS mediante la autenticación de inicio de sesión y el control de acceso a los recursos del directorio. Con un solo inicio de sesión de red, los administradores pueden administrar los datos de directorio y la organización a través de la red. Los usuarios de red autorizados también pueden usar un inicio de sesión de red único para tener acceso a cualquier punto de la red. La administración basada en directiva facilita la administración de incluso las redes más complejas.

Las características de AD DS adicionales son:

- Un conjunto de reglas, el esquema, que define las clases de objetos y atributos incluidos en el directorio, las restricciones y límites de las instancias de estos objetos y el formato de sus nombres.

- Un catálogo global que contiene información acerca de todos los objetos del directorio. Los usuarios y los administradores pueden usar el catálogo global para buscar información del directorio con independencia del dominio en que el directorio tiene los datos.

- Un mecanismo de consulta e índice para poder publicar los objetos y sus propiedades, y buscar por usuarios o aplicaciones de red.

- Un servicio de replicación que distribuye los datos de directorio en una red. Todos los controladores de dominio de escritura de un dominio participan en la replicación y contienen una copia completa de toda la información de directorio del dominio. Cualquier cambio en los datos del directorio se replica en todos los controladores de dominio del dominio.

- Funciones de maestro de operaciones –llamadas también operaciones FSMO (*Flexible Single Master Operations*)–. Los controladores de dominio que contienen las funciones de maestro de operaciones se designan para realizar tareas específicas para garantizar la coherencia y eliminar las entradas en conflicto del directorio.

5.3.3. Instalación de la función del servidor de Active Directory en Windows server

Los servidores con Windows server necesitan como mínimo 512 megabytes (MB) de RAM y 20 gigabytes (GB) de espacio en disco duro. Además de los requisitos de espacio en disco duro mínimos, las actualizaciones de los controladores de dominio que ejecutan Microsoft Windows Server requieren el doble de espacio que hay asignado para la base de datos de Active Directory, los archivos de registro y SYSVOL en sus volúmenes respectivos.

Estos requisitos son necesarios para la reversión de una actualización. El espacio se recupera al finalizar el proceso de actualización.

La función del servidor de AD DS requiere que los servicios del Sistema de nombres de dominio (DNS) busquen equipos, controladores de dominio, servidores miembro y servicios de red por nombre. La función de servidor de DNS ofrece servicios de resolución de nombres DNS para redes basadas en TCP/IP mediante la asignación de nombres a direcciones IP, lo que permite que los equipos busquen recursos de red en entorno AD DS. Además, AD DS se debe instalar en la red para implementar otras tecnologías importantes de Windows Server como la directiva de grupo y los Servicios de Certificate Server de Active Directory (AD CS).

Una vez instalado el sistema operativo, puede usar las *Tareas iniciales de configuración* o el *Administrador de servidores* para instalar las funciones de servidor. Para instalar la función del servidor de AD DS, haga clic en *Agregar funciones* (Figura 5-13) para iniciar el *Asistente para agregar funciones* y, a continuación, pulse en *Servicios de dominio de Active Directory*. Siga los pasos del *Asistente para agregar funciones* para instalar los archivos para la función del servidor de AD DS (Figura 5-14). Una vez completado el Asistente para agregar funciones, haga clic en el vínculo para iniciar el *Asistente para la instalación de los Servicios de dominio de Active Directory*.

Siga los pasos del Asistente para la instalación de los Servicios de dominio de Active Directory para completar la instalación y configuración del controlador de dominio. La mayoría de las páginas del asistente incluyen un vínculo de *Ayuda* para obtener más información acerca de los valores que puede configurar.

Para automatizar las instalaciones de los controladores de dominio, puede usar un archivo de respuesta o especificar parámetros de instalación desatendida en la línea de comandos.

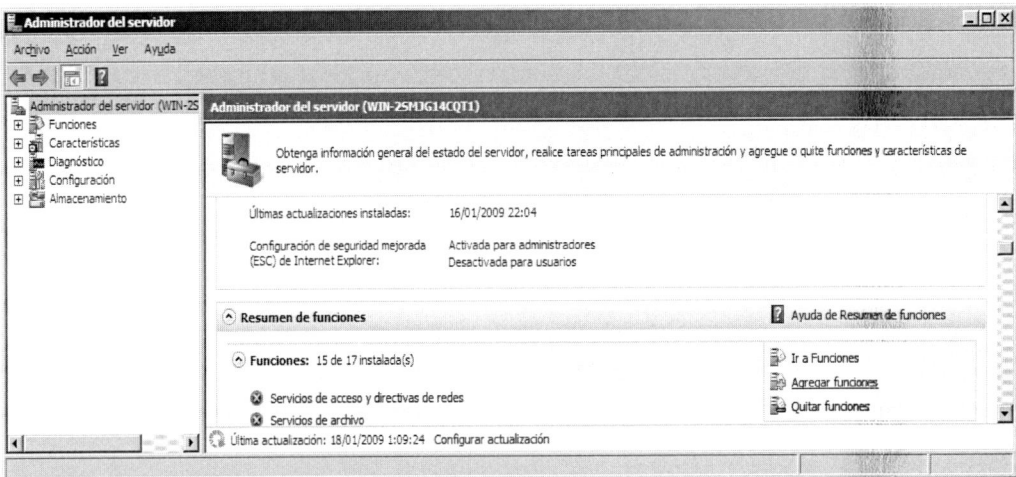

Figura 5-13

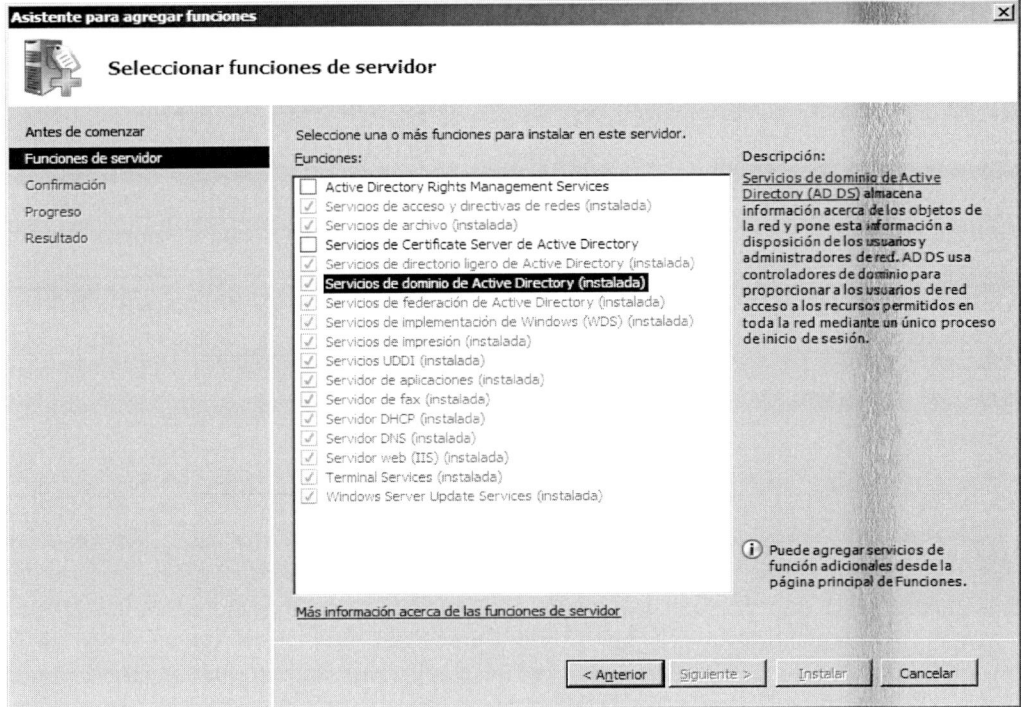

Figura 5-14

5.3.4. Administración de la función del servidor de Active Directory en Windows server

Las funciones de servidor se pueden administrar con los complementos Microsoft Management Console (MMC). Para administrar un controlador de dominio (es decir, un servidor que ejecute AD DS), haga clic en *Inicio → Panel de control → Herramientas administrativas* y, a continuación, haga doble clic en el complemento correspondiente.

Para administrar cuentas de usuario y equipo, haga clic en *Usuarios y equipos de Active Directory* (Figura 5-15).

Para administrar confianzas de Active Directory, niveles funcionales y funciones del maestro de operaciones en todo el bosque, haga clic en *Dominios y confianzas de Active Directory*.

Para administrar los sitios y los vínculos a sitios de Active Directory, haga clic en *Sitios y servicios de Active Directory*.

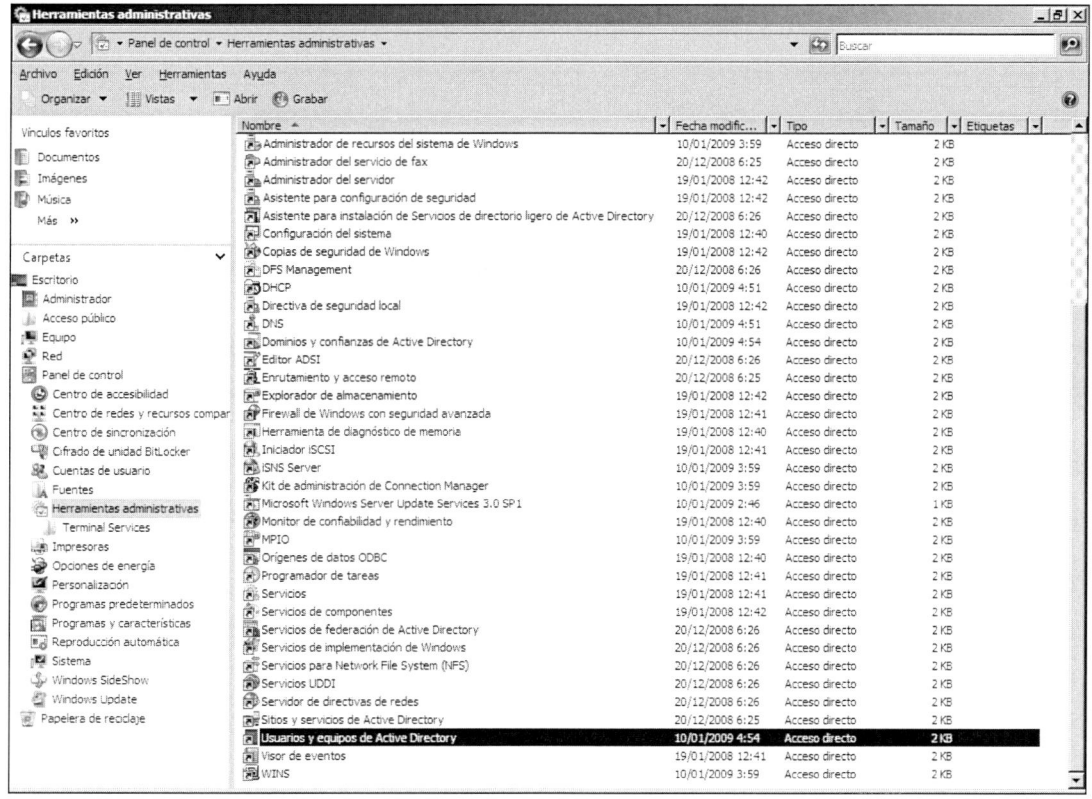

Figura 5-15

Otra posibilidad es hacer doble clic en el complemento correspondiente en la página Servicios de dominio de Active Directory del Administrador del servidor (Figura 5-16).

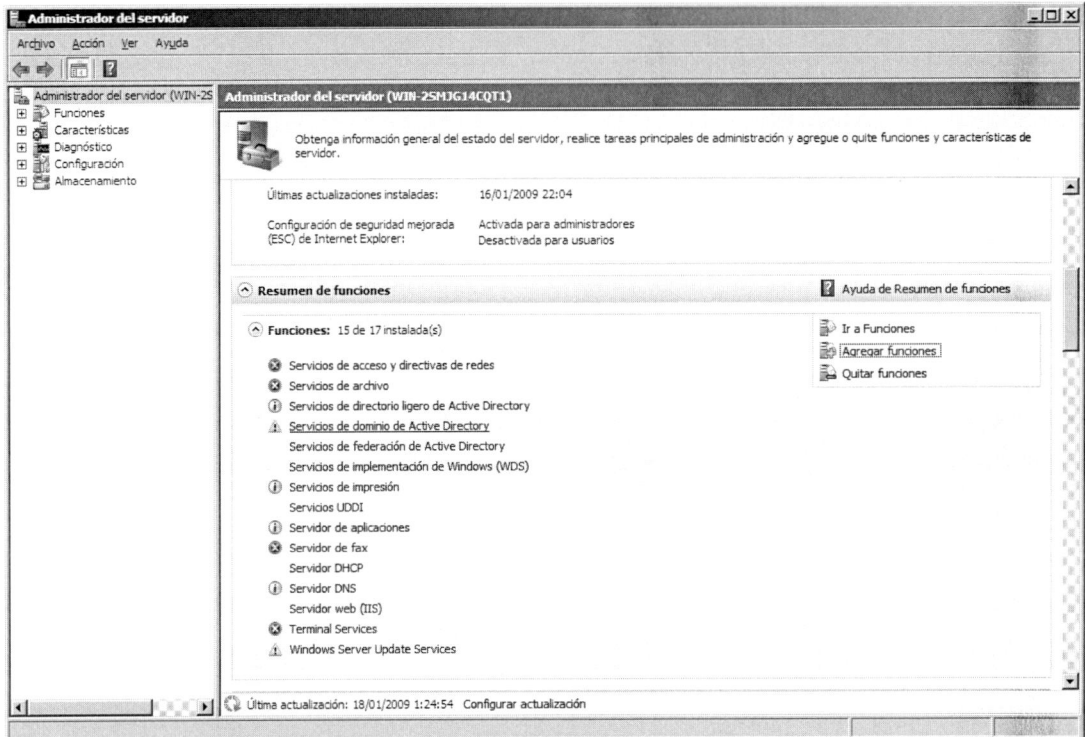

Figura 5-16

Los programadores y los administradores del sistema con experiencia pueden administrar el esquema de Active Directory, aunque el complemento Esquema de Active Directory no está instalado de forma predeterminada. Además, el archivo *schmmgmt.dll* debe estar registrado para poder instalar el complemento.

Para *instalar el complemento Esquema de Active Directory*, pulse en *Inicio*, haga clic con el botón secundario en *Símbolo del sistema* y, a continuación, en *Ejecutar como administrador*. Si aparece el cuadro de diálogo *Control de cuentas de usuario*, confirme que la acción que muestra es la que desea y, a continuación, haga clic en *Continuar*. Escriba *regsvr32 schmmgmt.dll* y presione *Intro*. Haga clic en *Aceptar* para cerrar el cuadro de diálogo que confirma que la operación se ha realizado correctamente. Pulse en *Inicio*, en *Ejecutar*, escriba *mmc* y, a continuación, en *Aceptar*. Si aparece el cuadro de diálogo *Control de cuentas de usuario*, confirme que la acción que muestra es la que desea y, a continuación, pulse en *Continuar*. En el menú *Archivo*, haga clic en *Agregar o quitar complemento*. En *Complementos disponibles*, haga clic en *Esquema de Active Directory*, en *Agregar* y, a continuación, en *Aceptar*.

Para guardar esta consola, en el menú *Archivo*, haga clic en *Guardar*. En el cuadro de diálogo *Guardar como*, realice una de las siguientes acciones:

Para colocar el complemento en el menú *Herramientas administrativas*, escriba un nombre para el complemento en *Nombre de archivo* y, a continuación, haga clic en *Guardar*.

Para guardar el complemento en una ubicación distinta de la carpeta Herramientas administrativas, en *Guardar en*, desplácese a la ubicación donde desea guardar el complemento. En *Nombre de archivo*, escriba un nombre para el complemento y haga clic en *Guardar*.

5.3.5. Creación de un controlador de dominio en Windows server

La instalación de Active Directory consta de dos partes: instalar la función servicios de dominio de Active Directory (ya visto) y usar *dcpromo.exe* para instalar los servicios de dominio de Active Directory. Para instalar un controlador de dominio haga clic en el vínculo de Servicios de dominio de Active Directory del Administrador del servidor (Figura 5-16). Se obtiene el árbol de la consola de administrador del servidor con la función *Servicios de dominio de Active Directory* activada (Figura 5-17).

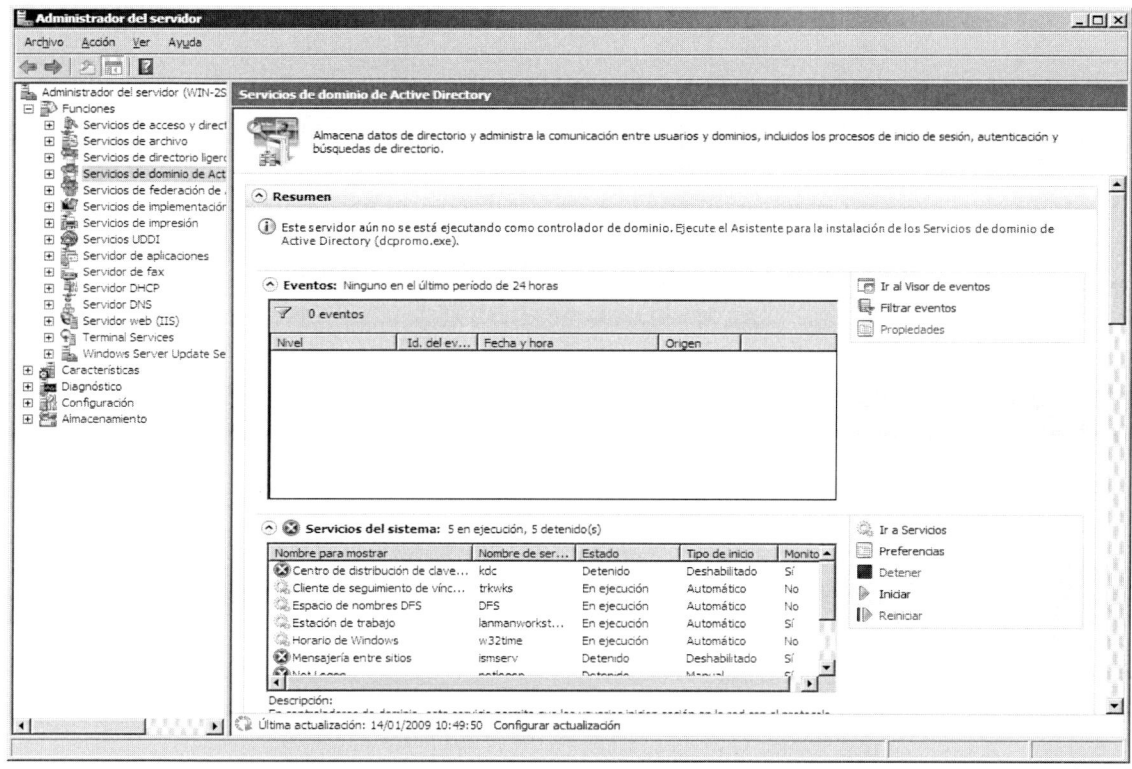

Figura 5-17

A la derecha de la pantalla del Administrador del servidor, bajo *Resumen*, se hace clic en *Ejecute el Asistente para la instalación de los servicios de dominio de Active Directory*. Se obtiene la pantalla del asistente de la Figura 5-18. Al hacer clic en *Siguiente*, se obtiene el cuadro de diálogo informativo de la Figura 5-19. Se hace clic en *Siguiente* y se obtiene la pantalla de la Figura 5-20 que permite elegir la configuración de implementación, pudiendo crear un controlador de dominio para un bosque existente o para un bosque nuevo. Haga clic en *Siguiente* y elija un nombre para el controlador de dominio (Figura 5-21). Haga clic en *Siguiente* y establezca el nivel funcional del bosque (Figura 5-22). Haga clic en *Siguiente* y elija opciones adicionales del controlador de dominio (Figura 5-23).

Para *instalar un controlador de dominio de sólo lectura* (RODC) se señalará la opción *controlador de dominio de sólo lectura* (RODC) en el cuadro correspondiente de la pantalla *Opciones adicionales del controlador de dominio* (Figura 5-23). La propia pantalla avisa de que el primer controlador de dominio de un bosque no puede ser un RODC.

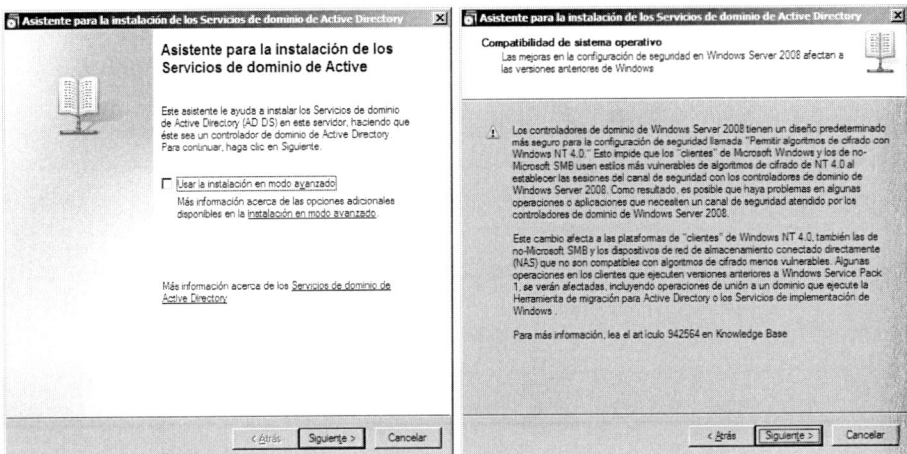

Figura 5-18   Figura 5-19

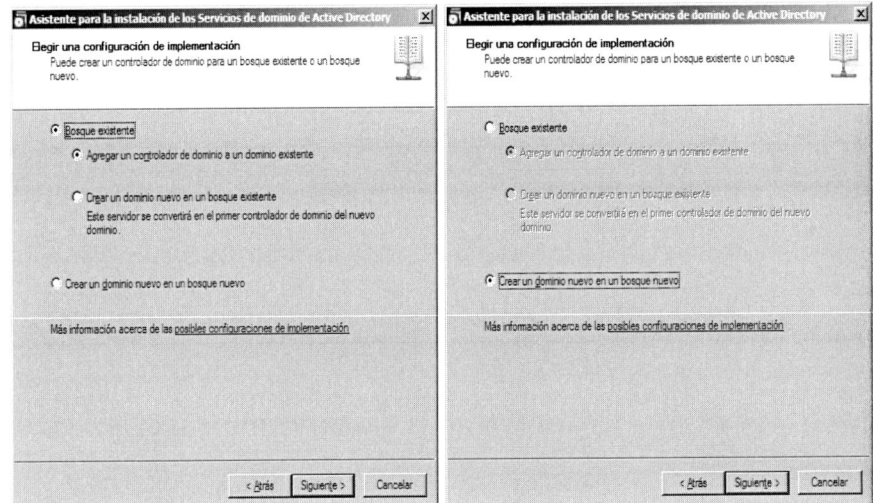

Figura 5-20   Figura 5-21

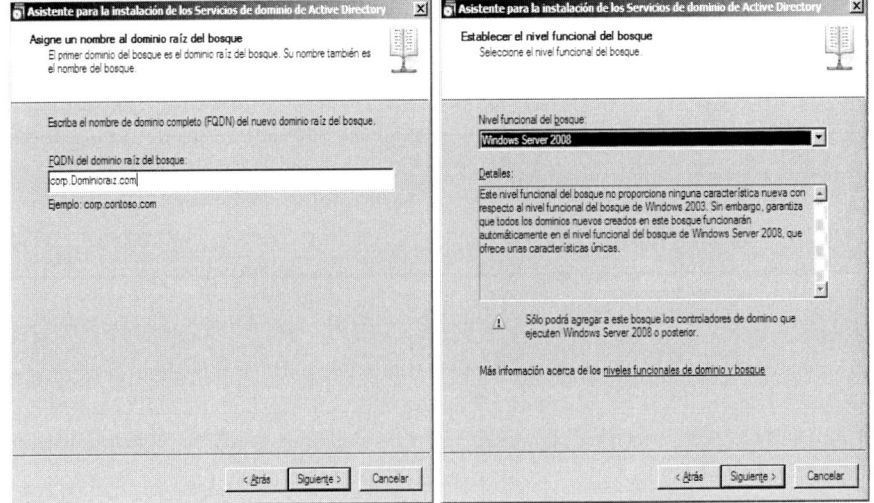

Figura 5-22   Figura 5-23

Al hacer clic en *Siguiente* se obtiene la pantalla de la Figura 5-24 que permite introducir la ubicación de las carpetas de la base de datos, archivos de registro y SYSVOL. Se hace clic en *Siguiente* y en la pantalla de la Figura 5-25 se introduce la contraseña del administrador del *Modo de restauración de servicios de directorio*. Se pulsa en *Siguiente* y se obtiene un resumen de las opciones seleccionadas para la instalación (Figura 5-26).

Se hace clic en *Siguiente* y comienza la instalación (Figuras 5-27 y 5-28). Finalizado el proceso de instalación se obtiene la pantalla del asistente que indica este hecho (Figura 5-27). Al pulsar en *Finalizar* se completa la instalación y el asistente avisa de la necesidad de reiniciar el equipo (Figura 5-28).

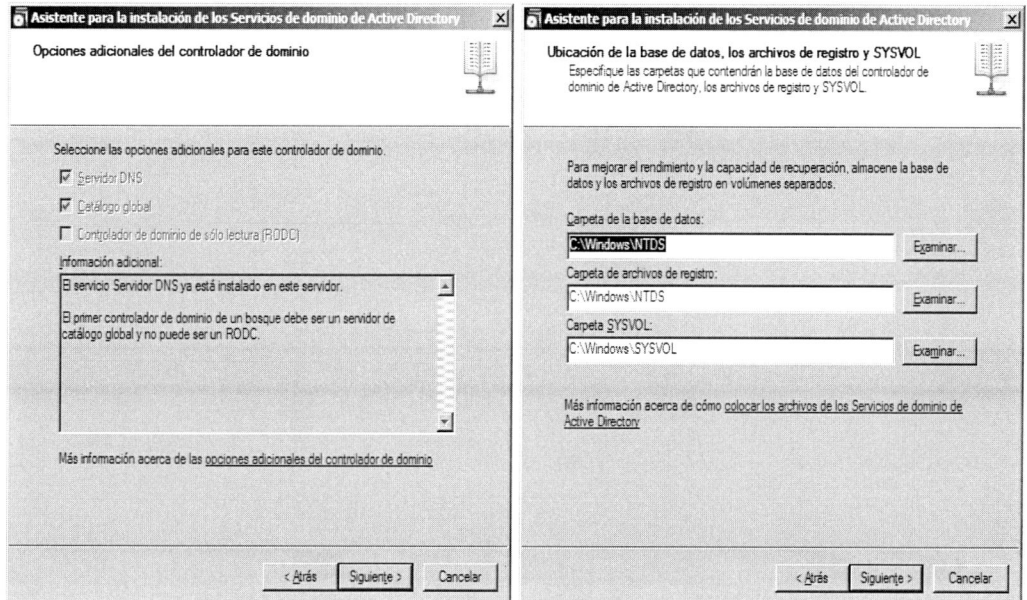

Figura 5-24   Figura 5-25

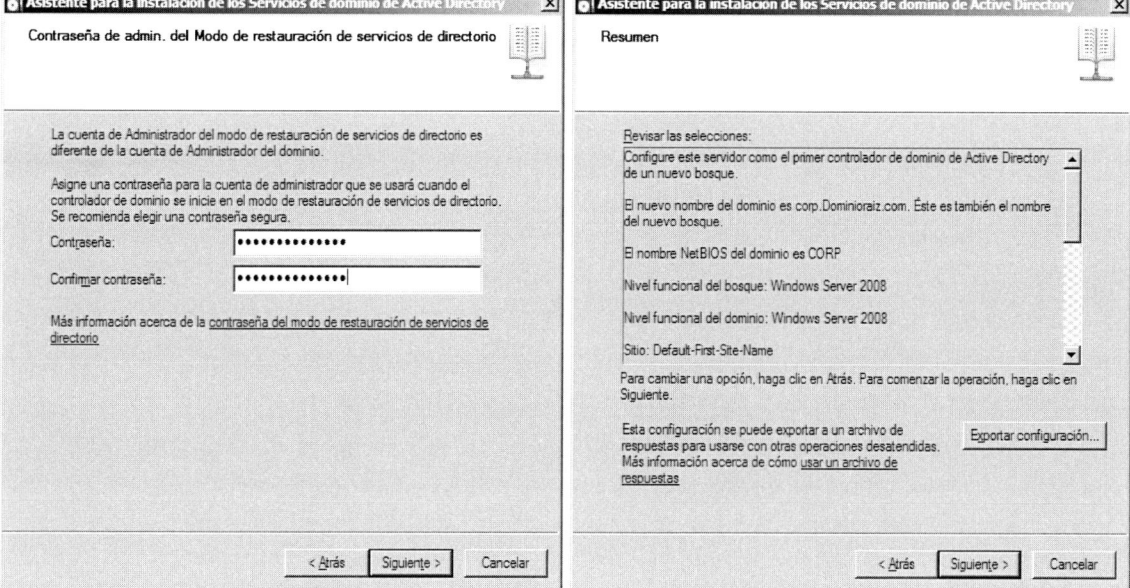

Figura 5-26   Figura 5-27

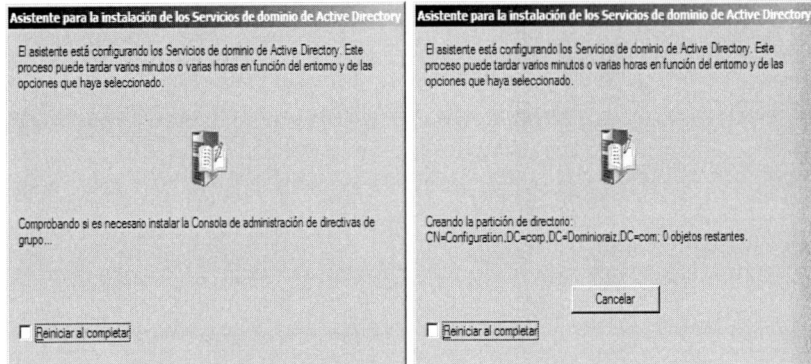

Figura 5-28   Figura 5-29

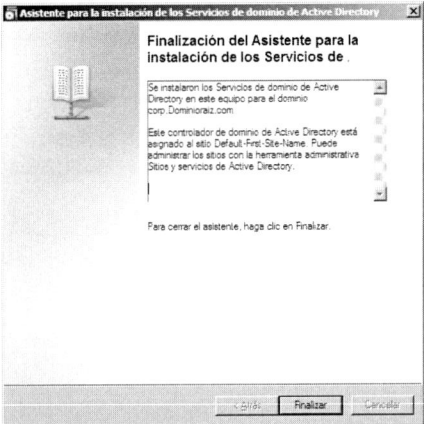

Figura 5-30

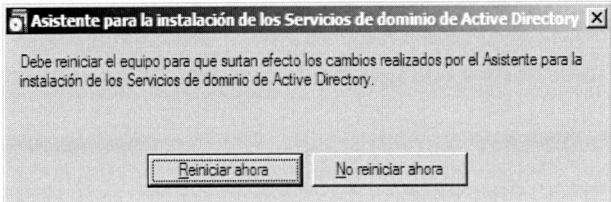

Figura 5-31

Una vez instalado el controlador de dominio, podrá administrar objetos en el dominio usando *Usuarios y equipos de Active Directory*, *Dominios y confianzas de Active Directory* y *MMC complementos de Servicios de Active Directory*. El complemento *Esquema de Active Directory* ya hemos visto como se instala en el apartado anterior.

5.3.6. Integración de los equipos UNIX y Windows

Identity Management for UNIX es un servicio de función de AD DS que se puede instalar sólo en los controladores de dominio. Dos tecnologías de Identity Management for UNIX, Servidor para NIS y sincronización de contraseña, facilitan la integración de los equipos UNIX con Windows. Los administradores de AD DS puede usar el Servidor para NIS (*Network Information Services*) para administrar los dominios del Servicio de información de la Red (NIS). La sincronización de contraseña sincroniza automáticamente las contraseñas entre los sistemas operativos Windows y UNIX.

5.4. ADMINISTRACIÓN DE CUENTAS, USUARIOS Y EQUIPOS DEL DIRECTORIO ACTIVO

Usuarios y equipos de Active Directory es un complemento de Microsoft Management Console que se puede usar para administrar y publicar información en el directorio. Permite la administración de usuarios, grupos, equipos dominios y unidades organizativas. Se accede a este complemento mediante *Inicio → Herramientas administrativas → Usuarios y equipos de Active Directory* (Figura 5-32) para obtener la interfaz de la Figura 5-33.

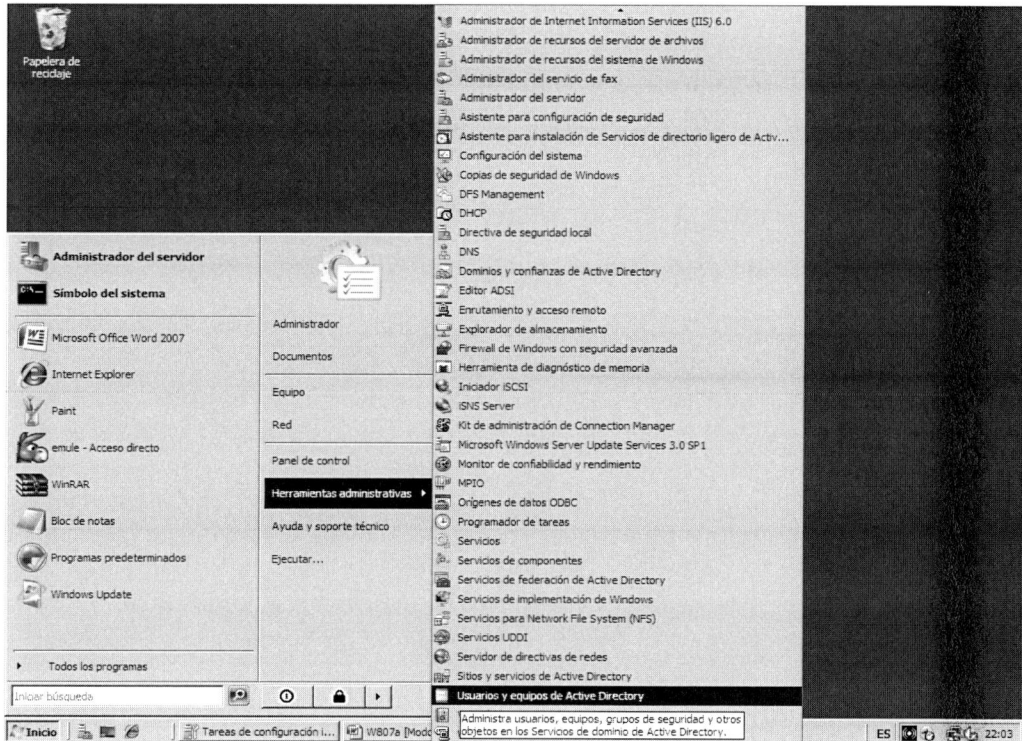

Figura 5-32

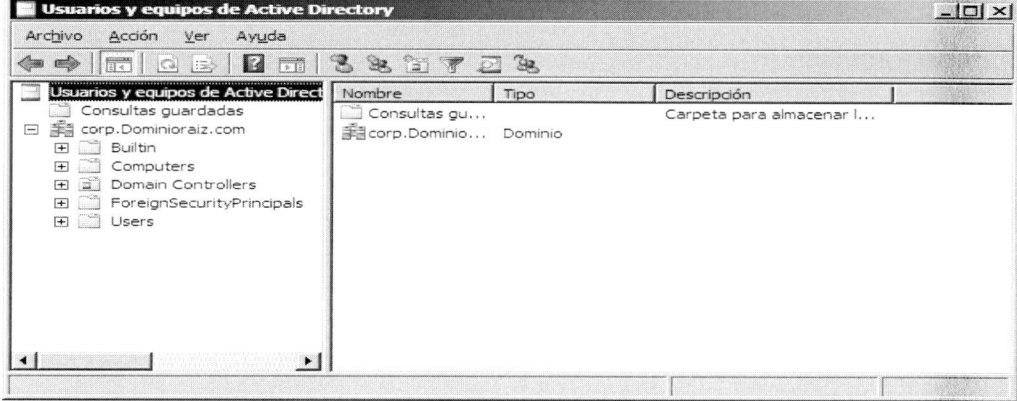

Figura 5-33

5.4.1. Administración de usuarios

Las cuentas de usuario de Active Directory representan entidades físicas, como personas, pero también se pueden usar como cuentas de servicio dedicadas para algunas aplicaciones. A veces, las cuentas de usuario también se denominan entidades de seguridad, que son objetos de directorio a los que se asignan automáticamente identificadores de seguridad (SID), que se pueden usar para obtener acceso a recursos del dominio. La finalidad principal de una cuenta de usuario es autenticar su identidad permitiendo que inicie sesión en equipos y dominios con una identidad.

Un usuario que inicia sesión en la red debe tener una cuenta de usuario y una contraseña propias y únicas. Para maximizar la seguridad es necesario evitar que varios usuarios compartan una misma cuenta. Por otro lado, una cuenta de usuario autoriza o deniega el acceso a los recursos del dominio. Después de que un usuario se autentica, se le concede o se le deniega el acceso a los recursos del dominio en función de los permisos explícitos que se le hayan asignado en el recurso.

5.4.2. Creación de cuentas de usuario

Se crean cuentas de usuario en Servicios de dominio de Active Directory (AD DS) para administrar los usuarios de un dominio; en cambio, para administrar los usuarios específicos de un equipo, se crean cuentas de usuario locales.

Para *crear una cuenta de usuario en AD DS* mediante la interfaz de Windows, abra *Usuarios y equipos de Active Directory* y en el árbol de consola haga clic con el botón secundario en la carpeta a la que desea agregar una cuenta de usuario. La ruta de la carpeta suele ser *Usuarios y equipos de Active Directory/nodo del dominio/carpeta.* A continuación, elija *Nuevo* y haga clic en *Usuario* (Figura 5-34). En la pantalla *Nuevo objeto-Usuario* (Figura 5-35) escriba el nombre del usuario en el campo *Nombre*, en *Iniciales* escriba las iniciales del usuario y en *Apellidos* escriba los apellidos del usuario. Modifique *Nombre completo* para agregar iniciales o invertir el orden del nombre y los apellidos. En *Nombre de inicio de sesión de usuario*, escriba el nombre de inicio de sesión del usuario, haga clic en el sufijo de nombre principal de usuario (UPN) en la lista desplegable.

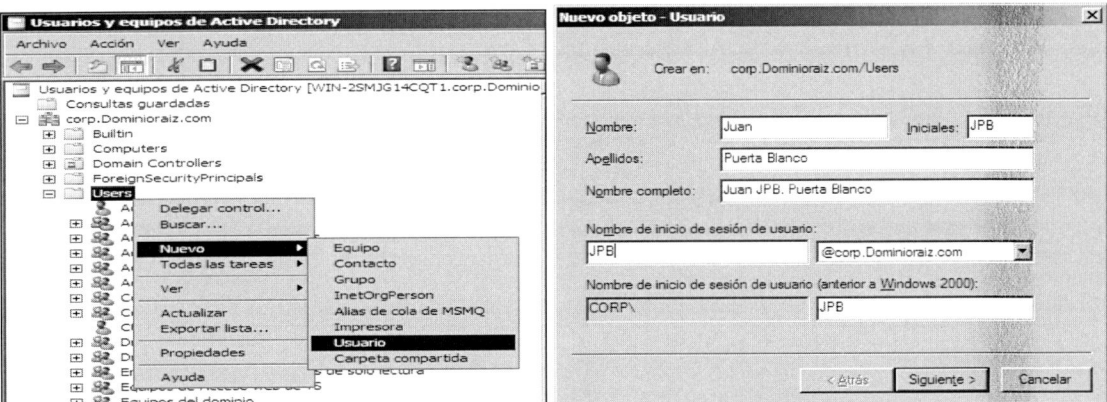

Figura 5-34   Figura 5-35

Si el usuario va a emplear un nombre diferente para iniciar sesión en equipos con los sistemas operativos de Microsoft windows, escriba ese otro nombre en *Nombre de inicio de sesión de usuario* (anterior a Windows 2000). Haga clic en *Siguiente* y en la Figura 5-36, en *Contraseña* y *Confirmar contraseña* escriba la contraseña del usuario y, más tarde, seleccione las opciones apropiadas para la contraseña. Haga clic en *Siguiente* y se obtiene la Figura 5-37 con el resumen de propiedades de la cuenta. Al hacer clic en *Finalizar*, la nueva cuenta ya aparece en el árbol de la consola (Figura 5-38).

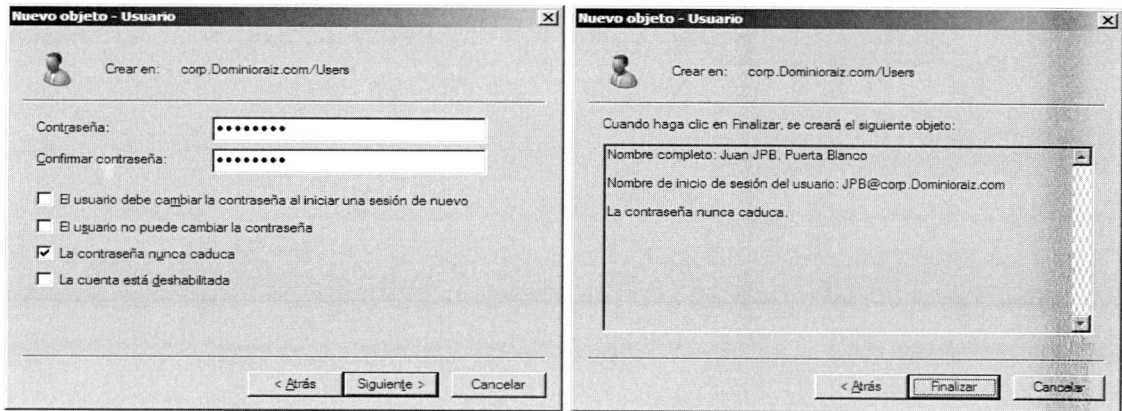

Figura 5-36   Figura 5-37

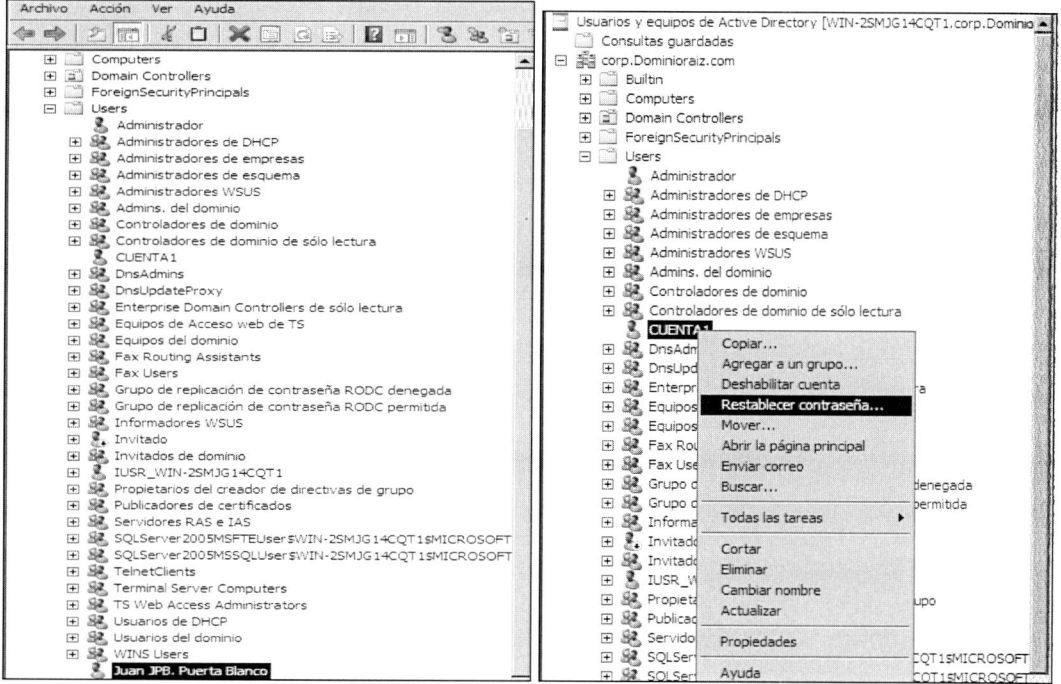

Figura 5-38   Figura 5-39

5.4.2.1. Restablecer una cuenta de usuario

Para *restablecer una cuenta de usuario* mediante la interfaz de Windows, en el árbol de consola, haga clic en *Usuarios*. A continuación, haga clic con el botón derecho del ratón en la cuenta de usuario cuya contraseña se va a restablecer y en el menú emergente resultante haga clic en *Restablecer contraseña* (Figura 5-39). En la pantalla de la Figura 5-40 escriba la contraseña y, luego, confírmela. Si desea que el usuario cambie esta contraseña en el siguiente inicio de sesión, active la casilla *El usuario debe cambiar la contraseña en el siguiente inicio de sesión.*

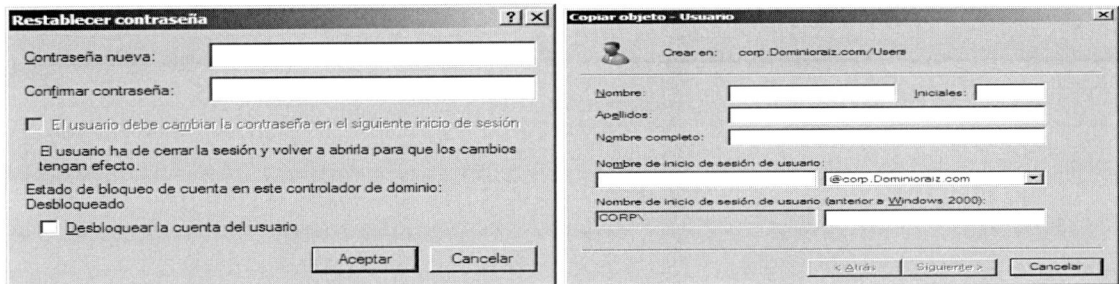

Figura 5-40 Figura 5-41

5.4.2.2. Copiar una cuenta de usuario

Para *copiar una cuenta de usuario*, en el árbol de consola, haga clic en *Usuarios*. A continuación, haga clic con el botón derecho del ratón en la cuenta de usuario que desea copiar y en el menú emergente resultante pulse en *Copiar* (Figura 7-27). Se obtiene la Figura 7-29. En *Nombre* escriba el nombre del usuario, en *Apellidos* escriba los apellidos del usuario, modifique *Nombre completo* para agregar iniciales o invertir el orden del nombre y los apellidos y en *Nombre de inicio de sesión de usuario* escriba el nombre de inicio de sesión del usuario haga clic en el sufijo de nombre principal de usuario (UPN) en la lista desplegable y haga clic en *Siguiente*. Si el usuario va a emplear un nombre diferente para iniciar una sesión en equipos con Windows, escriba ese otro nombre en *Nombre de inicio de sesión de usuario (anterior a Windows 2000)*. En *Contraseña* y *Confirmar contraseña* escriba la contraseña del usuario y, más tarde, seleccione las opciones apropiadas para la contraseña. Si la cuenta de usuario desde la que se copió la nueva cuenta estaba deshabilitada, haga clic en *La cuenta está deshabilitada* para habilitar la nueva cuenta.

5.4.2.3. Desplazar una cuenta de usuario

Para *desplazar una cuenta de usuario*, en el árbol de consola, haga clic en *Usuarios*. A continuación, pulse con el botón derecho del ratón en la cuenta de usuario que desea mover y en el menú emergente resultante haga clic en *Mover* (Figura 5-39). En el cuadro de diálogo *Mover* (Figura 5-42), haga clic en la carpeta a la que desea desplazar la cuenta de usuario.

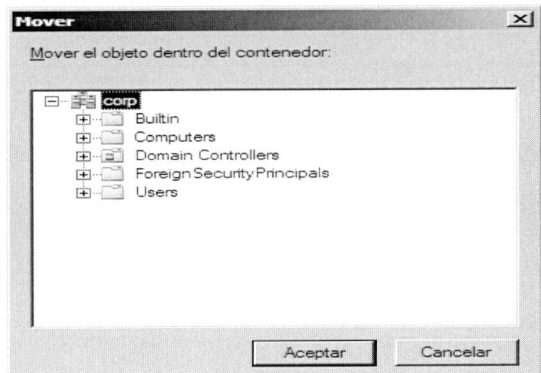

Figura 5-42

5.4.2.4. Establecer las horas de inicio de sesión

Para *establecer las horas de inicio de sesión*, en el árbol de consola, haga clic en *Usuarios*. A continuación, pulse con el botón derecho del ratón en la cuenta de usuario para la que desea establecer las horas de inicio de sesión y en el menú emergente resultante haga clic en *Propiedades* (Figura 5-39). En la ficha *Cuenta* (Figura 5-43) de la pantalla *Propiedades*, haga clic en *Horas de inicio de sesión* y, por último, establezca las horas de inicio de sesión permitidas o no permitidas para el usuario.

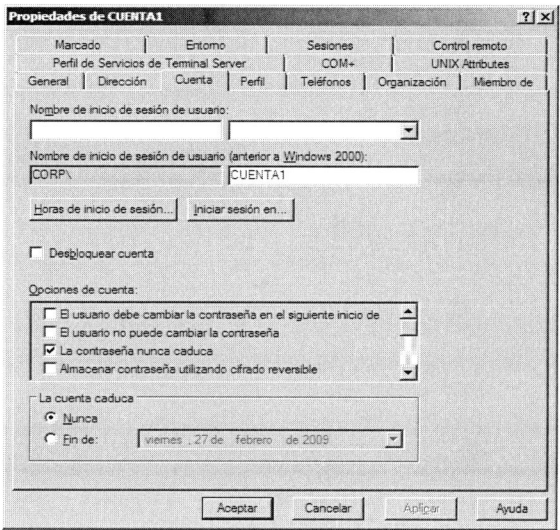

Figura 5-43

5.4.2.5. Habilitar o deshabilitar cuentas de usuario

Para *habilitar o deshabilitar cuentas de usuario*, en el árbol de consola, haga clic en *Usuarios*. A continuación, pulse con el botón derecho del ratón en la cuenta de usuario que desea habilitar o deshabilitar y en el menú emergente resultante (Figura 7-27), en función del estado de la cuenta, realice uno de los pasos siguientes:

- Para deshabilitar la cuenta, haga clic en *Deshabilitar cuenta*.
- Para habilitar la cuenta, haga clic en *Habilitar cuenta*.

5.4.2.6. Eliminar una cuenta de usuario

Para eliminar una cuenta de usuario, en el árbol de consola, haga clic en *Usuarios*. A continuación, pulse con el botón derecho del ratón en la cuenta de usuario que desea eliminar y en el menú emergente resultante haga clic en *Eliminar* (Figura 5-39).

5.4.2.7. Modificar el grupo principal de un usuario

Para *cambiar el grupo principal de un usuario*, en el árbol de consola, haga clic en *Usuarios*. A continuación, haga clic con el botón derecho del ratón en la cuenta de usuario para la que desea cambiar el grupo principal y en el menú emergente resultante haga clic en *Propiedades* (Figura 5-39). En la ficha *Miembro de* (Figura 5-44), haga clic en el grupo que desea definir como el grupo principal del usuario y, luego, pulse en *Establecer grupo principal*.

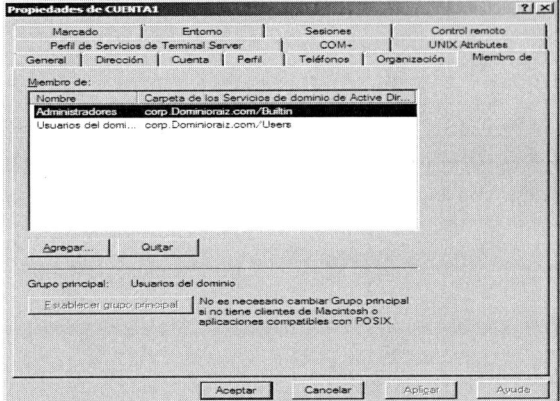

Figura 5-44

5.5. PERFILES MÓVILES Y REDIRECCIONAMIENTO DE CARPETAS

5.5.1. Perfiles móviles en Windows server

Los dominios y el sistema de directorios de Active Directory del que forman parte, ofrecen muchas opciones para facilitar a los usuarios el acceso a los recursos, al mismo tiempo que mantienen un control y seguridad adecuados. En un dominio es más sencillo efectuar el seguimiento de las contraseñas y los permisos, ya que un dominio es una base de datos sencilla y centralizada de cuentas de usuario, permisos y otros detalles de la red. La información de esta base de datos se replica automáticamente entre los controladores de dominio.

Para asignar un nombre al equipo y unirlo a un dominio, haga clic en *Proporcionar nombre del equipo y dominio* en la ventana *Tareas de configuración inicial* y utilice la ficha *Nombre de equipo* (Figura 5-45).

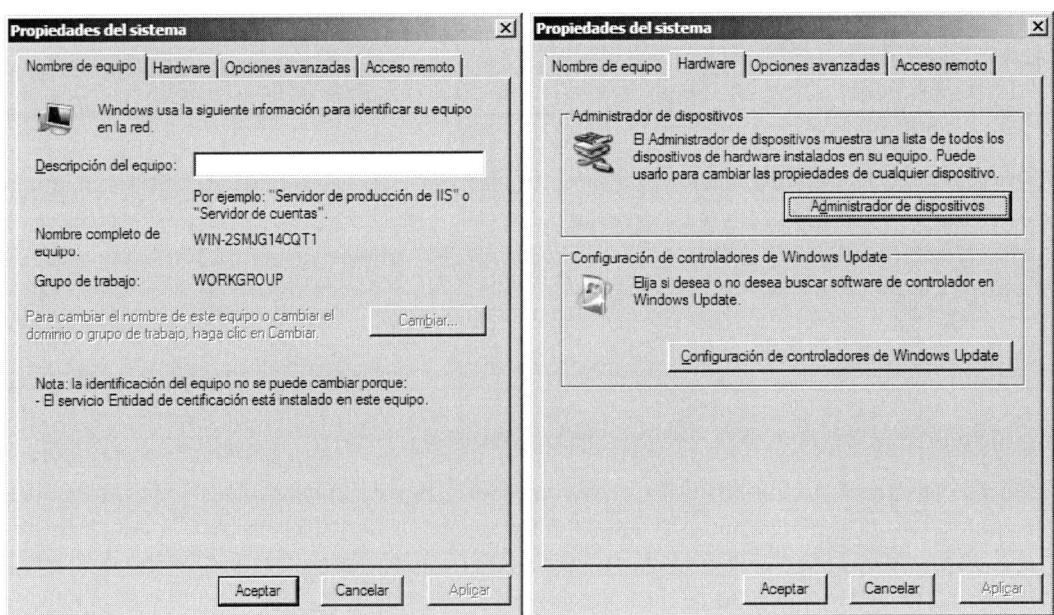

Figura 5-45   Figura 5-46

La ficha *Hardware* (Figura 5-46) da acceso al *Administrador de dispositivos* que relaciona y permite configurar todos los dispositivos del equipo (Figura 5-47) y a la *Configuración de controladores de Windows Update* con las opciones de la Figura 5-48.

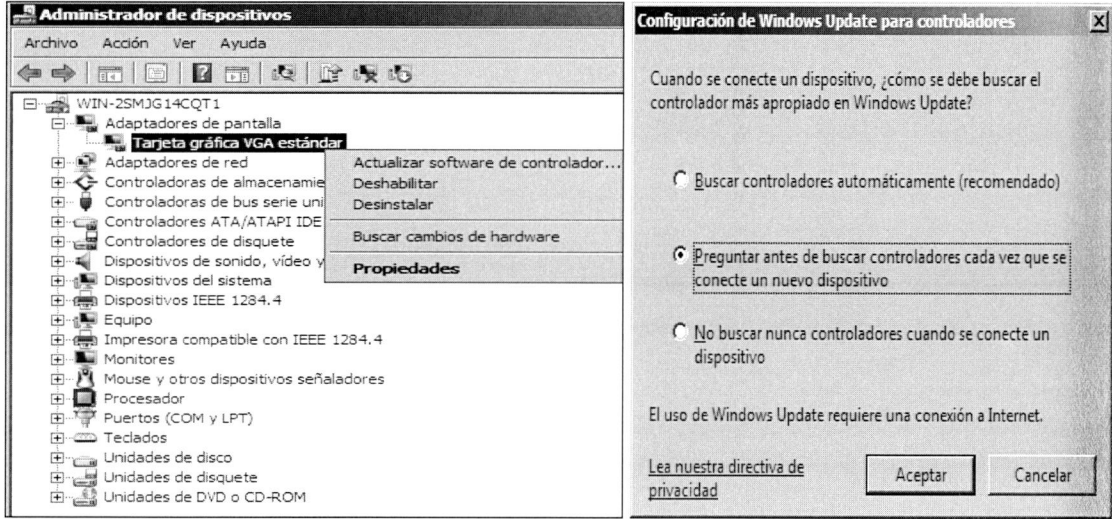

Figura 5-47   Figura 5-48

La ficha *Opciones avanzadas* (Figura 5-49) permite configurar rendimiento según las opciones de la Figura 5-50, perfiles de usuario según las opciones de la Figura 5-51 e inicio y recuperación según las opciones de la Figura 5-52. La ficha *Acceso remoto* (Figura 5-53) gobierna el acceso remoto a este equipo.

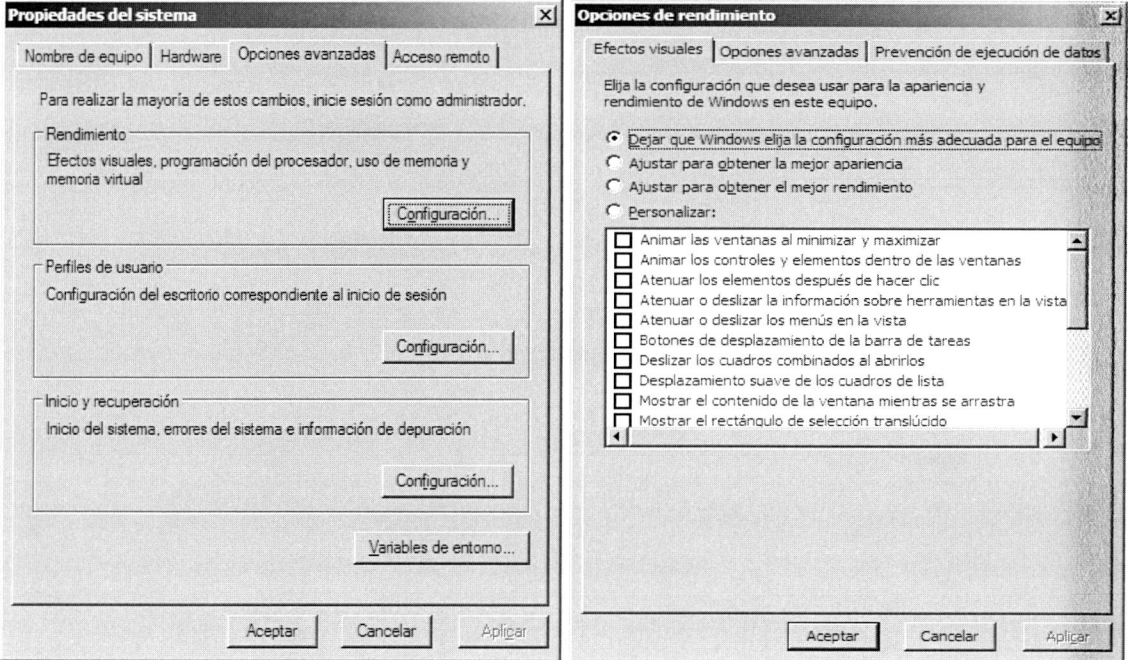

Figura 5-49   Figura 5-50

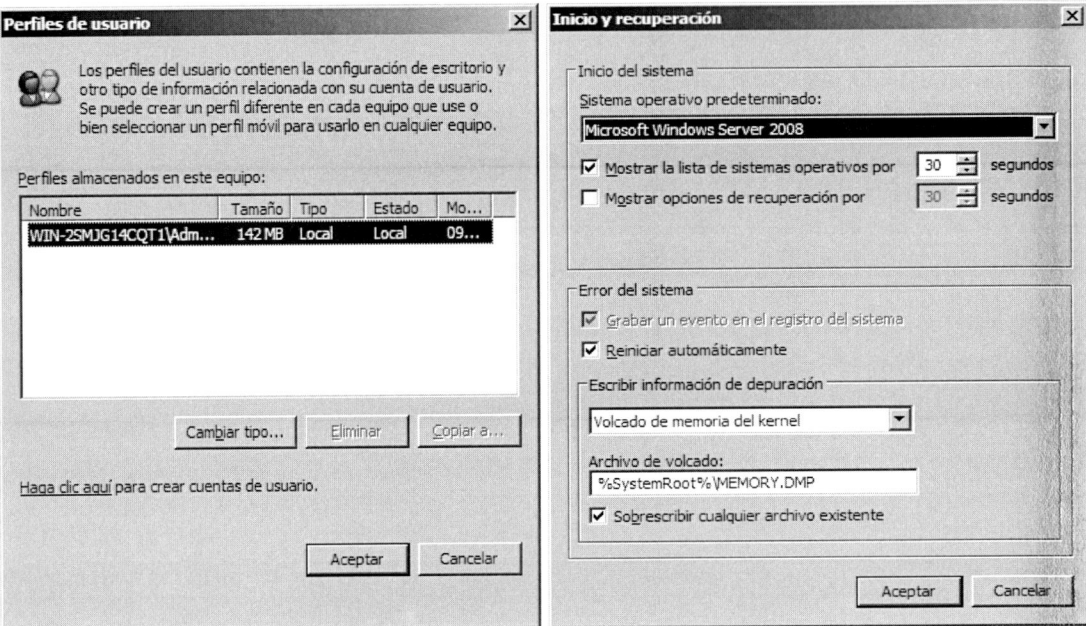

Figura 5-51   Figura 5-52

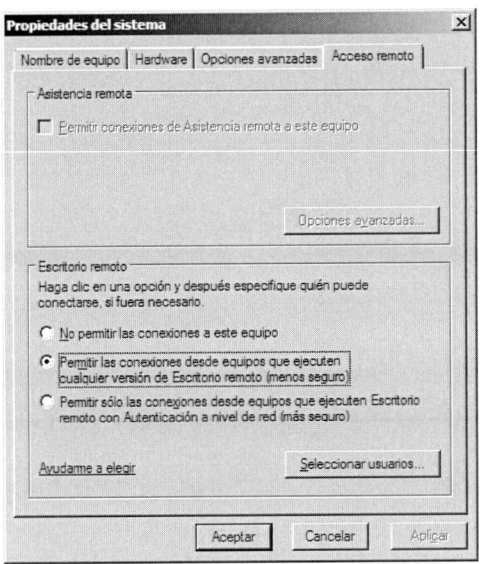

Figura 5-53

Observamos que con las opciones de la Figura 5-51 es posible configurar perfiles de usuario. Los perfiles de usuario contienen la configuración de escritorio y otro tipo de información relacionada con la cuenta de usuario. Es posible crear un perfil diferente en cada usuario que se use o bien crear un perfil móvil para usuario en cualquier equipo.

5.5.2. Redireccionamiento de carpetas en Windows server

El redireccionamiento de carpetas permite redirigir carpetas específicas de perfiles de usuario a una nueva ubicación, como puede ser una ubicación de red compartida. Se usa en el proceso de administración de perfiles de usuario y perfiles de usuarios móviles. Puede configurar *Redirección de carpetas* mediante la Consola de administración de directivas de grupo para redirigir carpetas específicas de perfiles de usuario y para modificar la configuración de la directiva de redirección de carpetas.

La configuración y los archivos del usuario suelen almacenarse en el perfil de usuario local, en la carpeta *Usuarios*. Sólo se puede tener acceso a los archivos de los perfiles de usuario locales desde el equipo actual, lo que dificulta a los usuarios que usan más de un equipo el trabajo con sus datos y la sincronización de configuraciones entre varios sistemas. Existen dos tecnologías diferentes para solucionar este problema: los perfiles móviles y el redireccionamiento de carpetas. Estas dos tecnologías presentan ventajas y pueden usarse individual o conjuntamente para crear una experiencia de usuario eficaz de un equipo a otro. Asimismo, proporcionan opciones adicionales para los administradores de los datos de usuario. El redireccionamiento de carpetas permite que los administradores redirijan la ruta de acceso de una carpeta a una carpeta del equipo local o un directorio de un recurso compartido de archivos de red. Los usuarios tienen la capacidad de trabajar con documentos en un servidor como si éstos se encontraran en una unidad local. Los documentos de la carpeta están disponibles para el usuario desde cualquier equipo de la red. La redirección de carpetas se encuentra bajo *Configuración de Windows* en el árbol de la consola cuando se modifica la directiva de grupo basada en el dominio mediante la Consola de administración de directivas de grupo. La ruta de acceso es *[Nombre del objeto de directiva de grupo]\User Configuration\Policies\Windows Settings\Folder Redirection*.

La redirección de carpetas a través de la GPMC en Microsoft Windows server incluye las siguientes *nuevas características*:

- La capacidad de redirigir más carpetas en las carpetas del perfil de usuario que en versiones anteriores del sistema operativo Windows. Incluye las carpetas *Contactos, Descargas, Favoritos, Vínculos, Música, Juegos guardados, Búsquedas* y *Vídeos*.

- La capacidad de aplicar la configuración de las carpetas redirigidas a equipos con Microsoft Windows y Windows server. En las versiones anteriores del sistema operativo Windows, puede aplicar esta configuración a las carpetas que pueden redirigirse, en concreto, *Datos de programa, Escritorio, Mis documentos, Mis imágenes* y *Menú Inicio*. Esta opción está disponible en la ficha *Configuración* de las *Propiedades de la carpeta*, en *Seleccione la configuración de redireccionamiento para [nombreDeCarpeta]*.

- La opción para configurar las carpetas *Música, Imágenes* y *Vídeos* según la carpeta *Documentos*. En versiones anteriores del sistema operativo Windows, estas carpetas eran subcarpetas de *Documentos*. Si configura esta opción, se ocupa de los problemas relacionados con las diferencias de nomenclatura y estructura de carpetas entre Windows server y versiones anteriores del sistema operativo Windows. Esta opción está disponible en la ficha *Destino de las Propiedades de la carpeta*, en *Configuración*.

- La capacidad de redirigir la carpeta *Menú Inicio* a una ruta de acceso específica para todos los usuarios. En Windows server, la carpeta *Menú Inicio* solamente puede redirigirse a una carpeta de destino compartida.

Las *ventajas más importantes del redireccionamiento de carpetas* son las siguientes:

- Incluso si un usuario inicia una sesión en varios equipos de la red, sus datos siempre están disponibles.

- La tecnología de archivos sin conexión (que se activa de forma predeterminada) hace posible que los usuarios tengan acceso a la carpeta incluso si no están conectados a la red. Esta característica es especialmente útil para los usuarios de equipos portátiles.

- Se puede realizar una copia de seguridad de los datos almacenados en una carpeta de red como parte de la administración rutinaria del sistema. Esto es más seguro, ya que no se requiere ninguna acción por parte del usuario.

- Si usa perfiles de usuario móvil, podrá usar el redireccionamiento de carpetas para reducir el tamaño total del perfil móvil y optimizar el tiempo del proceso de inicio y cierre de sesión del usuario final. Si implementa el redireccionamiento de carpetas con perfiles de usuario móvil, los datos sincronizados a través del redireccionamiento de carpetas no forman parte del perfil móvil y se sincronizan en segundo plano mediante *Archivos sin conexión* después de que el usuario inicie la sesión. Como resultado, no es necesario que el usuario espere a que estos datos se sincronicen al iniciar o cerrar la sesión, como sucede con los perfiles de usuario móvil.

- Los datos que son específicos de un usuario pueden redirigirse a otro disco duro del equipo local del usuario desde el disco duro en el que se encuentran los archivos del sistema operativo, de modo que los datos del usuario estarán más seguros si debe reinstalarse el sistema operativo.

- Como administrador, puede usar la directiva de grupo para establecer cuotas de disco, con lo que limita la cantidad de espacio que ocupan las carpetas de perfiles de usuario.

En cuanto a la *selección de un destino del redireccionamiento de carpetas*, la ficha *Destino* del cuadro *Propiedades* de la carpeta (Figura 5-54) le permite seleccionar la ubicación de la carpeta redirigida en una red o en un perfil de usuario local. Puede elegir entre las siguientes opciones de configuración:

- *Básico: redirigir la carpeta de todos a la misma ubicación* (Figura 5-55). Esta configuración permite redirigir la carpeta de todos a la misma ubicación y se aplica a todos los usuarios incluidos en el objeto de directiva de grupo. Para especificar una ubicación de la carpeta de destino, cree una carpeta para cada usuario en la ruta raíz. Se creará una carpeta con formato *\\servidor\recurso compartido\nombreDeCuentaDeUsuario\nombreDeCarpeta*. Cada usuario obtendrá una ruta de acceso única a la carpeta redirigida correspondiente. Si habilita *Aplicar también la directiva de* redirección a los sistemas operativos Windows y Windows server en la ficha *Configuración*, esta opción no está disponible para la carpeta *Menú Inicio*.

- *Redirigir a la ubicación siguiente*. Esta opción usará una ruta de acceso explícita a la ubicación de redireccionamiento. Esto puede hacer que varios usuarios compartan la misma ruta a la carpeta redirigida.

- *Redirigir a la ubicación del perfil de usuario local*. Esta opción moverá la ubicación de la carpeta al perfil de usuario local en la carpeta *Usuarios*.

- *Avanzado: especificar ubicaciones para diversos grupos de usuarios* (Figura 5-56). Esta configuración permite especificar el comportamiento del redireccionamiento de la carpeta en función del grupo de seguridad al que pertenezca el objeto de directiva de grupo.

- *Configuración: según la carpeta Documentos*. Esta opción sólo está disponible para las carpetas *Música*, *Imágenes* y *Vídeos*. Esta opción soluciona cualquier problema relacionado con las diferencias de nomenclatura y estructura de carpetas entre Windows Vista y versiones anteriores del sistema operativo Windows. Si elige esta opción, no podrá configurar ninguna opción adicional de redireccionamiento o eliminación de la directiva para estas carpetas y la configuración se heredará de la carpeta *Documentos*. Este comportamiento también se producirá de manera predeterminada si habilita *Aplicar también la directiva de redirección a los sistemas operativos Windows y Windows Server* en la ficha *Configuración* cuando configure la redirección de la carpeta *Documentos*.

- *No configurado* (Figura 5-54). Éste es el valor predeterminado. Esta configuración especifica que se ha quitado el redireccionamiento de carpetas basado en la directiva para dicho objeto de directiva de grupo y que las carpetas se redirigirán a la ubicación del perfil de usuario local o se mantendrán donde están en función de las opciones de redireccionamiento elegidas, si se ha establecido alguna directiva de redireccionamiento existente. No se produce ningún cambio en la ubicación actual de esta carpeta.

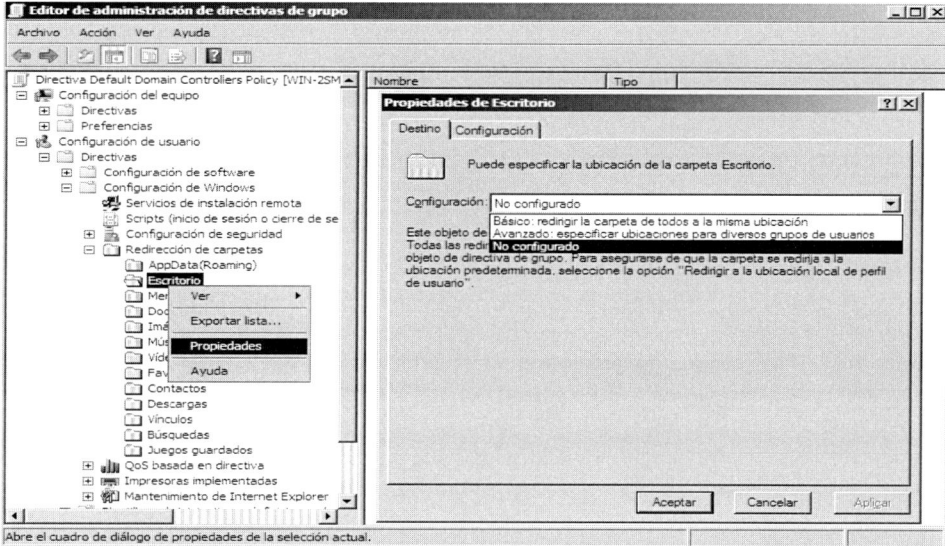

Figura 5-54

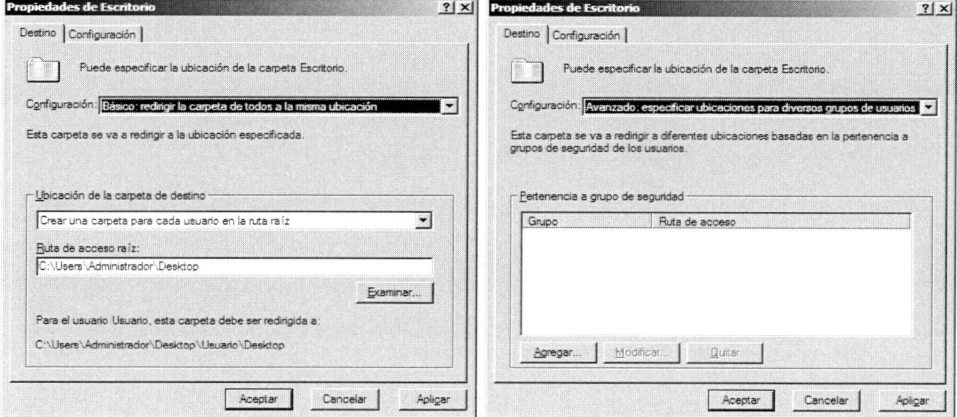

Figura 5-55   Figura 5-56

En cuanto al *establecimiento de una configuración adicional para la carpeta redirigida*, en la ficha *Configuración* del cuadro *Propiedades* de una carpeta (Figura 5-57), puede habilitar las siguientes opciones:

- *Otorgar al usuario derechos exclusivos*. Esta opción está habilitada de forma predeterminada y es la configuración recomendada. Esta configuración indica que el administrador y otros usuarios no tienen permiso de acceso a esta carpeta.

- *Mover el contenido de [nombreDeCarpeta] a la nueva ubicación*. Esta configuración traslada todos los datos del usuario en la carpeta local a la carpeta compartida en la red.

- *Aplicar también la directiva de redirección a los sistemas operativos Windows y Windows server*. Esta configuración habilita el redireccionamiento de carpetas para que funcione tanto en Windows server como en versiones anteriores del sistema operativo Windows. Esta opción sólo se aplica a las carpetas que pueden redirigirse de versiones anteriores del sistema operativo Windows, que son *Datos de programa, Escritorio, Mis documentos, Mis imágenes* y *Menú Inicio*. La carpeta *AppData/Roaming* (*Datos de programa* en versiones anteriores del sistema operativo Windows) de Windows server contiene ahora varias carpetas que anteriormente se encontraban bajo la carpeta raíz de la carpeta *Perfil de usuario* en versiones anteriores del sistema operativo Windows. Por ejemplo, en versiones anteriores, la carpeta *Menú Inicio* no se encontraba bajo la carpeta *Datos de programa*. Quizá no tenga sentido redirigir todas las carpetas situadas bajo *Datos de programa* cuando se habilita la opción *Aplicar también la directiva de redirección a los sistemas operativos Windows y Windows Server*. Por lo tanto, si elige esta configuración, Windows server no redirigirá automáticamente las siguientes carpetas: *Menú Inicio, Accesos directos de red, Accesos directos de impresora, Plantillas, Cookies, Enviar a*. Si no elige esta opción, Windows server redirigirá automáticamente todas las carpetas situadas bajo la carpeta *Datos de programa*.

- *Eliminación de la directiva*. En la Figura 5-57 se gobierna el comportamiento de las carpetas redirigidas y su contenido cuando ya no se aplica el objeto de directiva de grupo, según las selecciones para la eliminación de la directiva. Las opciones de eliminación de la directiva están disponibles en la ficha *Configuración*, bajo *Eliminación de la directiva* (Figura 5-57).

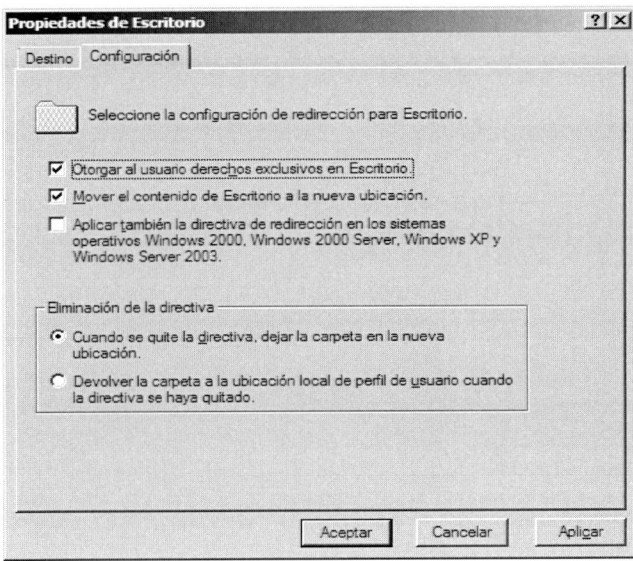

Figura 5-57

5.5.3. Ubicación de carpetas en perfiles de usuario en Windows server

Para *especificar la ubicación de las carpetas en un perfil de usuario*, se tendrá en cuenta lo siguiente:

- En el árbol de la Consola de administración de directivas de grupo (GPMC), haga clic con el botón secundario del ratón en el objeto de directiva de grupo (GPO) vinculado al sitio, dominio o unidad organizativa que contiene los usuarios cuyas carpetas de perfil de usuario desee redirigir y, a continuación, pulse en *Editar* (Figura 5-58).

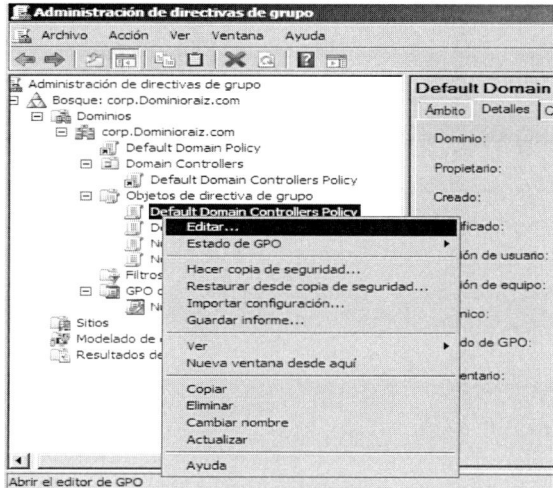

Figura 5-58

- En la ventana *Editor de administración de directivas de grupo*, haga clic con el botón secundario en la carpeta del perfil de usuario que desee redirigir. La ruta de acceso a la carpeta de perfil de usuario es *Configuración de usuario\Directivas\Configuración de Windows\Redirección de carpetas\NombreDeCarpetaDePerfilDeUsuario*. Haga clic en *Propiedades* en el menú emergente resultante (Figura 5-59).

- En la ficha *Destino* (Figura 5-59), elija una de las siguientes opciones de *Configuración*, siga los pasos indicados para dicha configuración y haga clic en *Aceptar*:

    — *Básico: redirigir la carpeta de todos a la misma ubicación.* Seleccione una ubicación en *Ubicación de la carpeta de destino*. Si desea redirigir la carpeta a una ubicación específica, seleccione *Crear una carpeta para cada usuario en la ruta raíz* o *Redirigir a la ubicación siguiente* y haga clic en *Examinar para especificar una ubicación*. Si desea especificar una configuración de redireccionamiento adicional para la carpeta, haga clic en la ficha *Configuración* para establecer cualquiera de las siguientes opciones y, a continuación, pulse en *Aceptar*. Otorgue al usuario derechos exclusivos para la carpeta (activada de forma predeterminada), mueva el contenido de la carpeta a la nueva ubicación (activada de forma predeterminada), aplique la directiva de redireccionamiento de Windows server a versiones anteriores del sistema operativo Windows y especifique la configuración de eliminación de la directiva (cuando se quite la directiva, dejar la carpeta en la nueva ubicación está activada de forma predeterminada).

— *Configuración: según la carpeta Documentos*. Esta opción sólo está disponible para las carpetas *Música, Imágenes y Vídeos*. Esta selección se realiza según la configuración de la carpeta *Documentos* y soluciona cualquier problema relacionado con las diferencias de nomenclatura y estructura de carpetas entre Windows server y versiones anteriores de Windows. Si elige esta opción, no podrá configurar ninguna opción adicional de redireccionamiento o eliminación de la directiva para estas carpetas y la configuración se heredará de la carpeta *Documentos*.

— *Avanzado: especificar ubicaciones para diversos grupos de usuarios*. En *Pertenencia a grupo de seguridad*, haga clic en *Agregar*. En *Pertenencia a grupo de seguridad*, pulse en *Examinar* para buscar el grupo de seguridad. Seleccione una ubicación en *Ubicación de la carpeta de destino*. Si desea redirigir la carpeta a una ubicación específica, seleccione *Crear una carpeta para cada usuario en la ruta raíz* o *Redirigir a la ubicación siguiente* y haga clic en *Examinar* para especificar una ubicación. Si desea especificar una configuración de redirección adicional para la carpeta, haga clic en la ficha *Configuración* para establecer cualquiera de las siguientes opciones y, a continuación, haga clic en *Aceptar*. Otorgue al usuario derechos exclusivos en *[nombreDeCarpeta]* (activada de forma predeterminada), mueva el contenido de *[nombreDeCarpeta]* a la nueva ubicación (activada de forma predeterminada), aplique también la directiva de redirección a los sistemas operativos y Windows Server y especifique la configuración de *Eliminación de la directiva (Cuando se quite la directiva, dejar la carpeta en la nueva ubicación está activada de forma predeterminada)*.

— *No configurado*: éste es el valor predeterminado. No se producirá ningún cambio en la ubicación actual de esta carpeta.

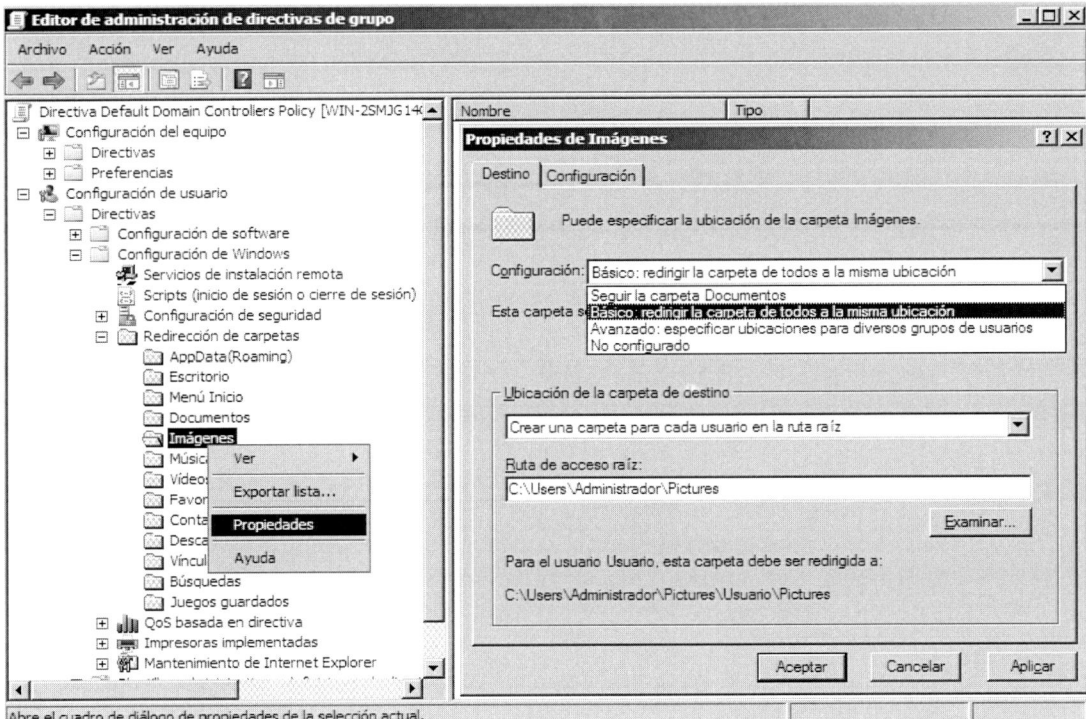

Figura 5-59

5.5.4. Carpetas personales (o particulares)

Los administradores pueden usar las carpetas particulares y la carpeta Documentos para almacenar los archivos de usuario en una sola ubicación. La ubicación de los archivos de usuario en un único lugar simplifica el proceso de copia de seguridad y la administración del control de acceso.

Una carpeta particular puede ser una carpeta local o una carpeta que se encuentra en un recurso compartido. Se puede asignar a uno o varios usuarios. Al asignar una carpeta particular a un usuario, se convierte en su carpeta predeterminada en los cuadros de diálogo *Abrir* y *Guardar como*, en las sesiones del símbolo de sistema y en todos los programas que no tienen una carpeta de trabajo definida.

La carpeta Documentos es una alternativa a las carpetas particulares, pero no las reemplaza. Cuando un usuario intenta guardar o abrir un archivo, la mayoría de los programas determinan si se va a usar la carpeta particular o la carpeta Documentos de una de las dos formas siguientes:

Algunos programas buscan primero en la carpeta particular los archivos que coincidan con el tipo de archivo que se va a abrir o guardar (por ejemplo, *.doc o *.txt). Si se encuentra un archivo con una extensión coincidente, el programa abrirá la carpeta particular y omitirá la carpeta Documentos. Si no se encuentra un archivo con una extensión coincidente, el programa abrirá la carpeta Documentos. En otros programas se pasa por alto la carpeta particular, independientemente de si ésta contiene algún archivo.

Para *asignar una carpeta particular a una cuenta de usuario local*, abra Administración de equipos y en el árbol de la consola, haga clic en *Usuarios* (ruta *Administración de equipos\Herramientas del sistema\Usuarios y grupos locales\Usuarios*). Haga clic con el botón secundario en la cuenta de usuario a la que desea asignar una carpeta particular y, a continuación, en *Propiedades*. En la ficha *Perfil*, realice una de las acciones siguientes:

- Para especificar una carpeta particular local, haga clic en *Ruta de acceso local* y, a continuación, escriba la ruta de acceso (por ejemplo, *c:\usuarios\pilar*).

- Para especificar una carpeta particular en un recurso compartido, haga clic en *Conectar*, pulse en la letra de unidad correspondiente y, a continuación, escriba la ruta de acceso de red (*\\empresa1\usuarios\francisco*).

Para completar este procedimiento, debe proporcionar las credenciales de la cuenta de administrador en el equipo local (si se le solicita), o debe ser miembro del grupo Administradores en dicho equipo. La carpeta Documentos ofrece una alternativa cómoda a las carpetas particulares, pero no las reemplaza. Cada usuario tiene una carpeta Documentos en el volumen de arranque. Si no se asigna una carpeta particular, el sistema asignará una carpeta particular local predeterminada para cada cuenta de usuario (en el directorio raíz en el que se instalaron los archivos del sistema operativo). Para especificar una ruta de acceso de red para la carpeta particular, deberá crear primero el recurso compartido y establecer permisos que concedan acceso al usuario.

5.6   VARIABLES DE ENTORNO Y PERFILES Y PLANTILLAS DE USUARIO

5.6.1. Consola del Administrador de servidores en Windows server

Existen dos caminos para acceder a la consola de Administrador de servidores en Windows server:

- Seleccionar *Inicio → Herramientas administrativas → Administración del servidor* (Figura 5-60).

- Hacer clic sobre *Administrador del servidor* en la barra de herramientas de *Inicio rápido* (Figura 5-61).

Por ambas vías se obtiene la consola de Administrador de servidores (Figura 5-62).

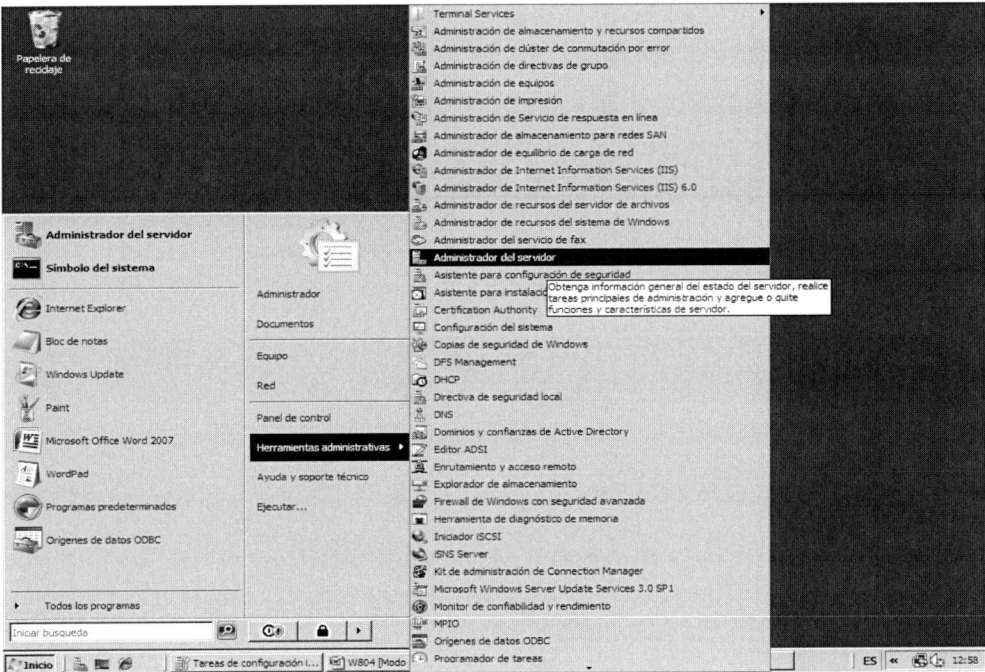

Figura 5-60

La Consola del Administrador de servidores presenta mucha información y funcionalidad en un espacio muy reducido. La ventana principal de la consola contiene cuatro secciones contraíbles: *Resumen de servidores, Resumen de funciones, Resumen de características* y *Recursos y soporte técnico* (Figura 5-62).

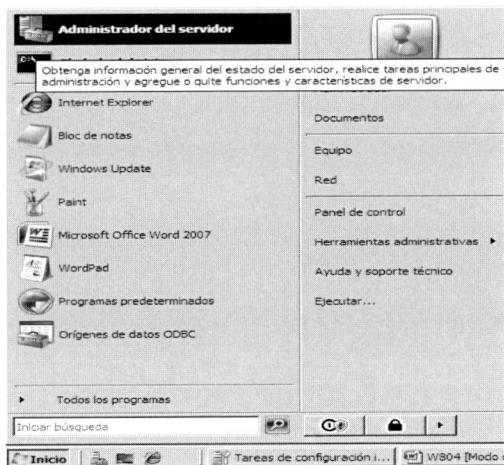

Figura 5-61

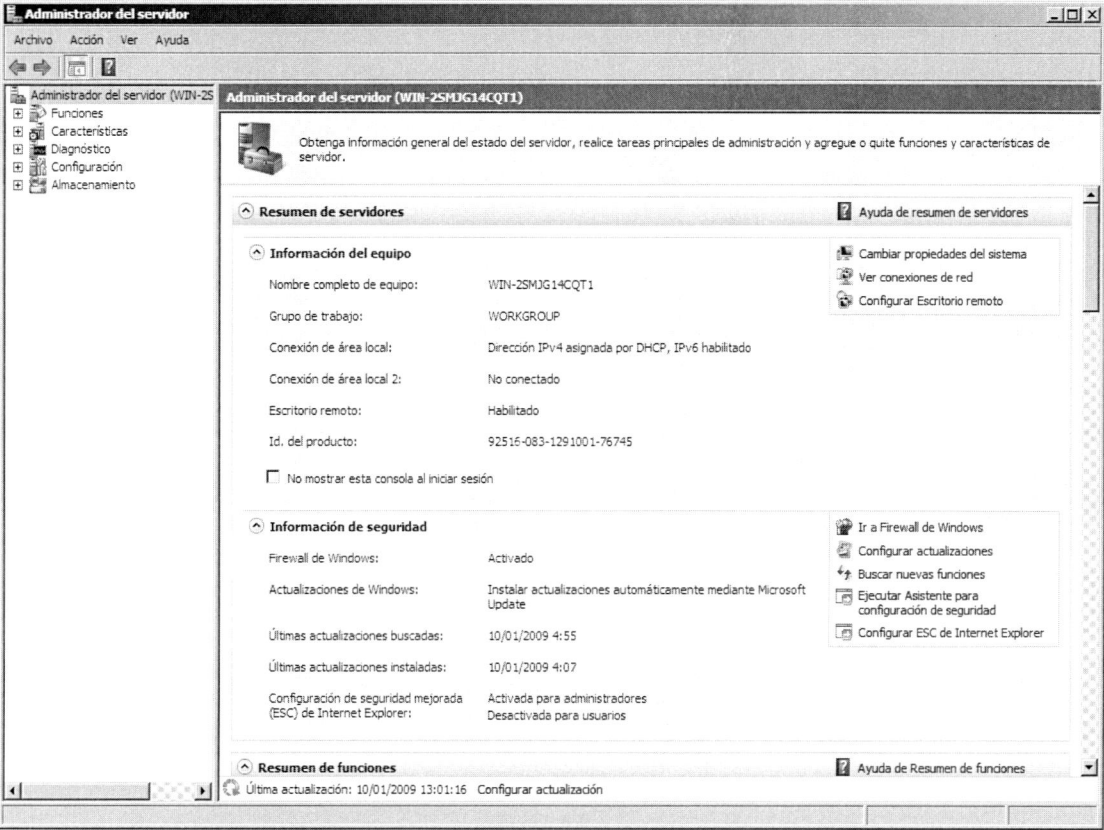

Figura 5-62

La sección *Resumen de servidores* incluye dos subsecciones: *Información del equipo* e *Información de seguridad*. La primera (Figura 5-63) muestra el nombre del equipo, el dominio, el nombre de la cuenta del administrador local, las conexiones de red y el identificador del producto del sistema operativo. También puede usar comandos aquí para editar esta información (*Cambiar propiedades del sistema, Ver conexiones de red* y *Configurar escritorio remoto*). La segunda (Figura 5-64) muestra si se han habilitado las opciones de actualizaciones automáticas de Windows y el Firewall de Windows y si la Configuración de seguridad mejorada (ESC) de Internet Explorer está activada (para administradores o para otros usuarios). De forma similar, hay comandos disponibles para editar estos parámetros y ver todas las opciones avanzadas (*Ir a Firewall de Windows, Configurar actualizaciones, Buscar nuevas funciones, Ejecutar Asistente para configuración de seguridad* y *Configurar ESC de Internet Explorer*).

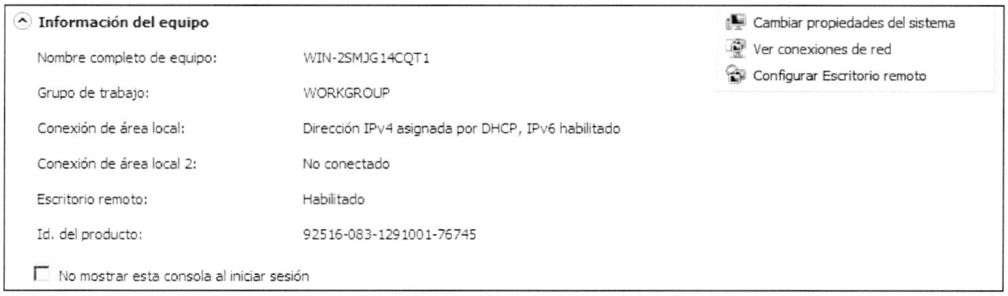

Figura 5-63

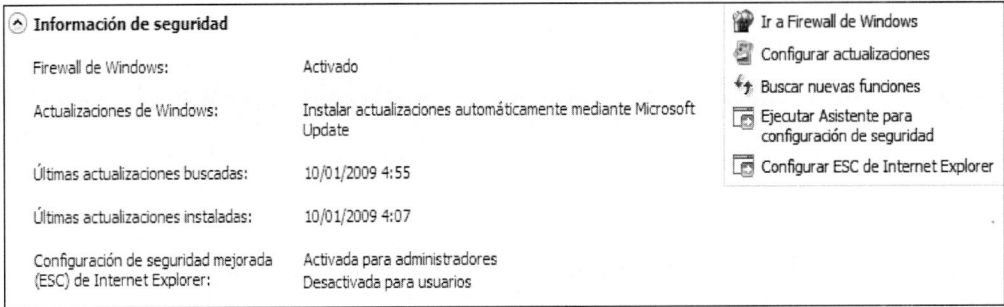

Figura 5-64

5.6.1.1. Información del equipo. Rendimiento, memoria virtual, variables de entorno del sistema y de usuario, prevención de ejecución de datos y administrador de dispositivos

Los comandos *Cambiar propiedades del sistema* (Figura 5-65), *Configurar escritorio remoto* (Figura 5-66) y *Ver conexiones de red* (Figura 5-67) de la sección *Información del equipo* de la Figura 5-63, proporcionan información del equipo.

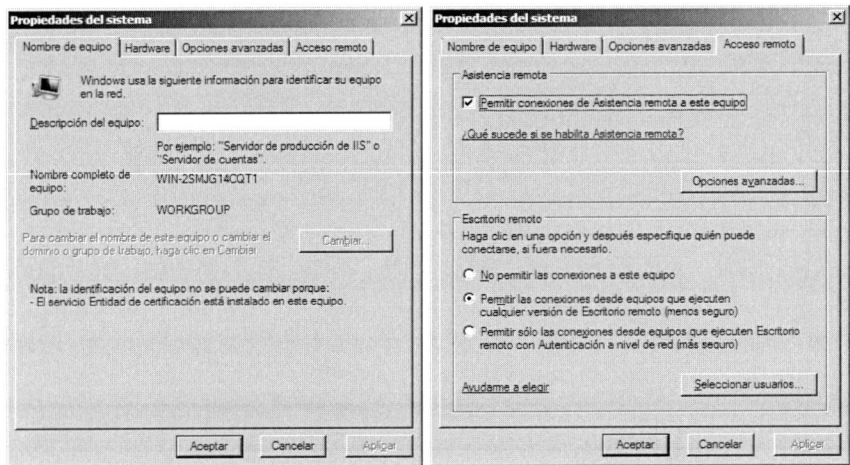

Figura 5-65   Figura 5-66

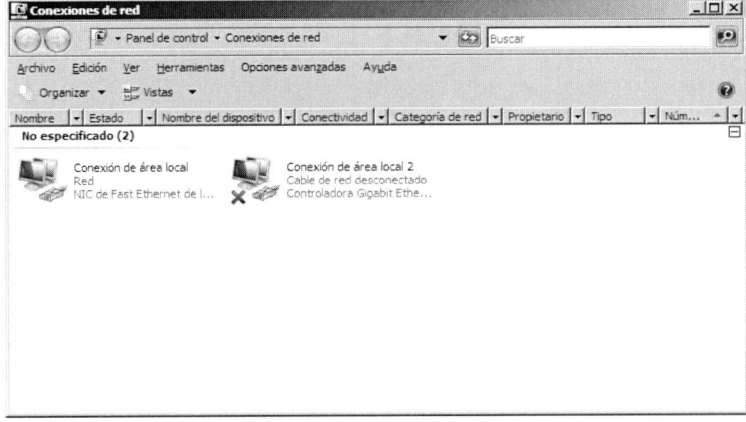

Figura 5-67

La ficha *Nombre de equipo* de la Figura 5-65 permite examinar y modificar los valores de identificación de red del equipo. En ella aparece el nombre completo del equipo y el del dominio o grupo de trabajo al que pertenece. El nombre del equipo es su DNS (sistema de nombres de dominio) que le identificará dentro de la jerarquía de Active Directory.

- *Para que el equipo pase a formar parte de un dominio o grupo de trabajo*, haga clic en *Cambiar* dentro de la ficha *Nombre de equipo* (Figura 5-65). Aparecerá el cuadro de diálogo *Cambios en el dominio o en el nombre del equipo*. Para añadir el equipo a un grupo de trabajo, seleccione la opción *Grupo de trabajo* y escriba el nombre del grupo de trabajo del que se quiere formar parte. Para añadir el equipo a un dominio, seleccione la opción *Dominio* y escriba el nombre del dominio del que se quiere formar parte. Al hacer clic en *Aceptar* aparecerá un mensaje de seguridad de Windows informando del cambio y será necesario introducir el nombre y la contraseña de una cuenta con los permisos necesarios para introducir el equipo en un dominio o grupo de trabajo. Se pulsa *Aceptar* sucesivas veces y se reiniciará el equipo para que tenga efecto el cambio.

- *Para cambiar el nombre del equipo*, haga clic en *Cambiar* dentro de la ficha *Nombre de equipo* (Figura 5-65). Aparecerá el cuadro de diálogo *Cambios en el dominio o en el nombre del equipo*. Escriba el nuevo nombre del equipo en el cuadro de texto *Nombre de equipo*, haga clic en *Aceptar* y reinicie el equipo.

- La ficha *Hardware* (Figura 5-68) permite acceder al *Administrador de dispositivos* y a la *Configuración de controladores de Windows Update*.

- El *Administrador de dispositivos* se utiliza para instalar y actualizar los controladores de los dispositivos de hardware, cambiar la configuración del hardware de estos dispositivos y solucionar problemas. Además, proporciona una vista gráfica del hardware que está instalado en el equipo (Figura 5-69). Si se selecciona cualquier dispositivo y se hace clic con el botón derecho del ratón sobre él, se obtendrá el menú emergente de la Figura 5-69, cuyas opciones permiten actualizar el software de su controlador, deshabilitarlo, desinstalarlo y administrar sus propiedades. También se pueden analizar los cambios que se han realizado en el controlador del dispositivo e incluso volver a versiones anteriores.

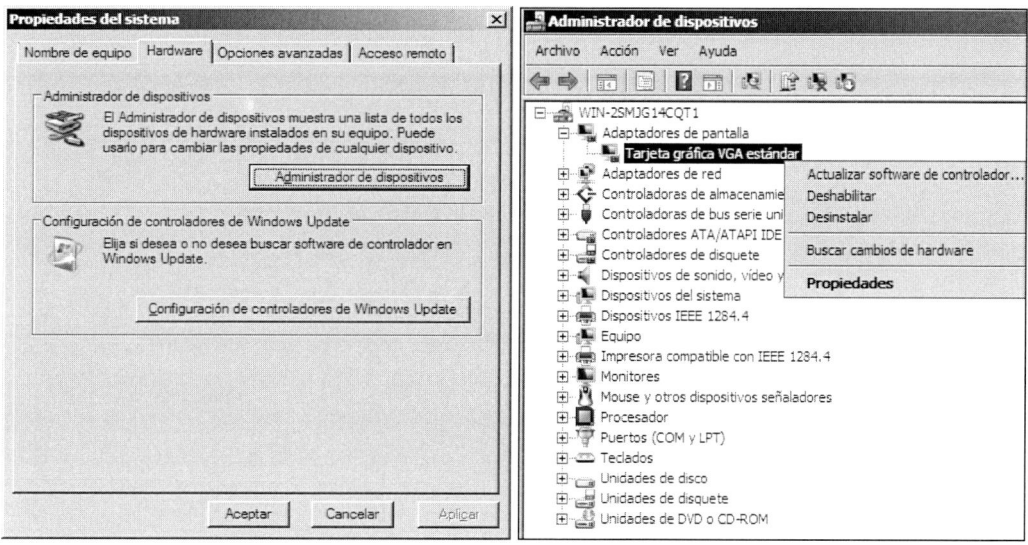

Figura 5-68   Figura 5-69

- Cuando se conecta un nuevo dispositivo, Windows server busca sus controladores automáticamente mediante Windows Update. Si no quiere que se realice la búsqueda automática de controladores, haga clic en el botón *Controladores de Windows Update* y seleccione *Preguntar antes de buscar controladores cada vez que se conecte un nuevo dispositivo* o bien *No buscar nunca controladores cuando se conecte un dispositivo* y haga clic en *Aceptar* (Figura 5-70).

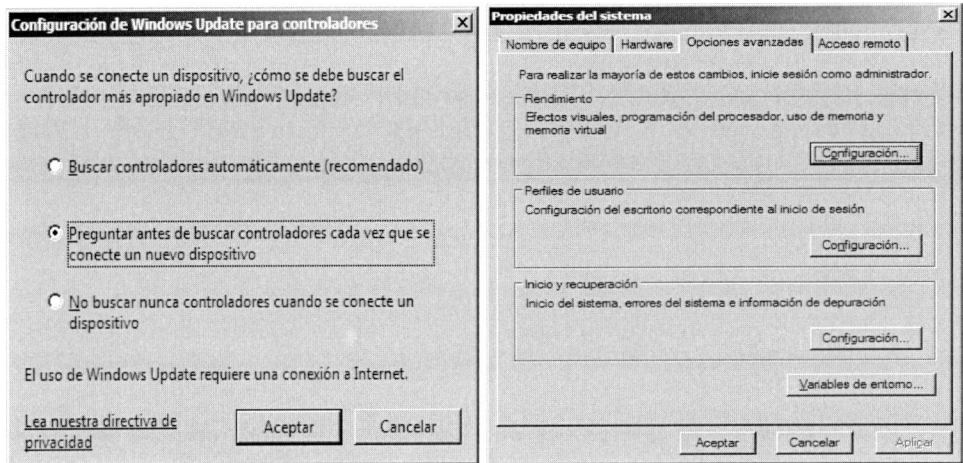

Figura 5-70   Figura 5-71

La ficha *Opciones avanzadas* (Figura 5-71) permite controlar muchas características clave del sistema operativo incluyendo el rendimiento de las aplicaciones, la utilización de la memoria virtual, los perfiles de usuario, las variables de entorno y las opciones de inicio y recuperación.

- Para *configurar el rendimiento de Windows*, haga clic en *Configuración* dentro de *Rendimiento* en la Figura 5-71. Se obtiene la pantalla *Opciones de rendimiento* cuya ficha *Efectos visuales* (Figura 5-72) permite dejar que Windows elija la configuración de efectos visuales más adecuada para el equipo, ajustar para obtener la mejor apariencia, ajustar para obtener el mejor rendimiento o personalizar los efectos visuales.

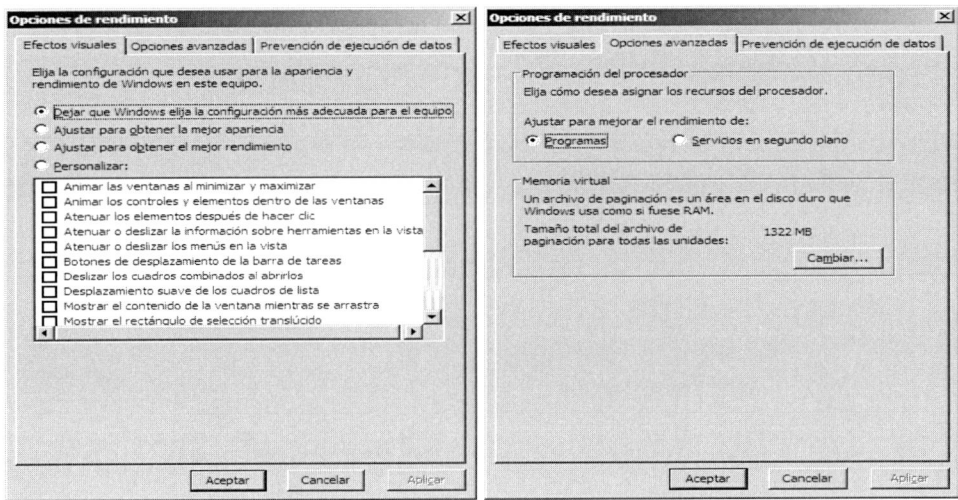

Figura 5-72   Figura 5-73

- Para *configurar el rendimiento de aplicaciones*, haga clic en la ficha *Opciones avanzadas* en la pantalla *Opciones de rendimiento* (Figura 5-73) y en el panel *Programación del procesador* elija *Programas* si quiere que la aplicación activa disfrute del mejor tiempo de respuesta y de la mayor parte de los recursos. Elija *Servicios en segundo plano* si desea que los servicios en segundo plano tengan mejor tiempo de respuesta que la aplicación activa (opción habitual en los servidores). permite dejar que Windows elija la configuración de efectos visuales más adecuada para el equipo, ajustar para obtener la mejor apariencia, ajustar para obtener el mejor rendimiento o personalizar los efectos visuales.

- Para *configurar la memoria virtual*, haga clic en la ficha *Opciones avanzadas* en la pantalla *Opciones de rendimiento* (Figura 5-73) y haga clic en el botón *Cambiar* para acceder al cuadro de diálogo *Memoria virtual* (Figura 5-74) donde la opción *Unidad [etiqueta de volumen] y Tamaño de archivo de paginación (MB)* muestra la cantidad de memoria virtual actualmente configurada en el sistema, la opción *Tamaño de archivo de paginación para cada unidad* proporciona información sobre la unidad actualmente seleccionada permitiendo configurar el tamaño del archivo de paginación, y la opción *Tamaño del archivo de paginación para todas las unidades* proporciona el tamaño recomendado para la memoria virtual del sistema y el tamaño actualmente reservado. La opción *Tamaño personalizado* permite gestionar a medida el tamaño del archivo de paginación para todas las unidades. La opción *Administrar automáticamente el tamaño de archivo de paginación para todas las unidades* permite que Windows server gestione automáticamente la memoria virtual.

- Para *configurar la prevención de ejecución de datos*, haga clic en la ficha *Prevención de ejecución de datos* en la pantalla *Opciones de rendimiento* (Figura 5-75). Elija *Activar DEP sólo para los programas y servicios de Windows esenciales* o *Activar DEP para todos los programas y servicios excepto para los que seleccione*.

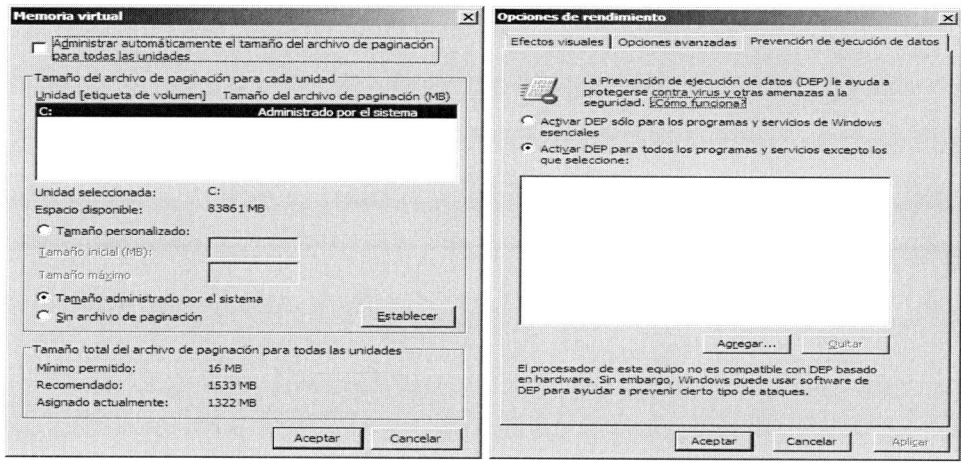

Figura 5-74   Figura 5-75

- Para *configurar variables de entorno del sistema y de usuario*, haga clic en *Variables de entorno* en la Figura 5-71. Se obtiene la pantalla *Variables de entorno* (Figura 5-76) cuyas opciones *Nueva, Editar* y *Eliminar* permiten la creación, modificación y eliminación de variables de entorno, respectivamente.

- Para *configurar inicio y recuperación del sistema*, haga clic en *Configuración* dentro de *Inicio y recuperación* en la Figura 5-71. Se obtiene la pantalla *Inicio y recuperación* (Figura 5-77).

El apartado *Inicio del sistema* permite controlar cómo se inicia el sistema determinando el sistema operativo de inicio cuando hay varios instalados en el equipo. Las opciones de recuperación del sistema se controlan a través de los apartados *Error del sistema* y *Escribir información de depuración*.

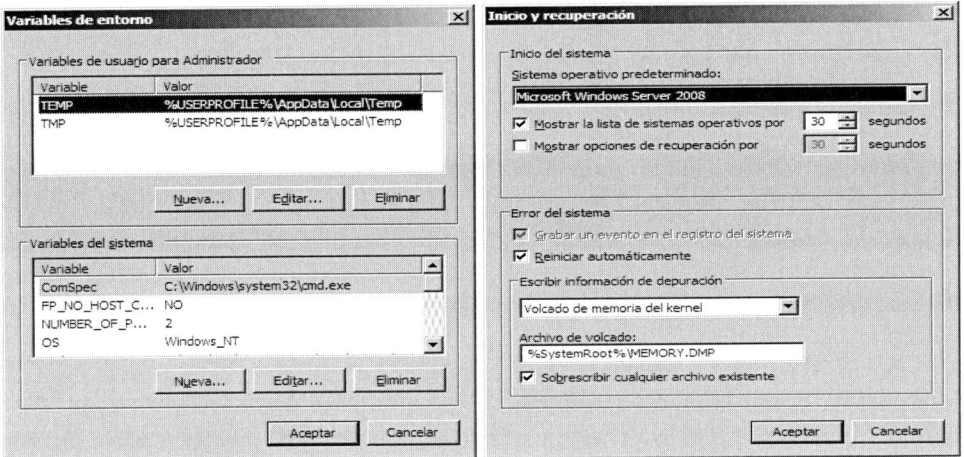

Figura 5-76   Figura 5-77

- Para *configurar el escritorio correspondiente al inicio de sesión*, haga clic en *Configuración* dentro de *Perfiles de usuario* de la Figura 5-78.

La ficha *Acceso remoto* de *Propiedades del sistema* permite controlar las invitaciones de asistencia remota y de escritorio remoto.

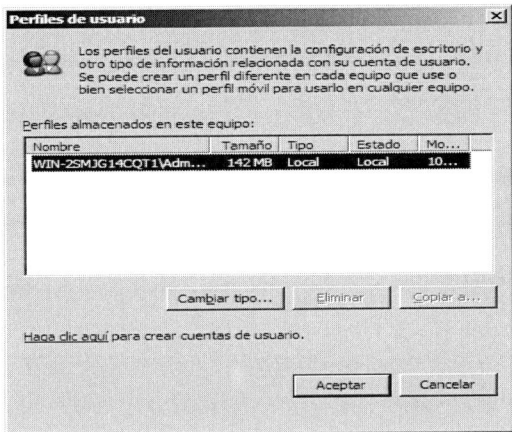

Figura 5-78

5.6.1.2. Administrar cuentas de usuario, contraseñas de red, certificados de cifrado de archivo, variables de entorno y perfiles de usuario

El Control de cuentas de usuario (UAC) es un nuevo componente de seguridad de los sistemas operativos Microsoft Windows y Windows server. UAC permite que los usuarios realicen tareas habituales como no administradores (lo que se denomina "usuarios estándar" en esta versión de Windows) y como administradores, sin necesidad de cambiar de usuario, cerrar la sesión o usar el comando Ejecutar como administrador. Una cuenta de usuario estándar es similar a una cuenta de usuario de Microsoft Windows. Las cuentas de usuarios que son miembros del grupo de administradores local ejecutan la mayoría de las aplicaciones como un usuario estándar. Puesto que separa las funciones de usuario de las de administrador y posibilita al mismo tiempo la productividad, UAC supone una mejora importante para las versiones de Windows.

Para activar o desactivar el control de cuentas de usuario UAC, se elige *Inicio → Panel de control → Cuentas de usuario* (Figura 5-79). A continuación, se pulsa en *Cuentas de usuario* en la Figura 5-80 para obtener la pantalla *Cuentas de usuario* de la Figura 5-81.

La opción *Activar o desactivar el control de cuentas de usuario* de la Figura 5-81 nos lleva a la Figura 5-82 en la que señalaremos la opción *Usar el control de cuentas de usuario (UAC) para ayudar a proteger el equipo* para activar el control de cuentas de usuario. Si no se señala esta opción, el control de cuentas de usuario estará desactivado y el equipo será más vulnerable a amenazas.

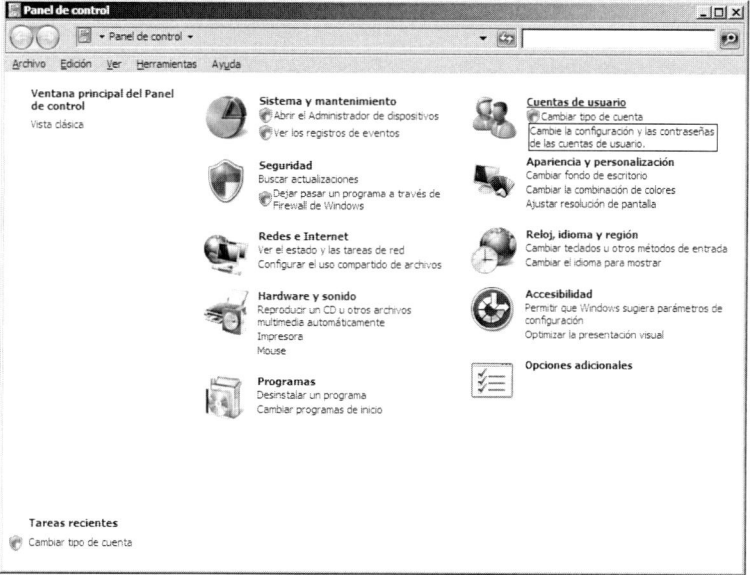

Figura 5-79

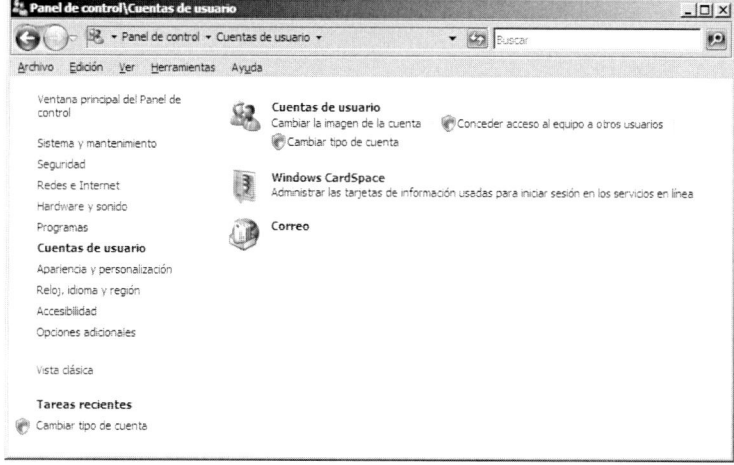

Figura 5-80

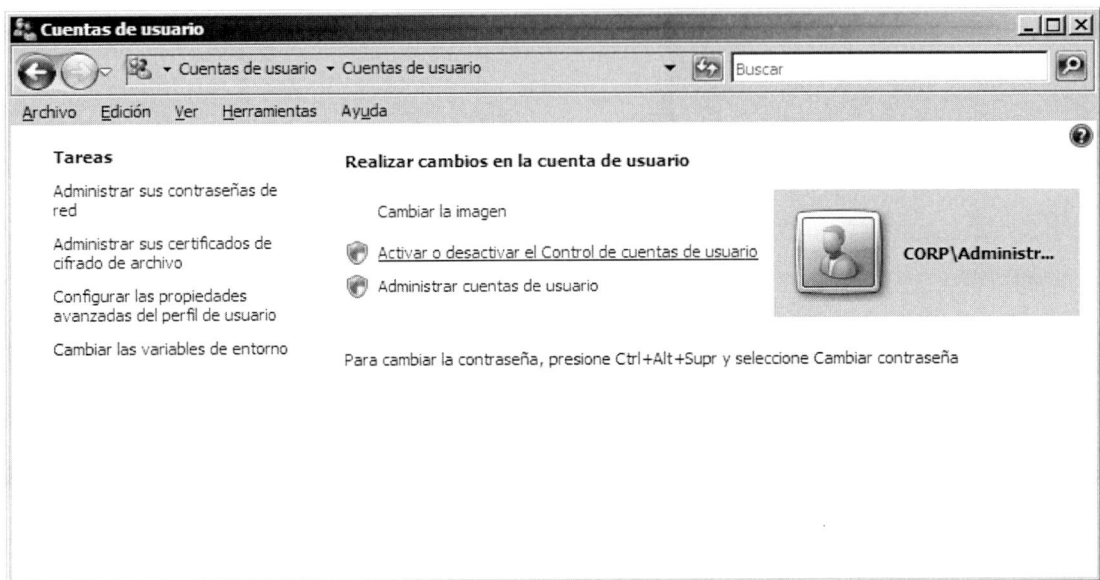

Figura 5-81

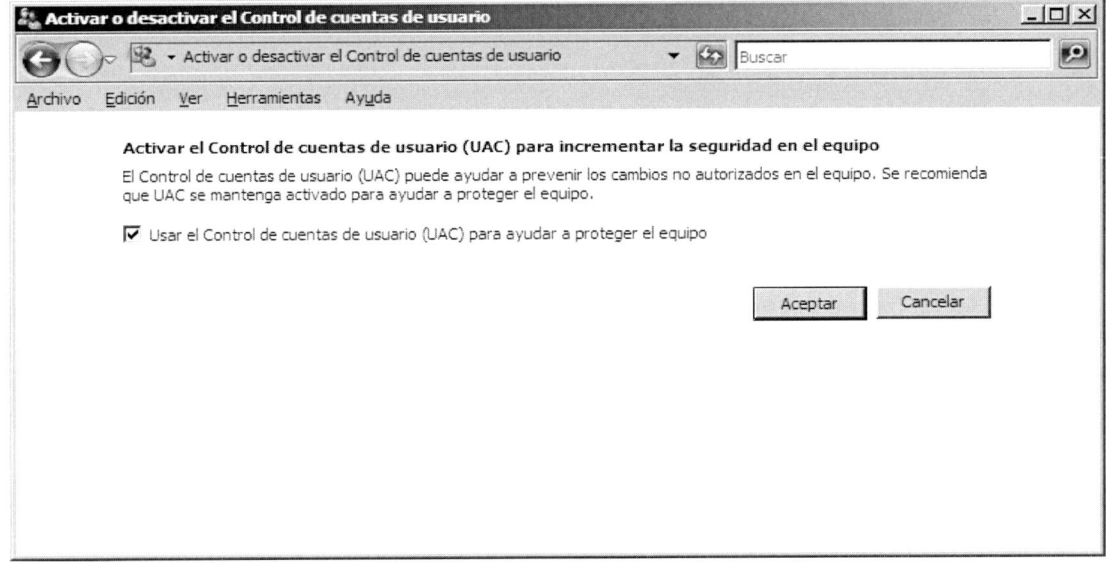

Figura 5-82

La opción *Administrar cuentas de usuario* de la pantalla *Cuentas de usuario* de la Figura 5-81 nos lleva a la pantalla de la Figura 5-83, que permite llevar a cabo tareas de administración de cuentas de usuario. La solapa *Usuarios* de la Figura 5-83 permite *Agregar* nuevas cuentas de usuario o *Quitar* las cuentas de usuario seleccionadas en la lista *Usuarios de este equipo*. El botón *Propiedades* permite ver las propiedades de la cuenta seleccionada (Figura 5-84).

La solapa *Opciones avanzadas* de la Figura 5-83 nos lleva a la pantalla 5-85 cuyo botón *Administrar contraseñas* permite *Agregar, Quitar* o *Editar* contraseñas, así como *Hacer copias de seguridad* o *Restaurar credenciales de inicio de sesión* para restaurarlas o transferirlas a otro equipo (Figura 5-86).

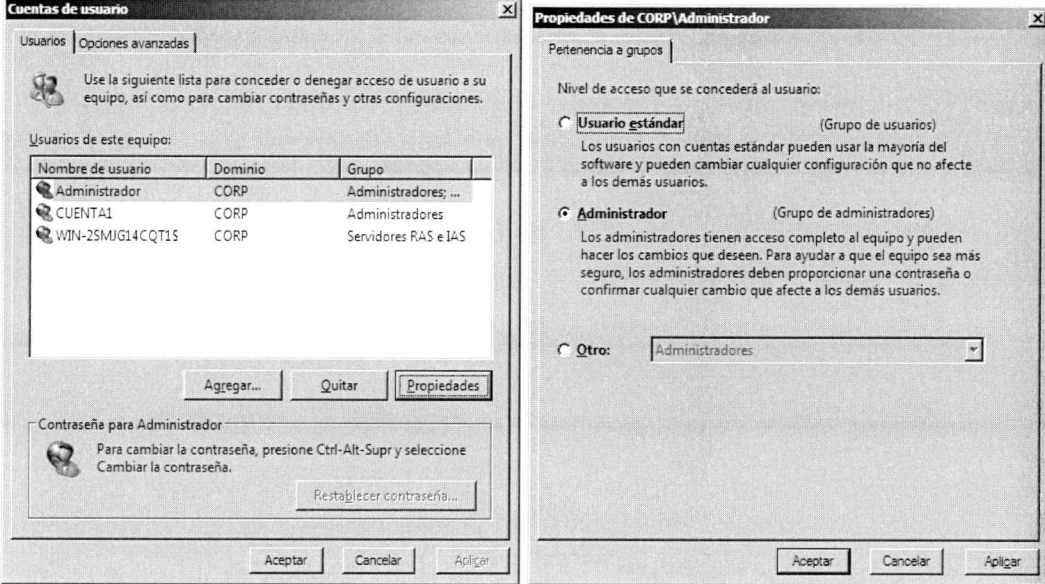

Figura 5-83   Figura 5-84

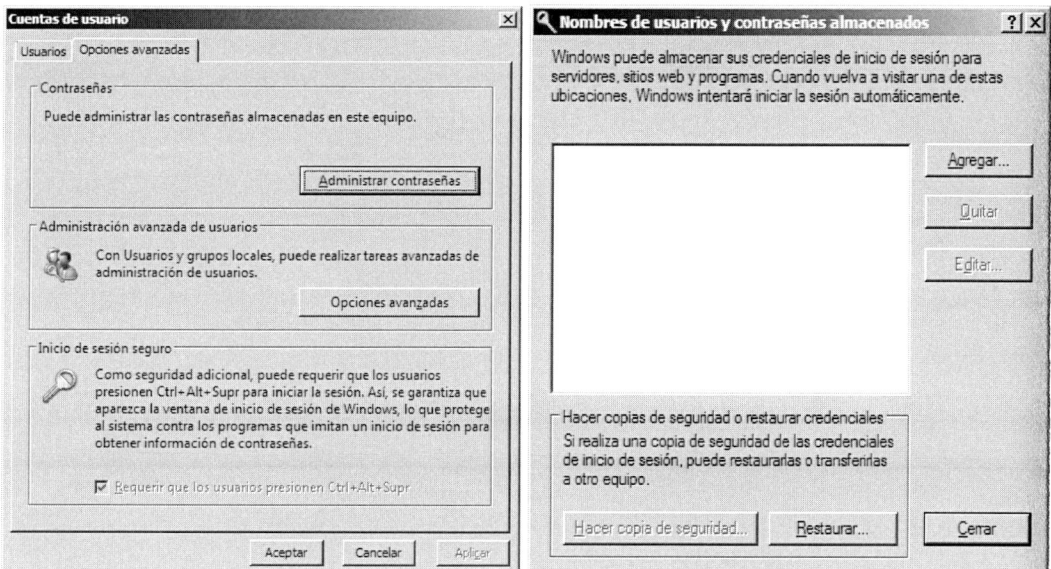

Figura 5-85   Figura 5-86

La opción *Administrar sus contraseñas de red* de la Figura 5-81 permite *Agregar, Quitar* o *Editar* contraseñas de red, así como *Hacer copias de seguridad* o *Restaurar credenciales de inicio de sesión* para restaurarlas o transferirlas a otro equipo.

La opción *Administrar sus certificados de cifrado de archivo* de la Figura 5-81 da acceso al asistente de la Figura 5-87 cuyas pantallas sucesivas permiten seleccionar o crear un certificado o una clave de archivo, realizar una copia de seguridad del certificado y la clave para evitar perder el acceso a los archivos cifrados, configurar el sistema de cifrado de archivos para que use una tarjeta inteligente y actualizar archivos cifrados anteriormente para que usen una clave y un certificado diferentes.

La opción *Cambiar las variables de entorno* de la Figura 5-81 da acceso a la pantalla variables de usuario de la Figura 5-88 cuyos botones permiten *Editar* y *Eliminar* variables de usuario para administrador ya existentes o añadir *Nuevas*. De igual forma se pueden *Editar* y *Eliminar* variables del sistema ya existentes o añadir *Nuevas*.

La opción *Configurar las propiedades avanzadas del perfil de usuario* de la Figura 5-81 permite *Cambiar el tipo, Eliminar* y *Copiar* perfiles de usuario (Figura 5-89). Los perfiles de usuario contienen la configuración de escritorio y otro tipo de información relacionada con la cuenta de usuario. Se puede crear un perfil diferente en cada equipo que se use o bien seleccionar un perfil móvil para usarlo en cualquier equipo a través del botón Cambiar tipo de la Figura 5-89 que nos lleva a las opciones de la Figura 5-90.

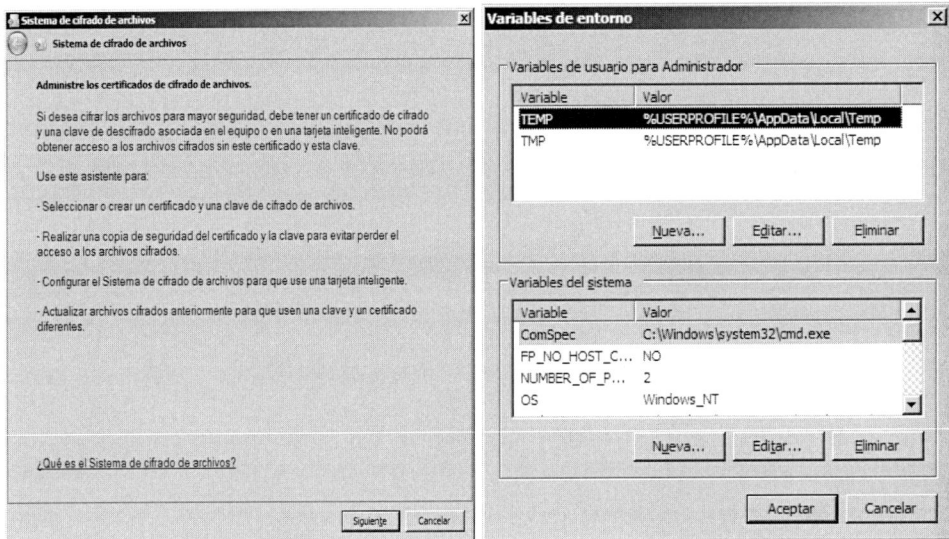

Figura 5-87   Figura 5-88

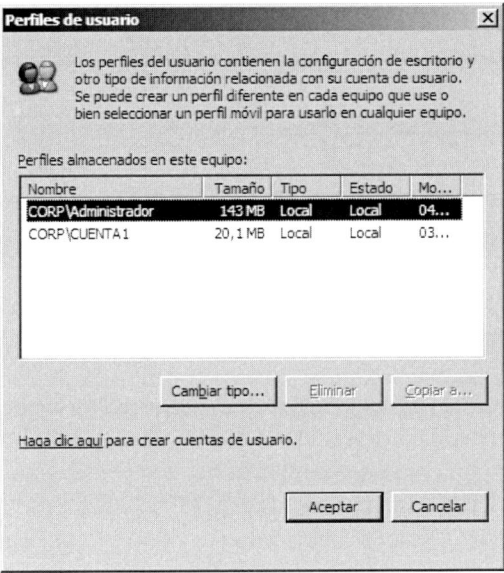

Figura 5-89

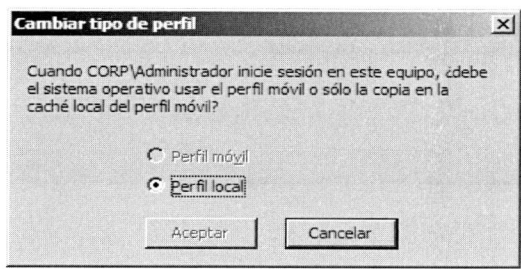

Figura 5-90

Al implementar los servidores del Protocolo de configuración dinámica de host (DHCP) en la red, puede proporcionar automáticamente equipos cliente y otros dispositivos basados en TCP/IP con direcciones IP válidas. Además, puede proporcionar los parámetros de configuración adicionales necesarios para estos clientes y dispositivos, llamados opciones de DHCP, los cuales les permiten conectarse a otros recursos de red como los servidores DNS, los servidores WINS y los enrutadores.

5.7 ADMINISTRACIÓN DE GRUPOS. TIPOS. ANIDAMIENTOS. GRUPOS DETERMINADOS

Un grupo es un conjunto de cuentas de usuario y de equipo, contactos y otros grupos que se pueden administrar como una sola unidad. Los usuarios y los equipos que pertenecen a un grupo determinado se denominan miembros del grupo.

Los grupos de los Servicios de dominio de Active Directory (AD DS) son objetos de directorio que residen en un dominio y en objetos contenedores Unidad organizativa (OU). AD DS proporciona un conjunto de grupos predeterminados cuando se instala y también incluye una opción para crearlos. Los grupos de AD DS se pueden usar en primer lugar para simplificar la administración al asignar los permisos para un recurso compartido a un grupo en lugar de a usuarios individuales. Cuando se asignan permisos a un grupo, se concede el mismo acceso al recurso a todos los miembros de dicho grupo. En segundo lugar, los grupos se pueden utilizar para delegar la administración al asignar derechos de usuario a un grupo una sola vez mediante la directiva de grupo. Después, a ese grupo le puede agregar miembros que desee que tengan los mismos derechos que el grupo. Finalmente, también se pueden usar los grupos para crear listas de distribución de correo electrónico.

Los grupos se caracterizan por su *ámbito* y su *tipo*. El ámbito de un grupo determina el alcance del grupo dentro de un dominio o bosque. El tipo de grupo determina si se puede usar un grupo para asignar permisos desde un recurso compartido (para grupos de seguridad) o si se puede usar un grupo sólo para las listas de distribución de correo electrónico (para grupos de distribución). También existen grupos cuyas pertenencias a grupos no se pueden ver ni modificar. Estos grupos se conocen con el nombre de identidades especiales. Representan a distintos usuarios en distintas ocasiones, en función de las circunstancias. Por ejemplo, el grupo Todos es una identidad especial que representa a todos los usuarios actuales de la red, incluidos invitados y usuarios de otros dominios.

Los *grupos predeterminados*, como es el caso del grupo Administradores del dominio, son grupos de seguridad que se crean automáticamente cuando se crea un dominio de Active Directory. Estos grupos predefinidos pueden usarse para ayudar a controlar el acceso a los recursos compartidos y para delegar funciones administrativas específicas en todo el dominio. A muchos grupos predeterminados se les asigna automáticamente un conjunto de derechos de usuario que autorizan a los miembros del grupo a realizar acciones específicas en un dominio, como iniciar sesión en un sistema local o realizar copias de seguridad de archivos y carpetas. Por ejemplo, un miembro del grupo Operadores de copia de seguridad puede realizar operaciones de copia de seguridad para todos los controladores de dominio del dominio. Cuando se agrega un usuario a un grupo, ese usuario recibe todos los derechos de usuario asignados al grupo y todos los permisos asignados al grupo para los recursos compartidos.

Los grupos predeterminados en Windows server se encuentran en los contenedores Builtin y Users (Figura 5-91).

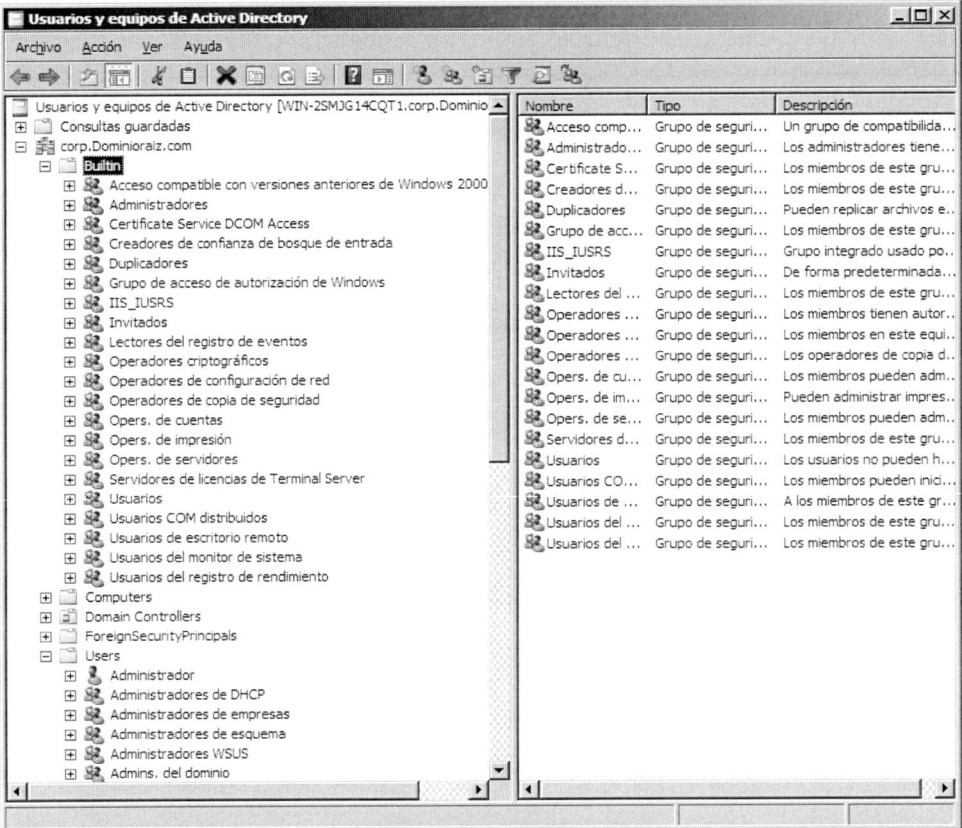

Figura 5-91

Los grupos predeterminados del contenedor *Builtin* tienen el ámbito de grupo *Integrado local*. Su ámbito de grupo y tipo de grupo no se pueden cambiar. El contenedor *Users* incluye grupos definidos con ámbito *Global* y grupos definidos con ámbito *Local de dominio*. Los grupos ubicados en estos contenedores se pueden mover a otros grupos o unidades organizativas del dominio, pero no se pueden mover a otros dominios.

Los grupos se caracterizan por un ámbito que identifica su alcance en el bosque o árbol de dominios. Existen tres *ámbitos de grupo: local de dominio, global y universal*. Los grupos con ámbito *Local de dominio* ayudan a definir y administrar el acceso a los recursos dentro de un dominio único. Estos grupos pueden tener como miembros a grupos con ámbito Global, grupos con ámbito Universal, cuentas, otros grupos con ámbito Local de dominio y una combinación de los anteriores. Se determina así una *estrategia de anidamiento*.

Por ejemplo, para conceder acceso a una impresora determinada a cinco usuarios, puede agregar las cinco cuentas de usuario a la lista de permisos de la impresora. Sin embargo, si posteriormente desea que esos cinco usuarios tengan acceso a otra impresora, deberá volver a especificar las cinco cuentas en la lista de permisos para la nueva impresora. Con un poco de previsión, puede simplificar esta tarea administrativa rutinaria al crear un grupo con ámbito Local de dominio y asignarle permisos de acceso a la impresora. Coloque las cinco cuentas de usuario en un grupo con ámbito Global y agregue este grupo al grupo que tiene ámbito Local de dominio. Cuando desee que los cinco usuarios tengan acceso a una nueva impresora, asigne permisos de acceso a la nueva impresora al grupo con ámbito Local de dominio. Todos los miembros del grupo con ámbito Global recibirán automáticamente el acceso a la nueva impresora.

Los miembros de los *grupos globales* pueden incluir sólo otros grupos y cuentas del dominio en el que se encuentra definido el grupo. A los miembros de estos grupos se les pueden asignar permisos en cualquier dominio del bosque. Los grupos con ámbito Global se utilizan para administrar objetos de directorio que requieran un mantenimiento diario, como las cuentas de usuario y de equipo. Dado que los grupos con ámbito Global no se replican fuera de su propio dominio, las cuentas de un grupo con ámbito Global se pueden cambiar frecuentemente sin generar tráfico de replicación en el catálogo global. Aunque las asignaciones de derechos y permisos sólo son válidas en el dominio en el que se asignan, al aplicar grupos con ámbito Global de manera uniforme entre los dominios apropiados, es posible consolidar las referencias a cuentas con fines similares. De esta manera se simplifica y se racionaliza la administración de grupos entre dominios.

Los miembros de los *grupos universales* pueden incluir otros grupos y cuentas de cualquier dominio del bosque o del árbol de dominios. A los miembros de estos grupos se les pueden asignar permisos en cualquier dominio del bosque o del árbol de dominios. Use los grupos con ámbito Universal para consolidar los grupos que abarquen varios dominios. Para ello, agregue las cuentas a los grupos con ámbito Global y anide estos grupos dentro de los grupos que tienen ámbito Universal. Si usa esta estrategia, los cambios de pertenencias en los grupos que tienen ámbito Global no afectarán a los grupos con ámbito Universal.

En cuanto a los *tipos de grupo*, existen dos tipos diferenciados en AD DS: grupos de distribución y grupos de seguridad. Los *grupos de distribución* se usan para crear listas de distribución de correo electrónico y los *grupos de seguridad* se usan para asignar permisos para los recursos compartidos. Los grupos de distribución sólo se pueden usar con aplicaciones de correo electrónico (como Microsoft Exchange Server 2007) para enviar mensajes a conjuntos de usuarios. Los grupos de distribución no tienen seguridad habilitada, lo que significa que no pueden aparecer en las listas de control de acceso discrecional (DACL). Si necesita un grupo para controlar el acceso a los recursos compartidos, cree un grupo de seguridad. Si se usan con cuidado, los grupos de seguridad son eficaces para conceder acceso a los recursos de la red.

Con los grupos de seguridad se puede asignar derechos de usuario a los grupos de seguridad de AD DS y asignar permisos para recursos a los grupos de seguridad. Se asignan derechos de usuario a un grupo de seguridad para determinar lo que pueden hacer los miembros de ese grupo en el ámbito de un dominio (o bosque).

A algunos grupos de seguridad se les asignan derechos de usuario automáticamente cuando se instala AD DS para ayudar a los administradores a definir la función administrativa de una persona en el dominio. Por ejemplo, si se agrega un usuario al grupo *Operadores de copia de seguridad* de Active Directory, éste puede realizar operaciones de copia de seguridad y restauración de archivos y directorios en cada controlador de dominio del dominio. Los permisos y los derechos de usuario determinan quién puede obtener acceso a un recurso compartido y el nivel de acceso, como *Control total*. Los grupos de seguridad se pueden usar para administrar el acceso y los permisos en un recurso compartido. Algunos permisos que se establecen en objetos de dominio se asignan automáticamente para proporcionar varios niveles de acceso a los grupos de seguridad predeterminados, como el grupo Operadores de cuentas o el grupo Administradores del dominio. Como sucede con los grupos de distribución, los grupos de seguridad también se pueden usar como entidades de correo electrónico. Al enviar un mensaje de correo electrónico al grupo, se envía a todos sus miembros.

Además de los grupos de los contenedores Users y Builtin, los servidores en los que se ejecuta Windows server incluyen varias *identidades especiales*. Por comodidad se las suele llamar grupos. Estos grupos especiales no tienen pertenencias específicas que se puedan modificar. Sin embargo, pueden representar a distintos usuarios en diferentes ocasiones, en función de las circunstancias. Como ejemplos de grupos que son identidades especiales tenemos:

- *Inicio de sesión anónimo*. Este grupo representa a los usuarios y servicios que obtienen acceso a un equipo y sus recursos a través de la red sin usar un nombre de cuenta, contraseña o nombre de dominio. En los equipos con Windows NT y versiones anteriores, el grupo Inicio de sesión anónimo es un miembro predeterminado del grupo Todos. En los equipos con Windows server, el grupo Inicio de sesión anónimo no es miembro del grupo *Todos* de manera predeterminada.

- *Todos*. Este grupo representa a todos los usuarios actuales de la red, incluidos invitados y usuarios de otros dominios. Cuando un usuario inicia sesión en la red, se agrega automáticamente al grupo *Todos*.

- *Red*. Este grupo representa a los usuarios que obtienen acceso en ese momento a un recurso dado a través de la red, frente a los usuarios que obtienen acceso a un recurso mediante un inicio de sesión local en el equipo en el que reside el recurso. Cuando un usuario obtiene acceso a un recurso dado a través de la red, se agrega automáticamente al grupo *Red*.

- *Interactivo*. Este grupo representa a todos los usuarios que disponen de una sesión iniciada en un equipo determinado y que están obteniendo acceso a un recurso ubicado en ese equipo, frente a los usuarios que obtienen acceso al recurso a través de la red. Cuando un usuario obtiene acceso a un recurso dado en el equipo en el que ha iniciado sesión, se agrega automáticamente al grupo *Interactivo*.

Aunque a las identidades especiales se les puede conceder derechos y permisos para los recursos, sus pertenencias no se pueden ver ni modificar. Las identidades especiales no tienen ámbitos de grupo. Los usuarios son asignados automáticamente a ellas cuando inician sesión u obtienen acceso a un recurso concreto.

En AD DS, los grupos se crean en los dominios. Para crear grupos, se utiliza *Usuarios y equipos de Active Directory*. Con los permisos necesarios, se pueden crear grupos en el dominio raíz del bosque, en cualquier otro dominio del bosque o en una unidad organizativa. Además de por el dominio en el que se crea, ya sabemos que un grupo también se caracteriza por su ámbito. El ámbito de un grupo determina el dominio desde el que se pueden agregar miembros y el dominio en el que son válidos los derechos y permisos asignados al grupo.

Elija el dominio o la unidad organizativa donde va a crear un grupo en función de las tareas de administración que requiera el grupo. Por ejemplo, si un directorio tiene varias unidades organizativas y cada una tiene un administrador diferente, puede crear grupos con ámbito Global dentro de esas unidades organizativas para que los administradores administren la pertenencia a grupos de los usuarios de las unidades organizativas que les correspondan. Si se necesitan grupos para controlar el acceso fuera de la unidad organizativa, podrá anidar los grupos de la unidad organizativa dentro de grupos con ámbito Universal (u otros grupos con ámbito Global) que puede utilizar en otros lugares del bosque.

5.7.1. Creación de cuentas de grupo

Para crear una cuenta de grupo mediante la interfaz de Windows, se abre *Usuarios y equipos de Active Directory* mediante *Inicio → Herramientas administrativas → Usuarios y equipos de Active Directory* (Figura 5-92) para obtener la interfaz de la Figura 5-93.

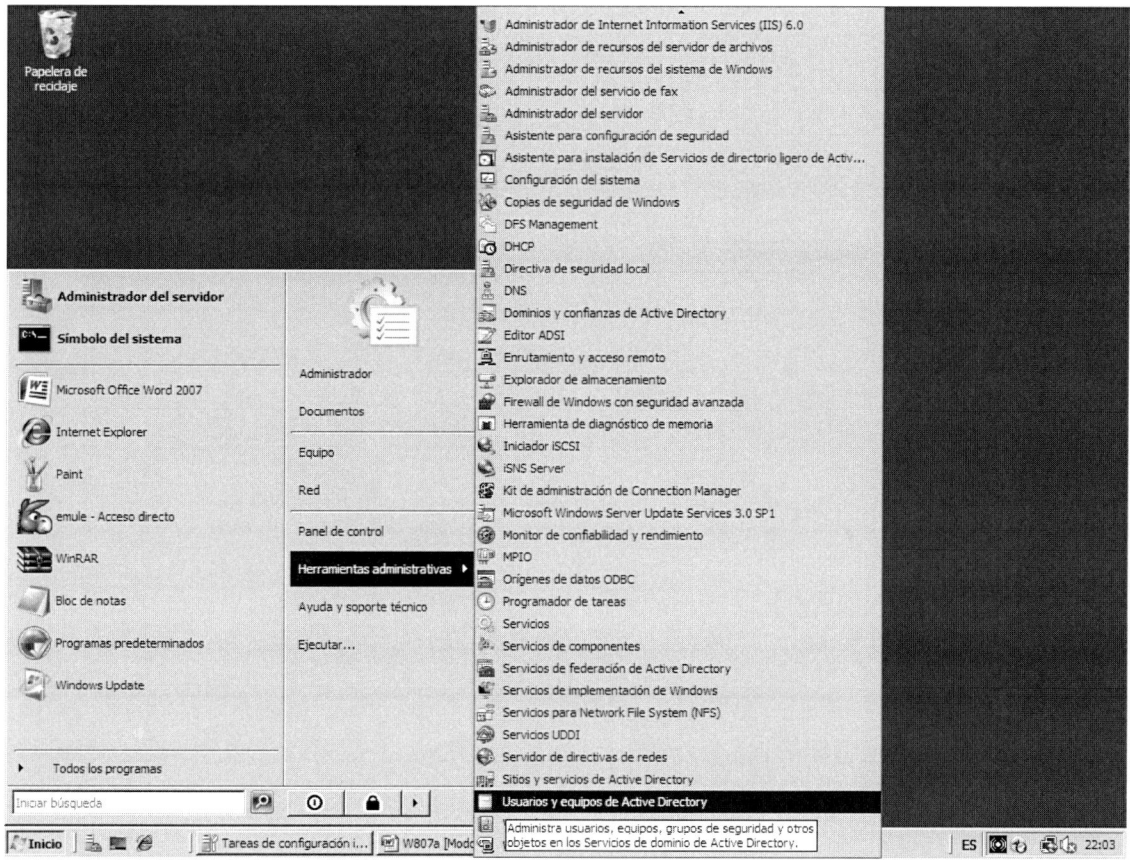

Figura 5-92

A continuación, en el árbol de consola, haga clic con el botón secundario en la carpeta en la que desea crear el grupo (ruta *Usuarios y equipos de Active Directory/nodo del dominio/carpeta*), elija *Nuevo* y haga clic en *Grupo* (Figura 5-94). En la pantalla de la Figura 5-95 escriba el nombre del nuevo grupo y en *Ámbito de grupo* haga clic en una de las opciones disponibles. A continuación, pulse en una de las opciones de *Tipo de grupo*. Al hacer clic en *Aceptar* se obtiene ya el nuevo grupo en el árbol de la consola colgando de la carpeta en la que se ha creado (Figura 5-96).

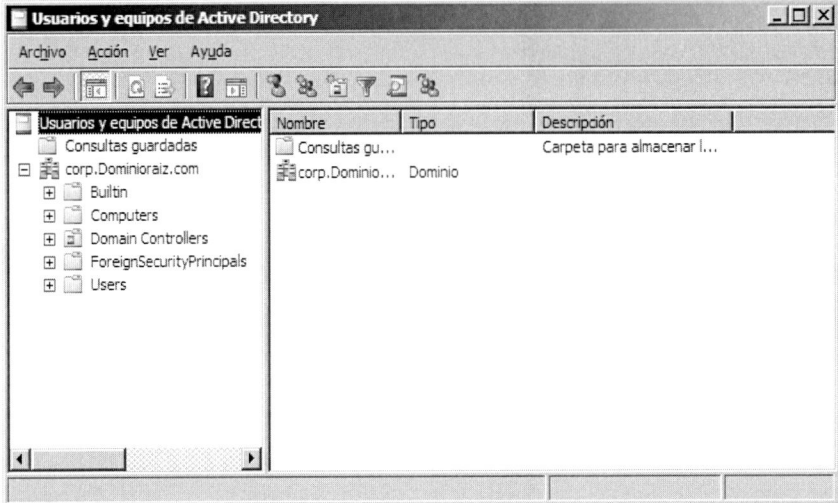

Figura 5-93

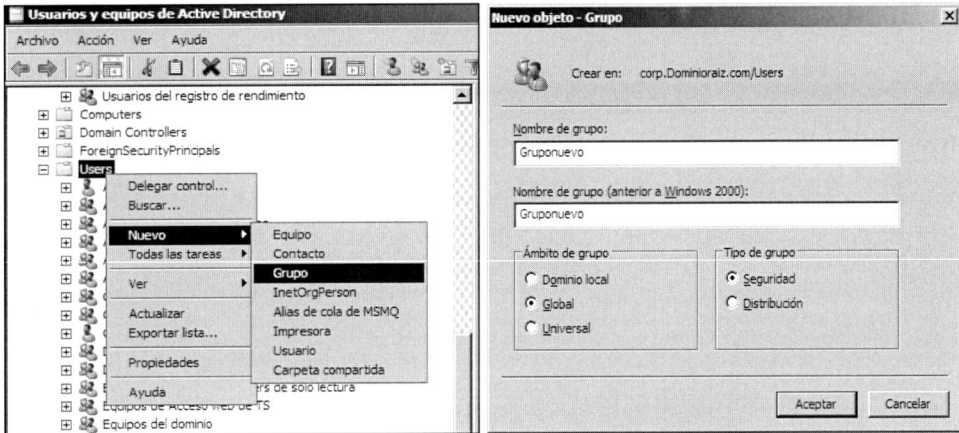

Figura 5-94   Figura 5-95

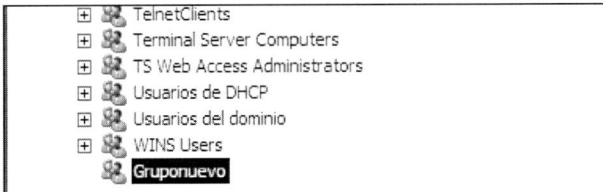

Figura 5-96

5.7.2. Agregar un miembro a un grupo

Para agregar un *miembro* a un grupo, en el árbol de consola de Usuarios y equipos de Active Directory, haga clic en la carpeta que contiene el grupo al que desea agregar un miembro, pulse en el grupo con el botón derecho del ratón y en el menú emergente resultante haga clic en *Propiedades* (Figura 5-97). A continuación, en la ficha *Miembros* pulse en *Agregar* (Figura 5-98). En *Escriba los nombres de objeto que desea seleccionar*, escriba el nombre del usuario, grupo o equipo que desee agregar al grupo y, a continuación, pulse en *Aceptar* (Figura 5-99).

Para agregar miembros a un grupo, también se puede seleccionar el objeto deseado y, a continuación, hacer clic en el icono de la barra de herramientas *Agrega los objetos seleccionados al grupo que especifique*. También es posible arrastrar un objeto de miembro a un grupo o hacer clic en el objeto con el botón secundario y, a continuación, pulsar en *Agregar a un grupo*.

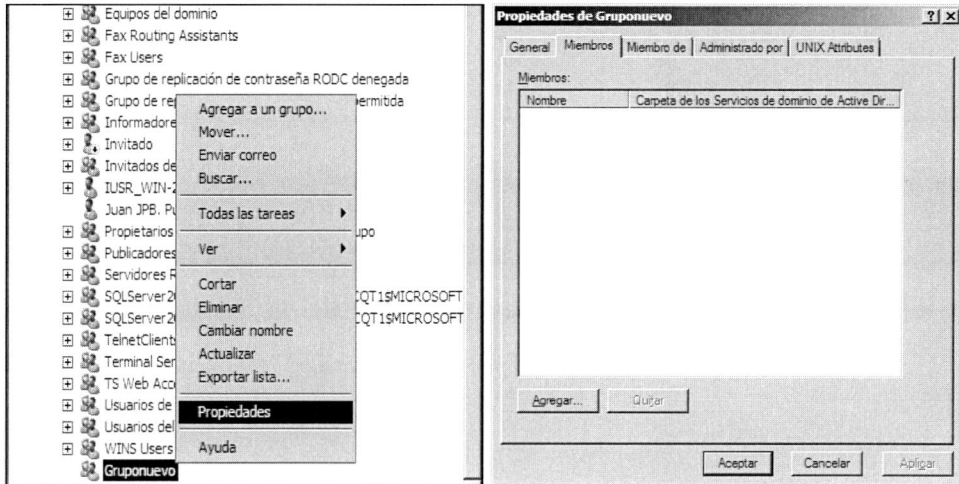

Figura 5-97   Figura 5-98

5.7.3. Convertir tipos de grupo

Para *convertir* un tipo de grupo a otro tipo de grupo, en el árbol de consola de Usuarios y equipos de Active Directory, haga clic en la carpeta que contiene el grupo al que desea convertir, pulse en el grupo con el botón derecho del ratón y en el menú emergente resultante haga clic en *Propiedades* (Figura 5-97). A continuación, en la ficha *General*, en *Tipo de grupo*, haga clic en el tipo de grupo que desee (Figura 5-100).

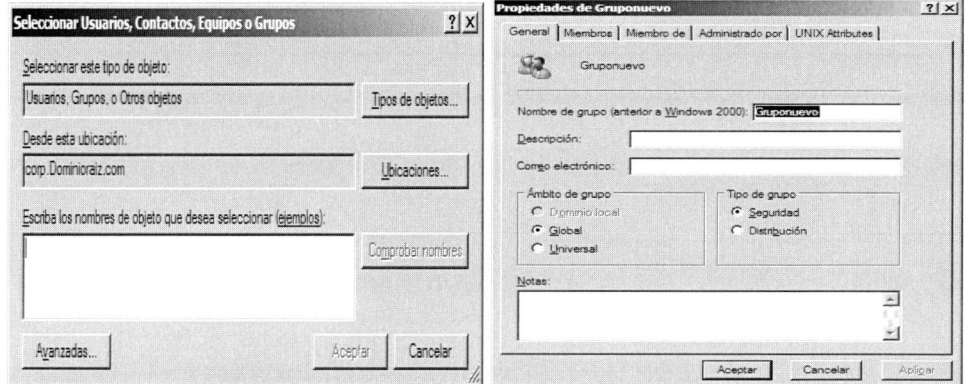

Figura 5-99   Figura 5-100

5.7.4. Modificar el ámbito de un grupo

Para modificar el ámbito de un grupo, en el árbol de consola de Usuarios y equipos de Active Directory, haga clic en la carpeta que contiene el grupo al que desea modificar el ámbito, pulse en el grupo con el botón derecho del ratón y en el menú emergente resultante haga clic en *Propiedades* (Figura 5-97). A continuación, en la ficha *General*, en *Ámbito de grupo*, haga clic en el tipo de grupo que desee (Figura 5-100).

5.7.5. Eliminar una cuenta de grupo

Para *eliminar* una cuenta de grupo, en el árbol de consola de Usuarios y equipos de Active Directory, haga clic en la carpeta que contiene el grupo que desea eliminar, pulse en el grupo con el botón derecho del ratón y en el menú emergente resultante haga clic en *Eliminar* (Figura 5-97). La eliminación de un grupo es una operación permanente.

5.7.6. Buscar los grupos a los que pertenece un usuario

Para *buscar* los grupos a los que pertenece un usuario, en el árbol de consola de Usuarios y equipos de Active Directory, haga clic en la carpeta que contiene la cuenta del usuario cuya pertenencia a grupos desea ver, pulse en la cuenta de usuario con el botón derecho del ratón y en el menú emergente resultante haga clic en *Propiedades* (Figura 5-101). A continuación, pulse en la ficha *Miembro de* (Figura 5-102).

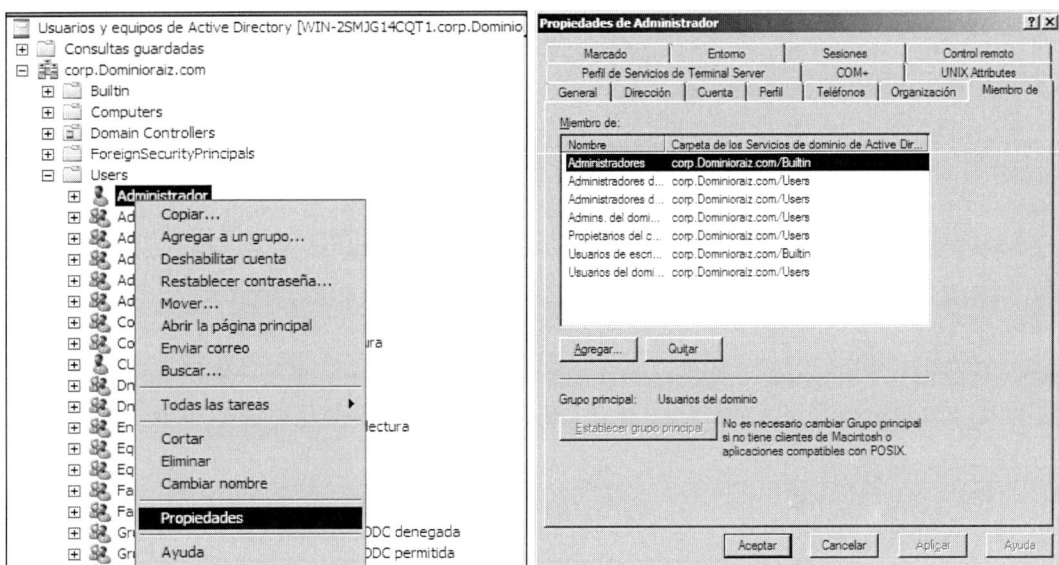

Figura 5-101   Figura 5-102

5.7.7. Asignar derechos de usuario a un grupo en Active Directory

Para asignar derechos de usuario a un grupo en Active Directory, abra *Administración de directivas de grupo* haciendo clic en *Inicio* y en *Ejecutar*, escribiendo *gpmc.msc* (Figura 5-103) y pulsando en *Aceptar*. En el árbol de consola, haga clic con el botón secundario en *Directiva predeterminada de controladores de dominio* (ruta *Dominios/ nombre del dominio actual/Objetos de directiva de grupo/Directiva predeterminada de controladores de dominio*) y, a continuación, haga clic en *Editar*. En el árbol de consola (ruta *Configuración de Windows/Configuración de seguridad/Directivas locales/ Asignación de derechos de usuario*) haga clic en *Asignación de derechos de usuario*. A continuación, haga doble clic en el derecho de usuario que desee asignar y pulse en *Agregar usuario o grupo*. Si el botón está atenuado, active la casilla *Definir esta configuración de directiva*. Escriba el nombre del grupo al que desea asignar este derecho.

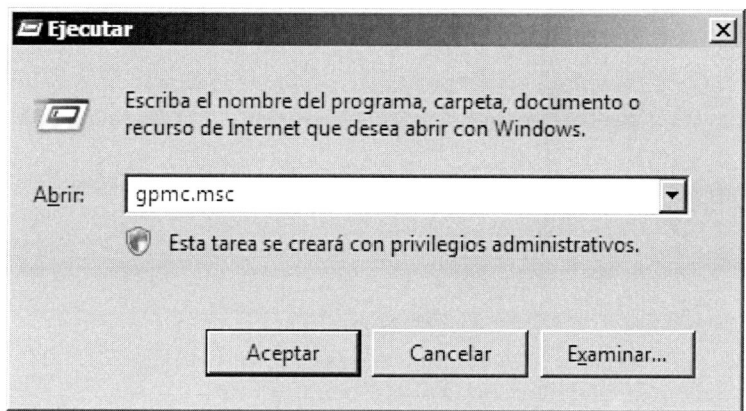

Figura 5-103

ACTIVIDADES PROPUESTAS

Actividad 1. Describe el proceso de creación y administración de cuentas de usuario en Windows 11 y en Windows 10. Cuentas predeterminadas.

Actividad 2. Describe el proceso de creación de grupos de usuarios en Windows 11 y en Windows 10.

Actividad 3. Describe el trabajo con perfiles de usuario en Windows 11 y Windows 10.

Actividad 4. Describe el Control parental en Windows 11 y Windows 10.

Actividad 5. Describe el Control de cuentas de usuario en Windows 11 y Windows 10

Actividad 6. Escribe el Administrador de credenciales de Windows 11.

Actividad 7. Especifica el funcionamiento de Windows Cardspace en Windows 11.

Actividad 8. Especifica el trabajo con carpetas compartidas y usuarios y grupos locales como herramientas administrativas del sistema en Windows 11 y Windows 10.

Actividad 9. Describe el Centro de actividades de Windows 11.

Actividad 10. Describe el Centro de Seguridad de Windows 10.

Actividad 11. Describe Windows Easy Transfer en Windows 11 y Windows 10.

CAPÍTULO 6

ADMINISTRACIÓN DEL ACCESO AL DOMINIO

Contenidos

6.1. EQUIPOS DEL DOMINIO. ADMINISTRACIÓN DE EQUIPOS

Como sucede con las cuentas de usuario, las cuentas de equipo sirven para autenticar y auditar el acceso a la red y a los recursos del dominio. Una cuenta de equipo debe ser única. Un equipo en el que se ejecuta Microsoft Windows o un servidor en el que se ejecuta Windows Server que se una a un dominio, tiene una cuenta de equipo obligatoriamente.

Puede agregar, deshabilitar, restablecer y eliminar cuentas de usuario y de equipo con Usuarios y equipos de Active Directory. También puede crear una cuenta de equipo al unir un equipo a un dominio. Cuando el nivel funcional del dominio se establece en Windows server, se usa un nuevo atributo, *lastLogonTimestamp*, para realizar el seguimiento de la hora del último inicio de sesión de una cuenta de usuario o equipo. Este atributo se replica en el dominio y puede proporcionar información importante acerca del historial de un usuario o un equipo.

6.1.1. Crear cuentas de equipo

Para *crear una cuenta de equipo* mediante la interfaz de Windows, abra *Usuarios y equipos de Active Directory* mediante *Inicio → Herramientas administrativas → Usuarios y equipos de Active Directory* (Figura 6-1) para obtener la interfaz de la Figura 6-2.

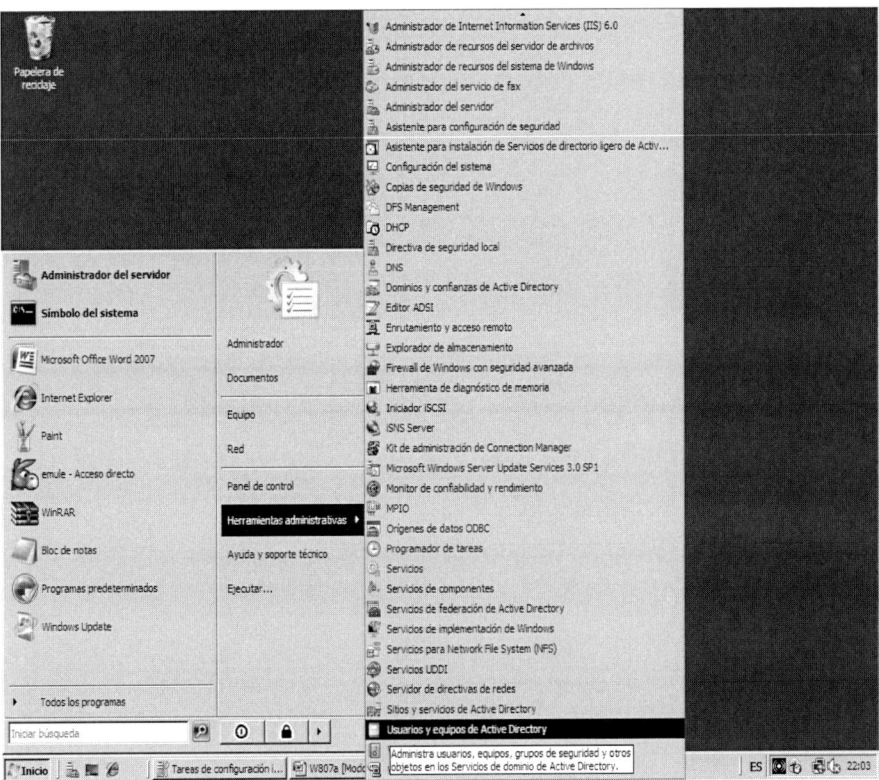

Figura 6-1

A continuación, en el árbol de consola, haga clic con el botón secundario en *Equipos* (ruta *Usuarios y equipos de Active Directory/nodo del dominio/Equipos*) y en el menú emergente resultante elija *Nuevo* y pulse en *Equipo* (Figura 6-3). En la Figura 6-4 escriba el nombre del equipo y haga clic en *Siguiente*. Se obtiene la Figura 6-5 en la que hay que escribir el GUID del equipo para equipos administrados. Pulse en *Siguiente* y se obtiene la pantalla con el resumen de la cuenta de equipo creada (Figura 6-6). Al hacer clic en *Finalizar* se obtiene la nueva cuenta de equipo en el árbol de la consola (Figura 6-7).

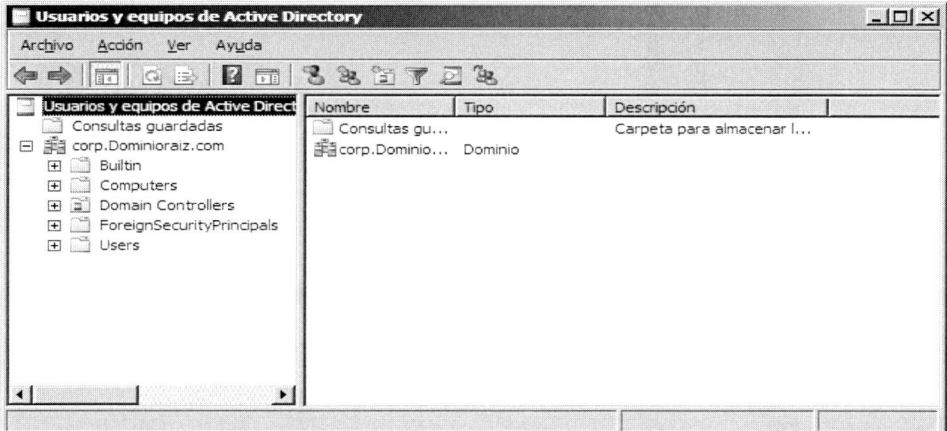

Figura 6-2

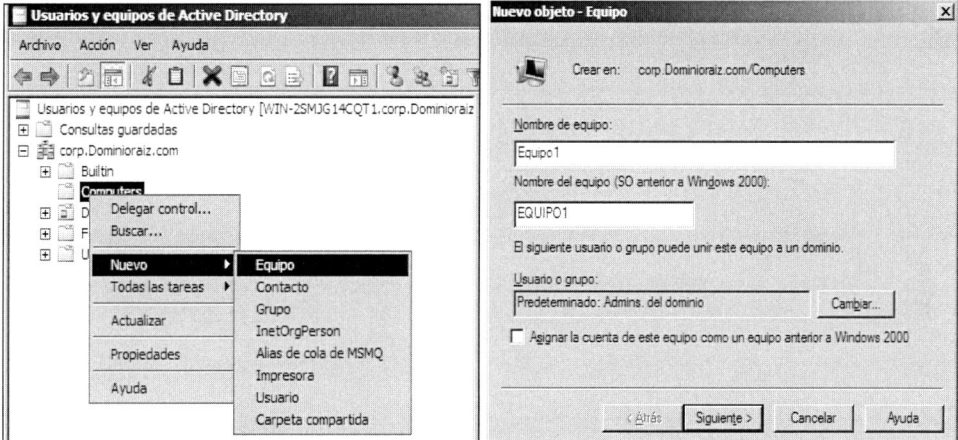

Figura 6-3   Figura 6-4

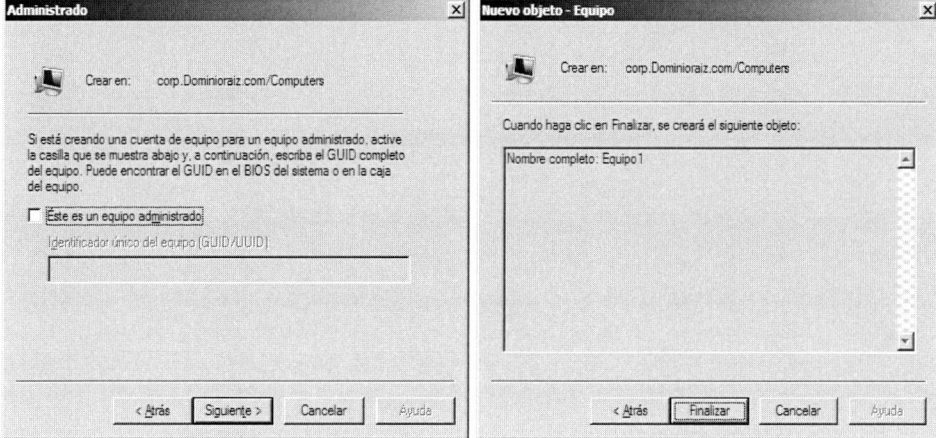

Figura 6-5   Figura 6-6

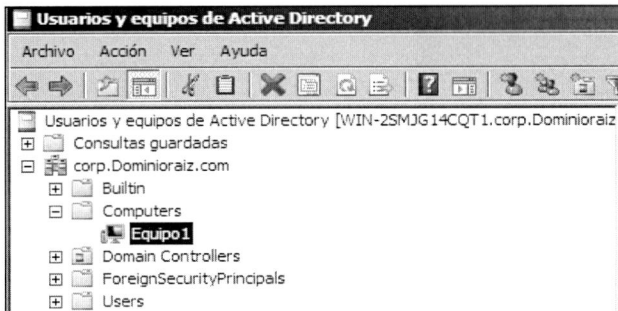

Figura 6-7

6.1.2. Agregar una cuenta de equipo a un grupo

Para agregar una cuenta de equipo a un grupo, en el árbol de consola de Usuarios y equipos de Active Directory, haga clic en *Equipos* y, a continuación, pulse con el botón derecho del ratón en el equipo que quiere agregar a un grupo. En el menú emergente resultante haga clic en *Propiedades* (Figura 6-8). Luego, en la ficha *Miembros de* haga clic en *Agregar* (Figura 6-9). En *Escriba los nombres de objeto que desea seleccionar*, escriba el nombre del grupo a que quiere que pertenezca ese equipo y, por último, pulse en *Aceptar* (Figura 6-10).

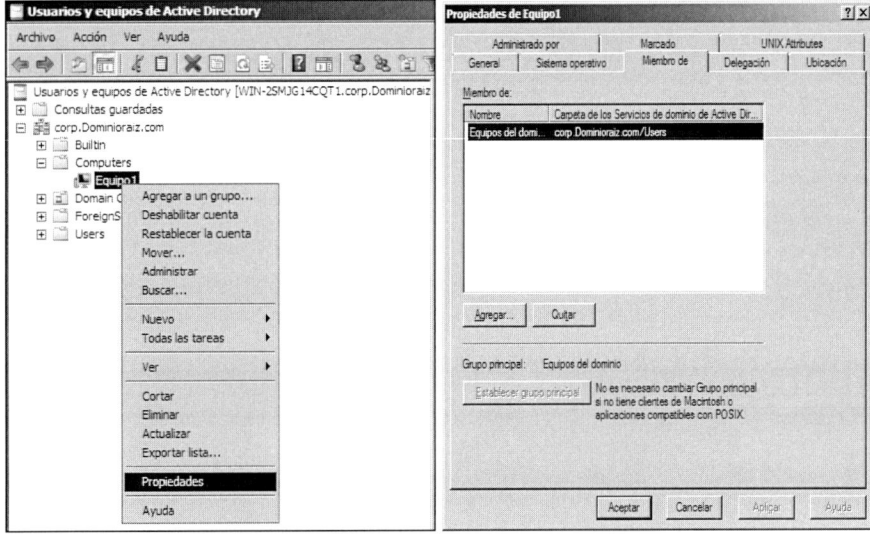

Figura 6-8   Figura 6-9

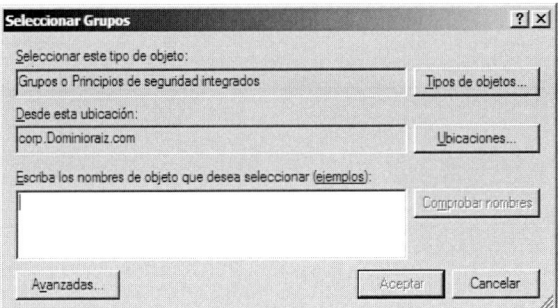

Figura 6-10

6.1.3. Eliminar una cuenta de equipo

Para eliminar una cuenta de equipo, en el árbol de consola de Usuarios y equipos de Active Directory, haga clic en la carpeta que contiene el equipo que desea eliminar, pulse en el equipo cuya cuenta se va a eliminar con el botón derecho del ratón y en el menú emergente resultante haga clic en *Eliminar* (Figura 6-8).

6.1.4. Mover una cuenta de equipo

Para mover una cuenta de equipo, en el árbol de consola de Usuarios y equipos de Active Directory, haga clic en la carpeta que contiene el equipo que desea mover, pulse en el equipo cuya cuenta se va a mover con el botón derecho del ratón y en el menú emergente resultante haga clic en *Mover* (Figura 6-8). En el cuadro de diálogo *Mover* (Figura 6-11), haga clic en el nodo del dominio, pulse en la carpeta a la que desea mover el equipo y, luego, haga clic en *Aceptar*.

Figura 6-11

6.1.5. Administrar un equipo remoto

Para administrar un equipo remoto, en el árbol de consola de Usuarios y equipos de Active Directory, haga clic en la carpeta que contiene el equipo que desea administrar, pulse en el equipo que se va a administrar con el botón derecho del ratón y en el menú emergente resultante haga clic en *Administrar* (Figura 6-8). Se inicia *Administración de equipos*, desde donde se pueden administrar los equipos remotos (Figura 6-12).

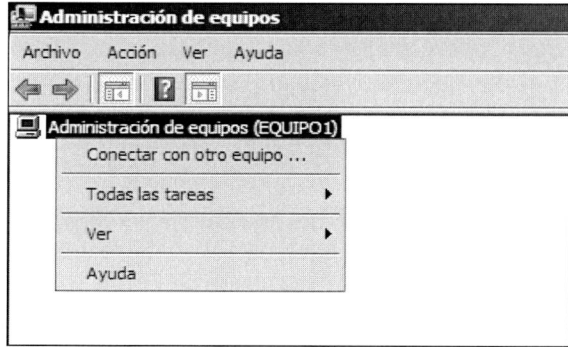

Figura 6-12

6.1.6. Restablecer la cuenta de un equipo

Para restablecer la cuenta de un equipo, en el árbol de consola de Usuarios y equipos de Active Directory, haga clic en la carpeta que contiene el equipo cuya cuenta desea restablecer, pulse en el equipo con el botón derecho del ratón y en el menú emergente resultante haga clic en *Restablecer la cuenta* (Figura 6-8).

6.1.7. Habilitar o deshabilitar una cuenta de un equipo

Para habilitar o deshabilitar la cuenta de un equipo, en el árbol de consola de Usuarios y equipos de Active Directory, haga clic en la carpeta que contiene el equipo cuya cuenta desea habilitar o deshabilitar, pulse en el equipo con el botón derecho del ratón y en el menú emergente resultante haga clic en *Habilitar cuenta* o *Deshabilitar cuenta* respectivamente (Figura 6-8).

6.2   ADMINISTRACIÓN DE DOMINIOS

En Usuarios y equipos de Active Directory se puede establecer una conexión con un dominio o controlador de dominio específico y ver o administrar la información de directorio de ese dominio o controlador de dominio.

Los dominios son unidades de replicación. Todos los controladores de un dominio concreto pueden admitir cambios y replicar esos cambios en los demás controladores del dominio. Cada dominio de los *Servicios de dominio de Active Directory* (AD DS) se identifica mediante un nombre de dominio del *Sistema de nombres de dominio* (DNS). Cada dominio requiere uno o varios controladores de dominio. Si una red requiere varios dominios, éstos se pueden crear fácilmente.

Uno o varios dominios que comparten el mismo esquema y catálogo global se conocen como *bosque*. El primer dominio de un bosque se denomina *dominio raíz del bosque*. Si varios dominios del bosque tienen nombres de dominio DNS contiguos, la estructura se denomina árbol de dominios.

Un dominio puede abarcar varias ubicaciones físicas o sitios y puede contener millones de objetos. La estructura de sitios y la estructura de dominios son independientes y flexibles. Un dominio puede abarcar varias ubicaciones geográficas y un sitio puede incluir usuarios y equipos que pertenecen a varios dominios.

Una de las ventajas de los dominios es que se pueden organizar. No es necesario crear dominios independientes sólo para reflejar la organización de divisiones y departamentos de una empresa. Para este fin, dentro de un dominio se pueden usar unidades organizativas (OU). Las unidades organizativas simplifican la administración de las cuentas y los recursos del dominio. Posteriormente, se puede asignar la configuración de la directiva de grupo y colocar los usuarios, grupos y equipos dentro de las unidades organizativas. El uso de un solo dominio simplifica enormemente el trabajo administrativo.

Otra de las ventajas de los dominios es que se pueden publicar recursos e información sobre los objetos de dominio. Un dominio almacena información sólo para los objetos que se encuentran en ese dominio. Por lo tanto, al crear varios dominios se particiona o segmenta el directorio para administrar mejor un conjunto de usuarios diverso. Al usar varios dominios, se puede ajustar AD DS para que se adecue a unas necesidades concretas de administración y publicación de directorios.

También es una ventaja que al delegar la autoridad ya no es necesario disponer de varios administradores con una autoridad administrativa amplia. El uso combinado de la autoridad delegada y los objetos de directiva de grupo y las pertenencias a grupos permite asignar a un administrador derechos y permisos para administrar los objetos de un dominio completo o de una o varias unidades organizativas del dominio. También es muy positivo el hecho de que la configuración y las directivas de seguridad (como los derechos de usuario y las directivas de contraseñas) no se transfieran entre los dominios. Cada dominio tiene sus propias directivas de seguridad y relaciones de confianza con otros dominios. Sin embargo, el bosque es el límite de seguridad máximo. Asimismo, un dominio almacena información sólo para los objetos que se encuentran en ese dominio.

6.2.1. Administrar un dominio diferente

Para *administrar un dominio diferente* mediante la interfaz de Windows, abra *Usuarios y equipos de Active Directory* mediante *Inicio → Herramientas administrativas → Usuarios y equipos de Active Directory* (Figura 6-1) para obtener la interfaz de la Figura 6-2. En el árbol de consola haga clic con el botón secundario en *Usuarios y equipos de Active Directory* y, a continuación, pulse en *Cambiar dominio* (Figura 6-13). En la Figura 6-14 escriba el nombre del dominio. Alternativamente, haga clic en *Examinar* y seleccione un dominio de la lista.

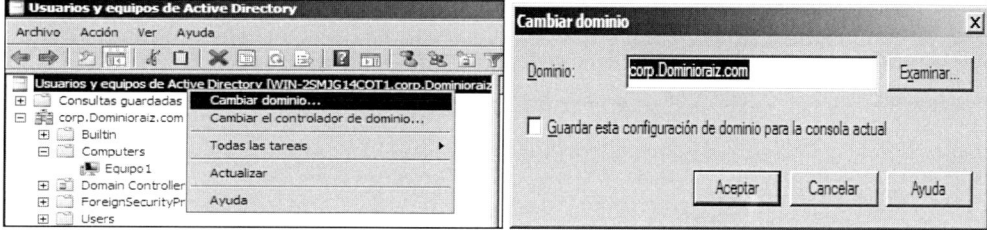

Figura 6-13   Figura 6-14

6.2.2. Administrar dominios con controladores de dominio diferentes

Para *administrar un dominio con un controlador de dominio diferente* mediante la interfaz de Windows, abra *Usuarios y equipos de Active Directory* mediante *Inicio → Herramientas administrativas → Usuarios y equipos de Active Directory* (Figura 6-1) para obtener la interfaz de la Figura 6-2. En el árbol de consola haga clic con el botón secundario en *Usuarios y equipos de Active Directory* y, a continuación, pulse en *Cambiar el controlador de dominio* (Figura 6-13). En la Figura 6-15 haga clic en un controlador de dominio de la lista. Alternativamente, pulse en el campo *<Escriba un nombre de controlador de dominio o una dirección IP aquí>* y, por último, escriba el nombre de un controlador de dominio.

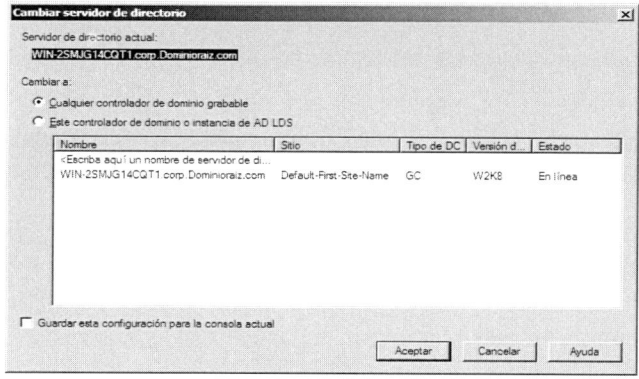

Figura 6-15

6.3   PERMISOS DE ACCESO Y DERECHOS

La administración de permisos de acceso y derechos es una tarea esencial en un sistema operativo seguro. Windows server implementa tecnologías de administración y evaluación de configuraciones seguras que administran la seguridad del sistema y las amenazas de modo continuo.

Entre las herramientas más importantes de que dispone Windows server para la administración de permisos de acceso tenemos el Administrador de autorización, el Editor de lista de control de acceso, el asistente para delegación de control y los Dominios y confianzas de Active Directory.

6.3.1. Administrador de autorización

El modelo de administración basado en funciones permite asignar usuarios a funciones y ofrece una ubicación central para hacer un seguimiento de los permisos concedidos a cada función. Este modelo se suele llamar control de acceso basado en funciones.

Una vez configurado el Administrador de autorización y después de que se hayan asignado usuarios a las funciones, la mayor parte de las configuraciones que autorizan acciones específicas a los usuarios se realizan automáticamente. También puede aplicar un control muy específico mediante scripts. Los scripts, llamados reglas de autorización, permiten aplicar un control exhaustivo sobre las asignaciones entre el control de acceso y la estructura de la organización.

Administrador de autorización puede ayudarle a proporcionar un control efectivo del acceso a los recursos en muchas situaciones. En términos generales, hay dos categorías de funciones que se suelen beneficiar de la administración basada en funciones: funciones de autorización de usuario y funciones de configuración de equipo.

Las funciones de autorización de usuario se basan en la función de trabajo del usuario. Puede usar las funciones de autorización para autorizar el acceso, delegar privilegios administrativos o administrar la interacción con los recursos basados en equipos. Por ejemplo, puede definir una función de Tesorero que incluya el derecho a autorizar gastos y a auditar transacciones contables.

Las funciones de configuración de equipo se basan en la función de un equipo. Puede usar las funciones de configuración de equipo para seleccionar características que desee instalar, habilitar servicios y seleccionar opciones. Por ejemplo, se pueden definir funciones de configuración de equipo para servidores web, controladores de dominio, servidores de archivos y configuraciones de servidor personalizadas que sean adecuadas para su organización.

En Administrador de autorización puede utilizar el modo programador y el modo administrador. En el modo de programador se pueden crear, implementar y mantener aplicaciones. Tiene acceso ilimitado a todas las características de Administrador de autorización. El modo de administrador es el modo predeterminado. En el modo de administrador se pueden implementar y mantener aplicaciones. Tiene acceso a todas las características de Administrador de autorización, pero no puede crear nuevas aplicaciones ni definir operaciones.

Administrador de autorización suele utilizarse en aplicaciones personalizadas creadas para un propósito específico en su entorno. Normalmente estas aplicaciones crean, administran y utilizan un almacén de autorización llamando a las interfaces de programación de aplicaciones (API) de Administrador de autorización. En ese caso, no es necesario usar el modo de programador. Cuando se utiliza el modo de programador, se recomienda ejecutar Administrador de autorización en modo de programador sólo hasta que el almacén de autorización, la aplicación y otros objetos necesarios estén creados y configurados. Después de la configuración inicial de Administrador de autorización, ejecute dicha herramienta en modo de administrador.

En Windows server, se incorporan varias características nuevas al Administrador de autorización. Entre ellas se incluyen:

- Los almacenes de Administrador de autorización se pueden almacenar ahora en una base de datos Microsoft SQL Server, así como en Servicios de dominio de Active Directory (AD DS), en Servicios de directorio ligero de Active Directory (AD LDS) o en un archivo XML.

- Ahora está disponible la compatibilidad para grupos de reglas de negocios, es decir, grupos cuya pertenencia se determina en tiempo de ejecución mediante un script.

- Ahora está disponible la compatibilidad con los selectores de objetos personalizados, de forma que los administradores de aplicaciones pueden utilizar el complemento Administrador de autorización de MMC para aplicaciones que utilizan AD LDS o cuentas de usuario de SQL Server.

También se han realizado muchas mejoras y cambios en Administrador de autorización. Algunas de éstas son:

- Mejoras de la interfaz de programación de aplicaciones (API) de Administrador de autorización, con optimizaciones de funciones comunes y la incorporación de versiones más rápidas y sencillas de métodos utilizados con frecuencia, como AccessCheck.

- Las consultas LDAP no se limitan exclusivamente a objetos de usuario.

- Si la auditoría está activa, se registrarán eventos adicionales.

- El uso de reglas de negocio y reglas de autorización se controla mediante una configuración del Registro. En esta versión de Windows, las reglas están deshabilitadas de manera predeterminada. En las versiones anteriores de Windows, las reglas estaban habilitadas de manera predeterminada.

Administrador de autorización puede ejecutarse como una consola independiente o como un complemento agregado a una consola de Microsoft Management Console (MMC). Puede iniciar Administrador de autorización mediante la interfaz de Windows o desde la línea de comandos. Para poder completar este procedimiento, debe pertenecer como mínimo al grupo Administradores.

Para *iniciar Administrador de autorización mediante la interfaz de Windows* haga clic en *Inicio →Todos los programas → Accesorios → Ejecutar*. En el cuadro de texto *Abrir*, escriba *azman.msc* y presione *Entrar*. Si aparece una ventana de *Seguridad de Windows*, especifique el permiso o las credenciales solicitados.

Para *iniciar Administrador de autorización desde la línea de comandos*, en el símbolo del sistema, escriba *azman.msc* y presione *Entrar*.

Administrador de autorización se abre sin un almacén de autorización predeterminado (Figura 6-16). Administrador de autorización se abre con la misma configuración que tenía cuando se cerró la consola.

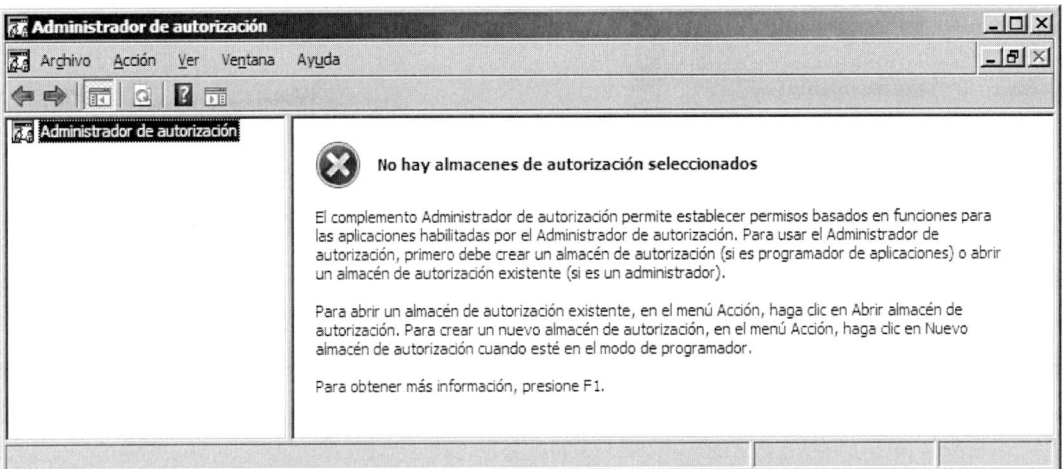

Figura 6-16

Para usar Administrador de autorización, debe crear o abrir un almacén de autorización.

Para *crear un almacén de autorización* se tiene en cuenta los pasos siguientes:

- Abra Administrador de autorización.

- Si es necesario, cambie al *Modo de programador* modificando las opciones de Administrador de autorización. Para ello, se hace clic con el botón secundario del ratón en *Administrador de autorización* y, a continuación, haga clic en *Opciones* (Figura 6-17) y en la pantalla Opciones se elige Modo de programador (Figura 6-18).

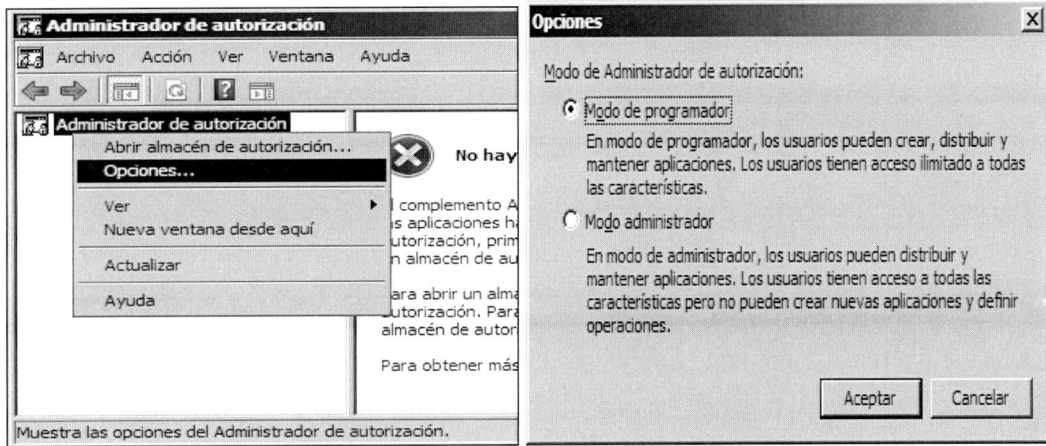

Figura 6-17   Figura 6-18

- En el árbol de la consola, haga clic con el botón secundario en *Administrador de autorización* y, a continuación, haga clic en *Nuevo almacén de autorización* (Figura 6-19).

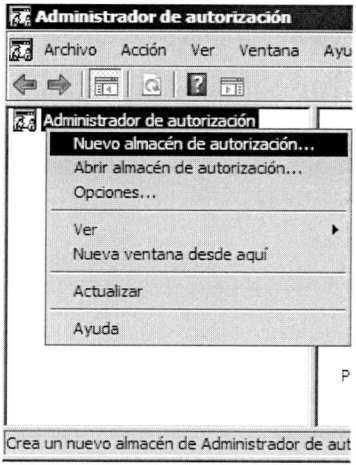

Figura 6-19

- En el cuadro de diálogo *Nuevo almacén de autorización* (Figura 6-20), haga clic en *Active Directory*, en *Archivo XML* o en *Microsoft SQL*.

- En *Nombre de almacén*, escriba el nombre del almacén de autorización o haga clic en *Ubicaciones para buscarlo*. No puede utilizar *Ubicaciones* para buscar un servidor SQL Server. Debe conocer la ubicación que desea utilizar para crear un almacén en SQL Server.

- *(Opcional) En Descripción*, escriba una descripción para el nuevo almacén de autorización.

- Haga clic en *Aceptar*.

- El nuevo almacén de autorización aparece en la consola del Administrador de autorización (Figura 6-21). En el árbol de la consola, haga clic con el botón secundario en el nombre del almacén de autorización y haga clic en *Volver a cargar* para cargar nuevamente el almacén de autorización (Figura 6-21).

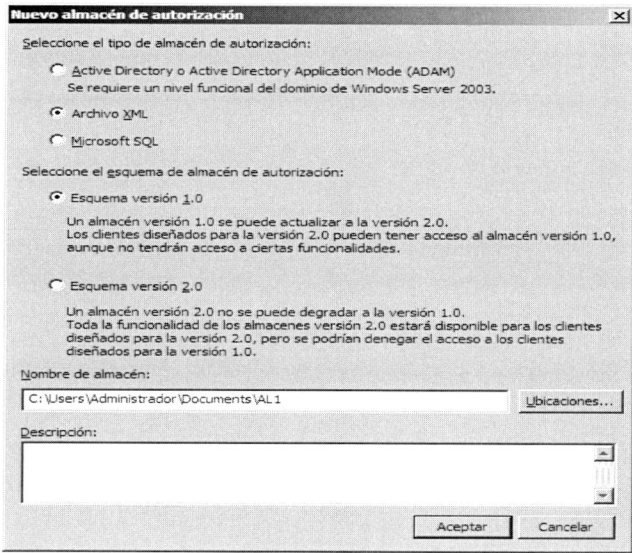

Figura 6-20

Para *editar las propiedades de un almacén de autorización*, abra Administrador de autorización y en el árbol de la consola, haga clic con el botón secundario en el almacén de autorización que desea editar. A continuación, haga clic en *Propiedades* (Figura 6-21) y en el cuadro de diálogo *Propiedades*, modifique las opciones que desea cambiar. En la solapa *General* (Figura 6-22) se editan las propiedades generales del almacén (nombre, descripción, tipo y versión). En la solapa *Límites* (Figura 6-23) se administran las reglas de autorización. En la solapa *Seguridad* (Figura 6-24) se controla la función de usuario de Administrador de autorización y los usuarios y grupos asignados a esta función. En la solapa *Auditoría* (Figura 6-25) se habilita auditoría de inicialización de aplicaciones en tiempo real o auditoría de cambio de almacenamiento de autorizaciones.

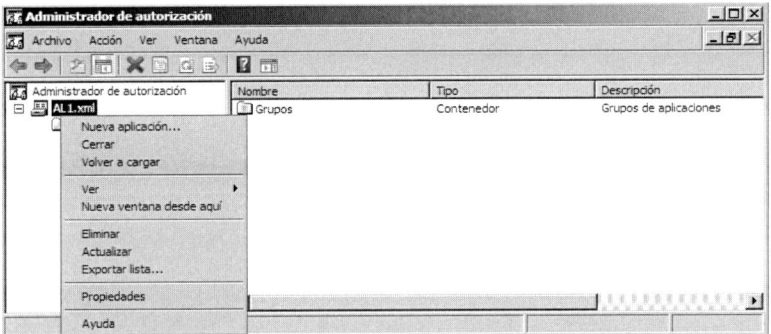

Figura 6-21

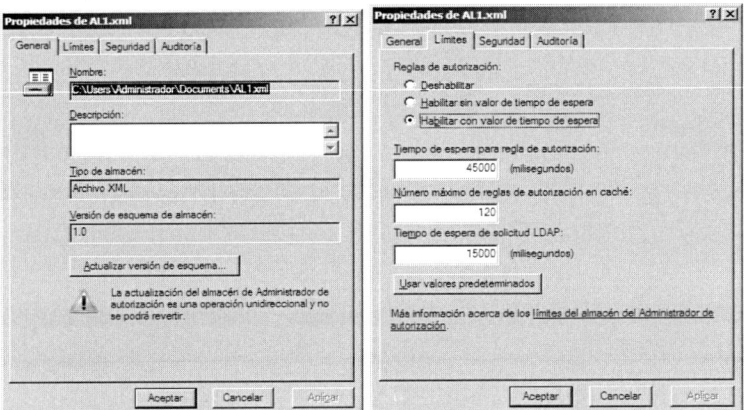

Figura 6-22

Figura 6-23

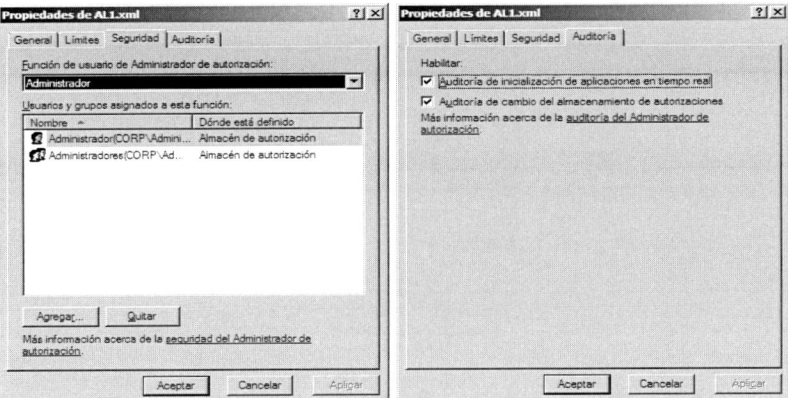

Figura 6-24

Figura 6-25

Puede utilizar aplicaciones y ámbitos de Administrador de autorización para agrupar definiciones relacionadas y para limitar la forma en que se aplican directivas específicas. Antes de poder utilizar Administrador de autorización de forma efectiva para controlar el acceso a los recursos, debe *definir grupos de usuarios*. Para *definir un grupo de aplicación*, use el siguiente procedimiento:

- Si es necesario, abra Administrador de autorización.

- En el árbol de la consola, haga clic con el botón secundario en *Grupos* y, a continuación, pulse en *Nuevo grupo de aplicación* (Figura 6-26).

- En el cuadro de diálogo *Nuevo grupo de aplicación* (Figura 6-27), escriba un nombre para el grupo en *Nombre*.

- En *Descripción*, escriba una descripción para el grupo.

- En *Tipo de grupo*, haga clic en *Grupo de aplicación básico, Grupo de aplicación de consultas LDAP* o *Grupo de aplicación de reglas de negocio*.

- Haga clic en *Aceptar*. El nuevo grupo se incorpora a la consola del Administrador de autorización (Figura 6-28). Para cambiar sus propiedades haga clic con el botón secundario en el grupo que desea editar y, a continuación, pulse en *Propiedades* (Figura 6-28). En las solapas del cuadro de diálogo *Propiedades* (Figura 6-29), modifique las opciones generales, miembros y exclusiones que desea cambiar para el grupo.

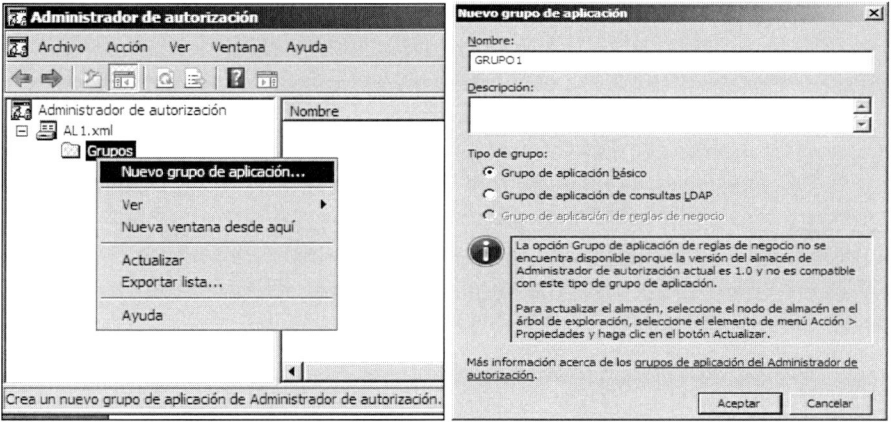

Figura 6-26   Figura 6-27

Figura 6-28

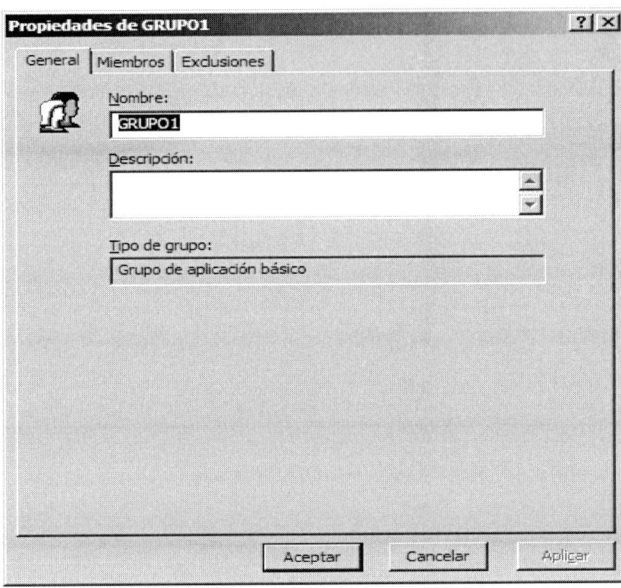

Figura 6-29

Un almacén de autorización puede contener información sobre directivas de autorización para muchas aplicaciones en un solo almacén de directivas. Todas las aplicaciones de un almacén de autorización pueden tener acceso a todos los grupos definidos en el nivel de almacén.

Administrador de autorización permite proporcionar servicios de autorización a los administradores a los que ofrece asistencia mediante la creación de aplicaciones de Administrador de autorización que tengan acceso a los almacenes de autorización. Una aplicación es específica de un almacén de autorización y siempre se encuentra ubicada directamente en su almacén de autorización primario en Administrador de autorización. Un almacén de autorización puede contener información sobre directivas de autorización para muchas aplicaciones en un solo almacén de directivas. Todas las aplicaciones de un almacén de autorización pueden tener acceso a todos los grupos definidos en el nivel de almacén. Un almacén de directivas de autorización debe contener al menos una aplicación. Por ejemplo, puede crear una aplicación para controlar el acceso a un sitio web y otra aplicación para controlar el acceso a funciones de un programa de software de una unidad de negocio específica. Sin embargo, como las dos aplicaciones se utilizan en la misma compañía y pueden tener requisitos similares, es posible que tenga sentido tener ambas aplicaciones en un almacén de autorización.

Para *crear una aplicación de Administrador de autorización*, abra Administrador de autorización. Si es necesario, cree o abra un almacén de autorización y si Administrador de autorización está en modo de administrador, cambie a modo de programador. En el árbol de la consola, haga clic con el botón secundario en el nombre del almacén de autorización y después elija *Nueva aplicación* (Figura 6-30). En el cuadro de texto *Nombre* (Figura 6-31), escriba un nombre para la aplicación. Si lo desea, escriba una descripción e información de versión. Haga clic en *Aceptar*. La nueva aplicación se incorpora a la consola del Administrador de autorización (Figura 6-32).

Un ámbito es una subdivisión virtual dentro de una aplicación que separa algunos recursos de otros que utiliza esa aplicación. Puede utilizar los ámbitos para evitar el uso compartido de recursos no deseado y permitir la auditoría y la delegación. El usuario no tiene que usar ámbitos. Si existen grupos, asignaciones de funciones, definiciones de función o definiciones de tarea de Administrador de autorización que no desea implementar en toda una aplicación, puede crearlos en el nivel del ámbito. La aplicación que contiene el ámbito debe ser capaz de reconocer el nombre del ámbito. Por ejemplo, es posible que las aplicaciones basadas en archivos tengan nombres de ámbito que incluyan nombres de archivo o rutas de acceso. Es posible que las aplicaciones basadas en web tengan nombres de ámbito basados en una dirección URL. Es posible las aplicaciones del Registro tengan nombres de ámbito basados en subárboles del Registro y los nombres de ámbito de Active Directory pueden especificar unidades organizativas. No se pueden definir operaciones en el nivel del ámbito.

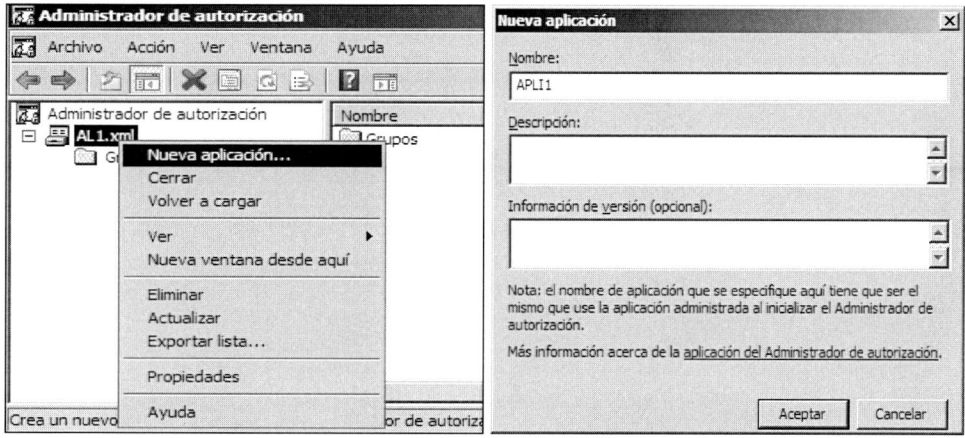

Figura 6-30   Figura 6-31

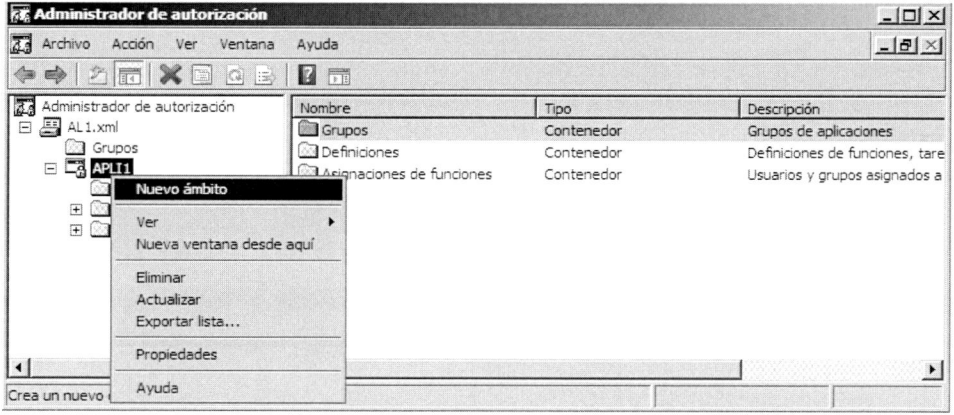

Figura 6-32

Para *crear un ámbito de aplicación*, abra Administrador de autorización y si es necesario, cree o abra un almacén de autorización. En el árbol de la consola, haga clic con el botón secundario en la aplicación y elija *nuevo ámbito*, bajo una aplicación o un ámbito, y elija *Nueva asignación de funciones*. Asigne nombre y descripción para el ámbito en la pantalla *Nuevo ámbito* (Figura 6-33). Haga clic en *Aceptar*.

Con el fin de utilizar de forma efectiva Administrador de autorización para el control de acceso basado en funciones, es recomendable conocer los grupos, las funciones, las tareas y las operaciones. Una función es un conjunto de permisos de los que debe disponer un usuario para realizar un trabajo. Las funciones bien diseñadas deberían corresponderse con una categoría o responsabilidad profesional y ser nombradas en consecuencia. En Administrador de autorización, puede agregar usuarios a una función con el objeto de autorizarles para un trabajo. Una tarea es un conjunto de operaciones y, en ocasiones, de otras tareas. Las tareas bien diseñadas son lo suficientemente inclusivas para representar elementos de trabajo que sean reconocibles (por ejemplo, "cambiar contraseña" o "presentar gastos"). Una asignación de funciones es un contenedor virtual para grupos de aplicación cuyos miembros están autorizados para la función. Dicha asignación se basa en una definición de función individual, que puede ser la base de muchas asignaciones de funciones. En el Administrador de autorización, para cada aplicación se observan grupos, definiciones y definiciones de funciones (Figura 6-32).

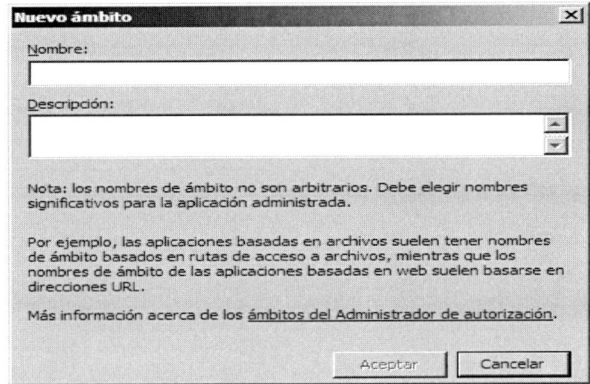

Figura 6-33

Para *definir una función*, haga clic con el botón secundario del ratón en *Definiciones de funciones*, bajo *Definiciones*, y elija *Nueva definición de función* (Figura 6-34). En la Figura 6-35 asigne nombre, descripción y tareas a la función y pulse *Aceptar*.

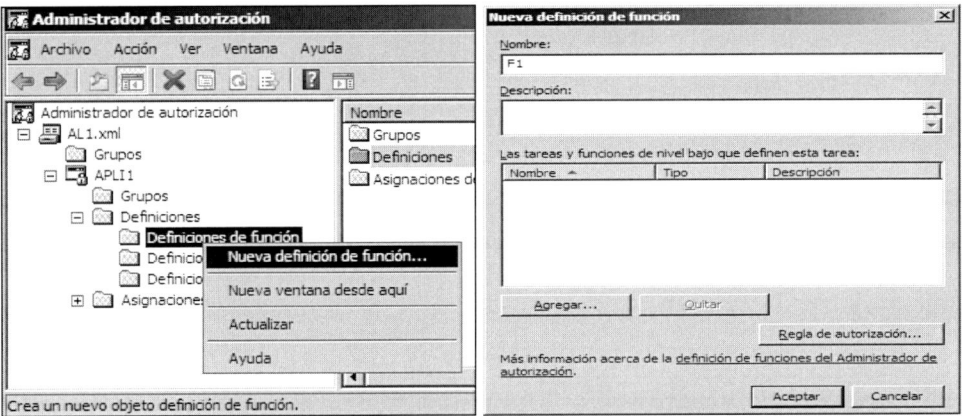

Figura 6-34   Figura 6-35

Para *definir una tarea*, haga clic con el botón secundario del ratón en *Definiciones de tarea*, bajo *Definiciones*, y elija *Nueva definición de tarea* (Figura 6-36). En la Figura 6-37 asigne nombre, descripción y las operaciones y funciones de bajo nivel que definen la tarea. Pulse *Aceptar*.

Para *definir una operación*, haga clic con el botón secundario del ratón en *Definiciones de operación*, bajo *Definiciones*, y elija *Nueva definición de operación* (Figura 6-38). En la Figura 6-39 asigne nombre, descripción y número a la operación. Pulse *Aceptar*.

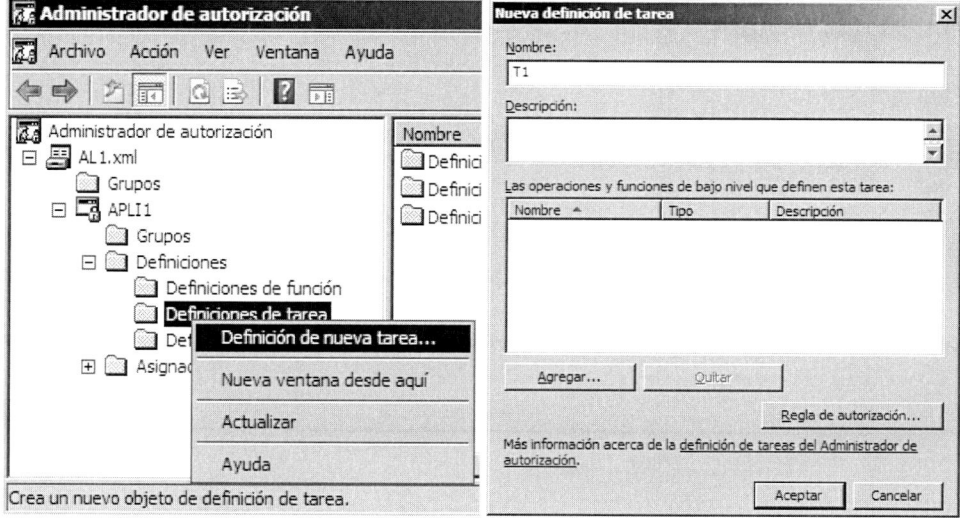

Figura 6-36   Figura 6-37

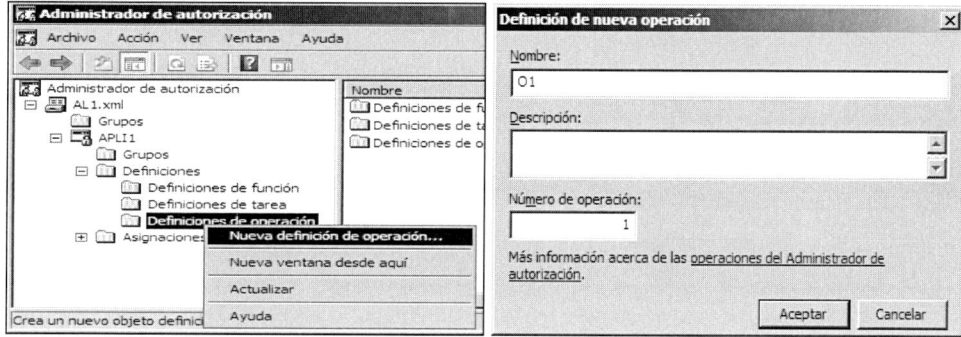

Figura 6-38   Figura 6-39

Para *asignar un grupo de aplicación a una función*, abra Administrador de autorización y si es necesario, cree o abra un almacén de autorización. En el árbol de la consola, haga clic con el botón secundario en *Asignaciones de funciones*, bajo una aplicación o un ámbito, y elija *Nueva asignación de funciones* (Figura 6-40). La carpeta *Asignaciones de funciones* se utiliza como contenedor para vincular grupos a funciones. No todas las funciones tienen grupos asociados, ya que las funciones pueden combinarse en funciones más grandes. Seleccione la función a la que desea asignar grupos activando la casilla situada junto al nombre de la definición de función apropiada (Figura 6-41) y haga clic en *Aceptar*. Se puede agregar una misma definición de función al contenedor *Asignaciones de funciones* más de una vez. Esto permite administrar las asignaciones de forma flexible.

Si desea *cambiar el nombre para mostrar de la asignación de funciones*, haga clic en él con el botón secundario en la lista de asignaciones de funciones y elija *Propiedades*. En la lista de asignaciones de funciones, haga clic con el botón secundario en la asignación de funciones existente y elija *Asignar usuarios y grupos* (Figura 6-42). En el menú emergente, elija *De Windows y Active Directory*. Aparece el cuadro de diálogo *Seleccionar usuarios, equipos o grupos estándar* (Figura 6-43). En el cuadro de texto *Escriba los nombres de objeto que desea seleccionar*, escriba los nombres de usuario de los miembros que desee. Como alternativa, puede buscar en Active Directory si hace clic en el botón *Opciones avanzadas*. Pulse en *Aceptar*. Si en el menú emergente de la Figura 6-42 elige *Del Administrador de autorización*, aparecerá una lista de grupos de aplicación de Administrador de autorización en un cuadro de diálogo con el título *Agregar grupos* (Figura 6-44). Seleccione los miembros que desee en el cuadro de diálogo *Agregar grupos* activando las casillas situadas junto a dichos miembros.

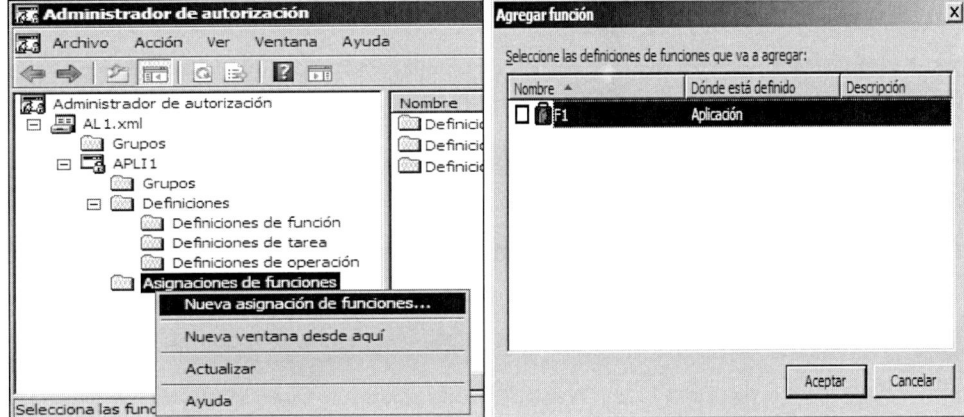

Figura 6-40   Figura 6-41

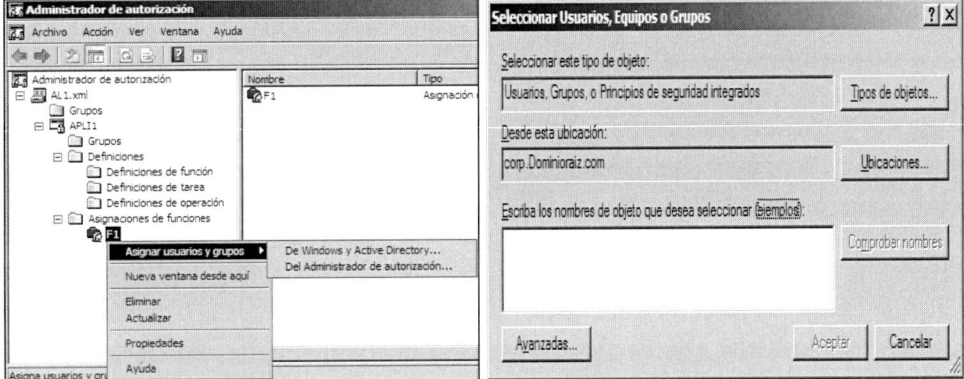

Figura 6-42   Figura 6-43

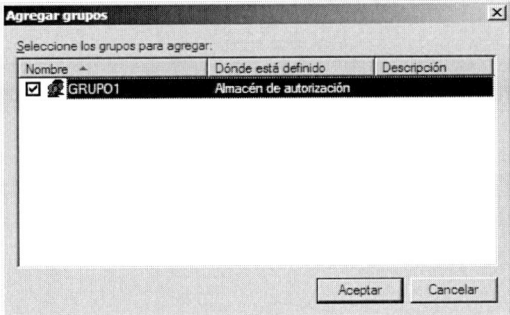

Figura 6-44

Se pueden utilizar reglas de autorización para definir una tarea o una función.

Para *agregar una regla de autorización a una definición de tarea*, abra el Administrador de autorización y si es necesario, cree o abra un almacén de autorización que contenga una aplicación. En el árbol de la consola, expanda la aplicación, expanda la carpeta *Definiciones* y, a continuación, haga clic en *Definiciones de tarea*. Las reglas se pueden utilizar con tareas de nivel de aplicación o de nivel de ámbito. En la lista de tareas, haga clic con el botón secundario en una tarea y elija Propiedades (Figura 6-45). En la hoja de propiedades, pulse en la ficha *Definición* (Figura 6-46). Haga clic en el botón *Regla de autorización*. En el cuadro de texto *Ruta de script* (Figura 6-47), escriba la ubicación y el nombre de un archivo de texto que contenga el código fuente del script que desea cargar o pulse en *Examinar* para buscar el archivo. Haga clic en *VBScript* o *Jscript* como *Tipo de script*. Pulse en *Volver a cargar la regla en el almacén*. Haga clic en *Aceptar*. De modo similar se puede *agregar una regla de autorización a una definición de función* partiendo de una función bajo *Definiciones de función* (Figura 6-48) y repitiendo los mismos pasos que para la tarea.

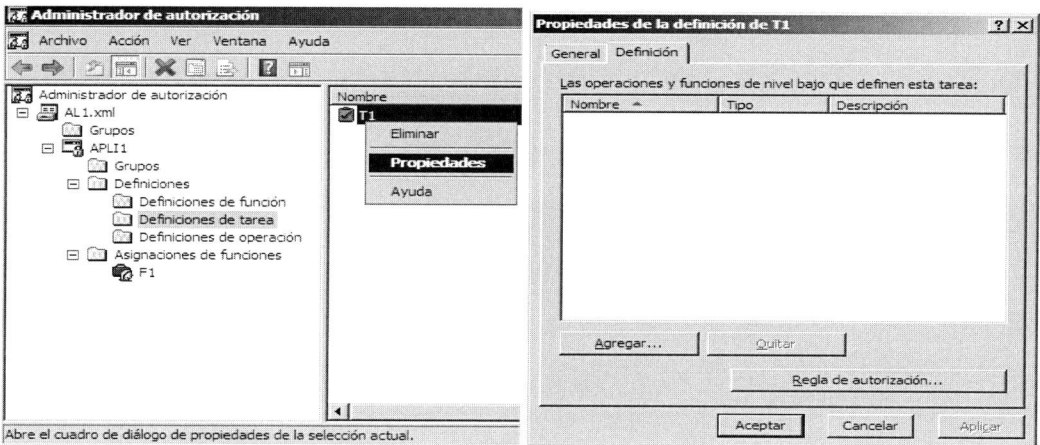

Figura 6-45   Figura 6-46

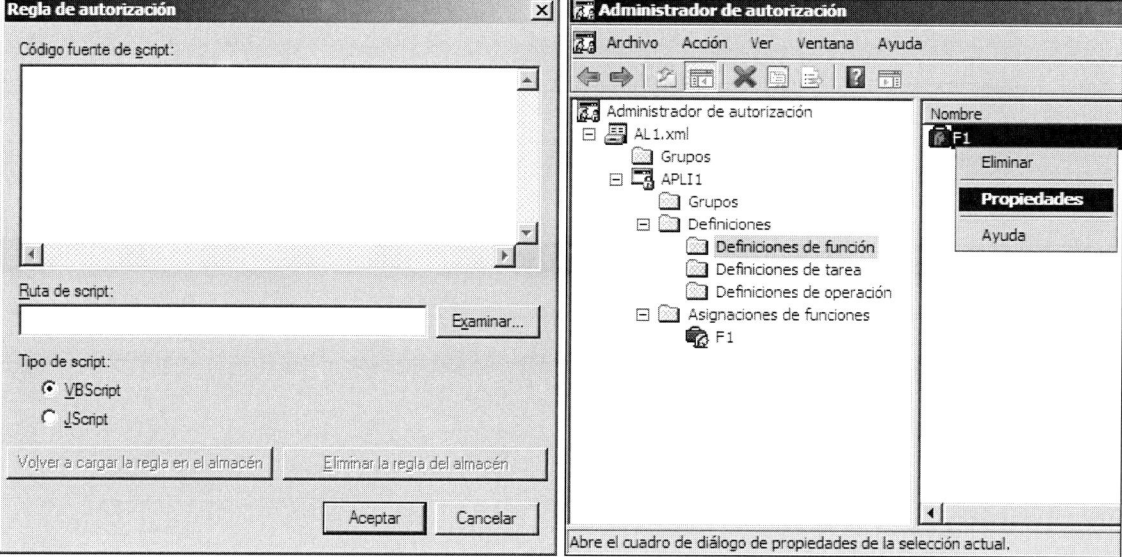

Figura 6-47   Figura 6-48

6.3.2. Dominios y confianzas de Active Directory

Dominios y confianzas de Active Directory es el complemento Microsoft Management Console (MMC) que se puede usar para administrar confianzas de dominios, niveles funcionales del bosque o del dominio, y sufijos de nombre principal de usuario (UPN). La funcionalidad de dominios y bosques, disponible en los Servicios de dominio de Active Directory (AD DS) de Windows server, proporciona una forma de habilitar características para todo el dominio o características de Active Directory para todo el bosque en su entorno de red. Hay disponibles varios niveles de funcionalidad del dominio y del bosque, dependiendo de su entorno de red.

Se accede a Dominios y confianzas de Active Directory mediante *Inicio → Herramientas Administrativas → Dominios y confianzas de Active Directory* (Figura 6-49).

Si todos los controladores de dominio de su bosque o dominio ejecutan Windows server y el nivel funcional del bosque y del dominio se establece en Windows server, estarán disponibles todas las características para todo el dominio y para todo el bosque.

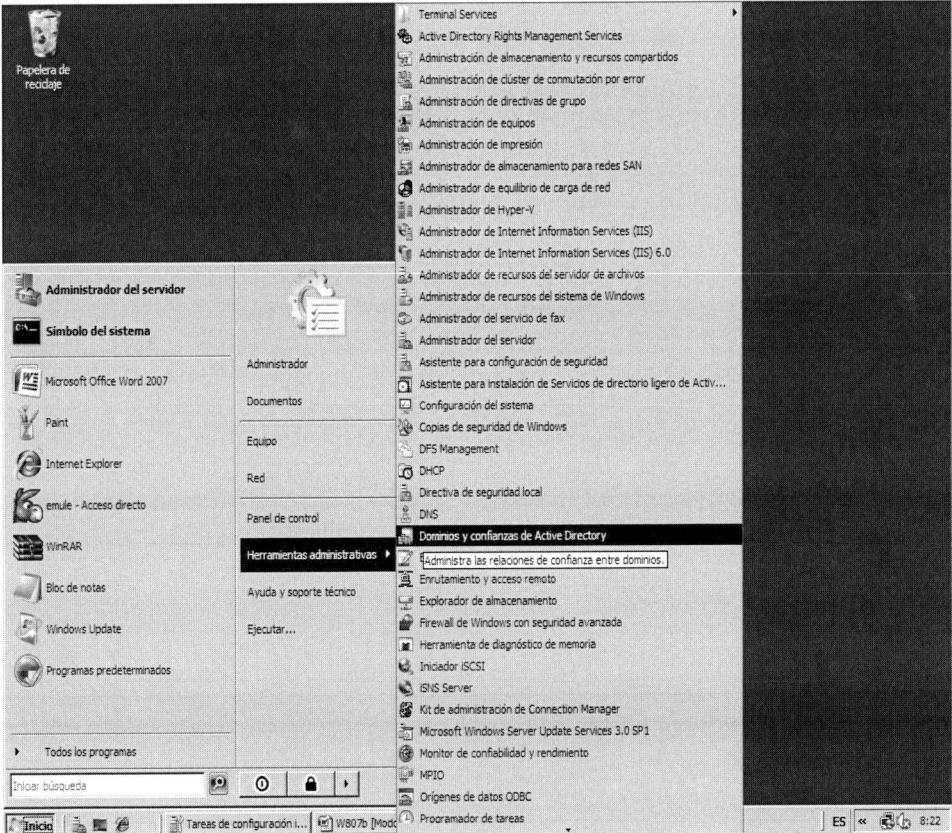

Figura 6-49

6.3.3. Administración de confianzas

Una confianza es una relación entre dominios que hace posible a los usuarios de un dominio autenticarse por medio de un controlador de dominio en otro dominio.

En el sistema operativo Windows NT, las confianzas se limitan a dos dominios y la relación de confianza es no transitiva y unidireccional. Todas las confianzas en bosques de Windows server son relaciones transitivas y bidireccionales. Por lo tanto, ambos dominios en una relación de confianza son de confianza. Un controlador de dominio que ejecute Windows server autentica a usuarios y aplicaciones que usen uno de estos dos protocolos: el protocolo Kerberos versión 5 (V5) o NTLM. El protocolo Kerberos V5 es el protocolo predeterminado en equipos que ejecutan Microsoft Windows o Windows server. Si un equipo en una transacción no es compatible con el protocolo Kerberos V5, usará el protocolo NTLM.

Con el protocolo Kerberos V5, el cliente solicita un vale desde un controlador de dominio en su dominio de cuenta para el servidor del dominio que confía. Este vale lo emite un intermediario en el que confían el cliente y el servidor. El cliente presenta este vale de confianza al servidor del dominio que confía para su autenticación.

Cuando un cliente intenta tener acceso a recursos de un servidor en otro dominio mediante la autenticación NTLM, el servidor que contiene el recurso debe ponerse en contacto con un controlador de dominio en el dominio de cuentas de cliente para comprobar las credenciales de la cuenta.

Los objetos del dominio de confianza (TDO) son objetos que representan cada relación de confianza en un dominio particular. Cada vez que se establece una confianza, se crea un TDO único y se almacena en su dominio (en el contenedor System). Los atributos tales como nombres de dominio recíprocos, tipo y transitividad de confianza se representan en el TDO.

Los TDO de confianzas de bosque almacenan atributos adicionales para identificar todos los espacios de nombres de confianza de su bosque asociado. Entre estos atributos se incluyen nombres de árboles de dominios, sufijos de nombre principal del usuario (UPN), sufijos de nombre principal de servicio (SPN) y espacios de nombres de identificadores de seguridad (SID).

Puede usar el *Asistente para nueva confianza* o la herramienta de línea de comandos *Netdom* para crear cuatro tipos de confianza: externa, de dominio kerberos, de bosque y abreviada. En la tabla siguiente se describen estos tipos de confianza.

Tipo de confianza	Transitividad	Dirección	Descripción
Externa	No transitiva	Unidireccional o bidireccional	Use las confianzas externas para proporcionar acceso a los recursos ubicados en un dominio de Windows NT o en un dominio ubicado en un bosque distinto que no está unido por una confianza de bosque.
De dominio kerberos	Transitiva o no transitiva	Unidireccional o bidireccional	Use las confianzas de dominio kerberos para formar una relación de confianza entre un dominio kerberos que no es de Windows y un dominio de Windows server.
De bosque	Transitiva	Unidireccional o bidireccional	Use las confianzas de bosque para compartir recursos entre bosques. Si una confianza de bosque es bidireccional, las solicitudes de autenticación realizadas en alguno de los dos bosques pueden llegar al otro bosque.
Abreviada	Transitiva	Unidireccional o bidireccional	Use las confianzas abreviadas para mejorar los tiempos de inicio de sesión de usuario entre dos dominios en un bosque de Windows server. Esto es útil cuando dos dominios están separados por dos árboles de dominios.

Cuando crea confianzas externas, abreviadas, de dominio kerberos o de bosque, puede crear cada lado de la relación independientemente o puede crear ambos lados simultáneamente. Si elige crear cada lado de la relación de forma independiente, deberá ejecutar el Asistente para nueva confianza dos veces (una vez por cada dominio). Cuando cree confianzas con este método, debe suministrar la misma contraseña de confianza para cada dominio. Por motivos de seguridad, es recomendable que todas las contraseñas de confianza sean contraseñas seguras. Si elige crear ambos lados de la relación de confianza de forma simultánea, deberá ejecutar el Asistente para nueva confianza solamente una vez. Cuando elige esta opción, se genera una contraseña de confianza segura de forma automática. Debe contar con las credenciales administrativas adecuadas para los dominios entre los que está creando la relación de confianza.

El *tipo de confianza y su dirección* asignada afectan a la ruta de acceso de confianza que se usa para la autenticación. Una *ruta de acceso de confianza* es una serie de relaciones de confianza que deben seguir las solicitudes de autenticación entre dominios. Antes de que un usuario pueda tener acceso a un recurso en otro dominio, el sistema de seguridad en los controladores de dominio que ejecutan Windows server debe determinar si el dominio que confía (el dominio que contiene el recurso al que el usuario está intentando obtener acceso) tiene una relación con el dominio de confianza (el dominio de inicio de sesión del usuario). Para determinar esto, el sistema de seguridad calcula la ruta de acceso de confianza entre un controlador de dominio en el dominio que confía y un controlador de dominio en el dominio de confianza.

Una *confianza unidireccional* es una ruta de autenticación unidireccional creada entre dos dominios. Algunas confianzas unidireccionales pueden ser transitivas o no transitivas, dependiendo del tipo de confianza que sea. Todas las confianzas de dominio en un bosque de Windows server son *confianzas transitivas bidireccionales*. Cuando se crea un nuevo dominio secundario, se crea automáticamente una confianza transitiva bidireccional entre el nuevo dominio secundario y el dominio primario. La transitividad determina si una confianza se puede extender fuera de los dos dominios entre los que se formó la confianza. Puede usar una *confianza transitiva* para extender las relaciones de confianza a otros dominios. Puede usar una *confianza no transitiva* para denegar relaciones de confianza con otros dominios.

Además de las confianzas transitivas predeterminadas que se establecen en un bosque de Windows server, puede crear manualmente, mediante el *Asistente para nueva confianza*, las confianzas transitivas siguientes:

- *Confianza abreviada*: una confianza transitiva entre un dominio en el mismo bosque o árbol de dominios que abrevia la ruta de acceso de confianza en un bosque o árbol de dominios grande y complejo.

- *Confianza de bosque*: una confianza transitiva entre un dominio raíz del bosque y un segundo dominio raíz del bosque.

- *Confianza de dominio kerberos*: una confianza transitiva entre un dominio de Active Directory y un dominio Kerberos V5.

Para *crear una confianza abreviada* mediante la interfaz de Windows abra Dominios y confianzas de Active Directory mediante *Inicio → Herramientas Administrativas → Dominios y confianzas de Active Directory* (Figura 6-49). En el árbol de consola, haga clic con el botón secundario en el nodo del dominio para el que desea establecer una confianza abreviada y, a continuación, haga clic en *Propiedades* (Figura 6-50). En la ficha *Confianzas* haga clic en *Nueva confianza* y luego en *Siguiente*. En la página *Nombre de confianza*, escriba el nombre del Sistema de nombres de dominio (DNS) (o nombre NetBIOS) y, luego, pulse en *Siguiente*. En la página *Dirección de confianza*, realice una de las acciones siguientes:

- Para *crear una confianza abreviada bidireccional*, haga clic en *Bidireccional*. Los usuarios de este dominio y del dominio especificado podrán usar esta ruta de acceso de confianza.

- Para *crear una confianza abreviada unidireccional de entrada*, haga clic en *Unidireccional de entrada*. Los usuarios del dominio especificado no podrán usar esta ruta de acceso de confianza.

- Para *crear una confianza abreviada unidireccional de salida*, haga clic en *Unidireccional de salida*. Los usuarios de este dominio no podrán usar esta ruta de acceso de confianza.

Siga las instrucciones del asistente de la Figura 6-51.

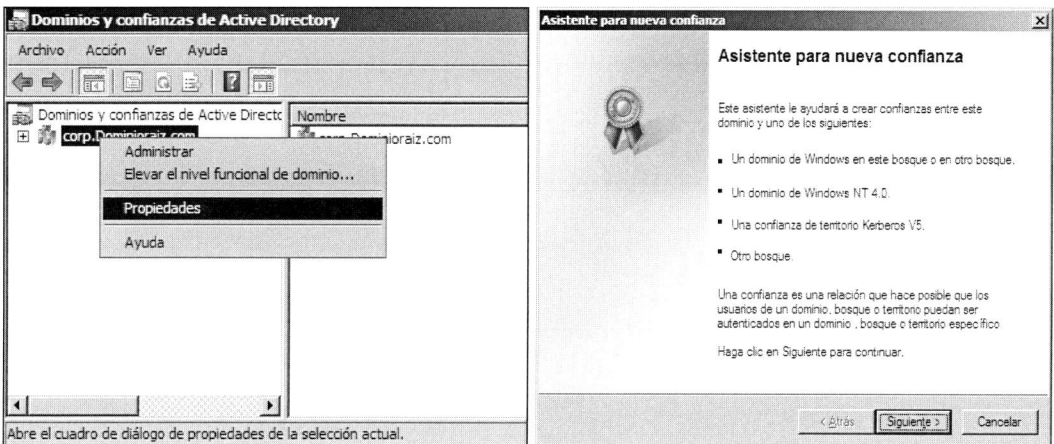

Figura 6-50   Figura 6-51

Para *crear una confianza externa* mediante la interfaz de Windows, abra *Dominios y confianzas de Active Directory* mediante *Inicio → Herramientas Administrativas → Dominios y confianzas de Active Directory* (Figura 6-49). En el árbol de consola, haga clic con el botón secundario en el nodo del dominio para el que desea establecer una confianza externa y, luego, haga clic en *Propiedades*. En la ficha *Confianzas* pulse en *Nueva confianza* y luego en *Siguiente*. En la página *Nombre de confianza*, escriba el nombre del Sistema de nombres de dominio (DNS) (o nombre NetBIOS) y, a continuación, haga clic en *Siguiente*. En la página *Tipo de confianza*, haga clic en *Confianza externa* y, luego, en *Siguiente*. En la página *Dirección de confianza*, realice una de las acciones siguientes:

- Para *crear una confianza externa bidireccional*, haga clic en *Bidireccional*. Los usuarios de este dominio y del dominio especificado podrán usar esta ruta de acceso de confianza.

- Para *crear una confianza externa unidireccional de entrada*, haga clic en *Unidireccional de entrada*. Los usuarios del dominio especificado no podrán usar esta ruta de acceso de confianza.

- Para *crear una confianza externa unidireccional de salida*, haga clic en *Unidireccional de salida*. Los usuarios de este dominio no podrán usar esta ruta de acceso de confianza.

Siga las instrucciones del asistente.

Para *crear una confianza de dominio kerberos* mediante la interfaz de Windows, abra *Dominios y confianzas de Active Directory* mediante *Inicio → Herramientas Administrativas → Dominios y confianzas de Active Directory* (Figura 6-49). En el árbol de consola, haga clic con el botón secundario en el nodo del dominio para el que desea establecer una confianza de dominio kerberos y, luego, pulse en *Propiedades*. En la ficha *Confianzas* haga clic en *Nueva confianza* y luego en *Siguiente*. En la página *Nombre de confianza*, escriba el nombre del Sistema de nombres de dominio (DNS) (o nombre NetBIOS) y, a continuación, haga clic en *Siguiente*. En la página *Tipo de confianza*, haga clic en *Confianza de dominio kerberos* y, por último, en *Siguiente*. En la página *Transitividad de la confianza*, realice una de las acciones siguientes:

- Para formar una relación de confianza con el dominio y el dominio kerberos especificado, haga clic en *No transitiva* y, luego, en *Siguiente*.

- Para formar una relación de confianza con el dominio, el dominio kerberos especificado y todos los dominios kerberos de confianza, haga clic en *Transitiva* y, a continuación, en *Siguiente*.

En la página *Dirección de confianza*, realice una de las acciones siguientes:

- Para *crear una confianza de dominio kerberos bidireccional*, haga clic en *Bidireccional*. Los usuarios de este dominio y del dominio kerberos especificado podrán tener acceso a los recursos de ambos dominios.

- Para *crear una confianza de dominio kerberos unidireccional de entrada*, haga clic en *Unidireccional de entrada*. Los usuarios del dominio kerberos especificado no podrán tener acceso a los recursos de este dominio.

- Para *crear una confianza de dominio kerberos unidireccional de salida*, haga clic en *Unidireccional de salida*. Los usuarios de este dominio no podrán tener acceso a los recursos del dominio kerberos especificado.

Para *comprobar una confianza mediante la interfaz de Windows*, abra *Dominios y confianzas de Active Directory* y en el árbol de consola, haga clic con el botón secundario en el dominio que contiene la confianza que desea comprobar y, luego, en *Propiedades*. En la ficha *Confianzas*, en *Dominios de confianza para este dominio (confianzas de salida)* o *Dominios que confían en este dominio (confianzas de entrada)*, haga clic en la confianza que desea comprobar y, a continuación, pulse en *Propiedades*. Haga clic en *Validar*. Realice una de las siguientes acciones y, por último, en *Aceptar*:

- Haga clic en *No, no validar la confianza de entrada*. Si selecciona esta opción, es recomendable que repita este procedimiento para el dominio recíproco.

- Haga clic en *Sí, validar la confianza de entrada*. Si selecciona esta opción, deberá escribir una cuenta de usuario y una contraseña con credenciales administrativas en el dominio recíproco.

Para *quitar una confianza mediante la interfaz de Windows*, abra *Dominios y confianzas de Active Directory* y en el árbol de consola, haga clic con el botón secundario en el dominio que contiene la confianza que desea quitar y, luego, en *Propiedades*. En la ficha *Confianzas*, en *Dominios de confianza para este dominio (confianzas de salida)* o *Dominios que confían en este dominio (confianzas de entrada)*, haga clic en la confianza que desea quitar y, más tarde, en *Quitar*. Realice una de las siguientes acciones y, al final, haga clic en *Aceptar*:

- Haga clic en *No, quitar la relación de confianza sólo del dominio local*. Si selecciona esta opción, es recomendable que repita este procedimiento para el dominio recíproco.

- Haga clic en *Sí, quitar la relación de confianza del dominio local y del otro dominio*. Si selecciona esta opción, deberá escribir una cuenta de usuario y una contraseña con credenciales administrativas en el dominio recíproco.

Para *seleccionar el ámbito de autenticación mediante la interfaz de Windows*, abra *Dominios y confianzas de Active Directory* y en el árbol de consola, haga clic con el botón secundario en el nodo del dominio que desea administrar y, luego, en *Propiedades*. En la ficha *Confianzas*, en *Dominios de confianza para este dominio (confianzas de salida)* o *Dominios que confían en este dominio (confianzas de entrada)*, realice una de las acciones siguientes:

- Para *seleccionar el ámbito de autenticación de los usuarios que se autentican a través de una confianza externa*, haga clic en la confianza externa que desea administrar y, a continuación, pulse en *Propiedades*. En la ficha *Autenticación*, haga clic en *Autenticación en todo el dominio* o en *Autenticación selectiva*.

- Para *seleccionar el ámbito de autenticación de los usuarios que se autentican a través de una confianza de bosque*, haga clic en la confianza de bosque que desea administrar y, luego, en *Propiedades*. En la ficha *Autenticación*, haga clic en *Autenticación en todo el bosque* o en *Autenticación selectiva*.

6.3.4. Administración de confianzas de bosque

Puede crear una confianza de bosque solamente entre un dominio raíz del bosque en un bosque de Windows server y un dominio raíz del bosque en otro bosque de Windows server. La creación de una confianza de bosque entre dos bosques de Windows server proporciona una relación de confianza transitiva, unidireccional o bidireccional, entre todos los dominios que residen en cada bosque.

Las confianzas de bosque son útiles para proveedores de servicios de aplicación, organizaciones en proceso de fusión o adquisición, extranets de empresas colaboradoras y organizaciones que buscan autonomía administrativa.

Una *confianza de bosque unidireccional entre dos bosques* permite a los miembros del bosque de confianza usar recursos ubicados en el bosque que confía. Sin embargo, la confianza funciona sólo en una dirección. Una *confianza de bosque bidireccional entre dos bosques* permite a los miembros de ambos bosques usar recursos ubicados en cualquiera de ellos, y los dominios de cada uno de los bosques confían de forma implícita en los dominios del otro bosque.

Antes de crear confianzas de bosque entre dominios, es importante comprobar que el servidor DNS (Sistema de nombres de dominio) de su entorno está configurado correctamente para aceptar relaciones de confianza en el futuro.

Para *crear una confianza de bosque*, abra *Dominios y confianzas* de Active Directory, y en el árbol de consola, haga clic con el botón secundario en el dominio que desea administrar y, a continuación, en *Propiedades*. En la ficha *Confianzas*, pulse en *Nueva confianza* y luego en *Siguiente*. En la página *Nombre de confianza*, escriba el nombre del DNS (o nombre NetBIOS) y, más tarde, en *Siguiente*. En la página *Tipo de confianza*, haga clic en *Confianza de bosque* y, a continuación, en *Siguiente*. En la página *Dirección de confianza*, realice una de las acciones siguientes:

- Para *crear una confianza de bosque bidireccional*, haga clic en *Bidireccional*. Los usuarios de este bosque y del bosque especificado podrán tener acceso a los recursos de ambos bosques.

- Para *crear una confianza de bosque unidireccional de entrada*, haga clic en *Unidireccional de entrada*. Los usuarios del bosque especificado no podrán tener acceso a los recursos de este bosque.

- Para crear una confianza de bosque unidireccional de salida, haga clic en *Unidireccional de salida*. Los usuarios de este bosque no podrán tener acceso a los recursos del bosque especificado.

Siga las instrucciones del asistente.

6.4. ADMINISTRACIÓN DEL ACCESO A RECURSOS. SAMBA (SMB). NFS

Windows server dispone de la utilidad *Administración de almacenamiento y recursos compartidos* que permite administrar de forma centralizada los recursos de servidor importantes como son carpetas y volúmenes compartidos en la red y volúmenes de discos y subsistemas de almacenamiento. Puede compartir el contenido de carpetas y volúmenes del servidor a través de la red con el *Asistente para aprovisionar carpetas compartidas*, que está disponible en *Administración de almacenamiento y recursos compartidos*. Este asistente le guiará a lo largo de los pasos necesarios para compartir una carpeta o volumen, y asignar a dicha carpeta o volumen todas las propiedades aplicables.

El asistente le permite especificar la carpeta o volumen que desea compartir o crear una nueva carpeta para compartirla, especificar el protocolo de uso compartido de red usado para obtener acceso al recurso compartido, modificar los permisos NTFS locales de la carpeta o del volumen que va a compartirse, especificar los permisos de acceso compartido y límites de usuarios más acceso sin conexión a los archivos del recurso compartido y publicar el recurso compartido en un espacio de nombres DFS (sistema de archivos distribuido).

Además, si se han instalado los *Servicios para Network File System* (NFS), especifique permisos de acceso basados en NFS para el recurso compartido.

Asimismo, si tiene instalado en el servidor el Administrador de recursos del servidor de archivos, aplique cuotas de almacenamiento al nuevo recurso compartido y cree filtros de archivos para limitar el tipo de archivos que pueden almacenarse en el mismo.

Con Administración de almacenamiento y recursos compartidos, también es posible supervisar y modificar aspectos importantes de los recursos compartidos nuevos y existentes. Es posible dejar de compartir una carpeta o un volumen, cambiar los permisos NTFS locales de una carpeta o volumen, cambiar los permisos de acceso compartido y la disponibilidad sin conexión, así como otras propiedades de un recurso compartido, consultar qué usuarios están obteniendo acceso en estos momentos a una carpeta o a un archivo y desconectar a un usuario si es preciso. Además, si se han instalado los *Servicios para Network File System* (NFS), modifique los permisos de acceso basados en NFS para un recurso compartido.

Con Administración de almacenamiento y recursos compartidos, puede aprovisionar almacenamiento en los discos que están disponibles en el servidor, o en subsistemas de almacenamiento compatibles con el *Servicio de disco virtual* (VDS). El *Asistente para aprovisionar almacenamiento* le guiará a lo largo del proceso de creación de un volumen en un disco existente o en un subsistema de almacenamiento asociado al servidor. Si el volumen va a crearse en un subsistema de almacenamiento, el asistente también le guiará a lo largo del proceso de creación de un número de unidad lógica (LUN) donde hospedar ese volumen. También tiene la opción de crear solamente el LUN y usar Administración de discos para crear el volumen posteriormente.

Administración de almacenamiento y recursos compartidos también le ayuda a supervisar y administrar los volúmenes creados, así como cualquier otro volumen disponible en el servidor. Con Administración de almacenamiento y recursos compartidos, puede extender el tamaño de un volumen, formatear un volumen, eliminar un volumen, cambiar las propiedades del volumen, como la compresión, seguridad, disponibilidad sin conexión e indización y obtener acceso a las herramientas del disco para realizar comprobaciones de errores, desfragmentaciones y copias de seguridad.

Para abrir Administración de almacenamiento y recursos compartidos, haga clic en *Inicio*, seleccione *Herramientas administrativas* y, a continuación, pulse en *Administración de almacenamiento y recursos compartidos* (Figura 6-52). Se obtiene el Administrador de almacenamiento y recursos compartidos de la Figura 6-53 que presenta las fichas *Recursos compartidos* y *Volúmenes* que permitirán la administración de ambos elementos.

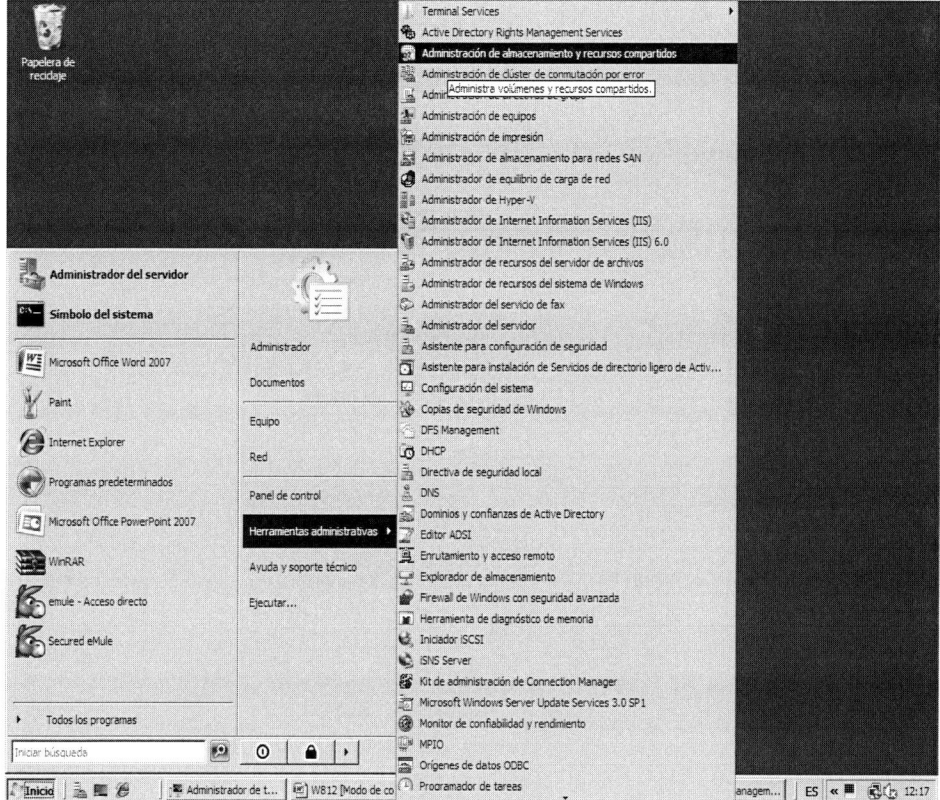

Figura 6-52

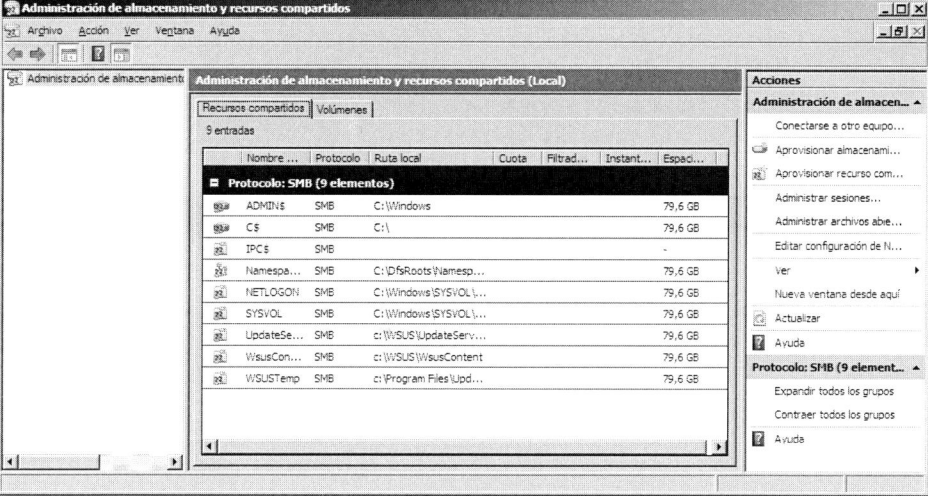

Figura 6-53

6.4.1. Aprovisionamiento de recursos compartidos

Se utiliza el Asistente para aprovisionar carpetas compartidas de Administración de almacenamiento y recursos compartidos para compartir el contenido de carpetas y volúmenes del servidor a través de la red.

Para compartir una carpeta o un volumen, en el panel *Acciones*, haga clic en *Aprovisionar recurso compartido* (Figura 6-54). Siga los pasos del *Asistente para aprovisionar carpetas compartidas* a fin de crear y configurar un recurso compartido.

En la pantalla del asistente *Ubicación de la carpeta compartida* (Figura 6-55) en su campo *Ubicación* especifique la carpeta que quiere compartir. Si no existe un volumen apropiado, haga clic en *Aprovisionar almacenamiento* para crearlo.

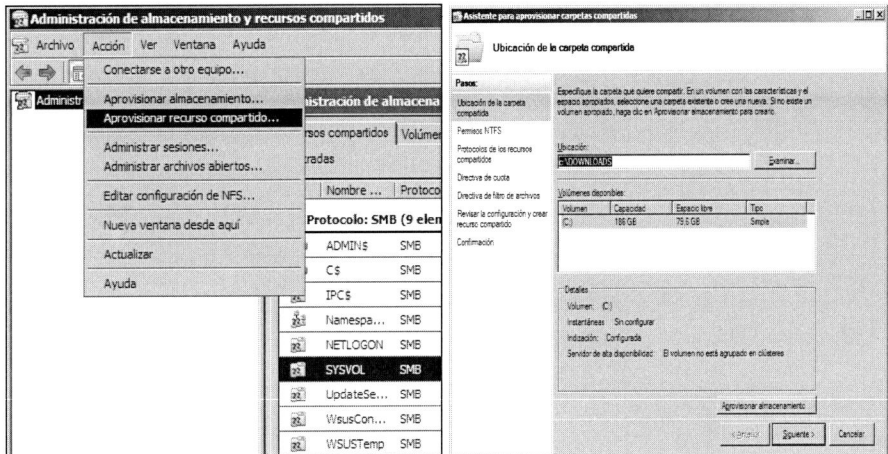

Figura 6-54   Figura 6-55

Pulse *Siguiente* y en la pantalla *Permisos NTFS* (Figura 6-56) especifique los permisos NTFS para controlar el modo en que los usuarios y los grupos obtienen acceso a esta carpeta.

Se pulsa *Siguiente* y en la pantalla *Protocolos de los recursos compartidos* (Figura 6-57) se selecciona cada protocolo a través del cual los usuarios obtendrán acceso a esta carpeta compartida.

Se pulsa *Siguiente* y en la pantalla *Configuración de SMB* (Figura 6-58) se especifica el modo en que podrán usar esta carpeta compartida los clientes que obtengan acceso a ella a través del protocolo SMB (o SAMBA).

Se pulsa *Siguiente* y en la pantalla *Permisos SMB* (Figura 6-59) se especifican los permisos de los recursos compartidos para el acceso basado en SMB (SAMBA) a la carpeta compartida.

Se pulsa *Siguiente* y en la pantalla *Permisos NFS* (Figura 6-60) se especifican los permisos de los recursos compartidos para el acceso basado en NFS a la carpeta compartida.

Se pulsa *Siguiente* y en la pantalla *Directiva de cuota* (Figura 6-61) se especifica una cuota para limitar el tamaño máximo de esta carpeta compartida.

Se pulsa *Siguiente* y en la pantalla *Directiva de filtro de archivos* (Figura 6-62) se aplica un filtro de archivos a una carpeta compartida para controlar los tipos de archivos que puede contener la carpeta.

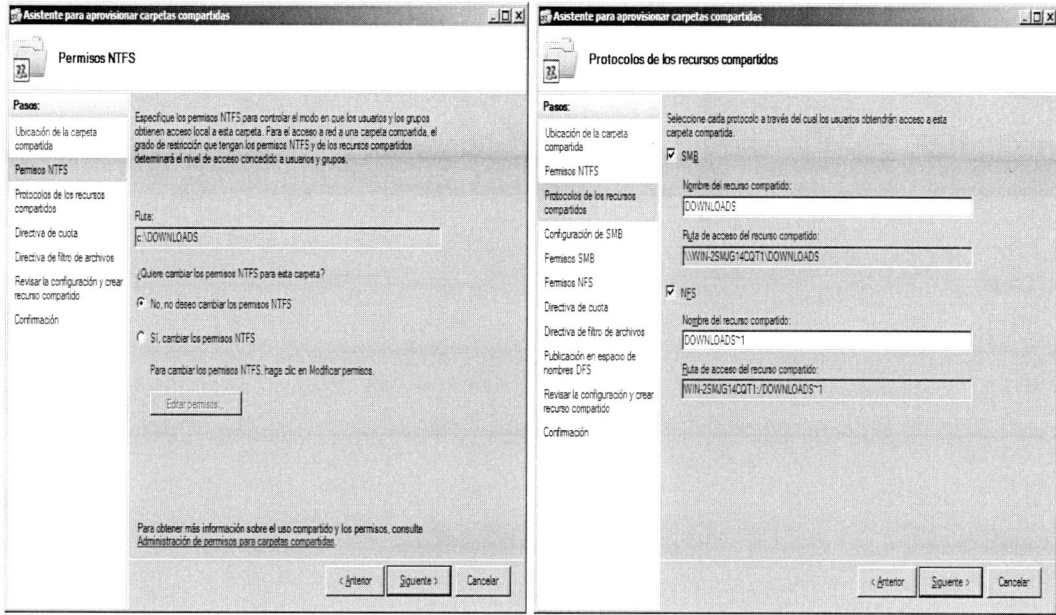

Figura 6-56   Figura 6-57

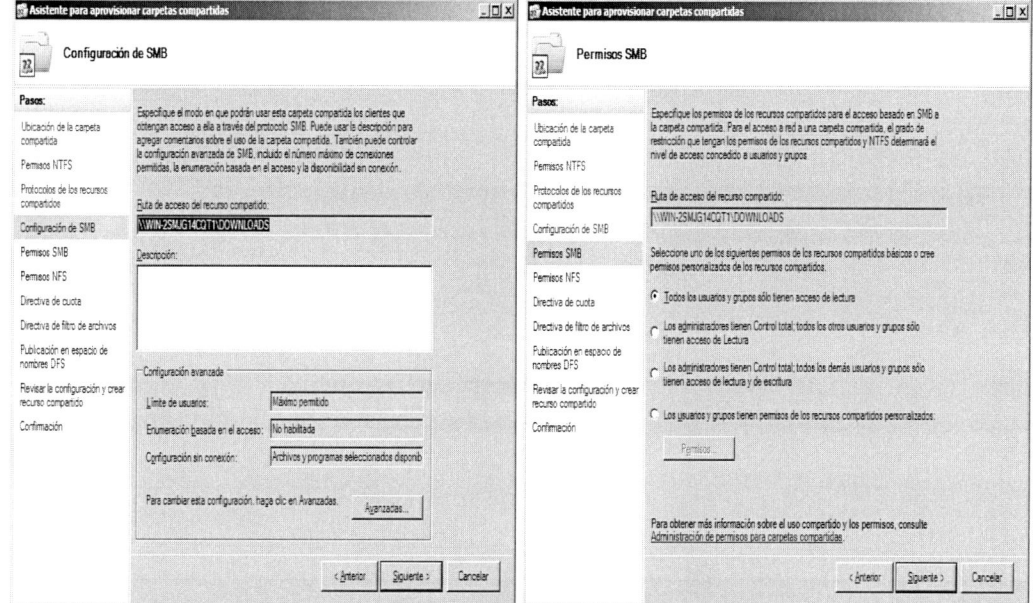

Figura 6-58   Figura 6-59

Se pulsa *Siguiente* y en la pantalla *Publicación en espacio de DFS* (Figura 6-63) se puede publicar un recurso compartido SMB en un espacio de nombres NFS especificando un espacio de nombres existente y las carpetas que desee crear en el espacio de nombres.

Se pulsa *Siguiente* y en la pantalla *Revisar la configuración y crear recurso compartido* (Figura 6-64) se presenta un resumen de la configuración elegida hasta ahora para la carpeta compartida. Al hacer clic en *Crear*, se aprovisiona la carpeta compartida y se obtiene la pantalla de confirmación. Al hacer clic en

Cerrar, la nueva carpeta compartida se incorpora a la pantalla de la pestaña *Recursos compartidos* de Administración de almacenamiento y recursos compartidos (Figura 6-64).

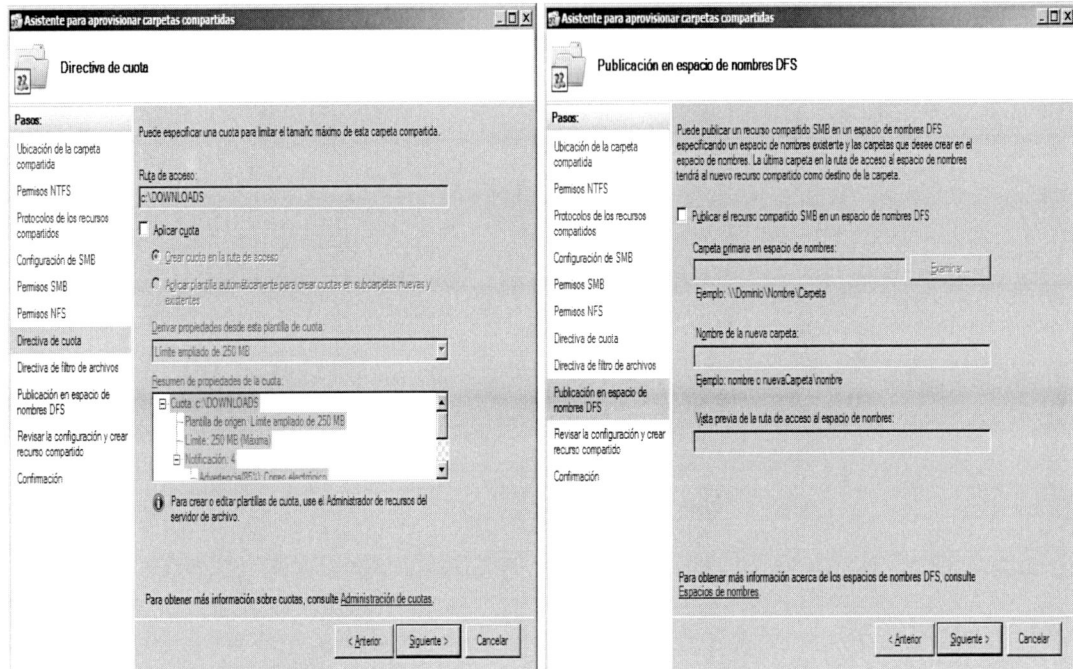

Figura 6-60   Figura 6-61

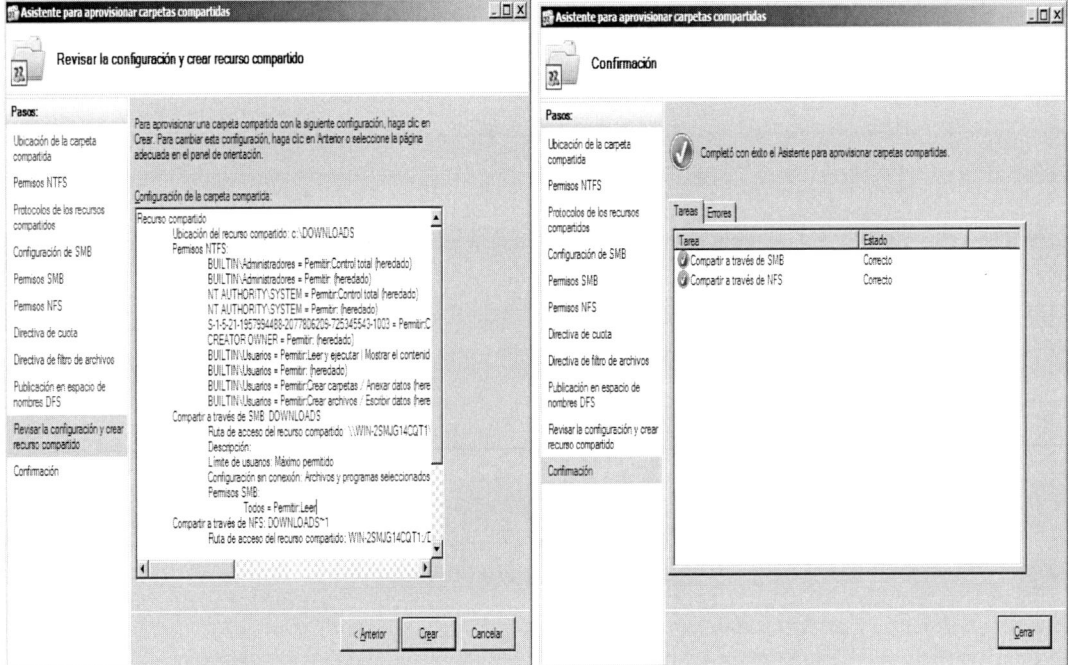

Figura 6-62   Figura 6-63

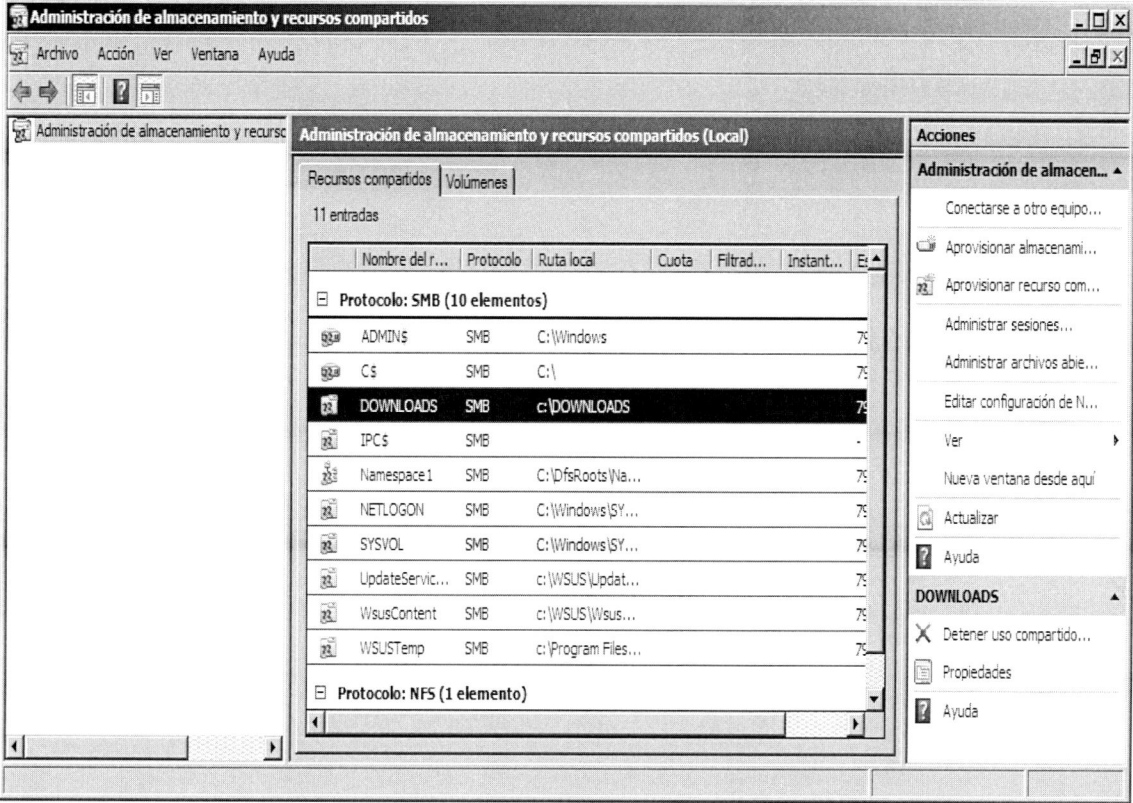

Figura 6-64

6.4.2. Aprovisionamiento de almacenamiento

Se utiliza *Administración de almacenamiento y recursos compartidos* para configurar y administrar recursos de almacenamiento en el servidor. Puede usar el *Asistente para aprovisionar almacenamiento* de Administración de almacenamiento y recursos compartidos (en el panel *Acciones*, haga clic en *Aprovisionar almacenamiento* según la Figura 6-54) para crear un volumen en uno o varios discos disponibles en el servidor, siempre y cuando estos discos dispongan de suficiente espacio sin asignar. Este asistente le permite elegir el disco donde se creará el volumen, especificar el tamaño del volumen, asignar una letra de unidad o un punto de montaje al volumen y formatear el volumen.

Si no hay espacio sin asignar en ninguno de los discos disponibles en el servidor, no estará disponible la opción *En uno o varios discos disponibles en este servidor* en el *Asistente para aprovisionar almacenamiento*. Sólo podrá crear un volumen en un disco que esté conectado. Para crear un volumen en un subsistema de almacenamiento, primero debe crear un LUN en dicho subsistema de almacenamiento y ponerlo a disposición del servidor.

Puede usar el Asistente para aprovisionar almacenamiento de Administración de almacenamiento y recursos compartidos para *crear números de unidad lógica* (LUN) en subsistemas de unidades de disco iSCSI y de canal de fibra conectados al servidor. A continuación, puede asignar el LUN a su servidor o a otros servidores de la red. Durante la creación del LUN, también puede crear un volumen en dicho LUN y formatearlo. Un LUN es una referencia lógica a una parte de un subsistema de almacenamiento. Puede constar de un disco, una sección de un disco, toda una matriz de discos o una sección de una matriz de discos del subsistema. El uso de LUN simplifica la administración de los recursos de almacenamiento porque sirven como identificadores lógicos que permiten asignar privilegios de acceso y control.

Para aprovisionar un LUN en un subsistema de almacenamiento de discos, primero debe comprobar que se cumplen todos los requisitos que se indican a continuación:

- El subsistema de almacenamiento debe ser compatible con el Servicio de disco virtual (VDS).

- El proveedor de hardware de VDS para el subsistema de almacenamiento debe estar instalado en el servidor.

- El subsistema debe disponer de espacio de almacenamiento.

- El subsistema de almacenamiento debe estar directamente asociado al servidor o ser accesible a través de la red.

Si desea asignar el LUN a un servidor o clúster distinto del servidor donde ejecutó el asistente, las conexiones del servidor deberán configurarse mediante el *Administrador de almacenamiento para redes SAN*.

El *Administrador de almacenamiento para redes SAN* es una característica opcional y no se instala de forma predeterminada. Si aún no ha instalado esta característica, podrá hacerlo mediante el Administrador del servidor (en el nodo *Características*, haga clic en *Agregar características*). Si el LUN que está creando se encuentra en un subsistema iSCSI, deberán haberse configurado los iniciadores y destinos iSCSI de la red SAN. Si el servidor al que va a asignar el LUN va a obtener acceso al LUN a través de más de un puerto de canal de fibra o iniciador iSCSI, E/S de múltiples rutas deberá haberse instalado y deberá ejecutarse en dicho servidor. Pueden producirse pérdidas de datos si asigna el LUN a un servidor que no tiene instalado E/S de múltiples rutas y que va a obtener acceso al LUN a través de más de un puerto de canal de fibra o iniciador iSCSI. Si desea asignar el LUN a un clúster, el clúster deberá haberse configurado completamente mediante la instalación de Clúster de conmutación por error. Para impedir la pérdida de datos, asegúrese de que todos los servidores sean miembros de un único clúster y de que *Clúster de conmutación por error* se haya instalado en todos los servidores del clúster.

Para aprovisionar almacenamiento en el panel *Acciones*, haga clic en *Aprovisionar almacenamiento* (Figura 6-54). En la página *Origen de almacenamiento*, seleccione la opción *En un subsistema de almacenamiento* y haga clic en *Siguiente*. Siga los pasos del asistente para crear y configurar el LUN.

Si no hay ningún subsistema de almacenamiento de discos conectado al servidor, no se instalarán los proveedores de hardware de VDS o, si no hay espacio de almacenamiento disponible en ninguno de los subsistemas, no estará disponible la opción *En un subsistema de almacenamiento* del Asistente para aprovisionar almacenamiento.

Si crea un LUN pero no crea ningún volumen en el mismo, podrá usar Administración de discos para crear el volumen posteriormente.

Para el aprovisionamiento de almacenamiento es muy importante la característica *E/S de múltiples rutas (MPIO)* que proporciona compatibilidad con el uso de múltiples rutas a un dispositivo de almacenamiento. El uso de múltiples rutas aumenta la disponibilidad de los recursos de almacenamiento porque proporciona la conmutación por error de rutas de acceso desde un servidor o un clúster a un subsistema de almacenamiento.

Debe instalar MPIO en un servidor si éste tendrá acceso a un número de unidad lógica (LUN) a través de varios puertos de canal de fibra o varios adaptadores de iniciador iSCSI. Para impedir la pérdida de datos, asegúrese de que el servidor permite el uso de MPIO antes de habilitar varios puertos de canal de fibra o adaptadores de iniciador iSCSI para el acceso al LUN. Si el servidor no admite MPIO, o si no está seguro, habilite un solo puerto de canal de fibra o adaptador de iniciador iSCSI en el servidor. Además, si va a habilitar el acceso a un LUN desde un clúster, asegúrese de que el Clúster de conmutación por error está instalado correctamente en cada servidor del clúster; de lo contrario, se puede producir una pérdida de datos.

Para instalar MPIO, en el árbol de consola del Administrador del servidor, haga clic en el nodo *Características* y en el panel *Características*, bajo *Resumen de características*, haga clic en *Agregar características* (Figura 6-43). En el *Asistente para agregar características*, active la casilla *E/S de múltiples rutas* y, a continuación, en *Siguiente*. Siga los pasos del Asistente para agregar características.

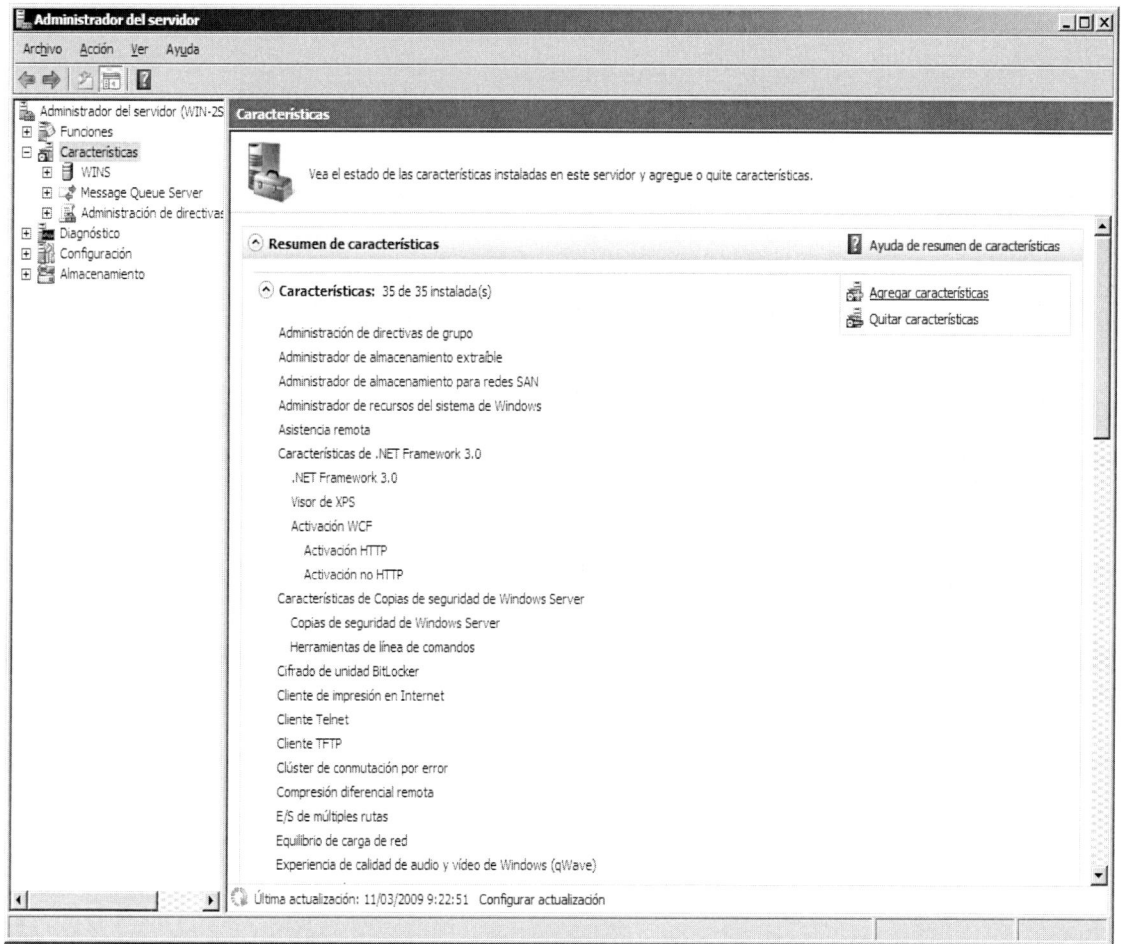

Figura 6-65

6.4.3. Administración de un recurso compartido

Puede usar *Administración de almacenamiento y recursos compartidos* para administrar todas las carpetas y volúmenes compartidos disponibles en el servidor. La ficha *Recursos compartidos* (Figura 6-66) ofrece una lista de todos los recursos compartidos que pueden administrarse.

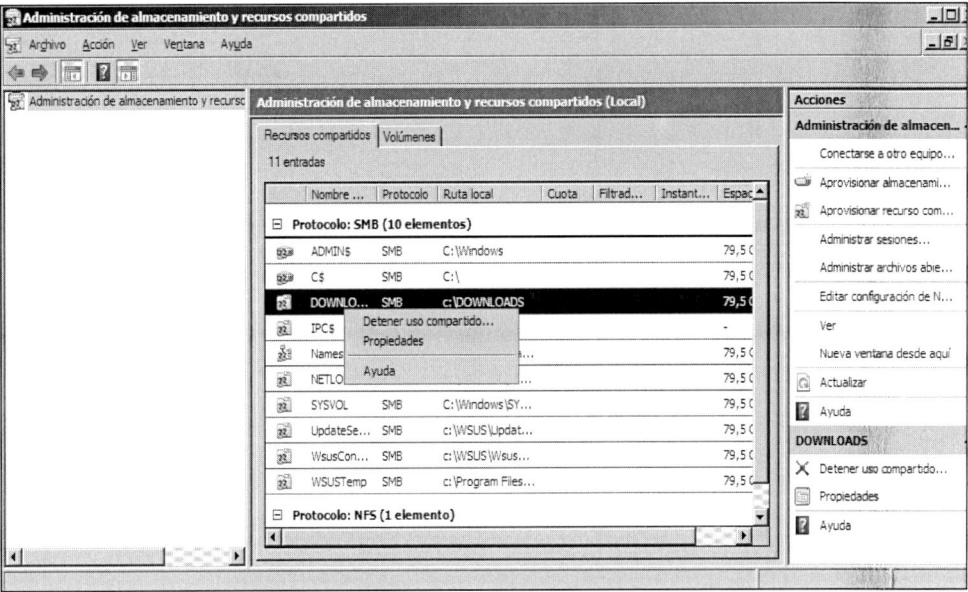

Figura 6-66

Para *ver o modificar las propiedades de una carpeta o volumen compartido*, en la ficha *Recursos compartidos*, haga clic con el botón derecho del ratón en la carpeta o volumen compartido de SMB (bloques de mensaje del servidor) o NFS (Network File System) cuyas propiedades desee ver o modificar (Figura 6-66) y elija *Propiedades* (o alternativamente seleccione la carpeta o volumen y en el panel *Acciones*, haga clic en *Propiedades*). En las fichas *Uso compartido* (Figura 6-67) y *Permisos* (Figura 6-68) modifique la configuración de uso compartido y permisos según corresponda y, a continuación, en *Aceptar*. También puede ver qué usuarios están obteniendo acceso en estos momentos a una carpeta o archivo del servidor y desconectar a un usuario si es preciso.

Para *dejar de compartir una carpeta o un volumen*, haga clic en *Detener uso compartido* en el menú emergente de la Figura 6-67.

Para *establecer las opciones de configuración sin conexión para un recurso compartido,* en la ficha *Recursos compartidos*, en *Protocolo: SMB*, haga clic con el botón secundario en la carpeta compartida para la que desee establecer las opciones de configuración sin conexión (Figura 6-66) y, luego, haga clic en *Propiedades*. En la ficha *Uso compartido* (Figura 6-67), haga clic en *Avanzadas*. En la ficha *Almacenamiento en caché* (Figura 6-69), establezca las opciones de configuración sin conexión que desee y, a continuación, pulse en *Aceptar*.

Con Administración de almacenamiento y recursos compartidos, puede configurar si los archivos y programas de una carpeta o volumen compartido estarán disponibles sin conexión y, en caso afirmativo, la forma en que lo harán. Los usuarios pueden usar la característica *Archivos sin conexión* en sus equipos cliente para trabajar con recursos compartidos almacenados en un servidor, incluso cuando no están conectados a la red. Para hacer que los recursos de red compartidos estén disponibles sin conexión, la característica *Archivos sin conexión* almacenará una versión de dichos recursos compartidos en una parte reservada del disco en el equipo del usuario (una caché local).

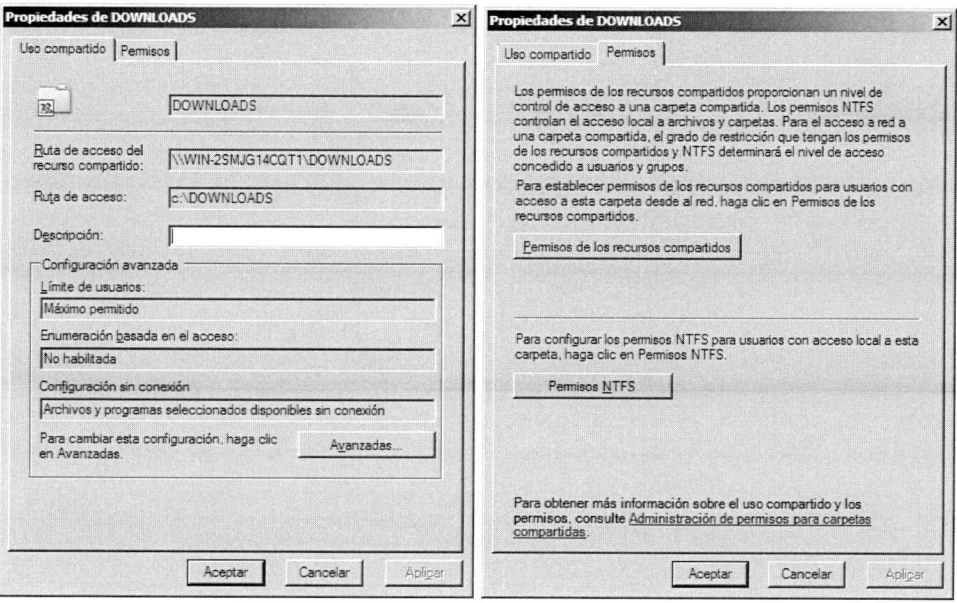

Figura 6-67   Figura 6-68

En la Figura 6-69 puede elegir una de las siguientes opciones de disponibilidad sin conexión para cada recurso compartido:

- *Sólo los archivos y programas especificados por los usuarios están disponibles sin conexión*. Se trata de la opción predeterminada al configurar un recurso compartido. Con esta opción, no hay archivos ni programas disponibles sin conexión de forma predeterminada, y los usuarios controlan los archivos y programas a los que desean obtener acceso cuando no están conectados a la red.

- *Todos los archivos y programas que los usuarios abren desde el recurso compartido están automáticamente disponibles sin conexión*. Siempre que un usuario obtenga acceso a la carpeta o volumen compartido y abra un archivo o programa de dicha carpeta o volumen, ese archivo o programa pasará a estar disponible sin conexión para dicho usuario de forma automática. Los archivos y programas que no se hayan abierto no estarán disponibles sin conexión. Si activa la casilla *Optimizado para un rendimiento óptimo*, los archivos ejecutables (EXE, DLL) que un equipo cliente ejecute desde el recurso compartido se almacenarán automáticamente en la memoria caché de dicho equipo cliente. La próxima vez que el equipo cliente necesite ejecutar esos mismos archivos ejecutables, obtendrá acceso a su memoria caché local en lugar de obtener acceso al recurso compartido del servidor. Esta opción resulta especialmente útil para los servidores de archivos donde se hospedan aplicaciones, ya que reduce el tráfico de red y mejora la escalabilidad del servidor. La característica *Archivos sin conexión* debe habilitarse en el equipo cliente para que los archivos y programas se almacenen en la memoria caché de forma automática. La opción *Optimizado para un rendimiento óptimo* no tiene ningún efecto sobre los equipos cliente de Windows Vista.

- *Ningún archivo o programa del recurso compartido está disponible sin conexión.* Esta opción bloquea la característica *Archivos sin conexión* en los equipos cliente para que no realice copias de los archivos y programas en el recurso compartido.

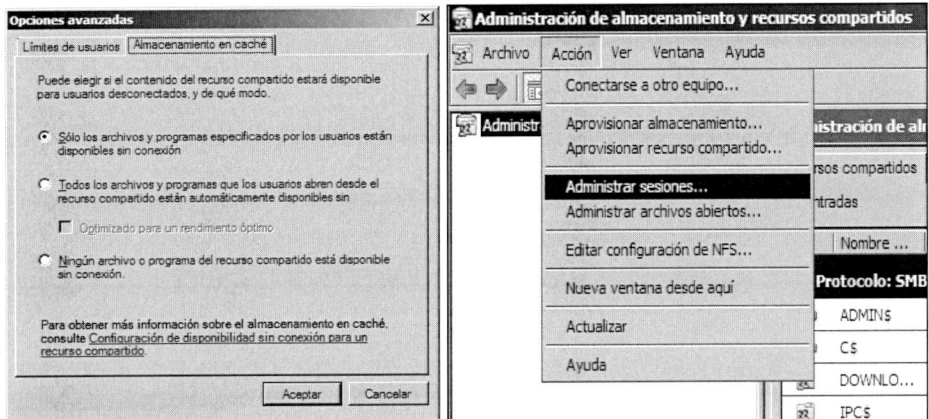

Figura 6-69   Figura 6-70

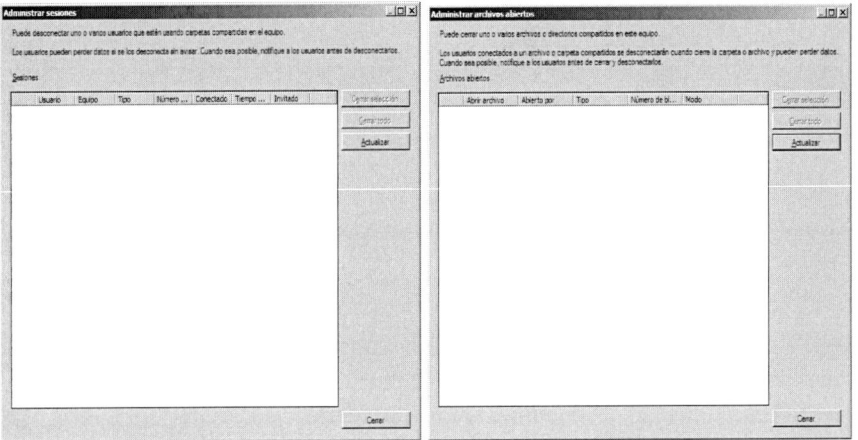

Figura 6-71   Figura 6-72

Para ver y cerrar sesiones abiertas, en el panel *Acciones*, haga clic en Administrar sesiones (Figura 6-70). Para cerrar una sesión específica, selecciónela y haga clic en *Cerrar selección* (Figura 6-71). O bien, para cerrar todas las sesiones, pulse en *Cerrar todo*.

Para ver y cerrar archivos abiertos, en el panel *Acciones*, haga clic en *Administrar archivos abiertos* (Figura 6-70). Para cerrar un archivo específico, selecciónelo y haga clic en *Cerrar selección* (Figura 6-72). O bien, para cerrar todos los archivos, pulse en *Cerrar todo*.

6.4.4. Tecnologías de identidad y control de acceso en Windows server

Estas tecnologías incluyen un modo centralizado de administrar credenciales para permitir que sólo los usuarios legítimos tengan acceso a los dispositivos, a las aplicaciones y a los datos.

6.4.5. Tarjetas inteligentes

Las tarjetas inteligentes ofrecen una forma difícil de manipular y portátil para proporcionar soluciones de seguridad para tareas como la autenticación de clientes, el inicio de sesión en dominios, la firma de código y el correo electrónico seguro. En la siguiente tabla se proporciona información adicional acerca de las tarjetas inteligentes.

Temas	Descripciones
Consideraciones de hardware y software	Las tarjetas inteligentes y los lectores de tarjetas inteligentes requieren una compra, instalación y administración adicionales.
Instalación de la tecnología de tarjetas inteligentes en Windows	La posibilidad de configurar Windows server mediante una tarjeta inteligente es un proveedor de credenciales integrado. La instalación del lector de tarjetas inteligentes debe hacerse siguiendo las instrucciones del fabricante. Es necesaria la emisión de un certificado.
Administración de tarjetas inteligentes	La administración se lleva a cabo mediante la inscripción de certificados, la directiva del grupo y las herramientas de administración proporcionadas por el fabricante del hardware.

6.4.6. Autorización y control de acceso

El control de acceso es el proceso de autorizar a los usuarios, grupos y equipos el acceso a los objetos para los que puede establecer permisos en el equipo o en la red. En la siguiente tabla se proporciona información adicional acerca del control de acceso y autorización.

Temas	Descripciones
Consideraciones de hardware y software para usar el control de acceso	Para administrar el control de acceso y la autorización en el dominio, es necesario ser administrador de dominio. Para administrar el control de acceso en el equipo local, debe ser un administrador en ese equipo o tener los derechos adecuados para el objeto.
Instalación del control de acceso	El control de acceso y la autorización son componentes integrados en Windows server; sin embargo, para administrarlos en un dominio, es necesario instalar y configurar la función de servidor AD DS y GPMC. Ya visto en el capítulo 7.
Administración del control de acceso	Para administrar el control de acceso y la autorización en un dominio, puede usar las herramientas de Active Directory y la directiva de grupo (capítulo 7). Para administrar el control de acceso y la autorización en el equipo local, puede usar *Usuarios y grupos locales* y el *Editor de directivas de grupo local* (capítulo 11).

6.4.7. Cifrado de unidad BitLocker

El Cifrado de unidad BitLocker de Windows es una característica de protección de datos disponible en Windows para equipos cliente y en Windows server. BitLocker mejora la protección de datos combinando el cifrado de una unidad completa con la comprobación de integridad de los componentes de arranque. En la siguiente tabla se proporciona información adicional acerca de BitLocker.

Temas	Descripciones
Consideraciones de hardware y software para BitLocker	A continuación, se indican los requisitos para usar BitLocker: Un equipo en el que se ejecute Windows o Windows server Un microchip del Módulo de plataforma segura (TPM) operativo, versión 1.2 o un dispositivo USB extraíble y protegido BIOS compatible con Trusted Computing Group (TCG) Dos particiones de unidad NTFS, una para el volumen del sistema y otra para el volumen del sistema operativo Una configuración de BIOS que inicie el equipo primero desde la unidad de disco duro, no desde las unidades USB o CD
Instalación de BitLocker	BitLocker se instala ejecutando el Asistente para agregar características en el Administrador del servidor (capítulo 4). Es necesario realizar un reinicio para completar la instalación.
Administración de BitLocker	Con TPM, agregue el complemento Administración de TPM a MMC. Sin TPM, es necesaria una clave de inicio de USB extraíble.

El cifrado de unidad BitLocker se activa y desactiva mediante *Inicio → Panel de control → seguridad → Cifrado de unidad BitLocker*.

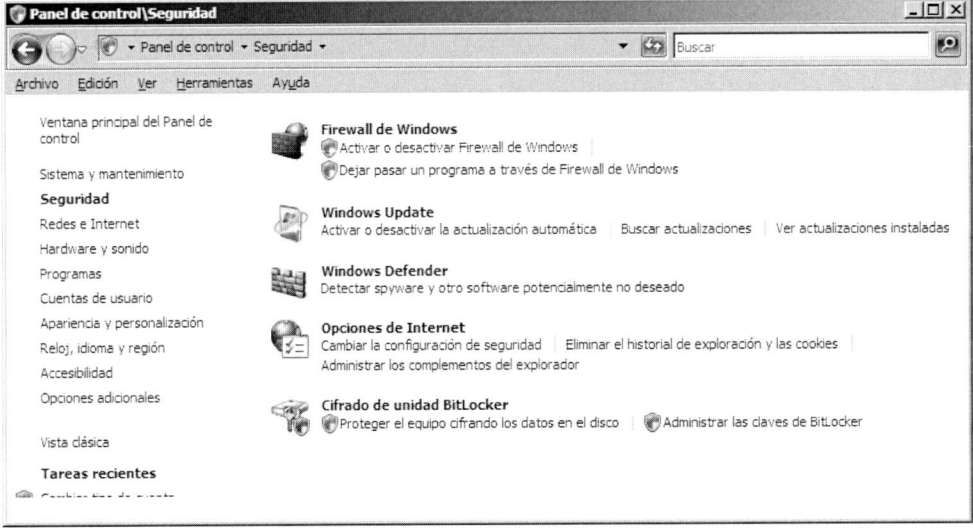

Figura 6-73

La activación del Cifrado de unidad BitLocker (BitLocker) protege todos los archivos almacenados en la unidad en la que está instalado Windows. A diferencia del Sistema de cifrado de archivos (EFS), que le permite cifrar archivos específicos, BitLocker cifra toda la unidad del sistema, incluidos los archivos de sistema de Windows necesarios para el inicio del equipo y el inicio de sesión. Puede iniciar sesión y trabajar normalmente con los archivos, pero BitLocker puede ayudar a evitar que los piratas informáticos obtengan acceso a los archivos de sistema que necesitan para averiguar su contraseña; también pueden obtener acceso al disco duro si lo instalan en otro equipo. BitLocker sólo puede proteger archivos que están almacenados en la unidad en que está instalado Windows. Si los almacena en otras unidades, podrá protegerlos con EFS. Cuando se agregan archivos nuevos a la unidad con BitLocker, éste los cifra de manera automática. Los archivos solamente permanecerán cifrados si se almacenan en la unidad cifrada. Los archivos que se copien en otra unidad u otro equipo quedarán descifrados. Si comparte archivos con otros usuarios, por ejemplo, a través de una red, los archivos estarán cifrados mientras estén almacenados en la unidad cifrada, pero los usuarios autorizados podrán obtener acceso a ellos normalmente. Durante el inicio del equipo, si BitLocker detecta un problema del sistema que pueda suponer un riesgo para la seguridad (como errores de disco, cambios en el BIOS o cambios en los archivos de inicio), bloqueará la unidad y solicitará una contraseña especial de recuperación de BitLocker para desbloquearla. Asegúrese de crear esta contraseña de recuperación la primera vez que active BitLocker; de lo contrario, podría perder acceso a los archivos de forma permanente. Se puede desactivar BitLocker en cualquier momento, tanto temporalmente, deshabilitándolo, como permanentemente, descifrando la unidad.

6.4.8. Administración del Módulo de plataforma segura

Los Servicios de Módulo de plataforma segura (TPM) constituyen un nuevo conjunto de características de Windows Vista y Windows server, que sirven para administrar el hardware de seguridad TPM de un equipo. La arquitectura de Servicios de TPM suministra la infraestructura de la seguridad basada en hardware proporcionando acceso a TPM y garantizando el uso compartido de TPM por parte de las aplicaciones. La consola Administración de TPM es un complemento de MMC que permite a los administradores interactuar con los Servicios de TPM. En la siguiente tabla se proporciona información adicional acerca de la Administración de TPM.

Temas	Descripciones
Consideraciones de hardware y software para TPM	A continuación, se indican los requisitos para usar TPM: Un microchip TPM operativo, versión 1.2. BIOS compatible con Trusted Computing Group (TCG) que esté operativo.
Instalación de Administración de TPM	Si el equipo tiene un microchip TPM operativo, no es necesaria ninguna instalación adicional.
Administración de TPM	Agregar el complemento Administración de TPM a MMC.

Un Módulo de plataforma segura (TPM) es un microchip que permite al equipo usar características de seguridad avanzadas, como el Cifrado de unidad BitLocker. El TPM está integrado en algunos de los equipos más recientes. Consulte la información que acompaña al equipo para ver si éste tiene incluido el TPM.

Los equipos que incluyen el TPM pueden crear claves de cifrado que sólo puede descifrar el mismo TPM. El TPM "encapsula" las claves de cifrado en su propia clave raíz de almacenamiento, que está almacenada en el TPM. El almacenamiento de la clave raíz de almacenamiento en el microchip del TPM, en lugar de en el disco duro, ofrece una mejor protección contra los ataques diseñados para exponer las claves de cifrado.

Cuando se inicia un equipo con un TPM y con BitLocker habilitado, el TPM comprueba que no existan problemas del sistema operativo que puedan indicar un riesgo de seguridad. Entre estos problemas figuran los errores de disco, los cambios del sistema básico de entrada y salida (BIOS) o de otros componentes de inicio, o bien una indicación de que se ha quitado el disco duro de un equipo y se está iniciando en otro equipo. Si el TPM detecta uno de estos riesgos de seguridad, BitLocker mantiene bloqueada la partición del sistema hasta que se especifique la contraseña de recuperación de BitLocker para desbloquearla. La primera vez que se inicializa el TPM, se crea una contraseña de propietario del TPM. La contraseña de propietario del TPM ayuda a garantizar que sólo el propietario autorizado pueda obtener acceso y administrar el TPM en el equipo. Los comandos de TPM se pueden administrar a través de la consola Administración de TPM. Los administradores pueden explorar los comandos disponibles para TPM. También pueden bloquear o permitir comandos específicos.

Para *bloquear y permitir comandos de TPM con la consola Administración de TPM*, haga clic en *Inicio →Todos los programas → Accesorios → Ejecutar*. Escriba *tpm.msc* en el cuadro *Abrir* y, a continuación, pulse en *Entrar*. Si aparece el cuadro de diálogo *Control de cuenta de usuario*, confirme que la acción que muestra es la que desea y, a continuación, haga clic en *Continuar*. De este modo, se muestra la consola Administración de TPM. En el árbol de la consola, pulse en *Administración de comandos*. Se muestra una lista de comandos de TPM. Seleccione un comando en la lista que desee bloquear o permitir. En *Acciones*, haga clic en *Bloquear comando seleccionado* o *Permitir comando seleccionado* según las necesidades.

TPM debe inicializarse para que se pueda utilizar para contribuir a proteger el equipo. Los equipos fabricados para cumplir los requisitos de Windows Logo *Program* incluyen la funcionalidad de BIOS previa al arranque que facilita la inicialización de TPM de un equipo mediante el uso del Asistente para inicializar TPM. Al iniciar el Asistente para inicializar TPM, puede determinar si el TPM del equipo ha sido o no inicializado. Se requiere ser miembro del grupo local Administradores o equivalente como mínimo para llevar a cabo este procedimiento. Además, el equipo debe estar provisto de un BIOS y un TPM compatibles.

Para *iniciar el Asistente para inicializar TPM*, haga clic en *Inicio →Todos los programas → Accesorios → Ejecutar*. Escriba *tpm.msc* en el cuadro *Abrir* y, a continuación, haga clic en *Entrar*. De este modo, se abre la consola Administración de Módulo de plataforma segura (TPM). En la ventana *Administración del Módulo de plataforma segura (TPM)* en el equipo local, en el menú *Acción*, haga clic en *Inicializar TPM* para iniciar el *Asistente para inicializar TPM*. Si nunca se ha inicializado TPM, o está desactivado, el Asistente para inicializar TPM mostrará el cuadro de diálogo *Activar el hardware de seguridad del TPM*. Este cuadro de diálogo proporciona instrucciones para inicializar o activar TPM. Si TPM ya está activado, el Asistente para inicializar TPM muestra el cuadro de diálogo *Crear la contraseña de propietario de TPM*. En este caso continúe con el establecimiento de la propiedad de TPM que se verá más adelante. Si el Asistente para inicializar TPM detecta que no posee un BIOS compatible, no podrá continuar con el Asistente para inicializar TPM y se le advierte que debe consultar la documentación del fabricante del equipo para obtener instrucciones sobre cómo inicializar TPM. Haga clic en *Reiniciar* y siga las indicaciones de la pantalla del BIOS.

A continuación, se muestra una solicitud de aceptación para asegurarse de que un usuario es un usuario presente físicamente y de que no hay software malintencionado que esté intentado activar TPM. Las solicitudes de las pantallas del BIOS y las pulsaciones requeridas varían según el fabricante del equipo. A continuación, el equipo se vuelve a reiniciar. Inicie sesión en esta versión de Windows con las mismas credenciales administrativas que usó para iniciar este procedimiento.

Seguidamente se reiniciará automáticamente el Asistente para inicializar TPM. Si aparece el cuadro de diálogo *Control de cuenta de usuario*, confirme que la acción que muestra es la que desea y, a continuación, pulse en *Continuar*. Continúe con el siguiente procedimiento, *Establecer la propiedad de TPM*. Para finalizar la inicialización del uso de TPM, debe establecer un propietario para TPM. El proceso de toma de posesión incluye la creación de una contraseña de propietario para TPM.

Para *establecer la propiedad de TPM*, en el cuadro de diálogo *Crear la contraseña de propietario de TPM*, seleccione *Crear contraseña automáticamente* (recomendado). En el cuadro de diálogo *Guardar la contraseña de propietario de TPM*, haga clic en *Guardar contraseña*. En el cuadro de diálogo *Guardar como*, seleccione una ubicación en la que guardar la contraseña y, a continuación, haga clic en *Guardar*. El archivo de contraseña se guarda con el siguiente formato *nombre_de_equipo.tpm*. Se recomienda guardar la contraseña de propietario de TPM en un medio extraíble y almacenar el medio en un lugar seguro. Haga clic en *Imprimir contraseña* si desea imprimir una copia impresa de la contraseña. También se recomienda imprimir una copia de su contraseña de propietario de TPM y almacenarla en un lugar seguro. Haga clic en *Inicializar*. El proceso de inicialización de TPM puede tardar algunos minutos en completarse. Haga clic en *Cerrar*. No pierda su contraseña. Si la pierde, no podrá realizar cambios administrativos a menos que quite TPM. Esto podría ocasionar la pérdida de datos.

6.4.9. Sistema de cifrado de archivos

El sistema de cifrado de archivos (EFS) proporciona la tecnología de cifrado de archivos principal que se usa para almacenar archivos cifrados en volúmenes con el sistema de archivos NTFS. Puesto que EFS está integrado en el sistema de archivos, es fácil administrarlo, dificulta los intentos de ataque y lo hace transparente para el usuario. Esto es especialmente útil para proteger datos en los equipos que puedan ser vulnerables al acceso por parte de otros usuarios. Una vez que haya cifrado un archivo o una carpeta, trabajará con la carpeta o el archivo cifrado igual que lo haría con cualquier otra carpeta o archivo. En la siguiente tabla se proporciona información adicional acerca de EFS.

Temas	Descripciones
Consideraciones de hardware y software al usar EFS	Sólo puede cifrar archivos y carpetas en los volúmenes del sistema de archivos NTFS. Los archivos y las carpetas comprimidos también se pueden cifrar. Si cifra un archivo o una carpeta comprimidos, el archivo o la carpeta se descomprimirán. Los archivos marcados con el atributo del sistema no se pueden cifrar, ni tampoco los archivos de la carpeta *systemroot*. Puede usar las tarjetas inteligentes para que contengan las claves EFS, que pueden aplicarse mediante la directiva de grupo.
Instalación de EFS	EFS se instala de manera predeterminada en Windows server.
Administración de EFS	Puede administrar EFS mediante la directiva de grupo o mediante el asistente del Sistema de cifrado de archivos.
	Para *ver las directivas de EFS definidas*, abra las directivas de seguridad locales (*secpol.msc*) mediante *Inicio → Herramientas administrativas → Directiva de seguridad local* (Figura 6-74) y vaya a *Configuración de seguridad\Directivas de clave pública\Sistema de cifrado de archivos (EFS)\Propiedades* (Figura 6-75).
	Para *iniciar el asistente del Sistema de cifrado de archivos*, abra el *Panel de control* y haga doble clic en *Cuentas de usuario*. En *Tareas*, haga clic en *Administrar los certificados de cifrado de archivos* (figuras 6-76 a 6-82).
	Para *usar EFS*, abra el Explorador de Windows y haga clic con el botón secundario en el archivo o la carpeta que desee cifrar. Haga clic en *Propiedades* (Figura 6-83). En la ficha *General* (Figura 6-84), haga clic en *Avanzadas*. Active la casilla *Cifrar contenido para proteger datos* (Figura 6-85) y haga clic en *Aceptar*. Hay disponibles opciones de cifrado adicionales. También puede usar la herramienta de la línea de comandos *Cipher* para mostrar o cambiar el cifrado de carpetas y archivos en las particiones NTFS.

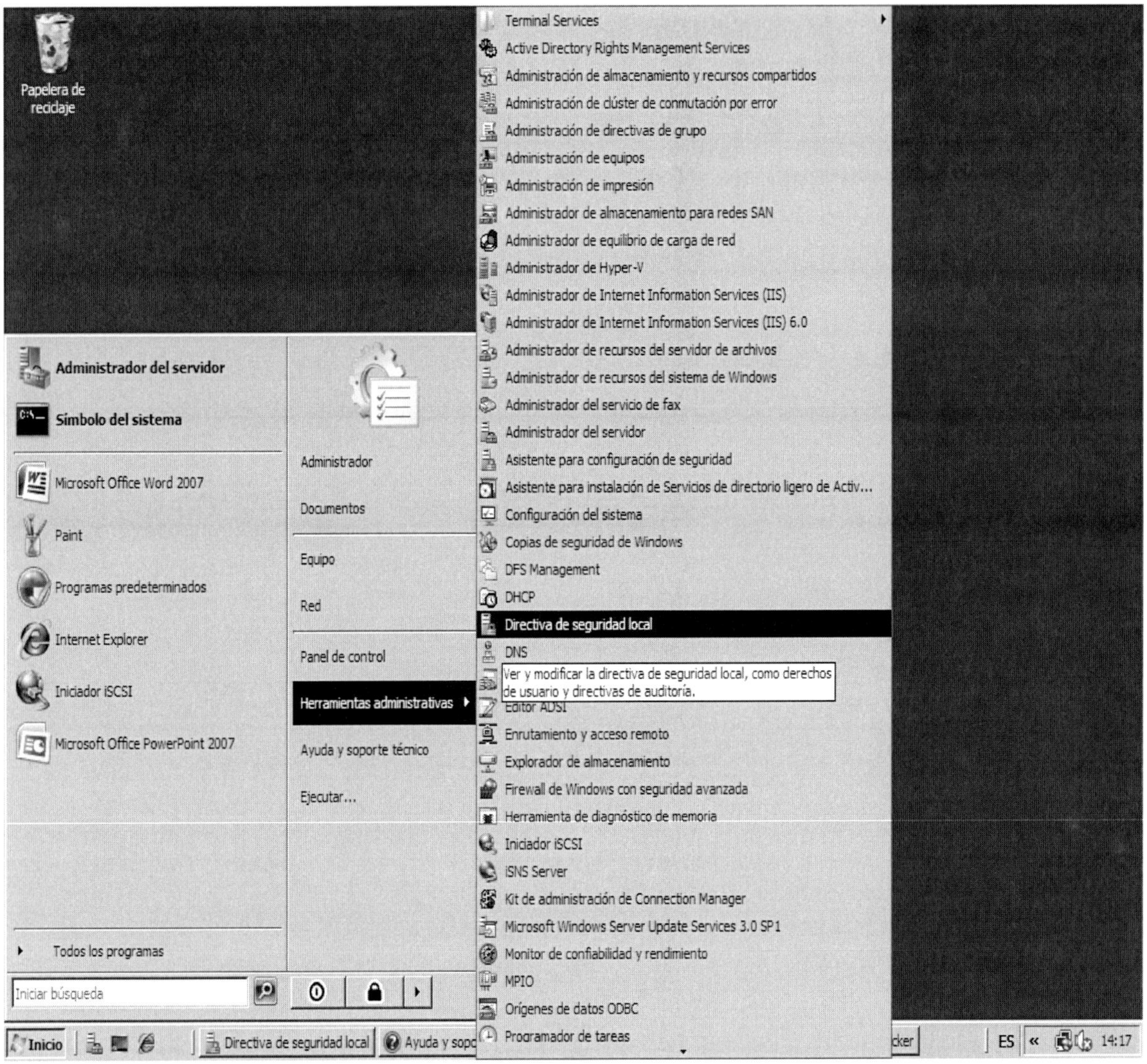

Papelera de reciclaje

Administrador del servidor

Símbolo del sistema

Microsoft Office Word 2007

Paint

Programas predeterminados

Internet Explorer

Iniciador iSCSI

Microsoft Office PowerPoint 2007

Administrador

Documentos

Equipo

Red

Panel de control

Herramientas administrativas ▶

Ayuda y soporte técnico

Ejecutar...

▶ Todos los programas

Iniciar búsqueda

Terminal Services ▶
Active Directory Rights Management Services
Administración de almacenamiento y recursos compartidos
Administración de clúster de conmutación por error
Administración de directivas de grupo
Administración de equipos
Administración de impresión
Administrador de almacenamiento para redes SAN
Administrador de equilibrio de carga de red
Administrador de Hyper-V
Administrador de Internet Information Services (IIS)
Administrador de Internet Information Services (IIS) 6.0
Administrador de recursos del servidor de archivos
Administrador de recursos del sistema de Windows
Administrador del servicio de fax
Administrador del servidor
Asistente para configuración de seguridad
Asistente para instalación de Servicios de directorio ligero de Activ...
Configuración del sistema
Copias de seguridad de Windows
DFS Management
DHCP
Directiva de seguridad local
DNS
Ver y modificar la directiva de seguridad local, como derechos de usuario y directivas de auditoría.
Editor ADSI
Enrutamiento y acceso remoto
Explorador de almacenamiento
Firewall de Windows con seguridad avanzada
Herramienta de diagnóstico de memoria
Iniciador iSCSI
iSNS Server
Kit de administración de Connection Manager
Microsoft Windows Server Update Services 3.0 SP1
Monitor de confiabilidad y rendimiento
MPIO
Orígenes de datos ODBC
Programador de tareas

Inicio | Directiva de seguridad local | Ayuda y sop... | ...cker | ES « 14:17

Figura 6-74

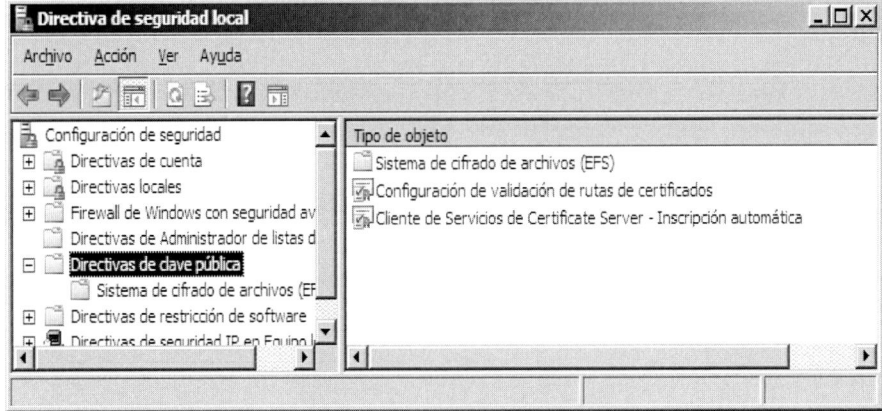

Figura 6-75

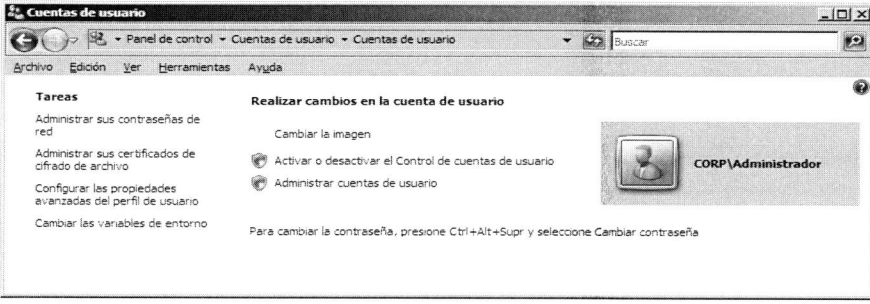

Figura 6-76

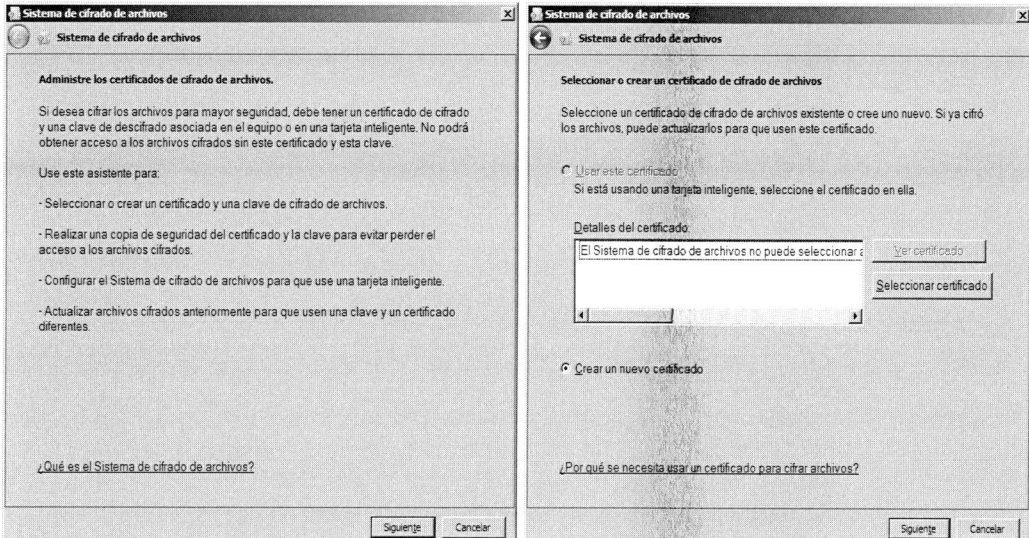

Figura 6-77   Figura 6-78

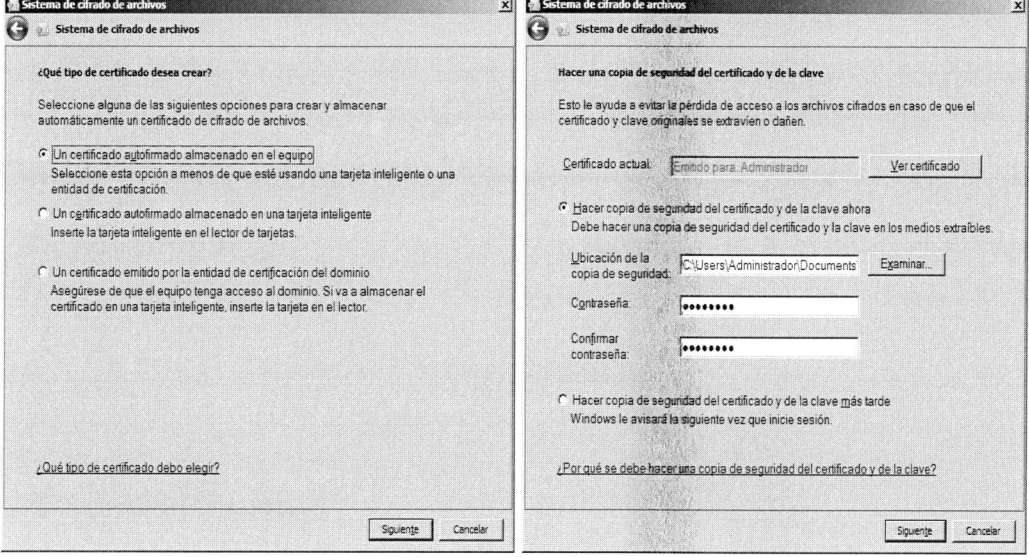

Figura 6-79   Figura 6-80

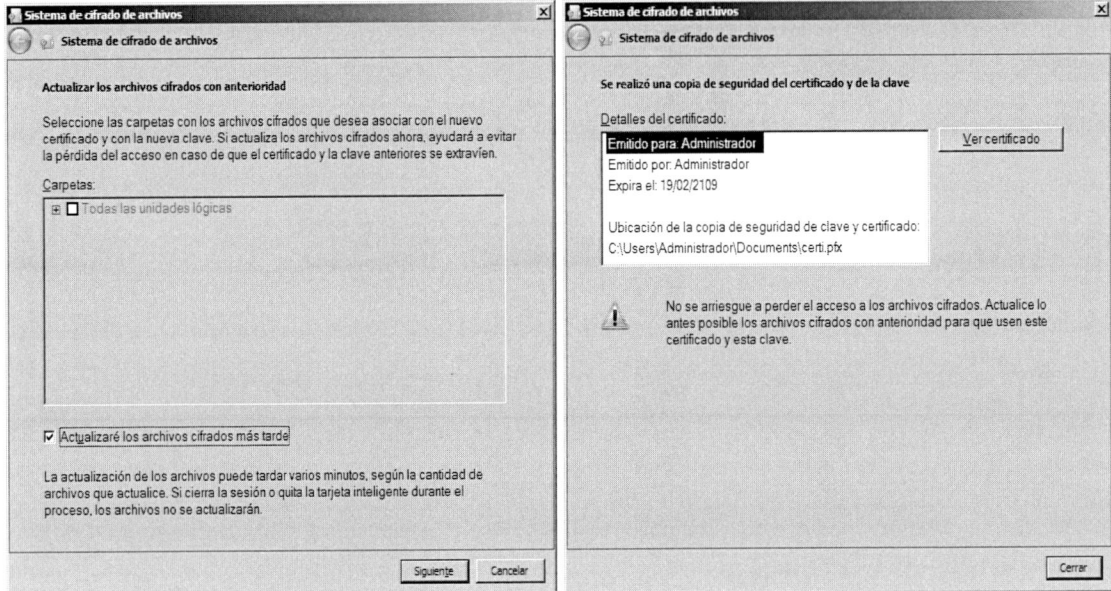

Figura 6-81

Figura 6-82

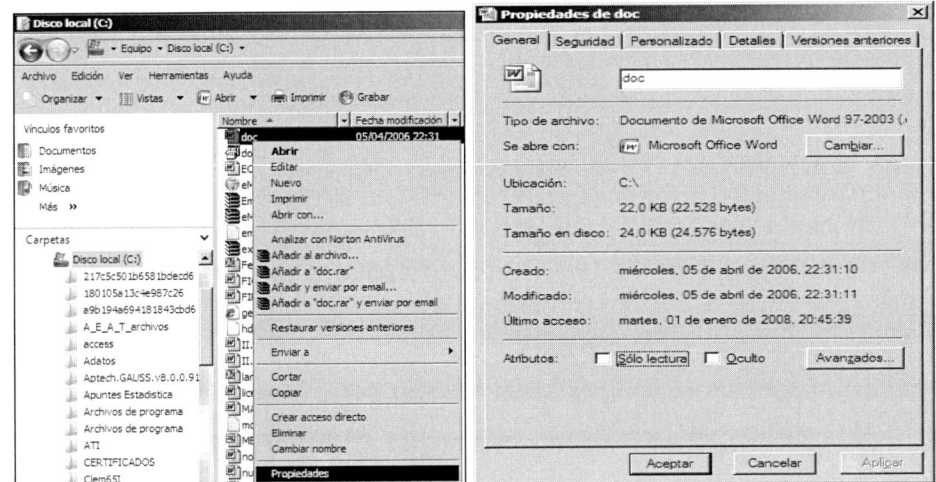

Figura 6-83

Figura 6-84

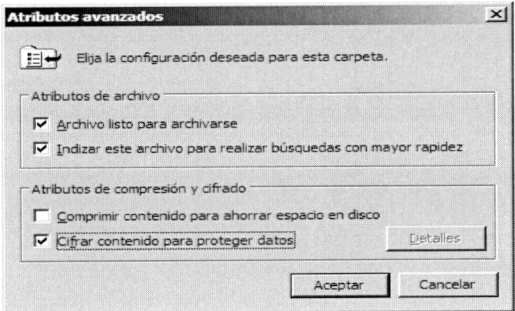

Figura 6-85

6.5. PERMISOS DE RED Y LOCALES. HERENCIA

Las tecnologías de conexión en red en Windows server están diseñadas para admitir desde configuraciones de redes pequeñas entre oficinas a las grandes estructuras de empresas. Microsoft Windows server ofrece una amplia gama de tecnologías que satisfacen las necesidades de los entornos conectados actuales que presentan complejidad creciente.

En Windows server se facilita el trabajo con *redes TCP/IP*. TCP/IP es un conjunto de protocolos estándar del sector diseñado para permitir las comunicaciones en redes en toda la empresa e internet. Existen dos versiones de TCP/IP admitidas por Windows server: TCP/IP con protocolo de internet versión 4 (IPv4) y TCP/IP con protocolo de internet versión 6 (IPv6).

IPv4 es un conjunto de protocolos y estándares cuyo uso está muy difundido actualmente tanto en internet como en redes privadas. IPv4 tiene un espacio de direcciones relativamente pequeño que se está agotando rápidamente a medida que el uso de internet aumenta. La necesidad de más direcciones IP y compatibilidad para tecnologías de red más nuevas son los factores que motivan la adopción de IPv6 que es un conjunto de protocolos y estándares que admite un espacio de direcciones mucho mayor que IPv4. IPv6 tiene direcciones IP de origen y destino de 128 bits (16 bytes). En contraste, IPv4 tiene direcciones IP de origen y destino de 32 bits (4 bytes). IPv6 ofrece muchas otras mejoras de seguridad y eficacia.

En Windows server, las *tecnologías de enrutamiento* administra el flujo de datos entre segmentos de la red, también denominados subredes. Estas tecnologías de enrutamiento incluyen enrutamiento de unidifusión y de multidifusión. El *enrutamiento de unidifusión* es el reenvío del tráfico destinado a una única ubicación de una red, desde un host de origen hasta un host de destino mediante enrutadores. En la actualidad, la mayor parte del tráfico de red mundial se realiza a través de redes de protocolo de internet versión 4 (IPv4). Además, la mayor parte del tráfico iniciado por los usuarios a través de redes IPv4 es tráfico de unidifusión. El enrutamiento IP de unidifusión se produce en todas las redes IP conectadas mediante enrutadores.

Por otro lado, la *multidifusión* es el envío de tráfico de red a un grupo de extremos. Sólo los miembros del grupo de extremos que escuchen el tráfico de multidifusión (el grupo de multidifusión) procesan dicho tráfico. Todos los demás nodos omiten el tráfico de multidifusión. El concepto de la pertenencia a grupos es fundamental en la multidifusión IP. Los datagramas de multidifusión IP se envían a un grupo, y sólo los miembros del grupo los reciben. Un grupo se identifica mediante una sola dirección de multidifusión IP, que es una dirección IP en el intervalo de clase D, de 224.0.0.0 a 239.255.255.255. Estas direcciones de clase D se denominan direcciones de grupo. Un host de origen envía datagramas de multidifusión a una dirección de grupo. Los hosts de destino comunican a un enrutador local que necesitan unirse al grupo.

El *acceso remoto* es otra de las potencialidades de Windows server. El acceso remoto contiene información acerca de la compatibilidad de Windows server con soluciones de acceso remoto, incluidos *Red privada virtual (VPN), Acceso telefónico remoto, Telnet* y *VPN*.

Las *redes privadas virtuales (VPN)* son conexiones punto a punto a través de una red privada o pública, como internet. Los clientes VPN usan protocolos especiales basados en TCP/IP, denominados protocolos de túnel, para realizar llamadas virtuales a un puerto virtual en un servidor VPN. En una implementación VPN típica, un cliente inicia una conexión punto a punto virtual con un servidor de acceso remoto a través de internet. El servidor de acceso remoto responde a la llamada, autentica al usuario que realiza la llamada y transfiere datos entre el cliente VPN y la red privada de la organización. Para emular un vínculo punto a punto, los datos se encapsulan, o se incluyen en un contenedor, con un encabezado. El encabezado proporciona la información de enrutamiento que permite a los datos recorrer la red compartida o pública hasta alcanzar su extremo. Para emular un vínculo privado, los datos enviados se cifran por motivos de confidencialidad. Los paquetes interceptados en la red compartida o pública no se pueden descifrar sin las claves de cifrado. El vínculo en el que los datos privados están encapsulados y cifrados se denomina conexión VPN.

El *Acceso telefónico remoto* permite a los clientes de acceso remoto conectarse a una red. Los clientes de acceso remoto usan la infraestructura de telecomunicaciones disponible para crear un circuito físico o virtual temporal a un puerto en un servidor de acceso remoto conectado a una red. Una vez establecida la conexión entre el cliente de acceso remoto y el servidor de acceso remoto, el servidor de acceso remoto reenvía paquetes entre el cliente de acceso remoto y la red.

Telnet es un protocolo que permite las conexiones remotas desde un cliente de acceso remoto a un host. Se puede usar un símbolo del sistema local en un cliente de acceso remoto para ejecutar programas de la línea de comandos, comandos del shell y scripts en una sesión de la consola de comandos remota.

Otra característica importante para el trabajo con redes en Windows server es el *servicio Monitor de red* que contiene información acerca de los servicios de supervisión de la red admitidos por Windows server. Estos servicios incluyen *Protocolo simple de administración de redes (SNMP), Calidad de servicio (QoS) basada en directiva* y *Protocolo simple de administración de redes (SNMP)*.

El *Protocolo simple de administración de redes (SNMP)* es una infraestructura y un protocolo de administración de redes ampliamente usados en redes TCP/IP para supervisar, configurar y solucionar problemas de recursos de redes remotamente desde un sistema de administración SNMP con una ubicación centralizada.

Calidad de servicio (QoS) es un conjunto de requisitos de servicio que una red debe cumplir para asegurar un nivel de servicio adecuado para la transmisión de datos. QoS permite a los programas en tiempo real aprovechar de la forma más eficaz el ancho de banda de la red.

En cuanto a acceso y seguridad de redes, Windows server proporciona compatibilidad para las soluciones de acceso a redes seguras, incluidos *Conexiones cableadas e inalámbricas autenticadas mediante 802.1X, Connection Manager* y *Firewall de Windows con seguridad avanzada*.

Para las *conexiones inalámbricas*, el conjunto de estándares IEEE 802.11 permite la extensión de una red LAN cableada para que incluya clientes móviles inalámbricos.

Connection Manager proporciona a los administradores la posibilidad de crear conexiones que tengan una interfaz de usuario uniforme en todos los sistemas operativos de Windows, usar protocolos de autenticación específicos, buscar programas necesarios, comprobar la configuración del Registro, actualizar archivos y libretas de teléfonos o realizar cualquier combinación de estas tareas. El uso del Kit de administración de Connection Manager (CMAK) disponible en Windows y Windows server proporciona numerosas ventajas de las que carece la creación manual de conexiones.

Firewall de Windows con seguridad avanzada es una combinación de firewall de host y protocolo de seguridad de internet (IPsec). A diferencia de un firewall perimetral, Firewall de Windows con seguridad avanzada se ejecuta en todos los equipos con Microsoft Windows o Windows server y proporciona protección local frente a los ataques de red que puedan pasar a través de la red perimetral u originarse dentro de la organización. También proporciona una seguridad de conexión entre equipos que permite exigir autenticación y protección de datos para todas las comunicaciones.

6.5.1. Configuración de redes en Windows server

Windows server presenta la consola *Tareas de configuración inicial* (Figura 6-86) al concluir la instalación del sistema operativo.

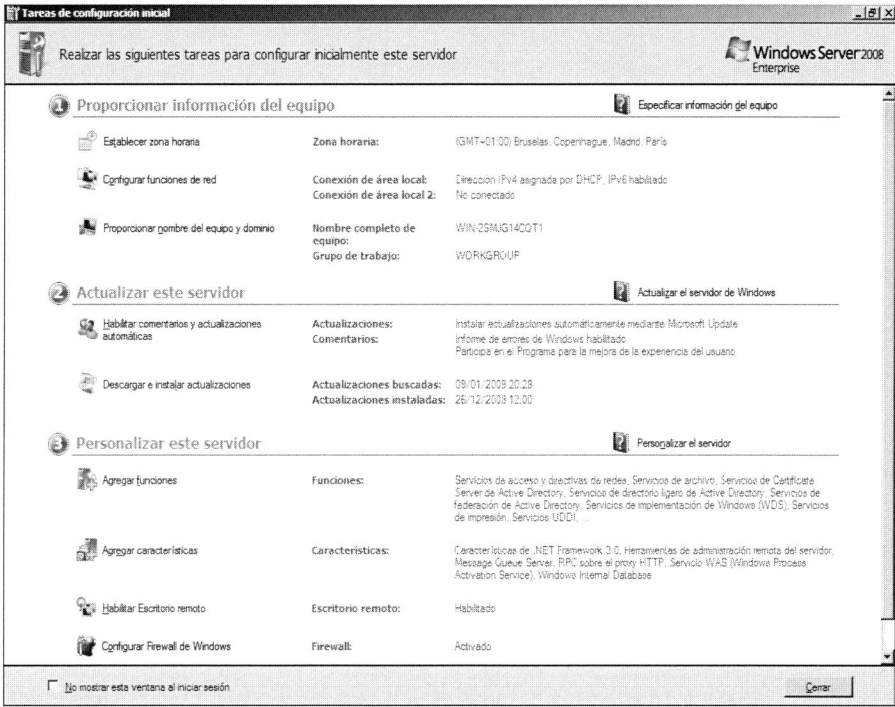

Figura 6-86

El primer apartado de la consola *Tareas de configuración inicial* se utiliza para proporcionar información al equipo y permite establecer zona horaria, configurar funciones de red y proporcionar nombre del equipo y dominio (Figura 6-87).

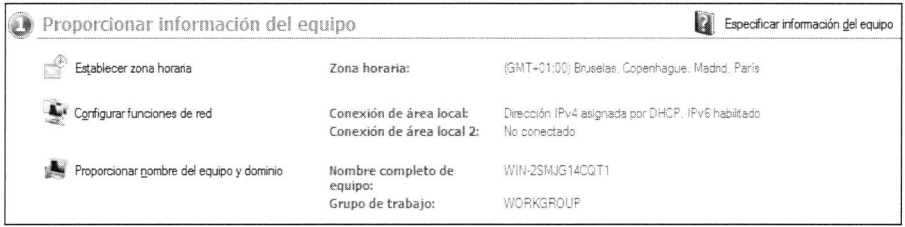

Figura 6-87

La opción *Configurar conexiones de red* de la Figura 6-87 nos lleva a la pantalla *Conexiones de red* (Figura 6-88) que presenta la conectividad entre el equipo e internet, una red u otro equipo a través de la conexión de red. Las conexiones de red son muy recomendables para las tareas que generalmente realizan la mayoría de las funciones de servidor que están disponibles para la instalación en el servidor Windows server. Para configurar una conexión de red, selecciónela en la pantalla *Conexiones de red*. Si desea editar la configuración de una conexión de red existente, haga clic con el botón secundario en la conexión y en el menú emergente resultante (Figura 6-89) pulse en *Propiedades* para abrir el cuadro de diálogo *Propiedades de la conexión* (Figura 6-90).

Las opciones del menú emergente también permiten desactivar, diagnosticar, ver el estado, cambiar nombre y crear acceso directo para la conexión de red seleccionada.

La pantalla *Conexiones de red* almacena todas las conexiones de red. Una conexión de red es un conjunto de información que permite al equipo conectarse a internet, una red u otro equipo. Cuando se instala un adaptador de red en el equipo, Windows crea una conexión para ese adaptador en la pantalla *Conexiones de red*. Se crea una conexión de área local para un adaptador de red Ethernet. Se crea una conexión de red inalámbrica para un adaptador de red inalámbrica. Una vez que tiene una conexión de red, se puede configurar una red, una conexión a internet o una conexión de red privada virtual (VPN) en la pantalla *Conexiones de red*.

En la carpeta *Conexiones de red* puede seleccionar una conexión y ver la información de estado, como, por ejemplo, la duración de la conexión, la velocidad y la cantidad de datos que se han transmitido y recibido. También puede usar las herramientas de diagnóstico disponibles en una determinada conexión. La apariencia del icono cambia en la carpeta *Conexiones de red* en función del estado de la conexión.

Las opciones *Nombre* (Figura 6-91a), *Estado* (Figura 6-91b), *Nombre de dispositivo* (Figura 6-92), *Conectividad* (Figura 6-93), *Categoría de red* (Figura 6-94), *Propietario* (Figura 6-95) y *Tipo* (Figura 6-96) de la pantalla *Conexiones de red*, presentan la información sobre las conexiones tal y como se observa en cada Figura.

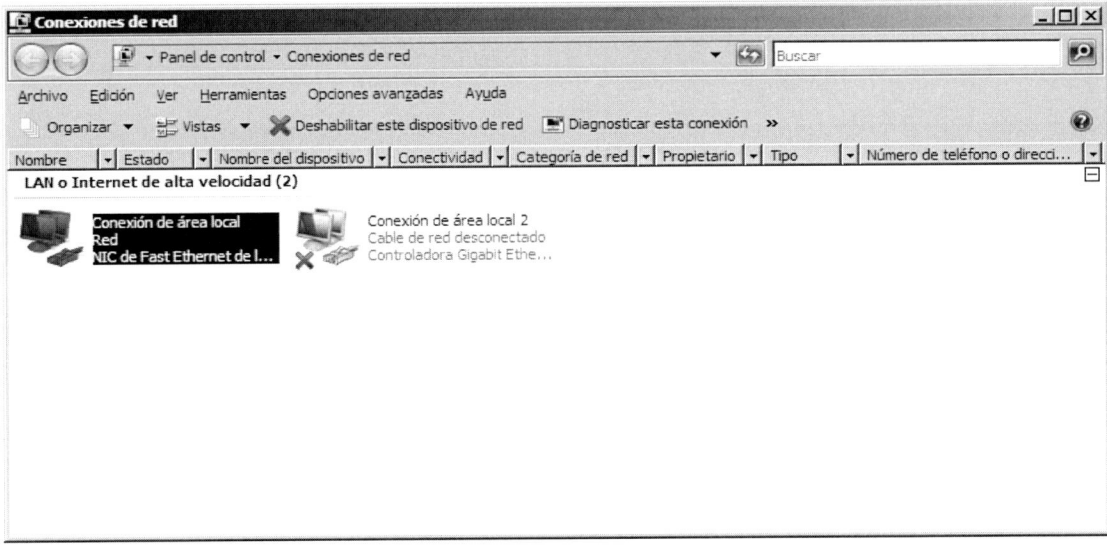

Figura 6-88

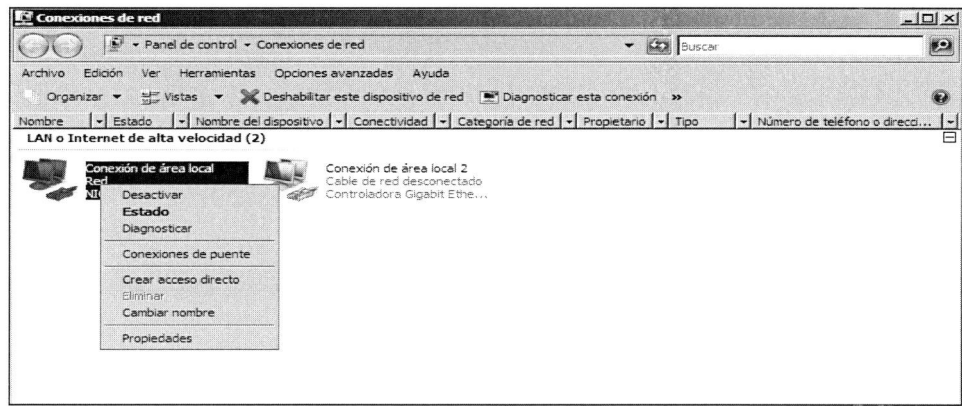

Figura 6-89

Figura 6-90

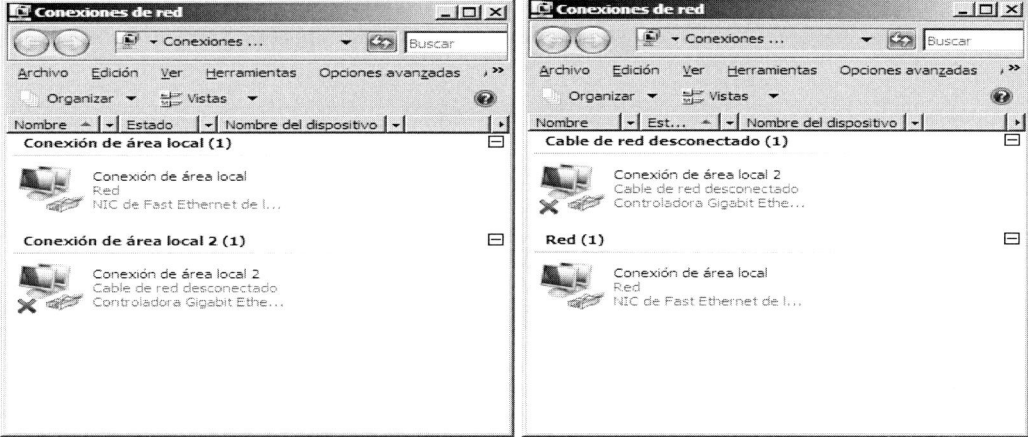

Figura 6-91a   Figura 6-91b

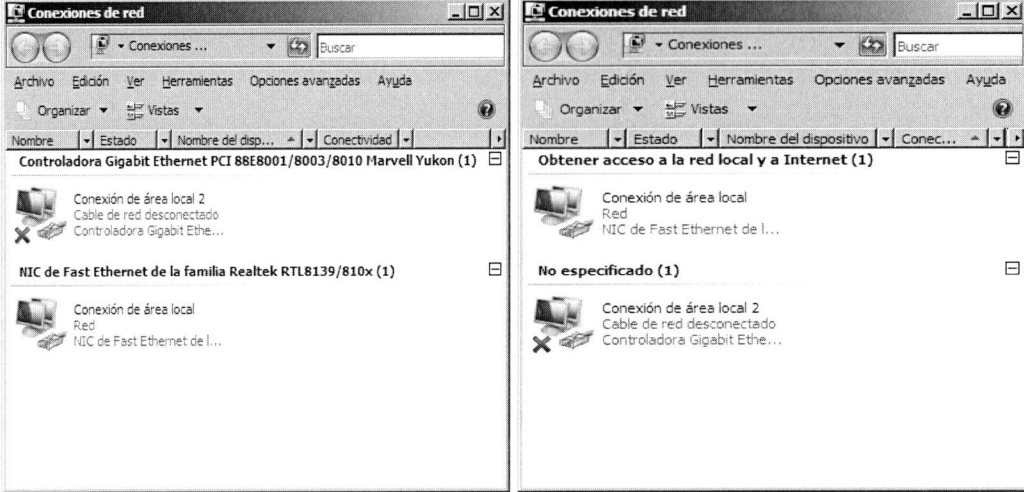

Figura 6-92   Figura 6-93

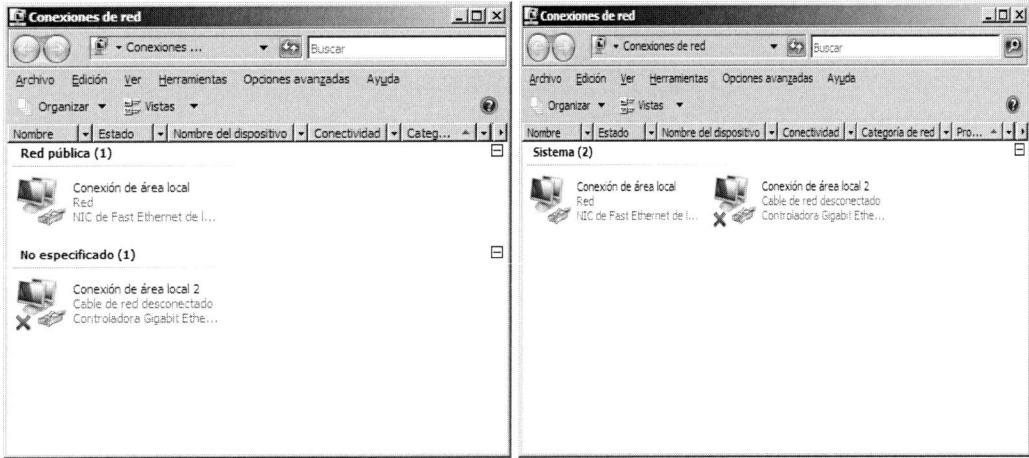

Figura 6-94   Figura 6-95

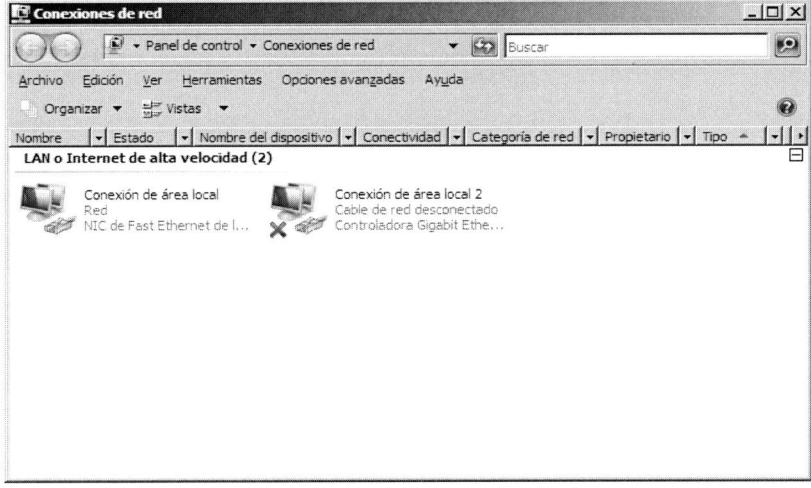

Figura 6-96

También se puede acceder a la carpeta *Conexiones de red* mediante *Inicio → Red (o Panel de control) → Centro de redes y recursos compartidos* (Figura 6-97). En la parte superior izquierda de la Figura 6-98 se hace clic en *Administrar conexiones de red*.

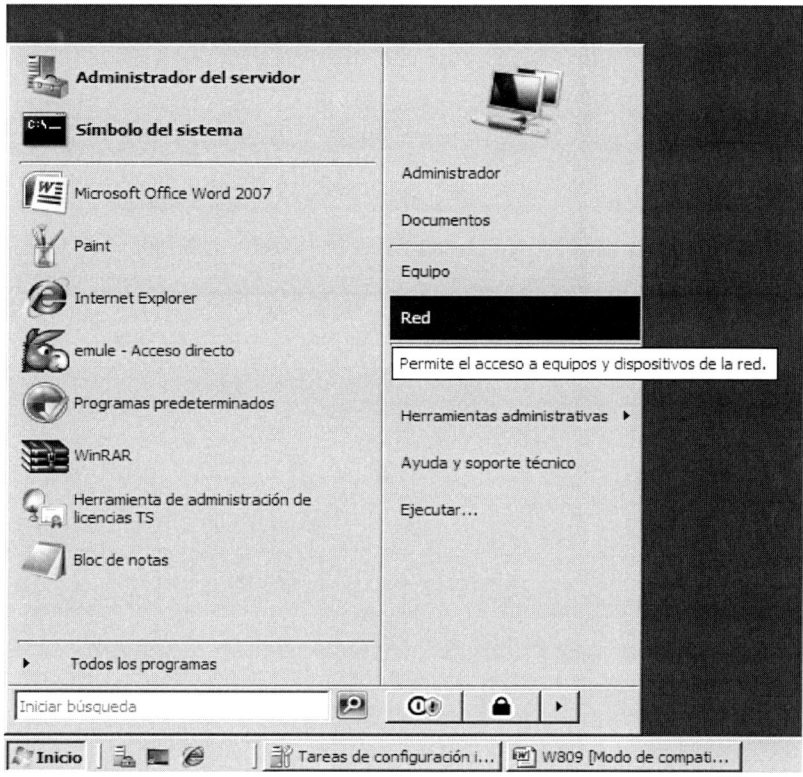

Figura 6-97

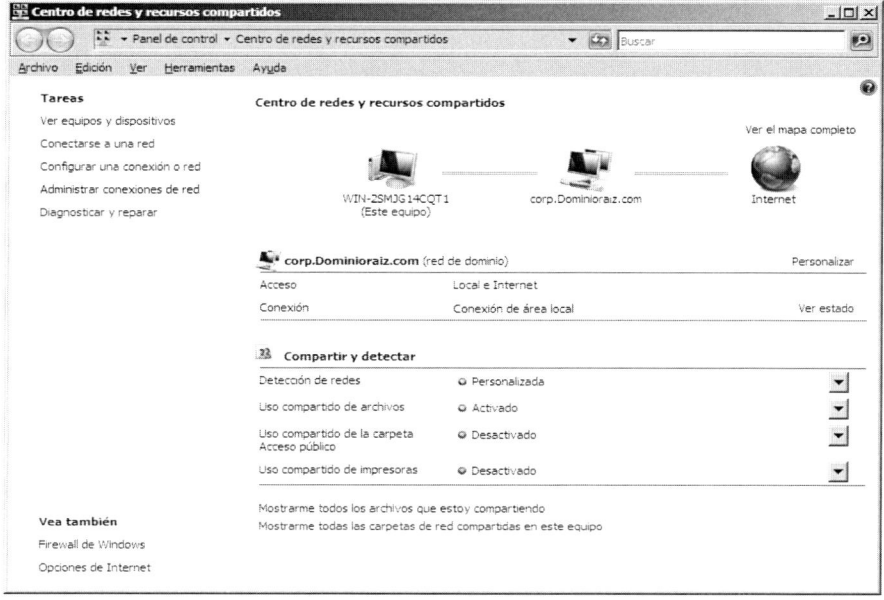

Figura 6-98

6.5.2. Administración de permisos para carpetas compartidas en Windows server. Permisos de red y locales

Los permisos en un recurso compartido, como una carpeta o volumen, vienen determinados por los permisos NTFS locales de dicho recurso, así como por el protocolo usado para obtener acceso al recurso compartido, que puede ser *Protocolo SMB* o *SAMBA* (bloque de mensajes del servidor) o *Protocolo NFS* (Network File System).

El control de acceso basado en SMB (para sistemas de archivos basados en Windows) se implementa mediante la concesión de permisos a usuarios individuales y grupos.

El control de acceso basado en NFS (para sistemas de archivos basados en UNIX) se implementa mediante la concesión de permisos a equipos cliente y grupos específicos, mediante el uso de nombres de red.

Los permisos de acceso final a un recurso compartido se determinan teniendo en cuenta los permisos NTFS y los permisos de protocolo compartido, y aplicando después los permisos más restrictivos.

Puede configurar permisos para un recurso compartido durante la creación de una nueva carpeta o volumen compartido con el *Asistente para aprovisionar carpetas compartidas* o seleccionando un recurso compartido existente y haciendo clic en *Propiedades* en el panel *Acciones*. En la ficha *Permisos* de la Figura 6-68 se configuran los permisos.

6.5.2.1. Permisos NTFS

Puede configurar los *permisos NTFS locales* para una carpeta o volumen compartido mediante Administración de almacenamiento y recursos compartidos, de las formas que se indican a continuación:

- *Nuevos recursos compartidos*. En el Asistente para aprovisionar carpetas compartidas, antes de seleccionar un protocolo de uso compartido de red, puede modificar los permisos NTFS para la carpeta o volumen que va a compartir. Estos permisos NTFS se aplicarán tanto de forma local como al obtener acceso al recurso a través de la red. Para modificar los permisos NTFS, en la página *Permisos NTFS*, seleccione *Sí*, cambiar los permisos NTFS y, a continuación, pulse en *Editar permisos*.

- *Recursos compartidos existentes*. Puede modificar los permisos NTFS de una de las carpetas o volúmenes compartidos de los que aparecen en la ficha *Recursos compartidos*. Para modificar los permisos NTFS, seleccione la carpeta o volumen; en el panel *Acciones*, haga clic en *Propiedades* y, en la ficha *Permisos*, pulse en *Permisos NTFS* (Figura 6-68).

6.5.2.2. Permisos SMB

El control de acceso basado en SMB o SAMBA de un recurso compartido se determina a través de dos conjuntos de permisos: Permisos NTFS y permisos de recurso compartido. Normalmente, los permisos de recurso compartido sólo se usan para el control de acceso en equipos que no usan el sistema de archivos NTFS. Los permisos NTFS y los permisos de recurso compartido son independientes en el sentido de que ninguno afecta al otro, y el más restrictivo de los dos será el que se aplique al recurso compartido. Si usa Administración de almacenamiento y recursos compartidos, podrá especificar permisos compartidos para los recursos compartidos basados en SMB de las siguientes formas:

- *Nuevos recursos compartidos*. En el Asistente aprovisionar carpetas compartidas, si selecciona SMB como protocolo de uso compartido, puede especificar los siguientes permisos de acceso basados en SMB en la página *Permisos SMB*:

— *Todos los usuarios y grupos sólo tienen acceso de lectura.* El permiso resultante será el permiso Lectura para el grupo Todos.

— *Los administradores tienen Control total; todos los otros usuarios y grupos sólo tienen acceso de Lectura.* El grupo Administradores tendrá el permiso Control total, mientras que al grupo Todos se le concederá el permiso Lectura.

— *Los administradores tienen Control total; todos los demás usuarios y grupos sólo tienen acceso de lectura y de escritura.* El grupo Administradores tendrá el permiso Control total, mientras que al grupo Todos se le concederá tanto el permiso Lectura como el permiso Escritura.

— *Los usuarios y grupos tienen permisos de los recursos compartidos personalizados.* Para usar esta opción, debe especificar todos los grupos y usuarios que vayan a tener acceso compartido, así como los permisos específicos de recursos compartidos (Control total, Cambiar, Lectura) que se concederán o denegarán a cada uno de ellos.

- *Recursos compartidos existentes.* Puede modificar los permisos de recurso compartido de una de las carpetas o volúmenes compartidos de los que aparecen en Protocolo: SMB en la ficha *Recursos compartidos.* Para modificar los permisos de recurso compartido, seleccione la carpeta o volumen; en el panel *Acciones*, haga clic en *Propiedades* y, en la ficha *Permisos*, pulse en *Permisos de los recursos compartidos*.

6.5.2.3. Permisos NFS

El *control de acceso basado en NFS de un recurso compartido* se determina basándose en los grupos y nombres de red. Para poder usar permisos NFS, primero debe instalar la función Servicios para Network File System (NFS) mediante Administrador del servidor. Después de instalarla, use NFSAdmin.exe para crear grupos de clientes y para agregar equipos cliente a dichos grupos antes de configurar los permisos de recursos compartidos NFS.

Si usa Administración de almacenamiento y recursos compartidos, podrá especificar permisos compartidos para los recursos compartidos basados en NFS de las siguientes formas:

- *Nuevos recursos compartidos.* En el Asistente para aprovisionar carpetas compartidas, si selecciona NFS como protocolo de uso compartido, la página Permisos NFS estará disponible en el asistente. Debe especificar si el acceso lo controlará un equipo cliente (host) específico o un grupo de clientes. Para configurar permisos NFS en un recurso compartido, puede hacer lo siguiente:

    — *Agregar, editar o quitar permisos para grupos de clientes y hosts.* El valor predeterminado es acceso de sólo lectura para el grupo TODOS LOS EQUIPOS. Puede agregar cualquier grupo de clientes o host previamente creado (mediante NFSAdmin.exe) y conceder los permisos adecuados a cada uno de ellos (sin acceso, sólo lectura, lectura-escritura). Además, puede seleccionar la opción Permitir acceso a la raíz para cada grupo de cliente y host; no obstante, no se recomienda ya que supone un riesgo para la seguridad.

    — *Especifique si debe permitirse el acceso anónimo al recurso compartido.* Esta opción no está habilitada de forma predeterminada por motivos de seguridad. Aunque el acceso anónimo puede resultar de utilidad para solucionar problemas o en entornos de prueba, no es recomendable para uso general. Para permitir el acceso anónimo, el Asistente para aprovisionar carpetas compartidas modifica los permisos NTFS en la carpeta o volumen con objeto de conceder acceso al grupo de seguridad Todos. Al habilitar el acceso anónimo, también se habilita la directiva de seguridad Permitir la aplicación de los permisos Todos a los usuarios anónimos, que agrega el principio Inicio de sesión anónimo al grupo de seguridad Todos. De esta forma, los usuarios anónimos pueden desplazarse a través de carpetas a las que, de otro modo, no tendrían acceso al navegar por la ruta de acceso de un objeto de la carpeta compartida; pero el usuario no puede ver el contenido de las carpetas en las que no tiene permiso de acceso. Al deshabilitar el acceso anónimo, no se deshabilita la directiva de seguridad Permitir la aplicación de los permisos Todos a los usuarios anónimos.

- *Recursos compartidos existentes.* Puede modificar los permisos NFS de una de las carpetas o volúmenes compartidos de los que aparecen en Protocolo: NFS, en la ficha *Recursos compartidos*. Para modificar los permisos de recurso compartido, haga clic en la carpeta o volumen; en el panel *Acciones*, haga clic en *Propiedades* y, en la ficha *Permisos*, haga clic en *Permisos NFS*. Para configurar permisos, puede agregar, editar o quitar permisos para cada grupo de clientes o host individual para el que desee configurar el acceso.

Conceder a un usuario el permiso NTFS Control total en un recurso compartido permite a ese usuario tomar posesión de la carpeta o volumen, a menos que esté restringido de alguna forma. Tenga especial cuidado al conceder Control total. Si desea administrar el acceso a una carpeta o volumen exclusivamente mediante permisos NTFS, defina los permisos de recurso compartido Control total para Todos. Esto simplifica la administración de los permisos de recursos compartidos, pero los permisos NTFS son más complejos que los permisos de recursos compartidos. Los permisos NTFS influyen sobre el acceso local y remoto. Se aplican con independencia del protocolo. Por el contrario, los permisos de recurso compartido sólo se aplican a recursos de red compartidos. Los permisos de recurso compartido no restringen el acceso de ningún usuario local o usuario de Terminal Server. Por tanto, los permisos de recurso compartido no ofrecen privacidad entre los usuarios de un equipo usado por varios usuarios.

De forma predeterminada, el grupo Todos no incluye el grupo Anónimo, por lo que los permisos que se aplican al grupo Todos no afectan al grupo Anónimo. No es posible modificar los permisos de acceso de carpetas o volúmenes que se comparten con fines administrativos, como C$ y ADMIN$.

6.5.3. Herencia

Mediante la propiedad de herencia, un nivel secundario hereda de forma automática los objetos de directiva de grupo (GPO) que están vinculados a unidades organizativas, dominios o sitios superiores.

La herencia es bloqueable. Para bloquear la herencia, en el árbol de consola de GPMC, haga doble clic en el bosque que contenga el dominio o unidad organizativa en el que desee bloquear la herencia de vínculos de GPO. Para bloquear la herencia de los vínculos de GPO de todo el dominio, haga doble clic en *Dominios* y, después, haga clic con el botón secundario en el dominio. Para bloquear la herencia de una unidad organizativa, haga doble clic en *Dominios*, haga doble clic en el dominio que contenga la unidad organizativa y, después, haga clic con el botón secundario en la unidad organizativa. Haga clic en *Bloquear herencia*.

Para completar este procedimiento, debe disponer del permiso *Vincular objetos de directiva de grupo* para el dominio o la unidad organizativa. Si un dominio o una unidad organizativa se configura para bloquear la herencia, aparecerá con un signo de exclamación azul en el árbol de consola. Los vínculos de GPO que se aplican no se pueden bloquear desde el contenedor primario.

6.6. DELEGACIÓN DE PERMISOS. ADMINISTRACIÓN DE UNIDADES ORGANIZATIVAS

En Usuarios y equipos de Active Directory se pueden crear unidades organizativas (OU) y contenedores, así como administrar los existentes. Una OU es un tipo de objeto de directorio especialmente útil que se encuentra en un dominio. Las unidades organizativas son contenedores de Active Directory donde se pueden colocar usuarios, grupos, equipos y otras unidades organizativas. Una unidad organizativa no puede contener objetos de otros dominios.

Una OU es el ámbito o la unidad más pequeña a la que se pueden asignar valores de configuración de directiva de grupo o a la que se puede delegar autoridad administrativa. Mediante las unidades organizativas se pueden crear contenedores dentro de un dominio que representen las estructuras jerárquicas lógicas de una organización. Después, se puede administrar la configuración y el uso de las cuentas y recursos en función del modelo organizativo. Las unidades organizativas pueden contener otras unidades organizativas. La jerarquía de unidades organizativas se puede ampliar según sea necesario para dar forma a la jerarquía de la organización dentro de un dominio. El uso de unidades organizativas ayuda a minimizar el número de dominios que requiere una red. Las unidades organizativas pueden usarse para crear un modelo administrativo que se pueda adaptar a cualquier tamaño. Un usuario puede tener autoridad administrativa sobre todas las unidades organizativas de un dominio o para una sola unidad administrativa. No es necesario que el administrador de una unidad organizativa tenga autoridad administrativa sobre las demás unidades organizativas del dominio.

6.6.1. Crear una unidad organizativa

Para crear una unidad organizativa mediante la interfaz de Windows abra *Usuarios y equipos de Active Directory* mediante *Inicio → Herramientas administrativas → Usuarios y equipos de Active Directory* (Figura 6-1) para obtener la interfaz de la Figura 6-2. En el árbol de consola, haga clic con el botón secundario en el nombre de dominio, seleccione *Nuevo* y pulse en *Unidad organizativa* (Figura 6-99). En la Figura 6-100 escriba el nombre de la unidad organizativa (OU) y haga clic en *Aceptar*. La nueva unidad organizativa se muestra en el árbol de la consola (Figura 6-101).

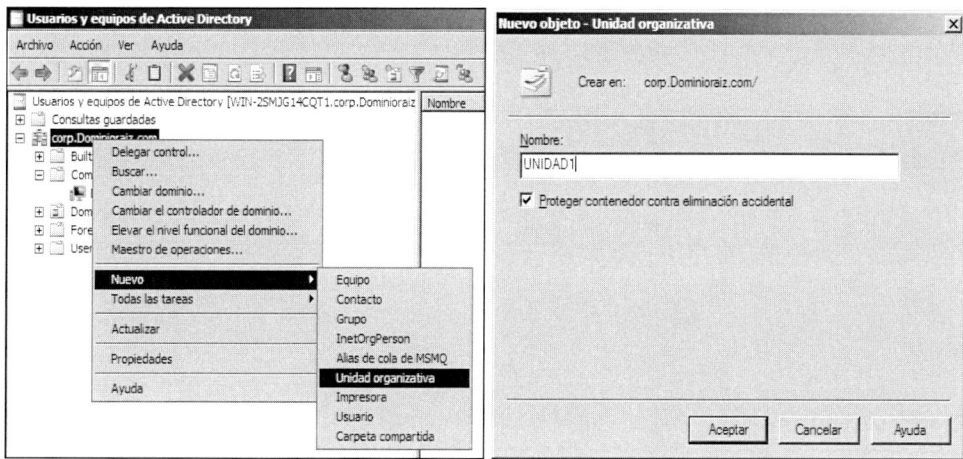

Figura 6-99   Figura 6-100

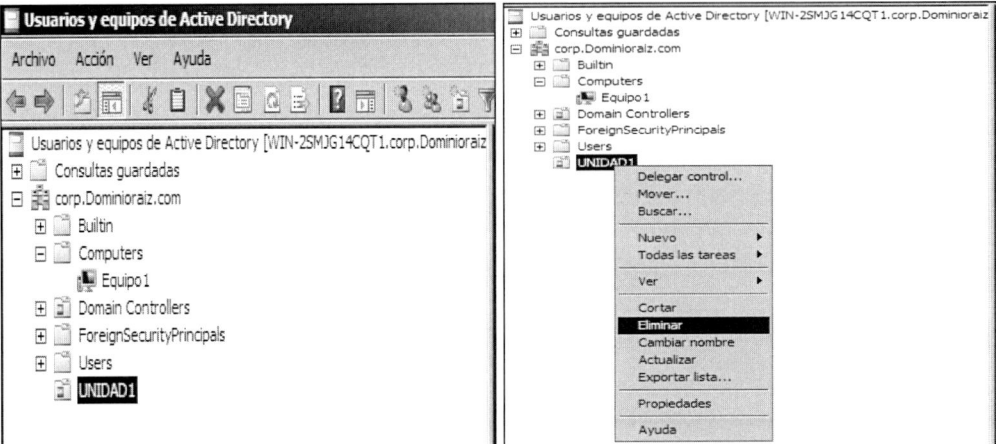

Figura 6-101   Figura 6-102

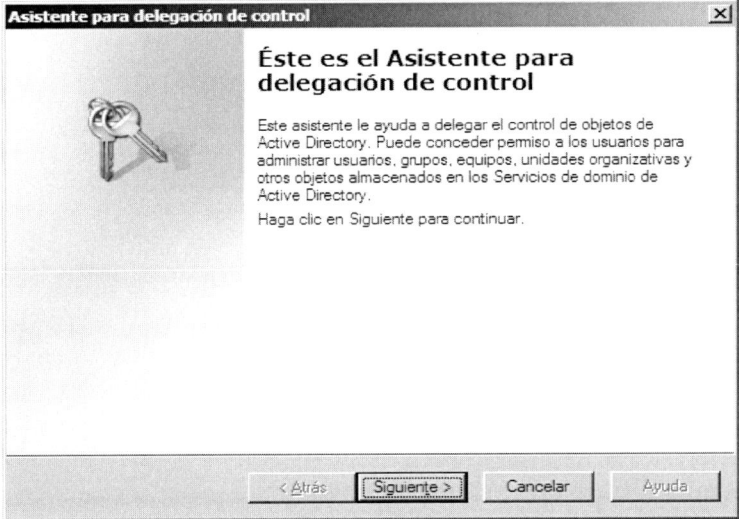

Figura 6-103

6.6.2. Eliminar, desplazar y delegar el control de una unidad organizativa

Para *eliminar una unidad organizativa* se hace clic sobre ella con el botón derecho del ratón en el árbol de la consola y en el menú emergente resultante (Figura 6-102) se selecciona *Eliminar*. Para desplazar la unidad organizativa, haga clic en *Mover* en la Figura 6-102 y pulse en la carpeta a la que desea desplazar la unidad organizativa. Para delegar el control de una unidad organizativa haga clic en *Delegar control* en la Figura 6-102 para iniciar el *Asistente para delegación de control* y, a continuación, siga las instrucciones del asistente (Figura 6-103).

El *Asistente para delegación de control* también establece varios permisos automáticamente, pero, a diferencia de Administrador de autorización, no proporciona un método para hacer un seguimiento de los permisos concedidos ni para quitarlos.

6.7   LISTAS DE CONTROL DE ACCESO

Hay otras herramientas de administración disponibles en la versión Server de la familia de sistemas operativos Windows y en Windows Server que también se pueden utilizar para configurar permisos de acceso, a veces de maneras similares a las de Administrador de autorización. Entre ellas se incluyen el *Editor de la lista de control de acceso* y el *Asistente para delegación de control*.

El *Editor de la lista de control de acceso* (ACL) establece la directiva de control de acceso para los objetos almacenados en los Servicios de dominio de Active Directory (AD DS), los Servicios de directorio ligero de Active Directory (AD LDS) y objetos de Windows. *Administrador de autorización* se diferencia del editor de listas de control de acceso en que permite basar el control de acceso en funciones (normalmente en tareas de trabajo específicas), no sólo en la pertenencia a grupos, y en que realiza un seguimiento de los permisos concedidos.

6.8   DIRECTIVAS DE GRUPO. DERECHOS DE USUARIOS

Las directivas de grupo simplifican la administración dotando a los administradores de una ubicación única desde la que poder controlar privilegios, permisos y recursos. Las directivas de grupo permiten controlar el acceso a componentes de Windows, recursos del sistema, de red, utilidades del panel de control, al escritorio y al menú Inicio. Asimismo, permiten crear directorios con administración centralizada para carpetas especiales como la de documentos de los usuarios, definir scripts para usuarios y equipos que se ejecutan en momentos específicos y configurar directivas para el bloqueo de cuentas, para las contraseñas de usuario, para la auditoría, la asignación de derechos y la seguridad.

6.8.1. Consola de administración de directivas de grupo en Windows server

La consola de administración de directivas de grupo (GPMC) es un complemento de scripts de Microsoft Management Console (MMC), que proporciona una única herramienta administrativa para administrar la directiva de grupo en toda la organización. GPMC es la herramienta estándar para administrar la directiva de grupo.

Para ejecutar la consola de administración de directivas de grupo, seleccione *Inicio → Todos los programas → Herramientas administrativas → Administración de directivas de grupo* (Figura 6-104). Se obtiene la consola de administración de directivas de grupo (Figura 6-105). Se observa que el nombre del nodo raíz de esta consola es *Administración de directivas de grupo* y bajo él se encuentra el nodo *Bosque*, que representa el bosque al que está actualmente conectado.

Disponiendo de las credenciales adecuadas es posible añadir conexiones a otros bosques haciendo clic con el botón derecho del ratón sobre el nodo *Administración de directivas de grupo* y seleccionando *Agregar bosque* en el menú emergente resultante (Figura 6-106). A continuación, en el cuadro de texto *Dominio* del cuadro de diálogo *Agregar bosque* se hace clic en *Aceptar*.

Al expandir el nodo *Bosque* se observan los nodos siguientes:

- *Dominios*. Permite acceder a las opciones de configuración de directivas de los dominios del bosque correspondiente.

- *Sitios*. Permite acceder a las opciones de configuración de sitios del bosque correspondiente.

- *Modelado de directivas de grupo*. Permite acceder al Asistente para el modelado de directivas de grupo que ayuda a planificar la implementación de directivas y a simular opciones de configuración para realizar pruebas.

- *Resultados de directiva de grupo*. Permite acceder al asistente para resultados de directivas de grupo.

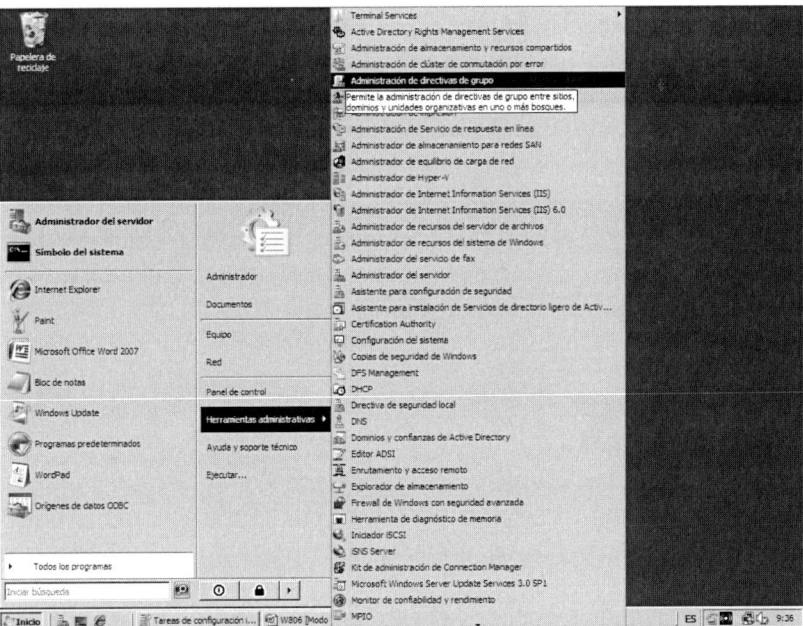

Figura 6-104

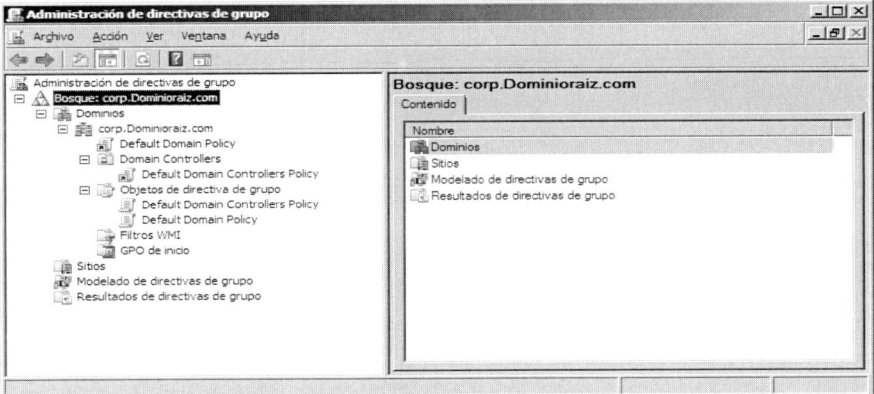

Figura 6-105

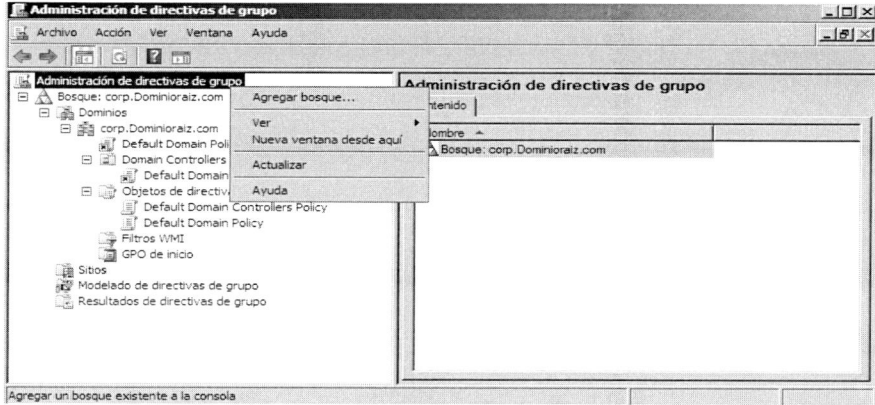

Figura 6-106

6.8.2. Instalar e iniciar la consola de administración de directivas de grupo

La consola de administración de directivas de grupo (GMPC) está incluida en Windows server. Sin embargo, si no se instala con el sistema operativo, use el Administrador del servidor para la instalación.

Para *instalar GPMC mediante la interfaz de usuario del Administrador del servidor*, abra el Administrador del servidor haciendo clic en *Inicio → Herramientas administrativas → Administrador del servidor*, y en el árbol de consola, haga clic en *Características*. En este panel, haga clic en *Agregar características*. En el cuadro de diálogo *Asistente para agregar características*, seleccione *Consola de administración de directivas de grupo* en la lista de características disponibles. Haga clic en *Instalar* y cierre el Administrador del servidor cuando se complete la instalación.

Para instalar GPMC mediante la línea de comandos, abra un símbolo del sistema como administrador y escriba: *ServerManagerCmd -install gpmc*.

Cierre el símbolo del sistema cuando se complete la instalación.

Puede *iniciar la Consola de administración de directivas de grupo* (GPMC) con uno de estos dos métodos:

- Presione la tecla del logotipo de *Windows* + *R* para abrir el cuadro de diálogo EJECUTAR. Escriba *gpmc.msc* en el cuadro de texto y, después, haga clic en *Aceptar* o presione ENTRAR.
- Haga clic en *Inicio*, *Todos los programas*, *Accesorios* y, después, en *Ejecutar*. Escriba *gpmc.msc* en el cuadro de texto y, después, haga clic en *Aceptar* o presione ENTRAR.

6.8.3. Objetos de directiva de grupo (GPO). Creación, edición y eliminación

Para *crear un objeto de directiva de grupo*, en el árbol de GPMC, haga clic con el botón secundario en *Objetos de directiva de grupo* en el bosque y el dominio en el que desee crear un objeto de directiva de grupo (GPO) y en el menú emergente resultante haga clic en *Nuevo* (Figura 6-107). En el cuadro de diálogo *Nuevo GPO* (Figura 6-108) especifique un nombre para el nuevo GPO y, a continuación, haga clic en *Aceptar*.

Cuando se crea un GPO, éste no tiene ningún efecto hasta que se vincula a un sitio, dominio o unidad organizativa. De manera predeterminada, sólo los administradores de dominio, los administradores de organización y los miembros del grupo de propietarios del creador de directivas de grupo pueden crear objetos de directiva de grupo.

Para *editar un objeto de directiva* de grupo, en el árbol de GPMC, haga doble clic en *Objetos de directiva de grupo* en el bosque y el dominio que contiene el GPO que desea editar. Haga clic con el botón secundario en el GPO y, a continuación, haga clic en *Modificar* (Figura 6-109). En el árbol de consola, modifique la configuración como corresponda.

El GPO de la directiva de dominio predeterminado y el GPO de la directiva de controladores de dominio predeterminados son vitales para el buen funcionamiento de un dominio.

Se recomienda no modificar el GPO de la directiva de controladores de dominio predeterminados ni el GPO de la directiva de dominio predeterminado, excepto si se requiere que la directiva de cuenta se configure en el GPO de dominio predeterminado o si instala aplicaciones en controladores de dominio que requieren la modificación de las configuraciones de derechos de usuario o de auditoría, las modificaciones deben llevarse a cabo en el GPO de directiva de controladores de dominio predeterminados.

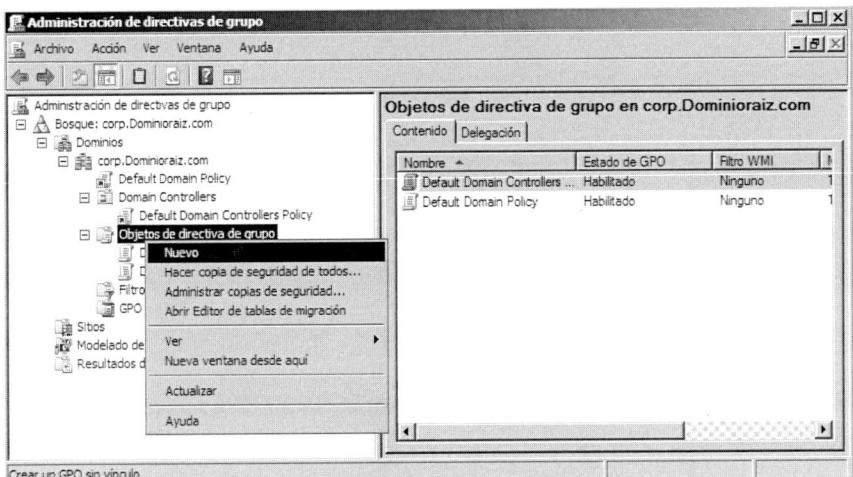

Figura 6-107

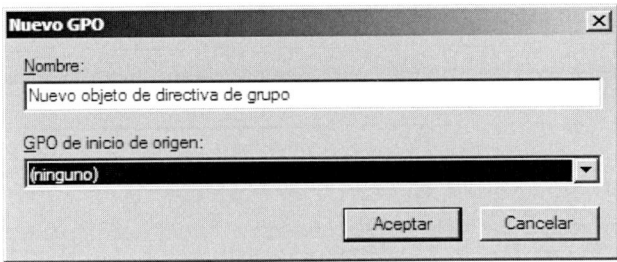

Figura 6-108

De manera predeterminada, sólo los administradores del dominio, los administradores de organización y los miembros del grupo de propietarios del creador de directivas de grupo pueden editar GPO. Para modificar la configuración de la directiva IPSec en un GPO, debe ser miembro del grupo de administradores de dominio.

Para editar un GPO, también puede hacer clic con el botón secundario en el nombre del GPO en cualquier contenedor al que esté vinculado y, después, hacer clic en *Modificar*.

Para *buscar un objeto de directiva de grupo*, en el árbol de consola de GPMC haga doble clic en el bosque que contiene el dominio donde desea buscar un objeto de directiva de grupo (GPO). Haga doble clic en *Dominios*, haga clic con el botón secundario en el dominio y, después, en *Buscar* (Figura 6-110). En el cuadro de diálogo *Buscar objetos de directiva de grupo* (Figura 6-111), en el cuadro *Buscar los GPO en este dominio*, seleccione un dominio o *Todos los dominios mostrados en este bosque*. En el cuadro *Elemento que se busca*, seleccione el tipo de objeto en el que desea basar la búsqueda. Si selecciona *Grupo de seguridad*, aparece el cuadro de diálogo *Seleccionar usuarios, equipos o grupos*. Especifique el tipo de objeto apropiado, la ubicación del objeto y el nombre de objeto y, a continuación, haga clic en *Aceptar*. Puede elegir *Vínculos de GPO* en el menú desplegable *Elemento que se busca* para buscar GPO desvinculados y GPO vinculados entre dominios.

En el cuadro *Condición*, seleccione la condición que desea utilizar en la búsqueda. En el cuadro *Valor*, seleccione o especifique el valor que desea utilizar para filtrar la búsqueda y, a continuación, haga clic en *Agregar*. Repita los pasos anteriores hasta finalizar la definición de todos los criterios de búsqueda y, a continuación, haga clic en *Buscar*. Cuando se devuelvan los resultados de la búsqueda, puede guardarlos haciendo clic en *Guardar resultados* y, a continuación, especificando en el cuadro de diálogo *Guardar resultados de búsqueda de GPO* el nombre de archivo para los resultados guardados. Finalmente se hace clic en *Guardar*. Para ir al GPO encontrado en la búsqueda, haga doble clic en el GPO en la lista de resultados de la búsqueda. Para borrar los resultados de la búsqueda, haga clic en *Borrar*.

También puede abrir el cuadro de diálogo de búsqueda si hace clic con el botón secundario en un bosque y, a continuación, hace clic en Buscar (Figura 6-112). En este caso, la búsqueda de GPO en este cuadro de dominio se establece de forma predeterminada en Todos los dominios mostrados en este bosque (Figura 6-113).

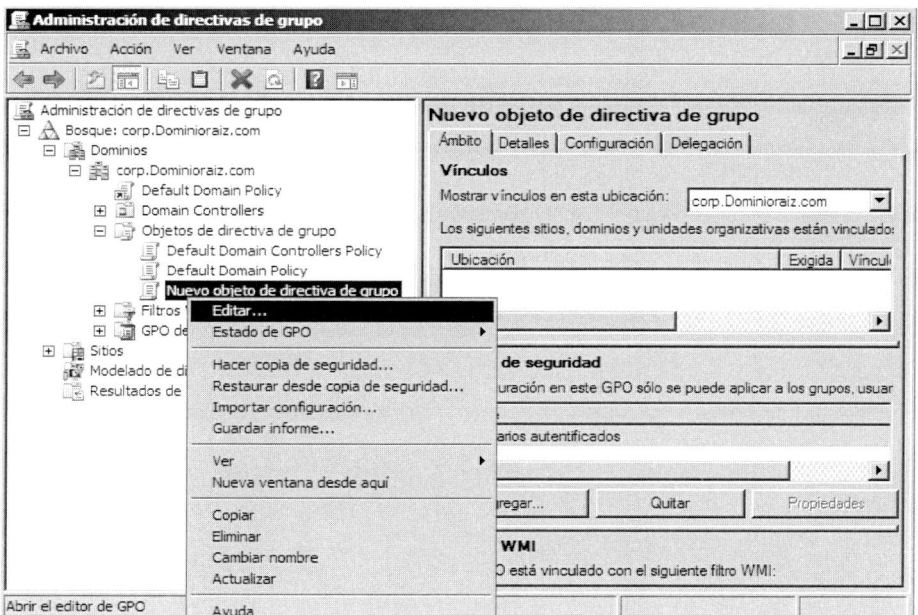

Figura 6-109

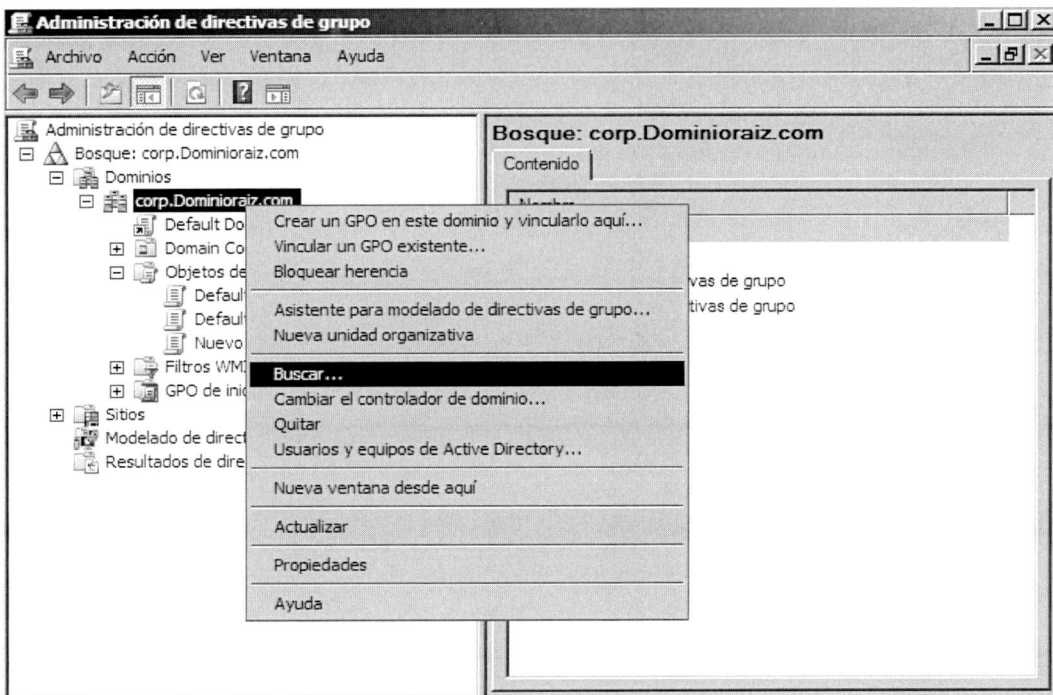

Figura 6-110

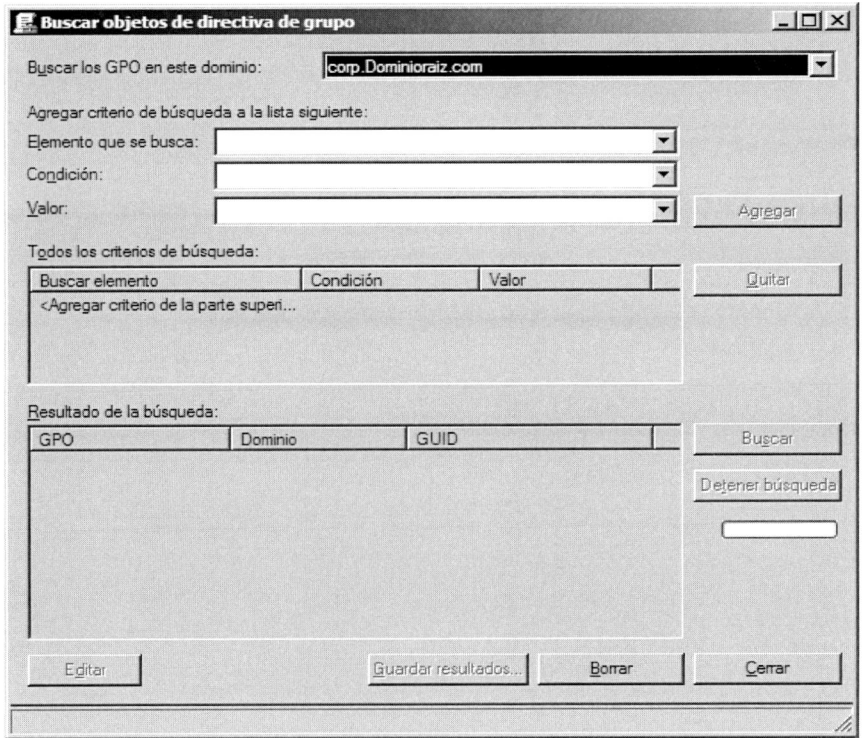

Figura 6-111

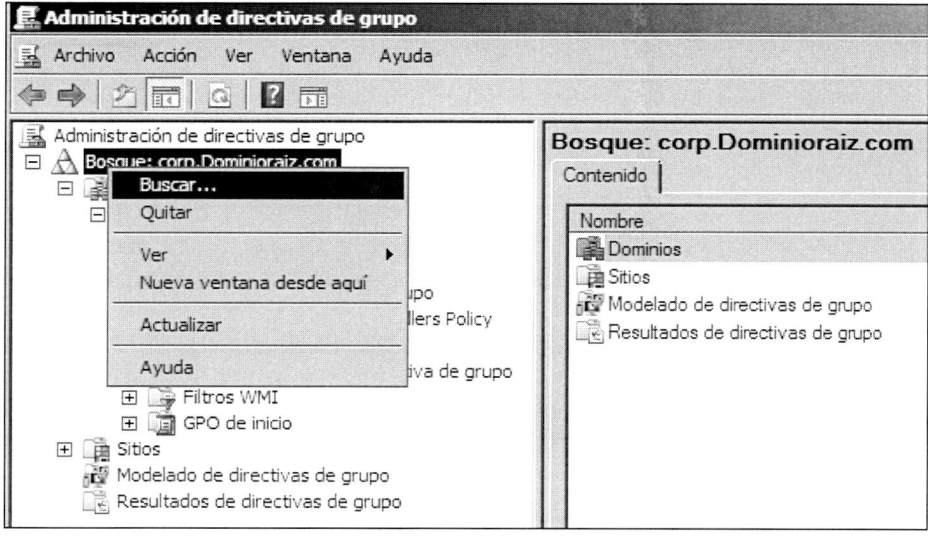

Figura 6-112

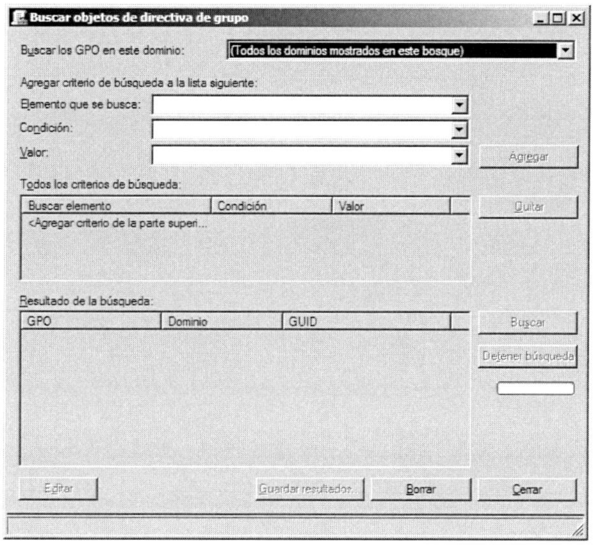

Figura 6-113

Si se habilita una configuración de directiva y, a continuación, se quitan todas las configuraciones de directiva de esa extensión, puede que los resultados de las búsquedas sean falsos positivos para determinados tipos de configuración. Esto sucede porque la extensión del GPO aparece como activa. Las extensiones con este comportamiento son *Configuración de seguridad, Instalación de software, Redireccionamiento de carpetas, Mantenimiento de Internet Explorer* y *Sistema de cifrado de archivos* (EFS).

Para *eliminar un GPO*, en el árbol de consola de GPMC, haga doble clic en *Objetos de directiva de grupo* en el bosque y el dominio que contienen el objeto de directiva de grupo (GPO) que desea eliminar. Haga clic con el botón secundario en el GPO y, a continuación, haga clic en *Eliminar* (Figura 6-109). Cuando se le pida que confirme la eliminación, haga clic en *Aceptar*.

Para eliminar un GPO, debe disponer de los permisos *Editar configuración, Eliminar* y *Modificar seguridad para el GPO*. Cuando se elimina un GPO, GPMC intenta eliminar todos los vínculos a ese GPO en el dominio del GPO. Si no dispone de derechos para eliminar un vínculo, el GPO se eliminará, pero el vínculo permanecerá. Los vínculos de otros dominios y sitios no se eliminan. El vínculo a un GPO eliminado aparece en GPMC como *No se encuentra*. Para eliminar los vínculos *No se encuentra*, debe disponer de permisos en el sitio, dominio o unidad organizativa que contiene el vínculo.

No puede eliminar el GPO de la directiva de controladores de dominio predeterminados ni el GPO de la directiva de dominio predeterminado.

Puede incluir comentarios para cada objeto de directiva de grupo. Puede usar este espacio para documentar el objeto de directiva de grupo y por qué su implementación es importante para su entorno. Los comentarios de los GPO permiten usar más adelante un filtro de palabras clave para ayudarle a localizar fácilmente los GPO mediante palabras claves coincidentes.

Para *incluir un comentario a un objeto de directiva de grupo*, abra la GPMC, expanda el nodo *Objetos de directiva de grupo*, haga clic con el botón secundario en el objeto de directiva de grupo que desee comentar y, a continuación, haga clic en *Editar* (Figura 6-109). En el árbol de la consola, haga clic con el botón secundario en el nombre del objeto de directiva de grupo y, a continuación, haga clic en *Propiedades* (Figura 6-114). Pulse clic en la ficha *Comentarios* y escriba sus comentarios en el cuadro *Comentarios*. Haga clic en *Aceptar*.

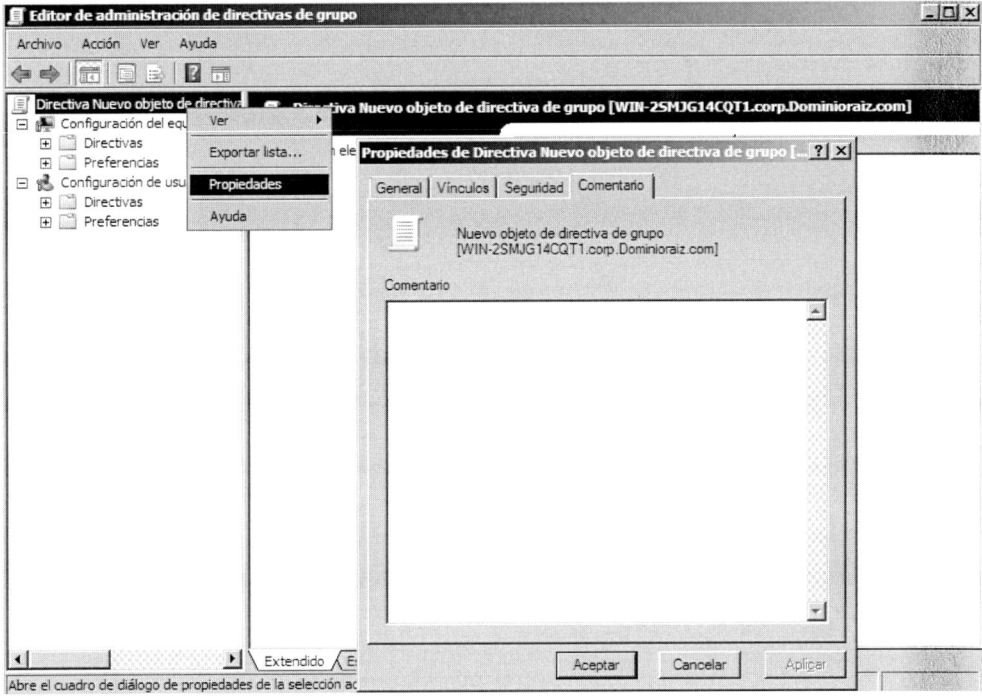

Figura 6-114

6.8.4. Ámbito de las directivas de grupo

Con los permisos necesarios, desde Active Directory, se pueden crear grupos en el dominio raíz del bosque, en cualquier otro dominio del bosque o en una unidad organizativa. Además de por el dominio en el que se crea, ya sabemos que un grupo también se caracteriza por su ámbito. El ámbito de un grupo determina el dominio desde el que se pueden agregar miembros y el dominio en el que son válidos los derechos y permisos asignados al grupo. Elija el dominio o la unidad organizativa donde va a crear un grupo en función de las tareas de administración que requiera el grupo.

Por ejemplo, si un directorio tiene varias unidades organizativas y cada una tiene un administrador diferente, puede crear grupos con ámbito Global dentro de esas unidades organizativas para que los administradores administren la pertenencia a grupos de los usuarios de las unidades organizativas que les correspondan. Si se necesitan grupos para controlar el acceso fuera de la unidad organizativa, podrá anidar los grupos de la unidad organizativa dentro de grupos con ámbito Universal (u otros grupos con ámbito Global) que puede utilizar en otros lugares del bosque.

6.8.5. Directiva de plantillas administrativas

Para *editar la configuración de la directiva de plantillas administrativas*, abra la GPMC, haga clic con el botón secundario en el objeto de directiva de grupo que desee modificar y, a continuación, pulse en *Editar* (Figura 6-115). En el árbol de la consola, haga clic en la carpeta situada bajo *Plantillas administrativas* que contenga la configuración de directiva que desee establecer. En la columna *Configuración*, haga clic en el nombre de una configuración de directiva para leer su descripción. Para cambiar el estado predeterminado de esa configuración de directiva (sin configurar), haga doble clic en su nombre en la ficha *Configuración* y haga clic en *No configurada* (el Registro no se modifica), *Habilitada* (el Registro refleja que la configuración de la directiva se ha seleccionado) o *Deshabilitada* (el Registro refleja que la configuración de la directiva no se ha seleccionado). Seleccione cualquier otra opción disponible que desee en la ficha *Configuración* y, por último, pulse en *Aceptar* (Figura 6-116).

Para realizar este procedimiento, debe contar con el permiso de configuración *Editar para editar un GPO*. De forma predeterminada, los miembros de los grupos de seguridad Administradores de dominio, Administradores de organización o Propietarios del creador de directivas de grupo disponen de permiso de configuración *Editar para editar GPO*.

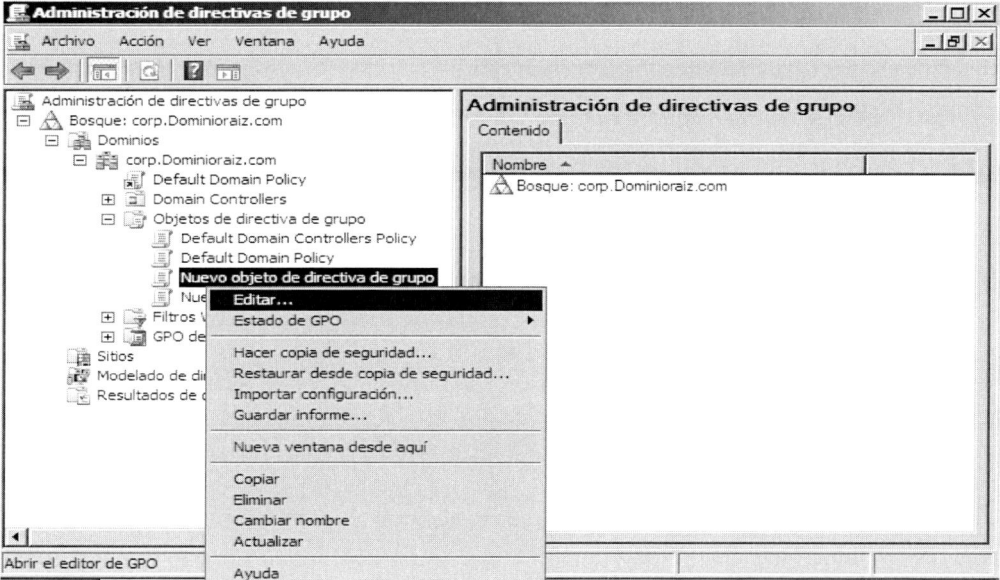

Figura 6-115

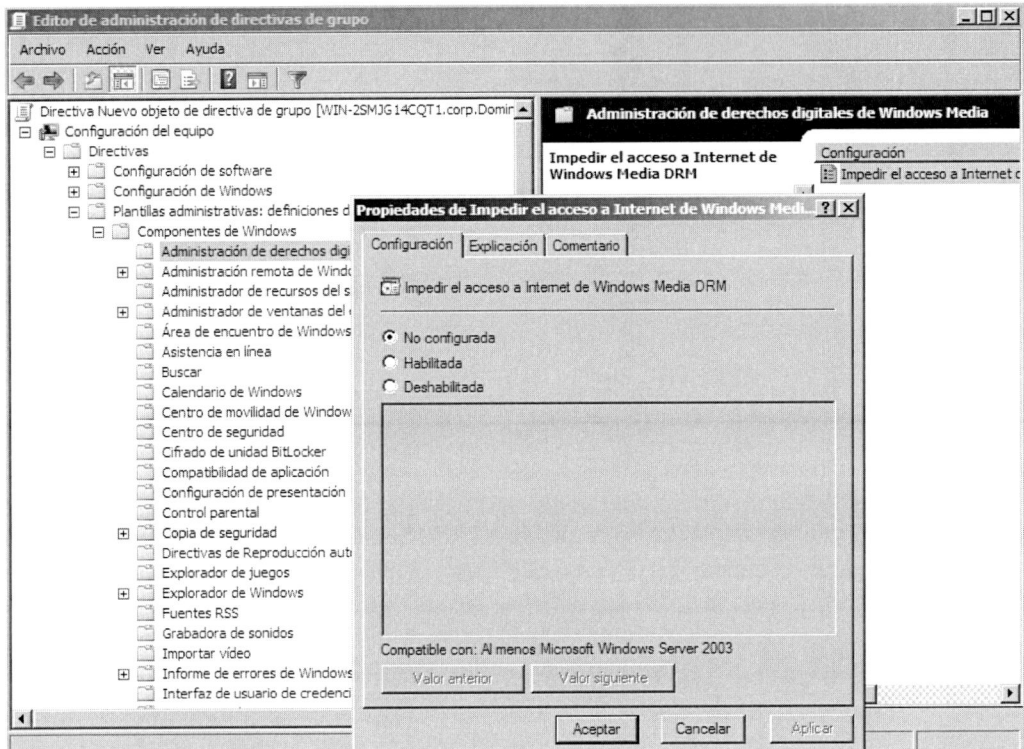

Figura 6-116

La configuración de HKEY_LOCAL_MACHINE está en *Configuración del equipo* y la de HKEY_CURRENT_USER está en *Configuración de usuario*. Si existen conflictos entre la directiva de equipo y la directiva de usuario, generalmente tiene prioridad la directiva de equipo. No obstante, si los autores de la aplicación omiten esta convención, la directiva de grupo no podrá aplicarla. La configuración de la directiva de plantillas administrativas también se denomina configuración de la directiva basada en el Registro.

Para *agregar o quitar plantillas administrativas clásicas* (archivos *.adm*), abra la GPMC, haga clic con el botón secundario en el objeto de directiva de grupo que desee modificar y, a continuación, haga clic en *Editar*. En el árbol de consola, en *Configuración del equipo* o *Configuración de usuario*, haga clic con el botón secundario del ratón en *Plantillas administrativas*. Pulse en *Agregar o quitar plantillas*. Para agregar una plantilla, haga clic en *Agregar* y en el cuadro de diálogo *Plantillas de directiva*, pulse en la plantilla que desee agregar y, después, en *Abrir*. Para quitar una plantilla, en la lista *Plantillas de directiva actuales*, haga clic en la plantilla y, a continuación, en *Quitar*. Para realizar este procedimiento, debe contar con el permiso de configuración *Editar para editar un GPO*. De forma predeterminada, los miembros de los grupos de seguridad Administradores de dominio, Administradores de organización o Propietarios del creador de directivas de grupo disponen de permiso de configuración *Editar para editar GPO*.

La GPMC proporciona la opción de *filtrar la configuración de la directiva de plantillas administrativas* en función de la configuración de la directiva administrada, configurada o comentada y en función de palabras claves dentro del título, el texto de explicación o los comentarios de la configuración de la directiva. Aplique filtros a la configuración de la directiva de plantillas administrativas si desea localizar una configuración determinada o si desea limitar el número de configuraciones de directiva mostradas en la GPMC.

Para *establecer el filtro de propiedades de las plantillas administrativas*, abra la GPMC, haga clic con el botón secundario en el objeto de directiva de grupo que desee modificar y, a continuación, pulse en *Editar*. Haga clic con el botón secundario en *Plantillas administrativas*, situado en *Configuración del equipo\Directivas* o *Configuración de usuario\Directivas*. Pulse en *Opciones de filtro* y en la lista *Configurada* haga clic en el filtro apropiado (para plantillas administrativas configuradas). Haga clic en *Opciones de filtro* y en la lista *Administrada* pulse en el filtro apropiado (para plantillas administrativas administradas). Haga clic en *Opciones de filtro* y en la lista *Comentado* pulse en el filtro apropiado (para plantillas administrativas comentadas). Haga clic en *Aceptar* para aplicar la nueva configuración de filtro y cerrar el cuadro de diálogo *Opciones de filtro*.

Para *comentar una configuración de directiva de plantillas administrativas* abra la GPMC, haga clic con el botón secundario en el objeto de directiva de grupo que desee modificar y, a continuación, haga clic en *Editar* y en el árbol de la consola, haga clic en la carpeta situada bajo *Plantillas administrativas* que contenga la configuración de directiva que desee establecer. En la columna *Configuración*, pulse en el nombre de una configuración de directiva para leer su descripción y luego en la ficha *Comentarios* para escribir sus comentarios en el cuadro *Comentario* de la configuración de directiva. Haga clic en *Aceptar*.

6.8.6. Directivas de seguridad en los dominios

En Usuarios y equipos de Active Directory se puede establecer una conexión con un dominio o controlador de dominio específico y ver o administrar la información de directorio de ese dominio o controlador de dominio.

Los dominios son unidades de replicación. Todos los controladores de dominio de un dominio concreto pueden admitir cambios y replicar esos cambios en los demás controladores del dominio. Cada dominio de los *Servicios de dominio de Active Directory* (AD DS) se identifica mediante un nombre de dominio del *Sistema de nombres de dominio* (DNS). Cada dominio requiere uno o varios controladores de dominio. Si una red requiere varios dominios, éstos se pueden crear fácilmente.

Uno o varios dominios que comparten el mismo esquema y catálogo global se conocen como *bosque*. El primer dominio de un bosque se denomina *dominio raíz del bosque*. Si varios dominios del bosque tienen nombres de dominio DNS contiguos, la estructura se denomina árbol de dominios.

Un dominio puede abarcar varias ubicaciones físicas o sitios y puede contener millones de objetos. La estructura de sitios y la estructura de dominios son independientes y flexibles. Un dominio puede abarcar varias ubicaciones geográficas y un sitio puede incluir usuarios y equipos que pertenecen a varios dominios.

Una de las ventajas de los dominios es que se pueden organizar. No es necesario crear dominios independientes sólo para reflejar la organización de divisiones y departamentos de una empresa. Para este fin, dentro de un dominio se pueden usar unidades organizativas (OU). Las unidades organizativas simplifican la administración de las cuentas y los recursos del dominio. Posteriormente, se puede asignar la configuración de la directiva de grupo y colocar los usuarios, grupos y equipos dentro de las unidades organizativas. El uso de un solo dominio simplifica enormemente el trabajo administrativo.

Otra de las ventajas de los dominios es que se pueden publicar recursos e información sobre los objetos de dominio. Un dominio almacena información sólo para los objetos que se encuentran en ese dominio. Por lo tanto, al crear varios dominios se particiona o segmenta el directorio para administrar mejor un conjunto de usuarios diverso. Al usar varios dominios, se puede ajustar AD DS para que se adecue a unas necesidades concretas de administración y publicación de directorios.

También es una ventaja que al delegar la autoridad ya no es necesario disponer de varios administradores con una autoridad administrativa amplia. El uso combinado de la autoridad delegada y los objetos de directiva de grupo y las pertenencias a grupos permite asignar a un administrador derechos y permisos para administrar los objetos de un dominio completo o de una o varias unidades organizativas del dominio.

También es muy positivo el hecho de que la configuración y las directivas de seguridad (como los derechos de usuario y las directivas de contraseñas de las que hablaremos en el capítulo 8) no se transfieren entre los dominios. Cada dominio tiene sus propias directivas de seguridad y relaciones de confianza con otros dominios. Sin embargo, el bosque es el límite de seguridad máximo. Asimismo, un dominio almacena información sólo para los objetos que se encuentran en ese dominio.

Es posible crear directivas de seguridad con el *Asistente para configuración de seguridad* (SCW) que se analizará en profundidad en el capítulo 8. Las directivas de seguridad que se crean con SCW son archivos *.xml* que, al aplicarse, configuran los servicios, la seguridad de la red, los valores del Registro específicos y la directiva de auditoría. En la siguiente tabla se proporciona información adicional acerca de SCW.

Temas	Descripciones
Hardware y software para SCW	SCW se usa para configurar la seguridad del servidor. Todas las aplicaciones que usan los puertos y el protocolo IP deben estar ejecutándose en el servidor en el que se ejecuta SCW. SCW deshabilita servicios innecesarios y ofrece compatibilidad con Firewall de Windows con seguridad avanzada. SCW no instala ni desinstala los componentes necesarios para que el servidor realice una función. Puede instalar componentes específicos de la función mediante el Administrador del servidor.
Instalación de SCW	SCW es una característica integrada de Windows server.
Administración de SCW	Para ejecutar SCW, haga clic en *Inicio*, seleccione *Herramientas administrativas* y haga clic en *Asistente para configuración de seguridad*. Además, puede usar la herramienta de la línea de comandos *Scwcmd*.

ACTIVIDADES PROPUESTAS

Actividad 1. Describe el proceso de administración de equipos en Windows 11 y en Windows 10.

Actividad 2. Describe las tecnologías de administración y evaluación de configuraciones seguras en Windows 11.

Actividad 3. Especifica el funcionamiento del Administrador de autorización en Windows 11.

Actividad 4. Describe las tecnologías de identidad y control de acceso en Windows 11 y Windows 10.

Actividad 5. Describe la administración del módulo de plataforma segura en Windows 11.

Actividad 6. Describe el sistema de cifrado de archivos en Windows 11 y Windows 10.

Actividad 7. Describe el cifrado de unidad BitLocker en Windows 11 y Windows 10.

Actividad 8. Especifica las tareas del Centro de redes y recursos compartidos de Windows 11 y Windows 10.

Actividad 9. Especifica el proceso de administración de conexiones de red y conexión compartida a Internet en Windows 10 y Windows 11.

Actividad 10. Especifica el trabajo con directivas de seguridad local en Windows 11.

Actividad 11. Profundiza sobre permisos de archivos y carpetas y tareas de cifrado en Windows 10.

CAPÍTULO 7

SUPERVISIÓN DEL RENDIMIENTO DEL SISTEMA

Contenidos

7.1. HERRAMIENTAS DE MONITORIZACIÓN EN TIEMPO REAL

La monitorización de equipos, usuarios, servicios y recursos del sistema operativo es una parte fundamental de la administración. Hay que seleccionar lo que se desea monitorizar, y después, a través de los registros de sucesos o eventos, controlar los patrones de uso, los problemas de seguridad y las tendencias de tráfico.

La monitorización hace referencia al flujo de información que se genera desde y hacia la estructura informática (en sentido amplio, contemplando hardware, software e infraestructura), con el objeto de revelar el estado en el que se encuentran los distintos parámetros operativos, con la intención de prevenir o resolver fallos o bien optimizando el rendimiento.

Dentro de las herramientas de monitorización en tiempo real destacan las *Herramientas de Rendimiento*, que permiten monitorizar en tiempo real el sistema y permiten crear alertas y registros de seguimiento.

Suele ser habitual monitorizar en tiempo real los siguientes apartados:
- Monitorización de rendimiento
- Monitorización de disponibilidad
- Monitorización de integridad
- Condiciones de notificación flexibles
- Alertas a usuarios (Email, SMS, Jabber)
- Registro de logs

7.2. HERRAMIENTAS DE MONITORIZACIÓN CONTINUADA

La monitorización continuada de los sistemas es necesaria para comprobar el correcto funcionamiento de los mismos y detectar situaciones anómalas. Debemos ser capaces de localizar rápidamente un fallo, resolverlo e impedir que vuelva a ocurrir. Las herramientas de monitorización continuada permiten detectar algunos de estos comportamientos anómalos. La monitorización continuada es un proceso ininterrumpido e indefinido en el tiempo.

La principal herramienta de monitorización continuada es la *Gestión de Eventos* (o sucesos).

Una vez que el servicio está operando es necesario monitorizar todos los sucesos importantes que se produzcan para poder anticiparse a los problemas, resolverlos o incluso prevenirlos. Esta función representa una tarea en sí misma y por tanto constituye un proceso independiente dentro del ciclo de vida: la Gestión de Eventos.

A efectos de la operación del servicio, se denomina evento a todo suceso detectable que tiene importancia para la estructura de la organización de Tecnologías de la Información (TI), para la prestación de un servicio o para la evaluación del mismo. Ejemplos típicos de eventos son las notificaciones creadas por los servicios, los elementos de configuración o las herramientas de monitorización y control.

El flujo de trabajo del proceso de Gestión de Eventos se inicia cuando aparece un evento. Los eventos ocurren continuamente, pero no todos son detectados o registrados. Por ello, es importante que todos los implicados en el diseño, desarrollo, gestión y soporte de los servicios de Tecnologías de la Información (IT) y la infraestructura IT comprendan cuáles son los eventos que es preciso detectar.

El principal objetivo de la Gestión de Eventos, en su función de monitorizar todos los sucesos importantes, consiste en detectar y escalar condiciones de excepción para así contribuir a una operación normal del servicio:

- Proporcionando puntos de entrada para varios procesos de la fase de Operación (p. ej. Gestión de Incidencias).

- Posibilitando la comparación entre el rendimiento real del servicio con los estándares de diseño.

- Contribuyendo a la Mejora Continua del Servicio mediante informes de mejora.

Algunas de las ventajas que una correcta Gestión de Eventos aporta a la organización TI son:

- Ayuda a la detección temprana de incidentes, llegando incluso a evitar que éstos se manifiesten a los usuarios.

- Además, la coordinación directa con otros procesos hace posible que éstos reaccionen con mayor rapidez, resultando en una mayor eficiencia de toda la organización TI.

- Posibilita la monitorización automatizada de determinadas actividades. Es más barata que una monitorización en tiempo real y disminuye considerablemente el periodo de inactividad del servicio que media entre la aparición del incidente y su resolución definitiva.

- Proporciona la base para las operaciones automatizadas, que incrementan la eficiencia y descargan de trabajo a los recursos humanos que, así, pueden ser empleados en otras tareas como diseñar nuevas funcionalidades, etc.

Entre los principales desafíos que pueden obstaculizar la labor de la Gestión de Eventos encontramos:

- Dificultades en la obtención de fondos para contratar las herramientas y el esfuerzo necesarios para configurarlas y explotar sus beneficios.

- Los niveles de filtrado no son adecuados, bien por exceso (se gestionan eventos sin impacto real en el servicio) o por defecto (algunos eventos de importancia no se detectan hasta que es demasiado tarde)

- No existe suficiente compromiso con la Gestión de Eventos en otros procesos del ciclo de vida, ocasionando retrasos en la repuesta a los eventos.

- Adquirir las habilidades necesarias exige tiempo y dinero.

Las actividades de la Gestión de Eventos son las siguientes:

- *Aparición de eventos*. El proceso se inicia cuando ocurre el suceso, ya sea detectado o no.

- *Notificación de eventos*. El evento es notificado al equipo o responsable de gestión.

- *Detección y filtrado de eventos*. La notificación llega a un agente o herramienta de gestión que la lee e interpreta el suceso con el fin de determinar si merece mayor atención o no.

- *Clasificación de eventos*. Se le asigna una categoría y un nivel de prioridad.

- *Correlación*. Se analiza si existen eventos similares, así como la importancia del evento en sí mismo y se decide si es necesario tomar medidas.

- *Disparadores.* Se ponen en marcha los mecanismos necesarios para dar respuesta al evento.

- *Opciones de respuesta.* Se eligen las soluciones a adoptar.

- *Revisión de acciones y cierre.* Se revisan las excepciones o eventos importantes para determinar si se han tratado correctamente. Se cierra el proceso de Gestión de Eventos.

No todos los eventos son iguales ya que no tienen la misma importancia para el servicio ni la infraestructura TI y por tanto, no deben tratarse de la misma manera.

La mejor manera de asignar distintas prioridades a cada evento, pero que al mismo tiempo guarden cierta coherencia, es confeccionar una clasificación de eventos. Lo más habitual es que cada organización TI disponga de su propia categorización, ya que es lo más eficaz. Sin embargo, existen tres categorías que no pueden faltar:

- *Informativo.* Se asigna a aquellos eventos que no requieren, en principio, ninguna respuesta y que por tanto no representan una excepción.

- *Alerta.* Se asigna a aquellos eventos que indican que el servicio se aproxima a un umbral. Su objetivo es notificar a las personas, herramientas o procesos apropiados para que revisen la situación y tomen las medidas necesarias para evitar que se produzca una excepción.

- *Excepción.* Se asigna a los eventos cuando indican que el servicio está operando de manera irregular. Las excepciones pueden representar un fallo total, un cese en una funcionalidad o una disminución del rendimiento. Sin embargo, no tienen por qué ser errores.

Antes de dar por terminado el proceso de Gestión de Eventos, es preciso revisar todas las excepciones o eventos importantes para garantizar que se han tratado correctamente.

7.3   HERRAMIENTAS DE ANÁLISIS DEL RENDIMIENTO

Las herramientas de análisis del rendimiento las hemos enmarcado anteriormente dentro de las herramientas de monitorización en tiempo real.

Los sistemas operativos Windows aportan una herramienta fundamental denominada *Administrador de tareas* que muestra los programas, procesos y servicios que se están ejecutando en el equipo en este momento. Puede usarlo para supervisar el rendimiento del equipo o para cerrar un programa que no responde. Si está conectado a una red, también puede usar el Administrador de tareas para comprobar el estado de la red y ver cómo está funcionando. Si hay varios usuarios conectados al equipo, podrá ver quiénes son y en qué están trabajando, y podrá enviarles mensajes.

Se puede abrir el Administrador de tareas en Windows server haciendo clic con el botón secundario del ratón en una zona en blanco de la barra de tareas y, a continuación, en *Administrador de tareas* en el menú emergente resultante (Figura 7-1), o bien presionando las teclas CTRL+MAYÚS+ESC. Otra alternativa consiste en teclear *taskmrg* en el cuadro de texto *Iniciar búsqueda* del botón *Inicio* (Figura 7-2). Una última alternativa para iniciar el Administrador de tareas consiste en teclear CTRL+ALT+SUPR y hacer clic sobre la opción *Iniciar el administrador de tareas*. Por cualquiera de las vías, se obtiene la pantalla del *Administrador de tareas* de la Figura 7-3.

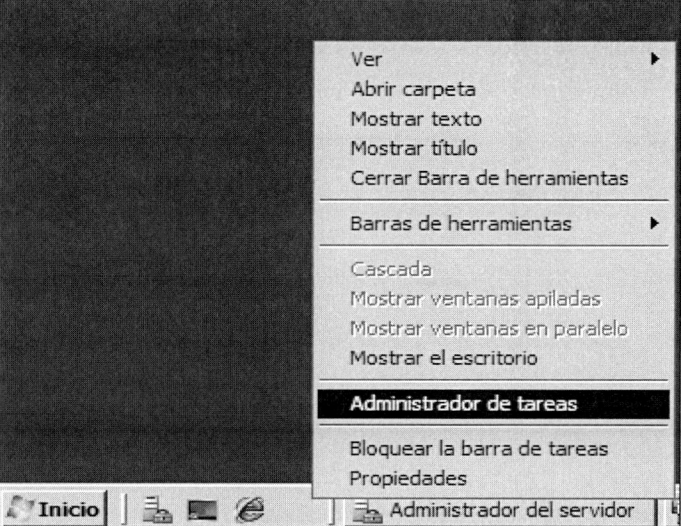

Figura 7-1

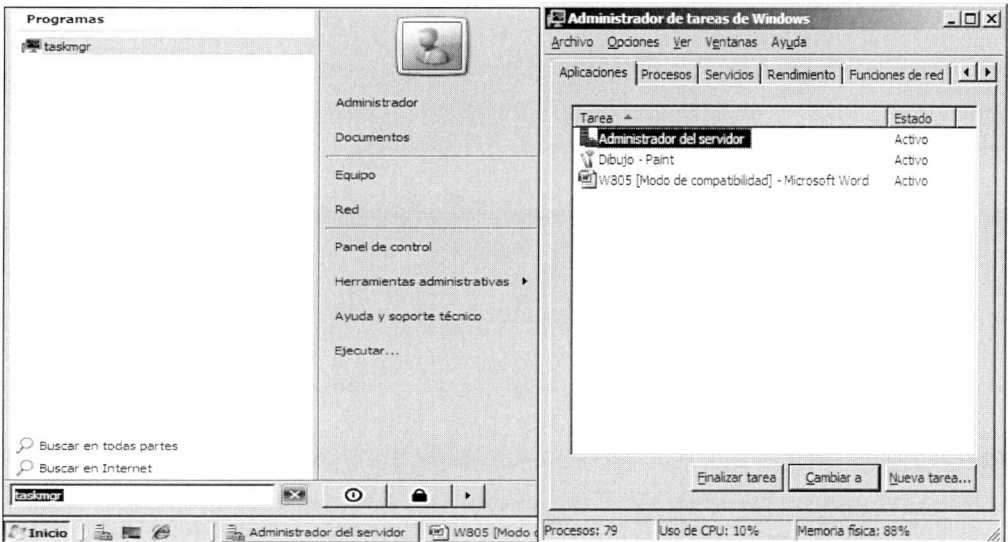

Figura 7-2   Figura 7-3

7.3.1. Administración del rendimiento del sistema

La ficha *Rendimiento* (Figura 7-4) del Administrador de tareas de Windows muestra un resumen de la utilización del procesador y la memoria. El gráfico *Uso de CPU* muestra el porcentaje de recursos de procesamiento en uso actualmente. El gráfico historial de uso de CPU muestra el historial de uso de recursos de procesamiento a lo largo del tiempo. El gráfico *Memoria* muestra la cantidad de memoria física utilizada por el sistema actualmente. El gráfico *Historial de uso de memoria física* muestra el historial de la utilización de la memoria física a lo largo del tiempo. Debajo de los gráficos se observan estadísticas relativas a la memoria física (memoria RAM), a la memoria del Kernel (memoria utilizada por el núcleo del sistema operativo) y al sistema (utilización de los recursos de procesamiento).

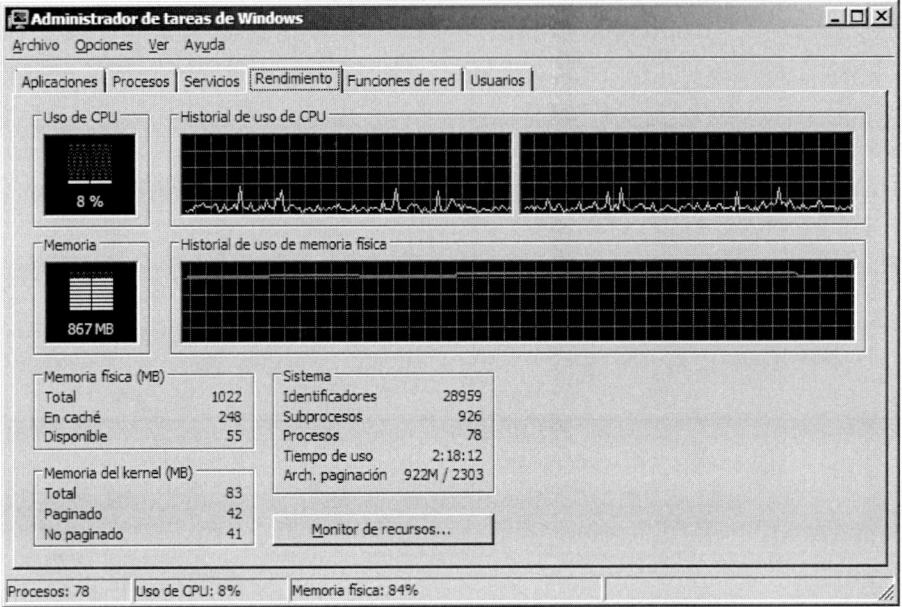

Figura 7-4

El botón *Monitor del sistema* de la Figura 7-4 nos lleva a la pantalla del *Monitor de recursos* de la Figura 7-5.

Cuatro gráficos de desplazamiento en el panel *Introducción a los recursos* muestran el uso en tiempo real de la CPU, el disco, la red y la memoria del equipo local. Cuatro secciones expandibles incluidas debajo de los gráficos contienen detalles del nivel de proceso de cada recurso. Haga clic en las etiquetas de los recursos para obtener más información, o haga clic en un gráfico para expandir los detalles correspondientes.

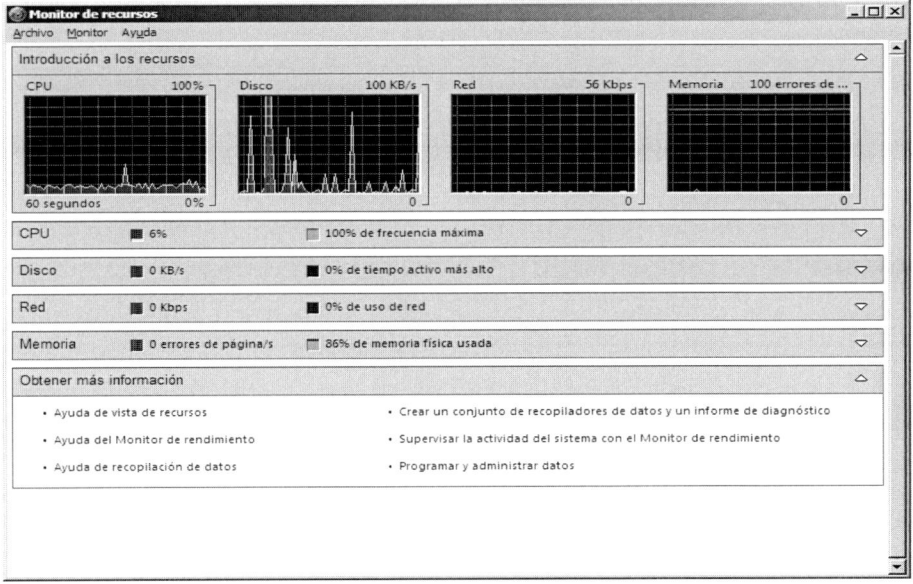

Figura 7-5

Para la navegación por vista de recursos, se tendrá en cuenta la siguiente tabla.

Ordenar columnas por valor	Haga clic en la etiqueta del encabezado de columna para ordenar en orden ascendente. Haga clic en la etiqueta del encabezado de columna una segunda vez para ordenar en orden descendente.
Resaltar una instancia de aplicación	Haga clic en cualquier lugar de la fila de instancia de aplicación para seguir manteniendo el resaltado cuando cambie en la pantalla la posición de la instancia de aplicación.

Para analizar los detalles de la vista de recursos, se tendrá en cuenta la siguiente tabla:

Etiqueta	Descripción
CPU	La etiqueta CPU muestra en verde el porcentaje total de la capacidad de la CPU que está en uso, y en azul la frecuencia máxima de la CPU. Algunos equipos portátiles reducirán la frecuencia máxima de la CPU cuando el equipo no esté conectado a un sistema de alimentación de corriente alterna para reducir el uso de la batería.
Imagen	Aplicación que utiliza recursos de la CPU.
PID	Identificador de proceso de la instancia de la aplicación.
Descripción	Nombre de la aplicación.
Subprocesos	Número de subprocesos actualmente activos de la instancia de la aplicación.
CPU	Ciclos de la CPU actualmente activos de la instancia de la aplicación.
Uso medio de CPU	Carga media de la CPU durante los últimos 60 segundos resultante de la instancia de la aplicación, expresada como un porcentaje de la capacidad total de la CPU.

Si hacemos clic en el gráfico de Disco en la Figura 7-5 se obtiene la Figura 7-6, cuya información se describe en la tabla que se presenta a continuación de la figura. La etiqueta del disco muestra la E/S total actual en color verde, y el máximo porcentaje de tiempo activo en color azul.

Etiqueta	Descripción
Imagen	Aplicación que utiliza recursos del disco.
PID	Identificador de proceso de la instancia de la aplicación.
Archivo	Archivo que está siendo leído y/o escrito por la instancia de la aplicación.
Lectura	Velocidad actual (en Bytes/min.) a la que la instancia de la aplicación lee los datos del archivo.
Escritura	Velocidad actual (en Bytes/min.) a la que la aplicación escribe los datos en el archivo.
Prioridad de E/S	Prioridad de la tarea de E/S para la aplicación.
Tiempo de respuesta	Tiempo de respuesta en milisegundos para la actividad del disco.

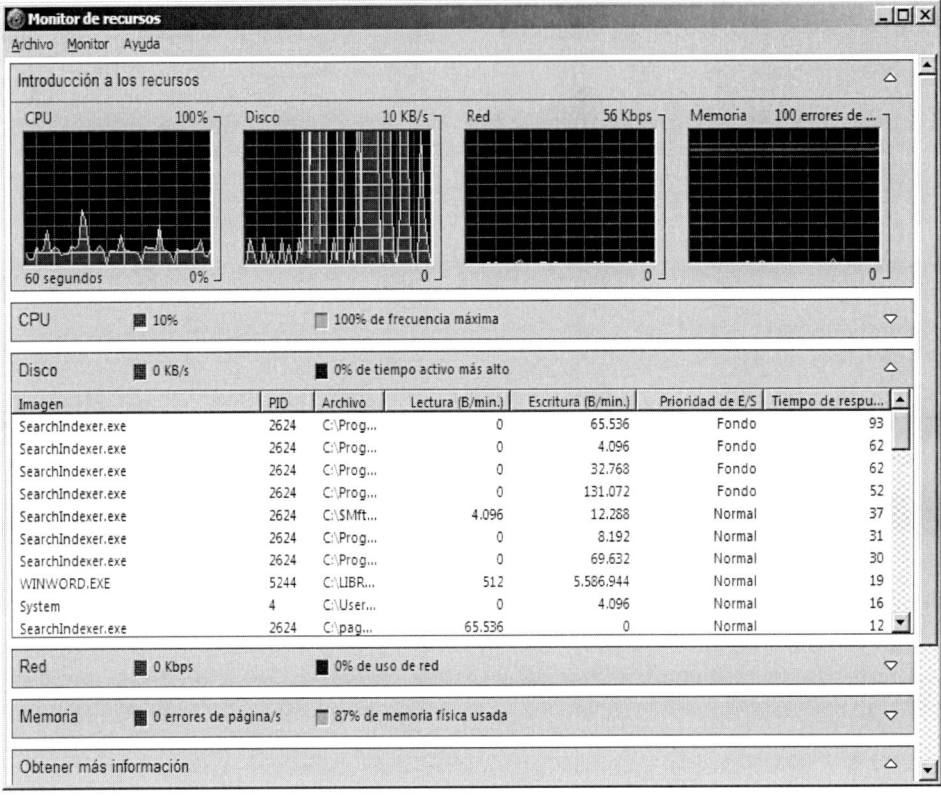

Figura 7-6

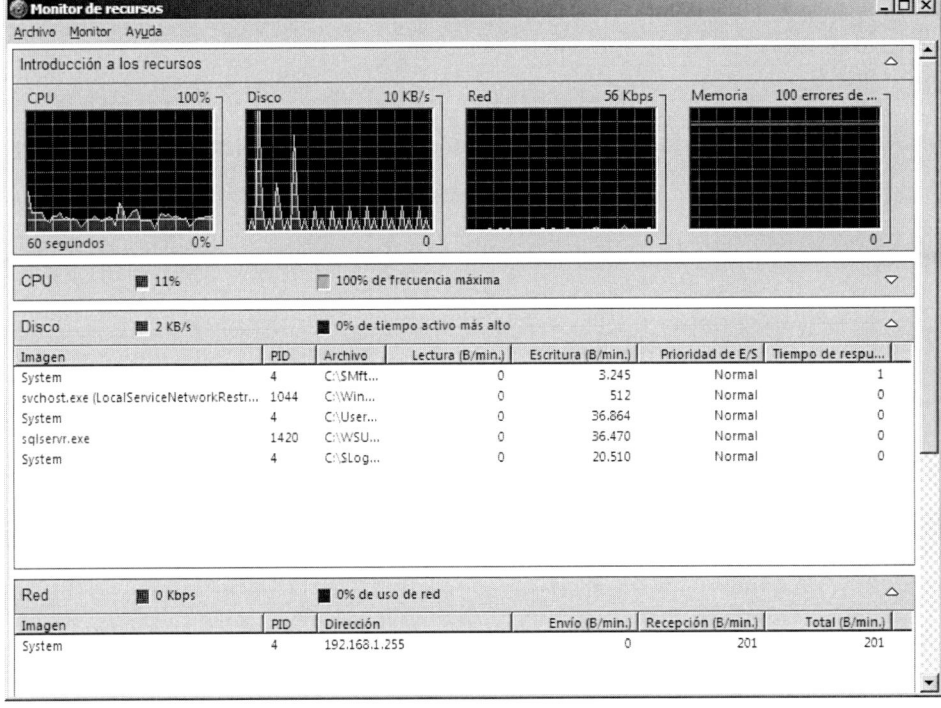

Figura 7-7

Si hacemos clic en el gráfico de Red en la Figura 5-20, se obtendrá la Figura 7-7, cuya información se describe en la tabla que se presenta a continuación de la figura. La etiqueta Red muestra en verde el tráfico de la red total actual (en Kbps), y en azul el porcentaje de la capacidad de la red en uso.

Etiqueta	Descripción
Imagen	Aplicación que utiliza recursos de la red.
PID	Identificador de proceso de la instancia de la aplicación.
Dirección	Dirección de red con la que el equipo local intercambia información. Se puede expresar en forma de nombre de equipo, dirección IP o nombre de dominio completo (FQDN).
Enviar	Cantidad de datos (en Bytes/min.) que la instancia de la aplicación está enviando actualmente desde el equipo local a la dirección.
Recibir	Cantidad de datos (en Bytes/min.) que la instancia de la aplicación está recibiendo actualmente desde la dirección.
Total	Ancho de banda total (en Bytes/min.) que actualmente está enviando y recibiendo la instancia de la aplicación.

Si hacemos clic en el gráfico de Memoria en la Figura 7-5, se obtendrá la Figura 7-8, cuya información se describe en la tabla que se presenta a continuación de la figura. La etiqueta Memoria muestra en verde los errores severos por segundo actuales, y en azul el porcentaje de la memoria física actualmente en uso.

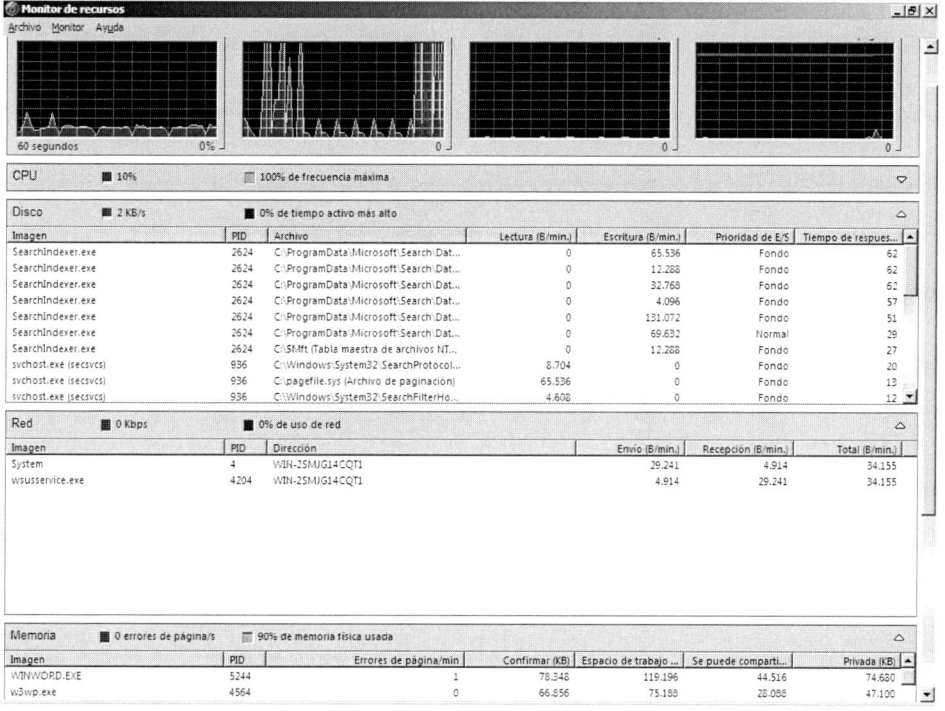

Figura 7-8

Etiqueta	Descripción
Imagen	Aplicación que utiliza recursos de la memoria.
PID	Identificador de proceso de la instancia de la aplicación.
Errores severos/min.	Número de errores severos por minuto actualmente procedentes de la instancia de la aplicación. Un error severo (también denominado error de página) se produce cuando la página de la dirección a la que se hace referencia ha dejado de ser la memoria física y se ha intercambiado y está disponible desde un archivo de copia de seguridad en el disco. No se trata de un error. Sin embargo, un gran número de errores severos puede explicar el tiempo de respuesta lento de una aplicación si debe leer continuamente los datos desde el disco en lugar de desde la memoria física.
Espacio de trabajo (KB)	Número de kilobytes actualmente residentes en la memoria de la instancia de la aplicación.
Se puede compartir (KB)	Número de kilobytes del espacio de trabajo de la instancia de la aplicación que puede haber disponible para su uso por parte de otras aplicaciones.
Privada (KB)	Número de kilobytes del espacio de trabajo de la instancia de la aplicación que se dedica al proceso.

7.3.2. Administración del rendimiento de la red

La ficha *Funciones de red* (Figura 7-9) del Administrador de tareas de Windows muestra un resumen de los adaptadores de red utilizados por el sistema. Se observa el porcentaje de uso, la velocidad de la conexión y el estado de funcionamiento de cada uno de los adaptadores de red presentes en el sistema.

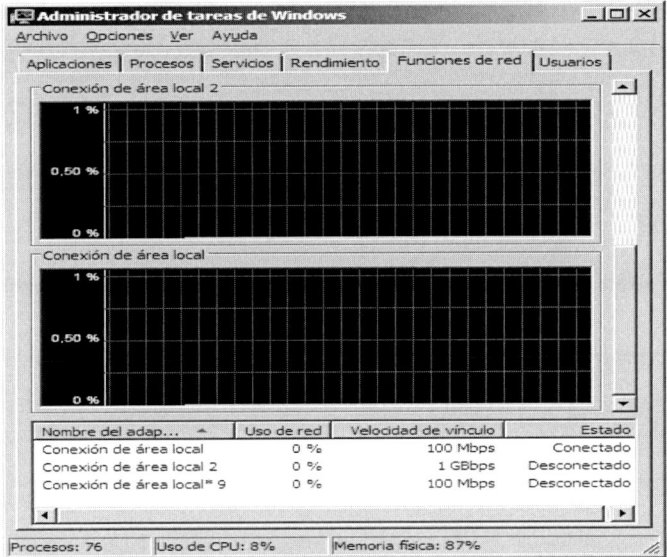

Figura 7-9

En la Figura 7-9 se observa el nombre de los adaptadores de red de la carpeta *Conexiones de red*, el porcentaje de tiempo de utilización de la red basado en la velocidad de conexión inicial de la interfaz, la velocidad de conexión de la interfaz determinada por la velocidad de conexión inicial y el estado de funcionamiento de los adaptadores de red.

7.3.3. Monitor de confiabilidad y rendimiento. Monitorización de sucesos, aplicaciones y procesos

Se puede utilizar el *Monitor de confiabilidad y rendimiento* de Microsoft Windows para examinar el modo en el que los programas que ejecuta afectan al rendimiento del equipo, tanto en tiempo real como mediante la recopilación de datos de registro para su posterior análisis. Asimismo, utiliza contadores de rendimiento, datos de seguimiento de eventos (sucesos) e información de configuración, que se pueden combinar en conjuntos de recopiladores de datos.

Los *contadores de rendimiento* son mediciones del estado o de la actividad del sistema. Se pueden incluir en el sistema operativo o formar parte de aplicaciones individuales. El Monitor de confiabilidad y rendimiento de Windows solicita el valor actual de los contadores de rendimiento a intervalos de tiempo especificados.

Los *datos de seguimiento de eventos* se recopilan de proveedores de seguimiento, que son componentes del sistema operativo o de aplicaciones individuales que informan de acciones o eventos. La salida de varios proveedores de seguimiento se puede combinar en una "trace session", por ejemplo, el Seguimiento del kernel de Windows que utiliza *Vista de recursos* para mostrar en tiempo real la actividad de la CPU, la memoria, el disco y la red.

La *información de configuración* se recopila de los valores de las claves del Registro de Windows. El Monitor de confiabilidad y rendimiento de Windows puede registrar el valor de una clave del Registro a una hora o un intervalo especificados como parte de un archivo de registro.

Este monitor es un complemento de Microsoft Management Console (MMC) que proporciona herramientas para analizar el rendimiento del sistema. Desde una sola consola puede *supervisar el rendimiento de las aplicaciones y del hardware en tiempo real*, personalizar qué datos desea recopilar en los registros, definir umbrales para alertas y acciones automáticas, generar informes y ver datos de rendimientos pasados en una gran variedad de formas.

También combina la funcionalidad de herramientas independientes anteriores, incluidos Registros y alertas de rendimiento (PLA), Server Performance Advisor (SPA) y Monitor de sistema. Proporciona una interfaz gráfica para la personalización de conjuntos de recopiladores de datos y sesiones de seguimiento de eventos.

Generalmente, este monitor está formado por tres herramientas de supervisión: *Vista de recursos, Monitor de rendimiento* y *Monitor de confiabilidad*. La recopilación y el registro de los datos se realizan a través de conjuntos de recopiladores de datos.

Para iniciar el Monitor de confiabilidad y rendimiento de Windows server, haga clic en *Inicio →herramientas administrativas → monitor de confiabilidad y rendimiento* (Figura 7-10). Se obtiene la *Vista recursos* (Figura 7-11) que resume los recursos utilizados en cuatro categorías (utilización de *CPU*, utilización de *Disco*, utilización de *Red* y utilización de *Memoria*).

Otra alternativa para iniciarlo consiste en hacer clic en el cuadro *Iniciar búsqueda* del botón *Inicio*, escribir *perfmon* (Figura 7-12) y presionar *Intro*. También se puede acceder a él expandiendo *Diagnóstico* en el árbol de la consola del Administrador del servidor y eligiendo *Confiabilidad y rendimiento* (Figura 7-13).

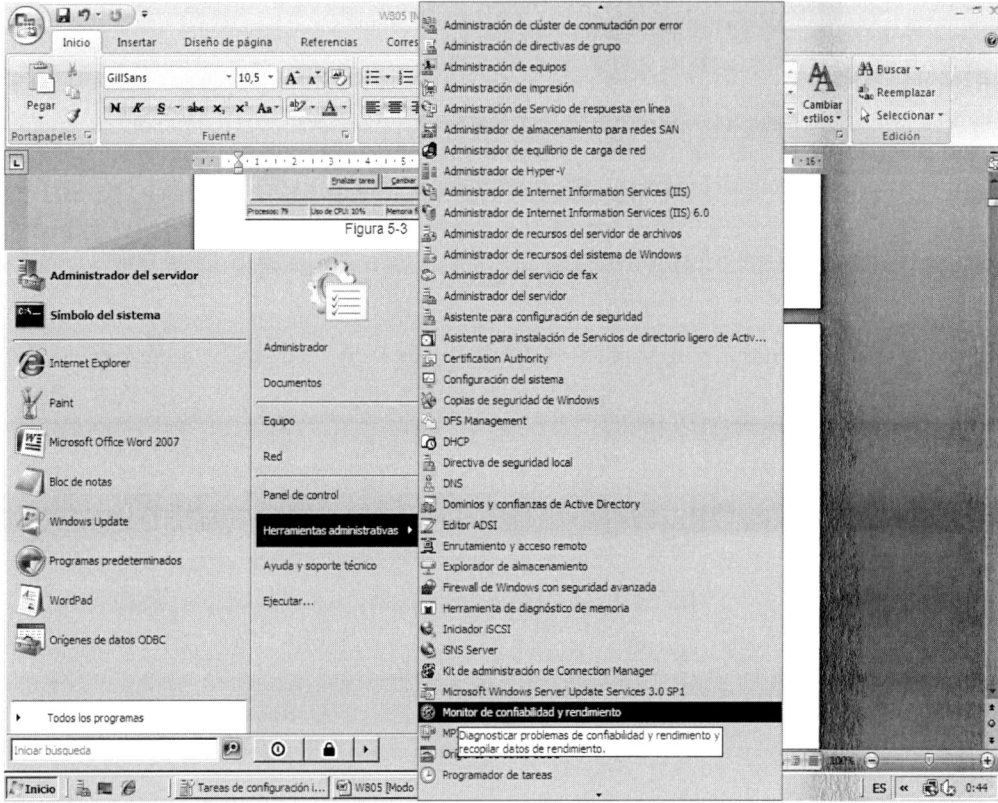

Figura 7-10

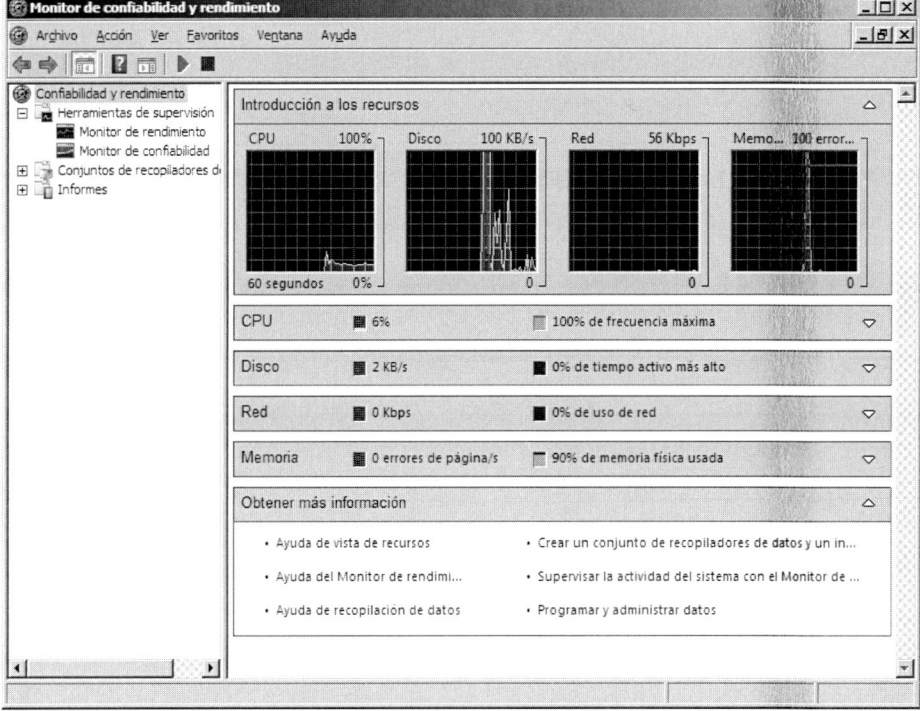

Figura 7-11

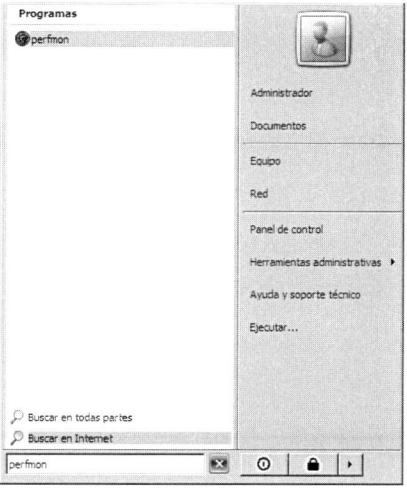

Figura 7-12

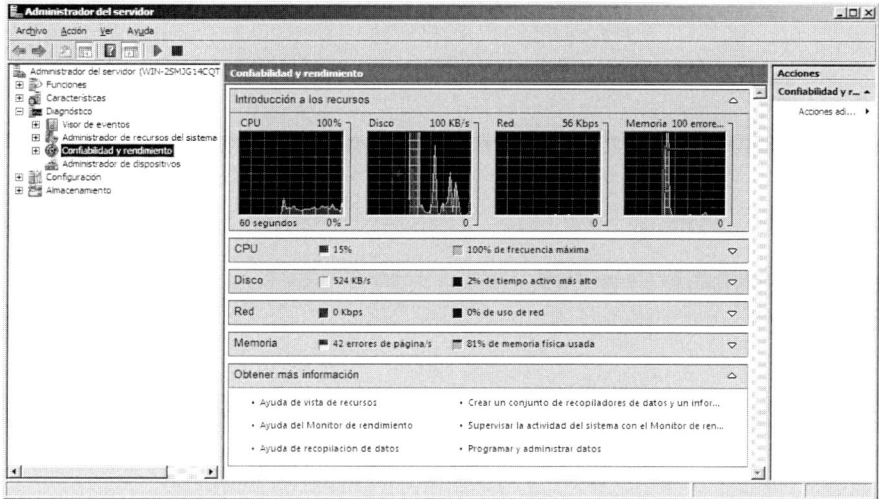

Figura 7-13

La página principal del Monitor de confiabilidad y rendimiento de Windows es la pantalla *Vista de recursos* (Figura 7-11) estudiada ya anteriormente en este capítulo en el apartado de administración de rendimiento del sistema. Al ejecutar el Monitor de confiabilidad y rendimiento de Windows como miembro del grupo local Administradores, puede supervisar el uso y el rendimiento de la CPU, el disco, la red y los recursos de memoria en tiempo real. Para obtener más detalles, incluida información sobre qué procesos utilizan determinados recursos, expanda los cuatro recursos.

Si hacemos clic en *Monitor de rendimiento* en el árbol de la Figura 7-11, obtendremos la pantalla del Monitor de rendimiento de la Figura 7-14, que muestra los contadores de rendimiento de Windows integrados, bien en tiempo real o como una manera de revisar los datos históricos. Puede agregar contadores de rendimiento al Monitor de rendimiento arrastrando y soltando o creando conjuntos de recopiladores de datos personalizados. Incluye varias vistas de gráficos que le permiten revisar visualmente los datos de registro del rendimiento. Es posible crear vistas personalizadas en el Monitor de rendimiento que se pueden exportar como conjuntos de recopiladores de datos y ser utilizados con características de rendimiento y registro.

Si hacemos clic en *Monitor de confiabilidad* en el árbol de la Figura 7-11, obtendremos la pantalla del Monitor de confiabilidad de la Figura 7-15, que ofrece una introducción de la estabilidad del sistema y un análisis de tendencias con información detallada sobre eventos individuales que pueden afectar a la estabilidad general del sistema, por ejemplo, instalaciones de software, actualizaciones del sistema operativo y errores de hardware. Comienza recopilando los datos en el momento en el que se instala el sistema.

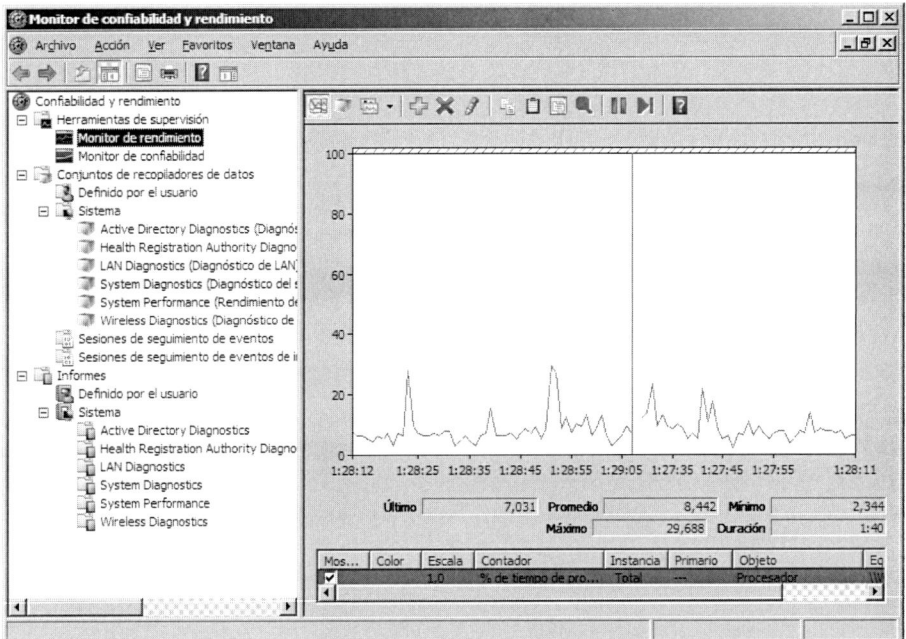

Figura 7-14

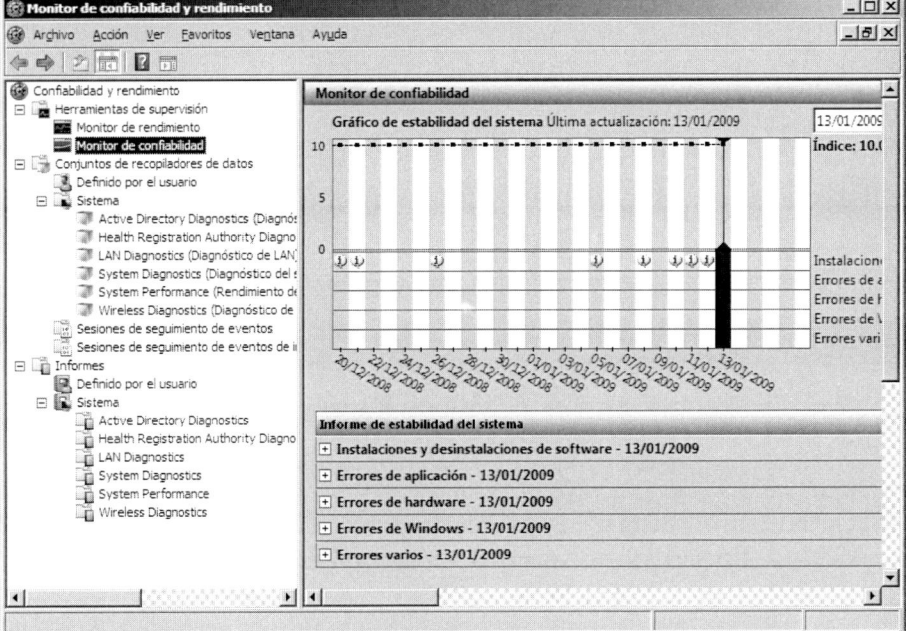

Figura 7-15

Si hacemos clic en *Conjuntos de recopiladores de datos* en el árbol de la Figura 7-16, obtendremos la pantalla de la Figura 7-17. Este apartado es una nueva característica importante del Monitor de confiabilidad y rendimiento de Windows, que agrupa los recopiladores de datos en elementos reutilizables que se pueden usar con diferentes escenarios de supervisión del rendimiento. Una vez que se almacena un grupo de recopiladores de datos como un conjunto de recopiladores de datos, operaciones tales como la programación, se pueden aplicar a todo el conjunto por medio de un solo cambio de las propiedades. El Monitor de confiabilidad y rendimiento de Windows también incluye plantillas de conjunto de recopiladores de datos que ayudan a los administradores de sistemas a comenzar a recopilar inmediatamente los datos de rendimiento específicos de una función de servidor o un escenario de supervisión.

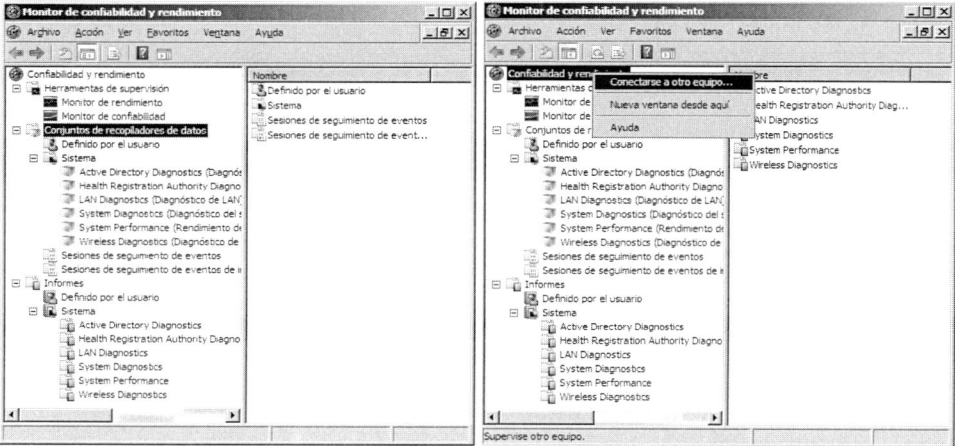

Figura 7-16   Figura 7-17

Si hacemos clic en *Informes* en el árbol de la Figura 7-15, obtendremos la pantalla de la Figura 7-17. Los usuarios de Server Performance Advisor de Windows Server pueden encontrar ahora los mismos tipos de informes de diagnóstico en el Monitor de confiabilidad y rendimiento de Windows server. El tiempo necesario para generar los informes se ha mejorado y éstos pueden crearse a partir de datos recopilados con cualquier conjunto de recopiladores de datos. Esto permite a los administradores de sistemas repetir informes y evaluar cómo los cambios han afectado al rendimiento o a las recomendaciones sobre los informes.

Para *conectarse a un equipo remoto con el Monitor de rendimiento*, en el árbol de navegación de la consola, haga clic con el botón secundario en *Confiabilidad y rendimiento* y, a continuación, haga clic en *Conectarse a otro equipo* (Figura 7-17). En el cuadro de diálogo *Seleccionar equipo*, escriba el nombre del equipo que desea supervisar o haga clic en *Examinar* para seleccionarlo en una lista. Haga clic en *Aceptar*.

7.4. REGISTROS DE SUCESOS

7.4.1. Registro y Gestión de eventos

El servicio *Registro de eventos* controla el registro de sucesos en Windows server. Una vez iniciado este servicio, es posible realizar el seguimiento de las acciones de los usuarios y de la utilización de recursos a través de los registros de sucesos.

El *visor de eventos* es un complemento de Microsoft Management Console (MMC) que permite examinar y administrar registros de eventos y al que se accede expandiendo *Diagnóstico* en el árbol de la consola del Administrador del servidor (Figura 7-18). Es una herramienta indispensable para supervisar el mantenimiento de los sistemas y solucionar los problemas que surjan. El visor de eventos permite ver eventos desde varios registros de eventos, guardar filtros de eventos útiles como vistas personalizadas que se pueden volver a usar, programar una tarea para que se ejecute como respuesta a un evento y crear y administrar suscripciones a eventos.

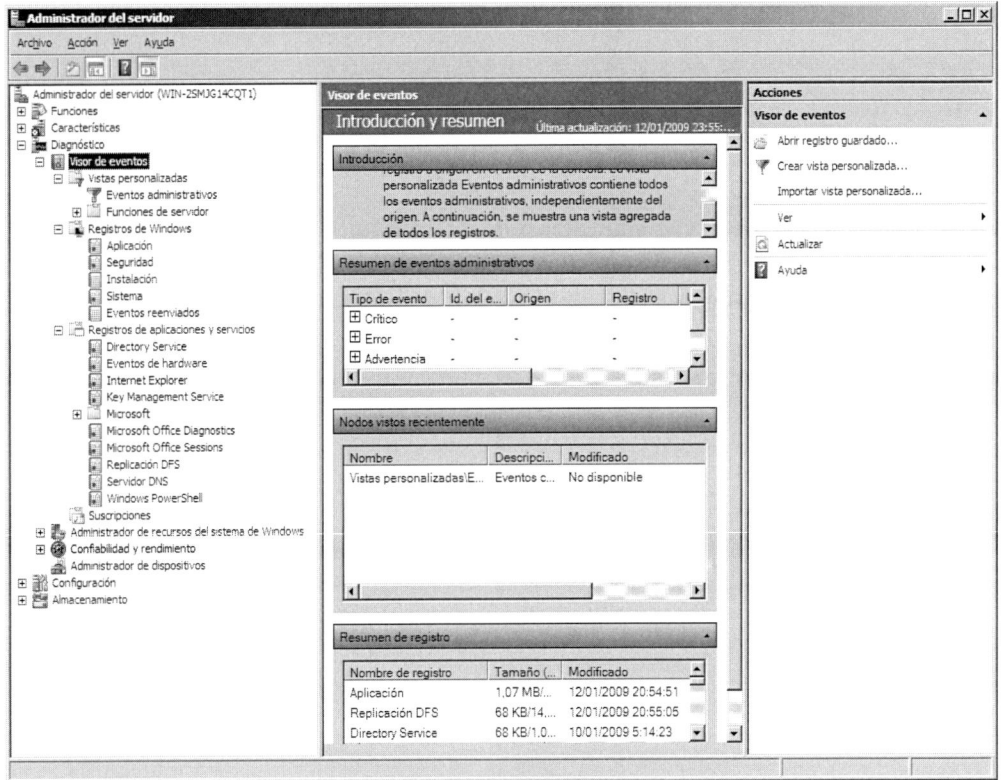

Figura 7-18

Cuando usa el visor de eventos para solucionar un problema, debe buscar eventos relacionados con el problema, independientemente del registro de eventos en el que aparezcan. El visor de eventos permite filtrar eventos específicos en varios registros. Esto facilita que se puedan mostrar todos los eventos que puedan estar relacionados con un problema que está investigando. Para especificar un filtro que abarque varios registros, debe crear una vista personalizada.

Cuando trabaja con registros de eventos, el primer reto consiste en restringir el conjunto de eventos sólo a aquellos que le interesan. En algunas ocasiones, esto resulta sencillo. En otras, esta operación supone un gran esfuerzo que se pierde si no hay forma de guardar la vista de los registros que tanto le costó crear.

El visor de eventos es compatible con la idea de *vistas personalizadas*. Cuando encuentre la forma de restringir los resultados sólo a los eventos que desea analizar, puede guardar ese trabajo como una vista con nombre que estará disponible para su uso posterior. Incluso puede exportar la vista y usarla en otros equipos o compartirla con otras personas.

El visor de eventos permite automatizar respuestas a eventos de forma sencilla. El visor de eventos está integrado con el *Programador de tareas*, lo que permite hacer clic con el botón secundario del ratón en la mayoría de los eventos para iniciar la programación de una tarea para que se ejecute cuando ese evento se registre en el futuro.

Puede recopilar eventos de equipos remotos y almacenarlos de forma local si especifica *suscripciones a eventos*.

7.4.2. Categorías de registros de eventos: registros de Windows y registros de aplicaciones y servicios

Windows server incluye dos categorías de registros de eventos: *Registros de Windows* y *Registros de aplicaciones y servicios* (véase el árbol de la consola del administrador del servidor en la Figura 7-18). Puede usar el Visor de eventos o la herramienta de línea de comandos *wevtutil* para administrar registros de eventos. Cuando use *wevtutil* para administrar registros de eventos, los mensajes que reciba de esta herramienta pueden referirse a los registros de eventos como canales. En la mayoría de los casos, los registros de eventos y los canales son equivalentes.

Registros de Windows: la categoría Registros de Windows incluye los registros que estaban disponibles en versiones anteriores de Windows: los registros del sistema, seguridad y aplicación. También incluye dos nuevos registros: el registro de instalación y el registro de eventos reenviados. Los registros de Windows se diseñaron para almacenar eventos de aplicaciones heredadas y eventos que se aplican a todo el sistema. A continuación, se especifican los componentes de la categoría Registros de Windows.

- *Registro de la aplicación*: el registro de aplicación contiene los eventos registrados por aplicaciones o programas. Por ejemplo, un programa de base de datos podría registrar un error de archivo en el registro de la aplicación. Los programadores deciden qué eventos se deben registrar.

- *Registro de seguridad:* el registro de seguridad guarda eventos como intentos de inicio de sesión válidos y no válidos, además de eventos relacionados con el uso de recursos, como la creación, apertura o eliminación de archivos u otros objetos. Los administradores pueden especificar los eventos que se incluirán en el registro de seguridad. Por ejemplo, si habilitó la auditoría de inicio de sesión, se incluirán en el registro de seguridad los intentos de inicio de sesión en el sistema.

- *Registro de instalación:* el registro de instalación incluye los eventos relacionados con la instalación de la aplicación.

- *Registro del sistema:* el registro del sistema contiene eventos registrados por componentes del sistema Windows. Por ejemplo, el error al cargar un controlador u otro componente del sistema durante el inicio queda registrado en el registro del sistema. Los tipos de eventos registrados por los componentes del sistema están predeterminados por Windows.

- *Registro de eventos reenviados:* el registro de eventos reenviados se usa para almacenar eventos recopilados de equipos remotos. Para recopilar eventos de equipos remotos, debe crear una suscripción de evento. Para obtener información acerca de las suscripciones, consulte *Suscripciones a eventos*.

- *Registros de aplicaciones y servicios* es una nueva categoría de los registros de eventos. Estos registros almacenan eventos de una única aplicación o componente en lugar de eventos que pueden tener un impacto en todo el sistema.

Esta categoría de registros incluye cuatro subtipos: registros de administración, operativos, analíticos y de depuración. Los eventos de los registros de administración son de particular interés para los profesionales de TI que usan el visor de eventos para solucionar problemas. Los eventos de los registros de administración deben proporcionar una orientación sobre cómo responder. Los eventos del registro operativo también resultan útiles para los profesionales de TI, pero suelen ser más difíciles de interpretar.

Los registros de administración y depuración no son tan fáciles de usar. Los registros analíticos almacenan eventos que realizan el seguimiento de un problema y, a menudo, hay un gran volumen de eventos registrados. Los programadores usan los registros de depuración cuando depuran aplicaciones. Los registros analíticos y de depuración están ocultos y deshabilitados de manera predeterminada.

A continuación, se especifican los subtipos de la categoría *Registro de aplicaciones y servicios*.

— *Administrativo:* estos eventos están destinados principalmente a los usuarios finales, los administradores y el personal de soporte. Los eventos que se encuentran en los canales de administración indican un problema y una solución bien definida que un administrador puede usar para tomar una decisión. Un ejemplo de evento de administración es un evento que se produce cuando ocurre un error en una aplicación al conectarse a una impresora. Estos eventos están bien documentados o tienen un mensaje asociado a ellos que proporciona información al lector sobre lo que se debe hacer para solucionar el problema.

— *Operativo:* los eventos operativos se usan para analizar y diagnosticar un problema o condición. Se pueden usar para activar herramientas o tareas basadas en el problema o condición. Un ejemplo de evento operativo es un evento que se produce cuando se agrega o se quita una impresora del sistema.

— *Analítico:* los eventos analíticos se publican en grandes volúmenes. Describen el funcionamiento de programas e indican problemas que el usuario no puede controlar.

— *Depurar:* Los programadores usan los eventos de depuración para solucionar problemas con los programas.

La infraestructura del registro de eventos se ha reformado completamente en Windows server. La información de cada evento se adapta a un esquema XML y se puede obtener acceso al XML que representa a un evento dado. También se pueden construir consultas basadas en XML en los registros de eventos. No es necesario tener conocimientos de XML para aprovechar las nuevas características disponibles. El visor de eventos ofrece acceso a la funcionalidad en un formato gráfico fácil de usar.

7.4.3. Administrar registros de eventos

Puede usar el visor de eventos para administrar diversos aspectos de los registros de eventos. Para ello, desplácese para seleccionar el registro de eventos que desea administrar, haga clic en él con el botón secundario del ratón, seleccione *Propiedades* (Figura 7-19) para obtener acceso al cuadro de diálogo de propiedades (Figura 7-20) y, a continuación, actualice los valores adecuados. Puede realizar las siguientes tareas de administración de registros con el visor de eventos:

Borrar un registro de eventos: seleccione *Vaciar registro* en la Figura 7-19 y haga clic en *Guardar y borrar* para guardar una copia del registro antes de vaciarlo o haga clic en *Borrar* para borrar el registro sin dejar copia alguna.

Establecer el tamaño máximo del registro: especifique dicho tamaño en el campo *Tamaño máximo del registro (KB)* en la pantalla de propiedades del registro (Figura 7-20).

Establecer directiva de retención de registro: en la sección *Habilitar registro* de la ficha *General* en la pantalla de propiedades del registro (Figura 5-28), seleccione la opción que se corresponda con la directiva de retención que desea establecer y haga clic en *Aceptar*.

Habilitar registros analíticos y de depuración: seleccione *Habilitar registro* en la ficha *General* en la pantalla de propiedades del registro (Figura 5-28).

Archivar un registro de eventos: elija *Guardar evento como* en el menú emergente de la Figura 7-19. Elija un nombre y un tipo para el archivo y haga clic en *Guardar*.

Abrir un registro de eventos guardado: elija *Abrir registro guardado* en el menú emergente de la Figura 7-19. Elija el archivo y haga clic en *abrir*.

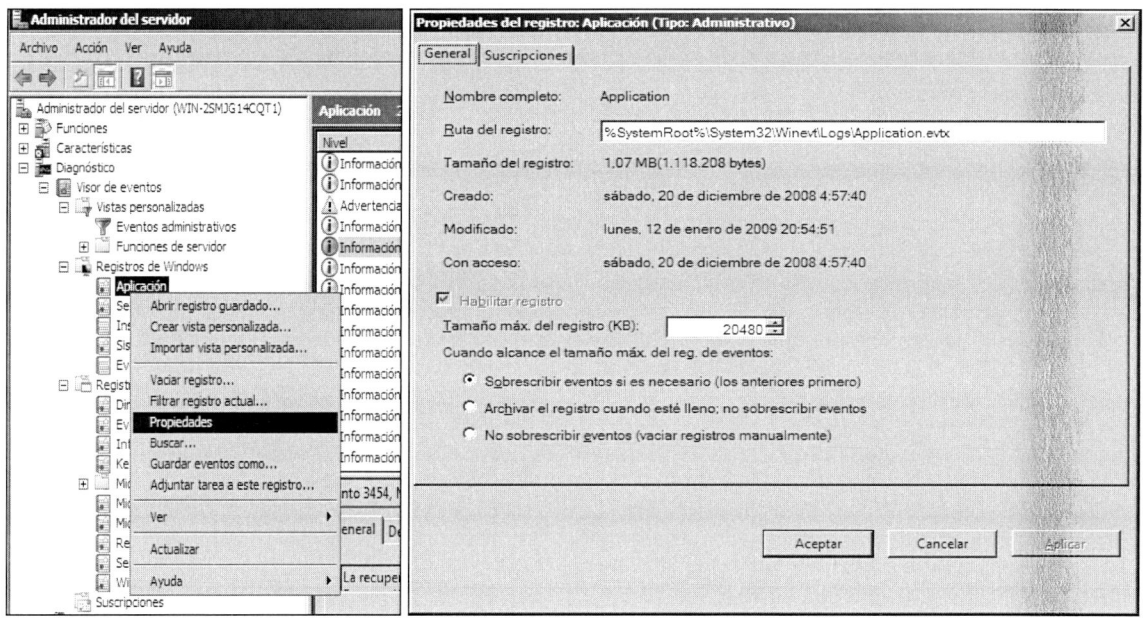

Figura 7-19   Figura7-20

7.4.4. Propiedades de eventos

Cuando se selecciona un tipo de eventos en el árbol de la consola del Administrador del servidor se muestran los eventos de ese tipo en la parte central de la consola (Figura 7-21) presentándose sus propiedades.

La siguiente tabla muestra las propiedades de evento habituales.

Propiedad	Descripción
Origen	Software que registró el evento, que puede ser un nombre de programa, como "SQL Server", un componente del sistema o un componente de un programa grande, como un nombre de controlador.
Id. de evento	Número que identifica el tipo de evento concreto. La primera línea de la descripción suele contener el nombre del tipo de evento. Por ejemplo, 6005 es el id. del evento que se produce al iniciar el servicio Registro de eventos. La primera línea de la descripción de este evento es "Se inició el servicio de Registro de eventos". Los representantes de soporte técnico pueden utilizar el id. y el origen del evento para solucionar problemas del sistema.
Nivel	Clasificación de la gravedad del evento. Pueden producirse los siguientes niveles de gravedad del evento en los registros de la aplicación y del sistema: *Información*. Indica que se ha producido un cambio en una aplicación o componente como, por ejemplo, que una operación se ha completado correctamente, que se ha creado un recurso o que se ha iniciado un servicio. *Advertencia*. Indica que se ha producido un problema que puede afectar al servicio o que puede dar lugar a un problema más grave si no se toman medidas. *Error*. Indica que se ha producido un problema que puede afectar a la funcionalidad externa a la aplicación o al componente que desencadenó el evento. *Crítico*. Indica que se ha producido un error del que no puede recuperarse automáticamente la aplicación o el componente que desencadenó el evento. Pueden producirse los siguientes niveles de gravedad del evento en el registro de seguridad: *Success Audit*. Indica que se ha realizado correctamente el ejercicio de los derechos de un usuario. *Auditoría de errores*. Indica que se ha producido un error en el ejercicio de los derechos de un usuario. En la vista de lista normal del visor de eventos, están representados por un símbolo.
Usuario	Nombre del usuario en cuyo nombre se produjo el evento. Este nombre es el id. del cliente si el evento se produjo por un proceso de servidor, o el id. principal si no se realiza suplantación. Cuando sea aplicable, las entradas del registro de seguridad contienen los id. principal y de suplantación. La suplantación se produce cuando un proceso adopta los atributos de seguridad de otro proceso.
Código operativo	Contiene un valor numérico que identifica la actividad o un punto de una actividad que la aplicación estaba realizando cuando se provocó el evento. Por ejemplo, la inicialización o el cierre.
Registro	El nombre del registro en el que se registró el evento.
Categoría de tarea	Se usa para representar un subcomponente o una actividad del publicador de eventos.
Palabras clave	Conjunto de categorías o etiquetas que se pueden usar para filtrar o buscar eventos. Algunos ejemplos son las de "Red", "Seguridad" o "Recurso no encontrado".
Equipo	Nombre del equipo en el que se produjo el evento. El nombre del equipo suele ser el nombre del equipo local, pero puede ser el nombre de un equipo que reenvió el evento o el nombre del equipo local antes de que cambiara de nombre.
Fecha y hora	Fecha y hora en que se registró el evento.

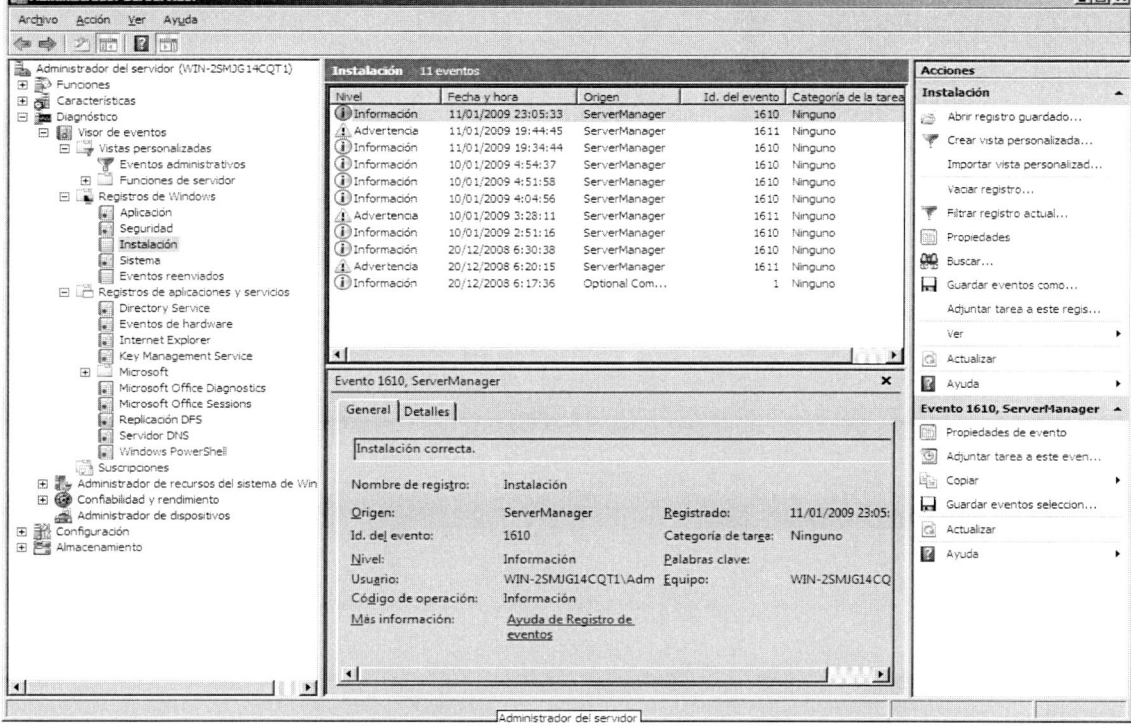

Figura 7-21

La tabla siguiente enumera las propiedades que se pueden mostrar agregando columnas al Visor de eventos haciendo clic en *Agregar y quitar columnas* del menú *Ver*.

Propiedad	Descripción
Id. del proceso	Número de identificación del proceso que generó el evento.
Id. de subproceso	Número de identificación del subproceso que generó el evento
Id. de procesador	Número de identificación del procesador que procesó el evento.
Id. de sesión	Número de identificación de la sesión de Terminal Server en la que ocurrió el evento
Tiempo del kernel	Tiempo de ejecución transcurrido en instrucciones en modo kernel en unidades de tiempo de CPU
Tiempo de usuario	Tiempo de ejecución transcurrido en instrucciones en modo de usuario en unidades de tiempo de CPU.
Tiempo de procesador	Tiempo de ejecución transcurrido en instrucciones en modo de usuario en marcas de la CPU.
Id. de correlación	Identifica la actividad en el proceso en el que está implicado el evento. Este identificador se usa para especificar relaciones simples entre eventos.
Id. de correlación relativa	Identifica una actividad relacionada en un proceso en el que está implicado el evento.

7.4.5. Vistas personalizadas. Crear, exportar, importar y ver formato XML

Las vistas personalizadas son filtros a los que se ha dado nombre y se han guardado. Una vez creada y guardada una vista personalizada, podrá volver a usarla sin volver a crear su filtro subyacente. Para volver a usar una vista personalizada, desplácese a la categoría *Vistas personalizadas* del árbol de consola y seleccione el nombre de la vista personalizada. Al seleccionar la vista personalizada, se aplica el filtro subyacente y se muestran los resultados. Puede importar y exportar vistas personalizadas, lo que permite compartirlas entre usuarios y equipos.

En las versiones anteriores del visor de eventos, se podían filtrar los eventos de un registro de eventos. Para crear un filtro, se especificaba un conjunto de reglas que se usaban para determinar los eventos del registro que estarían visibles y los que estarían ocultos. Por ejemplo, se podía especificar que sólo los eventos con un valor de nivel de error o advertencia deberían estar visibles.

La capacidad de filtrar eventos es fundamental. Es necesario centrar la atención sólo en los eventos relacionados con el problema que se está investigando. La versión más reciente del visor de eventos amplía el concepto de filtrado más allá de un único registro de eventos. Permite crear un conjunto de reglas que seleccionan eventos de los orígenes especificados y sólo muestran los eventos de los orígenes cuyos valores de propiedades satisfagan las reglas.

La creación de un filtro que muestre sólo los eventos que le interesan para un problema determinado puede llevar mucho tiempo. Las vistas personalizadas proporcionan una manera de ahorrar ese trabajo. Una vez creado un filtro que muestre sólo los registros que le interesan, puede proporcionar al filtro un nombre y guardarlo para usarlo más adelante. Ese filtro guardado es una vista personalizada.

Para *crear una vista personalizada*, haga clic con el botón derecho del ratón sobre *Visor de eventos* en el árbol de la consola del administrador del servidor y en el menú emergente resultante elija *Crear vista personalizada* (Figura 7-22). Para filtrar eventos en función de cuándo se produjeron, seleccione el período de tiempo correspondiente en la lista desplegable *Registrado* de la pantalla *Crear vista personalizada* (Figura 7-23). Si ninguna de las opciones es aceptable, seleccione *Intervalo personalizado* y especifique la primera fecha y hora desde las que desea eventos, y la última fecha y hora desde las que desea eventos. Haga clic en *Aceptar*.

En *Nivel del evento*, active las casillas situadas junto a los niveles de evento que desee incluir en la vista personalizada. Puede especificar los registros de eventos o los orígenes de eventos de los eventos que aparecerán en la vista personalizada seleccionando la opción *Registro de eventos* y, en la lista desplegable *Registro de eventos* active las casillas situadas junto a los registros de eventos desde los que desea incluir eventos.

Para especificar los orígenes de eventos, seleccione la opción *Origen del evento* y, en la lista desplegable *Origen del evento*, active las casillas situadas junto a los orígenes de eventos de la lista desplegable que desea incluir en la vista personalizada.

En *Id. de evento*, escriba los id. de evento que desea que muestre la vista personalizada. Separe los diversos id. de eventos con comas. Si desea incluir un intervalo de id., por ejemplo, del 4624 al 4634, ambos incluidos, escriba 4624-4634. Si desea que el filtro muestre eventos con todos los id. con algunas excepciones, escriba los id. de esas excepciones, precedidos por un signo menos. Por ejemplo, para incluir todos los id. comprendidos entre 4624 y 4634 excepto el 4630, escriba 4624-4634,-4630.

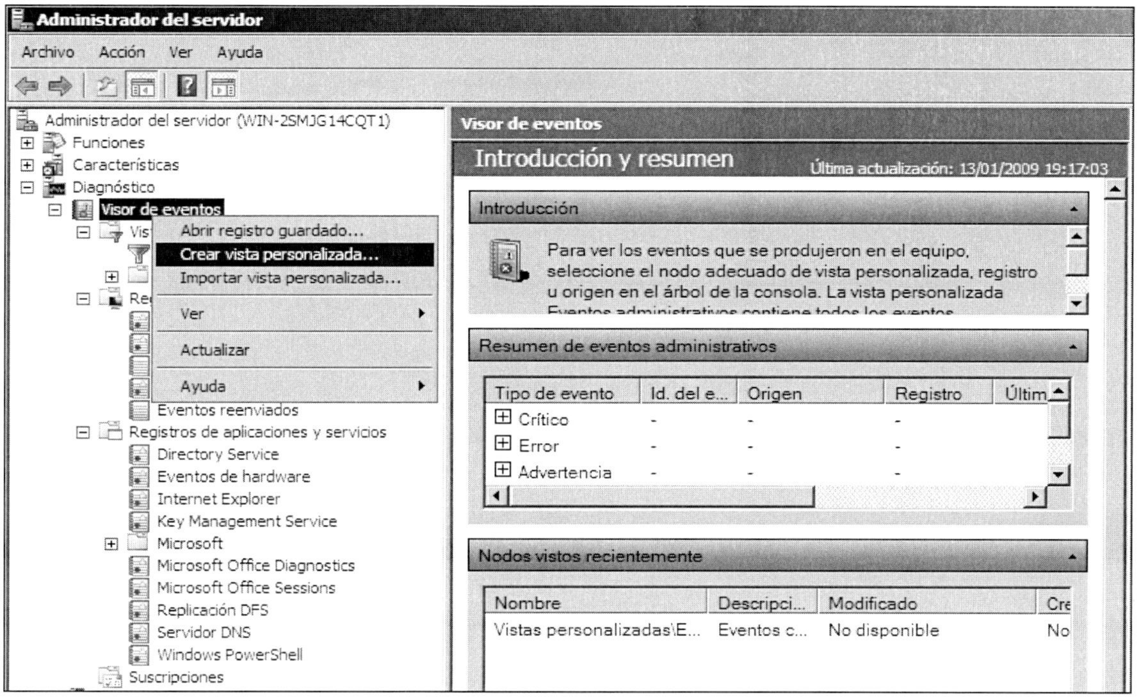

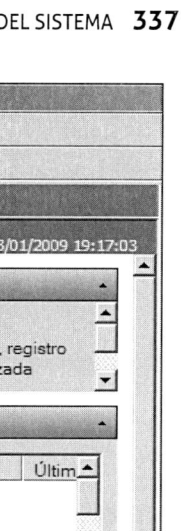

Figura 7-22

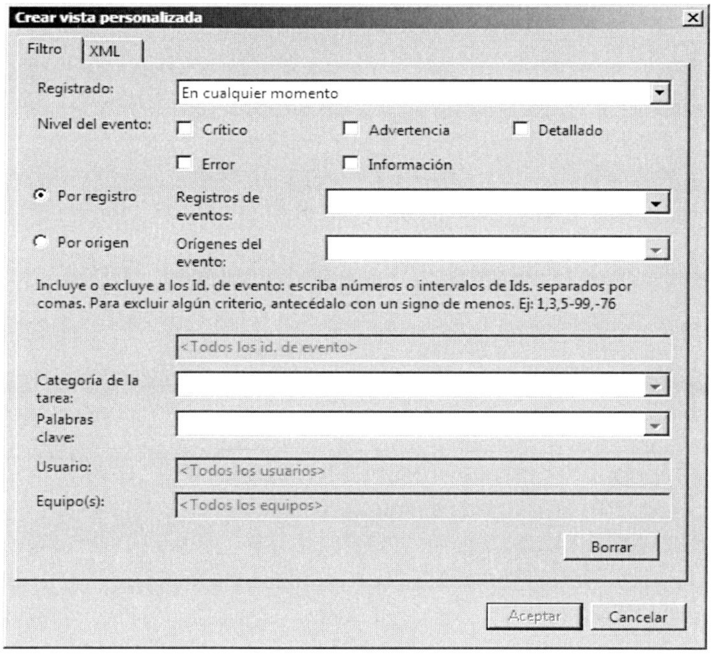

Figura 7-23

En *Categoría de la tarea*, active las casillas situadas junto a las categorías de tareas de la lista desplegable que desee incluir en la vista personalizada.

En *Palabras clave*, active las casillas situadas junto a las palabras clave de la lista desplegable que desee incluir en la vista personalizada.

En *Usuario*, escriba los nombres de las cuentas de usuario que desea mostrar. Escriba varios usuarios separándolos con una coma (,).

En *Equipo(s),* escriba los nombres de los equipos que desea que muestre la vista personalizada. Escriba varios equipos separándolos con una coma (,).

Haga clic en *Aceptar*.

En el cuadro de diálogo *Guardar filtro en vista personalizada,* en *Nombre*, escriba un nombre para la vista personalizada.

En *Descripción*, escriba una descripción opcional de la vista personalizada. Seleccione la carpeta donde desee almacenar la vista personalizada.

Las vistas personalizadas pueden almacenarse en la carpeta *Vistas personalizadas* o en cualquier subcarpeta suya. Puede crear nuevas subcarpetas en la carpeta *Vistas personalizadas* si la selecciona y hace clic en *Nueva carpeta*.

Puede hacer la vista personalizada accesible para cualquier usuario del equipo o sólo para quienes inicien sesión con su cuenta actual.

Para guardar la vista personalizada y hacerla accesible a cualquier usuario del equipo, asegúrese de que la casilla *Todos los usuarios* está activada y haga clic en *Aceptar*.

Para guardar la vista personalizada y hacerla accesible sólo a quienes inicien sesión con su cuenta actual, asegúrese de que la casilla *Todos los usuarios* está desactivada y haga clic en *Aceptar*.

Las vistas personalizadas pueden exportarse como archivos XML con una extensión de nombre de archivo XML. Los archivos XML resultantes pueden importarse mediante el visor de eventos. Esto permite compartir las vistas personalizadas entre usuarios y equipos.

Para *exportar una vista personalizada*, en el árbol de consola, seleccione la vista personalizada que desee exportar, haga clic en ella con el botón derecho del ratón y seleccione *Exportar vista personalizada* en el menú emergente resultante (Figura 7-24). En el cuadro de diálogo *Guardar como*, seleccione una carpeta, escriba un *Nombre de archivo* para el archivo exportado y, a continuación, haga clic en *Guardar*.

Para *importar una vista personalizada*, haga clic con el botón derecho del ratón en *Vistas personalizadas* sobre el árbol de la consola del Administrador del servidor y en el menú emergente resultante elija la opción *Importar vista personalizada* (Figura 7-25). A continuación, desplácese a la ubicación de la vista exportada, haga clic en el archivo *.xml* correspondiente y haga clic en *Abrir*. En el cuadro de diálogo *Importar archivo de vista personalizada*, en *Nombre*, escriba un nombre para la vista personalizada importada. En *Descripción*, escriba una descripción de la vista personalizada. Seleccione la carpeta donde desee almacenar la vista personalizada (carpeta *Vistas personalizadas* o una subcarpeta suya).

Si quiere que cualquier usuario del equipo tenga acceso a la vista personalizada, asegúrese de que la casilla *Todos los usuarios* esté activada y haga clic en *Aceptar*. Si quiere que sólo las personas que inicien sesión con su cuenta actual tengan acceso a la vista personalizada, asegúrese de que la casilla *Todos los usuarios* esté desactivada y haga clic en *Aceptar*.

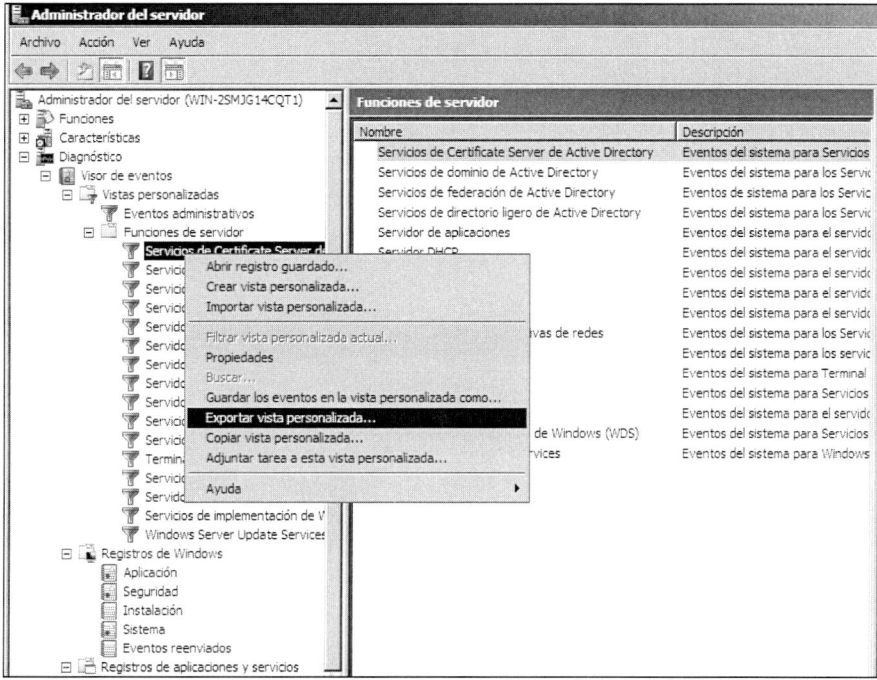

Figura 7-24

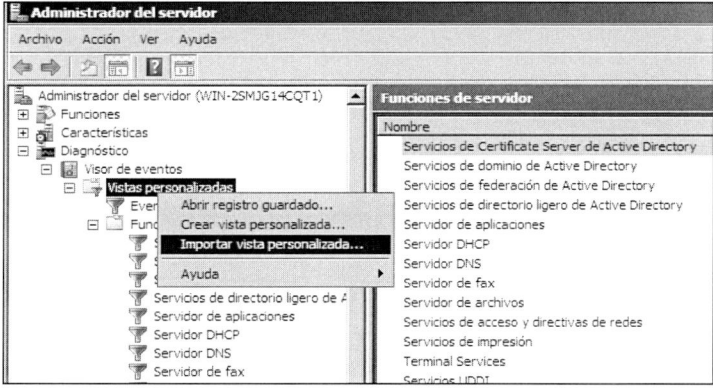

Figura 7-25

Para *mostrar el formato XML de una vista personalizada* haga clic con el botón derecho del ratón sobre la vista personalizada que se quiere analizar en el árbol de la consola del administrador del servidor, y en el menú emergente resultante (Figura 7-26) elija *Propiedades*. A continuación, en la pantalla de propiedades del servicio haga clic en *Editar filtro* (Figura 7-27). En el cuadro de diálogo *Propiedades de vista personalizada*, haga clic en la ficha XML. La consulta XML para la vista personalizada aparece en el cuadro de texto (Figura 7-28).

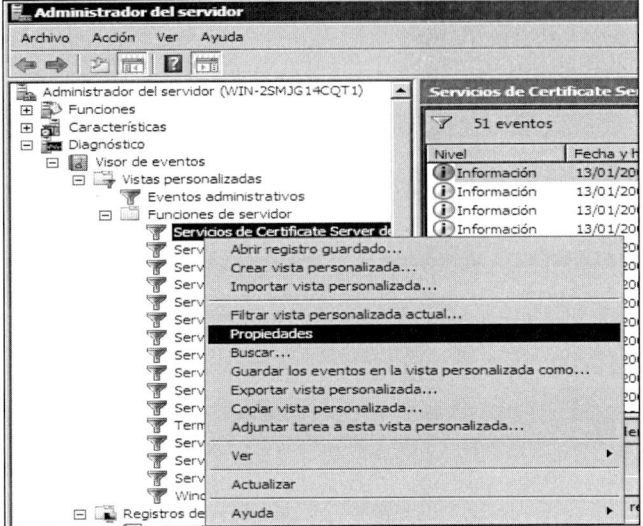

Figura 7-26

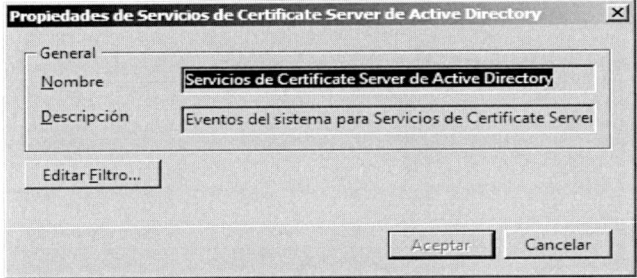

Figura 7-27

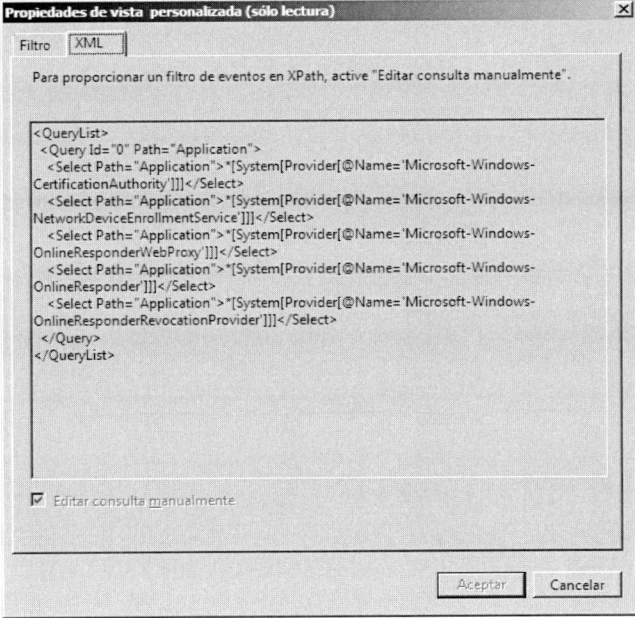

Figura 7-28

7.4.6. Suscripciones a eventos. Administración

El visor de eventos permite ver eventos en un único equipo remoto. Sin embargo, la solución de un problema puede requerir el examen de un conjunto de eventos almacenados en varios registros de diferentes equipos. Windows server incluye la capacidad de recopilar copias de eventos de varios equipos remotos y almacenarlas localmente.

Para especificar los eventos que se van a recopilar, cree una suscripción a un evento. Entre otros detalles, la suscripción especifica exactamente los eventos que se recopilarán y el registro en el que se almacenarán de forma local. Una vez que una suscripción está activa y los eventos se están recopilando, puede ver y manipular estos eventos reenviados como lo haría con cualquier otro evento almacenado de forma local.

La característica de recopilación de eventos requiere que configure los equipos de reenvío y recopilación. La funcionalidad depende del servicio *Administración remota de Windows (WinRM)* y el servicio *Recopilador de eventos de Windows (Wecsvc)*. Ambos servicios deben estar ejecutándose en los equipos que participan en los procesos de reenvío y recopilación.

Para *configurar los equipos de reenvío y recopilación de eventos*, inicie la sesión en todos los equipos recopiladores y de origen. Se recomienda usar una cuenta de dominio con privilegios administrativos. En cada equipo de origen, escriba en un símbolo del sistema con privilegios elevados *winrm quickconfig*. En el equipo del recopilador, escriba en un símbolo del sistema elevado *wecutil qc*.

Agregue la cuenta de equipo del equipo recopilador al grupo local Administradores de cada uno de los equipos de origen. En un entorno de grupo de trabajo, puede seguir el mismo procedimiento básico descrito anteriormente para configurar equipos para reenviar y recopilar eventos, pero sólo puede usar suscripciones de modo normal (extracción), debe agregar una excepción de Firewall de Windows para la Administración remota de registro de eventos en cada equipo de origen y debe agregar una cuenta con privilegios de administración al grupo *Lectores del registro de eventos* en cada equipo de origen. Debe especificar esta cuenta en el cuadro de diálogo *Configurar opciones de suscripción avanzadas* al crear una suscripción en el equipo del recopilador. Una vez configurados los equipos, puede crear una suscripción para especificar los eventos que se van a recopilar.

Para *crear una nueva suscripción*, en el equipo recopilador ejecute el visor de eventos como administrador. Haga clic en *Suscripciones* en el árbol de consola. Si el servicio *Recopilador de eventos* de Windows no se ha iniciado, se le solicitará que confirme que desea iniciarlo. Este servicio debe estar iniciado para crear suscripciones y recopilar eventos. Debe ser miembro del grupo Administradores para iniciar este servicio. A continuación, haga clic con el botón derecho del ratón sobre *Suscripciones* en el árbol de la consola del Administrador del servidor y elija *Crear suscripción* en el menú emergente resultante (Figura 7-29). Se obtiene la pantalla *Propiedades de suscripción* (Figura 7-30). En el cuadro *Nombre de suscripción*, escriba un nombre para la suscripción. En el cuadro *Descripción*, escriba una descripción opcional. En el cuadro *Registro de destino*, seleccione el archivo de registro donde se almacenarán los eventos recopilados. De manera predeterminada, los eventos recopilados se almacenan en el registro *ForwardedEvents*. Haga clic en *Agregar* y seleccione los equipos desde los que se recopilarán los eventos.

Una vez agregado un equipo, para probar su conectividad con el equipo local, seleccione el equipo y haga clic en *Probar*.

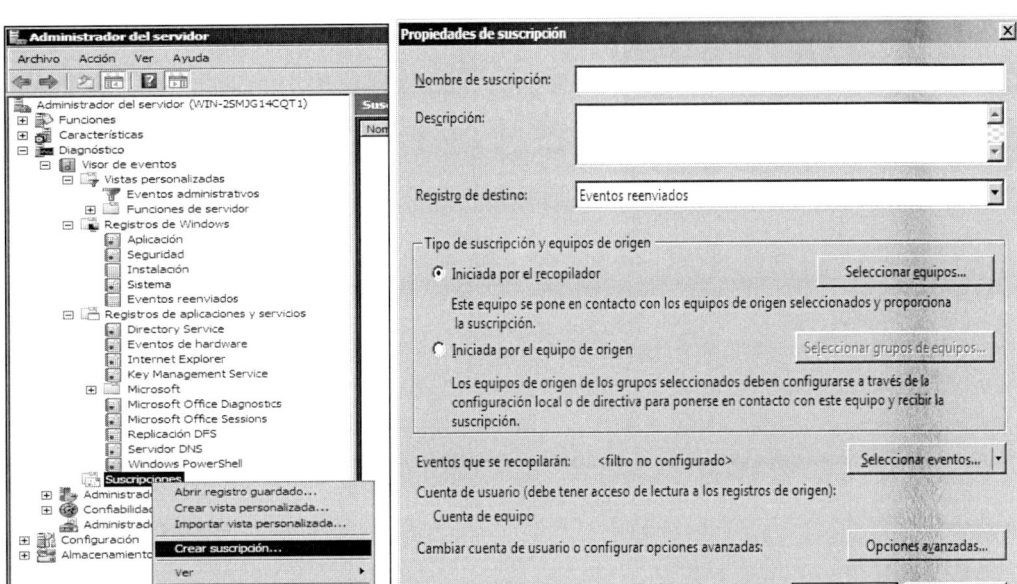

Figura 7-29   Figura 7-30

Haga clic en *Seleccionar eventos* para mostrar el cuadro de diálogo *Filtro de consulta*. Use los controles del cuadro de diálogo *Filtro de consulta* para especificar los criterios que deben cumplir los eventos que se van a recopilar. Haga clic en *Aceptar* en el cuadro de diálogo *Propiedades de suscripción*. La suscripción se agregará al panel *Suscripciones* y, si la operación fue correcta, la suscripción tendrá un estado activo.

Los eventos provocados en los equipos de los reenviadores que cumplan los criterios de la suscripción se copiarán en el registro del equipo del recopilador.

Para *configurar opciones de suscripción avanzadas*, haga clic en *Opciones avanzadas* en la pantalla *Propiedades de suscripción* (Figura 7-30). En el cuadro de diálogo *Configuración avanzada de suscripción* (Figura 7-31), puede especificar una optimización de entrega de evento o la cuenta que se usa para administrar el proceso de recopilar eventos. Para especificar una optimización de entrega de evento, seleccione la opción *Optimización de entrega de evento que desee* y haga clic en *Aceptar*. Para especificar la cuenta que se usa para administrar el proceso de recopilar eventos, seleccione la opción *Usuario específico*; a continuación, haga clic en *Usuario y contraseña* y escriba el nombre de usuario y la contraseña de la cuenta y haga clic en *Aceptar*. Haga clic en *Aceptar* en el cuadro de diálogo *Configuración avanzada de suscripción*.

Las opciones *Minimizar el ancho de banda* y *Minimizar latencia* establecen un número predeterminado de elementos por lotes al mismo tiempo. Para determinar el valor de este valor predeterminado, escriba en un símbolo del sistema avanzado el comando *winrm get winrm/config*.

Puede cambiar el número predeterminado de elementos en un lote si escribe el siguiente comando en un símbolo del sistema:

winrm set winrm/config @{MaxBatchItems=<númeroDeElementos>}

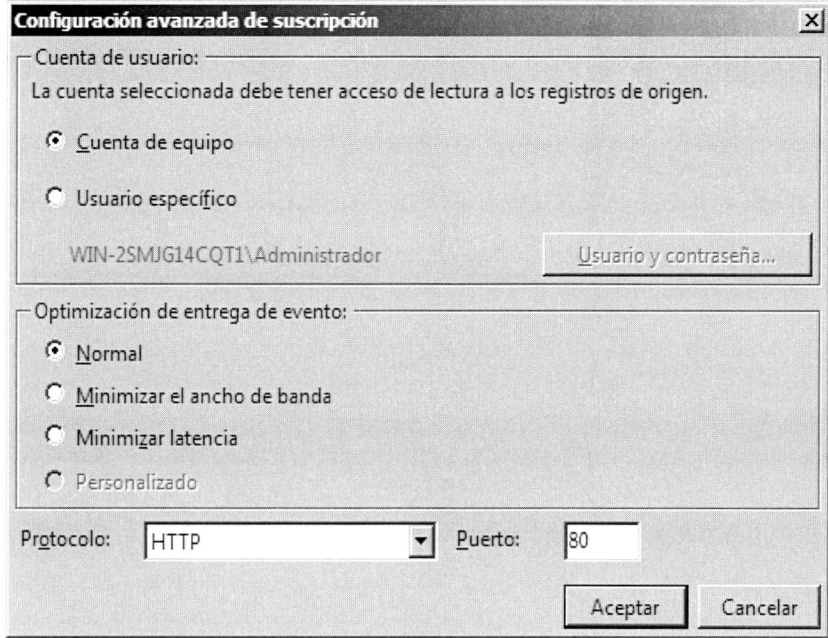

Figura 7-31

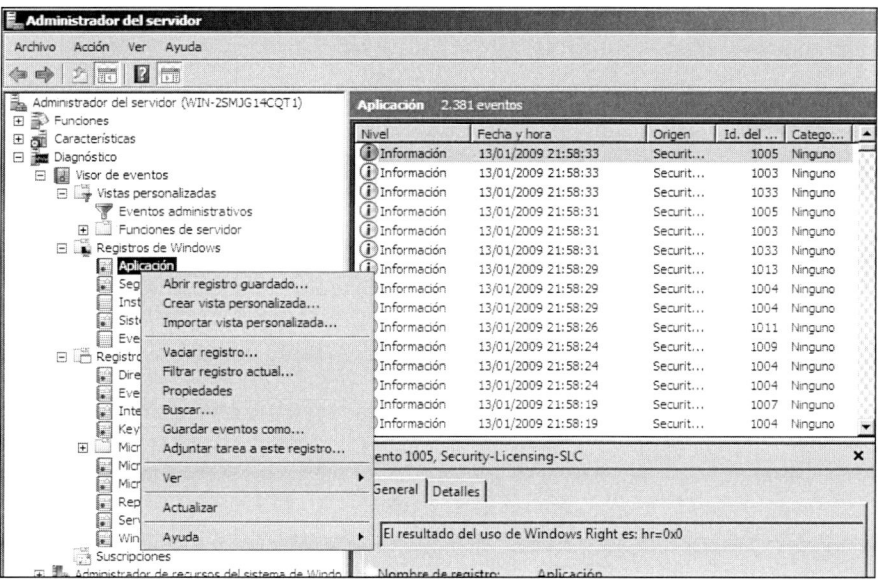

Figura 7-32

El siguiente ejemplo muestra cómo cambiar el número predeterminado de elementos en un lote a cinco:

winrm set winrm/config @{MaxBatchItems="5"}

No podrá usar el Visor de eventos para crear una suscripción mientras esté conectado a un equipo remoto. Puede usar el filtro de una vista personalizada definida anteriormente si selecciona *Copiar* a partir de la vista personalizada existente. Además, puede pegar una consulta XPATH en el cuadro de texto de la ficha XML del cuadro de diálogo *Filtro de consulta*.

Si una suscripción recién creada no se activa, podrá abrir el cuadro de diálogo *Propiedades de suscripción* y seleccionar equipos de origen individuales para ver el estado de cada uno de ellos.

7.4.7. Presentación de eventos. Filtros, agrupación, ordenación y tareas

Una vez seleccionado el conjunto de eventos en el que está interesado, el visor de eventos permite personalizar su presentación. Puede ordenar y agrupar eventos y sus propiedades de varias maneras.

Cuando se ve un registro de eventos, se pueden filtrar los eventos que se muestran. El filtrado de eventos está diseñado para ser temporal y el filtro aplicado se puede quitar con facilidad. Sin embargo, si crea un filtro útil que desee volver a usar, podrá guardarlo como una vista personalizada.

Para *filtrar eventos* mostrados, seleccione el registro de eventos que desee filtrar en el árbol de consola del Administrador del servidor, haga clic en él con el botón derecho del ratón y elija la opción *Filtrar registro actual* en el menú emergente resultante (Figura 7-32). Se obtiene la pantalla *Filtrar registro actual* (Figura 7-33). Para filtrar eventos en función de cuándo se produjeron, seleccione el período de tiempo correspondiente en la lista desplegable *Registrado*. Si ninguna de las opciones es aceptable, seleccione *Intervalo personalizado*. En el cuadro de diálogo *Intervalo personalizado* especifique la primera fecha y hora desde las que desea eventos, y la última fecha y hora desde las que desea eventos. Haga clic en *Aceptar*. En *Nivel del evento*, active las casillas situadas junto a los niveles de evento que desea que muestre el filtro. En la lista desplegable *Origen del evento*, active las casillas situadas junto a los orígenes de eventos que desea que muestre el filtro.

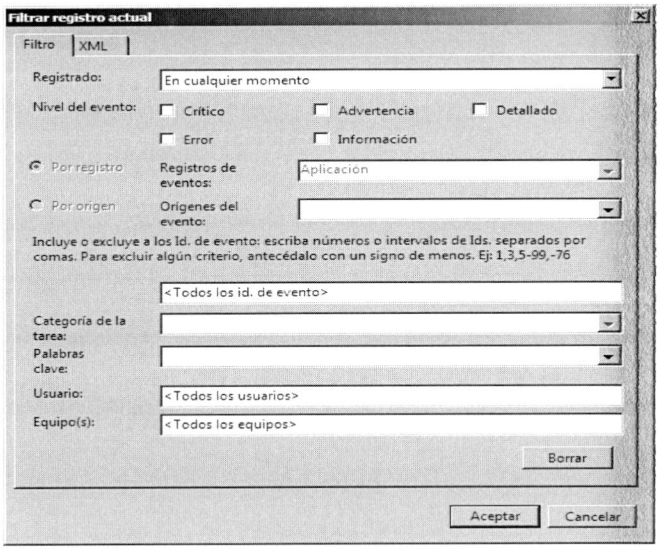

Figura 7-33

En *Id. de evento*, escriba los id. de evento que desea que muestre el filtro. Separe los diversos id. de eventos con comas. Si desea incluir un intervalo de id., por ejemplo, del 4624 al 4634, ambos incluidos, escriba 4624-4634. Si desea que el filtro muestre eventos con todos los id. con algunas excepciones, escriba los id. de esas excepciones, precedidos por un signo menos. Por ejemplo, para incluir todos los id. comprendidos entre 4624 y 4634 excepto el 4630, escriba 4624-4634,-4630.

En *Categoría de la tarea*, active las casillas situadas junto a las categorías de tarea de la lista desplegable que desea que muestre el filtro. En la lista desplegable *Palabras clave*, active las casillas situadas junto a las palabras clave que desea que muestre el filtro. En *Usuario*, escriba los nombres de las cuentas de usuario que desea que muestre el filtro. Para escribir varias cuentas de usuario, sepárelas con una coma (,). En *Equipo(s)*, escriba los nombres de los equipos que desea que muestre el filtro. Este campo se refiere al equipo de origen del evento. Escriba varios equipos separándolos con una coma (,). Haga clic en *Aceptar* para aplicar el filtro.

Para quitar un filtro que esté aplicado actualmente, haga clic en *Borrar*. Si deja un campo del cuadro de diálogo *Filtrar registro actual* en blanco, indicará que desea que el filtro muestre entradas con cualquier valor de la propiedad correspondiente.

No puede filtrar según un origen de evento, una categoría de tarea ni una palabra clave que no haya aparecido en el registro que está filtrando. Los filtros se aplican a un solo registro de eventos. Si desea filtrar en varios registros de eventos, deberá crear una vista personalizada.

Puede ver con comodidad todos los eventos que comparten el mismo valor para una propiedad de evento dada. Por ejemplo, puede ver todos los eventos que se originaron desde el mismo origen o todos los eventos del nivel de advertencia. También puede ordenar eventos por propiedad, pero los grupos resultantes pueden ser de gran tamaño y difíciles para desplazarse por ellos. Si llega a ese límite con la ordenación, podrá usar la característica de agrupación del visor de eventos. Cuando se agrupan eventos, aparece un encabezado descriptivo en el control de lista encima de cada grupo. Aunque todos los miembros de todos los grupos están visibles de manera predeterminada, puede contraer y expandir cada grupo distinto al hacer doble clic en el encabezado de grupo correspondiente.

Para *agrupar eventos en función de una propiedad dada*, en el árbol de consola del Administrador del servidor, desplácese para seleccionar un registro de eventos, una vista personalizada o un registro guardado. En el encabezado de la lista de eventos, haga clic con el botón secundario del ratón en el encabezado de columna que representa la propiedad según la que desea agrupar y haga clic en *Agrupar eventos en base a esta columna* (Figura 7-34).

Para *quitar una agrupación*, haga clic con el botón secundario del ratón en cualquier lugar del encabezado de cualquier columna y haga clic en *Quitar la agrupación de eventos*.

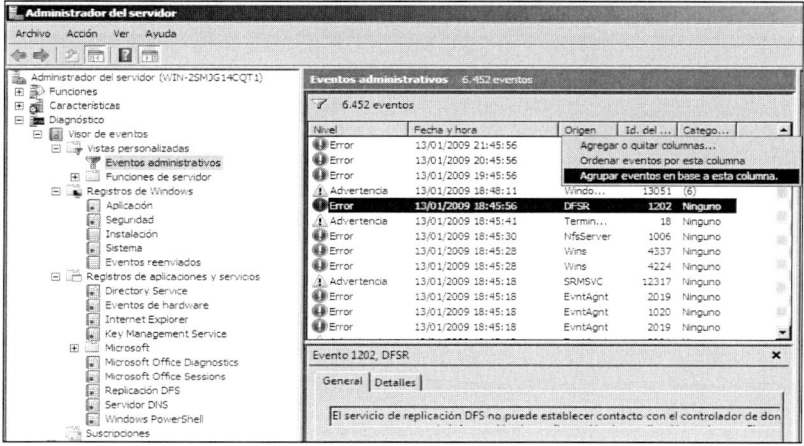

Figura 7-34

El visor de eventos sólo admite un nivel de agrupación. Sin embargo, tras agrupar un conjunto de eventos, puede ordenar los grupos resultantes por columnas. La característica de agrupación funciona independientemente del origen de los registros de eventos. Mientras pueda cargar un conjunto de eventos, podrá agruparlos.

Para *ordenar eventos por una propiedad dada*, en el árbol de consola del Administrador del servidor, haga clic en el registro de eventos, la vista personalizada o el registro guardado que desee ordenar. Haga clic en el encabezado de columna por el que desee ordenar. Para invertir el orden, haga clic en el encabezado de columna por segunda vez. Al archivar un registro, no se guarda el orden.

Puede personalizar la manera en que el visor de eventos muestra los eventos si selecciona sólo las propiedades que le interesa ver.

Para *mostrar u ocultar propiedades de eventos*, en el árbol de consola del Administrador del servidor, seleccione un registro de eventos, una vista personalizada o un registro guardado y haga clic sobre él con el botón derecho del ratón. En el menú emergente resultante seleccione *Agregar o quitar columnas* (Figura 7-34). En el cuadro de diálogo *Agregar o quitar columnas* (Figura 7-35), seleccione las propiedades de evento que desea mostrar en el cuadro de lista *Columnas disponibles* y, a continuación, haga clic en *Agregar*. Seleccione las propiedades de evento que desea ocultar en el cuadro de lista *Columnas mostradas* y haga clic en *Quitar*. Haga clic en *Aceptar*.

La visibilidad de las propiedades se mantiene de una sesión a otra y no se puede ocultar la propiedad *Nivel de evento*.

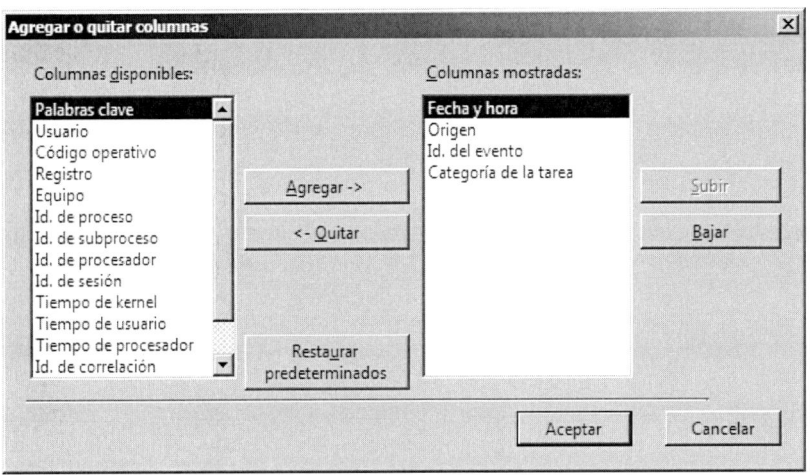

Figura 7-35

Puede *configurar una tarea para que se ejecute cuando se registre un evento* que cumpla los criterios especificados. Para *ejecutar una tarea como respuesta a un evento dado,* en el árbol de consola desplácese al registro que contiene el evento que desea asociar a una tarea. Haga clic con el botón secundario del ratón en el evento y seleccione *Adjuntar tarea a este evento* (Figura 7-36) en el menú emergente resultante. Realice cada paso que presenta el *Asistente para crear tareas básicas* (Figura 7-37). Tenga presente que no puede asignar una tarea a un evento en un registro guardado y no puede asignar una tarea a un evento en un registro analítico o de depuración.

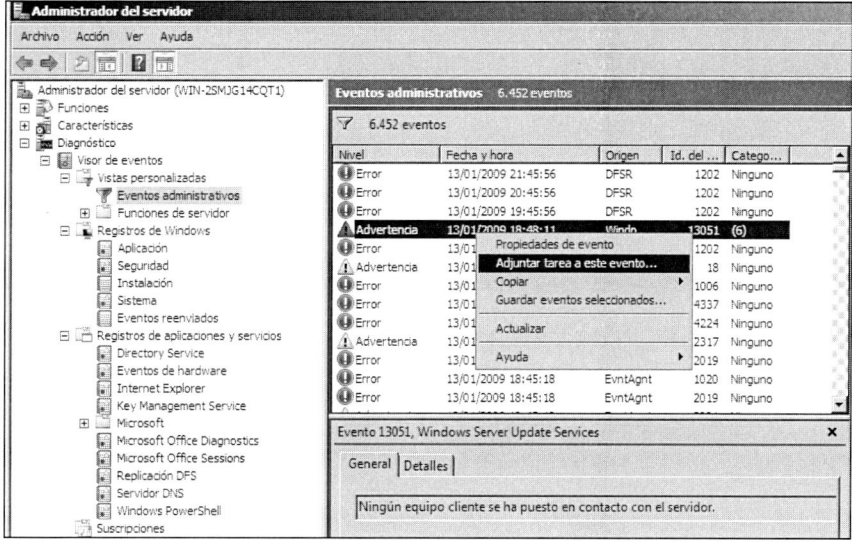

Figura 7-36

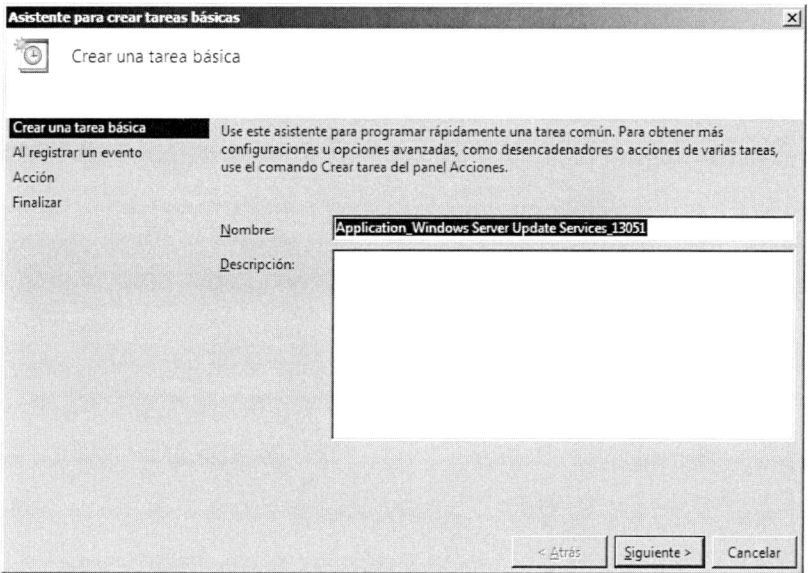

Figura 7-37

7.5. GESTIÓN DE APLICACIONES, PROCESOS Y SUBPROCESOS

7.5.1. Administrador de tareas

El *Administrador de tareas* muestra los programas, procesos y servicios que se están ejecutando en el equipo en este momento. Puede usarlo para supervisar el rendimiento del equipo o para cerrar un programa que no responde. Si está conectado a una red, también puede usar el Administrador de tareas para comprobar el estado de la red y ver cómo está funcionando. Si hay varios usuarios conectados al equipo, podrá ver quiénes son y en qué están trabajando, y podrá enviarles mensajes.

Se puede abrir el Administrador de tareas haciendo clic con el botón secundario del ratón en una zona en blanco de la barra de tareas y, a continuación, en *Administrador de tareas* en el menú emergente resultante (Figura 7-1), o bien presionando las teclas CTRL+MAYÚS+ESC. Otra alternativa consiste en teclear *taskmrg* en el cuadro de texto *Iniciar búsqueda* del botón *Inicio* (Figura 7-2). Una última alternativa para iniciar el Administrador de tareas consiste en teclear CTRL+ALT+SUPR y hacer clic sobre la opción *Iniciar el administrador de tareas*. Por cualquiera de las vías, se obtiene la pantalla del *Administrador de tareas* de la Figura 7-3.

7.5.2. Administración de aplicaciones

La ficha *Aplicaciones* de *Administrador de tareas* (Figura 7-3) muestra todas las aplicaciones actualmente abiertas en la sección *Tareas*, así como su estado en la sección *Estado*. Si queremos finalizar una aplicación, bastará con seleccionarla en la lista y hacer clic en el botón *Finalizar tarea*. El botón *Cambiar a* permite cambiar desde la aplicación actual a la aplicación seleccionada en la lista del administrador de tareas. El botón *Nueva tarea* permite abrir una nueva aplicación a través de la pantalla *Crear una tarea nueva* (Figura 7-38) cuyo botón *Examinar* permite buscar en disco la aplicación para abrir.

Si se hace clic con el botón derecho del ratón sobre una aplicación, se obtiene el menú emergente de la Figura 7-39 cuyas opciones permiten cambiar a esa aplicación, traer esa aplicación al frente de la pantalla, minimizar o maximizar la aplicación, distribuirla en cascada horizontal o vertical, finalizarla, crear un archivo de volcado para finalizar la aplicación y mostrar sus procesos correspondientes en la ficha *Procesos*.

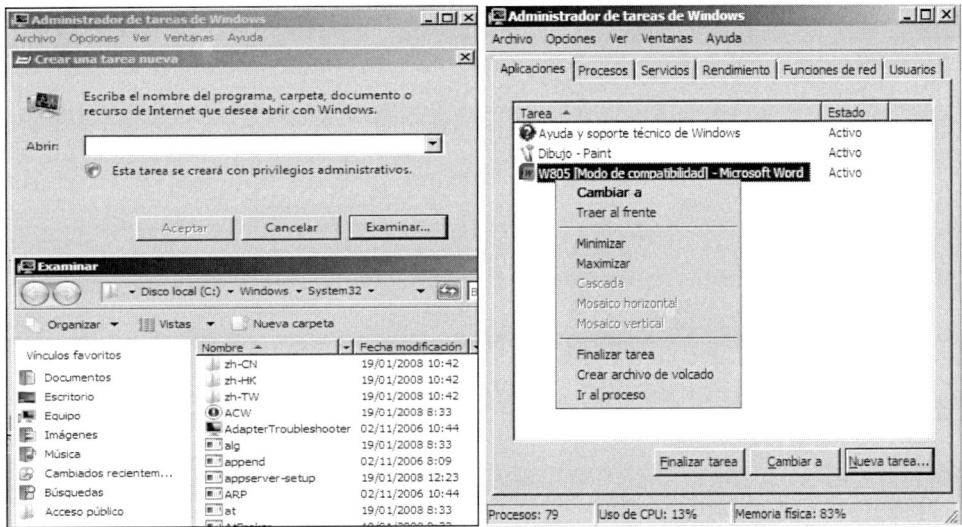

Figura 7-38   Figura 7-39

7.5.3. Administración de procesos

La ficha *Procesos* de *Administrador de tareas* (Figura 7-40) proporciona información detallada sobre los procesos en ejecución incluidos los del sistema operativo, los procesos locales, los del usuario que ha iniciado una sesión en la consola local y los de los usuarios remotos. Si no se quieren ver los procesos de los usuarios remotos, se eliminará la marca de la casilla *Mostrar procesos de todos los usuarios*.

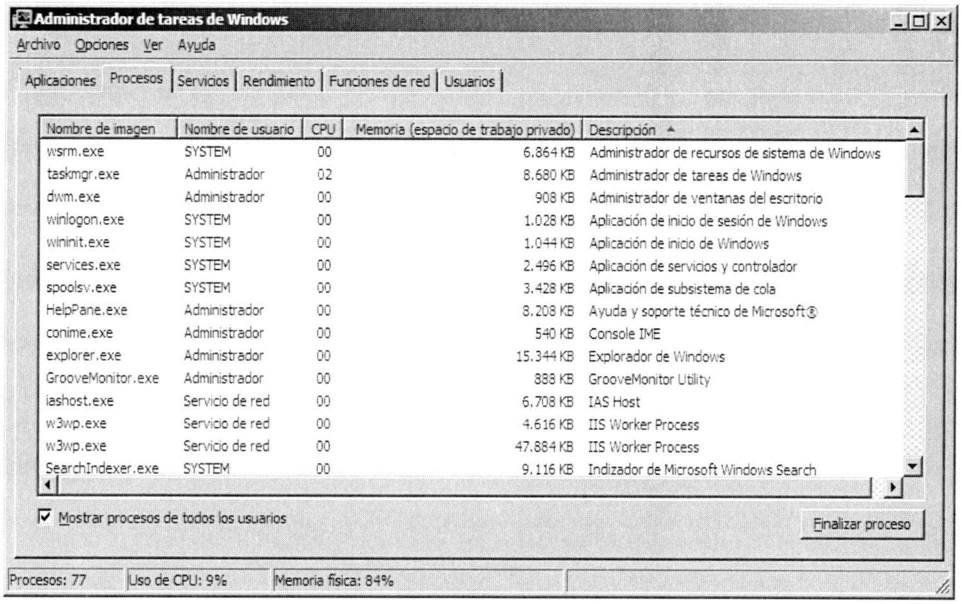

Figura 7-40

Para cada proceso observamos su nombre o el del ejecutable a cargo del mismo (*Nombre de imagen*), el nombre del usuario o del servicio del sistema a cargo del proceso (*Nombre de usuario*), el porcentaje de utilización del procesador por parte del proceso (*CPU*), la cantidad de memoria utilizada por el proceso actualmente (*Memoria (espacio de trabajo privado)*) y la descripción del proceso (*Descripción*).

Si se elige la opción *Seleccionar columnas* en el menú *Ver*, se obtendrá el cuadro de diálogo *Seleccionar columnas* de la página *Procesos* (Figura 7-41) que permite añadir columnas adicionales a la página *Procesos*.

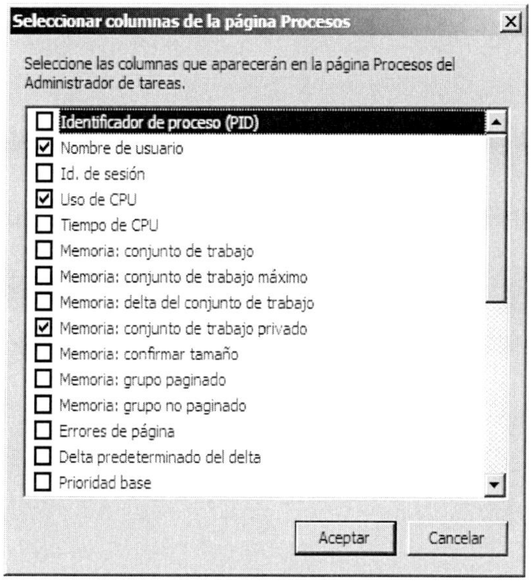

Figura 7-41

Si se hace clic con el botón derecho del ratón sobre un proceso, se obtendrá el menú emergente de la Figura 7-42, cuyas opciones permiten abrir la ubicación del archivo del proceso, finalizar el proceso, finalizar el árbol de procesos relacionados con él, crear un archivo de volcado para el proceso, establecer la prioridad y afinidad del proceso, ver sus propiedades e ir al servicio asociado.

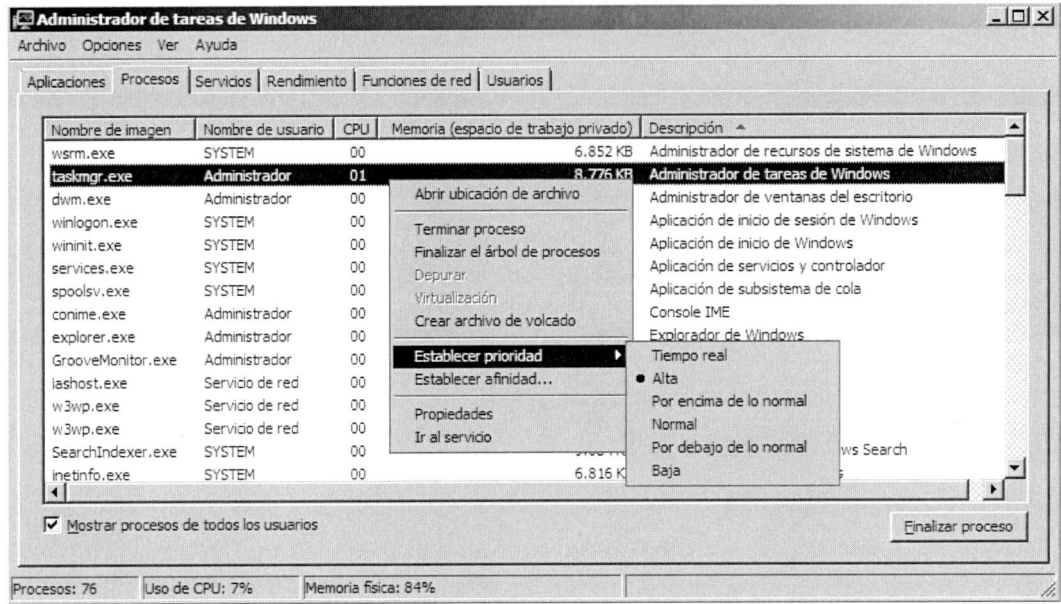

Figura 7-42

7.5.4. Administración de servicios

Un servicio es un tipo de aplicación que se ejecuta en segundo plano en el sistema, sin interfaz de usuario, y es similar a un proceso demonio de UNIX. Los servicios proporcionan características del sistema operativo principal, como servicios web, registro de eventos, servicios de archivos, impresión, criptografía e informes de errores.

La ficha *Servicios* del *Administrador de tareas* (Figura 7-43) proporciona información detallada sobre los servicios del sistema. Para cada servicio, observamos su nombre, el indicador de proceso o PID, la descripción, el estado y el grupo a que pertenece. La columna *Agrupar* puede informar de la identidad o el contexto del servidor bajo los que el servicio se ejecuta.

Si se hace clic con el botón derecho del ratón sobre un servicio, se obtendrá el menú emergente de la Figura 7-44, cuyas opciones permiten poner en marcha un servicio detenido, detener un servicio en funcionamiento e ir al proceso asociado dentro de la ficha *Procesos*.

También se puede usar el complemento *Servicios de Microsoft Management Console (MMC* para administrar los servicios que se ejecutan en equipos locales o remotos; por ejemplo, para detener o iniciar un servicio. Para ello, basta con ejecutar el Administrador del servidor haciendo clic en *Inicio → herramientas administrativas → Administración del servidor* o haciendo clic sobre *Administrador del servidor* en la barra de herramientas de *Inicio rápido*. En el panel de la izquierda de la pantalla del Administrador del servidor (árbol de la consola) se despliega *Configuración* y se hace clic en *Servicios* (Figura 7-45).

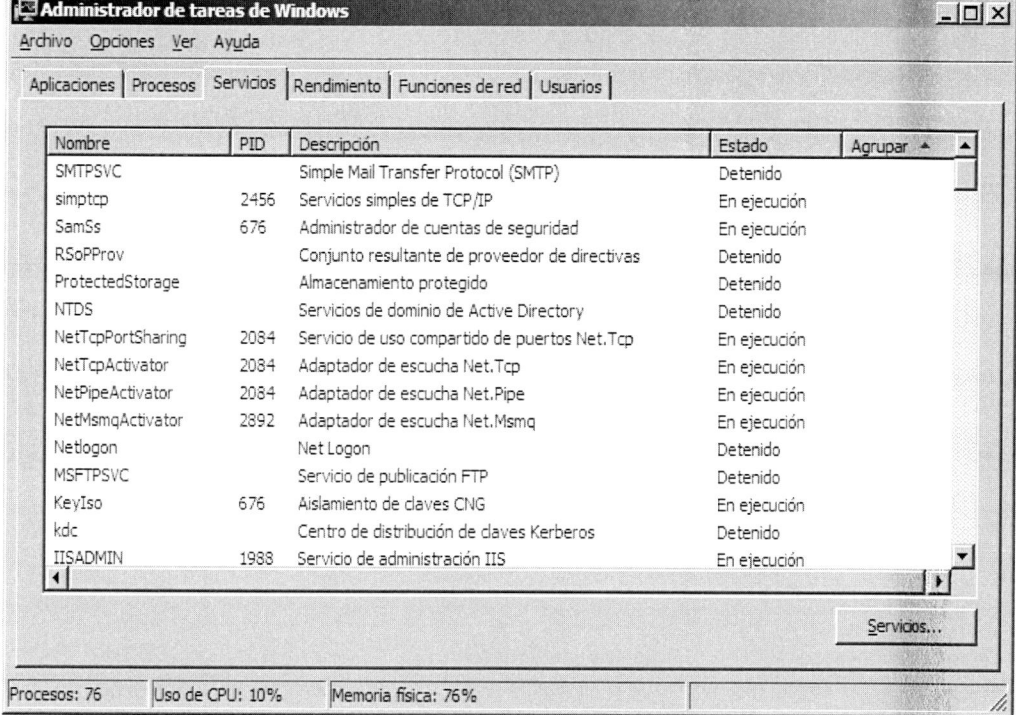

Figura 7-43

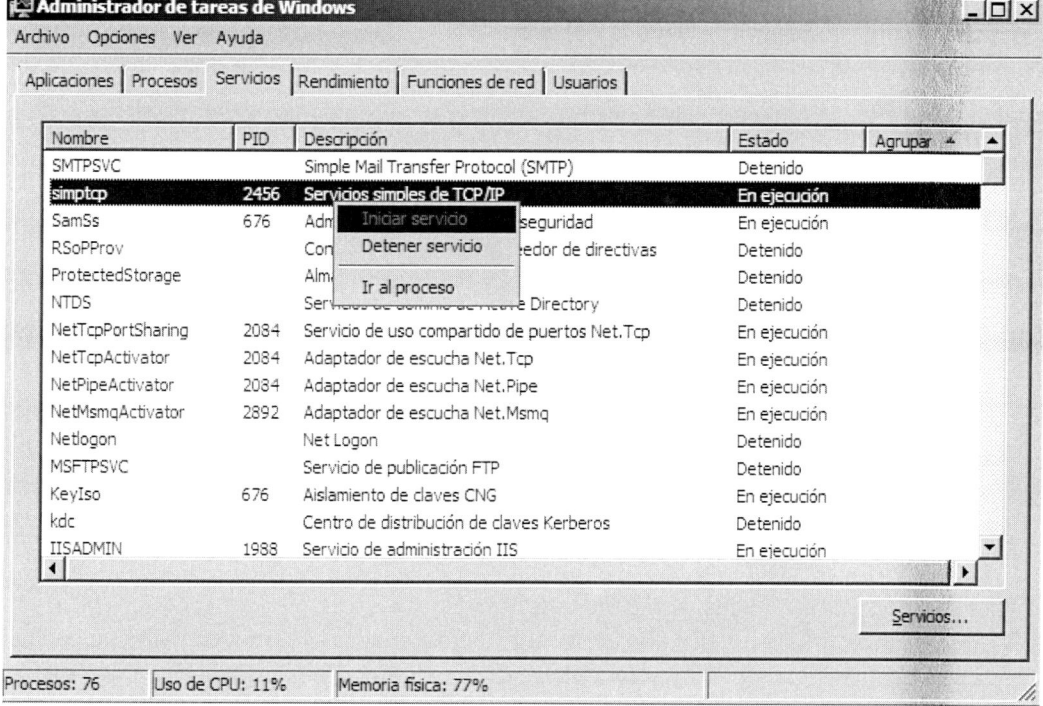

Figura 7-44

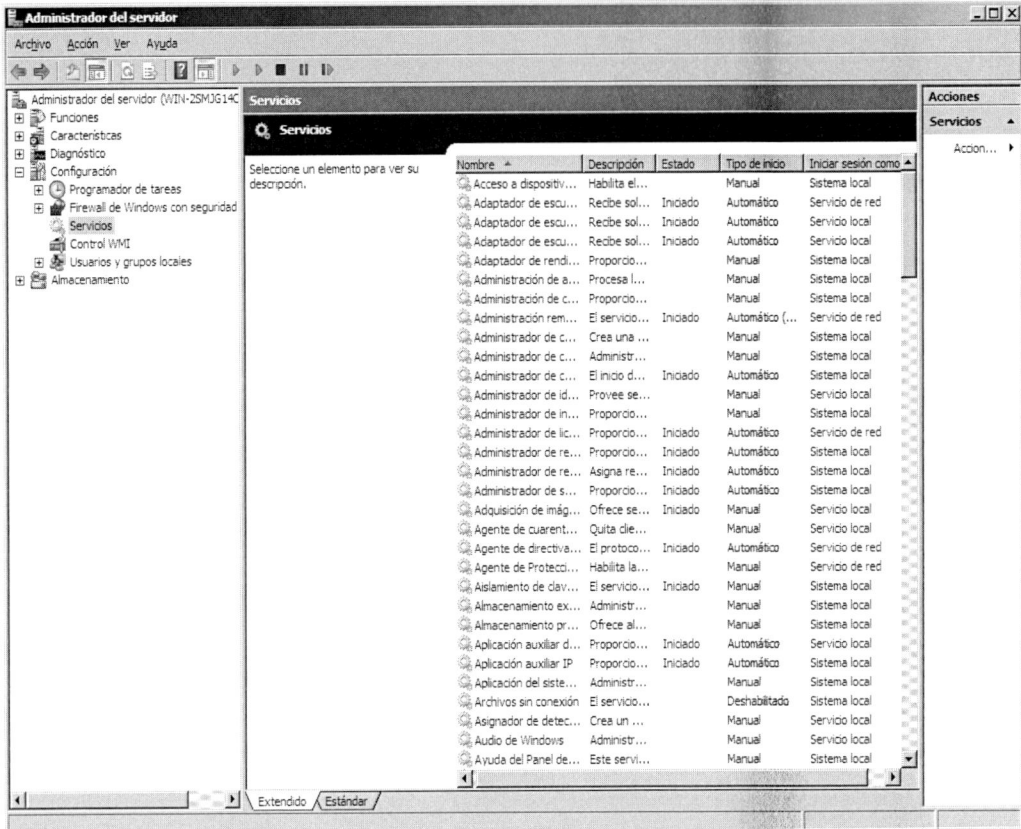

Figura 7-45

Se pueden realizar las siguientes acciones para los servicios en equipos locales y remotos.

Actualizar, iniciar, detener, pausar, reanudar o deshabilitar servicios. Para ello, se hace clic con el botón derecho del ratón sobre el servicio y se elige la opción adecuada en el menú emergente resultante de la Figura 7-46. También se puede configurar el arranque del servicio como *Automático*, *Manual* y *Deshabilitado* (en *Tipo de inicio* en la Figura 7-47).

- Ver el estado y la descripción de cada servicio. Para ello, se hace clic en *Propiedades* en el menú emergente de la Figura 7-46 y se hace clic en la ficha *General* de la pantalla *Propiedades del servicio* (Figura 7-47).

- Configurar las opciones de inicio de sesión de cuentas y habilitar o deshabilitar servicios para un perfil de hardware específico. Para ello, se hace clic en *Propiedades* en el menú emergente de la Figura 7-46 y se hace clic en la ficha *Iniciar sesión* de la pantalla *Propiedades del servicio* (Figura 7-48).

- Configurar acciones de recuperación para llevar a cabo si se produce un error en un servicio; por ejemplo, reiniciar el servicio automáticamente o reiniciar el equipo. Para ello, se hace clic en *Propiedades* en el menú emergente de la Figura 7-46 y se hace clic en la ficha *Recuperación* de la pantalla *Propiedades del servicio* (Figura 7-49).

- Ver las dependencias de servicios. Para ello, se hace clic en *Propiedades* en el menú emergente de la Figura 7-46 y se hace clic en la ficha *Dependencias* de la pantalla *Propiedades del servicio* (Figura 7-50).

- Ejecutar servicios en el contexto de seguridad de una cuenta de usuario específica distinta de la del usuario conectado o de la cuenta de equipo predeterminada. Para ello, se hace clic en *Propiedades* en el menú emergente de la Figura 7-46 y se hace clic en la ficha *Iniciar sesión* de la pantalla *Propiedades del servicio* (Figura 7-48). Haga clic en *Esta cuenta*, luego en *Examinar* y, a continuación, especifique una cuenta de usuario en el cuadro de diálogo *Seleccione usuario*. Cuando termine, haga clic en *Aceptar*.

- Exportar y guardar información de servicio en un archivo .txt o .csv. Para ello, en el árbol de la consola, haga clic con el botón secundario en el nodo *Servicios* (Figura 7-51), seleccione *Exportar lista* y guarde la lista de opciones de configuración.

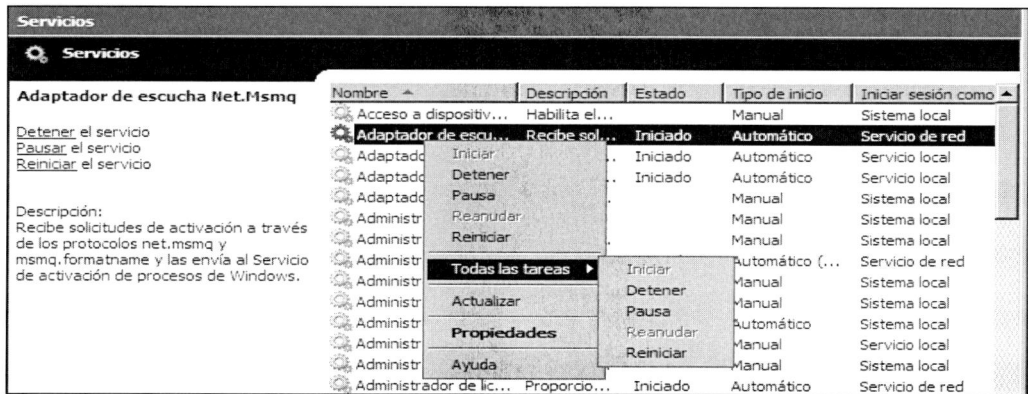

Figura 7-46

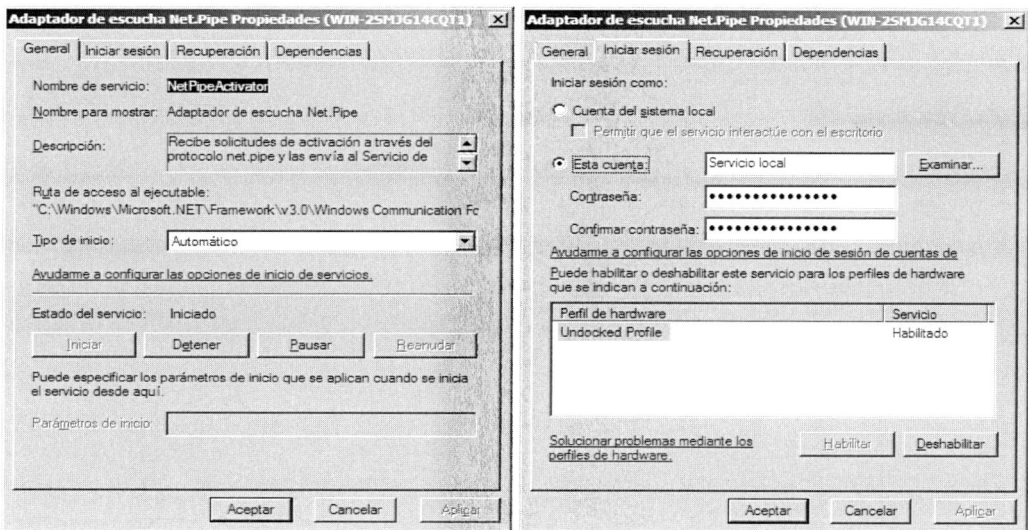

Figura 7-47   Figura 7-48

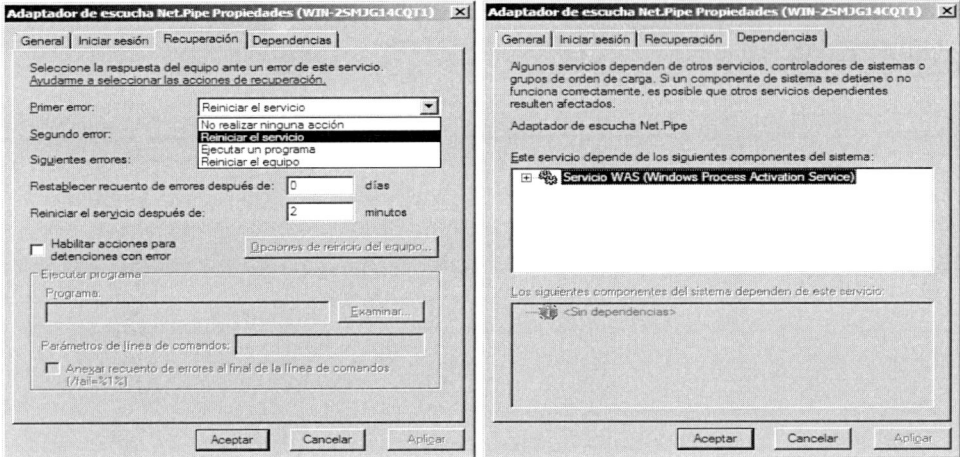

Figura 7-49   Figura 7-50

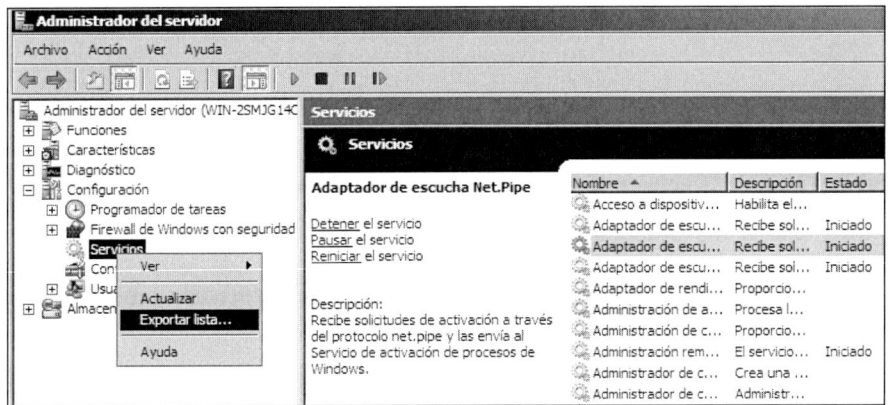

Figura 7-51

Para *configurar la forma en que se inicia un servicio mediante la interfaz de Windows*, se tendrá en cuenta lo siguiente:

- Puede exportar y guardar una lista de las opciones de configuración existentes. Para ello, en el árbol de la consola, haga clic con el botón secundario en el nodo *Servicios*, seleccione *Exportar lista* y guarde la lista de opciones de configuración (Figura 7-51).

- En el panel de detalles, haga clic con el botón secundario en el servicio que desee configurar y, a continuación, pulse en *Propiedades* (Figura 7-46).

- En la ficha *General*, en *Tipo de inicio*, haga clic en *Automático, Manual, Deshabilitado* o *Automático (inicio retrasado)* según se observa en la Figura 7-47.

- Para especificar la cuenta de usuario que el servicio puede utilizar para iniciar sesión, haga clic en la ficha *Iniciar sesión* (Figura 7-48) y, a continuación, realice una de las siguientes acciones:

— Para especificar que el servicio utilice la cuenta del sistema local, haga clic en *Cuenta del sistema local*.

— Para especificar que el servicio utilice la cuenta del servicio local, haga clic en *Esta cuenta* y, a continuación, escriba *NT AUTHORITY\LocalService*.

— Para especificar que el servicio utilice la cuenta del servicio de red, haga clic en *Esta cuenta* y, a continuación, escriba *NT AUTHORITY\NetworkService*.

- Para especificar otra cuenta, haga clic en *Esta cuenta*, pulse en *Examinar* y, a continuación, especifique una cuenta de usuario en el cuadro de diálogo *Seleccione usuario*. Cuando termine, haga clic en *Aceptar*.

- Escriba la contraseña de la cuenta de usuario en *Contraseña* y en *Confirmar la contraseña* (Figura 5-14) y, a continuación, haga clic en *Aceptar*. Si selecciona la cuenta del servicio local o la cuenta del servicio de red, la contraseña deberá estar en blanco.

Para configurar la forma en que se inicia un servicio mediante la línea de comandos, se utiliza el comando *sc config*. Para obtener información sobre las opciones disponibles de este comando, abra el símbolo del sistema y escriba *sc config /?*

Para configurar el inicio de un servicio, debe ser miembro del grupo *Operadores de cuentas, Administradores de dominio* o *Administradores de organización*, o bien debe tener delegada la autoridad correspondiente. Como procedimiento de seguridad recomendado, considere la posibilidad de utilizar *Ejecutar como* para llevar a cabo este procedimiento.

Si se cambian las opciones de configuración predeterminadas del servicio, es posible que los servicios clave no se ejecuten correctamente. Es muy importante tener cuidado al cambiar las opciones de configuración *Tipo de inicio* e *Iniciar sesión como* de los servicios que están configurados para iniciarse automáticamente.

En la mayoría de los casos, se recomienda no modificar la configuración *Permitir que el servicio interactúe con el escritorio*. Si permite que el servicio interactúe con el escritorio, cualquier información que el servicio muestre en el escritorio también se mostrará también en el escritorio de un usuario interactivo. Un usuario malintencionado podría tomar el control del servicio o atacarlo desde el escritorio interactivo.

La cuenta del servicio local y la cuenta del servicio de red están configuradas con una contraseña nula. Se ignorará la información de contraseña que proporcione. Es recomendable que las cuentas de usuario que se utilizan para iniciar sesión como un servicio tengan activada la casilla *La contraseña nunca expira* en sus cuadros de diálogo *Propiedades* y que tengan contraseñas seguras.
Si se habilita la directiva de bloqueo de cuenta y se bloquea la cuenta, no se iniciará el servicio.

Si habilita o deshabilita un servicio y tiene problemas para iniciar el equipo, podrá iniciar el equipo en modo seguro. En modo seguro, los servicios principales que requieren el reinicio del sistema operativo se inician en un esquema predeterminado, independientemente de los cambios realizados en la configuración del servicio. Después de que el equipo salga del modo seguro, puede modificar la configuración del servicio o reiniciar la configuración predeterminada.

Si especifica una cuenta que no tiene permiso para iniciar sesión como un servicio, el complemento Servicios concederá automáticamente los permisos adecuados a dicha cuenta en el equipo que está administrando.

Puede utilizar el complemento *Servicios* junto con los perfiles de hardware predefinidos para solucionar problemas con servicios recién instalados. Por ejemplo, si asocia un servicio a dos perfiles de hardware distintos (un perfil en el que el servicio está habilitado y un segundo perfil en el que el servicio está deshabilitado), podría solucionar con mayor facilidad los problemas de hardware que podrían producirse con un servicio recién instalado, como un controlador que no se carga correctamente. Para poder realizar este procedimiento, es necesario, como mínimo, pertenecer a *Opers. de cuentas, Adminis. del dominio, Administradores de organización* o alguno equivalente.

Para habilitar o deshabilitar un servicio para un perfil de hardware, en el panel de detalles, haga clic con el botón secundario en el servicio que desee habilitar o deshabilitar y, a continuación, haga clic en *Propiedades* (Figura 7-46). En la ficha *Iniciar sesión*, haga clic en el perfil de hardware que desee configurar. Haga clic en *Habilitar* o *Deshabilitar* y, a continuación, haga clic en *Aceptar* (Figura 7-48).

Tenga cuidado al deshabilitar servicios utilizando este procedimiento. Si deshabilita un servicio para un perfil de hardware determinado, la configuración *Perfil de hardware* invalidará la configuración *Tipo de inicio* para dicho servicio. En la mayoría de los casos, se recomienda no modificar la configuración *Permitir que el servicio interactúe con el escritorio*. Si permite que el servicio interactúe con el escritorio, cualquier información que el servicio muestre en el escritorio también se mostrará en el escritorio de un usuario interactivo. Un usuario malintencionado podría tomar el control del servicio o atacarlo desde el escritorio interactivo. Si recibe un mensaje de error de Connection Manager al abrir el cuadro de diálogo *Propiedades* para un servicio, compruebe que el servicio de Registro remoto esté ejecutándose en el equipo especificado. Si el servicio de Registro remoto no está ejecutándose, o si el equipo especificado está ejecutando Windows NT, no podrá ver ni modificar la configuración del perfil de hardware, pero podrá realizar otras acciones.

El botón *Servicios* de la Figura 7-43 también abre la pantalla *Servicios* (Figura 7-52) para su administración.

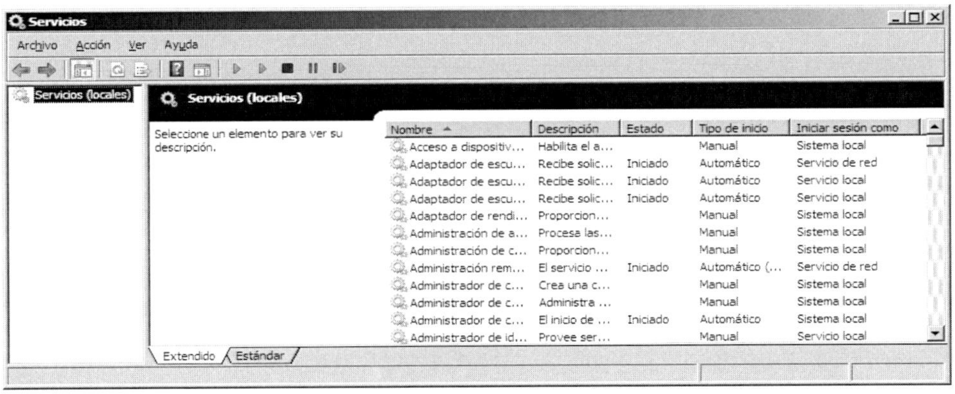

Figura 7-52

ACTIVIDADES PROPUESTAS

Actividad 1. Describe el Administrador de tareas en Windows 11 y en Windows 10. Cuentas predeterminadas.

Actividad 2. Describe el proceso de Administración de aplicaciones en Windows 11 y en Windows 10.

Actividad 3. Especifica la Administración de procesos en Windows 11 y Windows 10.

Actividad 4. Especifica la Administración de servicios en Windows 11 y Windows 10.

Actividad 5. Especifica la Administración del rendimiento del sistema en Windows 11 y Windows 10.

Actividad 6. Especifica la Administración del rendimiento de la red en Windows 11 y Windows 10.

Actividad 7. Describe el Monitor de rendimiento como una herramienta administrativa del sistema en Windows 11 y Windows 10.

Actividad 8. Describe el Visor de eventos o sucesos como una herramienta administrativa del sistema en Windows 11 y Windows 10.

Actividad 9. Muestra una panorámica de las herramientas administrativas relacionadas con la monitorización de rendimiento y el registro de sucesos en Windows 11 y en Windows 10.

Actividad 10. Especifica el trabajo con las Directivas de control de aplicaciones que ofrece Windows 11.

CAPÍTULO 8

DIRECTIVAS DE SEGURIDAD Y AUDITORÍAS

Contenidos

8.1. REQUISITOS DE SEGURIDAD DEL SISTEMA Y DE LOS DATOS

Windows server incorpora características de seguridad cuya implementación y administración hace más seguro el trabajo con tecnologías de la información. Las tecnologías de seguridad de este sistema operativo pueden clasificarse así:

- Tecnologías para la mitigación de vulnerabilidades y amenazas:

  — En este apartado se incluyen Firewall de Windows, Firewall de Windows con seguridad avanzada, protección antivirus, prevención de ejecución de datos, suplantación de identidad (Phishing) y Windows Defender y la protección contra Spyware.

- Tecnologías de administración y evaluación de configuraciones seguras:

  — En este grupo de tecnologías se incluyen el Administrador de autorización, Auditoría de seguridad, Asistente para configuración de seguridad, Directivas de restricción de software y Configuración y análisis de seguridad.

- Tecnologías de identidad y control de acceso:

  — En este grupo se incluyen las Tarjetas inteligentes, Autorización y control de acceso, Cifrado de unidad BitLocker. Administración del Módulo de plataforma segura y Sistema de cifrado de archivos.

Por otra parte, cada función del servidor requiere una configuración de seguridad específica, según el escenario de implementación y los requisitos de infraestructura. La documentación de cada función de servidor contiene información de configuración de la seguridad y otras consideraciones de seguridad.

Nos ocuparemos aquí de las tecnologías para la mitigación de vulnerabilidades y amenazas. En el capítulo seis ya fueron estudiadas las tecnologías de identidad y control de acceso y parte de las tecnologías de administración y evaluación de configuraciones seguras.

8.1.1. Tecnologías para la mitigación de vulnerabilidades y amenazas

Se trata de tecnologías que proporcionan defensas por niveles contra amenazas e intrusiones de software malintencionado mediante una estrategia de prevención, aislamiento y recuperación. Esta colección de tecnologías ofrece documentación y recursos para productos y tecnologías que ayudan a proteger clientes, servidores de aplicaciones y el perímetro de la red contra malware, como spyware, rootkits y virus.

Mediante *Inicio → Panel de control → Seguridad* obtenemos la Figura 8-1 que da acceso a herramientas de seguridad como Firewall de Windows, Windows Defender y Cifrado de unidad BitLocker.

Figura 8-1

8.1.2. Firewall de Windows

Firewall de Windows es una herramienta que puede ayudar a impedir que piratas informáticos o software malintencionado (como gusanos) obtengan acceso al equipo a través de una red o internet. Un firewall también puede ayudar a impedir que el equipo envíe software malintencionado a otros equipos.

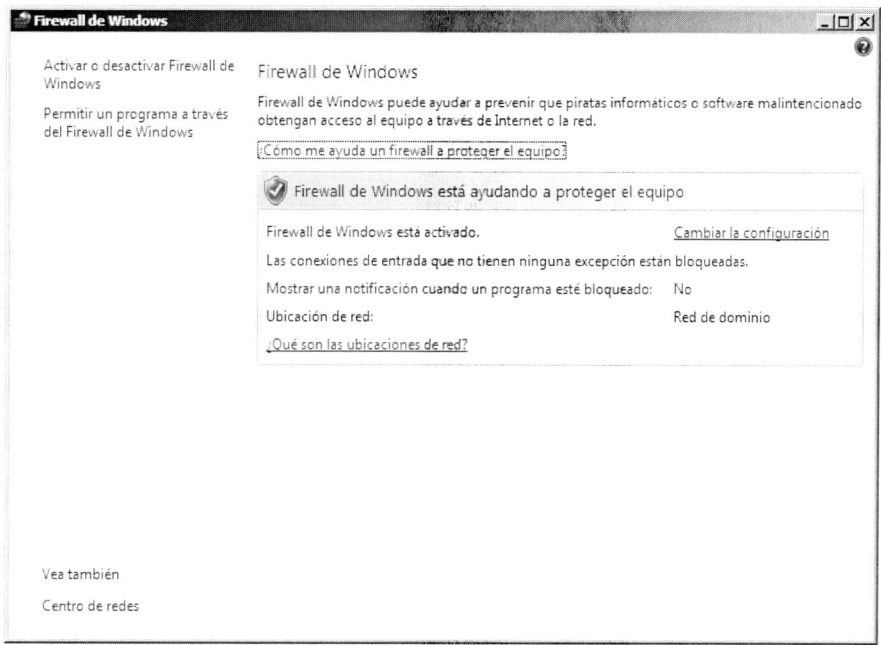

Figura 8-2

Para *activar y desactivar Firewall de Windows,* haga clic en *Inicio → Panel de control → Seguridad → Firewall de Windows* para abrir Firewall de Windows (Figura 8-2). Haga clic en *Activar o desactivar*

Firewall de Windows en el panel de la derecha de la Figura 8-2 o alternativamente en *Cambiar la configuración*. Si se solicita una contraseña de administrador o una confirmación, escriba la contraseña o proporcione la confirmación. En la Figura 8-3 haga clic en *Activado (recomendado)* y, a continuación, en *Aceptar*. Si desea que el firewall lo bloquee todo, incluidos los programas seleccionados en la ficha *Excepciones*, active la casilla *Bloquear todas las conexiones entrantes*. Si desea desactivar el Firewall de Windows, haga clic en *Desactivado (no recomendado)* y, a continuación, en *Aceptar.*

No debe desactivar Firewall de Windows si no tiene habilitado otro firewall. La desactivación de Firewall de Windows podría provocar que el equipo (y la red, dado el caso) sean más vulnerables a los daños ocasionados por ataques de gusanos o piratas informáticos. Si el equipo está conectado a una red, es probable que la configuración de directivas de red le impida completar la activación y desactivación.

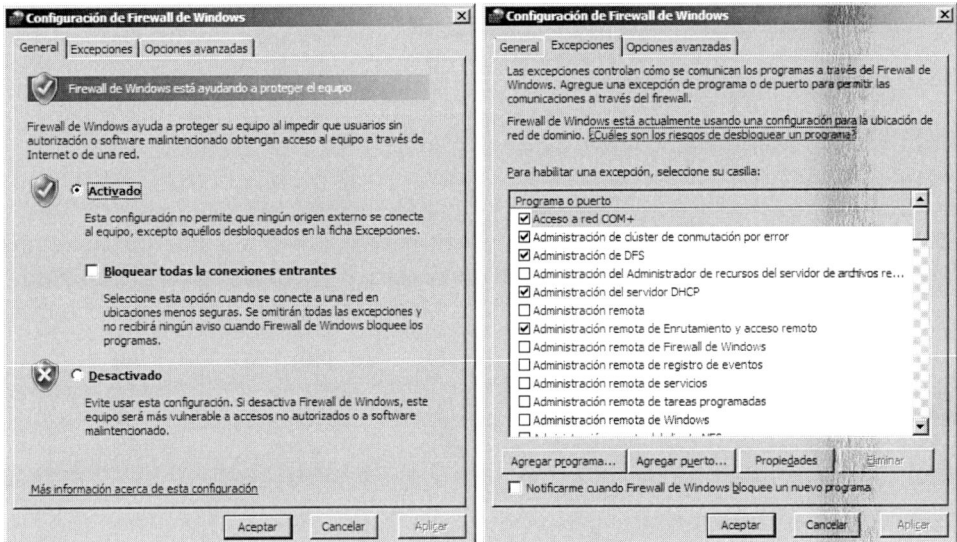

Figura 8-3   Figura 8-4

Existen tres opciones de configuración en la ficha *General* de Firewall de Windows (Figura 8-3). A continuación, se describen sus funciones y cuándo deben usarse:

- *Activado (recomendado)*. Esta opción está activada de forma predeterminada. Cuando Firewall de Windows está activado, se bloquea la comunicación a través del firewall para la mayoría de los programas. Si desea desbloquear un programa, podrá agregarlo a la lista *Excepciones* (en la ficha *Excepciones* de la Figura 8-4).

- *Bloquear todas las conexiones entrantes*. Con esta opción se bloquean todos los intentos de conexión al equipo no solicitados. Esta opción se usa cuando se necesita la máxima protección en un equipo; por ejemplo, al conectarse a una red pública en un hotel o un aeropuerto, o cuando hay un gusano que se está extendiendo por los equipos a través de internet. Con esta opción no se le avisa cuándo Firewall de Windows bloquea programas y se omiten los programas que figuran en la lista *Excepciones*. Si selecciona *Bloquear todas las conexiones entrantes*, aún puede ver la mayoría de las páginas web, así como enviar y recibir mensajes de correo electrónico y mensajes instantáneos.

- *Desactivado (no recomendado)*. No use esta opción a menos que se ejecute otro firewall en el equipo. La desactivación de Firewall de Windows podría provocar que el equipo (y la red, dado el caso) sean más vulnerables a daños ocasionados por ataques de piratas informáticos y software malintencionado (como los gusanos).

Si algunas opciones de firewall no están disponibles y el equipo está conectado a un dominio, puede que el administrador controle esas opciones a través de la directiva de grupo.

Si Firewall de Windows está bloqueando un programa y desea permitir que ese programa se comunique a través del firewall, normalmente podrá hacerlo seleccionando el programa en la ficha *Excepciones* de Firewall de Windows (Figura 8-4). Sin embargo, si el programa no aparece en la lista de la ficha Excepciones ni se puede agregar con el botón *Agregar programa*, es posible que deba abrir (agregar) un puerto. Por ejemplo, si desea jugar en red, es posible que deba abrir un puerto para el programa de juego, de manera que el firewall permita que la información del juego llegue a su equipo. A diferencia de una excepción, en la que sólo permanece abierto durante el tiempo necesario, el puerto se mantiene abierto permanentemente. Por lo tanto, deberá asegurarse de cerrar los puertos que ya no necesite.

Para *dejar pasar un programa y abrir un puerto en Firewall de Windows* se tendrá en cuenta lo siguiente:

1. Haga clic en *Inicio → Panel de control → Seguridad → Firewall de Windows* para abrir Firewall de Windows (Figura 8-2).

2. Haga clic en *Permitir que un programa se comunique a través de Firewall de Windows* en el panel de la derecha de la Figura 8-2.

3. Haga clic en *Agregar puerto* en la Figura 8-4. Se obtiene la Figura 8-5.

4. En el cuadro *Nombre*, escriba un nombre que le ayude a recordar para qué se usa el puerto.

5. En el cuadro *Número de puerto*, escriba el número del puerto.

6. Haga clic en *TCP* o en *UDP*, según el protocolo.

7. Para cambiar el ámbito del puerto, haga clic en *Cambiar ámbito* y, a continuación, en la opción que desea usar (Figura 8-6). Por "ámbito" entendemos el conjunto de equipos que pueden usar el puerto abierto.

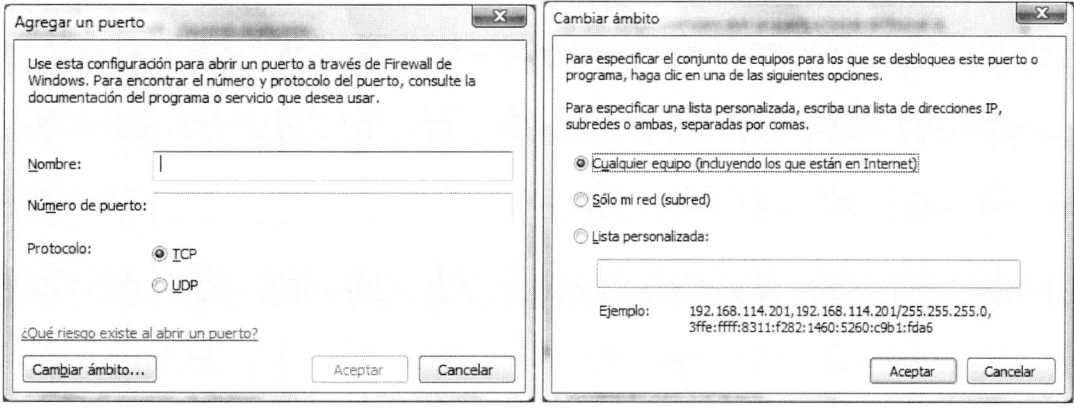

Figura 8-5   Figura 8-6

Cuando crea una excepción o abre un puerto en un firewall, está permitiendo que un programa determinado envíe a través del firewall información procedente de su equipo o destinada a éste. Permitir que un programa se comunique a través de un firewall (lo que en ocasiones se denomina desbloqueo) es como abrir una puertecita en el firewall. Cada vez que crea una excepción o abre un puerto para que un programa se comunique a través de un firewall, el equipo queda algo menos protegido. Cuanto mayor sea el número de excepciones o puertos abiertos en el firewall, más oportunidades tendrán los piratas informáticos o el software malintencionado de usar alguna de esas aperturas para propagar un gusano, obtener acceso a archivos o utilizar el equipo para propagar software malintencionado a otros equipos. Por lo general, resulta más seguro crear una excepción de programa que abrir un puerto. Si abre un puerto, se mantiene abierto hasta que lo cierre, independientemente de si usa o no un programa. Si crea una excepción, la "puerta" se abrirá únicamente cuando es necesario para una comunicación determinada. Para ayudar a reducir riesgos para la seguridad sólo debe crear una excepción o abrir un puerto cuando sea realmente preciso, y quitar las excepciones o cerrar los puertos que ya no necesite. Además, no cree nunca una excepción ni abra un puerto para un programa que no reconozca.

Muchos juegos le permiten jugar partidas de varios jugadores con otras personas en internet. Para ello, los programas de juego necesitan intercambiar grandes cantidades de datos entre su equipo y los equipos del resto de jugadores. Estos datos entran y salen del equipo a través de un pasillo que se denomina puerto. Para que los juegos intercambien datos, debe abrirse el puerto correcto en cada equipo que esté participando en el juego. Algunos juegos se conectan al puerto correcto automáticamente, pero muchos juegos exigen que abra el puerto manualmente para que el juego funcione. Si hay una serie de juegos de varios jugadores que parece que no funcionan a través de internet o en una red, es posible que el firewall o el servidor proxy estén bloqueando el puerto que el juego utiliza. Intente comprobar la información suministrada con el juego para ver si necesita tener un puerto específico abierto para jugar o compruebe cuidadosamente si hay algún mensaje de error.

Como los firewall pueden restringir la comunicación entre el equipo e internet, puede que tenga que *cambiar la configuración del firewall para utilizar la Asistencia remota de Windows*. Los pasos son los siguientes:

1. Haga clic en *Inicio* → *Panel de control* → *Seguridad* → *Firewall de Windows* para abrir Firewall de Windows (Figura 8-2).

2. Haga clic en *Permitir un programa a través del Firewall de Windows*.

3. En *Excepciones* (Figura 8-4), seleccione la casilla de verificación situada junto a *Asistencia remota* y, a continuación, haga clic en *Aceptar*.

Como Firewall de Windows restringe la comunicación entre el equipo e internet, puede que tenga que *cambiar la configuración de Conexión a Escritorio remoto* para que funcione correctamente. Los pasos son los siguientes:

1. Haga clic en *Inicio* → *Panel de control* → *Seguridad* → *Firewall de Windows* para abrir Firewall de Windows (Figura 8-2).

2. Haga clic en *Permitir un programa a través del Firewall de Windows*.

3. En *Programa o puerto* (Figura 8-4), active la casilla junto a *Escritorio remoto* y, a continuación, pulse en *Aceptar*.

Si ha cambiado opciones de Firewall de Windows y desea deshacer los cambios, podrá *restaurar la configuración de firewall original* (predeterminada). Para ello:

1. Haga clic en *Inicio → Panel de control → Seguridad → Firewall de Windows* para abrir Firewall de Windows (Figura 8-2).

2. Haga clic en *Cambiar la configuración.* Si se solicita una contraseña de administrador o una confirmación, escriba la contraseña o proporcione la confirmación.

3. Haga clic en la ficha *Opciones avanzadas* (Figura 8-7) y, a continuación, en *Restaurar valores predeterminados.*

Cuando se restaura la configuración predeterminada, se quitan todos los cambios realizados en la configuración de Firewall de Windows hasta ese momento para todos los tipos de ubicación de red. Esto puede provocar que los programas a los que haya permitido la comunicación a través del firewall dejen de funcionar.

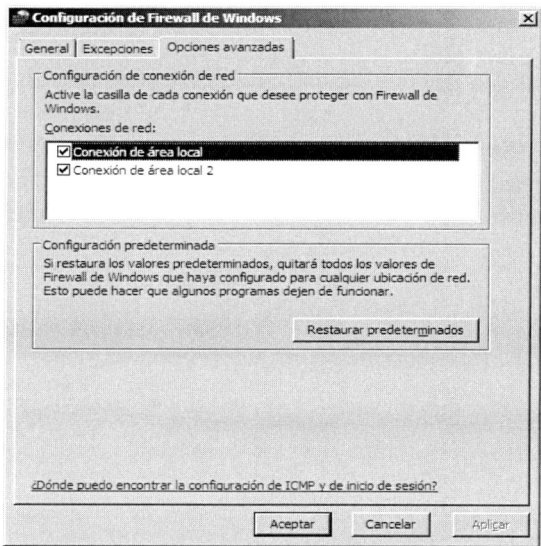

Figura 8-7

Los botones del apartado Conexiones de red de la Figura 8-7 permite establecer la protección de Firewall de Windows para las conexiones de red de área local.

8.1.3. Firewall de Windows con seguridad avanzada

Firewall de Windows con seguridad avanzada se ejecuta en cada equipo en el que se ejecuta Windows server y proporciona protección local contra los ataques de red que puedan pasar a través de la red perimetral u originarse dentro de la organización. También proporciona seguridad de conexión entre equipos que permite requerir la autenticación y la protección de los datos para las comunicaciones. Firewall de Windows con seguridad avanzada permite solicitar o requerir que los equipos se autentiquen unos a otros antes de comunicarse y que usen integridad de datos o cifrado de datos en la comunicación.

Firewall de Windows con seguridad avanzada usa dos conjuntos de reglas para configurar el modo en que responde al tráfico entrante y saliente. Las reglas de firewall determinan qué tráfico se permite o se bloquea. Las reglas de seguridad de conexión determinan el modo en que se asegura el tráfico entre este equipo y otros equipos. Estas reglas, junto con otras configuraciones, pueden aplicarse con un perfil de firewall, que se aplica en función de si el equipo está conectado. También puede supervisar las reglas y las actividades del firewall.

8.1.4. Protección antivirus

Un *virus* es un programa que se replica a sí mismo. Para propagarse, se copia a sí mismo en el equipo o inserta código informático en archivos de programa o archivos del sistema operativo. Los virus no siempre dañan archivos o equipos; normalmente, afectan al rendimiento y a la estabilidad del sistema. Para que un virus infecte un equipo o se propague, lo normal es que el usuario tenga que realizar alguna acción como, por ejemplo, abrir un archivo infectado que se ha enviado adjunto a un mensaje de correo electrónico.

Un *gusano* consiste en código informático que se propaga sin necesidad de interacción por parte del usuario. La mayoría de los gusanos son inicialmente archivos adjuntos a mensajes de correo electrónico que infectan el equipo cuando se abren. Los gusanos buscan en el equipo infectado archivos que contengan direcciones de correo electrónico, como libretas de direcciones o páginas web temporales. Los gusanos utilizan estas direcciones para enviar correo electrónico infectado y suelen imitar (o suplantar) las direcciones que figuran en "De" en mensajes de correo electrónico posteriores, de manera que los mensajes infectados parecen proceder de personas conocidas. Los gusanos se propagan automáticamente a través del correo electrónico, las redes o aprovechando las vulnerabilidades del sistema operativo, lo que hace que los sistemas se desborden antes de que se conozca la causa. Los gusanos no siempre son destructivos, pero suelen producir problemas de rendimiento y estabilidad en los equipos y las redes.

Un *caballo de Troya* es un programa de software malintencionado que se oculta en el interior de otros programas. Entra en el equipo oculto en un programa legítimo, como un protector de pantalla. Después, coloca en el sistema operativo código que permite que un pirata informático obtenga acceso al equipo infectado. Normalmente, los caballos de Troya no se propagan por sí solos, sino por la acción de virus, gusanos o software descargado.

Una *amenaza combinada* es la combinación de parte o todos los tipos de programas malintencionados descritos en las secciones anteriores. Las amenazas combinadas suelen comenzar cuando un usuario interactúa con un virus; por ejemplo, al abrir archivos adjuntos a un mensaje de correo electrónico que no son seguros. El virus se propaga automáticamente con el comportamiento de un gusano y, después, instala un caballo de Troya en el equipo infectado.

Proteger el equipo de los virus y otras amenazas no es difícil, pero hay que ser minucioso. La primera tarea a tener presente es instalar un programa antivirus y mantenerlo actualizado. Los programas antivirus analizan el equipo en busca de virus que pretenden introducirse en su correo electrónico, sistema operativo o archivos. Cada día aparecen virus nuevos, por lo que es recomendable visitar con frecuencia el sitio web del fabricante en busca de actualizaciones.

La mayor parte de los programas antivirus se venden con suscripciones anuales que pueden renovarse cuando es necesario. Para encontrar un programa antivirus, visite la página web de Microsoft Antivirus Partners (www.microsoft.com/spanish) y busque *Antivirus partners*.

Otra precaución a tener en cuenta consiste en no abrir los archivos adjuntos a mensajes de correo electrónico. Muchos virus se envían adjuntos a mensajes de correo electrónico y se propagan en cuanto abre el archivo. Es mejor no abrir ningún archivo adjunto a menos que se trate de algo que está esperando. Microsoft Outlook y Windows Mail ayudan a bloquear archivos adjuntos potencialmente peligrosos.

También es muy conveniente mantener Windows actualizado. Periódicamente, Microsoft publica actualizaciones de seguridad especiales que pueden ayudarle a proteger el equipo. Estas actualizaciones pueden impedir las infecciones de virus y los ataques de piratas informáticos ya que suplen posibles carencias de seguridad. La mejor forma de asegurarse de que Windows está actualizado es activando las *Actualizaciones automáticas*.

También es muy conveniente utilizar Firewall de Windows o cualquier otro firewall, ya que pueden alertarle de actividades sospechosas si un virus o un gusano intentan conectarse al equipo. Asimismo, pueden bloquear virus, gusanos y piratas informáticos si intentan descargar programas potencialmente peligrosos en el equipo.

Un síntoma frecuente de la presencia de un virus es un funcionamiento del equipo mucho más lento de lo normal. No obstante, pueden existir otras razones para ello, como que sea necesario desfragmentar el disco duro, que el equipo necesite más memoria (RAM) o que tenga *spyware* o *adware*.

Otro síntoma de presencia de virus puede ser la aparición de mensajes inesperados o programas que se inician automáticamente. Algunos virus pueden causar daños en Windows o en algunos de sus programas. El resultado de estos daños pueden ser mensajes que aparecen de forma inesperada, programas que se inician o se cierran automáticamente o situaciones en las que Windows se cierra de forma repentina.

Por otro lado, los virus de correo electrónico suelen enviar muchas copias de sí mismos por correo electrónico. Un indicador de ello es que la luz de actividad del módem externo o de la banda ancha esté siempre encendida. Otro, es el sonido del disco duro del equipo en continuo funcionamiento. Éstos no siempre son síntomas de virus, pero cuando se combinan con otros problemas pueden indicar una infección vírica.

Para buscar virus, analice el equipo con un programa antivirus. Cada día aparecen virus nuevos, de modo que es importante mantener actualizado el antivirus. La forma más eficaz de eliminar virus (e impedir que se instalen virus en el equipo) es instalar y usar software antivirus.

El software antivirus examina el equipo en busca de virus y los elimina si es posible. Existen multitud de empresas de software y fuentes en línea que ponen a su disposición software antivirus.

También se puede utilizar la herramienta de eliminación de software malintencionado de Microsoft, que se actualiza una vez al mes y que se obtiene en el sitio web *www.microsoft.com/spanish* buscando *Herramientas de eliminación de software malintencionado* (Figura 8-8). La herramienta examina el equipo en busca de los virus y software malintencionado más reciente. Tras ejecutar la herramienta, se generará un informe donde se describe el software malintencionado encontrado en el equipo y una lista de todos los virus detectados. Puede hacer clic en el nombre de un virus para ver su descripción y otra información relacionada.

Figura 8-8

8.1.5. Prevención de ejecución de datos

La *Prevención de ejecución de datos* DEP (*Data Execution Prevention*) es una característica de seguridad que ayuda a impedir daños en el equipo producidos por virus y otras amenazas a la seguridad. Los programas perjudiciales pueden intentar atacar Windows mediante la ejecución de código desde ubicaciones de la memoria del sistema reservadas para Windows y otros programas autorizados. Estos tipos de ataques pueden dañar los programas y los archivos. DEP puede ayudar a proteger el equipo mediante la supervisión de los programas para garantizar que utilizan la memoria del sistema de forma segura. Si DEP advierte que un programa del equipo usa la memoria de forma incorrecta, lo cierra y envía una notificación al usuario.

Para configurar la prevención de ejecución de datos se tendrá en cuenta lo siguiente:

1. Haga clic en *Inicio → Panel de control → Sistema y mantenimiento → Sistema para abrir Sistema* (Figura 8-9).

2. Haga clic en *Configuración avanzada del sistema en el panel de tareas situado en la parte izquierda*.

3. Se obtiene la pantalla *Propiedades del sistema* (Figura 8-10).

4. En *Rendimiento de la ficha Opciones avanzadas* de la pantalla *Propiedades del sistema*, haga clic en *Configuración*. Se obtiene la pantalla *Opciones de rendimiento*.

5. Haga clic en la ficha *Prevención de ejecución de datos* y, a continuación, haga clic en *Activar DEP para todos los programas y servicios excepto los que seleccione*.

Para *desactivar DEP en un programa individual* active la casilla situada junto al programa en el que desea desactivar DEP en la Figura 9-24 y, a continuación, haga clic en *Aceptar*. Si el programa no aparece en la lista, pulse en *Agregar*, busque la carpeta *Archivos de programa*, localice el archivo ejecutable del programa y, luego, haga clic en *Abrir*. Para *activar DEP en un programa individual* desactive la casilla situada junto al programa en el que desea activar DEP y, por último, haga clic en *Aceptar*.

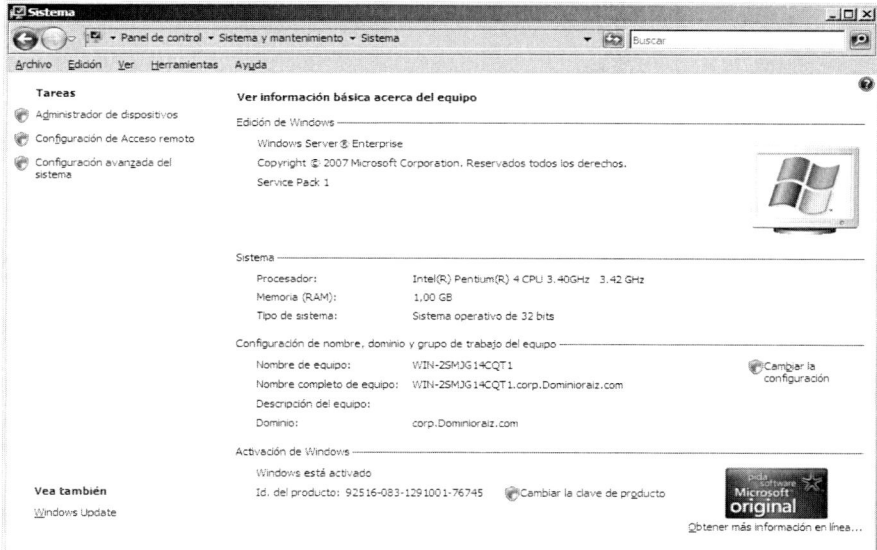

Figura 8-9

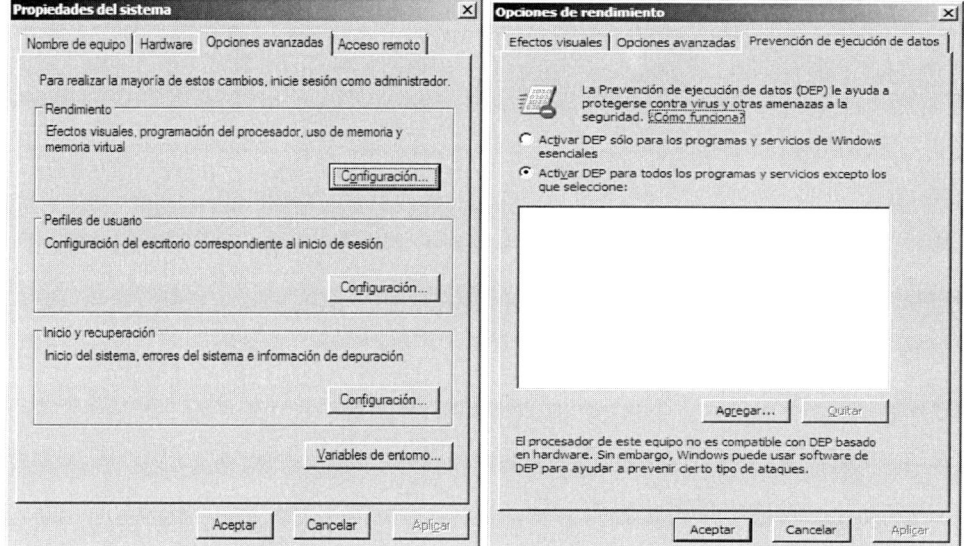

Figura 8-10   Figura 8-11

8.1.6. Suplantación de identidad (Phishing)

La suplantación de identidad en línea, o phishing, es una forma de engañar a los usuarios para que revelen información personal o financiera a través de un mensaje de correo electrónico o sitio web. Normalmente, una estafa por suplantación de identidad empieza con un mensaje de correo electrónico que parece un comunicado oficial de una fuente de confianza, como un banco, una compañía de tarjeta de crédito o un comerciante en línea reconocido. En el mensaje de correo electrónico, se dirige a los destinatarios a un sitio web fraudulento, donde se les pide que proporcionen sus datos personales, como un número de cuenta o una contraseña. Después, esta información se usa para el robo de identidad.

El *Filtro de suplantación de identidad* es una característica de Internet Explorer que ayuda a detectar sitios web que intentan suplantar su identidad. El Filtro de suplantación de identidad usa tres métodos para protegerle de los intentos de suplantación de identidad. En primer lugar, compara las direcciones de los sitios web que visita con una lista de sitios que Microsoft ha determinado que son legítimos. Esta lista se almacena en el equipo. En segundo lugar, ayuda a analizar los sitios que visita en busca de las características comunes a los sitios web de suplantación de identidad. En tercer lugar, con su autorización, el Filtro de suplantación de identidad envía algunas direcciones de sitios web a Microsoft para que se comparen con una lista de sitios web de suplantación de identidad que se actualiza con frecuencia.

Si el sitio que está visitando aparece en la lista de sitios web de suplantación de identidad, Internet Explorer mostrará una página web de advertencia y una notificación en la barra de direcciones. Desde la página web de advertencia, puede continuar o cerrar la página. Si el sitio web contiene características comunes a un sitio de suplantación de identidad, pero no está en la lista, Internet Explorer sólo notificará en la barra de direcciones que podría tratarse de un sitio web de este tipo.

La primera vez que instala Internet Explorer, el Filtro de suplantación de identidad sólo compara las direcciones de los sitios web que visita con la lista de sitios web legítimos almacenada en el equipo. También ayuda a analizar esos sitios para comprobar si incluyen características comunes a los sitios web de suplantación de identidad. No se envía información a Microsoft a menos que decida enviarla. La primera vez que visite un sitio web que no se encuentre en la lista de sitios web legítimos, se le preguntará si desea comprobar los sitios web automáticamente. Si selecciona esta opción, el Filtro de suplantación de identidad enviará ciertas direcciones de sitios Web a Microsoft para compararlas con una lista de sitios de suplantación de identidad que se actualiza con frecuencia y le alertará sobre los sitios web que son sospechosos o que se ha notificado que suplantan identidades.

Para *desactivar el Filtro de suplantación de identidad*, se tendrá en cuenta lo siguiente:

1. Abra Internet Explorer haciendo clic sobre su icono en el menú *Inicio*, mediante un acceso directo en el *Escritorio* o mediante *Inicio → Todos los programas → Internet Explorer*. Puede que automáticamente se obtenga la Figura 8-12, cuyas opciones permiten activar o desactivar el filtro de suplantación de identidad *phishing*.

2. Si no se obtiene automáticamente la Figura 8-12, haga clic en el botón *Herramientas*, luego en *Filtro de suplantación de identidad (phishing)* y, a continuación, en *Configuración del Filtro de suplantación de identidad (phishing)* según la Figura 8-13.

3. Desplácese a la sección *Filtro de suplantación de identidad (phishing)* del apartado *Seguridad* en la lista de opciones (Figura 8-14), haga clic en *Deshabilitar el Filtro de suplantación de identidad (phishing)* y, a continuación, pulse en *Aceptar*.

Para *activar el Filtro de suplantación de identidad*, haga clic en *Activar la comprobación automática de sitios web* en la Figura 8-14, haga clic en *Activar el Filtro de suplantación de identidad* y, a continuación, pulse en *Aceptar*.

Para *informar sobre un sitio Web de suplantación de identidad (phishing)*, haga clic en *Notificar a Microsoft de este sitio Web* en la Figura 8-14.

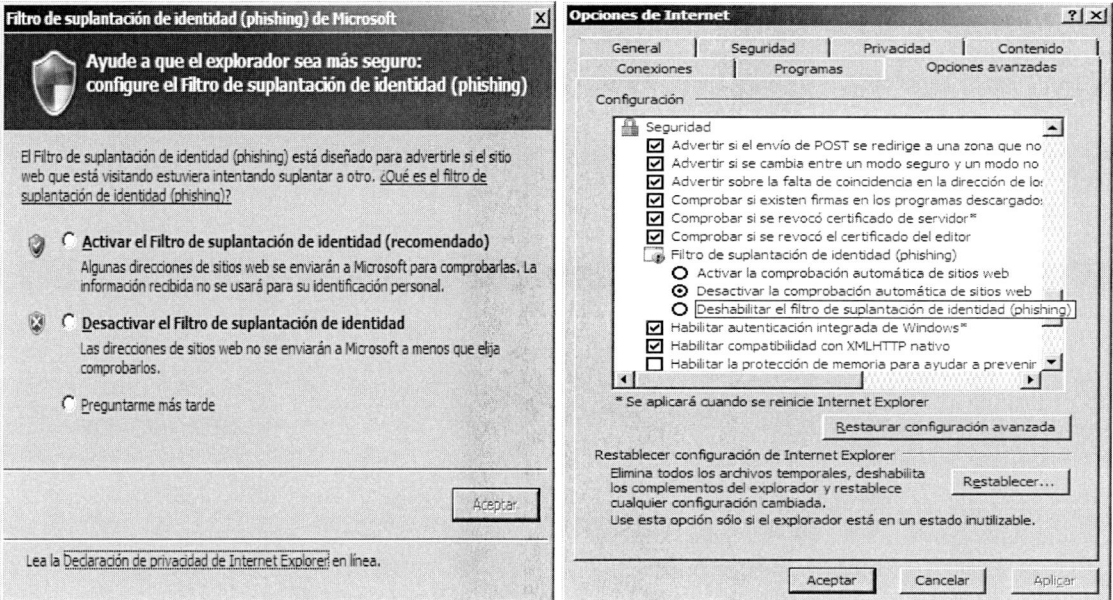

Figura 8-12   Figura 8-13

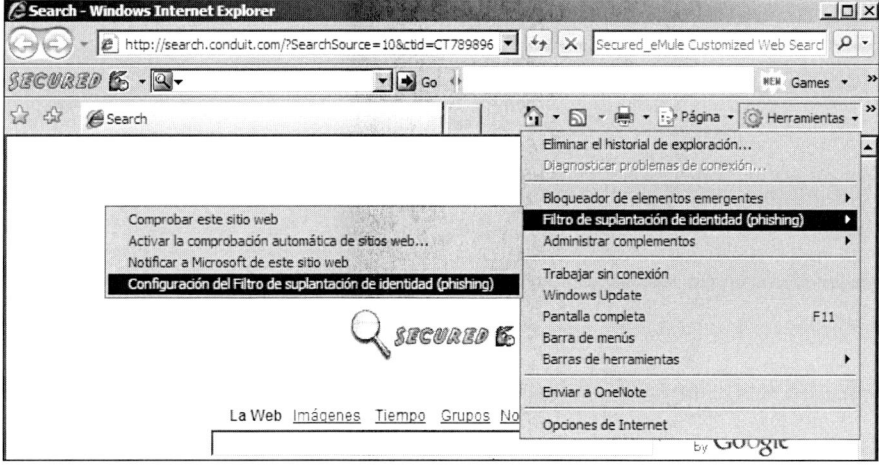

Figura 8-14

Si por error se han enviado datos personales o financieros a un sitio web de suplantación de identidad, cambie las contraseñas o NIP de todas sus cuentas en línea, envíe una alerta de fraude en sus informes de crédito y póngase en contacto en línea directamente con su banco o asesor financiero si no está seguro de cómo hacerlo. No siga los vínculos de los correos electrónicos fraudulentos y si sabe de alguna cuenta a la que se haya obtenido acceso o se haya abierto de forma fraudulenta, ciérrela.

8.1.7. Windows Defender y la protección contra spyware

Windows Defender es el programa antispyware que se incorpora desde Windows Vista. El spyware es un software espía que suele mostrar anuncios emergentes, recopilar información sobre el usuario o cambiar la configuración del equipo sin consentimiento del usuario. Es muy importante ejecutar software anti spyware siempre que utilice el equipo. El spyware y otro software no deseado pueden intentar instalarse en su PC cuando se conecte a internet. También pueden infectar el equipo al instalar un programa de un CD, un DVD u otros medios extraíbles. El software malintencionado o potencialmente no deseado también puede programarse para ejecutarse a horas inesperadas, no sólo al instalarse.

Existen posibilidades de que tenga algún tipo de spyware en su equipo si observa nuevas barras de herramientas, vínculos o favoritos que usted no ha agregado intencionadamente al explorador web o también si la página principal, el puntero del ratón o los programas de búsqueda cambian de forma inesperada. Otro síntoma de spyware es el hecho de que al escribir la dirección de un sitio web aparece la página de otro sitio web sin previo aviso. También hay riesgo de presencia de spyware si aparecen ventanas emergentes incluso sin estar conectado internet o si de repente, el rendimiento de su PC es más lento de lo normal. Incluso es posible que haya spyware en su equipo, aunque no vea ningún síntoma. Este tipo de software puede recopilar información acerca de usted y de su equipo sin su conocimiento o consentimiento.

Para proteger la seguridad del equipo, es muy recomendable ejecutar Windows Defender u otro programa antispyware en todo momento. En Windows Defender, puede realizar un análisis rápido del equipo o un análisis completo del sistema. Si sospecha que algún spyware ha infectado alguna zona concreta de su equipo, puede personalizar un análisis seleccionando sólo las unidades y las carpetas que desea analizar. En un análisis rápido se analizan las secciones del disco duro del equipo que suelen infectarse más comúnmente con spyware. En un análisis completo, se comprueban todos los archivos del disco duro y los programas que se están ejecutando, pero es posible que las operaciones se vean ralentizadas hasta que termine el análisis. Le recomendamos que realice un análisis rápido diariamente. Si sospecha que algún spyware ha infectado su equipo, lleve a cabo un análisis completo del sistema.

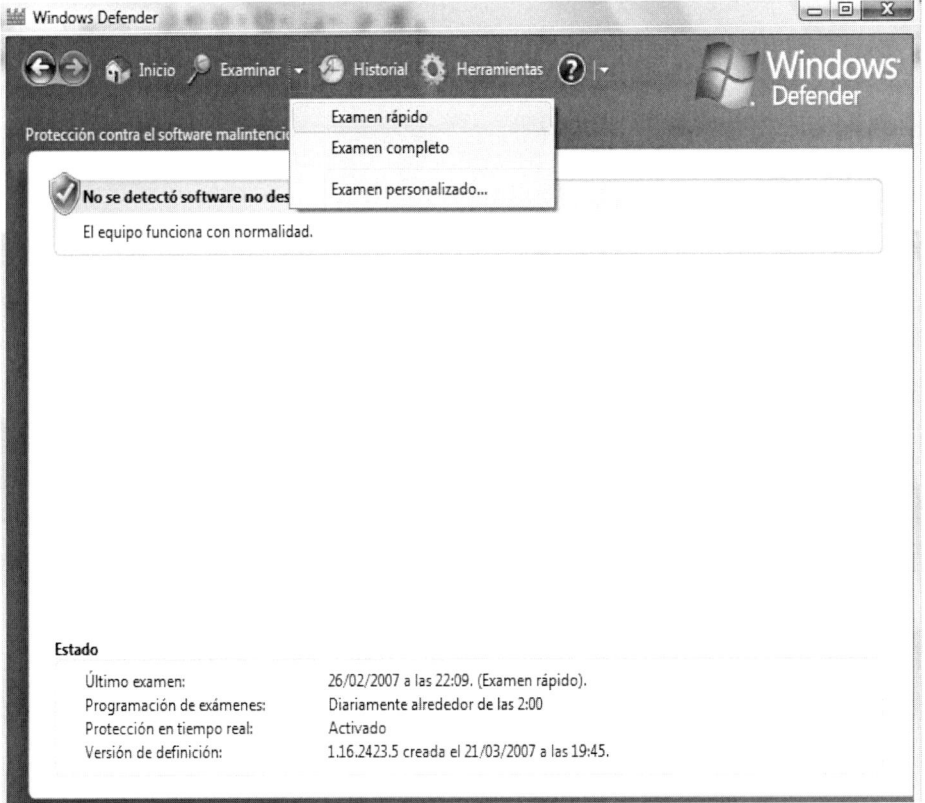

Figura 8-15

Para *realizar un análisis rápido del equipo* haga clic en *Inicio → Panel de control → Seguridad → Windows* Defender (Figura 8-16) para abrir Windows Defender. A continuación, haga clic en la flecha hacia abajo situada a la izquierda de la opción *Examinar* y elija *Examen rápido* (Figura 8-15). Comienza el examen rápido de los ficheros del equipo para detectar si existe software spyware (Figura 8-16). Finalizado el examen se obtienen las estadísticas del análisis (Figura 8-17).

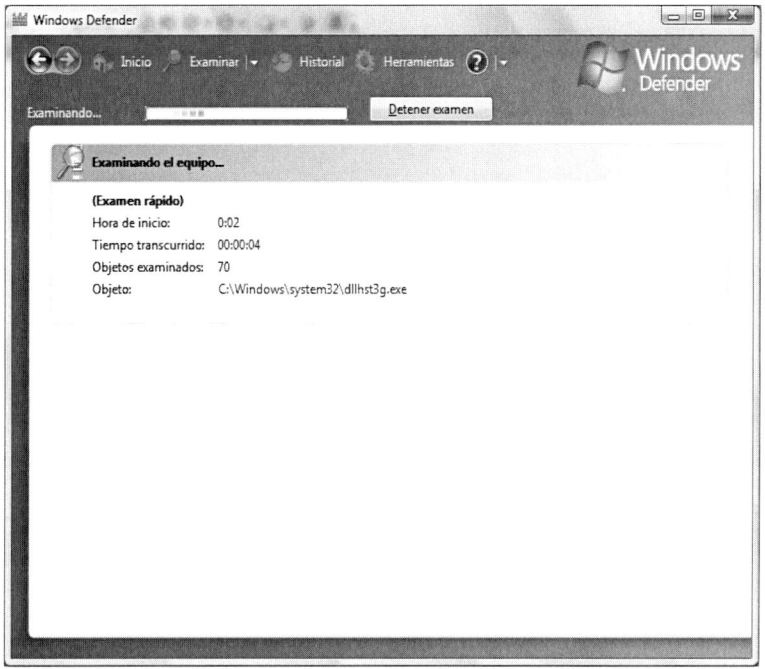

Figura 8-16

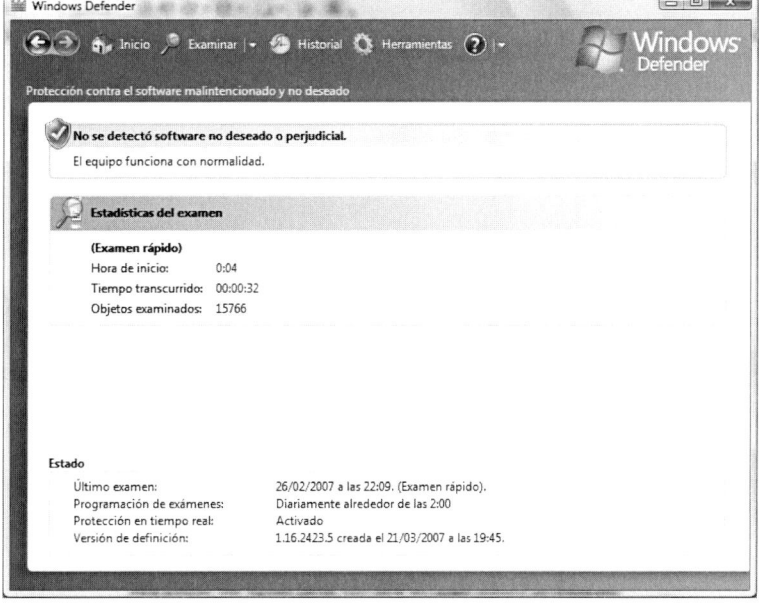

Figura 8-17

Para *realizar un análisis de todo el equipo*, haga clic en *Inicio → Panel de control → Seguridad → Windows Defender* para abrir Windows Defender. A continuación, haga clic en la *flecha abajo* situada al lado del botón *Examinar* y, luego, pulse en *Examen completo* en la Figura 8-15. Si se solicita una contraseña de administrador o una confirmación, escriba la contraseña o proporcione la confirmación.

También es posible seleccionar las ubicaciones específicas que desea analizar con Windows Defender. No obstante, si se detecta software potencialmente no deseado o software malintencionado, Windows Defender realizará un análisis rápido para que los elementos detectados se puedan quitar, si es necesario, de las otras ubicaciones del equipo.

Para analizar sólo algunas partes específicas del equipo (análisis personalizado) haga clic en *Inicio → Panel de control → Seguridad → Windows Defender* para abrir Windows Defender. Haga clic en la flecha abajo situada al lado del botón *Examinar* y, a continuación, pulse en *Examen personalizado* (Figura 8-15). Si se solicita una contraseña de administrador o una confirmación, escriba la contraseña o proporcione la confirmación.

En la Figura 8-18 haga clic en *Examinar en las unidades y carpetas seleccionadas* y, a continuación, pulse en *Seleccionar*. Seleccione las unidades y carpetas que desea analizar y haga clic en *Aceptar*.

Figura 8-18

Al realizar un análisis del equipo con Windows Defender, es posible elegir entre cuatro opciones avanzadas adicionales:

- *Analizar el contenido de archivos y carpetas archivados para detectar potenciales amenazas.* Es posible que al analizar estas ubicaciones aumente el tiempo necesario para completar un análisis, pero el spyware y otras aplicaciones no deseadas pueden instalarse e intentar "ocultarse" en estas ubicaciones.

- *Utilizar tecnología heurística para detectar comportamientos no deseados o potencialmente dañinos del software cuyo peligro no se haya analizado.* Windows Defender usa los archivos de definiciones para identificar amenazas conocidas, pero también puede detectar y alertar sobre comportamiento no deseado o potencialmente dañino de un software que todavía no figura en un archivo de definición.

- *Crear un punto de restauración antes de aplicar acciones a los elementos detectados.* Como puede configurar Windows Defender para que quite automáticamente los elementos detectados, seleccionar esta opción le permitirá restaurar los ajustes del sistema en los casos en que desee usar un software que no tenía intención de quitar.

- *No detectar en estos archivos o ubicaciones.* Utilice esta opción para seleccionar los archivos y carpetas que no desea que Windows Defender analice.

Para *seleccionar opciones de análisis avanzadas*, haga clic en *Inicio → Panel de control → Seguridad → Windows Defender* para abrir Windows Defender. Haga clic en *Herramientas* y, a continuación, en *Opciones* (Figura 8-19). En *Opciones avanzadas* (Figuras 8-20 y 8-21) active la casilla situada al lado de cada una de las opciones que desee usar. Si no desea que Windows Defender analice algunas zonas del equipo, en *No detectar en estos archivos o ubicaciones*, pulse en *Agregar*. Busque los archivos o carpetas que no desea analizar y, a continuación, en *Aceptar*. Repita este paso para cada archivo o carpeta que no desee analizar. Cuando haya finalizado la selección de opciones avanzadas, haga clic en *Guardar*.

Figura 8-19

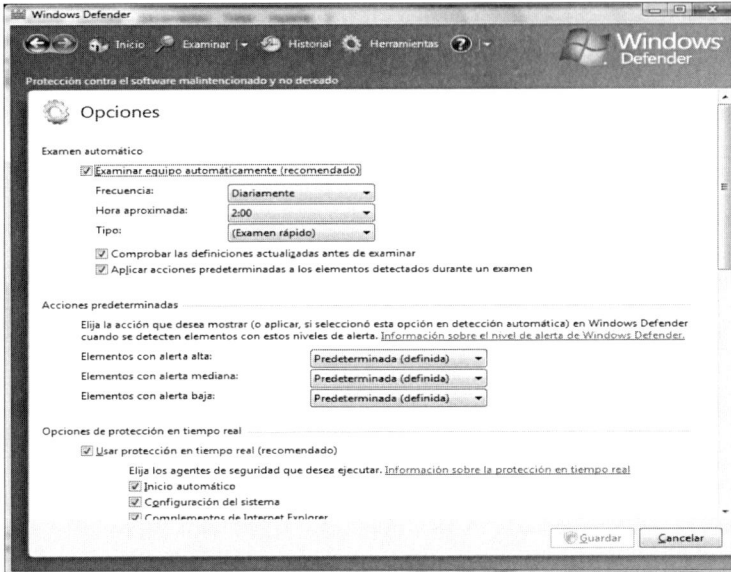

Figura 8-20

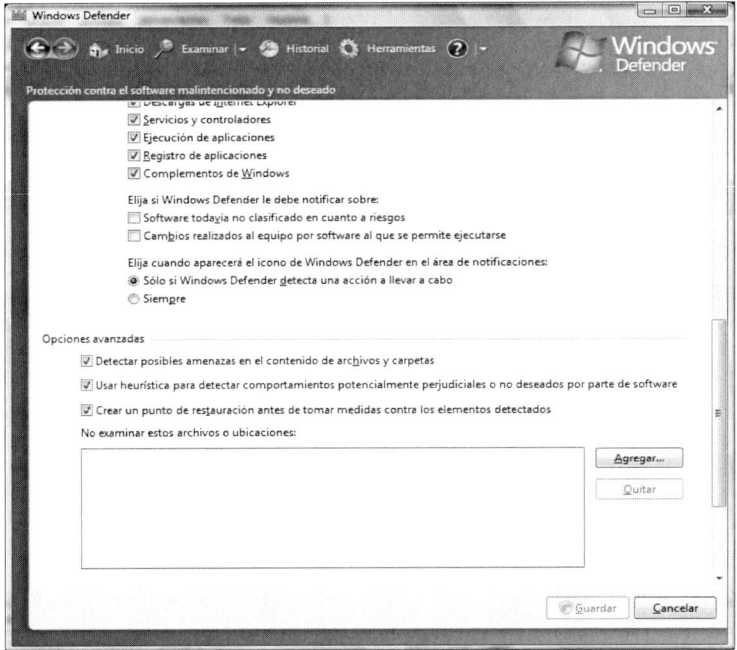

Figura 8-21

En Windows Defender es posible *mantener las definiciones actualizadas.* Las definiciones son archivos que actúan como una enciclopedia de spyware conocido y otro software potencialmente no deseado. Como el spyware está en constante desarrollo, Windows Defender depende de que las definiciones estén actualizadas para determinar si el software que intenta instalarse, ejecutarse o cambiar la configuración de su equipo es software potencialmente no deseado o software malintencionado. Windows Defender funciona con la configuración de Windows Update para instalar de forma automática las definiciones más recientes.

Para buscar automáticamente nuevas definiciones antes de los análisis programados (recomendado), haga clic en *Inicio → Panel de control → Seguridad → Windows Defender* para abrir Windows Defender. Haga clic en *Herramientas* y, a continuación, en *Opciones* (Figura 8-19). En *Examen automático* (Figura 8-20), asegúrese de que la casilla *Examinar equipo automáticamente (recomendado)* esté activada. Active la casilla *Comprobar las definiciones actualizadas antes de examinar* y, después, haga clic en *Guardar*. Si se solicita una contraseña de administrador o una confirmación, escriba la contraseña o proporcione la confirmación.

Si no realiza análisis programados ni obtiene las actualizaciones automáticamente, le aconsejamos que busque nuevas definiciones al menos una vez por semana. Windows Defender le avisará si las definiciones llevan más de siete días caducadas. Para buscar manualmente nuevas definiciones, haga clic en la flecha situada al lado del botón *Ayuda* 🔵 y, a continuación, haga clic en *Buscar actualizaciones* (Figura 8-22).

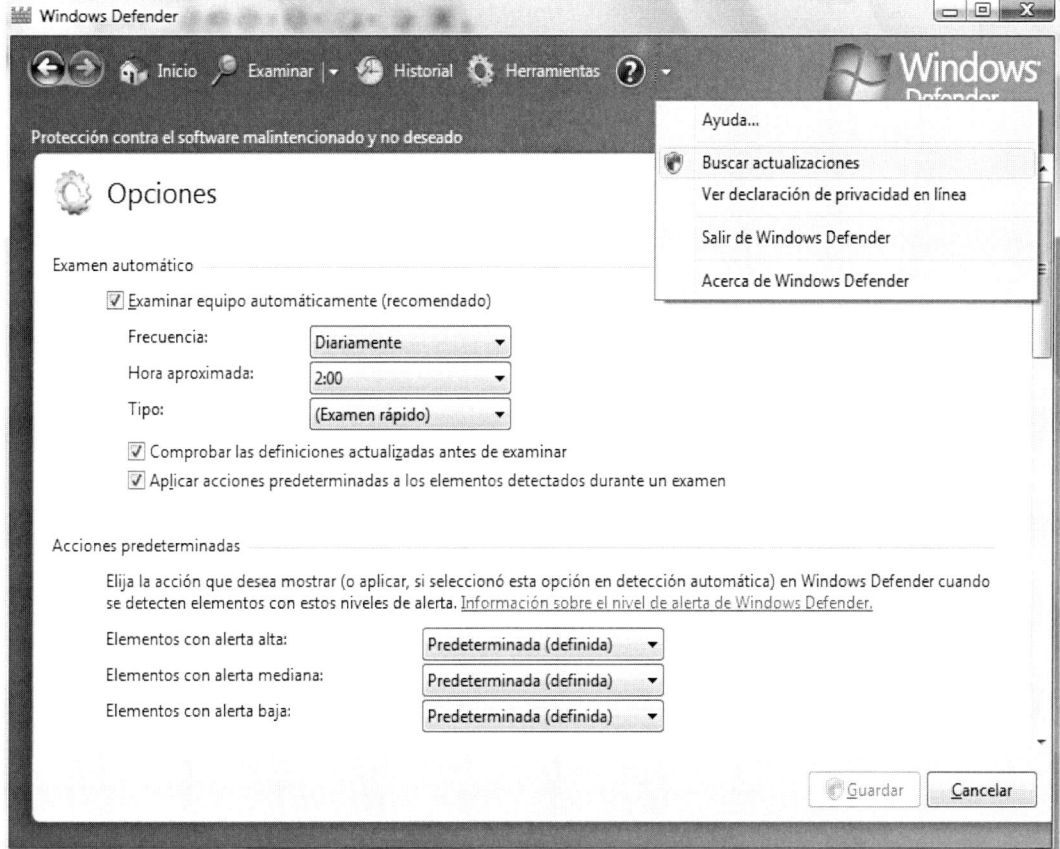

Figura 8-22

Los *niveles de alerta de Windows Defender* ayudan a elegir cómo hacer frente al spyware y al software potencialmente no deseado. Aunque Windows Defender recomendará eliminar el spyware, no todo el software que se detecta es malintencionado o no deseado. La información de la tabla siguiente puede ayudar a decidir qué hacer si Windows Defender detecta software potencialmente no deseado en el equipo.

Nivel de alerta	Lo que significa	Medida necesaria
Grave	Programas muy extendidos o extremadamente malintencionados, parecidos a los virus o gusanos, que ponen en peligro su privacidad y la seguridad del equipo, que puede acabar dañado.	Quite este software inmediatamente.
Alta	Programas que pueden recopilar información personal y afectar a su privacidad o dañar el equipo, por ejemplo, recopilando información o cambiando la configuración, normalmente sin su conocimiento ni permiso.	Quite este software inmediatamente.
Mediana	Programas que pueden vulnerar su privacidad o realizar cambios en el equipo que pueden afectar al rendimiento del mismo, por ejemplo, al recabar información personal o cambiar la configuración.	Revise los detalles de la alerta para saber por qué se ha detectado ese programa. Si no le gusta cómo funciona el software o bien el fabricante le resulta desconocido o no confía en él, le aconsejamos que lo bloquee o lo quite.
Baja	Posible software no deseado que podría recopilar sus datos personales e información del equipo, así como cambiar la configuración, pero que funciona de acuerdo con los términos de licencia mostrados al instalar el programa.	Este software suele ser benigno al ejecutarse en el equipo, salvo que se haya instalado sin su conocimiento. Si no sabe si debe permitir que se ejecute, revise los detalles de la alerta o consulte el nombre del fabricante para ver si lo reconoce y confía en él.
Todavía sin clasificar	Programas por lo general benignos, salvo que se hayan instalado sin su conocimiento.	Si el software le resulta conocido y confía en él, permita que se ejecute. Si no conoce el software ni el proveedor, examine los detalles de la alerta para decidir qué medida sería la más apropiada. Si pertenece a la comunidad SpyNet, compruebe las clasificaciones de otros usuarios para ver si confían en ese software.

La *protección en tiempo real de Windows Defender contra el spyware* le alerta cuando spyware y otro software potencialmente no deseado intenta instalarse o ejecutarse en su PC. Según el nivel de alerta, podrá adoptar una de estas medidas:

- *Omitir*. Permite instalar o ejecutar el software en su equipo. Si el software sigue ejecutándose durante el siguiente análisis o intenta cambiar la configuración de seguridad de su PC, Windows Defender volverá a notificárselo.

- *Cuarentena*. Cuando Windows Defender pone software en cuarentena, lo mueve a otra ubicación de su PC y evita que se ejecute hasta que usted decida restaurarlo o quitarlo de su equipo.

- *Quitar*. Quita de forma permanente el software de su PC.

- *Permitir siempre*. Agrega el software a la lista de elementos permitidos de Windows Defender y permite que se ejecute en el equipo. Windows Defender dejará de alertarle de los posibles riesgos que represente el programa para su privacidad o para la seguridad el equipo. Sólo debe agregar software a esta lista si confía en el software y en el fabricante.

También recibirá alertas si el software intenta cambiar configuraciones importantes de Windows. Como el software ya se está ejecutando en el equipo, puede elegir una de estas acciones:

* *Permitir*. Permite que el software cambie la configuración de seguridad en el equipo.

* *Denegar*. Impide que el software cambie la configuración de seguridad en el equipo.

Puede elegir qué software y configuración supervisará Windows Defender, pero le recomendamos que use todas las opciones de protección en tiempo real, denominadas agentes. En la siguiente tabla se explican todos los agentes y su importancia.

Agente de protección en tiempo real	Propósito
Inicio automático	Supervisa las listas de programas que pueden ejecutarse automáticamente al encender el equipo. El spyware y otras aplicaciones no deseadas pueden ejecutarse al iniciar Windows. Así recopilan información sin su conocimiento. Además, el arranque o rendimiento del equipo podrían verse ralentizados.
Configuración del sistema	Supervisa la configuración de seguridad de Windows. El spyware y el software no deseado pueden cambiar la configuración de seguridad del hardware y del software, así como recopilar información para comprometer más aún la seguridad de su PC.
Complementos de Internet Explorer	Supervisa los programas que se ejecutan automáticamente al iniciar Internet Explorer. El spyware y otro software malintencionado pueden hacerse pasar por complementos del explorador web y ejecutarse sin su conocimiento.
Configuración de Internet Explorer	Supervisa la configuración de seguridad del explorador, la primera línea de defensa contra el contenido malintencionado en Internet. El spyware y otro software potencialmente no deseado pueden intentar cambiar esta configuración sin su conocimiento.
Descargas de Internet Explorer	Supervisa los archivos y los programas designados para funcionar con Internet Explorer, como los controles ActiveX y los programas de instalación de software. Esos archivos puede descargarlos, instalarlos o ejecutarlos el mismo explorador. En estos archivos pueden incluirse e instalarse sin su conocimiento spyware y software no deseado.
Servicios y controladores	Supervisa los servicios y los controladores cuando interactúan con Windows y sus programas. Como los servicios y los controladores realizan funciones esenciales (como permitir que los dispositivos funcionen con el equipo), tienen acceso a aplicaciones importantes del sistema operativo. A través de ellos, el spyware y el software potencialmente no deseado pueden obtener acceso al equipo o intentar ejecutarse de forma inadvertida como componentes normales del sistema operativo.
Ejecución de la aplicación	Supervisa cuándo se inician los programas y las funciones que realizan. El Spyware y otro software no deseado pueden aprovechar vulnerabilidades de los programas instalados para ejecutar sin su conocimiento software malintencionado o no deseado. Por ejemplo, el spyware puede ejecutarse en segundo plano al iniciar un programa que se usa con frecuencia. Windows Defender supervisa los programas y le avisa al detectar cualquier actividad sospechosa.
Registro de la aplicación	Supervisa herramientas y archivos en el sistema operativo donde los programas se pueden registrar para ejecutarse en cualquier momento, no sólo cuando inicia Windows u otro programa. El spyware y el software no deseado pueden registrar un programa para que se inicie sin previo aviso y se ejecute, por ejemplo, a una hora programada cada día. Así, el programa recopila información personal y de su PC u obtiene acceso a aplicaciones importantes del sistema operativo sin su conocimiento.
Windows Complementos	Supervisa los programas de complementos (también denominados utilidades de software) de Windows. Los complementos están diseñados para mejorar el rendimiento en áreas como seguridad, exploración, productividad y multimedia. Sin embargo, pueden instalar a su vez programas que recopilan información sobre usted o sobre sus actividades en internet y desvelar sus datos personales y privados a los anunciantes.

Para evitar infecciones por spyware y otro software no deseado, active la *protección en tiempo real de Windows Defender* y seleccione todas las opciones de protección en tiempo real. La protección en tiempo real le alerta cuando spyware y otro software potencialmente no deseado intenta instalarse o ejecutarse en su PC. También recibirá alertas si algún programa intenta cambiar configuraciones importantes de Windows.

Para *activar la protección en tiempo real de Windows Defender*, haga clic en *Inicio → Panel de control → Seguridad → Windows Defender* para abrir Windows Defender, haga clic en *Herramientas* y, luego, en *Opciones* (Figura 8-19). En *Opciones de protección en tiempo real* (Figura 8-23), active la casilla *Usar protección en tiempo real (recomendado)*. Seleccione las opciones que desee. Para proteger su privacidad y la seguridad del equipo, le recomendamos que seleccione todas las opciones de protección en tiempo real. En la sección *Elija si* Windows *Defender debe notificarle acerca de:* seleccione las opciones que desee y haga clic en *Guardar*.

Si se solicita una contraseña de administrador o una confirmación, escriba la contraseña o proporcione la confirmación.

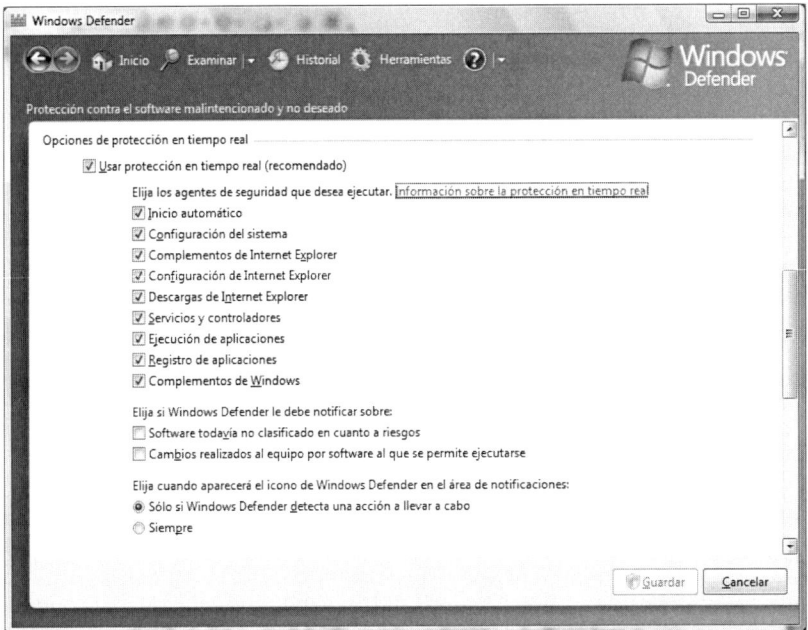

Figura 8-23

También es posible *programar el análisis del equipo con Windows Defender.* Es recomendable realizar un análisis rápido de spyware diariamente. En un análisis rápido se comprueban las ubicaciones del equipo que suelen verse afectadas por spyware o software potencialmente no deseado. Si desea que Windows Defender compruebe todos los archivos y aplicaciones de su PC, realice o programe un análisis completo. Para aumentar la seguridad de su equipo, puede configurar el programa para que quite el spyware y el software potencialmente no deseado que detecte durante el análisis. Los pasos son los siguientes:

- Haga clic en *Inicio → Panel de control → Seguridad → Windows Defender* para abrir Windows Defender.

- Haga clic en *Herramientas* y, a continuación, en *Opciones* (Figura 8-19).

- En *Examen automática* (Figura 8-24), active la casilla *Realizar la detección de forma automática (recomendado)* y después seleccione la frecuencia, la hora del día y el tipo de análisis que desea realizar.

- Para quitar automáticamente el spyware u otro software potencialmente no deseado tras un análisis, active la casilla *Aplicar acciones predeterminadas a los elementos detectados durante una detección.*

- En *Acciones predeterminadas*, seleccione la acción que desea aplicar a cada alerta de Windows Defender y haga clic en *Guardar*. Si se solicita una contraseña de administrador o una confirmación, escriba la contraseña o proporcione la confirmación.

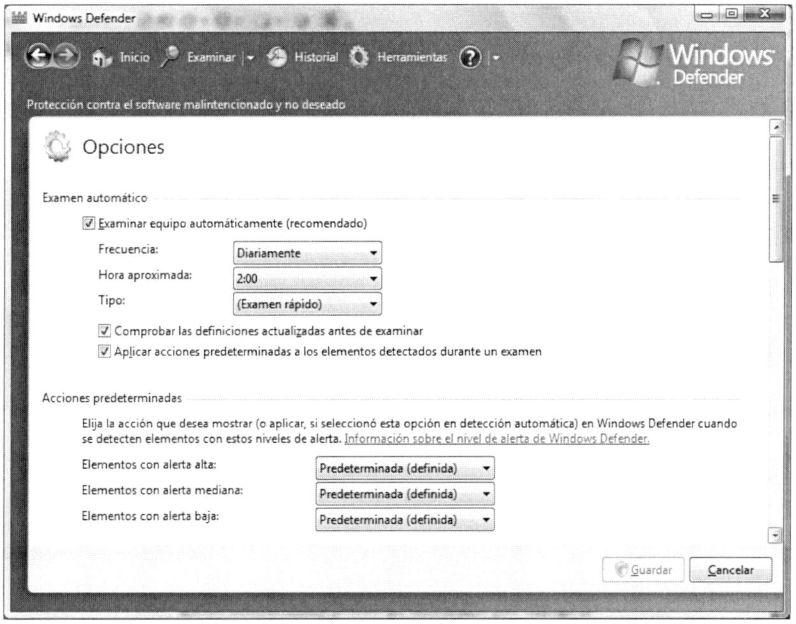

Figura 8-24

No es posible seleccionar una acción predeterminada para el software que tenga un nivel de alerta grave o para el software que aún no haya sido clasificado en cuanto a riesgos potenciales para su privacidad o para el equipo. Windows Defender elimina automáticamente, o le avisa para que elimine, el software con un nivel de alerta grave. Si el software aún no se ha clasificado, deberá consultar la información acerca de dicho software y luego seleccionar una acción.

Si Windows Defender le alerta sobre algún software y decide omitir la alerta, seleccionando *Omitir* en la lista de acciones disponibles, estará permitiendo que el software se ejecute en el PC. Si el software actúa de manera sospechosa posteriormente, Windows Defender le alertará de nuevo o aplicará automáticamente acciones que haya definido para cada tipo de alerta. Esto se hace si confía en el software y no desea que automáticamente Windows Defender lo quite o lo ponga en cuarentena.

Existen *otras opciones de configuración y herramientas de Windows Defender* a las que se accede mediante *Inicio → Panel de control → Seguridad → Windows* Defender para abrir Windows Defender y haciendo clic en *Herramientas → Opciones* (Figura 8-25).

Figura 8-25

La opción *Microsoft SpyNet* (Figura 8-26) permite agregarse a la comunidad Microsoft SpyNet en línea, donde podrá ver qué medidas han tomado otros usuarios ante los programas cuyo riesgo aún no se ha clasificado. Si elige recibir una notificación acerca de este software, la posibilidad de ver si otros miembros de la comunidad permiten o rechazan el software o los cambios efectuados por el software puede ayudarle a tomar una decisión. A su vez, si decide participar, sus decisiones se agregarán a la clasificación de la comunidad para ayudar a otras personas. Puede elegir si desea recibir una notificación acerca del software que aún no se ha clasificado por su riesgo con las opciones disponibles en Windows Defender o suscribiéndose a Microsoft SpyNet con una suscripción avanzada.

Si se une a Microsoft SpyNet, Windows Defender envía automáticamente información a Microsoft sobre spyware, software potencialmente no deseado, así como software o cambios realizados por software para los que aún no se ha analizado la presencia de riesgos. Las acciones que se aplican al software también se notifican a Microsoft.

En la Figura 8-26 se observa que es posible agregarse a la comunidad SpyNet como miembro básico, como miembro avanzado o no unirse ahora y hacerlo más adelante.

Con la opción *Elementos en cuarentena* (Figura 8-27) se puede quitar o restaurar software que Windows Defender identificó previamente como peligroso.

Con la opción *Elementos permitidos* (Figura 8-28) se observa el software elegido como no peligroso y que Windows Defender no supervisará.

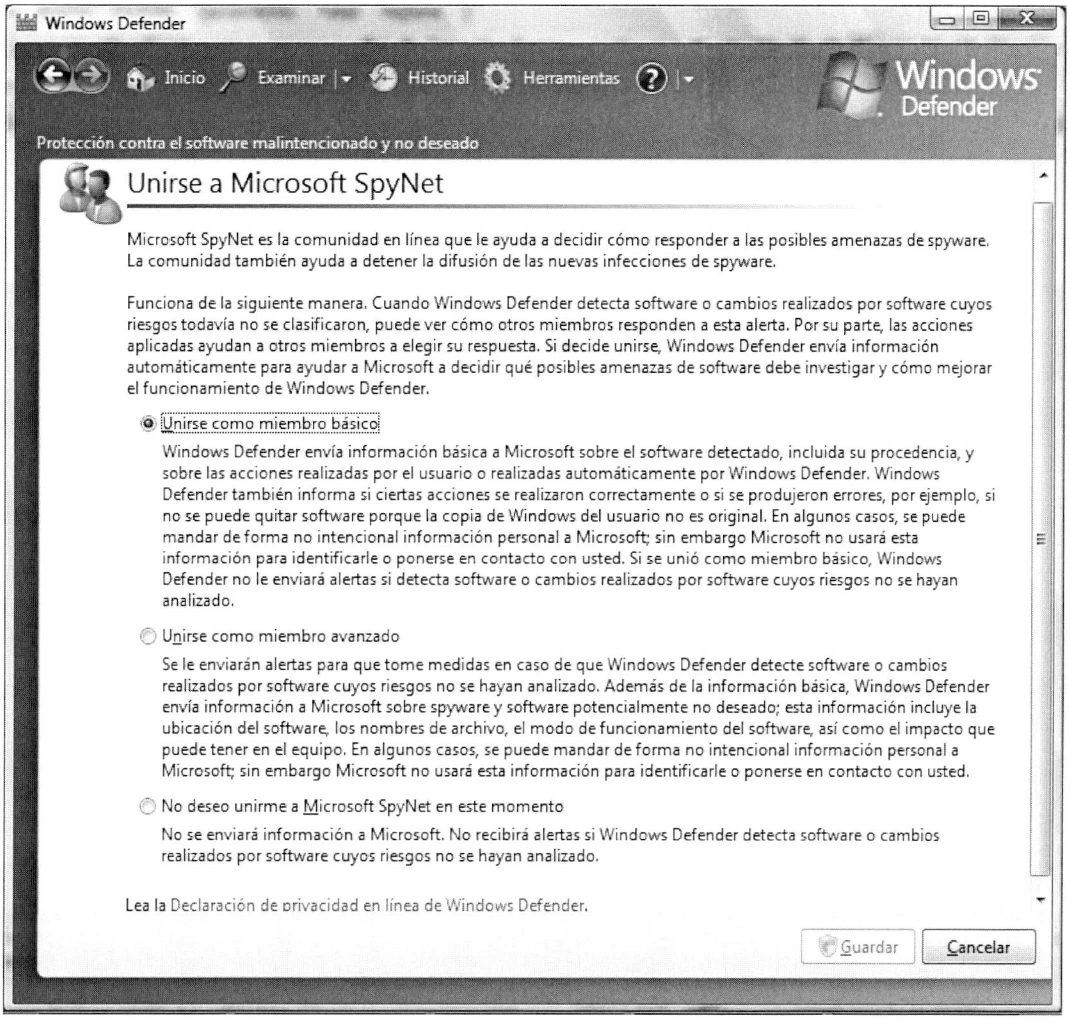

Figura 8-26

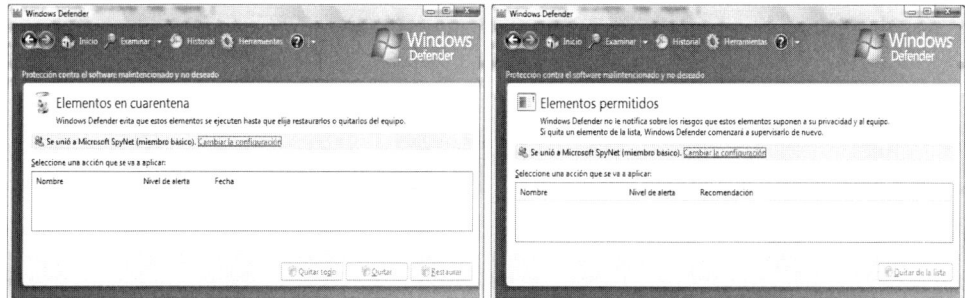

Figura 8-27   Figura 8-28

Con la opción *Explorador de software* (Figura 8-29) se puede ver y supervisar todo el software que se está ejecutando actualmente en el equipo. Con la opción *Página Web de Windows Defender* (Figura 8-30) se accede a herramientas e informaciones de seguridad recientes en línea.

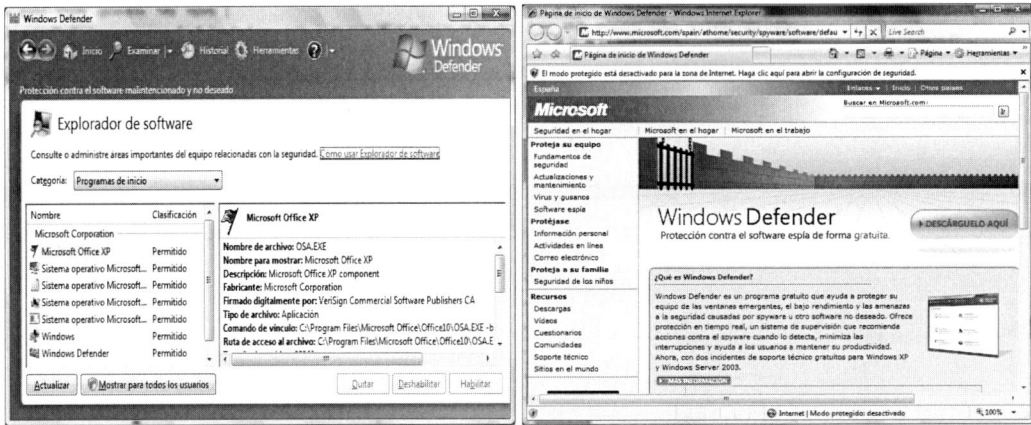

Figura 8-29   Figura 8-30

8.2. DIRECTIVAS DE SEGURIDAD LOCAL. DERECHOS DE USUARIO

Las directivas locales controlan la asignación de derechos de usuario, las opciones de seguridad y la directiva de auditoría. Se configuran seleccionando *Directivas locales* en el árbol del *Editor de administración de directivas de grupo* (Figura 8-31).

8.2.1. Directivas de auditoría

La directiva de auditoría tiene como finalidad auditar el acceso a objetos, el acceso al servicio de directorios, el cambio de directivas, el seguimiento de procesos, el uso de privilegios, los eventos de inicio de sesión, los eventos del sistema y la administración de cuentas (Figura 8-31a).

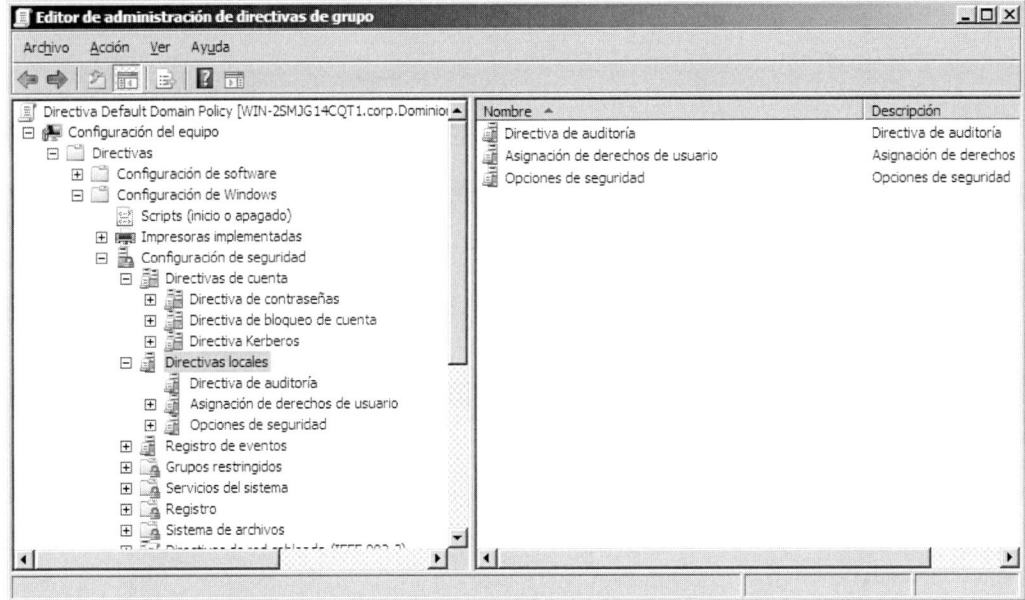

Figura 8-31

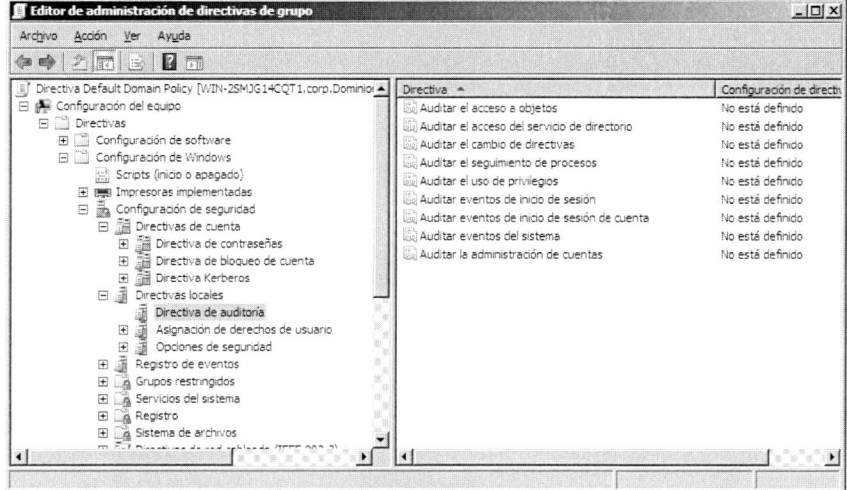

Figura 8-31a

8.2.2. Asignación de derechos de usuario

Asignación de derechos de usuario tiene como finalidad configurar las directivas que aparecen en la parte derecha de la Figura 8-32.

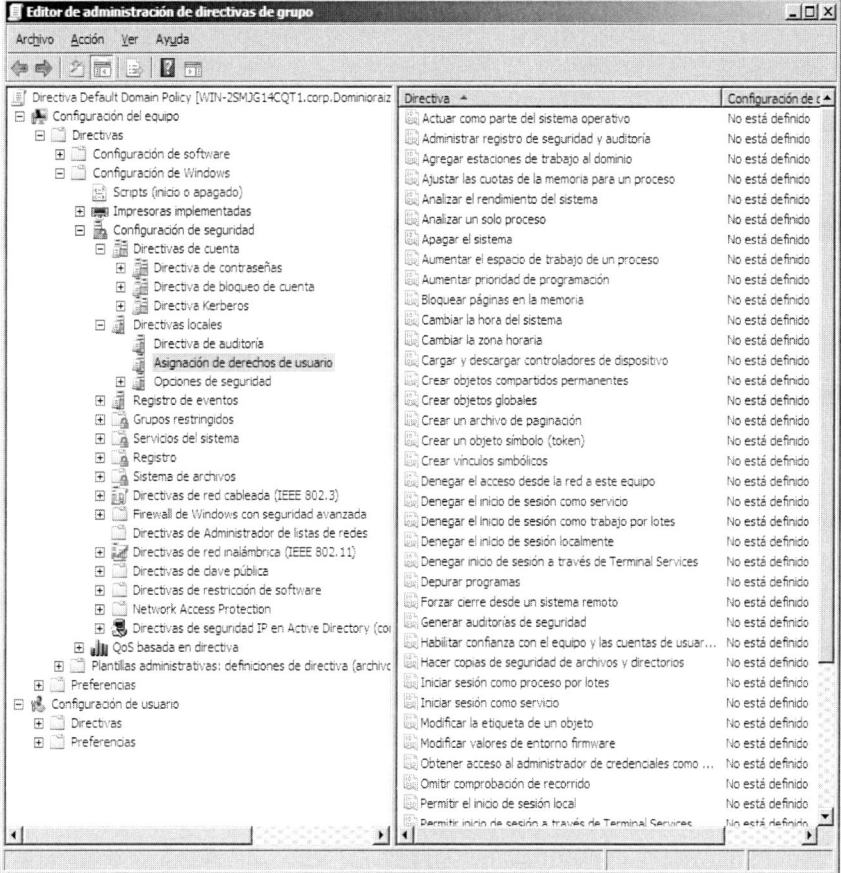

Figura 8-32

8.2.3. Opciones de seguridad

Opciones de seguridad tiene como finalidad configurar las directivas que aparecen en la parte derecha de la Figura 8-33.

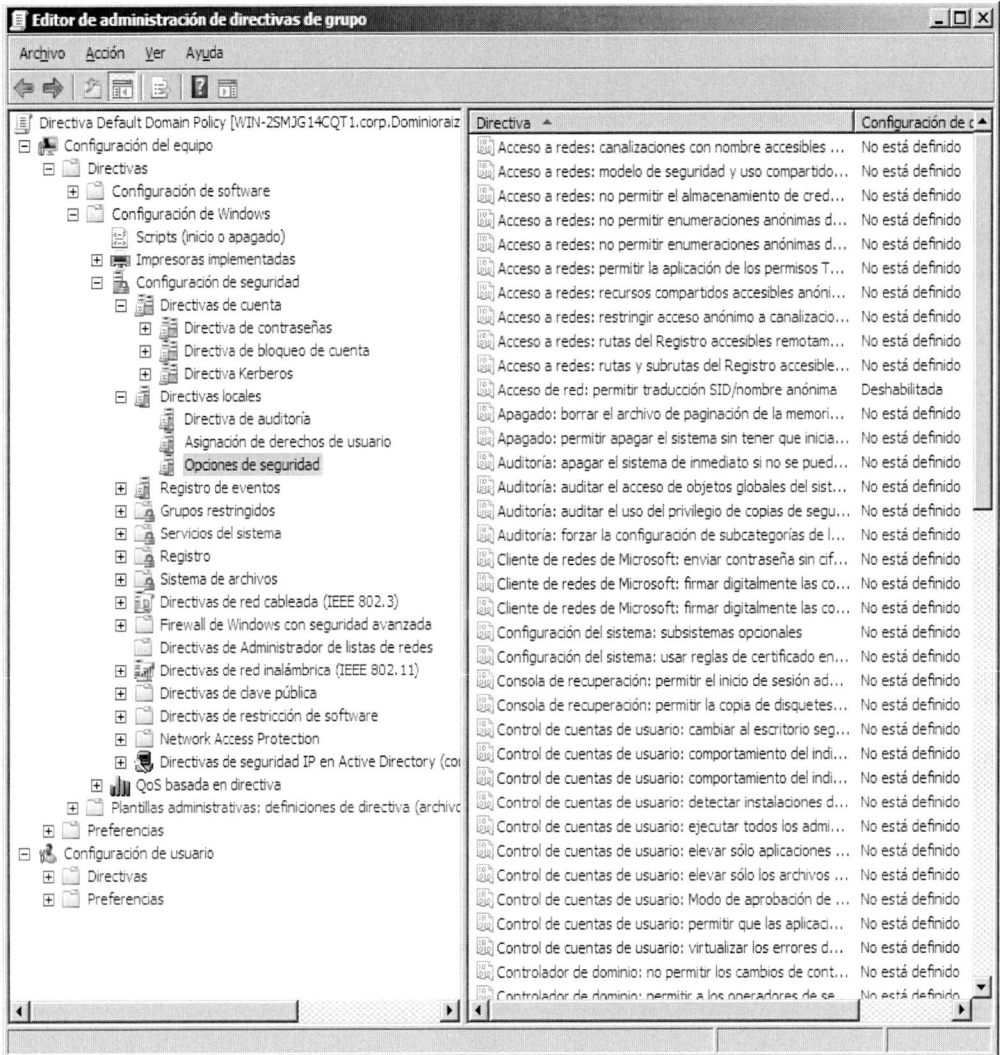

Figura 8-33

8.2.4. Directivas de contraseñas y cuentas

Existen tres tipos de directivas de cuenta: las directivas de contraseña, las directivas de bloqueo de cuenta y las directivas de Kerberos.

Para administrar las directivas de cuentas, se abre el administrador de directivas de grupo mediante *Inicio → Herramientas administrativas → Administración de directivas de grupo*, se hace clic con el botón secundario del ratón en el dominio principal por defecto y en el menú emergente se elige *Editar* (Figura 8-34).

De esta forma se accede al *Editor de administración de directivas de grupo* en el que se utilizarán las opciones que cuelgan de *Directivas de cuenta* según se observa en la Figura 8-35. Se observa que la ruta a seguir es *Configuración de equipo → Directivas → Configuración de Windows → Configuración de seguridad → Directivas de cuenta*.

En la Figura 8-35 se observa que se pueden configurar directivas de contraseñas, directivas de bloqueo de cuenta y directivas Kerberos.

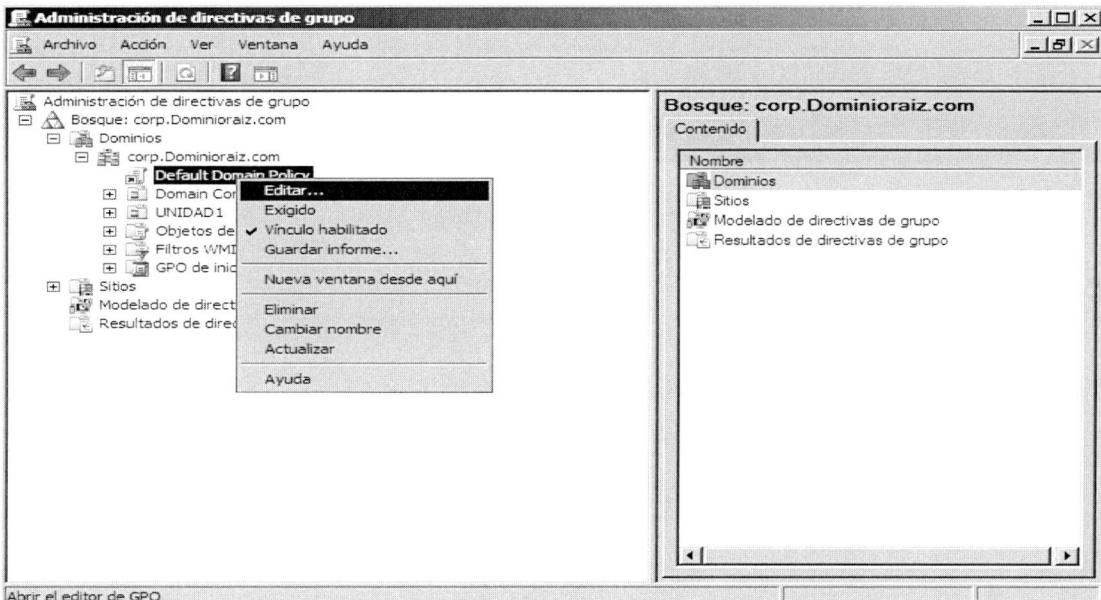

Figura 8-34

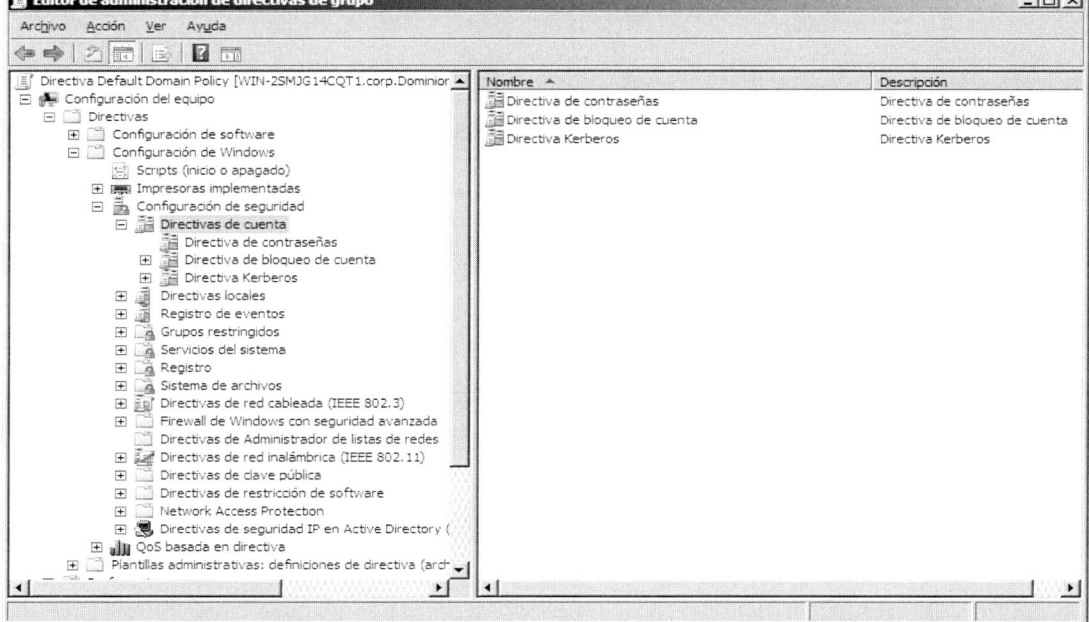

Figura 8-35

8.2.5. Directivas de contraseña

Las directivas de contraseña controlan su seguridad y se configuran seleccionando *Directivas de contraseña* en el árbol del Editor de administración de directivas de grupo (Figura 8-36). Se observa que las directivas de contraseña a configurar son el almacenado de contraseñas con cifrado reversible, la exigencia de historial de contraseñas, la vigencia máxima de la contraseña, la vigencia mínima de la contraseña, la longitud mínima de la contraseña y los requisitos de complejidad de la contraseña.

La *directiva de almacenamiento de contraseñas con cifrado reversible* determina si el sistema operativo almacena contraseñas con el cifrado reversible. Esta directiva proporciona compatibilidad para aplicaciones que usan protocolos que exigen el conocimiento de la contraseña del usuario para propósitos de autenticación. Almacenar contraseñas con el cifrado reversible es fundamentalmente lo mismo que almacenar versiones de texto simple de las contraseñas. Por esta razón, esta directiva no debería habilitarse nunca, a menos que los requisitos de la aplicación tengan más importancia que la necesidad de proteger la información de contraseñas.

Se exige esta directiva cuando se usa la autenticación CHAP (*Protocolo de autenticación por desafío mutuo*) a través de acceso remoto o IAS (*Servicios de autenticación Internet*). También se exige cuando se usa la autenticación implícita en *Internet Information Services* (IIS). El valor predeterminado es *deshabilitado*. Para realizar la configuración de esta directiva, se hace clic con el botón derecho del ratón sobre *Almacenar contraseñas con cifrado reversible* en la Figura 8-36 y se elige *Propiedades* en el menú emergente de la Figura 8-37. Se obtiene la Figura 8-38 en cuya ficha *Configuración de directiva de seguridad* se eligen las opciones adecuadas.

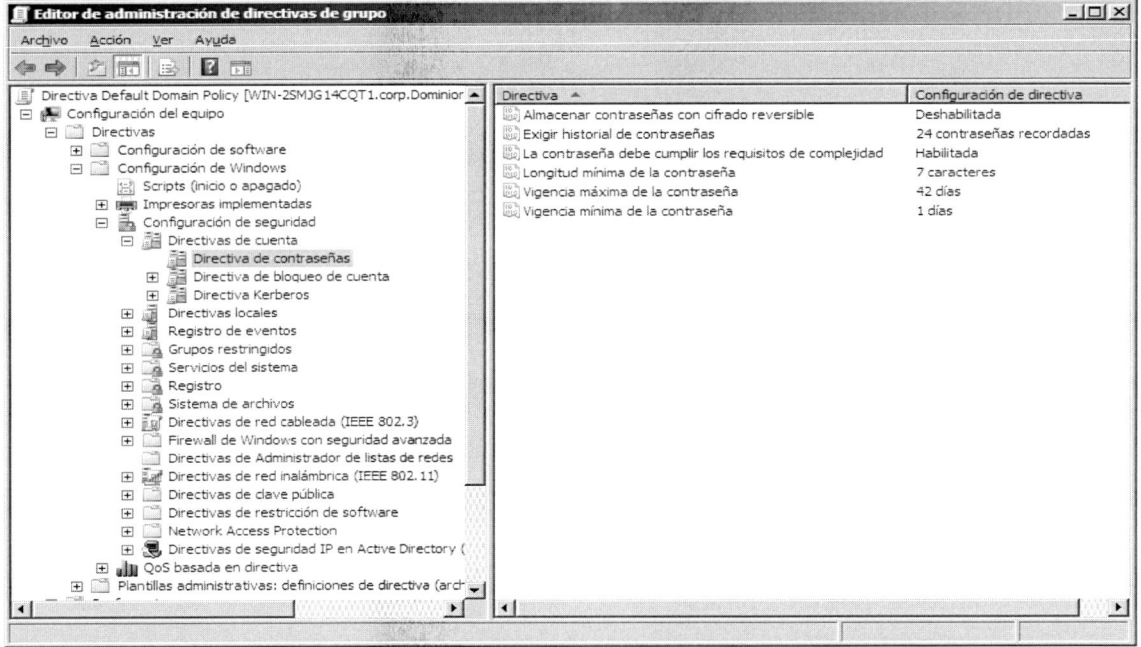

Figura 8-36

La *directiva de exigencia de historial de contraseñas* determina el número de nuevas contraseñas únicas que deben asociarse a una cuenta de usuario antes de poder reutilizar una contraseña antigua. El valor debe estar comprendido entre 0 y 24 contraseñas. Esta directiva permite a los administradores mejorar la seguridad ya que garantiza que no se reutilicen continuamente contraseñas antiguas. El valor predeterminado es 24 en controladores de dominio y 0 en servidores independientes. De forma predeterminada, los equipos miembros usan la configuración de sus controladores de dominio. Para mantener la eficacia del historial de contraseñas, no permita que las contraseñas se cambien inmediatamente después de haberlas cambiado habilitando también la configuración de directiva de seguridad *Vigencia mínima de la contraseña*.

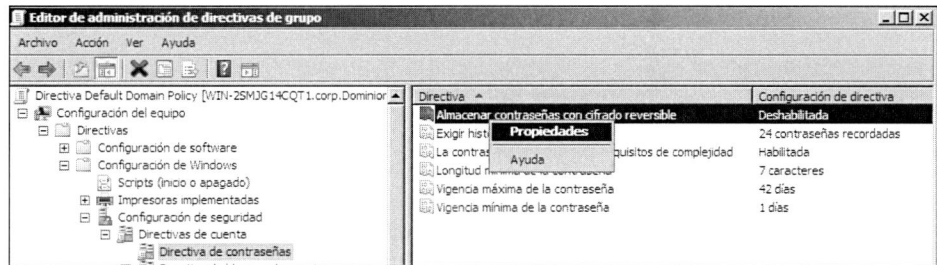

Figura 8-37

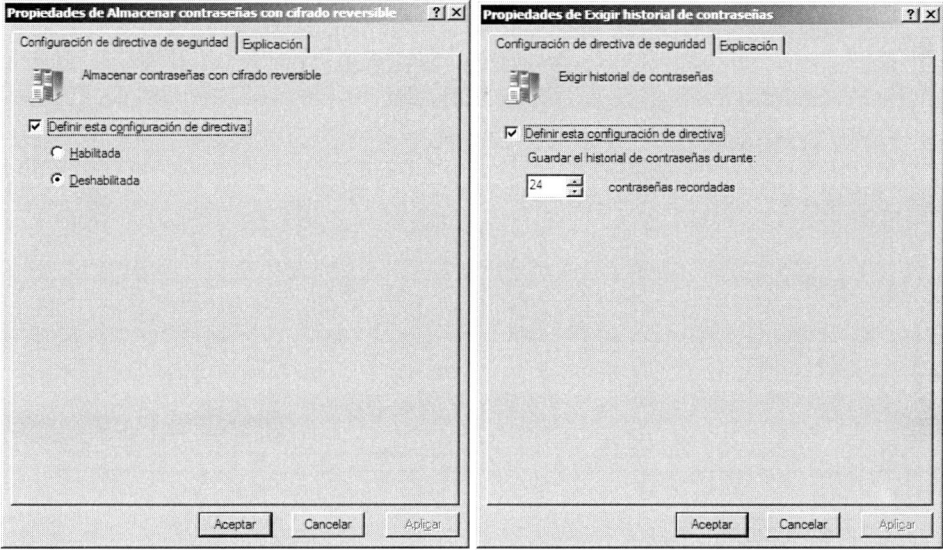

Figura 8-38   Figura 8-39

Para realizar la configuración de esta directiva, se hace clic con el botón derecho del ratón sobre *Exigir historial de contraseñas* en la Figura 8-36 y se elige *Propiedades* en el menú emergente resultante. Se obtiene la Figura 8-39 en cuya ficha *Configuración de directiva de seguridad* se eligen las opciones adecuadas.

La *directiva de vigencia máxima de la contraseña* determina el período de tiempo (en días) en que puede usarse una contraseña antes de que el sistema solicite al usuario que la cambie. Puede establecer las contraseñas para que expiren tras un número de días comprendido entre 1 y 999, o puede especificar que las contraseñas no expiren nunca estableciendo el número de días en 0. Si la vigencia máxima de la contraseña está comprendida entre 1 y 999 días, la vigencia mínima deberá ser menor que la vigencia máxima. Si la vigencia máxima de la contraseña se establece en 0, la vigencia mínima de la contraseña podrá ser cualquier valor entre 0 y 998 días. Como recomendación de seguridad, haga que las contraseñas expiren a los 30-90 días, en función del entorno. De este modo, un atacante contará con tiempo limitado para apropiarse la contraseña de un usuario y obtener acceso a los recursos de la red. El valor predeterminado es 42.

Para realizar la configuración de esta directiva, se hace clic con el botón derecho del ratón sobre *Vigencia máxima de la contraseña* en la Figura 8-36 y se elige *Propiedades* en el menú emergente resultante. Se obtiene la Figura 8-40 en cuya ficha *Configuración de directiva de seguridad* se eligen las opciones adecuadas.

La *directiva de vigencia mínima de la contraseña* determina el período de tiempo (en días) en que puede usarse una contraseña antes de que el usuario pueda cambiarla. Puede establecer un valor entre 1 y 998 días, o puede permitir que se realicen cambios de forma inmediata estableciendo el número de días en 0. La vigencia mínima de la contraseña debe ser menor que la vigencia máxima de la contraseña, salvo que esta última esté establecida en 0, lo que indica que las contraseñas no expirarán nunca. Si la vigencia máxima se establece en 0, la vigencia mínima podrá establecerse en cualquier valor comprendido entre 0 y 998. Configure la vigencia mínima de la contraseña de modo que sea mayor que 0 si desea que sea efectiva la configuración *Exigir historial de contraseñas*. Sin una vigencia mínima, los usuarios podrán recorrer las contraseñas repetidamente hasta llegar a una contraseña favorita antigua.

La configuración predeterminada no sigue esta recomendación, de modo que un administrador puede especificar una contraseña para un usuario y, a continuación, pedir al usuario que cambie la contraseña definida por el administrador cuando inicie sesión. Si el historial de contraseñas se establece en 0, el usuario no tendrá que elegir una nueva contraseña. Ésta es la razón de que *Exigir historial de contraseñas* se establezca en 1 de forma predeterminada. El valor predeterminado es 1 en controladores de dominio y 0 en servidores independientes. De forma predeterminada, los equipos miembros usan la configuración de sus controladores de dominio.

Para realizar la configuración de esta directiva, se hace clic con el botón derecho del ratón sobre *Vigencia mínima de la contraseña* en la Figura 8-36 y se elige *Propiedades* en el menú emergente resultante. Se obtiene la Figura 8-41 en cuya ficha *Configuración de directiva de seguridad* se eligen las opciones adecuadas.

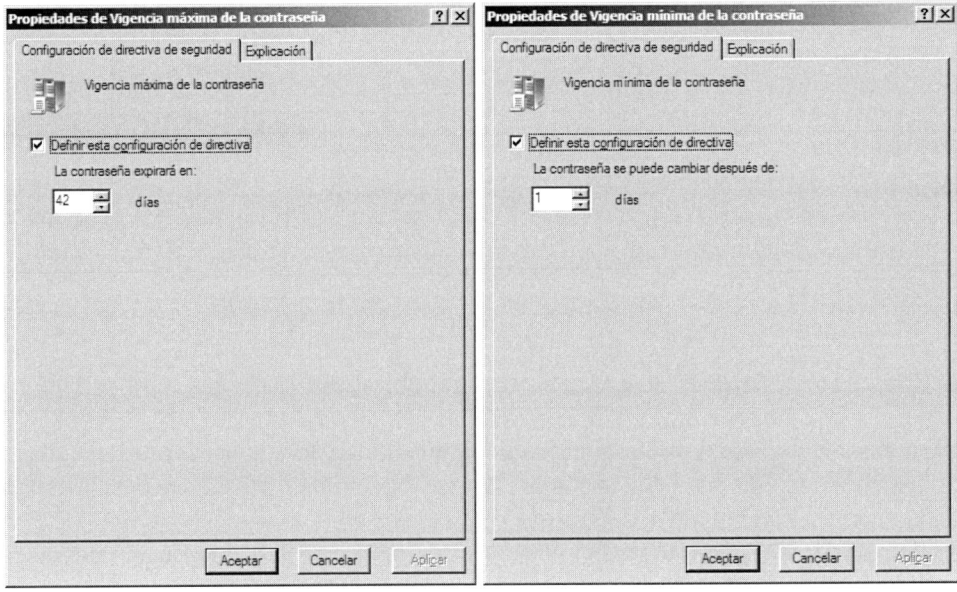

Figura 8-40   Figura 8-41

La directiva longitud mínima de la contraseña determina el número mínimo de caracteres que debe contener la contraseña de un usuario. Puede establecer un valor comprendido entre 1 y 14 caracteres, o puede establecer que no se exija contraseña alguna estableciendo el número de caracteres en 0. Los valores predeterminados de longitud son 7 en controladores de dominio y 0 en servidores independientes.

Para realizar la configuración de esta directiva, se hace clic con el botón derecho del ratón sobre *Longitud mínima de la contraseña* en la Figura 8-36 y se elige *Propiedades* en el menú emergente resultante. Se obtiene la Figura 8-42 en cuya ficha *Configuración de directiva de seguridad* se eligen las opciones adecuadas.

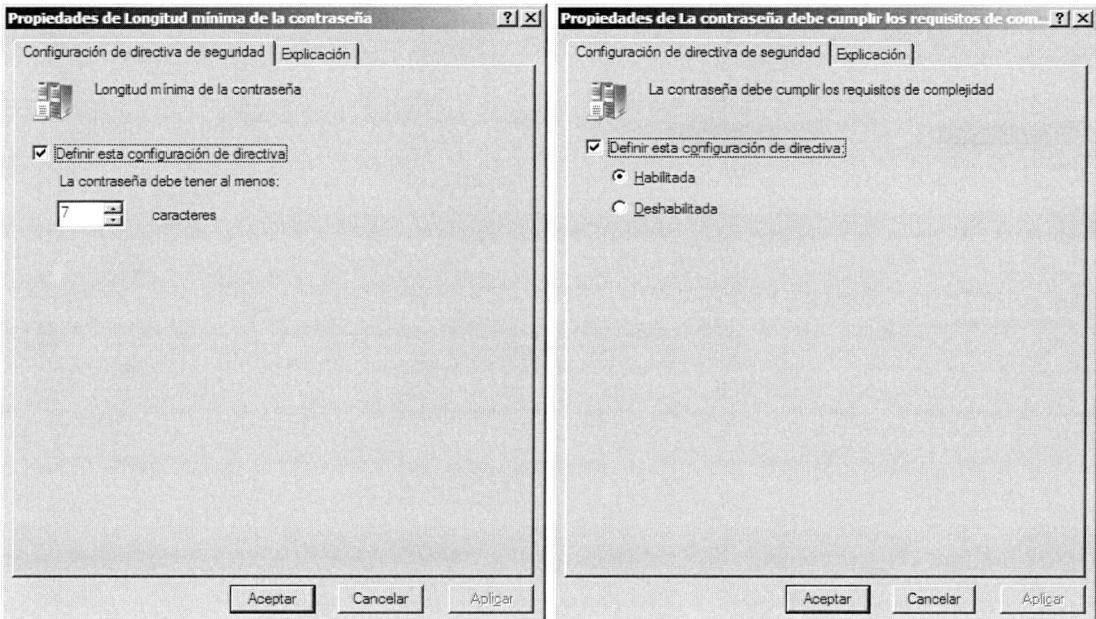

Figura 8-42   Figura 8-43

La *directiva de cumplimiento de los requisitos de complejidad de la contraseña* determina si las contraseñas deben cumplir los requisitos de complejidad. Si se habilita esta directiva, las contraseñas deberán cumplir los siguientes requisitos mínimos:

No contener el nombre de cuenta del usuario o partes del nombre completo del usuario en más de dos caracteres consecutivos.

- Tener una longitud mínima de seis caracteres.
- Incluir caracteres de tres de las siguientes categorías:
    - Mayúsculas (de la A a la Z).
    - Minúsculas (de la a a la z).
    - Dígitos de base 10 (del 0 al 9).
    - Caracteres no alfanuméricos (¡por ejemplo, !, $, #, %).

Estos requisitos de complejidad se exigen al cambiar o crear contraseñas. Como valor predeterminado esta directiva está habilitada en controladores de dominio y deshabilitada en servidores independientes.

Para realizar la configuración de esta directiva, se hace clic con el botón derecho del ratón sobre *La contraseña debe cumplir los requisitos de complejidad* en la Figura 8-36 y se elige *Propiedades* en el menú emergente resultante. Se obtiene la Figura 8-43 en cuya ficha *Configuración de directiva de seguridad* se eligen las opciones adecuadas.

8.2.6. Directivas de bloqueo de cuenta

Las directivas de bloqueo de cuenta controlan cómo y cuándo se bloquean las cuentas de dominio o del sistema local. Se configuran seleccionando *Directiva de bloqueo de cuenta* en el árbol del Editor de administración de directivas de grupo (Figura 8-44). Se observa que las directivas de bloqueo de cuenta a configurar son la duración del bloqueo de cuenta, el restablecimiento del bloqueo de cuenta y el umbral de bloqueo de cuenta.

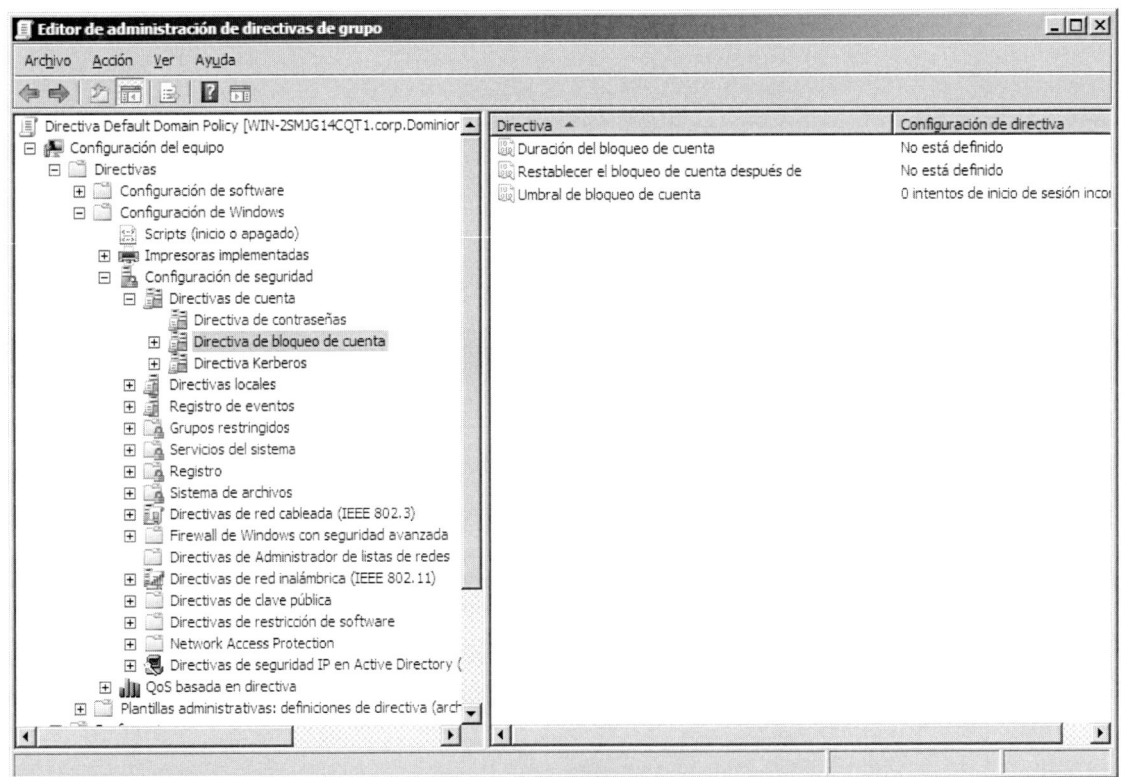

Figura 8-44

La directiva *Duración del bloqueo de cuenta* determina el número de minutos que una cuenta bloqueada permanece en este estado antes de desbloquearse automáticamente. El intervalo disponible oscila entre 0 y 99.999 minutos. Si la duración del bloqueo de cuenta se establece en 0, la cuenta se bloquea hasta que el administrador la desbloqueará explícitamente. Si no se define ningún umbral de bloqueo de cuenta, la duración del bloqueo de cuenta será mayor o igual al tiempo de restablecimiento.

El valor predeterminado es ninguno porque esta configuración de directiva sólo tiene significado cuando se especifica un umbral de bloqueo de cuenta.

Para realizar la configuración de esta directiva, se hace clic con el botón derecho del ratón sobre *Duración del bloqueo de cuenta* en la Figura 8-44 y se elige *Propiedades* en el menú emergente resultante. Se obtiene la Figura 8-45 en cuya ficha *Configuración de directiva de seguridad* se eligen las opciones adecuadas.

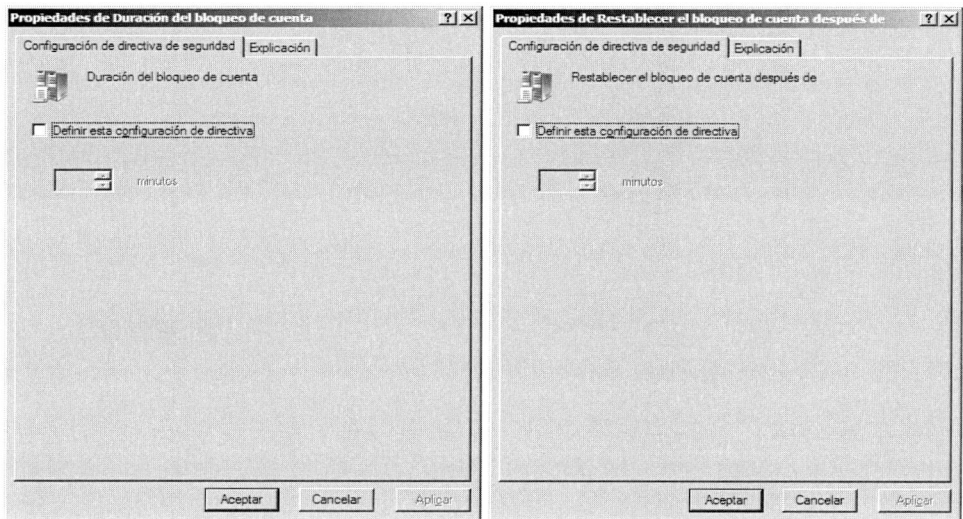

Figura 8-45   Figura 8-46

La directiva *Restablecer el bloqueo de cuenta después de* determina el número de minutos que una cuenta bloqueada permanece en este estado antes de desbloquearse automáticamente. El intervalo disponible oscila entre 0 y 99.999 minutos. Si la duración del bloqueo de cuenta se establece en 0, la cuenta se bloquee hasta que el administrador la desbloqueará explícitamente. Si no se define ningún umbral de bloqueo de cuenta, la duración del bloqueo de cuenta será mayor o igual al tiempo de restablecimiento. El valor predeterminado es ninguno, porque esta configuración de directiva sólo tiene significado cuando se especifica un umbral de bloqueo de cuenta.

Para realizar la configuración de esta directiva, se hace clic con el botón derecho del ratón sobre *Restablecer el bloqueo de cuenta después de* en la Figura 8-44 y se elige *Propiedades* en el menú emergente resultante. Se obtiene la Figura 8-46 en cuya ficha *Configuración de directiva de seguridad* se eligen las opciones adecuadas.

La directiva *Umbral de bloqueo de cuenta* determina el número de intentos de inicio de sesión incorrectos que hacen que una cuenta de usuario se bloquee. Una cuenta bloqueada no puede usarse hasta que un administrador la restablezca o hasta que expire su duración de bloqueo. Puede establecer un valor comprendido entre 0 y 999 intentos de inicio de sesión incorrectos. Si establece el valor en 0, la cuenta no se bloqueará nunca.

Los intentos incorrectos de escribir una contraseña en estaciones de trabajo o servidores miembro bloqueados mediante CTRL+ALT+SUPR o protectores de pantalla protegidos por contraseña se contabilizan como intentos de inicio de sesión incorrectos. El valor predeterminado es 0.

Para realizar la configuración de esta directiva, se hace clic con el botón derecho del ratón sobre *Umbral de bloqueo de cuenta* en la Figura 8-44 y se elige *Propiedades* en el menú emergente resultante. Se obtiene la Figura 8-47 en cuya ficha *Configuración de directiva de seguridad* se eligen las opciones adecuadas.

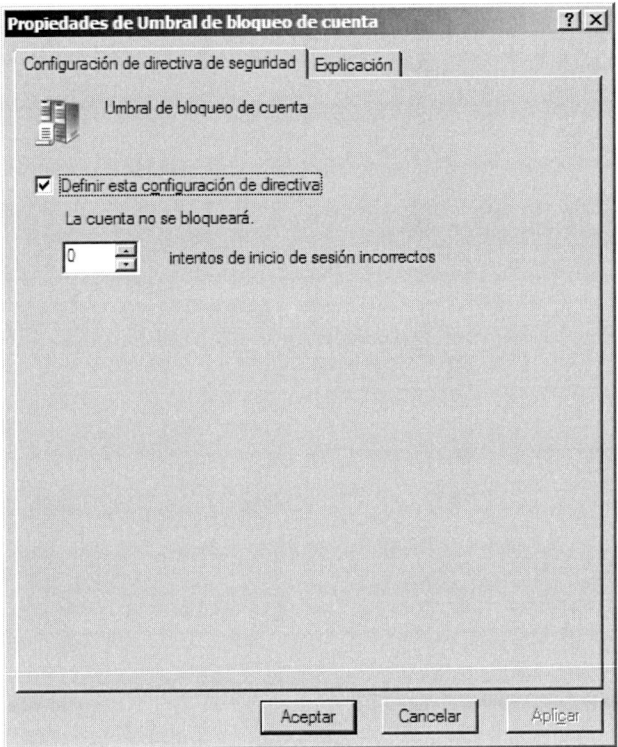

Figura 8-47

8.2.7. Directivas Kerberos

El principal mecanismo de autenticación utilizado en dominios Active Directory es Kerberos v5. Kerberos utiliza vales para verificar la identificación de los usuarios y servicios de red. Estos vales contienen datos cifrados que confirman la identidad para fines de autenticación y autorización. Kerberos permite controlar la duración de los vales a través de las directivas de aplicación de restricciones de inicio de sesión de usuario, vigencia máxima de vale de servicio, vigencia máxima de vale de usuario, vigencia máxima de renovación de vales de usuario y tolerancia máxima para la sincronización de los relojes de los equipos.

Las directivas Kerberos se configuran seleccionando *Directiva Kerberos* en el árbol del Editor de administración de directivas de grupo (Figura 8-48).

La directiva *Aplicar restricciones de inicio de sesión de usuario* determina si el centro de distribución de claves (KDC) Kerberos v5 valida todas las solicitudes de vales de sesión con la directiva de derechos de usuario de la cuenta de usuario. La validación de cada solicitud de un vale de sesión es opcional porque este paso adicional lleva tiempo y puede ralentizar el acceso de red a los servicios. El valor predeterminado es habilitado.

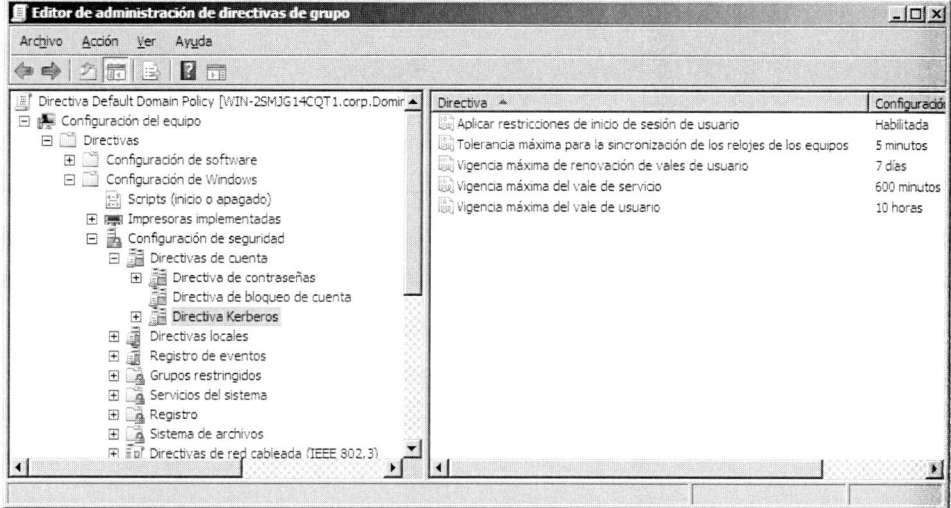

Figura 8-48

Para realizar la configuración de esta directiva, se hace clic con el botón derecho del ratón sobre *Aplicar restricciones de inicio de sesión de usuario* en la Figura 8-48 y se elige *Propiedades* en el menú emergente resultante. Se obtiene la Figura 8-49 en cuya ficha *Configuración de directiva de seguridad* se eligen las opciones adecuadas.

La directiva *Tolerancia máxima para la sincronización de los relojes de los equipos* determina la diferencia horaria máxima (en minutos) tolerada por Kerberos v5 entre la hora del reloj del cliente y la hora del controlador de dominio en el que se ejecuta Windows Server, que proporciona la autenticación Kerberos. Para impedir "ataques de reproducción", Kerberos v5 usa marcas de tiempo como parte de su definición de protocolo. Para que las marcas de tiempo funcionen correctamente, los relojes del cliente y del controlador de dominio tienen que estar sincronizados al máximo. En otras palabras, debe establecerse la misma fecha y hora en ambos equipos.

Como los relojes de dos equipos no suelen estar sincronizados, los administradores pueden usar esta directiva para establecer una diferencia máxima aceptable por Kerberos v5 entre el reloj del cliente y el del controlador de dominio. Si la diferencia entre el reloj del cliente y el del controlador de dominio es menor que la diferencia horaria máxima especificada en esta directiva, cualquier marca de tiempo usada en una sesión entre ambos equipos se considerará auténtica.

Esta configuración no es persistente. Si establece esta configuración y después reinicia el equipo, la configuración se revertirá al valor predeterminado. El valor predeterminado es 5 minutos.

Para realizar la configuración de esta directiva, se hace clic con el botón derecho del ratón sobre *Tolerancia máxima para la sincronización de los relojes de los equipos* en la Figura 8-50 y se elige *Propiedades* en el menú emergente resultante. Se obtiene la Figura 8-51 en cuya ficha *Configuración de directiva de seguridad* se eligen las opciones adecuadas.

La directiva *Vigencia máxima de renovación de vales de usuario* determina el período de tiempo (en días) durante el que puede renovarse el vale concedido por el servicio de concesión de vales (TGT) de un usuario. El valor predeterminado es 7 días.

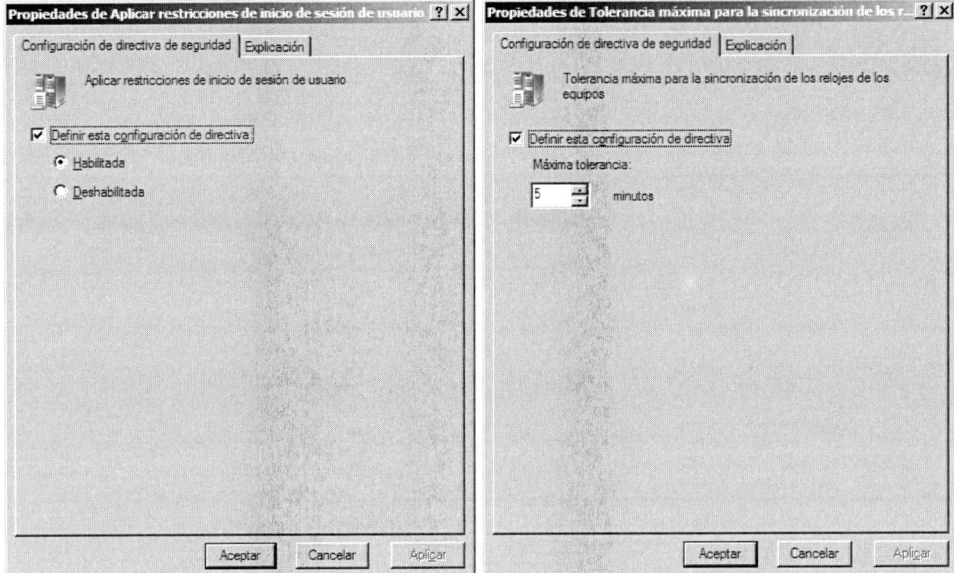

Figura 8-49   Figura 8-50

Para realizar la configuración de esta directiva, se hace clic con el botón derecho del ratón sobre *Vigencia máxima de renovación de vales de usuario* en la Figura 8-48 y se elige *Propiedades* en el menú emergente resultante. Se obtiene la Figura 8-51 en cuya ficha *Configuración de directiva de seguridad* se eligen las opciones adecuadas.

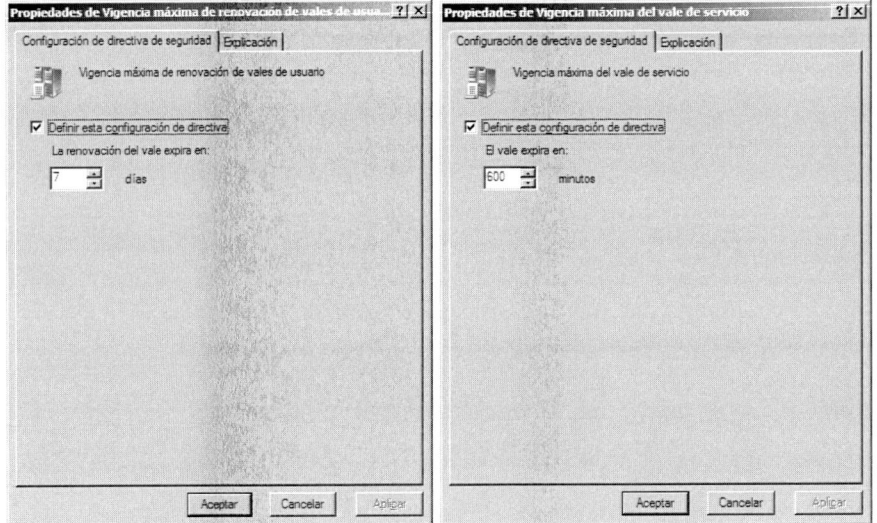

Figura 8-51   Figura 8-52

La directiva *Vigencia máxima del vale de servicio* determina el intervalo máximo de tiempo (en minutos) en que puede usarse un vale de sesión concedido para obtener acceso a un servicio en particular. Este valor de configuración debe ser mayor de 10 minutos y menor o igual al valor de configuración de Vigencia máxima del vale de usuario. Si un cliente presenta un vale de sesión expirado cuando solicita una conexión al servidor, el servidor devolverá un mensaje de error. El cliente debe solicitar un nuevo vale de sesión al centro de distribución de claves (KDC) Kerberos v5. No obstante, una vez autenticada una conexión, dejará de importar si el vale de sesión sigue siendo válido. Los vales de sesión se usan solamente para autenticar nuevas conexiones a servidores. Las operaciones en curso no se interrumpen si el vale de sesión que se usa para autenticar la conexión expira durante la conexión. El valor predeterminado es 600 minutos (10 horas).

Para realizar la configuración de esta directiva, se hace clic con el botón derecho del ratón sobre *Vigencia máxima del vale de servicio* en la Figura 8-48 y se elige *Propiedades* en el menú emergente resultante. Se obtiene la Figura 8-51 en cuya ficha *Configuración de directiva de seguridad* se eligen las opciones adecuadas.

La directiva *Vigencia máxima del vale de usuario* determina el intervalo máximo de tiempo (en horas) en que puede usarse el vale concedido por el servicio de concesión de vales (TGT) de un usuario. Cuando el TGT de un usuario expira, debe solicitarse uno nuevo o "renovarse" el existente. El valor predeterminado es de 10 horas.

Para realizar la configuración de esta directiva, se hace clic con el botón derecho del ratón sobre *Vigencia máxima del vale de usuario* en la Figura 8-48 y se elige *Propiedades* en el menú emergente resultante. Se obtiene la Figura 8-53 en cuya ficha *Configuración de directiva de seguridad* se eligen las opciones adecuadas

.

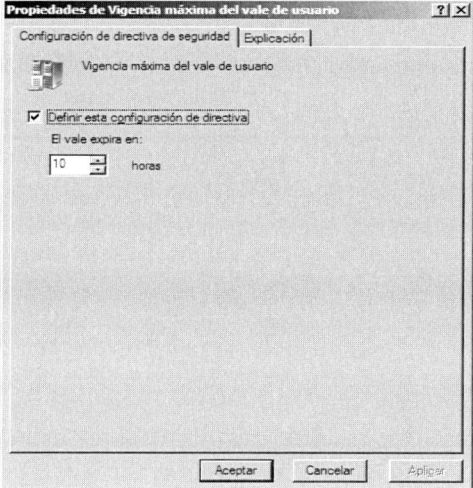

Figura 8-53

8.3. REGISTRO DEL SISTEMA OPERATIVO

Windows server incluye dos categorías de registros de eventos: *Registros de Windows* y *Registros de aplicaciones y servicios* (ver el árbol de la consola del administrador del servidor en la Figura 8-54). Puede usar el Visor de eventos o la herramienta de línea de comandos *wevtutil* para administrar registros de eventos. Cuando use *wevtutil* para administrar registros de eventos, los mensajes que reciba de esta herramienta pueden referirse a los registros de eventos como canales. En la mayoría de los casos, los registros de eventos y los canales son equivalentes.

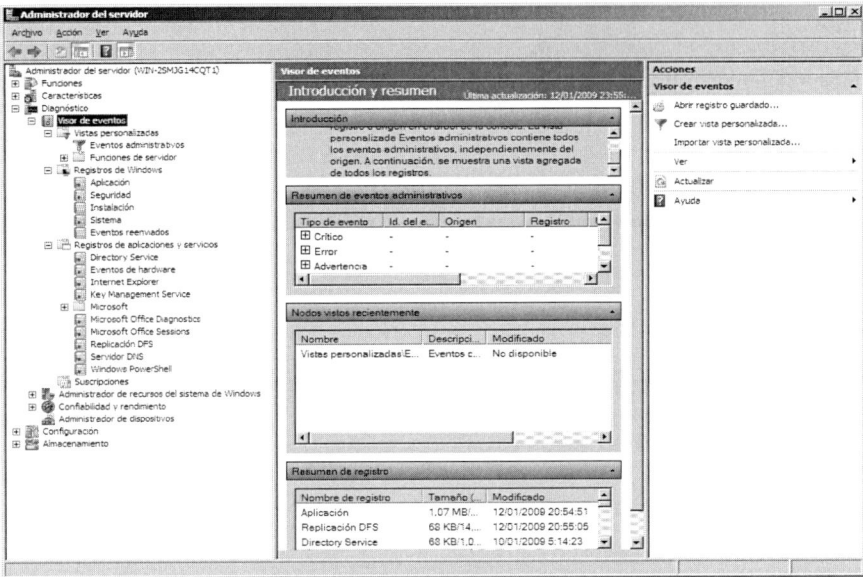

Figura 8-54

1. *Registros de Windows*: la categoría Registros de Windows incluye los registros que estaban disponibles en versiones anteriores de Windows: los registros del sistema, seguridad y aplicación. También incluye dos nuevos registros: el registro de instalación y el registro de eventos reenviados. Los registros de Windows se diseñaron para almacenar eventos de aplicaciones heredadas y eventos que se aplican a todo el sistema. A continuación, se especifican los componentes de la categoría Registros de Windows.

   — *Registro de la aplicación*: el registro de aplicación contiene los eventos registrados por aplicaciones o programas. Por ejemplo, un programa de base de datos podría registrar un error de archivo en el registro de la aplicación. Los programadores deciden qué eventos se deben registrar.

   — *Registro de seguridad:* el registro de seguridad guarda eventos como intentos de inicio de sesión válidos y no válidos, además de eventos relacionados con el uso de recursos, como la creación, apertura o eliminación de archivos u otros objetos. Los administradores pueden especificar los eventos que se incluirán en el registro de seguridad. Por ejemplo, si habilitó la auditoría de inicio de sesión, se incluirán en el registro de seguridad los intentos de inicio de sesión en el sistema.

   — *Registro de instalación:* el registro de instalación incluye los eventos relacionados con la instalación de la aplicación.

   — *Registro del sistema:* el registro del sistema contiene eventos registrados por componentes del sistema Windows. Por ejemplo, el error al cargar un controlador u otro componente del sistema durante el inicio queda registrado en el registro del sistema. Los tipos de eventos registrados por los componentes del sistema están predeterminados por Windows.

   — *Registro de eventos reenviados:* el registro de eventos reenviados se usa para almacenar eventos recopilados de equipos remotos. Para recopilar eventos de equipos remotos, debe crear una suscripción de evento. Para obtener información acerca de las suscripciones, consulte *Suscripciones a eventos*.

2. *Registros de aplicaciones y servicios:* es una nueva categoría de los registros de eventos. Estos registros almacenan eventos de una única aplicación o componente en lugar de eventos que pueden tener un impacto en todo el sistema.

Esta categoría de registros incluye cuatro subtipos: registros de administración, operativos, analíticos y de depuración. Los eventos de los registros de administración son de particular interés para los profesionales de TI que usan el visor de eventos para solucionar problemas. Los eventos de los registros de administración deben proporcionar una orientación sobre cómo responder. Los eventos del registro operativo también resultan útiles para los profesionales de TI, pero suelen ser más difíciles de interpretar.

Los registros de administración y depuración no son tan fáciles de usar. Los registros analíticos almacenan eventos que realizan el seguimiento de un problema y, a menudo, hay un gran volumen de eventos registrados. Los programadores usan los registros de depuración cuando depuran aplicaciones. Los registros analíticos y de depuración están ocultos y deshabilitados de manera predeterminada.

A continuación, se especifican los subtipos de la categoría *Registro de aplicaciones y servicios*.

— *Administrativo:* estos eventos están destinados principalmente a los usuarios finales, los administradores y el personal de soporte. Los eventos que se encuentran en los canales de administración indican un problema y una solución bien definida que un administrador puede usar para tomar una decisión. Un ejemplo de evento de administración es un evento que se produce cuando ocurre un error en una aplicación al conectarse a una impresora. Estos eventos están bien documentados o tienen un mensaje asociado a ellos que proporciona información al lector sobre lo que se debe hacer para solucionar el problema.

— *Operativo:* los eventos operativos se usan para analizar y diagnosticar un problema o condición. Se pueden usar para activar herramientas o tareas basadas en el problema o condición. Un ejemplo de evento operativo es un evento que se produce cuando se agrega o se quita una impresora del sistema.

— *Analítico:* los eventos analíticos se publican en grandes volúmenes. Describen el funcionamiento de programas e indican problemas que el usuario no puede controlar.

— *Depurar:* Los programadores usan los eventos de depuración para solucionar problemas con los programas.

La infraestructura del registro de eventos se ha reformado completamente en Windows server. La información de cada evento se adapta a un esquema XML y se puede obtener acceso al XML que representa a un evento dado. También se pueden construir consultas basadas en XML en los registros de eventos. No es necesario tener conocimientos de XML para aprovechar las nuevas características disponibles. El visor de eventos ofrece acceso a la funcionalidad en un formato gráfico fácil de usar.

8.3.1. Administrar registros del sistema

Puede usar el visor de eventos para administrar diversos aspectos de los registros de eventos. Para ello, desplácese para seleccionar el registro de eventos que desea administrar, haga clic en él con el botón secundario del ratón, seleccione *Propiedades* (Figura 8-55) para obtener acceso al cuadro de diálogo de propiedades (Figura 8-56) y, a continuación, actualice los valores adecuados. Puede realizar las siguientes tareas de administración de registros con el visor de eventos:

Borrar un registro de eventos: seleccione *Vaciar registro* en la Figura 8-55 y haga clic en *Guardar y borrar* para guardar una copia del registro antes de vaciarlo o haga clic en *Borrar* para borrar el registro sin dejar copia alguna.

Establecer el tamaño máximo del registro: especifique dicho tamaño en el campo *Tamaño máximo del registro (KB)* en la pantalla de propiedades del registro (Figura 8-56).

Establecer directiva de retención de registro: en la sección *Habilitar registro* de la ficha *General* en la pantalla de propiedades del registro (Figura 8-56), seleccione la opción que se corresponda con la directiva de retención que desea establecer y haga clic en *Aceptar*.

Habilitar registros analíticos y de depuración: seleccione *Habilitar registro* en la ficha *General* en la pantalla de propiedades del registro (Figura 8-56).

Archivar un registro de eventos: elija *Guardar evento como* en el menú emergente de la Figura 8-55. Elija un nombre y un tipo para el archivo y haga clic en *Guardar*.

Abrir un registro de eventos guardado: elija *Abrir registro guardado* en el menú emergente de la Figura 8-55. Elija el archivo y haga clic en *abrir*.

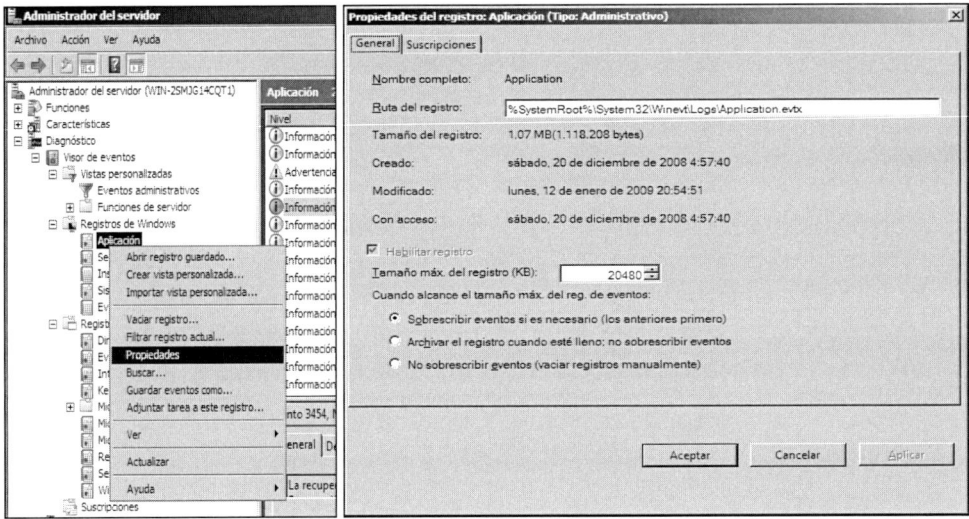

Figura 8-55   Figura 8-56

8.3.2. Editor de registro de Windows

La información de configuración del sistema está centralizada en una base de datos jerárquica denominada Registro. El *Editor del Registro* sirve para agregar y editar claves y valores del Registro, para restaurar una copia de seguridad del Registro o valores predeterminados, y para importar o exportar claves como referencia o como copia de seguridad. Para acceder al Editor de registro se hace clic en Inicio y se teclea regedit en el cuadro de búsqueda situado en la parte inferior de la Figura 8-57. Se obtiene la pantalla de la Figura 8-58 que presenta en el lado izquierdo un panel con las claves de registro y sus correspondientes entradas.

Figura 8-57

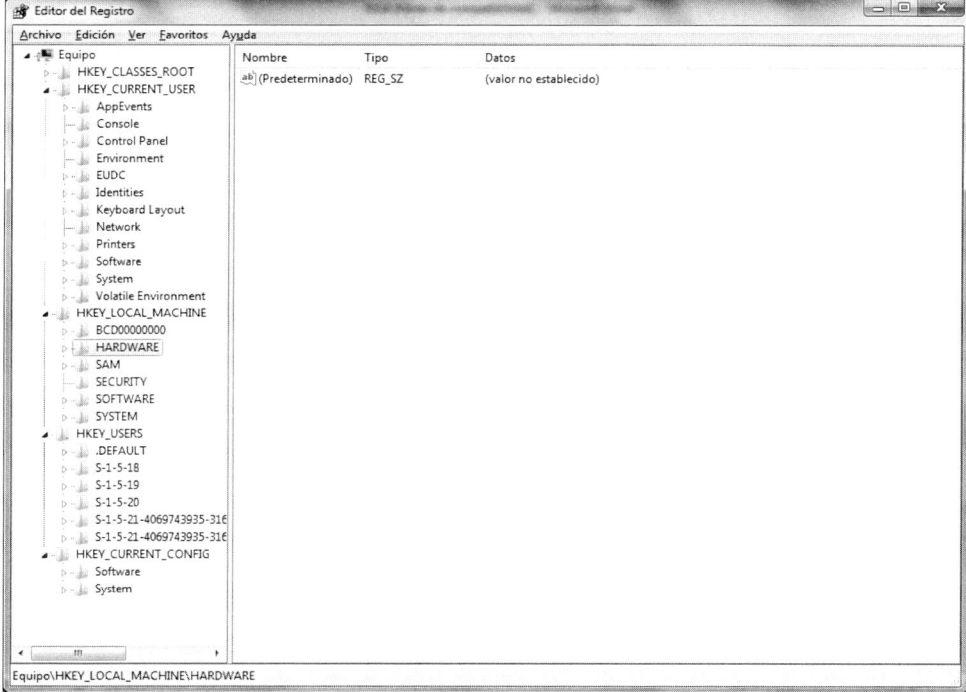

Figura 8-58

Para buscar una cadena, un valor o una clave:

1. En el Editor del Registro, haga clic en Buscar en el menú Edición.

2. En Buscar, escriba la cadena, el valor o la clave que desee buscar.

3. Active las casillas Claves, Valores, Datos o Sólo cadenas completas de forma que coincidan con el tipo de búsqueda que desea y, después, haga clic en Buscar siguiente.

Para agregar una clave del Registro:

1. En el Editor del Registro, haga clic en la clave del Registro a la que desea agregar la nueva clave.

2. Haga clic en Nuevo en el menú Edición y, después, haga clic en Clave.

3. Escriba un nombre para la nueva clave y presione ENTRAR.

Para agregar un valor a una entrada de clave del Registro:

1. En el Editor del Registro, haga clic en la clave o entrada a la que desea agregar el valor nuevo.

2. En el menú Edición, seleccione Nuevo y, después, haga clic en el tipo de valor que desea agregar: Valor alfanumérico, Valor binario, Valor DWORD (32 bits), Valor QWORD (64 bits), Valor de cadena múltiple o Valor de cadena expandible.

3. Escriba un nombre para el nuevo valor y presione ENTRAR.

Para cambiar un valor:

1. En el Editor del Registro, haga clic en la entrada que desea cambiar.

2. En el menú Edición, haga clic en Modificar.

3. Haga clic en Información del valor, escriba la información del valor y, a continuación, haga clic en Aceptar.

Para eliminar una clave o valor del Registro:

1. En el Editor del Registro, haga clic en la clave o entrada que desea eliminar.

2. En el menú Edición, haga clic en Eliminar.

Para cambiar el nombre de una clave o valor del Registro:

1. En el Editor del Registro, haga clic en la clave o entrada cuyo nombre desea cambiar.

2. Haga clic en Cambiar nombre en el menú Edición, escriba el nombre nuevo y presione ENTRAR.

Copiar el nombre de una clave del Registro:

1. En el Editor de Registro, haga clic en la clave que desea copiar y, después, en el menú Edición, haga clic en Copiar nombre de clave.

2. Pegue el nombre de la clave del Registro en otra aplicación o documento.

Para conectarse a un Registro a través de una red:

1. En el menú Archivo del Editor del Registro, haga clic en Conectar al Registro de red.

2. En el cuadro de diálogo Seleccionar equipos, haga clic en Tipos de objetos, seleccione el objeto específico que busca (normalmente Equipos) y, a continuación, haga clic en Aceptar.

3. Haga clic en Ubicaciones, especifique la ubicación en que desea buscar y haga clic en Aceptar.

4. Escriba el nombre del equipo a cuyo Registro desea conectarse en Escriba el nombre de objeto a seleccionar y, después, haga clic en Comprobar nombres.

5. Una vez realizada la resolución del nombre de equipo, haga clic en Aceptar.

Para restaurar el Registro:

1. Imprima estas instrucciones. (Si las está leyendo en Ayuda y soporte técnico de Windows, haga clic en el icono de imprimir.) Dejarán de estar disponibles al apagar el sistema en el paso 3.

2. Abra el Editor del Registro.

3. Haga clic en Inicio, seleccione el icono de la flecha derecha y, después, haga clic en Apagar.

4. Inicie el equipo. Cuando vea el mensaje Seleccione el sistema operativo con el que desea iniciar, presione F8.

5. Use las teclas de dirección para resaltar La última configuración válida conocida y, a continuación, presione ENTRAR. Debe estar desactivado Bloq Num para que funcionen las flechas de dirección del teclado numérico.

6. Use las teclas de dirección para resaltar un sistema operativo y, a continuación, presione ENTRAR.

Para realizar una impresión parcial o total del Registro:

1. Abra el Editor del Registro.

2. Haga clic en el equipo o en la clave de nivel superior del área del Registro que desea imprimir.

3. En el menú Archivo, haga clic en Imprimir.

4. Realice una de las acciones siguientes:

    — Haga clic en Todo para imprimir el Registro completo.
    — Haga clic en Rama seleccionada y escriba una rama específica en el cuadro de texto para imprimir sólo una parte del Registro.

5. Haga clic en Aceptar.

Para realizar una exportación parcial o total del Registro de forma remota, use el Editor del Registro. Una vez abierto el Editor del Registro, podrá exportar el Registro a un archivo de texto o a un subárbol. Puede utilizar un editor de texto, como el Bloc de notas, para trabajar con los archivos de Registro creados mediante la exportación. Puede guardar archivos de Registro en el formato de Windows, como archivos de registro, como subárboles binarios o como archivos de texto. Los archivos de Registro se guardan con la extensión .reg y los de texto con la extensión .txt.

Para exportar parcial o totalmente el Registro:

1. Abra el Editor del Registro. Si desea guardar solamente una rama específica, selecciónela.

2. En el menú Archivo, haga clic en Exportar.

3. En el cuadro Nombre de archivo, escriba un nombre para el archivo de Registro.

4. En Guardar como tipo, seleccione el tipo de archivo que desea usar para el archivo guardado (archivo de registro, subárbol del Registro, archivo de texto, archivo de registro de Windows o Windows NT).

5. En Intervalo de exportación, use los botones de opción para seleccionar si desea exportar todo el Registro o sólo la rama seleccionada.

6. Haga clic en Guardar.

El Editor del Registro incluye varios comandos dirigidos principalmente al mantenimiento del sistema. Por ejemplo, Cargar subárbol y Descargar subárbol permiten descargar temporalmente una parte del sistema a otro equipo para su mantenimiento. Para poder cargar o restaurar un subárbol, debe guardarse como clave, tanto en un disquete como en el disco duro.

El comando Importar del Editor del Registro puede importar archivos del Registro de todos los tipos, incluidos los archivos de texto y los subárboles.

Para importar parcial o totalmente el Registro:

1. Abra el Editor del Registro.

2. En el menú Archivo, haga clic en Importar.

3. Localice el archivo que desea importar, haga clic en él para seleccionarlo y, a continuación, haga clic en Abrir.

8.4. AUDITORÍA. OBJETIVO, ÁMBITO, ASPECTOS, MECANISMOS, TÉCNICAS Y HERRAMIENTAS

Ya sabemos que la directiva de auditoría tiene como finalidad auditar el acceso a objetos, el acceso al servicio de directorios, el cambio de directivas, el seguimiento de procesos, el uso de privilegios, los eventos de inicio de sesión, los eventos del sistema y la administración de cuentas.

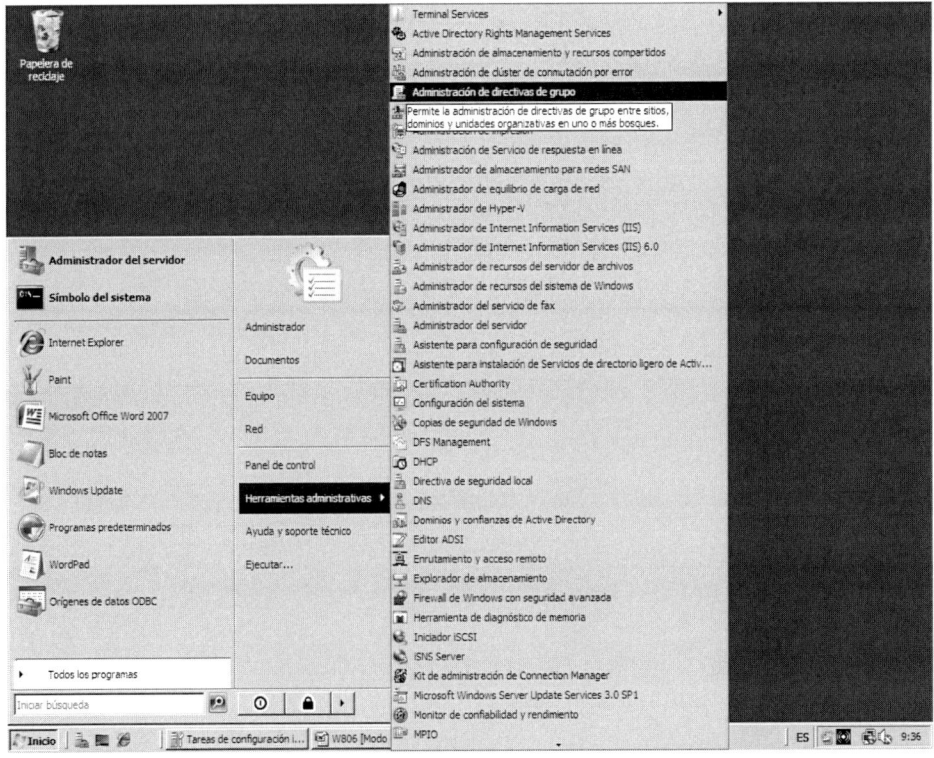

Figura 8-59

Para acceder al trabajo con la directiva de auditoría se utiliza el *Editor de administración de directivas de grupo* al que se accede abriendo el administrador de directivas de grupo mediante *Inicio → Herramientas administrativas → Administración de directivas de grupo* (Figura 8-59). A continuación se hace clic con el botón secundario del ratón en el dominio principal por defecto y en el menú emergente se elige *Editar* (Figura 8-60). De esta forma, se accede al *Editor de administración de directivas de grupo* en el que se utilizarán las opciones que cuelgan de *Directivas de cuenta* según se observa en la Figura 8-61. Se observa que para acceder a directiva de auditoría la ruta a seguir es *Configuración de equipo → Directivas → Configuración de Windows → Configuración de seguridad → Directivas de cuenta → Directivas locales→ Directiva de auditoría*.

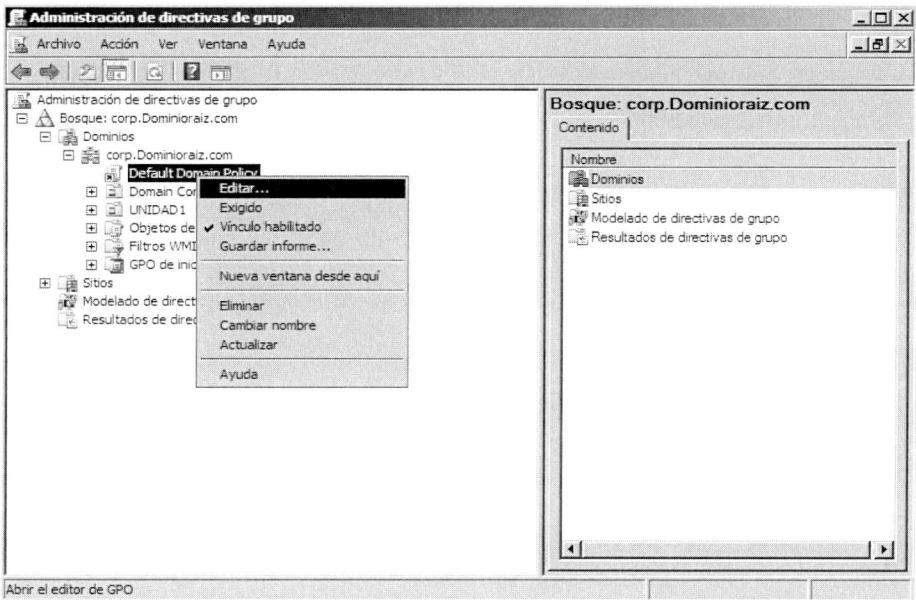

Figura 8-60

En la Figura 8-61 observamos los objetivos y aspectos auditables.

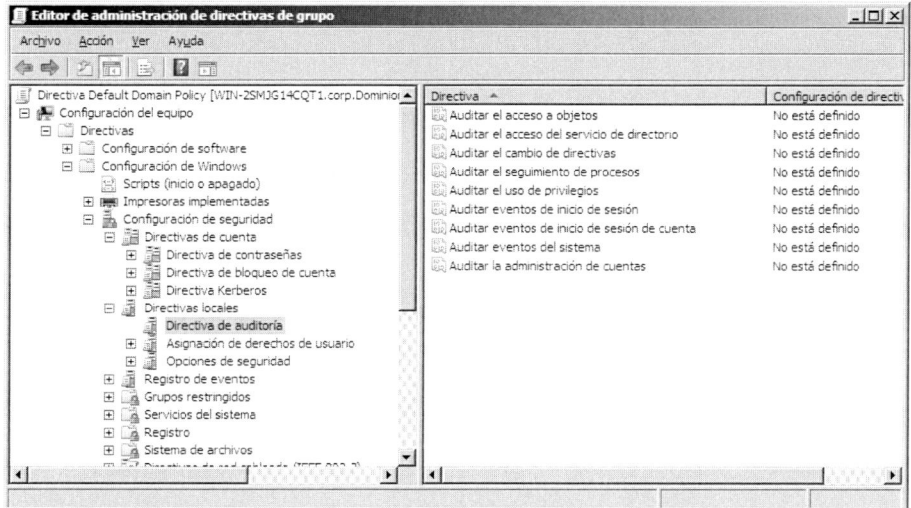

Figura 8-61

- *Auditar el acceso a objetos* determina si debe auditarse el evento de un usuario que obtiene acceso a un objeto (por ejemplo, un archivo, carpeta, clave del Registro, impresora, etc.) con su propia lista de control de acceso del sistema (SACL) especificada. Si define esta configuración de directiva, podrá especificar si auditar los aciertos, los errores o no auditar ningún tipo de evento. Las auditorías de aciertos generan una entrada de auditoría cuando un usuario obtiene acceso correctamente a un objeto con una SACL adecuada especificada. Las auditorías de errores generan una entrada de auditoría cuando un usuario intenta obtener acceso a un objeto con una SACL especificada y no lo consigue. Para establecer este valor en *Sin auditoría*, en el cuadro de diálogo *Propiedades de esta configuración de directiva*, active la casilla *Definir esta configuración de directiva* y desactive las casillas *Correcto* y *Erróneo* (Figura 8-62).

- *Auditar el acceso del servicio de directorio* determina si debe auditarse el evento de un usuario que obtiene acceso a un objeto de Active Directory con su propia lista de control de acceso del sistema (SACL) especificada. De forma predeterminada, este valor se establece en *Sin auditoría* en el objeto de directiva *de* grupo (GPO) de controlador de dominio predeterminado y permanece sin definir en estaciones de trabajo y servidores donde no tiene ningún significado. Si define esta configuración de directiva, podrá especificar si auditar los aciertos, los errores o no auditar ningún tipo de evento. Las auditorías de aciertos generan una entrada de auditoría cuando el usuario obtiene acceso correctamente a un objeto de Active Directory con una SACL especificada. Las auditorías de errores generan una entrada de auditoría cuando un usuario intenta obtener acceso a un objeto de Active Directory con una SACL especificada y no lo consigue. Para establecer este valor en *Sin auditoría*, en el cuadro de diálogo *Propiedades* de esta configuración de directiva, active la casilla *Definir esta configuración de directiva* y desactive las casillas *Correcto* y *Erróneo* (Figura 8-63).

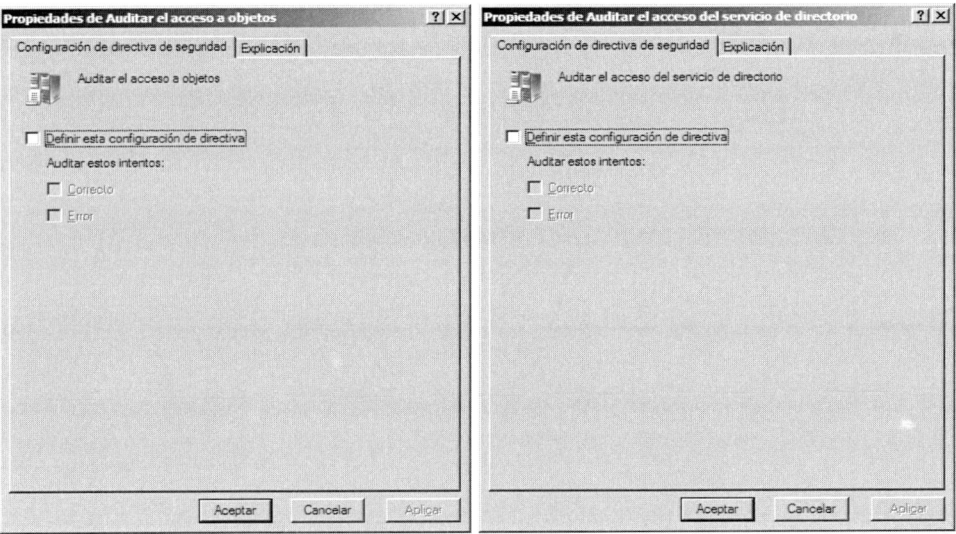

Figura 8-62   Figura 8-63

Tenga en cuenta que puede establecer una SACL en un objeto de Active Directory mediante la ficha *Seguridad* del cuadro de diálogo *Propiedades* de dicho objeto. Es lo mismo que Auditar el acceso a objetos, salvo que se aplica únicamente a objetos de Active Directory y no a los objetos del sistema de archivos y del Registro. El valor predeterminado es *Correcto* en controladores de dominio y *Sin definir* para un equipo miembro.

- *Auditar el cambio de directivas* determina si debe auditarse cada incidente de cambio en las directivas de asignación de derechos de usuario, directivas de auditoría o directivas de confianza. Si define esta configuración de directiva, podrá especificar si auditar los aciertos, los errores o no auditar ningún tipo de evento. Las auditorías de aciertos generan una entrada de auditoría cuando se produce un cambio correcto en las directivas de asignación de derechos de usuario, directivas de auditoría o directivas de confianza. Las auditorías de errores generan una entrada de auditoría cuando se produce un error al cambiar las directivas de asignación de derechos de usuario, directivas de auditoría o directivas de confianza. Para establecer este valor en *Sin auditoría*, en el cuadro de diálogo *Propiedades* de esta configuración de directiva, active la casilla *Definir esta configuración de directiva* y desactive las casillas *Correcto* y *Erróneo*. El valor predeterminado es *Correcto* en controladores de dominio y *Sin auditoría* en servidores miembro.

- *Auditar el seguimiento de procesos* determina si debe auditarse la información de seguimiento detallada para eventos como activación de programas, salida de procesos, duplicación de identificadores y acceso a objetos indirectos. Si define esta configuración de directiva, podrá especificar si auditar los aciertos, los errores o no auditar ningún tipo de evento. Las auditorías de aciertos generan una entrada de auditoría cuando el proceso del que se realiza un seguimiento es correcto. Las auditorías de errores generan una entrada de auditoría cuando el proceso del que se realiza un seguimiento es incorrecto. Para establecer este valor en *Sin auditoría*, en el cuadro de diálogo *Propiedades* de esta configuración de directiva, active la casilla *Definir esta configuración de directiva* y desactive las casillas *Correcto* y *Erróneo*. El valor predeterminado es *Sin auditoría.* El valor predeterminado es *Sin auditoría*.

- *Auditar el uso de privilegios* determina si debe auditarse cada instancia de un usuario que ejerce un derecho de usuario.

  Si define esta configuración de directiva, podrá especificar si auditar los aciertos, los errores o no auditar ningún tipo de evento. Las auditorías de aciertos generan una entrada de auditoría cuando se realiza correctamente el ejercicio de un derecho de usuario. Las auditorías de errores generan una entrada de auditoría cuando no se realiza correctamente el ejercicio de un derecho de usuario. Para establecer este valor en *Sin auditoría*, en el cuadro de diálogo *Propiedades* de esta configuración de directiva, active la casilla *Definir esta configuración de directiva* y desactive las casillas *Correcto* y *Erróneo*.

- *Auditar eventos de inicio de sesión* determina si debe auditarse cada instancia de inicio o cierre de sesión de un usuario en un equipo. Los eventos de inicio de sesión de cuenta se generan en controladores de dominio para la actividad de cuentas de dominio y en equipos locales para la actividad de cuentas locales. Si se habilitan las dos categorías de directivas de auditoría de inicio de sesión de cuenta e inicio de sesión, los inicios de sesión que usan una cuenta de dominio generarán un evento de inicio o cierre de sesión en la estación de trabajo o servidor, y generarán un evento de inicio de sesión de cuenta en el controlador de dominio. Además, los inicios de sesión interactivos en un servidor miembro o estación de trabajo que usan una cuenta de dominio generan un evento de inicio de sesión en el controlador de dominio a medida que se recuperan los scripts y las directivas de inicio de sesión cuando un usuario inicia sesión. Si define esta configuración de directiva, podrá especificar si auditar los aciertos, los errores o no auditar ningún tipo de evento. Las auditorías de aciertos generan una entrada de auditoría cuando se produce un intento de inicio de sesión correcto. Las auditorías de errores generan una entrada de auditoría cuando se produce un intento de inicio de sesión incorrecto. Para establecer este valor en *Sin auditoría*, en el cuadro de diálogo *Propiedades* de esta configuración de directiva, active la casilla *Definir esta configuración de directiva* y desactive las casillas *Correcto* y *Erróneo*. El valor predeterminado es *Correcto* y *Sin auditoría*.

No se generan auditorías para el uso de los siguientes derechos de usuario, aunque se especifiquen auditorías de aciertos o errores para *Auditar el uso de privilegios*. Si se habilita la auditoría de estos derechos de usuario, se tenderá a generar muchos eventos en el registro de eventos que pueden impedir el funcionamiento del equipo. Para auditar los siguientes derechos de usuario habilite la clave del Registro *FullPrivilegeAuditing*: Omitir comprobación de recorrido, Depurar programas, Crear un objeto símbolo (token), Reemplazar un símbolo (token) de nivel de proceso, Generar auditorías de seguridad, Hacer copias de seguridad de archivos y directorios y Restaurar archivos y directorios.

La edición incorrecta del Registro puede causar daños graves al sistema. Antes de realizar cambios en el Registro, debe hacer una copia de seguridad de los datos valiosos del equipo.

- *Auditar eventos de inicio de sesión de cuenta* determina si debe auditarse cada instancia de inicio o cierre de sesión de un usuario en un equipo en el que este equipo se usa para validar la cuenta. Los eventos de inicio de sesión de cuenta se generan cuando la cuenta de un usuario del dominio se autentica en un controlador de dominio. El evento se registra en el registro de seguridad del controlador de dominio. Los eventos de inicio de sesión se generan cuando un usuario local se autentica en un equipo local. El evento se registra en el registro de seguridad local. No se generan eventos de cierre de sesión de cuenta. Si define esta configuración de directiva, podrá especificar si deben auditarse los aciertos, los errores o si no debe auditarse ningún tipo de evento. Las auditorías de aciertos generan una entrada de auditoría cuando se produce un intento de inicio de sesión correcto. Las auditorías de errores generan una entrada de auditoría cuando se produce un intento de inicio de sesión incorrecto.

    Para establecer este valor en *Sin auditoría*, en el cuadro de diálogo Propiedades de esta configuración de directiva, active la casilla *Definir esta configuración de directiva* y desactive las casillas *Correcto* y *Erróneo*. Si está habilitada la auditoría de aciertos para eventos de inicio de sesión de cuenta en un controlador de dominio, se registrará una entrada para cada usuario validado en dicho controlador de dominio, aunque el usuario realmente esté iniciando sesión en una estación de trabajo unida al dominio. El valor predeterminado es *Correcto*.

- *Auditar eventos del sistema* determina si debe realizarse una auditoría cuando un usuario reinicia o apaga el equipo o cuando se produce un evento que afecta a la seguridad del sistema o al registro de seguridad. Si define esta configuración de directiva, podrá especificar si auditar los aciertos, los errores o no auditar ningún tipo de evento. Las auditorías de aciertos generan una entrada de auditoría cuando se ejecuta correctamente un evento del sistema. Las auditorías de errores generan una entrada de auditoría cuando no se logra ejecutar un evento del sistema. Para establecer este valor en *Sin auditoría*, en el cuadro de diálogo *Propiedades* de esta configuración de directiva, active la casilla *Definir esta configuración de directiva* y desactive las casillas *Correcto* y *Erróneo*. El valor predeterminado es *Correcto* en controladores de dominio y *Sin auditoría* en servidores miembro.

- *Auditar la administración de cuentas* determina si debe auditarse cada evento de administración de cuentas en un equipo. Como ejemplos de eventos de administración de cuentas tenemos: se crea, cambia o elimina un grupo o una cuenta de usuario, se cambia el nombre de una cuenta, se deshabilita o se habilita y se establece o se cambia una contraseña. Si define esta configuración de directiva, podrá especificar si auditar los aciertos, los errores o no auditar ningún tipo de evento. Las auditorías de aciertos generan una entrada de auditoría cuando se produce un evento de administración de cuentas correcto. Las auditorías de errores generan una entrada de auditoría cuando se produce un evento de administración de cuentas incorrecto. Para establecer este valor en *Sin auditoría*, en el cuadro de diálogo *Propiedades* de esta configuración de directiva, active la casilla *Definir esta configuración de directiva* y desactive las casillas *Correcto* y *Erróneo*. El valor predeterminado es *Correcto* en controladores de dominio y *Sin auditoría* en servidores miembro.

8.4.1. Auditoria de seguridad

La auditoría de seguridad es un medio para realizar un seguimiento de los eventos relacionados con la seguridad en un equipo o un sistema de equipo mediante el registro de determinados eventos. La auditoría de seguridad en Windows server ayuda a supervisar la creación o la modificación de objetos, proporciona un modo de realizar un seguimiento de los posibles problemas de seguridad, ayuda a asegurar la responsabilidad del usuario y proporciona pruebas en caso de producirse una infracción en la seguridad. En la siguiente tabla se proporciona información adicional acerca de la auditoría de seguridad.

Temas	Descripciones
Hardware y software para la auditoría de seguridad	Se puede usar la auditoría en los equipos en los que se ejecuta Windows server o Microsoft Windows. La posibilidad de especificar directivas de auditoría detalladas sólo está disponible en los equipos en los que se ejecuta Microsoft Windows y Windows server.
Instalación de la auditoría de seguridad	La auditoría de seguridad es una característica integrada de Windows server, pero requiere configuración. Para establecer las directivas de auditoría en objetos del equipo local o de dominio, haga clic con el botón secundario en el objeto, haga clic en *Propiedades*, en la ficha *Seguridad* y, por último, en la ficha *Auditoría* (Figura 8-64).
Administración de la auditoría de eventos de seguridad	En un entorno con distintos sistemas operativos Windows, las directivas de auditoría detalladas se administran mediante el uso de diversas herramientas, incluidos *Auditpol.exe*, scripts, Servicios de dominio de Active Directory (AD DS) y la directiva de grupo. Puede administrar las siguientes tareas mediante el Editor de controles de acceso: – Definir o modificar la configuración de directivas de auditoría para una categoría de eventos. – Aplicar o modificar la configuración de directivas de auditoría de un archivo o una carpeta local.

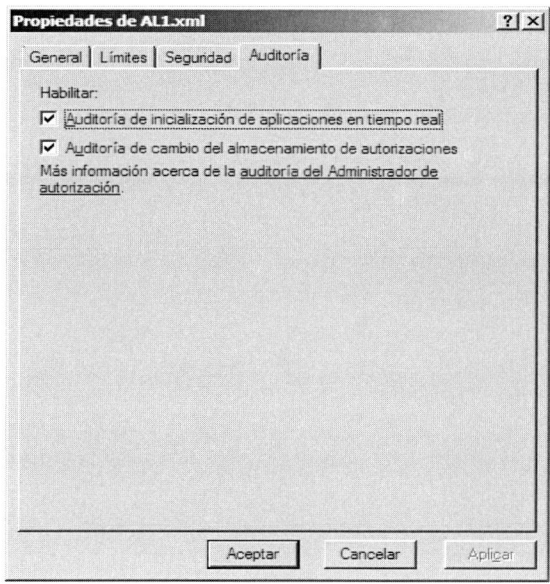

Figura 8-64

8.4.2. Asistente para configuración de seguridad

El *Asistente para configuración de seguridad* (SCW) determina la funcionalidad mínima necesaria para una función (o funciones) de servidor y deshabilita la funcionalidad que no es necesaria. SCW puede ejecutarse de forma independiente o desde el *Administrador de servidores*. SCW le guía a través del proceso de creación, modificación, aplicación o reversión de una directiva de seguridad basada en las funciones de servidor seleccionadas. Las directivas de seguridad que se crean con SCW son archivos *.xml* que, al aplicarse, configuran los servicios, la seguridad de la red, los valores del Registro específicos y la directiva de auditoría.

Existen dos caminos para acceder a la consola de Administrador de servidores en Windows server:

- Seleccionar *Inicio → Herramientas administrativas → Administración del servidor* (Figura 8-65).

- Hacer clic sobre *Administrador del servidor* en la barra de herramientas de *Inicio rápido* (Figura 8-66).

Por ambas vías se obtiene la consola de Administrador de servidores (Figura 8-67) que presenta una sección de *Información de seguridad* (Figura 8-68).

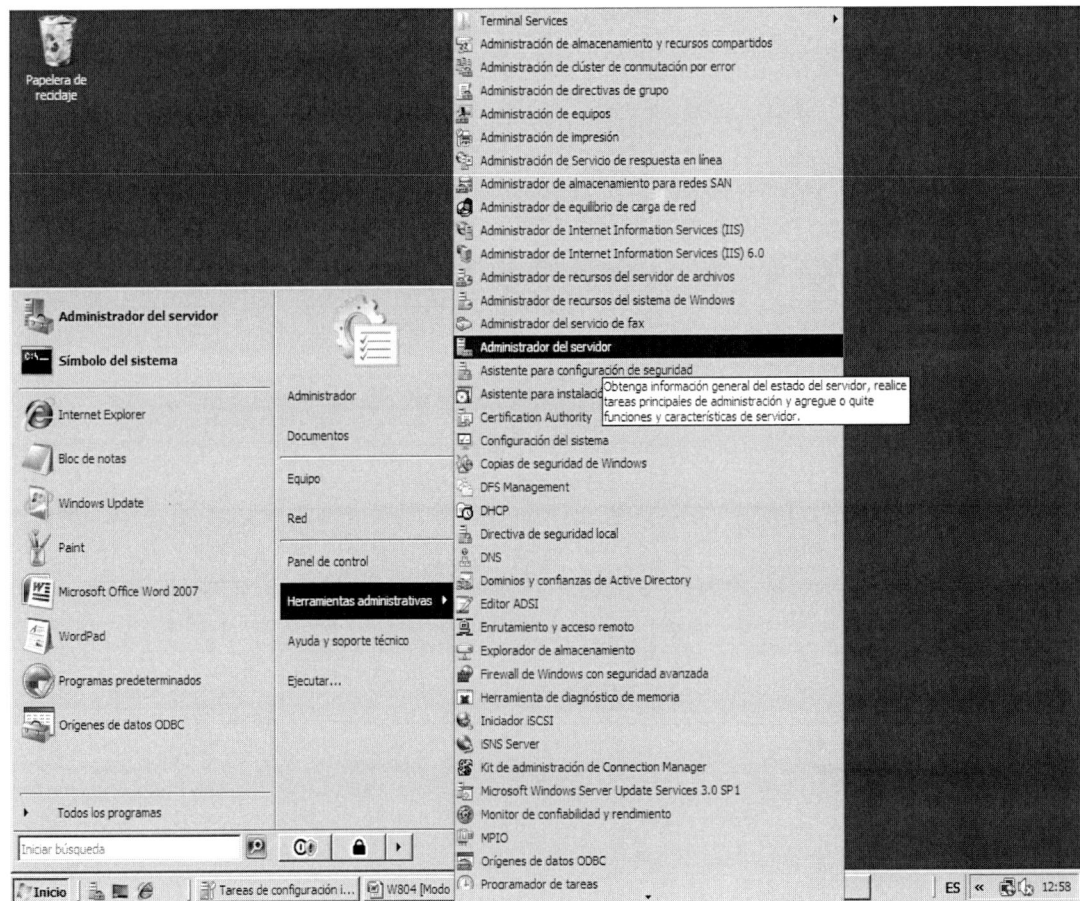

Figura 8-65

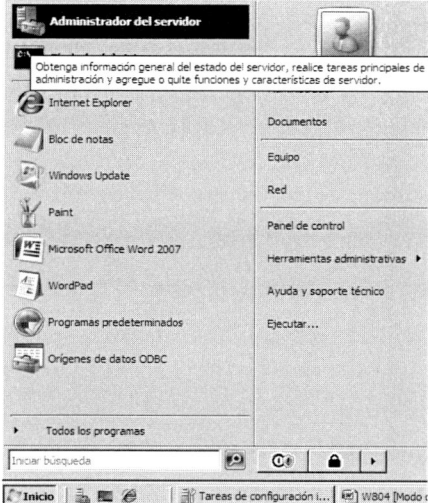

Figura 8-66

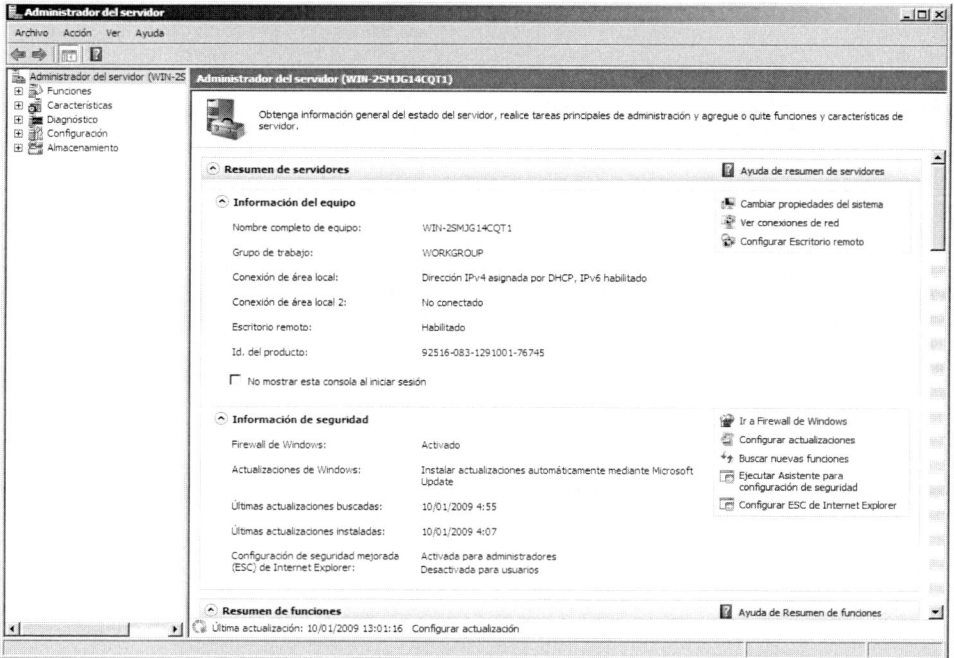

Figura 8-67

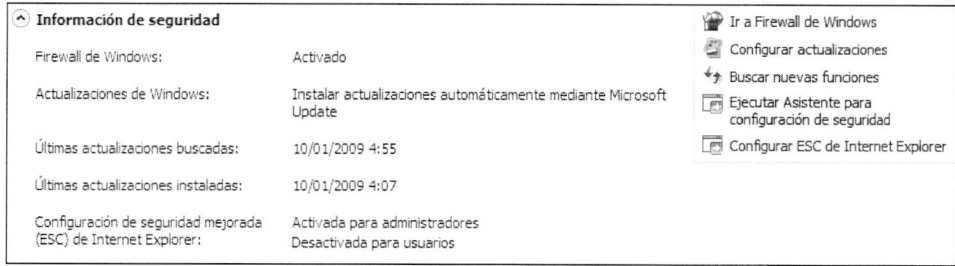

Figura 8-68

El comando *Ejecutar Asistente para configuración de seguridad* de la sección *Información de seguridad* de la Figura 8-68 nos lleva a la pantalla de la Figura 8-69 que inicia el Asistente para configuración de seguridad (SCW). Al hacer clic en *Siguiente*, se obtiene la Figura 8-70 en la que observamos que el asistente puede crear, editar y aplicar una directiva de seguridad. También puede revertir la última directiva de seguridad que aplicaría si no funciona de la manera esperada. Una directiva de seguridad que crea con SCW es un archivo *.xml* que, cuando se aplica, configura servicios, seguridad de red, valores de registro específicos y directiva de auditoría.

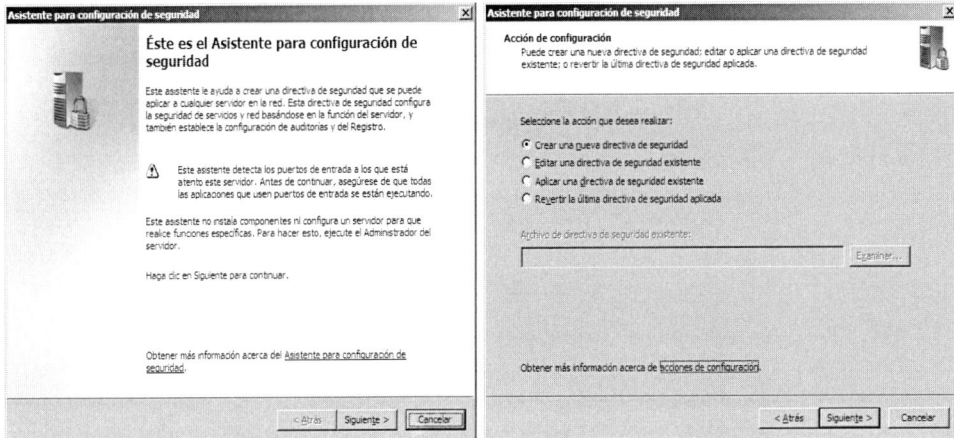

Figura 8-69   Figura 8-70

Puede *crear una directiva de seguridad* que configure servicios, Firewall de Windows con seguridad avanzada, configuración de directiva de auditoría y configuración del registro específica. La directiva de seguridad es un archivo *.xml* que se puede editar y aplicar con SCW. La directiva se puede convertir en un objeto de directiva de grupo (GPO) usando la herramienta de línea de comandos *Scwcmd*. Una vez que ha iniciado SCW, no hay que completar todas las secciones en la misma sesión. Para omitir secciones, active la casilla *Omitir esta sección* al comienzo de cada sección sin completar, guarde la directiva y use SCW para editar la directiva posteriormente. Si activa la casilla *Omitir esta sección* después de configurar parte de una sección, los cambios no se guardarán o aplicarán. La configuración en las secciones omitidas permanece sin definir hasta que edita la directiva de seguridad y la configura. Las figuras 8-71 a 8-95 muestran el proceso completo de creación de la directiva.

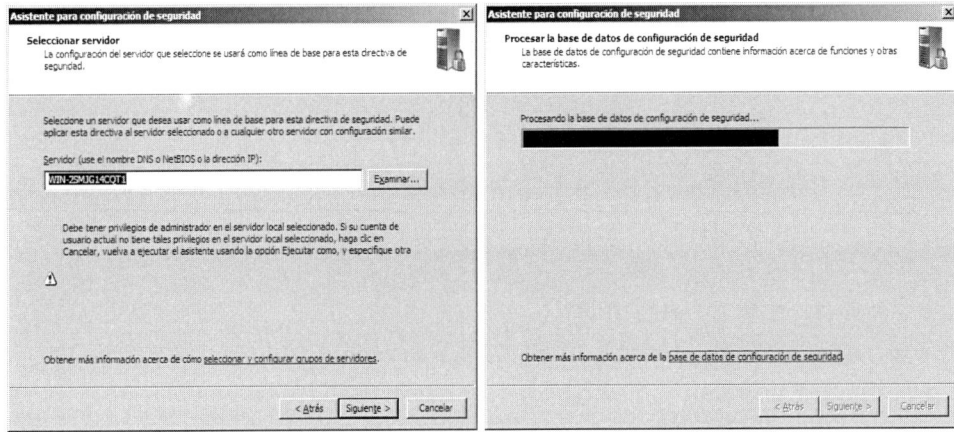

Figura 8-71   Figura 8-72

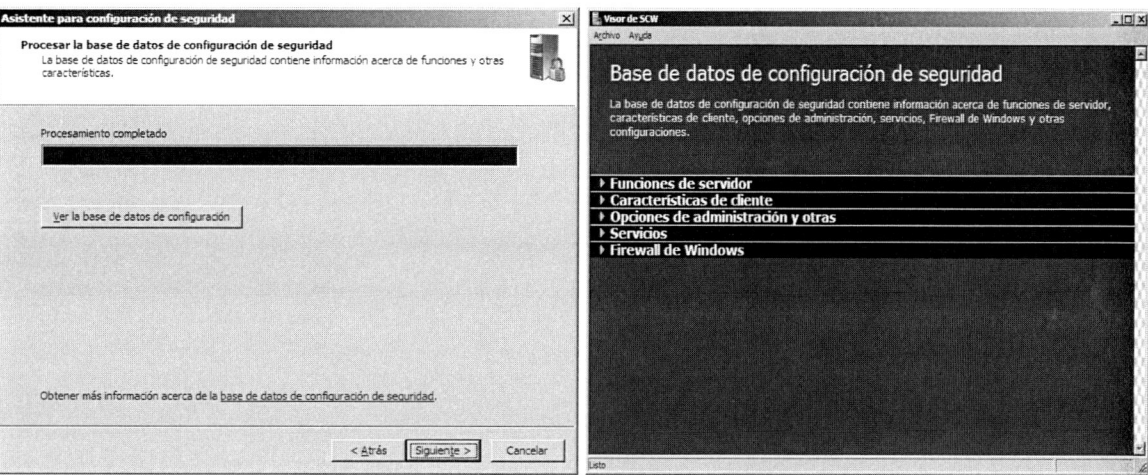

Figura 8-73   Figura 8-74

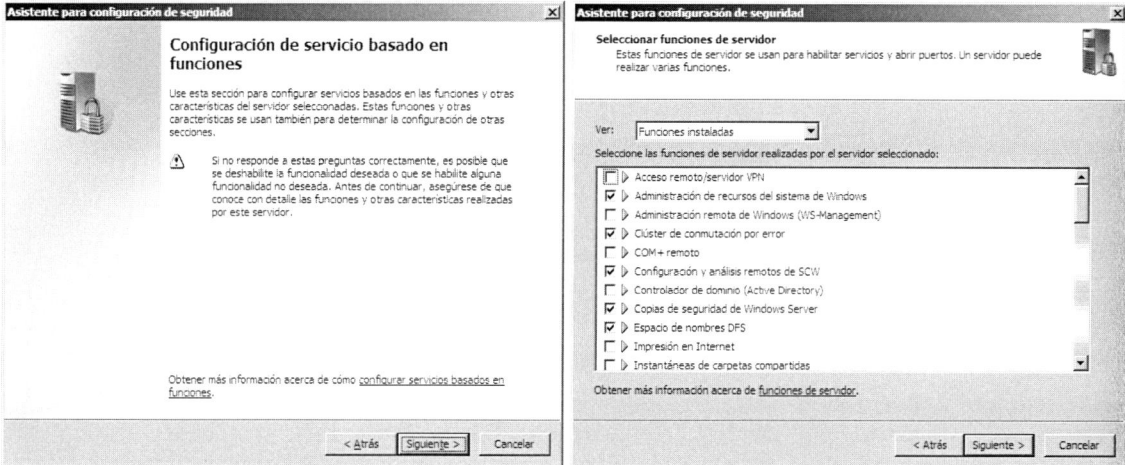

Figura 8-75   Figura 8-76

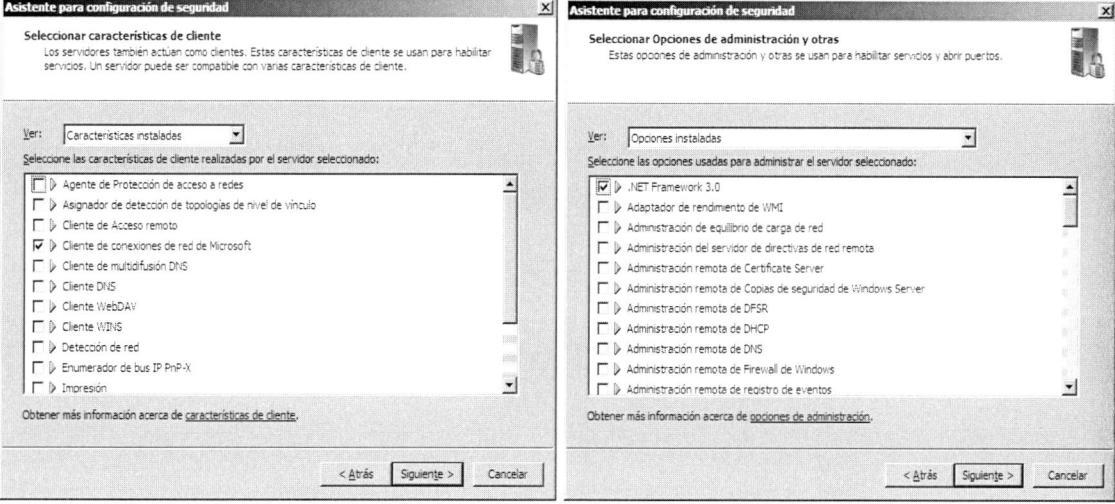

Figura 8-77   Figura 8-78

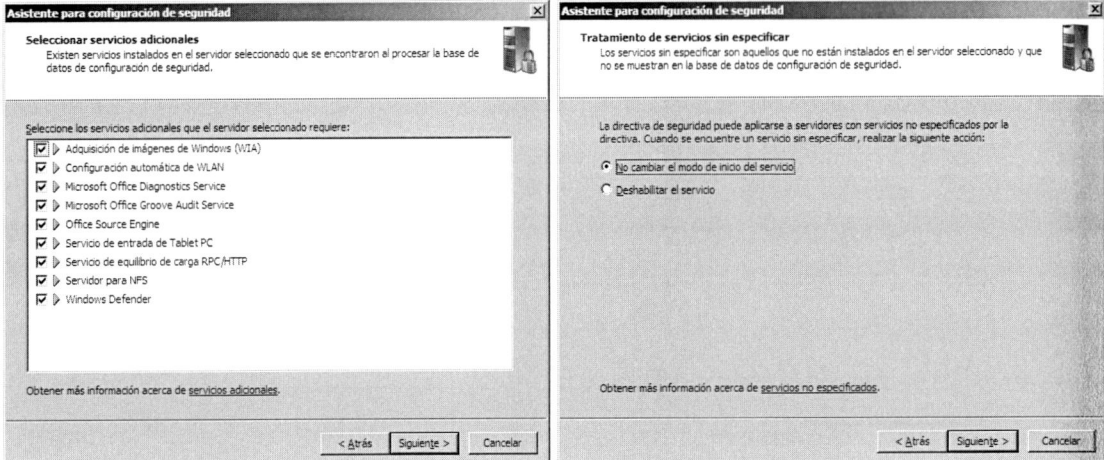

Figura 8-79

Figura 8-80

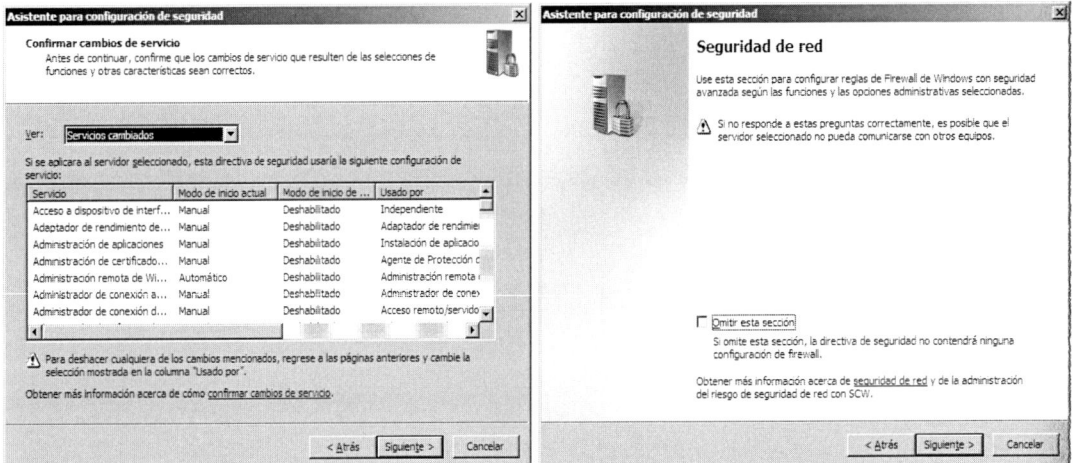

Figura 8-81

Figura 8-82

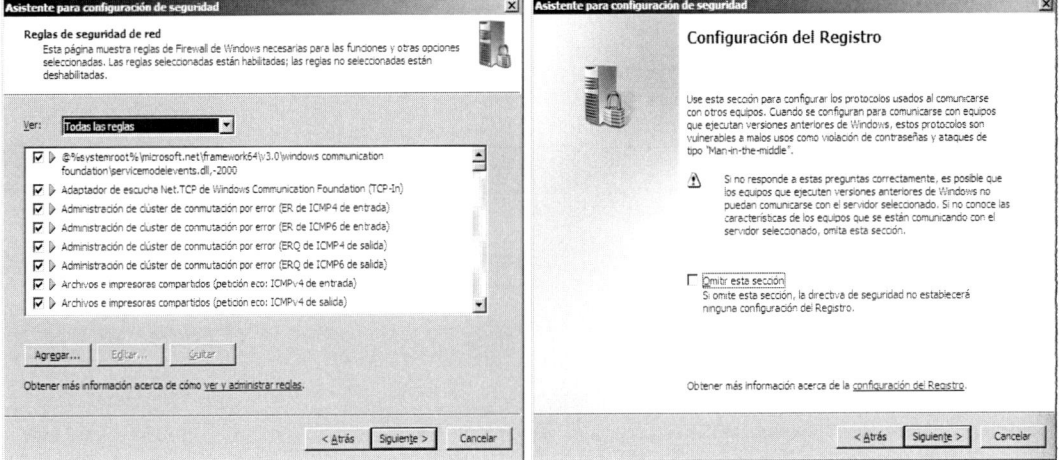

Figura 8-83

Figura 8-84

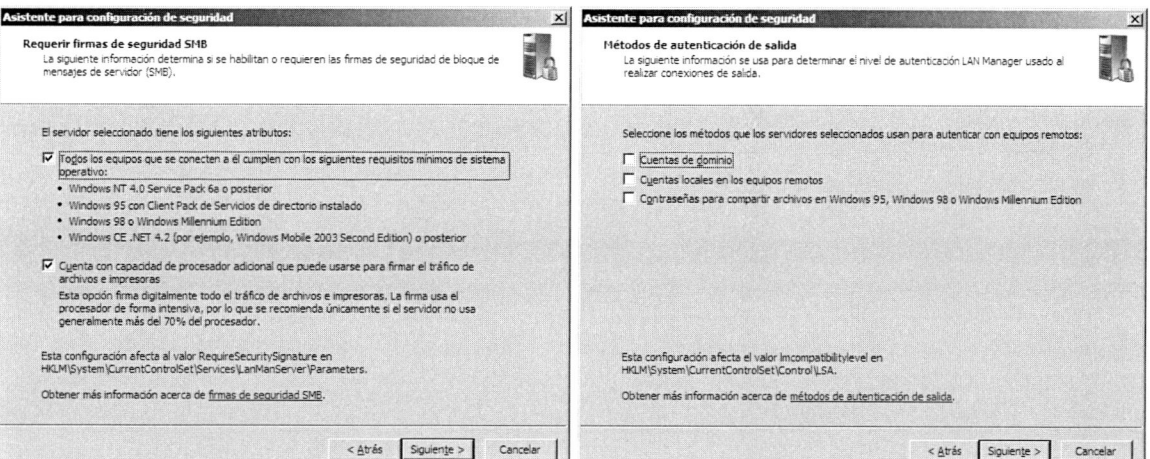

Figura 8-85   Figura 8-86

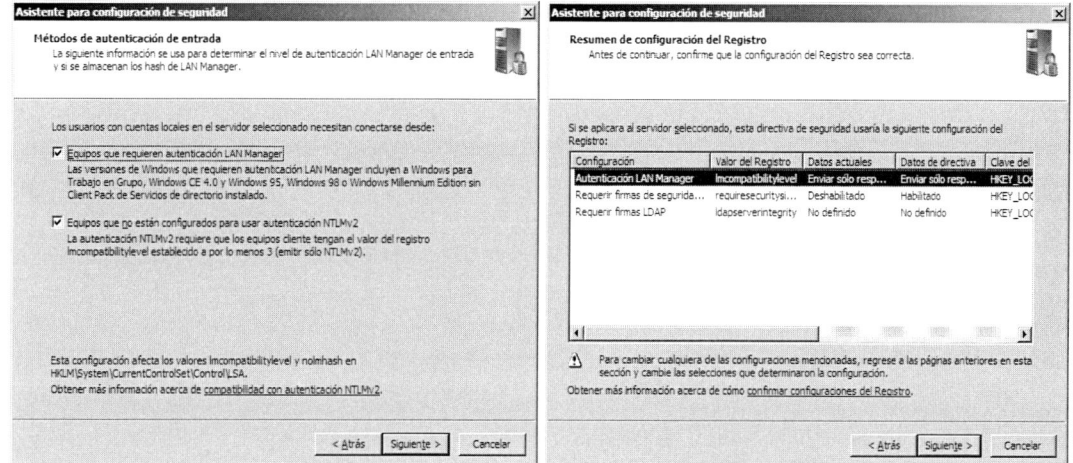

Figura 8-87   Figura 8-88

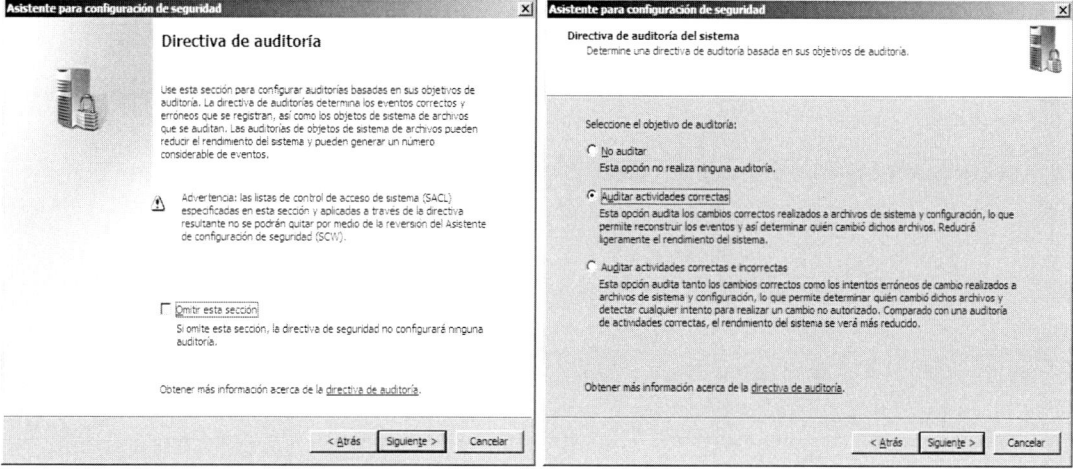

Figura 8-89   Figura 8-90

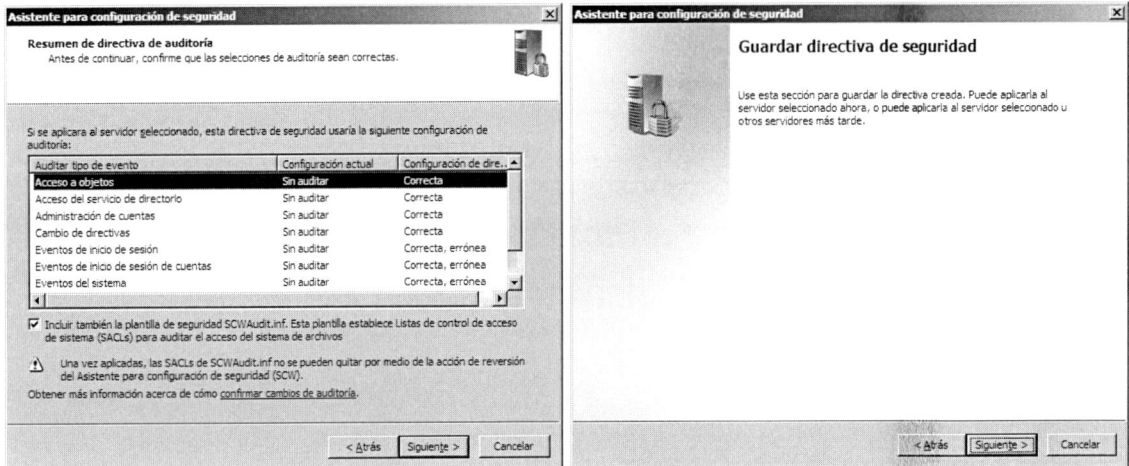

Figura 8-91   Figura 8-92

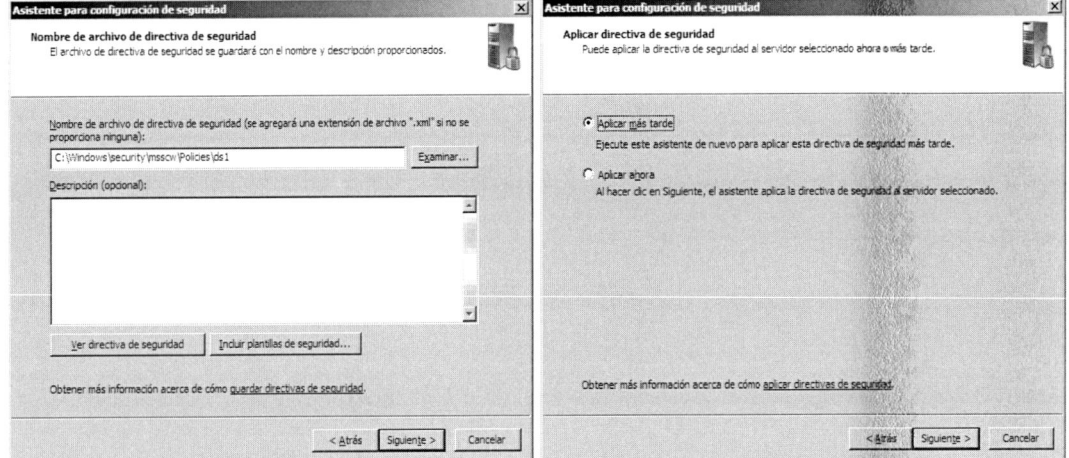

Figura 8-93   Figura 8-94

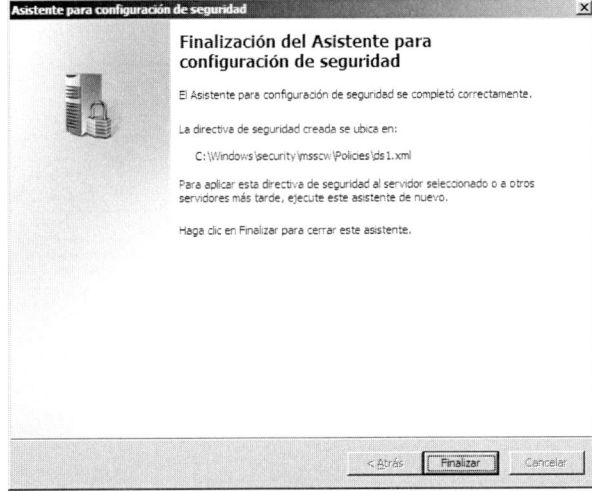

Figura 8-95

Puede *editar una directiva de seguridad* que ya haya creado con SCW. Debe hacer clic en *Editar una directiva de seguridad existente* (Figura 8-96).

Con el botón *Examinar* se puede buscar la ubicación de la directiva de seguridad que desea editar. Se pulsa *Siguiente* y se elige el servidor que se utilizó cuando se creó la directiva (Figura 8-97). Se pulsa *Siguiente* sucesivas veces y aparecen las mismas pantallas que para la creación de la directiva y en cada una de ellas podemos ir cambiando la selección a medida. Finalizado el proceso, la directiva que edite se puede almacenar localmente o en una red. Puede usar SCW para editar directivas con una extensión de nombre de archivo *.xml*. Las plantillas de seguridad con una extensión *.inf* no se pueden editar con SCW. No se admite la edición manual de la directiva de seguridad. Debe usar SCW para editar una directiva de seguridad que haya creado con SCW.

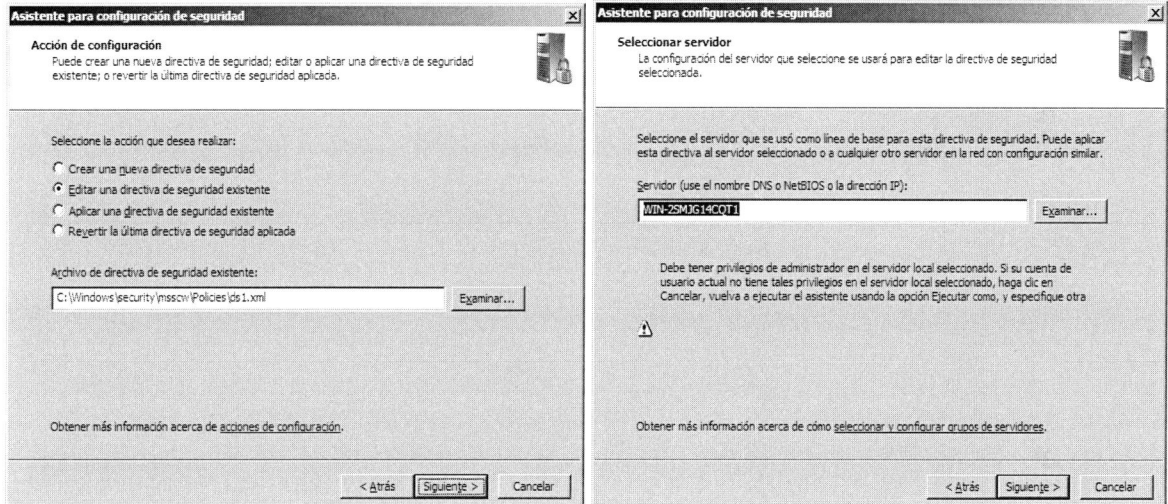

Figura 8-96   Figura 8-97

Una vez que crea una directiva de seguridad con SCW, puede aplicarla a un servidor de prueba o al entorno de producción. Puede usar la herramienta de línea de comandos *Scwcmd* para aplicar la misma directiva a varios servidores. Puede usar el comando *scwcmd transform* para crear GPO. Únicamente se pueden aplicar directivas de seguridad en formato .xml con SCW.

Para *aplicar la directiva de seguridad*, elija *Aplicar una directiva de seguridad existente* en la Figura 8-98. Haga clic en *Siguiente* y elija el servidor al que se aplicará la directiva de seguridad (Figura 8-99). Haga clic en *Siguiente* y en la Figura 8-100 se puede elegir *Ver la directiva de seguridad* (Figura 8-101). Haga clic en *Siguiente* y comienza la aplicación de la directiva de seguridad (Figura 8-102).

Finalizado el proceso se obtiene la pantalla de aplicación completada (Figura 8-103). Al pulsar en *Siguiente*, se obtiene la pantalla de finalización del asistente (Figura 8-104). Al hacer clic en *Finalizar*, la directiva se ha aplicado.

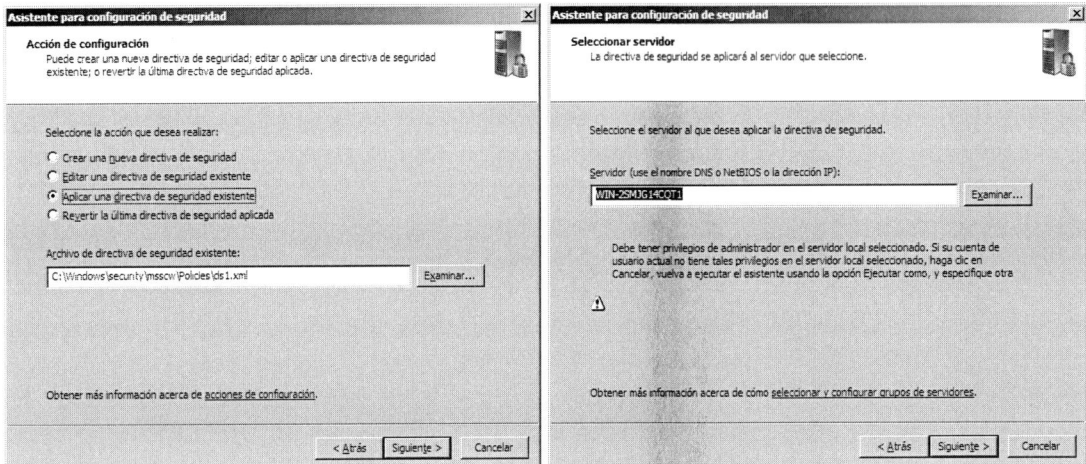

Figura 8-98   Figura 8-99

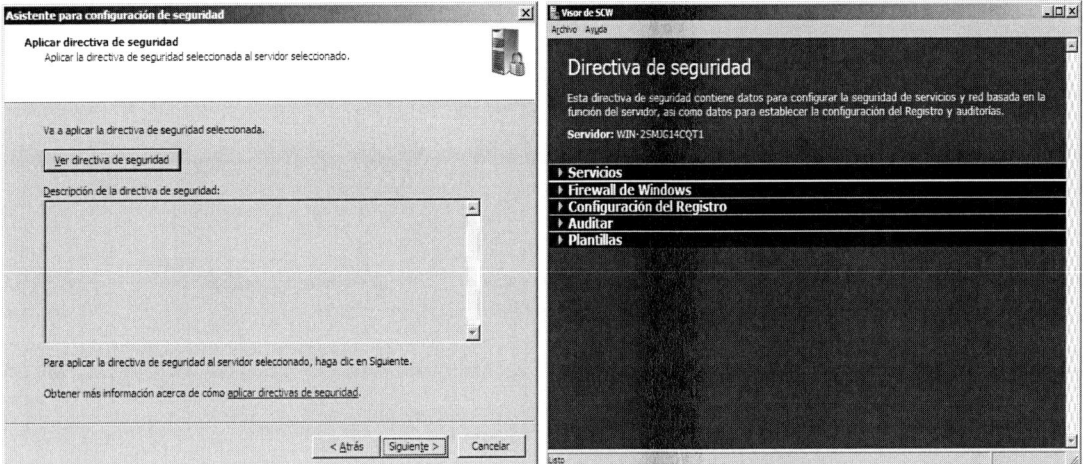

Figura 8-100   Figura 8-101

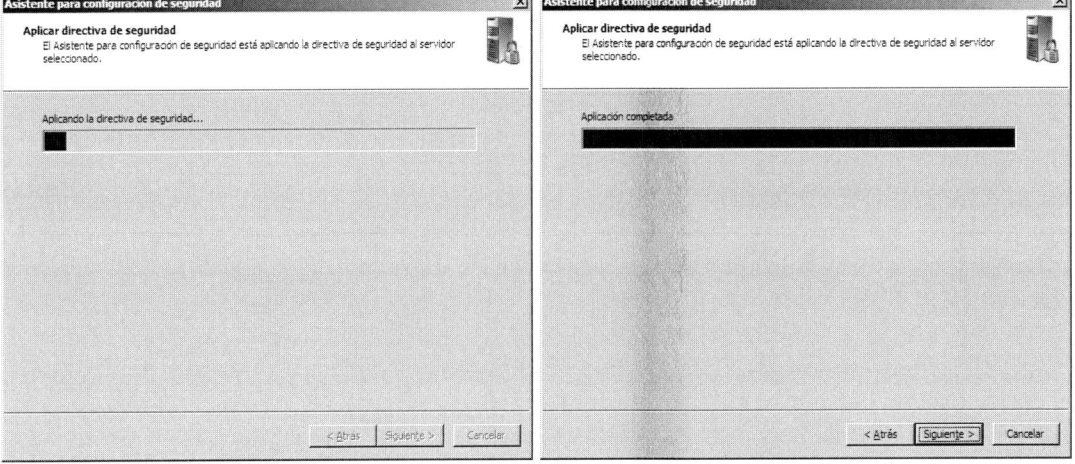

Figura 8-102   Figura 8-103

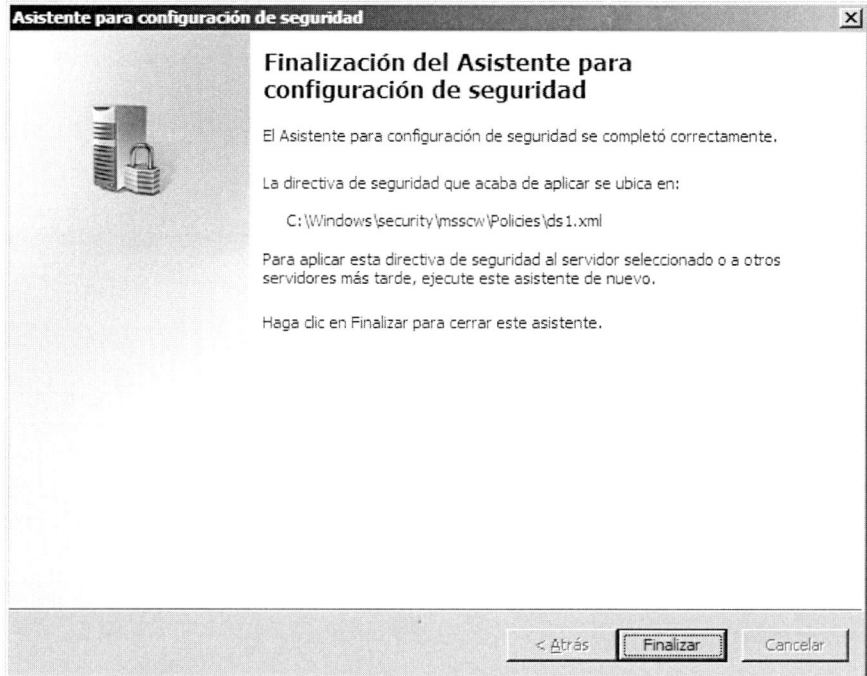

Figura 8-104

Si el servidor seleccionado es miembro de un dominio de Active Directory, la directiva de seguridad de GPO basada en dominio generalmente invalida la configuración de registro que se definió directamente a través de SCW. Para evitarlo, puede crear un GPO usando *scwcmd transform* y aplicar el GPO a través de Servicios de dominio de Active Directory (AD DS).

Se recomienda que pruebe una directiva de seguridad modificada o recién creada antes de aplicarla al entorno de producción. La prueba minimiza la posibilidad de que la nueva directiva pueda causar un comportamiento inesperado, como problemas de compatibilidad, en el entorno de producción. Si ha aplicado una directiva de seguridad con SCW que produce una disminución de la funcionalidad para un servidor u otros resultados no deseables, puede revertir la directiva de seguridad de manera que ya no se aplique al servidor.

Sin embargo, si la directiva se edita en la *Directiva de seguridad local* después de aplicarla, los cambios no se podrán revertir y permanecerán en su configuración actual. Para los valores de servicios y registro, el proceso de reversión restaura la configuración que se cambió durante el proceso de configuración. Para el Firewall de Windows con seguridad avanzada, el proceso de revertir elimina las directivas de SCW que haya en vigor actualmente y aplica la directiva anterior que hubiera en el momento de la configuración.

Para *Revertir la última directiva de seguridad aplicada* elija *Revertir la última directiva de seguridad aplicada* en la Figura 8-105. Haga clic en *Siguiente* y elija el servidor en el que se revertirá la directiva de seguridad (Figura 8-106). Haga clic en *Siguiente* y en la Figura 8-107 se puede elegir *Ver la directiva de seguridad* (Figura 8-108). Haga clic en *Siguiente* y comienza la reversión de la directiva de seguridad (Figura 8-109). Finalizado el proceso, se obtiene la pantalla de reversión completada (Figura 8-110). Al pulsar en *Siguiente* se obtiene la pantalla de finalización del asistente (Figura 8-111). Al hacer clic en *Finalizar*, la directiva se ha revertido.

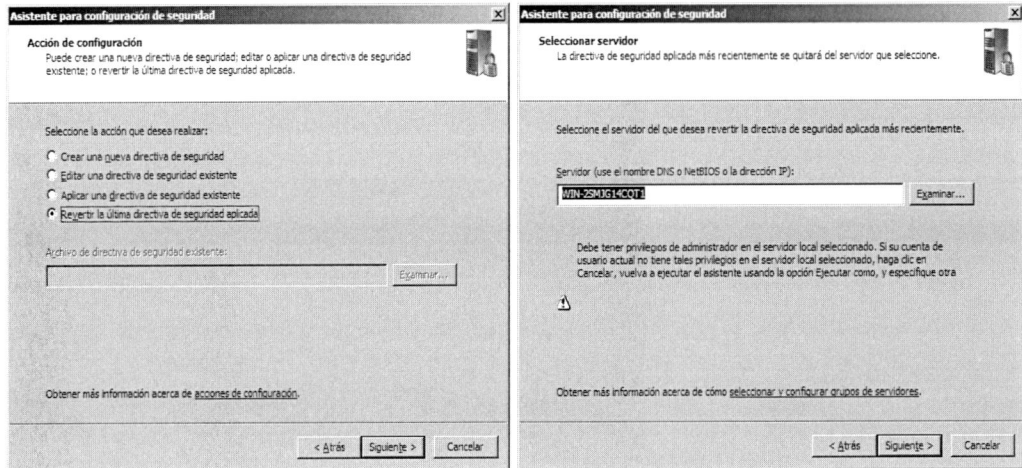

Figura 8-105   Figura 8-106

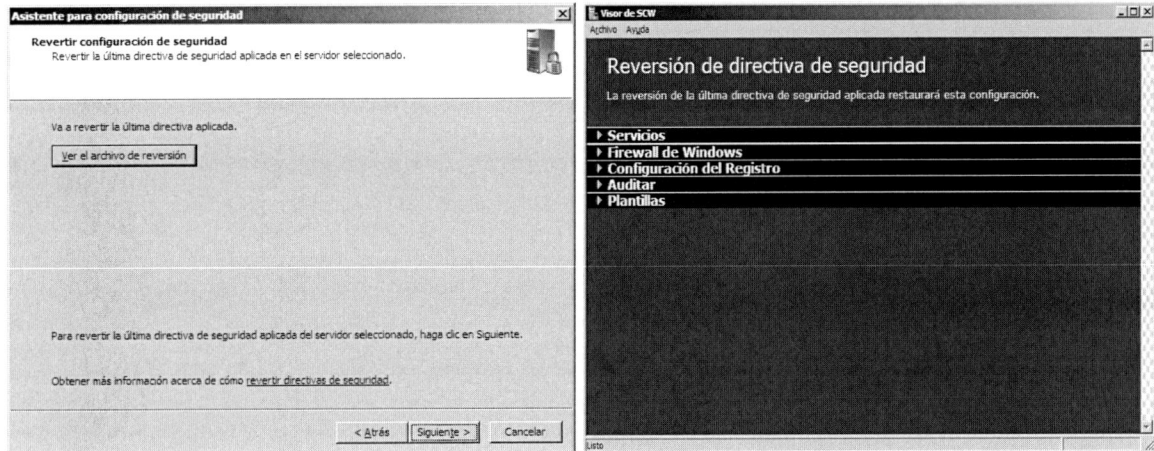

Figura 8-107   Figura 8-108

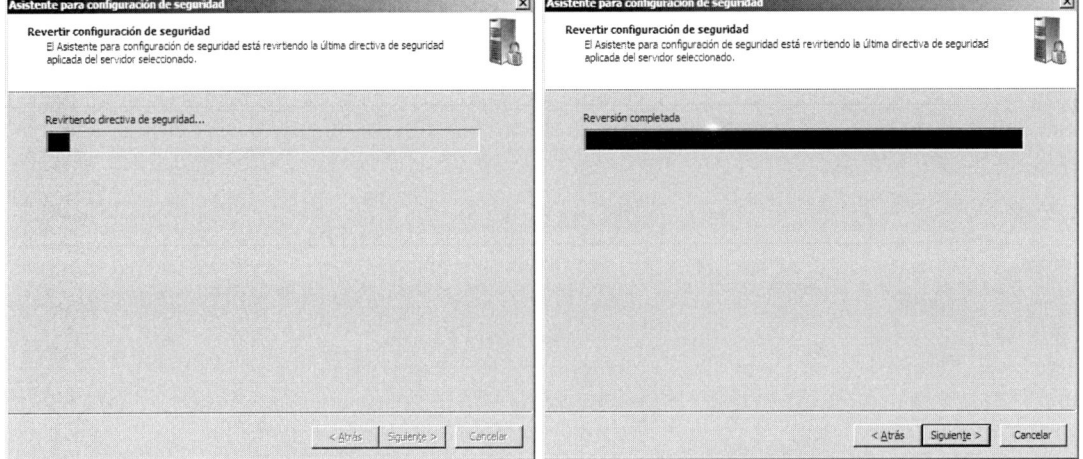

Figura 8-109   Figura 8-110

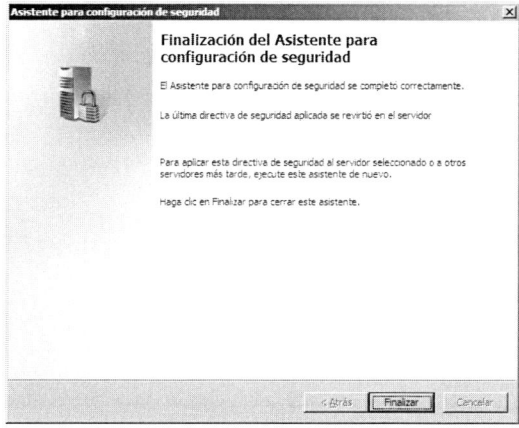

Figura 8-111

8.4.3. Configuración y análisis de seguridad

Puede usar el complemento Configuración y análisis de seguridad para analizar y configurar la seguridad del equipo local. Presenta recomendaciones, junto con la configuración del sistema actual y usa marcadores visuales o comentarios para resaltar cualquier área en la que la configuración actual no coincida con el nivel de seguridad propuesto. Ofrece la posibilidad de resolver cualquier discrepancia que revele un análisis y permite configurar directamente la seguridad del sistema local mediante la importación de plantillas de seguridad. En la siguiente tabla se proporciona información adicional acerca del complemento Configuración y análisis de seguridad.

Temas	Descripciones
Consideraciones de hardware y software para el complemento Configuración y análisis de seguridad	Puesto que este complemento usa la plantilla de seguridad actual como base para el análisis, es necesario instalar la plantilla de seguridad correcta.
Instalación del complemento Configuración y análisis de seguridad	Configuración y análisis de seguridad se instala de manera predeterminada en Windows server.
Administración de la seguridad local mediante el complemento Configuración y análisis de seguridad	Agregue el complemento Configuración y análisis de seguridad a la MMC. También puede usar la herramienta de la línea de comandos *Secedit* para algunas tareas administrativas.

8.5. INFORMES DE AUDITORÍA

En un informe de auditoría podrían destacarse los siguientes componentes:

1. *Identificación del informe*: un nombre que lo identifique de otros informes.

2. *Identificación del cliente*: destinatarios y personas que solicitan la auditoría.

3. *Identificación del objeto auditado*: organización/entidad/área objeto de la auditoria informática.

4. *Objetivos de la auditoria informática*: identificar el propósito de la auditoria. Ejemplo: inspección del diccionario de datos de una aplicación.

5. *Normativa aplicada*: identificar las normas legales y profesionales.

6. *Alcance de la auditoria*: naturaleza y extensión del trabajo, a saber:
    a. Área de la organización
    b. Periodo de la auditoria
    c. Sistemas/áreas a auditar
    d. Herramientas utilizadas
    e. Limitaciones al alcance.
    f. Restricciones del objeto auditado

7. *Informe corto* – Resultados – Dictamen – Opiniones – Párrafos de salvedades y énfasis de ser necesarios.

ACTIVIDADES PROPUESTAS

Actividad 1. Especifica los requisitos de seguridad del sistema y de los datos en Windows 11 y Windows 10.

Actividad 2. Describe el Firewall de Windows con seguridad avanzada en Windows 11 y en Windows 10.

Actividad 3. Describe la herramienta Windows Defender en Windows 11 y Windows 10.

Actividad 4. Describe la protección de ejecución de datos y la suplantación de identidad en Windows 11 y Windows 10.

Actividad 5. Especifica el trabajo con Directivas de seguridad local en Windows 11. Directivas de cuenta, locales y de clave pública en Windows 11.

Actividad 6. Especifica el trabajo con Directivas de restricción de software y control de aplicaciones en Windows 11.

Actividad 7. Describe la Directiva de seguridad IP en equipo local para Windows 11.

Actividad 8. Describe la Directiva de auditoría como una directiva local de Windows 11.

Actividad 9. Describe el proceso de asignación de derechos de usuario mediante directivas locales en Windows 11.

Actividad 10. Describe la auditoría de seguridad en Windows 11.

Actividad 11. Describe las herramientas administrativas Configuración del sistema y Diagnóstico de memoria de Windows en Windows 11 y Windows 10.

Actividad 12. Especifica el trabajo con el registro del sistema en Windows 11 y Windows 10.

CAPÍTULO 9

RESOLUCIÓN DE INCIDENCIAS Y ASISTENCIA TÉCNICA

Contenidos

9.1. INTERPRETACIÓN, ANÁLISIS Y ELABORACIÓN DE DOCUMENTACIÓN TÉCNICA

La documentación técnica sobre sistemas operativos tiene como principales destinatarios a los administradores de tecnologías de la información responsables de implementar un sistema operativo concreto. En este tipo de documentación se incluye información técnica, procedimientos y recomendaciones para instalar el sistema en un entorno empresarial, corporativo o de otro tipo. Habitualmente, aunque las guías contienen cierta información básica sobre el sistema operativo, se da por supuesto que el destinatario tiene conocimientos prácticos del sistema y las instalaciones de actualización.

Las documentaciones técnicas suelen tener los siguientes apartados:

- *Introducción al sistema*: Se trata de una descripción adecuada del producto que se va a instalar. También es necesario especificar si se ha notificado o detectado en las pruebas algún problema crítico que requiera adoptar medidas correctivas antes de la instalación o inmediatamente después. Los documentos de notas de la versión se actualizan continuamente, por lo que, si se notifica o detecta cualquier problema, estarán disponibles en ubicaciones determinadas, a poder ser en direcciones web.

- *Tareas previas a la implementación del sistema*: Se trata de planear la implementación del sistema y de describir las tareas previas a su implementación. Los pasos que ayudarán a planear la implementación del sistema suelen ser: revisar preguntas adecuadas, examinar los escenarios de implementación disponibles, comprobar la compatibilidad de aplicaciones y conocer ciertas consideraciones sobre la virtualización.

  Las preguntas adecuadas persiguen determinar qué escenario o combinación de escenarios de implementación del sistema es más adecuado para la organización y las más habituales suelen ser las siguientes:

  — ¿Va a actualizar equipos existentes que ejecutan el sistema, realizar instalaciones nuevas o actualizar una versión anterior del sistema?

  — ¿Qué opción de instalación debo usar?

  — ¿Dónde se almacenarán los archivos del programa de instalación?

  — ¿Se verán afectados de alguna forma los procesos de administración de cambios y configuraciones?

  — ¿Cómo debo probar y validar las instalaciones del sistema o de imágenes antes de la implementación?

  — ¿Qué capacidad de red se necesitará para asegurarse de que la implementación del sistema no afecte negativamente a la red o produzca problemas de rendimiento significativos para otras aplicaciones empresariales?

  — ¿Cómo puedo saber que el sistema se instaló correctamente?

  El examen de los escenarios de implementación disponibles para una versión actual de sistemas Windows suelen incluir los siguientes aspectos:

Escenario 1: Instalar mediante Windows Update.

Escenario 2: Instalar el paquete independiente usando el archivo ejecutable del instalador.

Escenario 3: Crear o actualizar una imagen personalizada.

Escenario 4: Implementar con WSUS.

Escenario 5: Implementar con Servicios de implementación de Windows.

Escenario 6: Implementar con SMS, System Center Configuration Manager o System Center Essentials.

La comprobación de la compatibilidad de aplicaciones ayuda a identificar y administrar toda la cartera de aplicaciones, lo que reduce el costo y el tiempo necesario para resolver problemas.

Conocer las consideraciones sobre la virtualización es esencial si piensa instalar el sistema en un equipo que ejecuta Hyper-V™, especialmente si usa las nuevas características RemoteFX o Memoria dinámica en cualquiera de las máquinas virtuales.

- *Implementación de la instalación y desinstalación*: Es habitual que el archivo ejecutable del instalador contenga todos los archivos necesarios para instalar el sistema. Este archivo es autoextraíble y puede ejecutarlo desde la línea de comandos o haciendo doble clic en el archivo desde herramientas de interfaz como el Explorador de Windows.

- *Solucionar problemas*. Al instalar un sistema operativo, algunos equipos pueden tener problemas que impidan la instalación o que produzcan errores en la instalación. Entre estos problemas se pueden incluir los siguientes:

    — BIOS problemática.

    — Disco duro dañado.

    — Errores de memoria.

    — Problemas de sincronización de software y del sistema de archivos. Por motivos de rendimiento, el sistema de archivos conserva una copia del contenido de algunos archivos en la memoria y se puede tardar un tiempo en volver a escribir este contenido en el disco duro. Por tanto, algunas veces el contenido de los archivos del disco duro puede estar ligeramente desincronizado con la memoria.

9.2. INTERPRETACIÓN, ANÁLISIS Y ELABORACIÓN DE MANUALES DE INSTALACIÓN Y CONFIGURACIÓN DE SISTEMAS OPERATIVOS Y APLICACIONES

Habitualmente, los manuales de instalación y configuración de sistemas operativos y sus aplicaciones incluyen los pasos que se deben seguir antes de la instalación, los requisitos necesarios de hardware y software y los pasos para instalar y desinstalar el sistema operativo y las aplicaciones.

Antes de instalar un sistema operativo como Windows Server, los manuales suelen dedicar una parte importante a los pasos para preparar la instalación, que habitualmente podrían ser los siguientes:

- *Comprobar que la unidad de disco duro tiene suficiente espacio libre para la instalación.* Debido a que el uso del espacio en disco varía considerablemente según una serie de factores únicos de cada implementación, debe considerar estos valores como un mínimo absoluto. Es posible que requiera más espacio en disco si tiene instalados paquetes de idioma. Otros factores que pueden requerir más espacio en disco incluyen la *cantidad de RAM instalada*, los requisitos de servicio (es decir, el número y frecuencia de actualizaciones que planea instalar), y el número y tipo de controladores o herramientas que no sean de Microsoft.

- *Usar una cuenta de administrador.* Inicie sesión en el equipo con una cuenta de administrador, asegúrese de que no hay ningún otro usuario conectado y cierre todos los programas abiertos.

- *Desconectar los sistemas de alimentación ininterrumpida (SAI).* Si tiene un sistema de alimentación ininterrumpida o SAI (UPS) conectado al equipo de destino, desconecte el cable serie antes de instalar el Service Pack. La instalación detectará automáticamente los dispositivos conectados a los puertos serie y el sistema SAI puede provocar problemas en el proceso de detección.

- *Garantizar la disponibilidad de energía.* Si está usando un equipo portátil, conéctelo a una toma de corriente de CA y no desconecte ni reinicie el equipo durante la instalación.

- *Actualizar los controladores de dispositivos si es necesario.* Puede hacerlo con Windows Update en el Panel de control o en el sitio web del fabricante del dispositivo.

- *Realizar una copia de seguridad de los servidores.* La copia de seguridad debe incluir todos los datos y la información de configuración que sean necesarios para el funcionamiento del equipo. Es importante realizar una copia de seguridad de la información de configuración de los servidores, especialmente de aquellos que contengan la infraestructura de red, como los servidores del Protocolo de configuración dinámica de host (DHCP). Cuando realice una copia de seguridad, asegúrese de incluir las particiones de arranque y del sistema, además de los datos del estado del sistema. Otra manera de realizar una copia de seguridad de la información de configuración es crear un conjunto de copias de seguridad para Recuperación automática del sistema.

- *Deshabilitar el software de protección antivirus.* El software de protección antivirus puede interferir en la instalación. Por ejemplo, puede ralentizar considerablemente la instalación al analizar cada archivo que se copia localmente en el equipo.

La instalación y configuración del sistema operativo se realizará mediante pasos concretos referenciados minuciosamente en la documentación y utilizando los asistentes adecuados que faciliten las tareas.

9.3. LICENCIAS DE CLIENTE Y LICENCIAS DE SERVIDOR

Básicamente existen dos licencias que describen los derechos de utilización de los productos de servidor de red: la licencia de servidor y la licencia de acceso al cliente.

La *licencia de servidor* autoriza el software de servidor en un equipo que cumpla las funciones de servidor de red, entraña el derecho de instalar el software de cliente, incluido el producto de servidor en estaciones de trabajo conectadas al servidor, así como derechos limitados de administración de red.

Asimismo, para acceder o utilizar efectivamente los servicios del software de servidor desde una estación cliente, deberá adquirirse por separado una *licencia de acceso al cliente*. Es decir, la licencia de servidor permite instalar la red, mientras que la licencia de acceso al cliente le permite utilizarla. Es importante diferenciar entre la licencia de acceso al cliente, necesaria para acceder a los productos de servidor de programas, y los contratos de licencia de usuario final (CLUF) para productos del sistema operativo del escritorio de estos.

En el caso de sistemas de servidor, Microsoft ha introducido nuevas opciones de licencias con el lanzamiento de Windows server para cubrir las necesidades de los clientes y para complementar las capacidades técnicas de los productos del servidor Microsoft. Éste es uno de los muchos esfuerzos que se realizan para hacer que la suscripción a licencias sea un proceso más consistente, predecible y flexible para nuestros clientes. Las licencias de Windows server se mantienen generalmente invariables con respecto a Windows Server, aunque existen los cambios siguientes:

- *Licencias en entornos virtuales*. Microsoft quiere seguir promoviendo el uso de las tecnologías de virtualización de servidor. Las organizaciones que aplican soluciones de virtualización en sus entornos informáticos pueden aumentar su eficiencia operativa mediante la consolidación de servidores, realojamiento de aplicaciones, soluciones de recuperación ante desastres más eficaces, y un mejor entorno de desarrollo y test de software.

- *Ampliación de los derechos de uso para Windows server Standard como soporte de escenarios de virtualización*. A fin de ampliar las posibilidades de virtualización, Microsoft extiende los derechos de uso para Windows server Standard. Con Windows server Standard, usted puede ahora activar una instancia de software de servidor en el entorno físico del sistema operativo y una instancia del software de servidor en un entorno de sistema operativo virtual.

- *Nuevo Windows server para sistemas basados en el procesador Itanium*. Windows server ofrece un producto independiente para clientes con la plataforma basada en el procesador Intel Itanium. Windows server para sistemas Itanium está diseñado para ser la plataforma alternativa de referencia a los servidores UNIX basados en RISC. Su objetivo es el de mejorar la carga de trabajo de la base de datos y de las aplicaciones a medida y de línea de negocio. Esta concentración en la carga de trabajo es coherente con el uso habitual de los equipos actuales con Windows Server sobre plataforma Itanium. Este producto mantiene el mismo modelo de licencia que Windows server Ed. Datacenter: licencia por procesador más CALs (Licencia de Acceso de Cliente). Las tarifas son también las mismas que para Datacenter de Windows server.

- *Windows Web Server*. Está específicamente diseñado para ser utilizado exclusivamente como servidor web. Los contratos de licencias para Windows Web Server especifican que el software de servidor sólo se utiliza para servicios completos de web con acceso desde internet para páginas web, sitios web, aplicaciones web y servidores de correo electrónico POP3. Además, la licencia de Windows Web Server permite la ejecución de cualquier software de base de datos en el servidor sin limitación en el número de usuarios.

- *Licencia de acceso de cliente y conectores externos para ediciones de Windows server*. Con el lanzamiento de Windows server, se exige la actualización de las CALs y los Conectores Externos para Windows Server, Windows Server Terminal Services y Windows Server Rights Management Services, para tener acceso a las ediciones Windows server. Se han creado nuevas CALs específicas de Windows server. En otras palabras, las CALs y los Conectores Externos (EC) de Windows Server no son válidos para el acceso al software de servidor de Windows server.

9.4. INSTALACIONES DESATENDIDAS

Se entiende por instalación desatendida un proceso de instalación automática del sistema que facilita dicho proceso de instalación al administrador.

En el caso de sistemas Windows, para automatizar toda la instalación, se utilizan dos tipos distintos de archivos de instalación desatendida: uno para las pantallas de la interfaz de usuario de Servicios de implementación de Windows y otro para las fases posteriores de la instalación. Se requieren dos archivos porque Servicios de implementación de Windows puede implementar dos tipos de imágenes: imágenes que admiten el formato Unattend.xml y sistemas operativos anteriores que no admiten el formato Unattend.xml.

- *Archivo de instalación desatendida del cliente de Servicios de implementación de Windows.* El archivo de instalación desatendida del cliente automatiza las pantallas de la interfaz de usuario del cliente de Servicios de implementación de Windows (por ejemplo, para introducir credenciales, elegir una imagen de instalación y configurar el disco). Este archivo utiliza el formato *Unattend.xml* y se almacena en el servidor de *Servicios de implementación de Windows*, en la carpeta *RemoteInstall\WDSClientUnattend*.

- *Archivo de instalación desatendida de imagen.* Los archivos de instalación desatendida de imagen automatizan las fases restantes de la instalación (por ejemplo, el mantenimiento sin conexión y *Sysprep specialize*). Este archivo utiliza el formato *Unattend.xml* o *Sysprep.inf*, en función de la versión del sistema operativo de la imagen. Se almacena en una subcarpeta (con la estructura OEM o \Unattend) en la carpeta correspondiente a la imagen.

Es posible usar un solo archivo de instalación desatendida en todo el proceso de instalación. Para ello, debe pasar un archivo de instalación desatendida a Setup.exe con la opción */unattend:<archivo de instalación desatendida>* y debe configurar correctamente la precedencia de la instalación desatendida en la línea de comandos. Además, puede configurar Servicios de implementación de Windows para buscar un archivo de instalación desatendida si este no se especifica.

Las pantallas de la interfaz de usuario se automatizan mediante el archivo de instalación desatendida del cliente de Servicios de implementación de Windows (*Unattend.xml*). Para automatizar completamente las pantallas de la interfaz de usuario, debe especificar la configuración correspondiente a cada pantalla. Por desgracia, el diseño de *Unattend.xml* dificulta esta tarea. La organización de *Unattend.xml* responde a las fases de procesamiento de la configuración de la instalación desatendida. Como resultado, no siempre existe una relación de correspondencia 1:1 entre una configuración determinada y una pantalla de la interfaz de usuario. Además, en el archivo no se agrupan todas las opciones de configuración necesarias para automatizar las pantallas de la interfaz de usuario para el cliente de Servicios de implementación de Windows. Se recomienda usar el *Administrador de imágenes de sistema* (Windows SIM) para crear el archivo de instalación desatendida del cliente de Servicios de implementación de Windows, ya que toma el formato del archivo de instalación desatendida y simplifica la tarea de creación.

Algunas de las secciones de este archivo son idénticas al archivo de instalación desatendida que se utiliza en el programa de instalación. Por ejemplo, la opción de configuración DiskConfiguration que utiliza el cliente de Servicios de implementación de Windows es idéntica a la sección DiskConfiguration que utiliza el programa de instalación.

Otras opciones de configuración son específicas de Servicios de implementación de Windows (residen en la sección WindowsDeploymentServices) y solo se procesan cuando Setup.exe se ejecuta en el modo de Servicios de implementación de Windows).

El cliente de Servicios de implementación de Windows procesa únicamente la configuración en la sección Windows PE del archivo de instalación desatendida del cliente. No procesa la configuración de ninguna otra sección de dicho archivo ni tampoco lo pasa al archivo de instalación desatendida del cliente para un posterior procesamiento después de aplicar la imagen, a menos que se cumpla, como mínimo, una de las siguientes condiciones:

- Ha configurado la procedencia en la línea de comandos y utiliza el archivo de instalación desatendida que se pasó al programa de instalación a través de la línea de comandos.

- No dispone de un archivo de instalación desatendida de imagen y el equipo cliente no está configurado para unirse a un dominio.

9.5. IMPLEMENTACIÓN DE FICHEROS DE RESPUESTAS

Un fichero de respuestas, junto con la creación de la imagen del sistema en varios dispositivos USB permite instalaciones en muchas máquinas de manera *cuasi* desatendida.

Los pasos para poder crear este fichero de respuestas en un sistema operativo son los siguientes:

1. Instalar WAIK (*Windows Automated Installation Kit*) y en esa misma máquina introducir el DVD del sistema.

2. Ir a la carpeta *Sources* del DVD y copiar el fichero *install.wim* a una carpeta de tu disco duro local.

3. Ejecutar Windows SIM (*System Image Manager*).

4. Seleccionar una imagen de Windows y navegar al fichero *install.wim* que hemos salvado en el paso 2.

5. En este punto debemos seleccionar el tipo de imagen que queremos generar (ULTIMATE, HOME, etc…).

6. Una vez seleccionada la imagen que queremos debemos generar un nuevo fichero de respuestas (desde el menú *FILE –> New Answer File*).

7. En este punto iremos añadiendo los componentes que necesitemos para hacer que esta instalación sea totalmente desatendida, en mi caso he añadido los siguientes paquetes:

   1. *Microsoft-Windows-International-Core-WinPE*
      - Nos permite seleccionar el idioma del teclado
      - Idioma de la instalación
      - Configuración regional

2. *Microsoft-Windows-Setup*

- Gestión de las particiones

- Localización de los ficheros de instalación

- Product Key

3. *Microsoft-Windows-Shell-Setup*

- Contraseña del Administrador

- Gestión de los usuarios locales de la máquina

- Autologon

En la propia ayuda del WSIM se encuentra información adicional de lo que se puede hacer con cada componente en el fichero de respuestas.

9.6. SERVIDORES DE ACTUALIZACIONES AUTOMÁTICAS

Los servidores de actualizaciones automáticas permiten realizar la actualización del sistema y de sus aplicaciones de forma automatizada. Sus funciones principales son las siguientes:

- Actualizaciones automáticas para el sistema

- Posibilidad de automatizar la descarga de actualizaciones específicas

- Posibilidad de automatizar las acciones de actualización determinadas por aprobación del administrador

- Posibilidad de determinar el campo de aplicación de las actualizaciones antes de instalarlas

- Targeting

- Sincronización de réplicas

- Presentación de informes

- Extensibilidad

En el caso de sistemas operativos Windows, Microsoft Windows Server Update Services (WSUS) permite que los administradores implementen las últimas actualizaciones de productos Microsoft en los sistemas operativos Microsoft Windows, Windows server. Gracias a Windows Server Update Services, podrá administrar la distribución de las actualizaciones que Microsoft Update prepara para los ordenadores en red.

Windows Server Update Services es un parche y un componente de actualización de Windows Server. Ofrece una manera rápida y efectiva de mantener los sistemas actualizados. Windows Server Update Services proporciona una infraestructura de administración compuesta por los siguientes elementos:

- *Microsoft Update*: El sitio Web de Microsoft al que se conectan los componentes de Windows Server Update Services para la actualización de productos Microsoft.

- *Windows Server Update Services para servidores*: Componente de servidor instalado en un ordenador que opera con Windows Server dentro del firewall corporativo. Windows Server Update Services proporciona las características que los administradores necesitan para administrar y distribuir actualizaciones a través de una herramienta Web, a la que se puede acceder desde Internet Explorer en cualquier ordenador que opere con Windows y que pertenezca a la red corporativa. Además, un servidor con Windows Server Update Services puede ser la fuente de actualizaciones para otros servidores con Windows Server Update Services.

- *Actualizaciones Automáticas*: Componente de un ordenador cliente construido sobre los siguientes sistemas operativos Microsoft Windows y Windows Server. Las actualiza*ciones automáticas* permiten que tanto los servidores como los ordenadores cliente reciban actualizaciones desde Microsoft Update o desde un servidor que opere con Windows Server Update Services.

Windows Server Update Services permite otras funcionalidades adicionales entre las que destacan las siguientes:

- La posibilidad de destinar actualizaciones a un grupo específico de ordenadores.

- La posibilidad de verificar que las actualizaciones encajan en cada ordenador antes de la instalación, función que se ejecuta automáticamente para actualizaciones de seguridad críticas.

- Opciones flexibles de desarrollo.

- Capacidades de presentación de informes.

- Opciones flexibles de bases de datos.

- Capacidades de migración (importación/exportación) de datos.

- Extensibilidad a partir de la interfaz para la programación de aplicaciones o *Application Programming Interface* (API).

9.7. PARTES DE INCIDENCIAS

El objetivo del subsistema de gestión de partes o registros de incidencias y problemas, conocido tradicionalmente como sistemas de *trouble tickets* o TTS, es proporcionar una herramienta adecuada que reúna todos los datos referidos a incidencias, problemas y, en general, fallos desde el momento en que se detectan las etapas de diagnosis y contención y, finalmente, la correspondiente corrección. Todo esto proporciona una valiosa información para incidencias futuras.

Las herramientas utilizadas deben permitir un seguimiento efectivo posterior de todas las etapas de la incidencia o fallo; están enfocadas en gran medida a procesos y guías de identificación, contención y resolución rápida de problemas, procedimientos siempre críticos cuando los sistemas están en producción a causa de la tensión implícita del personal administrador de la red.

Cualquier información que ayude a resolver o a minimizar los efectos se utiliza también en otras tareas de gestión del sistema distribuido, como por ejemplo las siguientes:

1) *Rendimientos y cumplimientos de tareas y servicios contratados a proveedores externos (SLA):* son especialmente importantes si los externos están relacionados con los procedimientos de detección, contención o corrección de los fallos. La externalización de los servicios de help desk o los centros de atención telefónica, especialistas de segundo nivel o tareas in situ de mantenimiento y soporte, como la reparación física de equipamiento de usuario (PC, terminales o periféricos) y enlaces de comunicación, son ejemplos comunes.

2) *Bases de datos de conocimientos:* los sistemas de ayuda a la resolución de problemas se pueden alimentar de sistemas anexos, como el de gestión de cambios o herramientas remotas de configuración y cambio de parámetros, a los que devuelve la información correspondiente, normalmente cuando el registro de incidencia es cerrado, con el fin de evitar repeticiones o extensiones del problema.

3) *Repositorio de información de históricos:* la información recogida en los trouble tickets contiene datos referidos a los elementos de la red que concentran más incidencias, las frecuencias, escenarios y perfiles de carga de los puntos y elementos que han resultado más críticos, así como a la efectividad de actuación de los procesos de diagnosis y resolución, sobre todo ante emergencias.

El análisis cuantitativo y cualitativo de la información será muy valioso para la gestión de planificación en cuanto al diseño de perfiles de disponibilidad y cambios evolutivos y correctivos de la instalación.

Los procedimientos asociados a la gestión de incidencias y problemas comprenden un conjunto de tareas de diseño, desarrollo, implantación y explotación de herramientas, muchas de éstas sobre sistemas informáticos complejos, que soportarán los diferentes flujos de los procedimientos y los integrarán de forma conveniente.

9.8. PROTOCOLOS DE ACTUACIÓN

Los protocolos de actuación son instrucciones normalizadas para hacer frente a problemas cotidianos en los sistemas como el bloqueo de un ordenador o el corte de suministro eléctrico.

La expansión de la información y las comunicaciones gracias a la revolución informática conlleva inevitablemente una serie de riesgos asociados: los bloqueos del sistema, la corrupción y la pérdida de datos constituyen una amenaza vital para los documentos, equipos y actividades diarias en el uso personal o profesional de un equipo informático.

Actualmente existen herramientas de protección y recuperación de datos que se convierten en un excelente medio para la defensa frente a cualquier desastre informático. Además, ofrecen una visión global de cómo las tareas de planificación y prevención cobran una importancia decisiva.

Los protocolos de actuación son muy amplios y pueden tratar tareas como, por ejemplo, las tácticas para hacer copias de seguridad y restauraciones de estaciones de trabajo, servidores de bases de datos, de correo, de archivos y de entornos de trabajo en grupo. Asimismo, permiten conocer todo lo relativo a la corrupción de documentos, sistemas operativos, medios de almacenamiento o de la red, y las estrategias de defensa a seguir, o temas como los costes en seguridad y los protocolos de actuación adecuados frente a problemas cotidianos como el bloqueo de un ordenador o el corte de suministro eléctrico.

9.9. ADMINISTRACIÓN REMOTA

9.9.1. Administración de sesiones de usuarios remotos

Los usuarios remotos pueden utilizar Terminal Services o el escritorio remoto para conectarse con otros sistemas. Terminal Services permite conexiones remotas con terminales de otros sistemas. El escritorio remoto permite administrar servidores remotos como si se estuviese delante del teclado. Windows server permite automáticamente las conexiones de escritorio remoto.

La ficha *Usuarios* (Figura 9-1) del *Administrador de tareas de Windows* muestra las sesiones interactivas tanto de usuarios locales como remotos. Para cada usuario conectado se muestra su nombre, el identificador de la sesión, su estado, el equipo en el que se originó la conexión y el tipo de sesión. El botón *Conectar* conecta al usuario si su sesión no está inactiva, el botón *Desconectar* desconecta al usuario deteniendo, sin guardar sus datos, todas las aplicaciones que hubiese puesto en marcha, el botón *Cerrar sesión* cierra la sesión del usuario mediante el procedimiento normal guardándose las aplicaciones y el estado del sistema, el botón *Control remoto* asigna la combinación de teclas utilizadas para finalizar las sesiones de control remoto y el botón *Enviar mensaje* envía un mensaje de consola al sistema de los usuarios con sesiones abiertas.

Figura 9-1

Se puede abrir el Administrador de tareas haciendo clic con el botón secundario del ratón en una zona en blanco de la barra de tareas y, a continuación, en *Administrador de tareas* en el menú emergente resultante (Figura 9-2), o bien presionando las teclas CTRL+MAYÚS+ESC. Otra alternativa consiste en teclear *taskmrg* en el cuadro de texto *Iniciar búsqueda* del botón *Inicio* (Figura 9-3). Una última alternativa para iniciar el Administrador de tareas consiste en teclear CTRL+ALT+SUPR y hacer clic sobre la opción *Iniciar el administrador de tareas*.

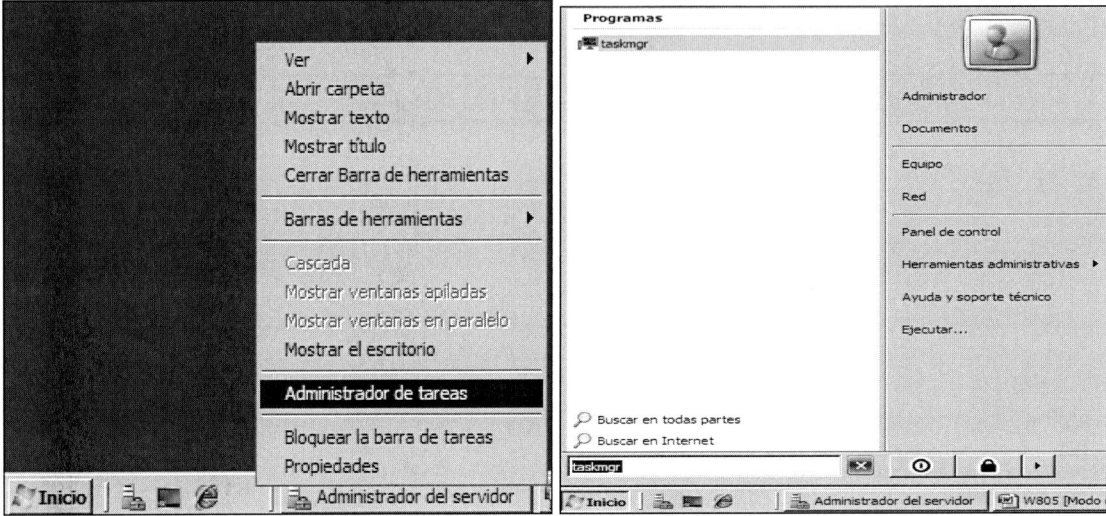

Figura 9-2   Figura 9-3

9.9.2. Habilitar Escritorio remoto

Windows server presenta la consola Tareas de configuración inicial (Figura 9-4) al concluir la instalación del sistema operativo.

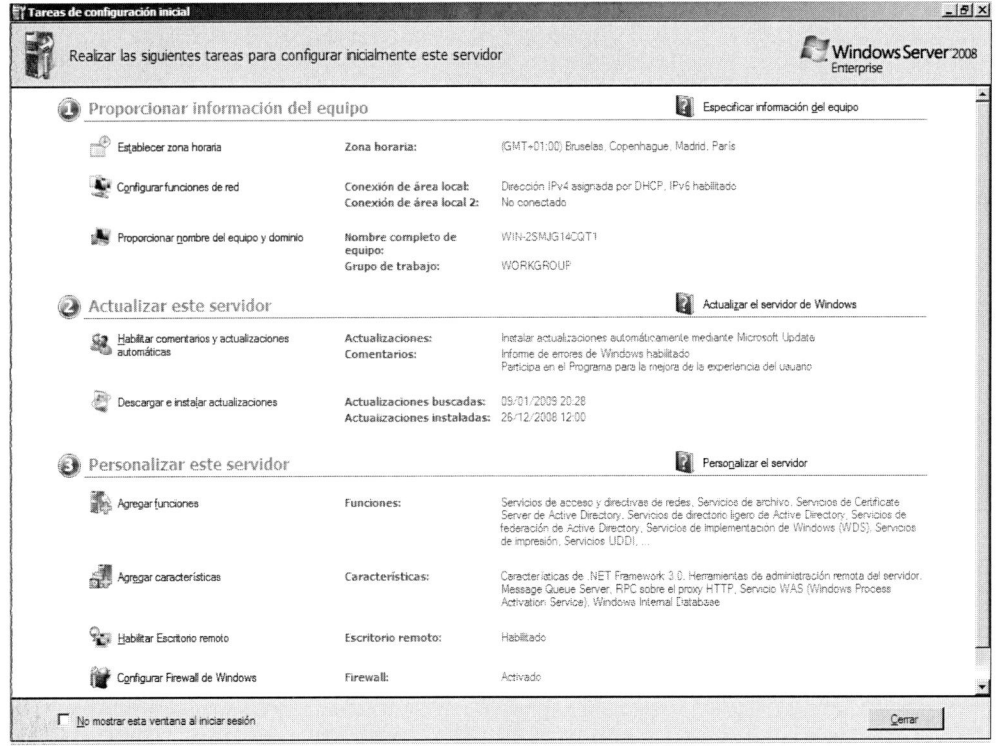

Figura 9-4

La opción *Habilitar escritorio remoto* de la ventana *Tareas de configuración inicial* abre el cuadro de diálogo *Propiedades del sistema* y muestra la ficha *Remoto* (Figura 9-5).

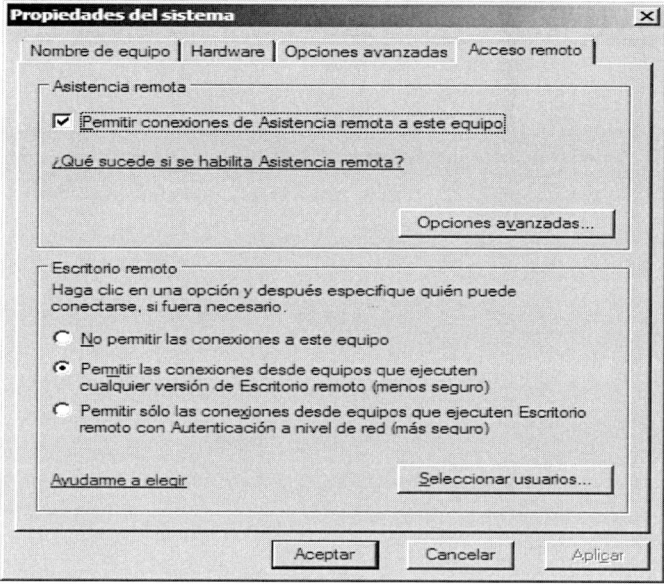

Figura 9-5

Escritorio remoto permite a los demás usuarios de una red conectarse al equipo proporcionando el nombre o la dirección IP del equipo y, generalmente, las credenciales de inicio de sesión. Los usuarios conectados ven el escritorio del equipo remoto y pueden usar los programas instalados como si se estuvieran ejecutando en un equipo local. La opción *Habilitar escritorio remoto* se incluye en la ventana *Tareas de configuración inicial* para reducir el número de pasos de implementación necesarios para los administradores que configuran Terminal Services en su empresa.

Para habilitar *Asistencia remota de Windows*, active la casilla *Permitir conexiones de Asistencia remota a este equipo* en la ficha *Acceso remoto* en *Propiedades del sistema* (Figura 9-5). Cuando activa esta casilla, se habilitan las siguientes funcionalidades:

- Enviar y recibir invitaciones de Asistencia remota de Windows mediante un correo electrónico o un archivo.

- Usar la mensajería instantánea para mantener correspondencia con la persona a la que ayuda o que le ayuda.

- Firewall de Windows permite el paso de Asistencia remota de Windows, por lo que puede comunicarse con el equipo del ayudante.

- Se inicia el servicio Teredo. Este servicio permite al ayudante conectarse a su equipo mediante la mayoría de los enrutadores (con cables e inalámbricos) que realizan traducción de direcciones de red (NAT). El servicio entra en contacto con un servidor Microsoft Teredo para obtener una dirección IPv6 para la conexión remota.

Para habilitar que nuestro equipo se controle por Asistencia remota se hace clic en *Opciones avanzadas* en la Figura 9-5 y se activa la casilla *Permitir que este equipo se conecte de forma remota* (Figura 9-6). También puede gestionarse el tiempo que pueden permanecer abiertas las invitaciones.

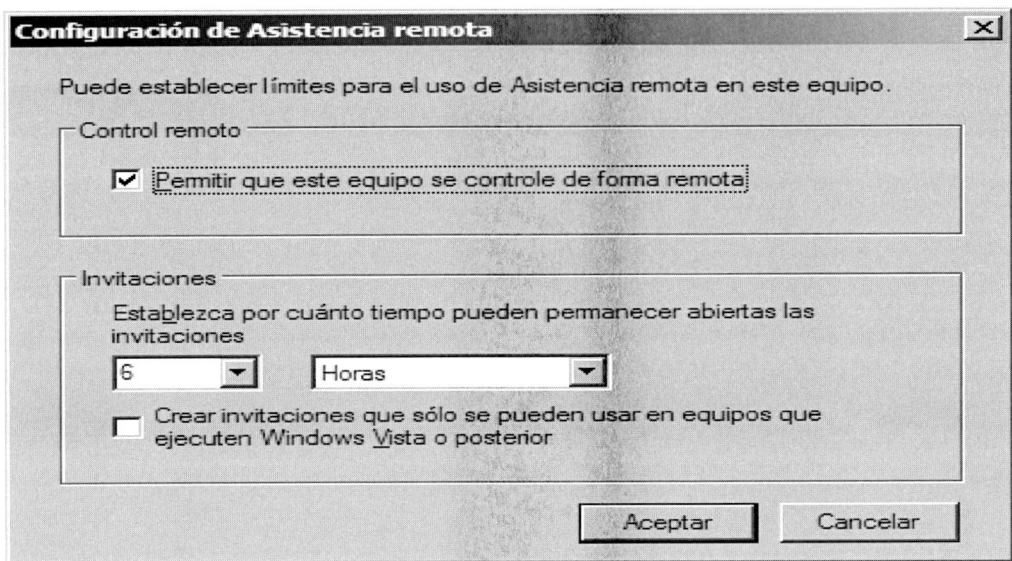

Figura 9-6

9.9.3. Terminal Server

La función de servidor Terminal Services de Windows server consta de varios subcomponentes denominados "servicios de función". Uno de estos servicios de función es Terminal Server.

Un servidor de Terminal Server es el servidor que hospeda programas basados en Windows o todo el escritorio de Windows para clientes de Terminal Services. Los usuarios pueden conectarse a un servidor de Terminal Server para ejecutar programas, guardar archivos y usar los recursos de red de dicho servidor. Los usuarios pueden obtener acceso a un servidor de Terminal Server desde una red corporativa o desde internet con Conexión a Escritorio remoto o con RemoteApp de TS.

Cuando un usuario obtiene acceso a un programa de un servidor de Terminal Server, la ejecución del programa se produce en el servidor. Sólo se transmite a través de la red la información de teclado, ratón y pantalla. Cada usuario ve únicamente su sesión individual. La sesión se administra con transparencia en el sistema operativo del servidor y es independiente de cualquier otra sesión de cliente. Si implementa un programa en un servidor de Terminal Server en lugar de hacerlo en cada dispositivo, obtendrá muchas ventajas. Con Terminal Server es posible implementar rápidamente programas basados en Windows en dispositivos informáticos de toda una empresa. Esto resulta especialmente útil cuando se tienen programas que se actualizan con frecuencia, se usan con poca frecuencia o son difíciles de administrar. Adcmás, los usuarios pueden obtener acceso a programas que se ejecutan en un servidor de Terminal Server desde dispositivos como equipos domésticos, quioscos, hardware de baja potencia y sistemas operativos distintos de Windows.

Los trabajadores de sucursales que necesitan tener acceso a almacenes de datos centralizados pueden obtener un mejor rendimiento de los programas mediante el acceso a los programas de un servidor de Terminal Server de forma remota. Algunas veces, los programas que manejan muchos datos no tienen protocolos de cliente/servidor optimizados para conexiones de baja velocidad. Los programas de este tipo suelen funcionar mejor a través de una conexión de Terminal Services que a través de la típica red de área extensa.

9.9.4. Escritorio remoto

Para permitir las conexiones remotas únicamente con fines administrativos, no es necesario instalar un servidor de Terminal Server. En su lugar, se habilita *Escritorio remoto* en el equipo que se desea administrar de forma remota. Para ello, inicie la herramienta *Sistema* haciendo clic en *Inicio*, en *Ejecutar* y escribiendo *control system* (Figura 9-7). A continuación, haga clic en *Aceptar (Enter)*.

En *Tareas*, haga clic en *Configuración de acceso remoto* (Figura 9-8). En el cuadro de diálogo *Propiedades del sistema*, en la ficha *Acceso remoto* (Figura 9-9), Dependiendo del entorno, haga clic en *Permitir las conexiones desde equipos que ejecuten cualquier versión de Escritorio remoto* (menos seguro) o *Permitir sólo las conexiones desde equipos que ejecuten Escritorio remoto con Autenticación a nivel de red* (más seguro). Haga clic en *Seleccionar usuarios* para agregar los usuarios y grupos que necesitan conectarse al equipo con Escritorio remoto. Los usuarios y grupos que añada se agregarán al grupo *Usuarios de escritorio remoto*.

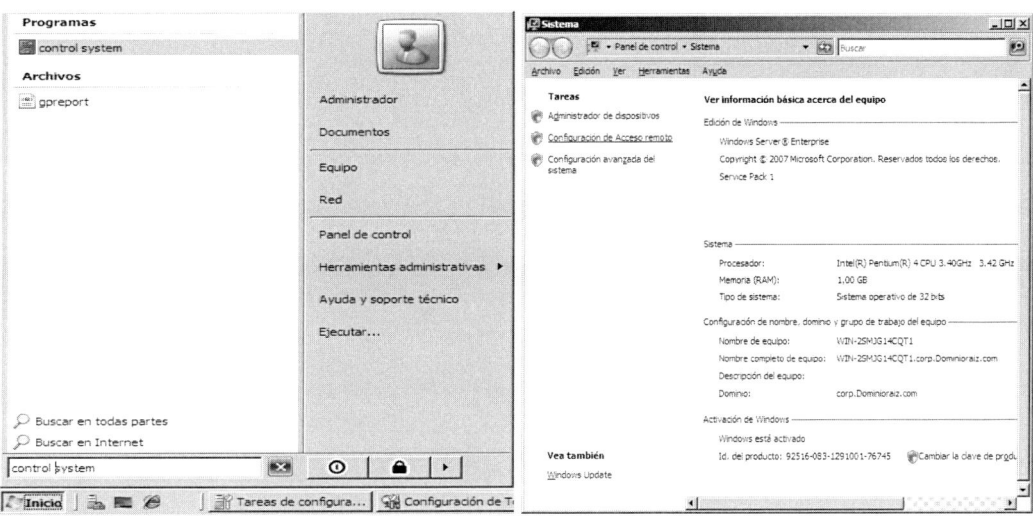

Figura 9-7   Figura 9-8

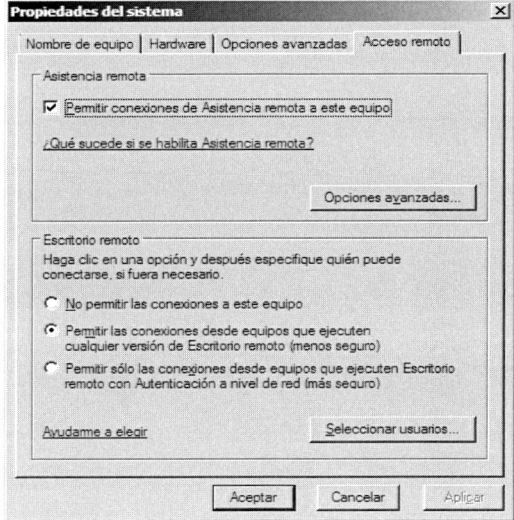

Figura 9-9

Para realizar conexiones a escritorios remotos, se utiliza la herramienta *Escritorios remotos*, que se ejecuta mediante *Inicio → Herramientas administrativas → Escritorios remotos* (Figura 9-10). Se obtiene la consola *Escritorios remotos* de la Figura 9-11.

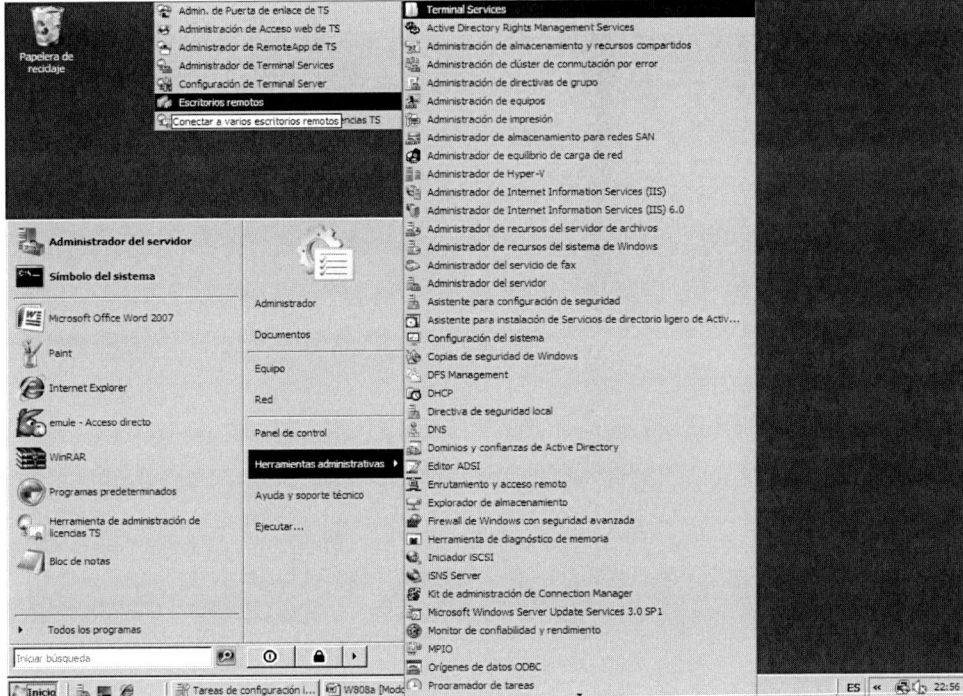

Figura 9-10

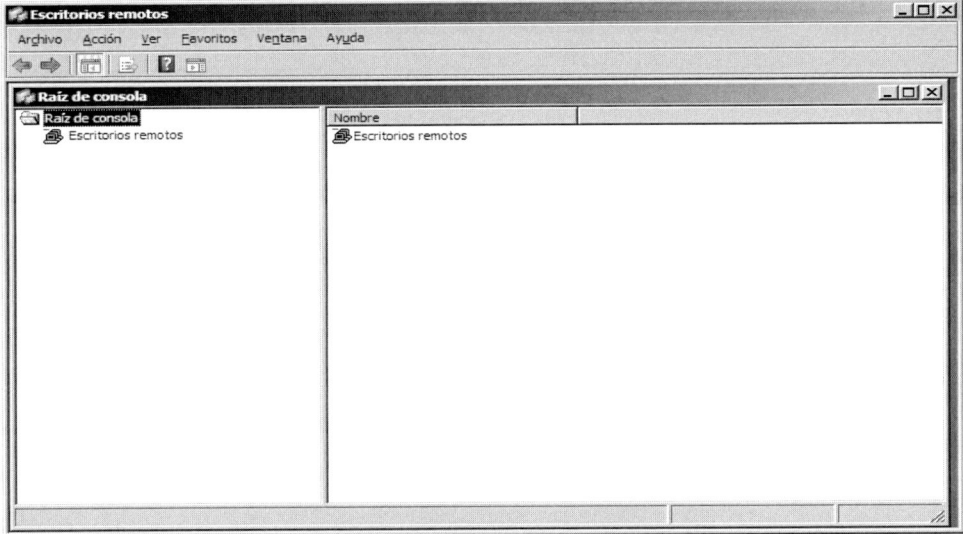

Figura 9-11

El complemento *Escritorios remotos* permite administrar *Conexiones a Escritorio remoto* para los servidores de Terminal Server y otros equipos. Si usa este complemento, podrá administrar varios equipos desde una sola ubicación remota.

Para *agregar una conexión nueva*, inicie el complemento Escritorios remotos (*Inicio → Herramientas administrativas → Escritorios remotos*) y en el árbol de consola, haga clic con el botón secundario en *Escritorios remotos* y, a continuación, en *Agregar nueva conexión* (Figura 9-12). En *Conexión* (Figura 9-13), en el cuadro *Escriba un nombre de equipo o dirección IP*, escriba el nombre o la dirección IP del equipo al que desee conectarse. Además, puede hacer clic en *Examinar* para buscar el equipo, presionar en el nombre del equipo y, a continuación, pulsar en *Aceptar*. Como alternativa, en el cuadro *Nombre de la conexión*, puede escribir un nombre descriptivo para la conexión. De manera predeterminada, el nombre de la conexión es el mismo que el que escribió en el cuadro *Escriba un nombre de equipo o dirección IP*. De forma predeterminada, se activa la casilla *Conectar con la opción /admin*. La pertenencia al grupo Administradores del equipo remoto es el requisito mínimo para conectarse a una sesión con la opción */admin*. Si no desea conectarse a una sesión con la opción */admin*, desactive la casilla *Conectar con la opción /admin*. En *Información de inicio de sesión*, haga en el cuadro *Nombre de usuario*, escriba el nombre de usuario de la cuenta con la que desee iniciar sesión, o bien, puede dejar el cuadro *Nombre de usuario* vacío y especificar el nombre de usuario al conectarse. Si desea guardar las credenciales para iniciar sesión automáticamente en el equipo, active la casilla *Permitirme guardar credenciales*. Si activa esta casilla, las credenciales se guardarán la próxima vez que se conecte al equipo remoto mediante el complemento *Escritorios remotos*. Al finalizar, haga clic en *Aceptar*.

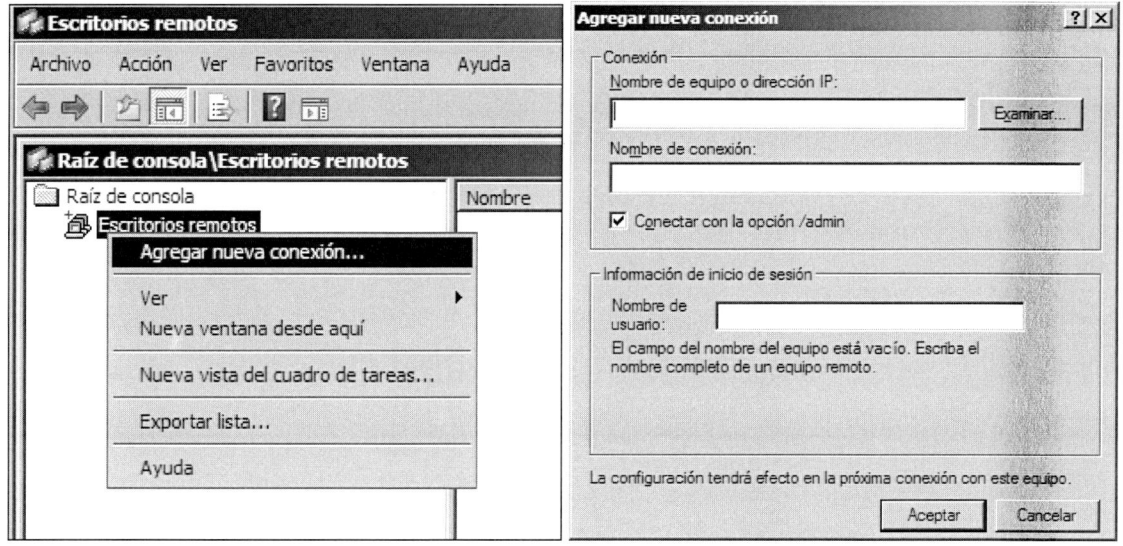

Figura 9-12   Figura 9-13

Para *iniciar* o *conectarse a una sesión*, abra el complemento Escritorios remotos y en el árbol de consola, expanda *Escritorios remotos* y haga clic en el nombre del equipo al que desee conectarse. Si la conexión no se inicia en unos segundos, pulse con el botón secundario en el nombre del equipo y, más tarde, haga clic en *Conectar*. Si se le piden credenciales, escriba las credenciales de inicio de sesión y, por último, pulse en *Aceptar*.

Para *desconectarse de una sesión*, en el árbol de consola del complemento Escritorios remotos, haga clic con el botón secundario en el nombre de la conexión que desee desconectar y pulse en *Desconectar*.

Para *modificar una conexión existente* abra el complemento Escritorios remotos y en el árbol de consola, expanda Escritorios remotos, haga clic con el botón secundario en la conexión que desea modificar y, a continuación, en *Propiedades*. Realice las modificaciones que desee. Haga clic en la ficha *General* para modificar el nombre del equipo o la conexión, para conectarse a una sesión con la opción */admin* o para modificar la información de inicio de sesión. En *Información de inicio de sesión*, si no guardó las credenciales de inicio de sesión, puede activar la casilla *Permitirme guardar credenciales*. Las credenciales se guardarán la próxima vez que se conecte al equipo remoto mediante el complemento Escritorios remotos. Si ya tiene las credenciales de inicio de sesión guardadas, puede hacer clic en *Editar* o *Eliminar* para modificar o quitar las credenciales. Si guardó las credenciales, pero desea iniciar sesión temporalmente como otro usuario, puede activar la casilla *Solicitar siempre credenciales*. Para volver a usar las credenciales guardadas, desactive esta casilla. Haga clic en la ficha *Opciones de pantalla* para modificar el tamaño del escritorio. Pulse en la ficha *Otros* para configurar o modificar un programa que se inicie al conectarse, modificar el método de autenticación o modificar la configuración de redirección de la unidad. Al finalizar, haga clic en *Aceptar*.

Para *especificar que se inicie un programa* al conectarse, abra el complemento Escritorios remotos y en el árbol de consola, expanda *Escritorios remotos*. Pulse con el botón secundario en la conexión que desee configurar y, a continuación, haga clic en *Propiedades*. Si se va a conectar a un equipo que ejecuta Microsoft Windows o Windows Server, desactive la casilla *Conectar con la opción /admin* de la ficha *General*. En la ficha *Otros*, vaya a *Iniciar un programa* y haga clic para activar la casilla *Iniciar el siguiente programa al conectarse*. Especifique la ruta de acceso del programa, el nombre de archivo y el directorio de trabajo. Si no especifica que se inicie el programa, la conexión se inicia en el escritorio de Windows. Para permitir que el equipo remoto tenga acceso a las unidades del equipo local, haga clic para activar la casilla *Redirigir unidades locales cuando se inicie la sesión en el equipo remoto*. Pulse en *Aceptar*.

Para eliminar una conexión, abra el complemento Escritorios remotos y en el árbol de consola expanda *Escritorios remotos*. Haga clic con el botón secundario en la conexión que desee eliminar y, a continuación, en *Eliminar*.

ACTIVIDADES PROPUESTAS

Actividad 1. Describe el proceso de administración de sesiones de usuarios remotos a través del Administrador de tareas en Windows 11 y Windows 10.

Actividad 2. Describe la conexión a escritorio remoto como un accesorio en Windows 11 y en Windows 10.

Actividad 3. Especificar el proceso de configuración de una conexión remota a un área de trabajo con VPN en Windows 11 y Windows 10.

Actividad 4. Especificar el proceso de configuración de una conexión de banda ancha (ADSL o cable) en Windows 11 y Windows 10.

Actividad 5. Especificar el proceso de configuración de una conexión de acceso telefónico en Windows 11 y Windows 10.

Actividad 6. Describe la Conexión compartida a Internet en Windows 11 y Windows 10.